U0999247

三门峡统计年鉴

SANMENXIA STATISTICAL YEARBOOK

2017

（总第27期）

三门峡市统计局 编

中国统计出版社
China Statistics Press

©中国统计出版社 2017
版权所有。未经许可，本书的任何部分不得以任何方式在世界任何地区以任何文字翻印、拷贝、仿制或转载。

©2017 China Statistics Press
All rights reserved. No part of the publication may be reproduced or transmitted in any form or by any means, electronic or mechanical, including photocopying, recording, or any information storage and retrieval system, without written permission from the publisher.

图书在版编目（CIP）数据

三门峡统计年鉴. 2017 / 三门峡市统计局编. -- 北京：中国统计出版社, 2017.10
ISBN 978-7-5037-8365-4

Ⅰ. ①三… Ⅱ. ①三… Ⅲ. ①统计资料－三门峡－2017－年鉴 Ⅳ. ①C832.613-54

中国版本图书馆 CIP 数据核字(2017)第 231310 号

三门峡统计年鉴-2017

作　　者/ 三门峡市统计局
责任编辑/ 陈越月
装帧设计/ 吴　静
出版发行/ 中国统计出版社
地　　址/ 北京市丰台区西三环南路甲 6 号　邮政编码/100073
电　　话/ 邮购（010）63376909　书店（010）68783171
网　　址/ http://csp.stats.gov.cn
印　　刷/ 三门峡市东来印务有限公司
经　　销/ 新华书店
开　　本/ 890mm×1240mm　1/16
字　　数/ 865 千字
印　　张/ 46
版　　别/ 2017 年 10 月第 1 版
版　　次/ 2017 年 10 月第 1 次印刷
定　　价/ 200 元

如有印装差错，由本社发行部调换。

《三门峡统计年鉴—2017》编委会成员和编辑部工作人员名单

编辑委员会成员

顾　　问　安　伟　（三门峡市人民政府市长）

　　　　　刘廷福　（三门峡市人民政府秘书长）

主　　编　权振国　（三门峡市统计局局长）

副 主 编　张亚珂　（三门峡市统计局副局长）

编　　委　周建文　（三门峡市发展与改革委员会主任）

　　　　　宋　东　（三门峡市财政局局长）

　　　　　赵葡萄　（三门峡市统计局副局长）

　　　　　李　玉　（三门峡市统计局副局长）

　　　　　胡永智　（河南省三门峡地方经济社会调查队队长）

　　　　　王新民　（三门峡市民族宗教事务委员会副主任）

编辑部工作人员

总 编 辑　权振国

副总编辑　张亚珂　何永健

编　　辑　(按姓氏笔划排序)

马梅生　王春玲　王雪莲　王振国　白宝厅　任娟琴　闫平安　孙应伟

刘　军　张小鸽　苏云龙　李宏让　陈建民　严前程　张淑丽　张红霞

段串仓　赵新峰　郭幸伟　贾晓岚　柴素妍　程青春　薛玉坤

统计资料整理人员(按姓氏笔划排序)

卫　丹　邓晓飞　亢晓波　水峙雄　任　佳　刘　馨　吉晓伟　乔晓岚

李　坤　李佳娜　李　超　张明阳　苏丽娟　范文亚　郑全秀　揣　园

葛金慧　焦润楠　谢啸宇　冀寒阳

统计制图　任　佳

编 辑 说 明

一、《三门峡统计年鉴—2017》是一部全面、系统、科学、翔实记载和反映2016年三门峡市社会、经济、科技发展情况的资料性年刊。

二、本《年鉴》由以下两大部分组成

（一）要文特载：内容包括三门峡市七届人大一次会议通过的《政府工作报告》（摘要）、《关于三门峡市2016年国民经济和社会发展计划执行情况与2017年计划的报告》（摘要）、《关于三门峡市2016年财政预算执行情况和2017年财政预算的报告》（摘要）及《三门峡市统计局关于2016年国民经济和社会发展的统计公报》。为便于读者使用本《年鉴》，特载之后附有常用统计术语。

（二）统计资料：内容具体包括：1.综合；2.人口、劳动力与工资；3.农村经济；4.工业；5.交通运输邮电通讯业；6.固定资产投资和建筑业；7.能源、环境；8.贸易、外经、旅游和规模以上服务业；9.财政、税务、金融；10.社会事业；11.城乡人民生活和物价；12.产业集聚区、商务“两区”主要指标；13.“十二五”以来主要经济指标；14.“黄河金三角”四市主要指标；15.各乡(镇)主要经济指标；16.全省及各省辖市主要经济指标。同时，辑录了1952年以来重要年份的主要统计指标。

本《年鉴》还附录了2016年三门峡市统计工作大事记。

为便于读者使用本《年鉴》，每篇前后分别附有简要说明、统计图及主要统计指标解释。

三、使用本《年鉴》时应注意以下几点：

（一）部分数据合计数或相对数由于单位取舍不同产生的计算误差未作机械调整。

（二）由于我国统计制度方法正在进行重大改革，使用本《年鉴》统计数据时，请注意每篇的“主要统计指标解释”及表下的“注解”。

（三）本《年鉴》中规模以上工业是指年主营业务收入在2000万元及以上的工业企业；限额以上批发零售贸易业是指主营业务收入在2000万元及以上的批发企业和主营业务收入在500万元以上的零售企业；固定资产投资的统计范围为计划总投资在500万元及以上的城镇和农村非农户投资项目。

（四）编辑本《年鉴》时对以往年份的个别统计数据作了订正或按照现行统计制度进行了调整。以前发表过的统计数据，凡与本《年鉴》有出入者，均以本《年鉴》为准，并注意可比性。

（五）统计资料表中的符号：“空格”表示该项统计数据不详或无该项数据；“#”表示其中的主要项。

（六）本《年鉴》中涉及规模以上工业统计的内容，上年同期数为同表数，与上年度公布的数据有一定出入；人口统计中的总人口，2010年数据为常住人口数据。

本《年鉴》的编辑出版，得到了中国统计出版社、三门峡市市直有关单位和个人的大力支持和帮助，值此出版之际，谨向他们表示诚挚的谢意！

目　　录

第一部分　要文特载

第二部分　统计资料

一、综合

二、人口、劳动力与工资

三、农村经济

四、工业

五、交通运输邮电通讯业

六、固定资产投资和建筑业

七、能源、环境

八、贸易、外经、旅游和规模以上服务业

九、财政、税务、金融

十、社会事业

十一、城乡人民生活和物价

十二、产业集聚区、商务“两区”主要指标

十三、“十二五”以来主要经济指标

十四、“黄河金三角”四市主要指标

十五、各乡(镇)主要经济指标

十六、全省及各省辖市主要经济指标

附录：统计工作大事记

第一部分　要文特载

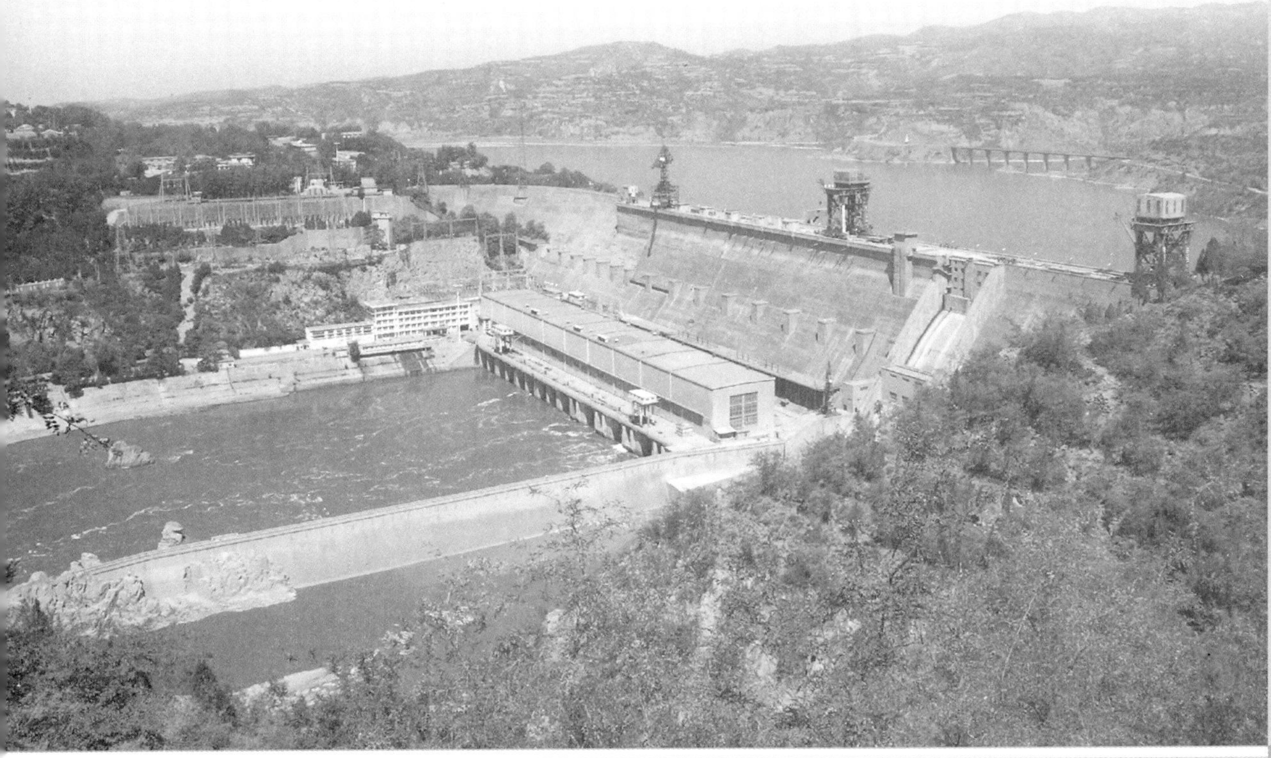

资料整理：卫　丹

资料审核：马梅生

政府工作报告（摘要）

（2017年6月14日市七届人大一次会议通过）

三门峡市人民政府市长 安伟

一、本届政府及2016年工作回顾

2012年本届政府任期以来，在省委省政府和市委的坚强领导下，在市人大、市政协的监督支持下，面对一波三折的宏观经济形势，面对稳增长、调结构的双重压力，我们主动适应经济发展新常态，培育新动力，谋求新作为，拓展新空间，迈出了全面建成小康社会的坚实步伐。

五年来，我们扭住发展主线，稳增长备后劲，综合实力迈上新台阶。全市生产总值突破千亿大关，财政一般公共预算收入突破百亿，分别是2011年的1.3倍、1.7倍，年均增长8.2%、11.9%；全社会固定资产投资是2011年的2.3倍，年均增长17.8%；社会消费品零售总额是2011年的1.8倍，年均增长13%，综合经济实力实现了新跨越。

五年来，我们坚持产业为基，调结构增效益，转型升级实现新突破。三次产业结构由2011年的7.9:68.1:24优化至9.1:57.4:33.5，经济结构更趋合理。第一产业增加值年均增长4.7%，走在全省前列；规上工业增加值年均增长9%；第三产业增加值占GDP比重比2011年提高9.5个百分点，成为稳增长、扩就业的生力军。

五年来，我们狠抓基础建设，强载体建平台，发展支撑得到新增强。三淅高速、郑卢高速等一批高速公路项目建成，蒙华铁路等一批铁路项目加快推进，区域性交通枢纽初步形成。三门峡海关、出入境检验检疫局、国家铝及铝制品质检中心、国家果品及果蔬汁检测重点实验室、省黄金贵金属产品质检中心等通关检测机构建成。全市7个产业集聚区累计完成投资3031亿元，年均增长29%，成为推动全市经济增长的主阵地。服务业“两区”建成区面积5.82平方公里，入驻企业1014个，从业人员5.7万人，成为服务业扩量提质的新引擎。

五年来，我们聚焦城乡统筹，拉框架提功能，城乡建设掀开新篇章。《三门峡市城市总体规划（2013—2030）》编制完成，陕州区正式挂牌，中心城区建成区面积71平方公里，人口达到65万，城市功能更加完善，承载能力明显增强；义渑一体化步伐加快，灵宝市、卢氏县城区框架拉大，带动力持续增强；一批重点城镇快速发展，打造美丽乡村示范村204个，初步形成了中心城区、县城、中心镇、美丽乡村协调发展的新型城镇化格局。全市城镇化率53.1%，高于全省4.6个百分点。

五年来，我们加快动能转换，抓改革促开放，经济发展注入新动力。“放管服”改革、经济体制改革、农村改革等重点领域改革稳步推进，国有企业、政府机构、医药卫生等改革取得阶段性成效。抢抓国家“一带一路”战略和晋陕豫黄河金三角区域合作上升为国家战略机遇，持续扩大开放合作，累计引进省外资金1454亿元，年均增长16.1%；实际利用外资46.5亿美元，年均增长11%。深入实施创新驱动战略，全市高新技术企业达到45家，科技型中小企业达到111家，建成省级院士工作站16家，省市级研究中心71家，科技进步对经济增长的贡献率达到53.9%。

五年来，我们注重以人为本，办实事惠民生，群众获得感得到新提升。城乡居民人均可支配收入分别达到25254元和11982元，年均增长8.6%和11.3%，是2011年的1.5倍和1.7倍，农村居民人均可支配收入增速连年位居全省前列。脱贫攻坚深入推进，累计实现16.9万贫困人口稳定脱贫，完成易地搬迁40665人，实施整村推进140个，贫困地区基础设施和公共服务水平大幅提升。城镇新增就业28万人，城镇登记失业率连年控制在3%以下。社会保障制度不断完善，企业退休人员养老金稳步增长，城乡低保标准分别提高53.8%、90.6%。社会事业全面进步，崤函古道成功"申遗"，本科教育实现"零"突破，市中心医院、市中医院晋升"三甲"。生态文明建设成效显著，社会大局和谐稳定。

各位代表！五年来的艰辛奋斗，我们深深感到，做好政府工作：必须坚持党的领导，始终在思想上政治上行动上同以习近平同志为核心的党中央保持高度一致，同省委市委保持高度一致，坚定正确的政治方向。必须坚持以人为本，牢固树立以人民为中心的发展思想，始终做到发展为了人民，发展依靠人民，发展成果由人民共享。必须坚持发展为要，把发展作为解决一切问题的关键，加快发展，提升发展，扩大总量，壮大实力。必须坚持依法行政，强化法治理念和法治思维，坚持法无授权不可为，法定职责必须为，重大决策事项及时向人大及其常委会报告，依法规范权力运行，努力建设法治政府。必须坚持改革创新，把破除体制机制障碍作为加快发展的根本动力，在改革创新中集聚动能、释放活力。这些实践经验，我们将长期坚持并发扬光大。

2016年，是本届政府最后冲刺的收官之年，也是承上启下、开创局面的关键之年。我们认真落实省委省政府和市委各项决策部署，全力以赴稳增长、调结构、促改革、惠民生，全市经济全面企稳回升，底线构筑更加坚实，重大项目全面发力，干成了一批打基础利长远的大事要事，取得了系列具有标志意义的突破，实现了"十三五"良好开局。全市生产总值完成1348.6亿元，同比增长7.7%；财政一般公共预算收入完成100.1亿元，增长7.8%；规上工业增加值完成616亿元，增长7.3%；全社会固定资产投资完成1783亿元，增长15.1%；社会消费品零售总额完成441.1亿元，增长11.2%。

（一）重大项目和重点工作实现新突破。坚持重点带动，一批事关全局的大事要事取得重要突破。"三大战役"扎实顺利推进。脱贫攻坚首战告捷，全市精准脱贫34075人，超额完成省定目标，易地搬迁19484人，35个贫困村退出，荣获全省脱贫工作成效考核第1名；大气污染防治有力有效，PM2.5指标超额完成省定目标，空气质量明显改善，优良天数大幅增加；国企改革不断深化，"三供一业"剥离移交等工作稳步推进。重大项目建设实现重要突破。全市七批共69个项目争取国家专项基金67.3亿元，居全省第3位；20个省重点项目和242个市重点项目分别完成投资147.1亿元、652.7亿元，占年度目标的122.2%和118.9%，为经济发展积蓄了巨大后劲。速达纯电动汽车项目获得国家发改委核准，全国首批、全省首家新能源汽车牌照落户三门峡。投资116亿元的国道310南移项目全线开工，是我市建市以来投资最大的项目。蒙华铁路、垣渑高速等项目进展顺利，陇海铁路取直改线、运三高铁、三洋铁路等项目取得重要突破，使我市朝着高铁、高速"双高中心"和客运、货运中心迈出了实质步伐。央地合作迈出重大步伐。与中国兵器集团等12家央企签订19个项目合作协议，总投资333.2亿元，为经济发展拓展了新空间。高等教育实现历史突破。三门峡社会管理职业学院、三门峡技师学院一次性获得省政府批准，三年内将形成聚集4万人的高等职教园区，成为助推新型城镇化建设，加快产业转型升级新动能。重大改革创新取得重要进展。深化投融资体制改革，整合成立市投资集团公司，初步建成了融资能力近期超千亿、远期超5000亿元的融资平台。新型智慧城市建设全面启动。

(二)供给侧结构性改革不断深化。持续推进种养业、制造业和服务业供给侧结构性改革，三次产业协调发展。特色农业持续壮大。第一产业增加值增长4.7%，增速居全省第1位。果品、食用菌、烟叶等特色产业持续提升，省市农业产业化集群达到39个，规模以上农业龙头企业达到218家，运行良好的农民专业合作社达到1400家，“三品一标”农产品数量达138个，“二仙坡”荣获“中国驰名商标”。涉农电商突破2100家，农产品电商交易额突破10亿元，全省农业电子商务发展现场会在我市召开。工业经济提质增效。实施亿元以上工业转型升级项目53个，完成投资272.8亿元，骏通车辆多功能起重举升专用车、义腾新能源动力锂电池隔膜、宝鑫电子专用铜箔等项目进展顺利，德道电子汽车电子产品等项目建成投产，为加快先进制造业发展奠定了坚实基础。服务业扩量提质。第三产业增加值增长9.1%，占GDP的比重达到33.5%，比上年提高1.2个百分点。三门峡电商产业园、跨境电商产业园投入运营，全市电商主体达到4522家，交易额突破42亿元。成功举办第22届旅游节暨第4届特博会，成功举办中国（三门峡）白天鹅•野生动物国际摄影大展，天鹅湖湿地公园、陕州地坑院受到中央主流媒体广泛关注，“天鹅之城”品牌更靓、人气更旺。全市接待海内外游客3028万人次，旅游总收入258.2亿元，分别增长12.7%和14.5%。

(三)“去降补”工作成效显著。坚定不移去产能。化解煤炭行业过剩产能36万吨，涉及矿井已关停到位。综合施策去库存，全市商品房库存面积229.6万平方米，比年初减少77.7万平方米。服务企业降成本，实施降成本专项行动，9家企业进入省电力交易平台，为企业降低用电成本1540万元；建立市县两级信用担保服务体系，6家政策性担保机构注册资本达到3.6亿元。因地制宜补短板，持续强化基础设施、创新能力、人力资源等方面建设，大石涧水库等一批重大基础设施项目进展顺利，市级以上科技创新平台达到136个，引进培养中高级人才4113人。

(四)区域中心城市建设加快。以新型智慧城市建设为总抓手，拉大框架，做优服务，做强功能，做旺人气，区域中心城市建设取得新进展。新型智慧城市建设全面启动。顶层设计初步完成，运营公司注册成立，“一平台、两中心、三应用”项目有序推进，朝着“管理一块屏，服务一张网，决策一组数”新型智慧城市建设迈出了新步伐。城市空间布局更加优化。陕州区撤县设区，三门峡进入“一城两区”时代；商务中心区完成投资75亿元，“五纵五横”道路框架基本形成，城市新中心形象初显；城乡一体化示范区和三门峡产业集聚区套合完成，管理体制更加规范。湖滨区、陕州区、商务中心区、城乡一体化示范区联动发展格局初步形成。城市功能品位持续提升。大岭北路、崤山路等11条道路打通和提升工程完工，新增城市供热面积50万平方米，黄河公园与陕州公园连接带、青龙涧河景观带改造提升项目建成。洁城行动稳步推进，城市环境和秩序明显改善，通过省级卫生城市复审。旧城区和城中村改造进展顺利。

(五)发展活力不断增强。坚持全面深化改革开放，激发转型发展动力活力。重点领域改革深入推进。扎实推进“放管服”改革，行政审批事项精简幅度居全省前列；营改增试点进展顺利，预算管理制度改革不断深化；土地确权登记颁证等农村改革持续推进；商事制度改革成绩突出，受到国务院表彰，“智慧工商”大数据经验在全省推广。经济发达试点镇、医疗卫生、机关事业单位养老、城乡居民医保整合、公务用车等领域改革取得新进展。开放合作不断扩大。突出培育优势产业，围绕打造黄金产业链、铝及铝精深加工、旅游业、现代物流、电子商务、地区性交通枢纽深化招商，签约招商项目142个，总投资607.1亿元。实际利用外资10.6亿美元，增长5.4%；实际到位省外资金352.2亿元，增长7.6%。进出口逆势上扬，增长155.8%，增速居全省第1位。黄河金三角区域合作迈出新步伐，省级协调机制和市级推进机制初步建立，基础设施、产业发展和公共服务等领域合作不断深化，三门峡市与运城市平陆县城际公交专线顺利开通。政银企合作成效显著。先后与省农发行、国开行、建行签订总金额1500亿元的战略合作协议，协调金融机构为121个项目贷款321亿元，金融对实体经济的支持力度进一步增强。

（六）群众生活持续改善。坚持把保障改善民生作为政府工作的出发点和落脚点。民生投入不断加大。"十项重点民生工程"持续推进，全市财政民生支出137.5亿元，占一般预算支出的73.6%。就业创业扎实推进。深入实施大众创业万众创新，认真落实稳岗扶持政策，全市城镇新增就业6万人，失业人员再就业2.3万人，城镇登记失业率2.82%。社会保障稳步提升。城乡低保年补助标准分别上调600元和450元，城镇居民医保年人均补助标准提高到420元，城镇居民大病保险制度、农村居民重大疾病保障机制进一步完善。企业和机关事业单位退休人员基本养老金调整到位。社会事业不断进步。"全面改薄"、城镇义务教育资源扩充计划扎实推进，第二期学前教育三年行动计划全面完成，引进江苏教育集团清华园学校项目开工。城市公立医院综合改革进展顺利，妇幼保健院和儿童医院开工建设，全面二孩政策稳妥实施。《文化三门峡》丛书初稿编撰完成，"2016中国•三门峡横渡母亲河"活动被授予中国"体育旅游精品赛事"称号。精神文明成果丰硕。黄河公园、湖滨区涧南社区、灵宝河西村入选河南省首批社会主义核心价值观建设示范点，未成年人思想道德建设、志愿者服务和农村精神文明创建活动扎实开展。社会大局保持平稳。预防和化解社会矛盾，全面排查处置非法集资风险，信访形势总体平稳。持续加强安全生产和食品安全监管，平安三门峡、法治三门峡建设扎实推进，群众安全感持续提升。

扎实开展"两学一做"学习教育，驰而不息纠正"四风"，政府自身建设不断加强。主动接受市人大及其常委会监督，支持市政协履行职能，认真办理人大代表建议184件、政协委员提案230件。双拥共建再创佳绩，荣获全国双拥模范城"五连冠"，军民融合有效推进，军政军民团结更加巩固。统计、审计、外侨、民族宗教、对台、史志、人防、气象、防震减灾、无线电、黄河河务、妇女儿童、残疾人、老龄、慈善等工作取得新成绩。

各位代表！市政府各项成绩的取得，是省委省政府和市委正确领导的结果，是市人大、市政协大力支持的结果，是全市人民团结拼搏的结果。在此，我代表市人民政府，向全市各行各业的建设者，向各位人大代表、政协委员、各民主党派，向驻峡解放军、武警官兵、公安干警，向广大客商以及关心支持三门峡发展的各界人士，致以崇高的敬意和衷心的感谢！

在看到成绩的同时，我们也清醒地认识到，目前经济社会发展仍存在不少矛盾和问题：经济发展水平不高的基本市情还没有根本改变，总量不大，综合实力不够强；传统产业占比偏高，新兴产业培育不快，结构不优，特色优势不明显，区域竞争力不够强；农村贫困人口量多面广，脱贫攻坚任务依然艰巨，生态建设、环境保护、安全生产等方面仍存在薄弱环节，转型发展攻坚任务较重；城乡公共服务和基础设施保障等方面欠账较多，与群众期望仍有差距，民生改善任务较重；政府依法行政水平和政务服务效能有待进一步提高，少数公务员懒政怠政等问题仍然存在，优化发展环境任务较重等。对此，我们将在新一届政府任期内，采取有效措施，切实加以解决，决不辜负全市人民的重托！

二、今后五年政府工作的总体要求和奋斗目标

未来五年，是我市全面建成小康社会的决胜期，是实现经济社会转型发展的攻坚期，也是加快建设省际中心城市的机遇期。从外部环境看，国内宏观经济总体平稳的大环境没有改变，国家“一带一路”战略、河南省“三区一群”和晋陕豫黄河金三角区域合作战略的深入实施，将为我们加快转型发展提供强有力的政策叠加机遇。从自身条件看，多年发展打下的基础扎实，项目支撑有力，未来转型发展的方向明确、目标清晰，特别是全市上下人心思稳、人心思干、人心思进的局面正在形成，敢于担当、干事创业的合力加速凝聚，为我们加快发展提供了坚实的产业基础、群众基础和思想基础。机遇承载使命，责任考验担当。只要我们坚定信心、团结拼搏，经过不懈奋斗，就一定能够开创转型发展新局面！

今后五年工作的总体要求是：高举中国特色社会主义伟大旗帜，以邓小平理论、“三个代表”重要思想和科学发展观为指导，深入贯彻落实习近平总书记系列重要讲话精神，按照“五位一体”总体布局和“四个全面”战略布局，落实新发展理念，紧紧围绕建设省际中心城市这一目标，围绕提升区域核心竞争力这一根本，加快转型创新发展，加快推进“四个大市”建设，以“三次创业”凝聚人心士气，以“效能革命”激发动力活力，推动经济持续健康发展和社会和谐稳定，决战决胜打赢脱贫攻坚战，奋力夺取全面建成小康社会伟大胜利。

今后五年的发展目标是：

全面建成小康社会目标圆满完成。在提高发展质量效益的基础上，主要经济指标增速高于全省和黄河金三角地区平均水平。地区生产总值年均增长8%以上；全社会固定资产投资年均增长、财政一般公共预算收入年均增长均超过全省平均水平，人均指标继续走在全省前列。农村贫困人口全部脱贫，贫困村全部退出，卢氏县摘帽脱贫。物质文明、精神文明、政治文明和生态文明共同进步。

转型创新发展实现重大突破。经济结构战略性调整取得显著成效，特色农业持续壮大，新型工业化加速推进，现代服务业扩量提质，网络经济快速发展，努力建设新型工业化城市、高成长性服务业先进市、特色农业强市、网络经济大市，初步实现新型工业化、新型城镇化建设的历史任务。

省际中心城市建设取得实质性进展。“双百战略”深入实施，城市框架显著拉大，传统优势产业和战略新兴产业不断壮大，初步建成“三地五中心”，即中西部地区重要的先进制造业基地、全国重要的大宗商品物流基地、全国知名的旅游目的地和全国有影响的行业数据中心、大健康中心，中西部地区重要的黄金珠宝加工交易中心，黄河金三角地区客运中心和高等职业教育中心。城市的集聚、辐射、带动功能不断增强，在黄河金三角地区的引领作用进一步凸显。

区域核心竞争力全面增强。传统产业改造升级加快，新产业、新动能持续凝聚，产业实现链条由“价值链低端”向“价值链中高端”转变，产业竞争力持续增强；文化资源深度开发，文化产业创新发展，基本建成华夏历史文明传承创新区重要板块，文化竞争力持续增强；生态文明建设迈上新台阶，天更蓝、水更清、地更绿、城市更宜居，生态竞争力持续增强；努力营造公平竞争的市场环境、安全放心的消费环境、守法诚信的发展环境和廉洁高效的政务环境，新型智慧城市建成运营，服务竞争力持续增强，全面增强区域核心竞争力。

人民生活水平显著提升。基本公共服务均等化

水平稳步提高，公共服务体系更加健全，社会保障体系进一步完善，人民健康水平持续提升，教育事业全面进步。收入分配制度不断完善，城乡居民收入普遍较快增长，城乡收入差距逐步缩小。人民群众精神文化生活更加丰富，创造活力进一步激发。改革发展成果更多更公平地惠及全市人民，社会治理能力和水平进一步提高，人民群众的安全感、获得感、幸福感明显增强。

三、2017 年政府工作的主要目标和任务

今年是实施“十三五”规划的关键之年，是推进供给侧结构性改革的深化之年，也是全面落实省十次党代会、市七次党代会各项部署的开局之年。做好今年政府工作，对于巩固发展良好态势，全面推进各项事业，维护社会大局稳定至关重要。

根据市委经济工作会议部署，今年经济社会发展的主要预期目标是：生产总值增长 8%以上，财政一般公共预算收入增长 8%，全社会固定资产投资增长 12%左右，社会消费品零售总额增长 11%左右，进出口总值保持稳定，城乡居民人均可支配收入分别增长 8%和 9%左右；节能减排、环境保护等约束性指标完成省定任务，发展质量和效益明显提高，供给侧结构性改革取得实质性进展。

重点抓好八个方面工作：

（一）加大招商引资力度，强化项目建设，促进经济稳定增长。紧紧围绕发展壮大优势产业，以大招商引进大项目，以大项目带动大发展。

强化招商引资扩增量。围绕发展和壮大优势产业，重点打造以铝精深加工和新能源汽车为主的装备制造产业园、黄金珠宝首饰加工产业园、铜精深加工产业园、大数据产业园、物流产业园，紧紧盯住重点央企、大型民企、新兴市场主体，招引一批科技含量高、市场前景好、产业带动强的项目。积极适应招商形势变化，强化协会招商、网络招商、以商招商，提高招商实效。压实工作责任，加强落地项目服务，重点项目实行“五个一”推进机制，切实提高签约项目“三率”。

抓好项目建设强基础。坚持以项目建设为抓手，着力扩大有效投资，重点抓好 240 个省、市重点项目，年度完成投资 580 亿元以上。持续推进速达纯电动汽车项目建设，确保按时顺利通过工信部生产准入，加快建设 500 亿级新能源汽车产业集群。加快推进同人铝业铝合金铸造及深加工、戴卡轮毂铝合金汽车轮毂项目，力争早日投产；抓好凯斯曼（三门峡）汽车零部件项目前期工作，争取早日开工。深入落实国家和省一系列鼓励民间投资的支持政策，顺应国家有序放开配电网、电信、市政、社会服务等领域市场准入，谋划研究一批符合民间资本和各类产业基金“胃口”的好项目，吸引更多民间资本进入。

稳定经济运行保基本。加强经济运行调控，建立土地、资金等重点要素与外部市场联动调节机制。突出抓好企业服务，完善市领导分包、“首席服务员”等制度，持续搞好产销、银企、用工、产学研“四项对接”，加大对黄金、电解铝、煤化工、装备制造等困难行业的政策和信贷支持力度，实现主导产业经济运行平稳。切实防范风险隐患，妥善应对不良资产、企业互保等风险，严厉打击和处置非法集资，有效防控金融市场风险；引导企业强化风险意识，加强财务管控，优化债务结构，降低企业杠杆，稳健有序发展，有效防控企业经营风险；推动政府融资机制规范化、透明化和法制化，有效防控债务风险。

（二）加快结构转型升级，提高供给体系质量和效率。加大供给侧结构性改革力度，努力走出一条结构优、效益佳、活力足、后劲强的发展路子。

持续加快“去降补”任务落地。把“三去一降一补”作为供给侧结构性改革的硬任务和转型发展的着力点持续推进。去产能，合理安排产能退出时

序和进度，做好14个煤矿的退出工作，妥善处置“僵尸企业”，用市场、法治的办法做好去产能工作。去库存，因城施策、分类指导调控房地产市场，通过加大棚户区改造货币化安置、鼓励农民进城购房、扩大公积金受益覆盖面等措施，消化房地产库存。去杠杆，把降低企业特别是国有企业杠杆率作为重中之重，盘活企业存量资产，提高直接融资比例，探索不良资产收益权转让试点，通过债转股、资产重组、上市融资等方式实施债务重组，优化负债结构。降成本，深入落实国务院降成本工作方案和省定50条措施，积极推动减税、降费、降要素成本，同时推动企业“眼睛向内”降本增效。补短板，重点抓好投资100亿元的国家储备林基地建设、投资122亿元的城中村和棚户区改造、投资65亿元的城市生态水系工程等薄弱领域的重大项目，补齐经济社会发展短板。

持续推进供给侧结构性改革。加快产业结构调整，不断提升产业核心竞争力。强化工业经济“双轮驱动”，围绕提升中高端加工、迈向中高端水平这一目标，强化传统优势产业升级、接续替代产业培育“双轮驱动”，一手抓黄金、铝、煤化工等传统产业提升发展，着力激活传统动能，一手抓新能源汽车、装备制造、铜精深加工、特种机器人、食品、生物医药等战略性新兴产业创新发展，着力打造经济增长新引擎。加快现代服务业提质转型，重点抓好现代物流、黄金珠宝加工交易、金融保险、信息服务、文化旅游和健康养老等六大主导产业发展，深入推进农业电子商务发展三年行动计划，促进电子商务持续发展。增加特色农产品优质供给，加强地理标志保护产品开发、保护和利用，生产更多具有生态属性的中高端农产品。以苹果为突破，打造农业生产物联网，完善农产品标准质量体系。加快推进农村一二三产业融合发展，以寺河山万亩果园、二仙坡苹果基地为龙头，促进观光农业、加工农业、体验农业、乡村旅游有机融合发展。

持续加强科学发展载体建设。坚持产业集聚区发展定位，突出壮大主导产业集群优势，着力破解产业配套、融资支持、人力资源、土地保障、管理体制等瓶颈制约，持续推进产业集聚区“三上一提高”。全市产业集聚区实现规上工业增加值增长10%左右，主营业务收入增长10%左右，固定资产投资增长13.5%以上。持续推进商务中心区扩容提质，年内完成投资100亿元以上，促进与陕州区、湖滨区及相关区域有机融合，实现联动发展；加快招商项目建设、盘活问题项目，推动各类优质教育、医疗资源汇集，培育打造生产性服务业集聚中心。加快推进特色商业区设施完善和产业提升，重点抓好高阳山国际温泉度假区、万洋国际商贸博览城等一批龙头项目，打造优势服务业产业集群。加快城乡一体化示范区建设，完成总体规划评审，先行启动一批基础设施和产业项目。

（三）着力建设“三地五中心”，培育转型发展新优势。依托区位交通、自然资源、文化旅游等方面的比较优势，着力打造“三地五中心”，为建设省际中心城市提供有力支撑。在先进制造业基地建设上，依托现有产业基础，重点打造汽车、黄金、铝工业、煤及煤化工四大全产业链，着力打造装备制造产业园、珠宝首饰加工产业园、铜精深加工产业园、节能环保产业园、大数据产业园、中加科技产业园、中国—以色列光电产业园，加快培育先进装备制造业，改造提升水工机械、化工机械、矿山机械等传统制造业，积极发展量仪、白刚玉等制造业配套产业，努力打造中西部地区重要的先进制造业基地。在物流基地建设上，依托陇海、蒙华、三洋三大国家干线铁路交汇优势和金精粉、铜精矿大进大出实际，深化与杭州锦江集团等大企业合作，加快推进大宗商品物流产业园项目，建设“物流云”和物流行业数据中心，积极推动冷链、保税、电子商务等行业物流园区建设，努力建设全国重要的大宗商品物流基地。在旅游目的地建设上，依托旅游资源优势，积极与深圳华侨城、旅游百事通等国内大型旅游集团合作，着力引爆天鹅湖、地坑院、三门峡大坝、豫西大峡谷、函谷关等核心景点，打造精品线路，发展智慧旅游，形成“点、线、面”有机结合的全域旅游发展新格局，努力建设全国知名的旅游目的地城市。在行业数据中心建设上，依托气候凉爽、地质稳定、电力充足等适宜数据机房建设的优势，与国内外知名互联网企业进行深度合作，加快谋划建设区域性大数据中心，努力打造全国有影响的特色农产品、黄金行业数据中心。积极培育发展智能装备、信息感知、移动终端、新型显示、智能应用等大数据端产品产业，以大数据引领业态创新和产业升级。在黄金珠宝加工交易中心建设上，依托黄金资源和精炼金产能优势，整合小秦岭等区域黄金资源，加快金源矿业、灵宝黄金股份等黄金企业改造升级，加快建设三门峡黄金珠宝交易中心、加工中心，打造特色黄金小镇，推动黄金珠宝、黄金工业品加工、黄金交易等后续产业发展，打造黄金全产业链，建设在中西部地区重要的黄金珠宝加工交易中心。在大健康中心建设上，依托森林覆盖率高、负氧离子多、温泉品质好等自然资源优势和道家养生文化等文化资源优势，着力推动陕州高阳山、翡翠丽池温泉扩大规模、提升层次，增强陕州地坑院品牌影响力，逐步把品质独特的自然、文化优势发挥出来，努力打造全省乃至全国有影响的休闲度假中心。推动市中心医院、黄河医院、中医院做优做强重点专科，积极推动与郑大一附院、省中医药大学等合作，建设集医疗、康复、保健、度假、养老为一体的新型医养中心。加快妇幼保健院和儿童医院建设，推动与互联网医疗公司合作，建设高水平的智慧医院和互联网医院，努力打造黄河金三角地区医疗服务中心。在客运中心建设上，积极推进运十高铁、运三高速、垣渑高速、栾卢高速等项目建设，加快形成高铁、高速“双高”交汇格局；抢抓国家低空空域开放机遇，谋划推进三门峡通用机场、通用航空产业园等项目，努力打造黄河金三角地区客运中心。在高等职教中心建设上，依托三门峡职业技术学院，积极创建国家优质高职院校，加快独立设置本科院校建设，全面启动职业技术学院新校区建设；进一步扩大河南科技大学应用工程学院招生规模，力争今年突破400人；积极抓好三门峡社会管理职业学院、三门峡技师学院招生工作；深化与中国黄金集团合作，推动黄金工业学校升格为三门峡黄金学院，推动建设一所本科、四所大专的高等职业教育格局，尽快形成聚集4万人左右的职教园区，努力打造黄河金三角地区高等职业教育中心。

（四）科学推进新型城镇化，初步建成新型智慧城市。顺应我省推进国家大数据综合试验区建设趋势，抢抓从IT（信息技术）时代转向DT（大数据）时代契机，全面贯彻落实国家、省新型城镇化相关部署，统筹规划，一体建设，在线管理，不断加快推进新型智慧城市建设，努力实现“一年打基础、两年出形象、三年成先进”的目标。年内建成运行“一平台、两中心、三应用”，即云计算平台，城市运营指挥中心、大数据中心，移动协同办公系统、智慧城管、互联网+政务，形成新型智慧城市的基本框架。

统筹规划。以政用、民用、商用为主线，以“优政、惠民、兴业”为目标谋划好新型智慧城市建设，不断推动互联网与政府治理深度融合，与便民服务深度融合，与实体经济深度融合，与城市规划建设深度融合，全面提升城市治理现代化和人性化水平。政用方面，建设完成移动协同办公系统、智慧城管和人口库、法人库、宏观经济库等重要数据库，做到用数据说话、用数据决策、用数据管理、用数据创新、用数据发展，推进政府决策科学化、社会治理精准化、公共服务高效化。民用方面，建设完成互联网+政务服务，推动重点公共区域免费无线WIFI全覆盖，推进医疗、教育、社保等智慧服务建设，让数据多跑路，让群众少跑腿，提升人民群众的幸福感。商用方面，围绕企业对数据的需求，大力推进数据资源汇聚共享开放，构建大数据产业发展生态，激发市场主体活力，鼓励和支持社会力量参与大数据基础设施建设和大数据创新应用，促进大数据专业化、市场化发展，推动政府、企业、社会共采“数据金矿”，实现多方共赢发展。

一体建设。坚持地下地上一体推进，线上线下一体推进，智慧城市建设和大数据产业培育一体推进，实践探索和制度创新一体推进，不断加大投入力度，积极推进相关职能整合、项目整合和数据整合，统筹实施新型智慧城市建设“四个一”工程，即全市联通“一张网”，数字空间“一张图”，数据产业“一个园”，建设运营“一套制度体系”，形成软硬结合、远近结合、四位一体、系统完备的新型智慧城市建设体系。“一张网”，就是推动互联网、专网、物联网建设，加快建设全市云平台和大数据中心，推广县（市）城区光纤接入，积极开展4G+技术普及应用，推动区域互联、万物互联、人人互联，拓展网上空间，建设“网上三门峡”。“一张图”，就是地下加快推进海绵城市、综合管廊、人防工程建设，地上持续完善提升城市基础设施水平，扎实推进五原中路等12条城市道路、商务中心区供热管网等基础设施项目，尽快开工城市生态水系、青龙谷公园等重点工程，同步部署和采集相关数据信息，实时收集相关数据，着力打造城市地上地下空间数据库，形成“图上三门峡”。“一个园”，就是建设大数据产业园，坚持以特色农业大数据、物流大数据、黄金大数据等行业数据中心建设和大数据应用为基本方向，注重政府与市场协同发力，与华为、中兴、浪潮、启明星辰等国内知名互联网企业深度合作，积极开展大数据深度挖掘和创新应用，引进和培育一批具有行业领先地位的大数据企业，形成一批具有自主知识产权的大数据产品，建成一批有较强辐射带动力的大数据关联业态，努力打造全省一流的大数据产业中心、大数据应用先导区、大数据企业集聚区和制度创新先行区，为全市转型发展提供新动能。“一套制度体系”，就是坚持自主可控可持续的新型智慧城市建设道路，积极开展体制机制创新。在领导体制上，加快组建大数据局，整合相关部门信息化职能，与新组建的国有控股三门峡崤云信息股份有限公司一同构成全市智慧城市建设的领导主体和实施主体，全面掌控新型智慧城市建设进程；在政策机制上，加强新型智慧城市建设和大数据产业发展相关政策研究，形成一整套制度体系，为新型智慧城市建设和大数据产业发展提供完善的制度保障。

在线管理。充分发挥信息化在城市管理、民生服务、应急管理和政务管理等方面的巨大作用，切实做到“三门峡在线”。实现城市日常管理在线，加快推进智慧城管、智慧交通、智慧水务、智慧社区建设，让城市运行更顺畅，反应更迅速，管理更高效，处置更精准。实现民生服务在线，建好“12345”市民热线平台，实现便民话务服务“一号通”；建设移动终端便民APP，实现便民查询、办理“一点通”；建设财政惠民资金支付系统，实现社保、医保等便捷结算“一卡通”，让群众更好地享受到舒适与便捷。实现应急管理处置在线，加快城市运营指挥中心建设，提升消防、森林防火、防汛抗旱、地质灾害、群体事件等突发事件的智慧化监控和综合处置水平，使突发事件第一时间反应，第一时间处置。实现政务管理监督在线，加快推进移动协同办公系统、互联网+政务建设，让公务员履职尽责时刻在线、步步留痕，把权力关进“数据铁笼”，推动效能革命深入开展，使政务更公开、更阳光、更透明。

（五）持续强化开放带动，不断扩展发展空间。牢固树立开放、竞合、共赢的发展理念，持续扩大对内对外开放，拓展发展新空间。

深入推进央地合作。加强合作意向的跟踪对接，组织专人专班开展服务，建立周报制度，定期集中办公，推动一批合作项目尽快签约落地，加快陕州区航科总部经济基地等项目进度，为全市转型发展提供新的动力和支撑。

持续扩大开放合作。主动融入“一带一路”，持续完善通关体系，加快建设国家级黄金贵金属质检中心，积极与洛阳、西安等丝路沿线城市开展区域合作对接，实现借力发展、错位发展、联动发展。深入推进黄河金三角区域合作，促进产业分工协作，加强生态环境共保共治，推动基本公共服务共建共享。结合产业匹配实际，积极推动与中科院、中南大学等高校和科研院所合作，联合开展技术攻关，推动科技创新实现新突破。

大力发展外经外贸。用好跨境电商综合试验区试点城市机遇，扩大跨境电商产业园规模。积极推进铁路口岸建设，争取年内建成铜精矿进口指定口岸。稳步提升食用菌、鲜果、轮毂等传统出口产品市场份额，组织开展三门峡名优产品丝路行活动，带动更多终端消费品开拓国际市场。鼓励引导优势企业“走出去”，支持中原黄金冶炼厂香港贸易公司发展，进一步扩展外贸合作。

不断优化开放环境。强化“客商第一、服务至上”理念，为项目提供“保姆式”服务，着力营造务实高效的政务环境、公开透明的法治环境、有诺必践的诚信环境、和谐平安的发展环境、尊商富商安商的社会环境。

（六）大力推进改革创新，增强经济发展动能。围绕破解经济社会发展深层次矛盾和问题，深化重要领域和关键环节改革，进一步激发市场活力和社会创造力。

深入推进转型发展攻坚。坚持高端化、绿色化、智能化、融合化，结合实际制定转型攻坚五年行动计划，力争今年在一些重点领域实现实质性突破。

深入推进投融资体制改革。加快市级投融资平台财务整合，推动市投资集团做大做强，力争年内融资100亿元。发挥好各类产业投资基金作用，谋划建立智慧城市、文化旅游、特色农业、黄金珠宝加工、节能环保、城市基础设施等基金，以市场化手段带动社会投资稳步增长。

深入推进国企改革攻坚。进一步完善国有资产管理制度，加快推进政企分开、政事分开，开展国有企业领导选聘工作试点，确保资产保值增值。着力推动功能类、公益类国有企业改革向纵深发展。

深入推进“放管服”改革。优化营商环境，持续降低制度交易成本，继续精简行政审批事项，全面推行权力、责任和效率清单，清理规范中介服务，开展减证便民专项行动。继续深化商事制度改革，实现“双随机、一公开”监管全覆盖。完善“互联网+政务服务”网络，推动行政审批和公共服务事项向网上办事大厅延伸。

深入推进财税金融体制改革。健全县级财政保障机制，继续深化各项预算管理制度改革。抓好税收征管体制改革综合试点工作，建立完善社会保险费征管新机制。依托湖滨农商行和陕州农商行，谋划发展地方金融机构，更好地服务经济发展。

深入推进农村改革。尽快完成“三块地”确权登记发证工作，落实承包土地“三权分置”办法，继续深化水利、林业、供销等改革。

深入推进教育体制改革。落实义务教育县级政府主体责任，进一步整合中心城区教育资源、理顺管理体制，发挥义务教育的基础保障作用。鼓励社会资本投入教育领域，支持民办教育发展。持续推进资源管理、医药卫生、金融、科技、电力、价格、司法等领域改革。

（七）着力改善生态环境，加快推进绿色发展。牢固树立“绿水青山就是金山银山”的理念，加强生态文明建设，努力实现更高质量、更有效率、更加公平、更可持续的发展。

打好环境污染防治攻坚战。继续开展大气治理攻坚，聚焦重点源头、重点行业、重点区域，深入推进科学治污、依法治污、全民治污，全面完成省空气质量改善终期考核目标任务。打响水污染治理攻坚战，严格落实“河长制”，一河一策、水陆统筹，系统推进水污染防治、水生态保护和水资源管理，确保省控断面水质达标。积极推进土壤污染防治，启动土壤污染状况详查，加强土壤污染治理与修复，推进重点地区重金属污染物防治，严格危险废物环境监管。

加快生态环境建设。划定生态保护红线，突出抓好森林、湿地、流域、农田、城市“五大生态”建设，积极争取国家山水林田湖生态保护修复试点城市。继续深入开展小秦岭、黄河湿地生态环境整治，加快实施高铁、高速、国道两侧通道绿化提升工程。完成造林35万亩，森林抚育和改造31万亩。

加大节能减排力度。实施能源消费、水资源消耗总量和强度控制，开展重点行业能效提升工程，实施绿色制造标准化提升行动，推进公共机构建筑节能改造。建立控制污染物排放许可制度，开展低碳试点示范。推进大宗固废综合利用和园区循环化改造，加快传统产业绿色化改造。

（八）始终坚持以人民为中心，切实保障改善民生。集中力量办好省市“十项重点民生工程”等民生实事，让人民群众有更多获得感。

深入推进脱贫攻坚。坚持把脱贫攻坚作为第一民生工程、重大政治任务和头等大事，对照精准扶贫、精准脱贫基本方略，拿出“绣花”功夫，以建立产业扶贫基地（车间）为抓手，以提高贫苦户致富技能为根本，综合实施一批产业扶贫、转移就业、易地搬迁、生态补偿、旅游扶贫、电商扶贫、光伏扶贫工程，层层压实责任，激发内生动力，创新方式方法，严格考核奖惩，确保按时完成5万人脱贫、3.9万人易地搬迁脱贫、91个贫困村退出的年度目标，坚决打赢脱贫攻坚战。

统筹解决城建遗留问题。结合去库存，综合运用经济、法律、行政手段，盘活相关房地产项目。采取多种形式，鼓励社会资本参与城市基础设施建设，持续增加城市供暖面积、提高供暖质量，切实解决入学难、如厕难、停车难等与居民生活息息相关的问题，让我们的家园更温暖、更方便、更舒适。

扎实促进就业创业。完善就业创业服务体系，加快创业孵化园和创业基地建设，鼓励大众创业创新，重点支持农民工返乡创业。持续推进全民技能振兴工程，加强劳动技能培训，确保城镇新增就业3.6万人以上。

持续完善社会保障。全面完成机关事业单位养老保险制度改革，加快城乡居民基本医疗保险整合，提高基本养老金标准，提高城乡低保、城乡居民医保财政补助标准，完善医疗、失业、工伤、生育保险市级统筹。加强农村低保与扶贫政策有效衔接，落实特困人员供养制度和残疾人两项补贴，切实兜住困难群体民生底线，使困难群众心里有温暖、生活有奔头。

积极发展社会事业。扎实推进第三期学前教育行动计划和“全面改薄”工作，加快清华园学校、外国语小学改扩建等项目建设。推进健康三门峡建设，深化医疗、医保、医药“三医联动”，深入推进城市公立医院综合改革和县域综合医改，有序开展分级诊疗和家庭医生健康签约服务试点，落实困难群众大病补充保险制度，落实好计划生育家庭奖励优惠政策。加快“五馆一中心”等公共文化服务体系建设，尽快开工庙底沟遗址公园，积极推进重大文化工程，发展壮大文化产业，努力打造文化高地。加强公共体育服务体系建设，积极开展全民健身活动，办好市第八届运动会。

不断推进社会治理创新。深入推进企业安全生产标准化建设，确保安全生产形势平稳。坚持源头控制、产管并重、重典治乱，坚决把好人民群众饮食用药安全的每一道关口。完善信访工作机制，健全完善矛盾纠纷排查化解制度，做好重大项目社会稳定风险评估，加强网络舆情管理，确保社会大局和谐稳定。持续推进平安三门峡建设，大力推行治安防控社会化，深化“一村一警”建设，不断提升群众的安全感。深入践行社会主义核心价值观，抓好群众性精神文明创建，培育社会文明新风。

加强国防教育和国防后备力量建设，支持国防和军队改革，支持驻峡解放军、武警部队、预备役部队、民兵和人民防空建设，扎实推进军民融合，深入开展双拥共建，让军政军民团结之树根深、枝繁、叶茂！支持工会、共青团、妇联等人民团体更好发挥桥梁纽带作用。继续做好统计、审计、外侨、对台、史志、档案、地震、民族宗教、防灾减灾等工作。

四、加强政府自身建设

我们将按照推进国家治理体系和治理能力现代化的要求，以新精神新理念引领政府改革建设、总揽政府职能转变、贯穿政府各项工作，努力建设人民满意政府。

增强“四个意识”，坚决维护中央权威。始终在思想上政治上行动上同以习近平同志为核心的党中央保持高度一致，切实增强政治意识、大局意识、核心意识、看齐意识。自觉坚持党的基本路线，自觉贯彻党的方针政策，严守政治纪律，恪守政治规矩，保持政治定力，始终做到忠诚、干净、担当，坚决把党中央国务院、省委省政府和市委的决策部署落到实处。

推进依法行政，加快建设法治政府。全面贯彻法治政府建设实施纲要，尊崇法治、敬畏法律、依法办事。坚持公正文明执法，加强执法监督，依法履行职能，把政府活动全面纳入法治轨道。依法接受人大法律监督和工作监督，自觉接受政协民主监督，主动接受社会和舆论监督，严格执行市人大及其常委会的决议、决定，认真听取人大代表、政协委员、民主党派、工商联、无党派人士和各人民团体的意见、建议，所有工作都要体现人民意愿、维护人民利益、接受人民监督。

开展效能革命，大力弘扬“三干”作风。扎实开展 “效能革命”，不断强化政府系统的企业精神和竞争意识，大力倡导干事、干练、干净的务实作风，建立科学高效的工作机制。健全政府工作落实首问负责制、办文办事限时制，进一步压缩会议、精简文件，突出干字当头，真抓实干、埋头苦干，以雷厉风行的实劲、一抓到底的狠劲、锲而不舍的韧劲成就事业、造福人民。强化担当尽责，改进绩效考核办法，完善工作督查制度，健全激励约束机制，鼓励干事，鼓励担当，鼓励奉献，与人民群众同心协力，以实干推动发展，以实干赢得未来！

加强廉政建设，始终保持廉洁本色。认真落实全面从严治党要求，把党风廉政建设和反腐败工作不断引向深入。坚决贯彻落实中央八项规定和省市实施意见，一以贯之纠正“四风”。聚焦重点领域，加强行政监察和审计监督，严肃查处侵害群众利益的不正之风和腐败问题，保持惩治腐败高压态势，持续优化政治生态。

使命重在担当，实干铸就辉煌。让我们更加紧密地团结在以习近平同志为核心的党中央周围，团结带领全市人民，同心同德，拼搏进取，奋力开创三门峡转型发展新局面，以优异成绩迎接党的十九大胜利召开！

三门峡市统计局
关于2016年国民经济和社会发展的统计公报

（2017年4月1日）

2016年，面对严峻复杂的宏观经济环境和艰巨繁重的转型发展任务，全市上下深入贯彻落实中央、省、市各项决策部署，主动适应经济发展新常态，扎实推进供给侧结构改革，统筹推进稳增长、促改革、调结构、强基础、惠民生、防风险各项工作，经济发展呈现出稳中回升、稳中加快、稳中向好的运行态势，民生继续得到改善，各项社会事业取得显著进步，实现了“十三五”良好开局。

一、综合

初步核算，2016年全市生产总值1348.55亿元，按可比价格计算，比2015年增长7.7%。其中：第一产业增加值123.50亿元，增长4.7%；第二产业增加值773.64亿元，增长7.3%；第三产业增加值451.41亿元，增长9.1%。三次产业结构由2015年的9.5：58.2：32.3变化为9.1：57.4：33.5。全市人均生产总值为59901元，比2015年增长7.5%。

与2015年相比，生产总值增速提高4.4个百分点，第三产业比重提高1.2个百分点，人均生产总值提高4220元。

全年居民消费价格总水平比2015年上涨1.3%，其中食品烟酒类价格上涨2.7%。在食品烟酒类中，鲜菜价格上涨10.8%，畜肉价格上涨10.0%。

全年城镇新增就业人员6.02万人，失业人员再就业2.33万人，其中就业困难人员再就业1.04万人。年末城镇登记失业率为2.82%，控制在省定4.5%的目标之内。

截止年底，全市有省级产业集聚区7个，区内企业1536个，从业人员18.90万人；商务“两区”7个（商务中心区1个，特色商业区6个），区内企业1014个，从业人员2.23万人。

二、农业

全年粮食总产量66.79万吨，比2015年下降6.7%，其中夏粮33.15万吨，下降10.4%，秋粮33.64万吨，下降2.7%；烤烟产量4.36万吨，增长4.7%，棉花产量0.14万吨，增长27.5%，油料产量3.52万吨，下降2.6%；肉类总产量11.31万吨，增长4.6%，禽蛋产量5.52万吨，下降2.7%，牛奶产量4.54万吨，下降6.4%。

农业特色产业稳步发展。2016年，全市果、牧、菌、菜、烟等八大特色产业产值达184.46亿元，占全市农林牧渔业总产值的比重达85.9%，比2015年提高0.4个百分点。其中：水果产值71.32亿元，按可比价格计算（下同）增长5.2%；牧业产值43.13亿元，增长3.8%；食用菌产值26.74亿元，增长13.3%；蔬菜产值22.64亿元，增长0.8%；烟叶产值11.01亿元，增长4.7%。

三、工业和建筑业

全年全部工业增加值700.87亿元，比2015年增长7.1%，增速比2015年提高5.1个百分点。其中，规模以上工业增加值616.00亿元，增长7.3%，增速比2015年上升5.5个百分点。规模以上工业中，轻工业增加值增长11.8%，重工业增加值增长6.9%，轻、重工业比例为7.9：92.1。全年规模以上工业产品销售率为98.2%。

全市规模以上工业涉及的35个行业大类中，增加值规模居前6位的行业及其增速分别为：有色金属矿采选业完成工业增加值251.71亿元，比2015年增长9.9%；有色金属冶炼和压延加工业完成67.11亿元，增长12.1%；非金属矿物制品业完成55.09亿元，增长6.8%；煤炭开采和洗选业完成35.85亿元，下降7.6%；化学原料和化学制品制造业完成28.87亿元，增长6.4%；电力、热力生产和供应业完成26.88亿元，增长2.7%。

工业高新技术产业和高成长性产业领先增长。2016年，全市高新技术产业共完成工业增加值104.62亿元，比2015年增长9.3%，增速高于全部规模以上工业平均增速2个百分点，拉动全市规模以上工业增长1.6个百分点，占全部规模以上工业增加值的比重为17.0 %。高成长性产业(指电子信息产业、装备制造业、汽车及零部件产业、食品产业、现代家居产业、服装服饰等)共完成工业增加值91.84亿元，增长13.1%，增速高于全部规模以上工业平均增速5.8个百分点，拉动全市规模以上工业增长1.9个百分点，占全部规模以上工业增加值的比重为14.9%，比2015年提高0.6个百分点。

全市主要工业产品中，全年生产量增长的产品占67%，主要有：锂离子电池增长45.2倍，电解铜增长2.5倍，硫酸增长125.4%，白银增长59.8%，软饮料增长20.3%，精甲醇增长18.9%，磨具增长16.4%，铅增长15.4%，白酒增长9.2%，磨料增长8.6%,耐火材料制品增长8.2%,汽车配件增长5.8%，氧化铝增长5.3%，改装汽车增长4.2%，水泥增长0.7%。产量下降的产品主要有：黄金下降30.3%，电解铝下降18.8%，原煤下降17.6%，发电量下降7.0%，铝材下降2%，量仪下降0.7%。

全年全市规模以上工业企业实现主营业务收入3696.06亿元，比2015年增长6.0%；实现利润总额211.34亿元，下降1.2%。主营业务收入超百亿元的行业分别为：有色金属矿采选业实现主营业务收入1447.40亿元，增长15.5%；有色金属冶炼和压延加工业实现主营业务收入816.35亿元，增长3.5%；煤炭开采和洗选业实现主营业务收入318.12亿元，下降8.9%；非金属矿物制品业实现主营业务收入218.83亿元，增长5.3%；化学原料和化学制品制造业实现主营业务收入177.62亿元，增长7.5%。

全年全市产业集聚区规模以上工业实现主营业务收入1959.42亿元，比2015年增长4.5%；产业集聚区规模以上工业利润总额39.54亿元，下降0.6%。

全年全市建筑业完成增加值73.42亿元，比2015年增长10.0%。

四、固定资产投资

全年全市固定资产投资（不含农户，下同）完成1773.12亿元，比2015年增长15.2%，其中国有及国有控股单位完成508.06亿元，增长29.6%；民间投资1227.50亿元，增长7.8%。分三次产业看，第一产业投资116.49亿元，下降22.3%；第二产业投资990.19亿元，增长28.4%；第三产业投资666.44亿元，增长7.8%。

全年房地产开发投资完成114.63亿元，比2015年增长7.4%，其中住宅投资66.54亿元，增长25.4%。商品房施工面积893.54万平方米，增长11.2%，其中住宅施工面积606.81万平方米，增长12.5%。商品房竣工面积91.16万平方米，下降13.0%，其中住宅竣工面积71.36万平方米，下降11.2%。商品房销售面积211.78万平方米，增长33.6%；商品房销售额72.03亿元，增长22.0%。

全年全市产业集聚区完成固定资产投资788.01亿元，比2015年增长12.5%，占全市固定资产投资的比重为44.4%，比2015年降低1.1个百分点。其中，产业集聚区工业投资647.98亿元，增长22.6%，占全市工业投资的比重为65.2%，比2015年降低3.2个百分点。产业集聚区固定资产投资增长对全市固定资产投资增长的贡献率为39.6%。

五、国内贸易

全年全市社会消费品零售总额完成441.13亿元，比2015年增长11.2%。分销售地区看，城镇消费品零售额367.97亿元，增长10.8%；乡村消费品零售额73.16亿元，增长12.9%。分行业看，批发业零售额19.53亿元，增长7.0%；零售业零售额365.10亿元，增长11.0%；住宿业零售额4.32亿元，增长9.8%；餐饮业零售额52.18亿元，增长14.4%。

全年全市批零贸易、住宿餐饮业共实现销售额（营业收入）1068.43亿元，比2015年增长13.6%。其中：批发业销售额466.78亿元，增长13.8%；零售业销售额511.97亿元，增长13.2%；住宿业营业额19.48亿元，增长12.4%；餐饮业营业额70.19亿元，增长15.2%。

六、对外经济

全年全市对外贸易进出口总额10.92亿美元，比2015年增长155.8%。其中：出口总额2.63亿美元，增长49.5%；进口总额8.30亿美元，增长230.1%。

全年全市新签利用外资合同5个，合同利用外资金额1.05亿美元，比2015年下降64.6%；实际利用外资10.63亿美元，增长5.4%。

七、交通、邮电和旅游

全年全市交通运输、仓储和邮政业增加值102.59亿元，比2015年增长4.6%。

全年全社会公路货运量5014万吨，比2015年增长10.0%；公路旅客运输量2335万人，增长0.1%；公路货运周转量151.38亿吨公里，增长6.8%；公路旅客周转量11.68亿人公里，增长0.9%。

全年全市邮电业务总量47.98亿元，比2015年增长60.1%。其中：邮政业务总量3.4亿元，增长54.9%；电信业务总量44.6亿元，增长60.6%。年末固定电话用户12.4万户，比2015年减少8.7万户；移动电话用户202.9万户，普及率为88.4部/百人，比2015年增加9.2部/百人。

2016年末，全市共有国际旅行社和国内旅行社55家；旅游景区（点）27处，其中A级旅游景区（点）19处，4A级及以上景区12处；旅游星级饭店17家。全年全市共接待海内外游客3028.3万人次，其中：接待入境游客102765人次，接待国内游客3018.02万人次。全年旅游总收入258.2亿元。

八、财政、金融

全年全市财政总收入128.98亿元，比2015年下降0.2%；一般公共预算收入100.12亿元，增长7.8%，其中税收收入68.39亿元，增长12.1%。在主要税种中，营业税比2015年增长73.8%，资源税增长2.2%；国内增值税、企业所得税、个人所得税、城市维护建设税和房产税分别比2015年下降11.8%、23.6%、3.4%、15.4%、6.4%。

全年全市一般公共预算支出完成187.11亿元，比2015年增长8.0%。各级财政着力保障改善民生，持续加大对社会保障、污染防治、扶贫工作等方面的投入，全年社会保障与就业、污染防治、扶贫等支出分别比上年增长15.9%、29.2%和364.1%。

年末全市金融机构各项存款余额1143.23亿元，比年初增加105.63亿元，其中住户存款余额738.40亿元，比年初增加83.09亿元；各项贷款余额701.12亿元，比年初增加29.36亿元，其中，短期贷款余额388.72亿元，比年初增加10.77亿元，中长期贷款余额283.51亿元，比年初增加23.96亿元。

九、教育和科学技术

年末全市高等职业教育在校学生1.4万人，中等职业学校在校学生1.62万人，普通高中在校学生4.4万人，普通初中在校学生7.27万人，小学在校学生 14.95 万人。

全年组织实施各类科技计划项目 111 个，其中省级以上科技项目 16 个，专项资金 1119 万元。年内 12 家企业被认定为高新技术企业，8 家科技型中小企业通过省级备案，2 家企业被确定为省瞪羚企业[注]；新增省创新型试点企业 1 家，1 家企业认定为省国际科技合作基地，苹果、黄金省级产业技术创新战略联盟顺利通过省科技厅验收并正式成立运行。全年有 20 项科技成果获得市级科技进步奖，其中一等奖 3 项，二等奖 8 项，三等奖 9 项；15 项科技成果通过市级鉴定，其中达到国际先进水平 1 项，国内领先水平 2 项，国内先进水平 6 项，省内领先水平 4 项，省内先进水平 2 项；共申请专利 752 件，获得授权 439 件。

年末全市质量技术监督系统共有产品质量检验机构 9 个。全年监督检验工业产品 15 种 264 批次，完成计量合格确认 1 家，完成锅炉定检 140 台，电梯定检 2301 台，压力容器定检 1203 台，强制检定计量器具总体受检率达 95%以上。

年末全市共有国家级气象观测站 4 个，雷达站 1 个，高空气象站 1 个，卫星云图接收站 6 个，气象信息电话自动答讯服务系统 1 套，电视气象服务系统 1 套，多要素自动气象站 43 个，单要素自动气象站 67 个，农村气象灾害预警信息发布大喇叭 1006 个，特色作物气象科技服务示范园 6 个，气象电子显示屏 51 个，乡村气象信息服务站 42 个，土壤水分自动监测系统 9 套。全年发布气象灾害预警信号 140 次，适时进行人工增雨、增雪、消雹防雹作业 184 门次。

十、文化、卫生和体育

年末全市共有艺术表演团体 6 个，文化馆 7 个，公共图书馆 7 个，博物馆 7 个，全国重点文物保护单位 10 处，入选国家级非物质文化遗产名录 4 个，入选省级非物质文化遗产名录 33 个，入选市级非物质文化遗产名录 87 个。全市所有的文化馆、图书馆全部免费向公众开放，7 个博物馆中有 6 个博物馆实现了免费向公众开放。年末全市有市级广播电视台 1 座，县级广播电视台 5 座。年末广播人口综合覆盖率 97.33%，电视人口综合覆盖率 97.85%。

年末全市共有卫生机构 453 个，其中医院、卫生院 128 个，妇幼保健院、所、站 5 个，疾病预防控制中心（防疫站）7 个，卫生监督检验所 7 个。卫生机构病床床位 13653 张，其中医院、卫生院 12624 张。卫生技术人员 14330 人，其中，执业医师和执业助理医师 5428 人，注册护士 5534 人，疾病预防控制中心（防疫站）卫生技术人员 232 人。农村乡（镇）卫生院 75 个，床位 2440 张，卫生技术人员 2016 人。

全年全市共组织各级各类体育竞赛和健身活动 1700 余场次，涉及 20 余个健身项目，直接和间接参与体育活动人数达 100 余万人次；组队参加河南省“2016 年全民健身幸福中原系列活动”10 余项。成功举办“2016 中国•三门峡横渡母亲河活动”，来自全国 27 个省、自治区、直辖市和台湾地区的 133 支代表队、3000 余名游泳爱好者参加活动，河南电视台新闻频道进行了全程直播，该活动被中国体育文化和旅游博览会授予“精品旅游体育赛事”。成功举办 2016 年环中原自行车比赛，来自全国各地 1200 余名选手参赛。投资 150 余万元建成了三门峡市国民体质监测中心，投资 50 余万元在市文博城建成三门峡市国民体质监测站 1 处。争取国家体育彩票专项扶持资金 500 余万元，在全市实施新型农民体育健身工程 184 个，乡镇体育健身工程 2 个，全民健身路径 20 条，可拆装式游泳池 1 个，户外全民健身活动中心 1 个，多功能运动场 5 个。义马东区小学、灵宝市第二小学被河南省体育局、河南省教育厅命名为河南省武术特色学校。

全年审批国家二级运动员 10 人。全年全市运动员在世界比赛中获得金牌 1 枚、铜牌 1 枚；在全国比赛中获金牌 3 枚、银牌 2 枚、铜牌 2 枚，1 个第八名；在省级比赛中获金牌 42 枚、银牌 32 枚、铜牌 38 枚。

全年全市体育彩票销售额 2.60 亿元，比 2015 年增加 0.21 亿元。

十一、人口、人民生活和社会保障

年末全市总人口 229.50 万人，常住人口 225.61 万人，城镇化率达到 53.11%，比 2015 年提高 1.5 个百分点。全年全市人口出生率为 10.81‰，死亡率为 5.69‰，自然增长率为 5.12‰。

全年全市居民人均可支配收入 18343 元，比 2015 年增长 7.0%，扣除价格因素，实际增长 5.6%；居民人均消费支出 13392 元，增长 8.5%，扣除价格因素，实际增长 7.1%。按常住地分，城镇居民人均可支配收入 25254 元，增长 6.0%，扣除价格因素，实际增长 4.5%；城镇居民人均消费支出 18556 元，增长 9.5%，扣除价格因素，实际增长 8.0%。农村居民人均可支配收入 11982 元，增长 8.1%，扣除价格因素，实际增长 6.9%；农村居民人均消费支出 8639 元，增长 8.7%，扣除价格因素，实际增长 7.5%。

全年共为 7.9 万名企业退休人员发放基本养老保险金 18.56 亿元，按时足额发放率达 100%。年末参加城镇职工社会养老保险人数 32.80 万人，参加城镇基本医疗保险人数 59.96 万人，参加社会失业保险人数 23.06 万人。

全市共发放城市居民最低生活保障金 8766.3 万元，年末有城市低保对象 24632 人。全年发放农村居民最低生活保障金 13046.1 万元，年末有农村低保对象 76594 人。全年医疗救助资金总支出 3723.3 万元，其中资助参加基本医疗保险人数 82345 人，支出资金 839.7 万元；直接医疗救助 21231 人次，支出资金 2601.1 万元；优抚对象享受医疗补助人数 6223 人，补助资金 282.5 万元。

年末全市拥有各类收养性社会福利单位 25 家（其中民政部门登记养老服务机构 20 家），福利单位床位 2455 张，收养 1534 人。其中，社会福利院 2 家，床位 310 张，年末收养 178 人。社会福利医院及光荣院各 1 家。城镇建立各种社区服务设施 124 个，其中社区养老机构 69 个，社区服务站 39 个，社区服务中心 6 个。社区养老机构拥有留宿收养床位 4117 张，年末留宿收养 2763 人。

全年全市销售福利彩票 1.81 亿元，比上年增加 0.2 亿元。

十二、资源、环境与安全生产

初步核算，全年全市万元生产总值能耗比 2015 年下降 10.8%，超额完成省下达的万元生产总值能耗下降目标。

全年全市共创建省级生态乡镇 5 个、省级生态村 9 个、市级生态村 58 个。

全年全市饮用水源地取水水质累计达标率保持 100%。全市 17 个监测断面中，水质符合 Ⅰ～Ⅲ类标准的断面有 9 个，占 52.9%，比上年上升 19.6 个百分点；符合Ⅳ类标准的断面 4 个，占 23.5%，比上年下降 20.9 个百分点；水质为Ⅴ类的断面 1 个，占 5.9%，比上年上升 5.9 个百分点；水质为劣Ⅴ类的断面有 3 个，占 17.6%，比上年下降 4.6 个百分点。

城市环境空气质量方面，与 2015 年相比，可吸入颗粒物、细颗粒物、二氧化硫、二氧化氮年均值分别下降 5.2%、12.0%、29.8%、7.1%，一氧化碳 24 小时平均值第 95 百分位数、臭氧日最大 8 小时滑动平均值第 90 百分位数均上升，分别上升 7.1%、11.0%。

全年城市环境空气质量优良天数为 199 天。洞河渑池吴庄断面达标率为 66.7%。

年末全市共有自然保护区 3 个，其中国家级自然保护区 2 个，省级自然保护区 1 个。

全年共完成人工造林面积 39.87 万亩，其中国家及省级项目造林 17.67 万亩，发展特色经济林 22.2 万亩；森林抚育和改造 30.44 万亩，林业育苗 2.33 万亩，完成义务植树 920.3 万株。截止 2016 年底，三门峡市区建成区绿地面积 1260 公顷，绿地率 42%；绿化覆盖面积 1410 公顷，绿化覆盖率 46.7%；公园绿地面积 446 公顷，人均公园绿地面积 14.87 平方米。

2016 年，全市共发生各类生产经营性伤亡事故 52 起，死亡 42 人。

注：

1. 本公报数为初步统计数。

2. 地区生产总值、各产业增加值绝对数按现行价格计算，增长速度按可比价格计算。

3. 本公报中就业和社会保障、对外经济贸易、交通邮电、旅游、财政、金融、教育、科技、质量技术监督、气象、文化、卫生、体育、社会福利、环境保护、植树造林、安全生产等方面的资料由市直相关部门提供。

4. 瞪羚企业是银行对成长性好、具有跳跃式发展态势的高新技术企业的一种通称。“瞪羚”是一种善于跳跃和奔跑的羚羊，业界通常将高成长中小企业形象地称为“瞪羚企业”，一个地区的“瞪羚企业”数量越多，表明这一地区的创新活力越强，发展速度越快。

关于三门峡市2016年国民经济和社会发展计划执行情况与2017年计划的报告（摘要）

（2017年6月14日市七届人大一次会议通过）

三门峡市发展和改革委员会主任　周建文

一、2016年国民经济和社会发展计划执行情况

2016年是“十三五”规划的开局之年，也是我市经济社会在复杂宏观形势下蓄势崛起的关键一年。在市委的正确领导下，在市人大、市政协的监督、支持、帮助下，我市认真落实市委的各项决策部署，围绕“省际中心城市”建设目标，坚持新发展理念，以推进供给侧结构性改革为主线，适度扩大总需求，坚定推进改革，妥善应对风险挑战，经济社会发展的各项指标企稳回升，较好地完成了市六届人大六次会议确定的各项任务。全市生产总值完成1348.6亿元，增长7.7%，比2015年底回升4.2个百分点，其中：第一产业实现增加值123.5亿元，增长4.7%；第二产业实现增加值773.64亿元，增长7.3%；第三产业实现增加值451.4亿元，增长9.1%；规模以上工业实现增加值616亿元，增长7.3%。全市财政一般公共预算收入完成100.1亿元，增长7.8%；固定资产投资完成1773.1亿元，增长15.2%；社会消费品零售总额完成441.1亿元，增长11.2%；城镇居民人均可支配收入25254元，农村居民人均可支配收入11982元，分别增长6%、8.1%；节能减排完成省定目标。

（一）狠抓经济运行，稳增长保态势工作有效开展。坚持把稳增长保态势作为全局工作的重中之重，抓好政策落实和运行调控，有效促进了主要经济指标企稳回升。一是调节调控持续发力。按月、按季度召开经济运行和数据分析联席会议，及时掌握经济运行中的苗头性、倾向性问题。针对经济运行中存在的突出问题，及时研究提出了做好每季度经济工作的举措，认真贯彻落实省稳增长保态势20项政策，积极开展稳增长保态势8大行动，并进行了专项督查，形势分析能力和政策研究能力、执行力进一步提升。二是有效投资不断扩大。20个省重点项目和242个市级重点项目，分别完成年度投资147.1亿元、652.7亿元，占年度投资目标的122.2%、118.9%，万达广场等81个项目竣工；国家专项建设基金成效显著，共为全市七批69个项目争取基金67.3亿元，居全省第3位；纳入全省“1816”投资促进计划的376个项目，累计完成投资838.9亿元。总投资311.78亿元的22个项目列入省PPP项目库。三是企业服务进一步深化。认真开展“政策落实进万企”活动，规上企业首席服务员覆盖率达91%。广泛开展“精准服务企业 助力转型发展”活动。先后与省农发行、国开行、建行签订总金额1500亿元的战略合作协议，协调金融机构为121个项目贷款321亿元，金融对实体经济的支持力度进一步增强。

（二）狠抓供给侧结构性改革，经济质量效益显著提高。牢牢抓住转型发展这一主线，不断深化供给侧结构性改革，扎实做好“去降补”各项工作，经济增长的质量效益不断提升。一是“去降补”任务全面落实。强力去产能，关停煤炭过剩产能36万吨。着力去库存，全市商品房库存面积229.6万

平方米，比年初库存量减少了77.7万平方米。积极去杠杆，整合市属投融资公司，提高融资能力，降低融资风险。大幅降成本，制定了降成本专项行动实施意见，9家企业进入省电力交易平台，为企业降低用电成本1540万元。全力补短板，脱贫攻坚稳步推进，精准脱贫34075人，超额完成省定目标，易地扶贫搬迁19484人，贫困村退出35个，在全省2016年度脱贫工作成效考核中，我市在十八个省辖市中位列第一。蒙华铁路、310国道南移等一批基础设施项目进展顺利，市级以上各类科技创新平台达到136个。二是工业经济提质增效。53个亿元以上工业转型项目完成投资272.8亿元，宝鑫电子年产4万吨动力锂电池负极专用铜箔、义腾新能源年产2.6亿平方米高性能动力锂离子电池隔膜等项目进展顺利，东方希望年产30万吨氧化铝技改等14个项目建成投产。速达10万辆纯电动车项目成功通过国家发改委生产资质审批，成为全国首批、我省首家获批的项目，也是国家批准的唯一一家三厢纯电动乘用轿车项目。全市装备制造业增长11%，高新技术产业增长9.3%，两者占规上工业增加值的比重达到24%。三是服务业扩量提质。出台了《三门峡市服务业发展考核办法》和《三门峡市2016年加快服务业发展工作方案》，着力发展高成长服务业，三产占GDP的比重达到33.5%。第22届三门峡黄河文化旅游节暨投资贸易洽谈会、第4届特色商品博览交易会成功举办，万达广场开业运营，陕州地坑院民俗文化园累计接待游客超过200万人次。观看白天鹅、泡矿温泉、逛地坑院成为全省乃至整个晋陕豫黄河金三角地区新的旅游热点线路。全市接待海内外游客3028万人次，旅游收入258.2亿元，分别增长12.7%和14.5%。锦江集团大宗商品物流园、卢氏莘原中药材物流园项目有序推进。三门峡电子商务产业园、跨境电商产业园投入运营，电商交易额达到40亿元。四是特色农业持续壮大。果品、食用菌、烟叶等特色产业规模和效益持续提升。规模以上龙头企业发展到218家，运行良好的农民专业合作社达到1400家。123家涉农企业的产品实现质量安全溯源。全市涉农网店2100余个，年内交易额突破10亿元。五是环境治理和节能减排成效显著。强力实施蓝天工程，提标治理169台非电行业燃煤锅炉、工业炉窑、砖瓦炉窑、水泥粉磨站，全部实现7台统调燃煤发电机组和9台地方燃煤机组超低排放，共淘汰黄标车9521辆、老旧车13812辆，车用汽柴油升级为国五标准。全部按期完成省政府确定的5个碧水工程项目和45个减排项目，超额完成省定的全年万元GDP能耗、碳排放目标。

（三）狠抓科学发展载体建设，带动能力不断提升。不断强化产业集聚区、商务中心区、特色商业区建设，提升科学发展承载能力。一是产业集聚区加快建设。全市7个产业集聚区完成规上工业增加值279.8亿元，占全市规上工业的45.4%；完成固定资产投资788亿元，占全市的44.5%，其中工业投资增长22.6%。产业集聚区建成区面积达到53.45平方公里，入驻企业1536家，从业人员达到18.9万人。二是服务业“两区”初具规模。服务业“两区”建成区面积达5.82平方公里，累计完成项目投资220亿元，已建成运营项目15个，在建项目39个，入驻各类企业1014家，从业人员达到5.7万人。三是城乡一体化示范区正式成立。城乡一体化示范区揭牌成立，城乡一体化机制体制逐步建立。

（四）狠抓基础设施建设，发展优势愈加凸显。站位全局、聚焦关键，凝心聚力推进重大基础设施建设。一是区域交通枢纽地位逐步确立。蒙华铁路三门峡段、黄河公铁两用桥及崤山隧道等控制性工程全线开工建设。310国道南移工程勘界清点即将完成。三洋铁路三禹段项目招标工作已完成，有望

2017年上半年开工建设。陇海铁路三门峡市区段取直改线工程正在积极开展前期工作。运三高铁已得到上级有关部门初步认可，可行性研究报告已上报国家发改委待批。垣渑高速渑池段、三淅高速豫晋省界至灵宝段、245省道三门峡至寺河段改建工程进展顺利，244省道三门峡大坝至市区段改造工程、313省道陕县石原至三门峡西站改造工程已建成通车。三门峡“双高中心”和客、货运中心格局加快形成，全国重要区域性交通枢纽地位逐步确立。二是能源设施更加完备。陕县众合新能源19.8MW分布式光伏发电项目、国电投陕县盘陀山风电场项目、大唐三期建成投产。中国风电杨家湾风电场、灵宝生物质发电、英利新能源光伏发电、2016年农网升级改造等项目进展顺利。三是水利工程顺利实施。灵宝白虎潭水库及饮水灌溉工程建成投用，黄河潼关至三门峡大坝段河道治理工程基本完工。大石涧水库、陕县张家坡水库等项目开工建设。新建大中型沼气工程3处，建设小型农田水利灌溉工程36处，发展灌溉面积4.5万亩。

（五）狠抓城乡统筹发展，新型城镇化科学推进。城乡规划更加完善，《海绵城市建设规划》等3项规划编制完成。中心城区基础设施进一步完善，新增供热面积50万平方米，打通了7条断头路、升级改造了4条路、加固了7座桥梁。上村、崖底村、梁家渠等旧城区和城中村改造项目进展顺利。大力实施青龙涧河景观带改造提升、淄阳河河道综合治理等项目，城市品位进一步提升。新型智慧城市建设走在全省前列，顶层设计通过评审，云计算平台、大数据中心准备启动招标采购，城市运营指挥中心确定选址，移动协同办公系统、互联网+政务服务、智慧城管应用方案已经明确。新启动美丽乡村示范村66个，打造美丽乡村示范带6条。深入开展农村环境全域整治工作，88%行政村实现“三无一规范一眼净”。农村公路“三年行动计划”圆满收官，完成改建公路303公里。

（六）狠抓改革开放创新，动力活力不断增强。一批具有标志性、关键性的重大改革方案出台实施，重要领域和关键环节改革取得突破性进展，开放型经济发展水平不断提升。一是“放管服”改革逐步深化。我市作为全省两个个体工商户登记制度改革试点之一，工商注册制度便利化、落实事中事后监管等工作成效受到国务院表彰，企业年报公示在全省排名第一，“智慧工商”大数据工作经验在全省得到推广。“放管服”平台逐步建立，市社会信用信息平台建设前期工作有序开展；各县（市、区）、市直15个联审职能部门通过在线审批监管平台办理业务，实现投资项目网上受理、公开透明；制定了《整合建立全市统一公共资源交易平台实施方案》，5个县（市、区）的公共资源交易平台通过审核验收。二是其他各项改革加快推进。推进国企改革，积极剥离国有企业办社会职能。深化投融资改革，建立完善全市基础设施PPP项目库，启动市属投融资平台整合工作，投资集团公司正式揭牌成立，将形成近期超千亿、远期超5000亿元的融资平台。开展电力体制改革，积极推进电力直接交易；深化价格改革，积极稳妥推进电、水、天然气等资源型产品价格改革。加快商事制度改革，推动工商注册便利化和落实事中事后监管等工作获得国务院激励表扬。深化医药卫生体制改革，城镇居民医疗保险制度与新农合制度顺利整合，三门峡被列为国家第四批城市公立医院综合改革试点城市，2016年11月30日24时按时启动实施了药品零差率销售。公车改革阶段性完成，市直参改人员公务交通补贴发放到位。三是央企合作和招商引资力度加大。采取“专人专班”的推进机制实施精准对接，18个央企投资项目成功签约， 5个央企战略合作协议顺利签署，14个央企合作意向正在积极跟进。成功举办“百名客商三门峡行”活动，全市共签约招商项目142个，总投资607.1亿元。全市实际到位省外资金352.2亿元，增长7.6%；实际利用外资10.6亿美元，增长5.4%。四是开放平台建设加快进程。积极推进三门峡铜精矿指定口岸申建工作，中原黄金冶炼厂保税仓库获批，三门峡铁路口岸列入省“十三五”规划并上报国家“十三五”口岸发展规划。五是区域交流合作不断深化。晋陕豫黄河金三角区域基础设施互联互通和公共服务一体化加快推进。对口协作顺利开展，成功组织华阳食品、二仙坡、三味奇、仰韶酒业等14家企业参加北京对口支援地区特色产品展销会。与华侨城集团签订战略合作框架协议，中国旅游业第一品牌首次进驻河南。

（七）狠抓民生实事，人民福祉大幅增进。坚持把保障和改善民生作为发展的出发点和落脚点，不断增进民生福祉。一是民生工程顺利实施。民生投入不断加大。“十项重点民生工程”持续推进，城市交通、农田水利等一大批民生项目建成投用。二是就业创业扎实推进。深入实施大众创业万众创新，认真落实稳岗扶持政策，全市城镇新增就业6万人，完成省定目标任务的162%；失业人员再就业2.3万人，完成目标任务的126.1%，城镇登记失业率2.8%，低于省定4.5%的控制指标。三是社会保障稳步提升。争取中央资金1.78亿元支持保障性住房配套基础设施建设，新开工保障性住房1118套，建成2000套，货币化安置率达到60.2%。城乡低保年补助标准分别上调600元和450元，城镇居民医保年人均补助标准提高到420元，城镇居民大病保险制度、农村居民重大疾病保障机制进一步完善。企业和机关事业单位退休人员基本养老金调整到位。四是价格调控和管理工作成效显著。上报价格监测表224份，监测信息采集和预测预警水平逐步提高。在清理整顿涉企收费的基础上，整理编制《三门峡市政府定价涉企经营服务性收费目录清单》等4项目录清单并予以公示。开展了涉农、涉企、旅游景点、医药、停车场、房地产等领域专项价格检查。五是社会事业全面进步。“全面改薄”、城镇义务教育资源扩充计划、第二期学前教育三年行动计划扎实推进，清华园学校项目开工建设。三门峡技师学院、三门峡社会管理学院成功获批。公共卫生保障不断完善，市中医院被国家卫计委授予全国三级甲等中医院。《文化三门峡》丛书完成初稿编撰，“2016中国•三门峡横渡母亲河”活动被授予中国“体育旅游精品赛事”称号。六是积极维护社会稳定。预防和化解社会矛盾，全面排查处置非法集资风险，信访形势总体平稳。持续加强安全生产和食品安全监管，平安三门峡、法治三门峡建设扎实推进，群众安全感持续提升。荣获全国双拥模范城“五连冠”， 军政军民团结更加巩固。

各位代表，在2016年经济形势错综复杂、工作任务十分艰巨的情况下，取得这样的成绩实属不易。这是市委坚强领导、市人大、市政协监督支持和全市上下团结一致、共同奋斗的结果。同时，我们也清醒的认识到，面对经济新常态，我市经济社会发展中还存在不少矛盾和问题：一是结构性矛盾仍然突出。虽然第三产业对经济的拉动能力不断增强，但二产独大的局面仍未根本转变，产业链条较短，终端产品、高品质消费品较少，经济发展的速度的快慢仍然受制于资源型产品价格的高低，我市依然没有从根本上摆脱资源依赖。二是发展动能转换依然较慢。传统产业支撑力减弱，新材料、新能源、电子商务等新兴产业刚刚起步，一些具有战略影响的项目尚未发力，难以对经济增长形成有力支撑。三是重大项目建设进展缓慢。投资增长后劲不足，发展载体的项目推进缓慢，特别是一些基础设施项目和民生项目进度较慢。对于这些问题，还需要在今后工作中，采取得力措施，切实加以解决。

二、2017年国民经济和社会发展主要目标及重

点工作安排

2017年是供给侧结构性改革的深化之年，也是贯彻落实市委七次党代会精神的起步之年。综合判断，2017年世界经济仍在深度调整，不确定性、不稳定性仍然较大。国内实体经济结构性供需失衡；经济下行对就业、收入、消费的滞后影响开始显现；部分行业分化调整的影响可能沿产业链传导。在此形势下，我市加快结构调整，防范经济风险的任务依然艰巨，但随着我市诸多政策和战略的深入实施，一批打基础、增后劲的重大项目持续推进，我市经济将迎来新的增长机遇期。做好2017年的经济工作，必须全面贯彻落实省委十次党代会和省、市经济工作会议精神，既保持战略定力，又做好预警分析，牢牢把握经济工作主动权。

根据市委经济工作会议部署，今年经济社会发展的主要预期目标是：生产总值增长8%以上，财政一般公共预算收入增长8%，全社会固定资产投资增长12%左右，社会消费品零售总额增长11%左右，进出口总值保持稳定，城乡居民人均可支配收入分别增长8%和9%左右；节能减排、环境保护等约束性指标完成省定任务，发展质量和效益明显提高，供给侧结构性改革取得实质性进展。

为实现以上目标，要着力做好九个方面重点工作：

（一）着力稳增长保态势，保持经济平稳增长。加强政策的预研储备和统筹协调，综合施策，因势调控，保持经济平稳健康发展。一是加强经济形势监测分析。发挥好全市经济运行和数据分析联席会议的预警监测作用，强化横向协调和纵向联动，坚持多时点、多层次、多渠道分析研判经济形势，密切跟踪分析企业经营、民间投资、工业投资、房地产市场、企业债务和金融风险、物价、就业等重点领域运行情况，及时提出科学有效的政策建议。二是精准加力有效投资。强化重点项目建设，抓好19个省重点项目和240个市重点项目建设，确保分别完成年度投资117.8亿元和580亿元，持续推进河南能化集团汽车零部件产业园、三门峡大宗商品物流园等在建项目进度，尽可能形成更多有效投资。加快纳入2017年省“5818”扩大有效投资行动的244个项目的实施进度。同时，加强项目储备，积极争取更多资金支持，筛选一批对民营企业有吸引力的项目，向社会集中推介。三是深化企业服务。建立完善的企业和项目服务保障机制，优化企业发展和项目建设软环境。以产业集聚区、服务业“两区”为重点，主动协调解决企业融资、用工、生产、市场等各方面难题，引导优势企业扩大产能产量，帮助困难企业脱困转型。四是做好要素保障。持续推动“双百”融资行动计划，引导金融机构加大对省市重点项目和优质骨干企业、高成长企业的资金投放。加强煤电油气运等要素保障，全力确保重点地区、重点企业和居民生产生活需求。做好煤电互保工作，适时启动电煤供应应急预案，确保电力可靠稳定供应。五是加强价格监管。加强价格监测分析，密切关注生活必需品价格波动，跟踪分析煤炭等大宗商品价格走势，及时发现苗头性、潜在性、倾向性问题，及早提出应对价格波动风险的政策建议。强化价格市场监管，切实解决群众反映突出的价格问题。六是切实防范化解各类风险。切实做好投资类企业风险排查整治，积极妥善化解风险隐患。加强油气输送管道安全监管和信访稳定工作。

（二）着力推进供给侧结构性改革，提高经济发展质量效益。以“三去一降一补”五大任务为抓手，继续深化供给侧结构性改革，大力发展新经济、培育新动能、增加新供给。一是坚决“去”。在去产能上，用市场、法治的办法谋划好14个煤矿，240万吨煤炭过剩产能的退出工作，妥善处置企业债务，做好人员安置工作；在去库存上，提高教育、医疗等公共服务水平，增强对农业转移人口的吸引力，加大对灵宝、卢氏等房地产库存水平高、消化周期长的县（市、区）的指导力度；在去杠杆上，抓好政府债务转化、国有资产运营、僵尸企业处置三项工作，增加市场的开放性，使资源配置真正由市场决定。二是大幅“降”。降费方面，要进一步减少审批环节，清理规范中介服务，降低中介评估费用；继续开展涉企乱收费专项整治，严肃查处违规收费行为。降要素成本方面，重点推进电力等领域体制改革，利用市场化手段降低企业用能成本。三是强力“补”。结合实施“十三五”规划确定的重大工程项目，重点在脱贫攻坚、产业转型升级、增强公共服务能力和创新能力、基础设施薄弱环节、生态环境保护等方面，实施一批补短板项目。

（三）着力推动产业转型发展，打造省际中心城市。始终坚持“做大增量、优化存量、主动减量”这一转型发展根本路径，壮大优势产能、改造低效产能、淘汰落后产能、培育崭新动能，奋力打赢转型发展攻坚战。一是加快推进新型工业化大市建设。强化传统优势产业升级、接续替代产业培育“双轮驱动”，加强与中金集团、大唐电力、河南能化等大企业合作，重点打造黄金、铝工业、煤及煤化工三大全产业链。重点抓好中金金银饰品加工、锦江集团汽车轻量化项目和开祥化工综合物料平衡及节能减排清洁生产技改等项目建设。着力培育战略性新兴产业，做大做强装备制造、铜精深加工、食品、生物医药等新兴工业集群，打造经济增长新引擎。重点抓好康耀电子年产 300 万片导电玻璃、乐氏同仁药业中药产业园等项目建设。不断增强产业集群竞争力，确保全市产业集聚区规上工业主营业务收入增长 10%以上，规上工业增加值增长 10%以上，固定资产投资增长 13.5%以上。二是加快推进高成长服务业大市建设。坚持“全区域规划、分层次开发、大企业牵引、差异化竞争”，进一步加强与华侨城集团等大企业合作，提升各景区景点配套设施和服务水平。依托自然资源优势和陕州高阳山、翡翠丽池温泉等品牌，积极发展大健康产业。充分利用文博城良好的会展基础，积极引入国家级、专业性展会，提升全市展会质量和水平。坚持以现代物流理念和技术改造提升传统物流，积极推动连锁经营、物流配送、电子商务等新型流通方式发展，大力发展现代物流业，努力打造黄河金三角区域物流中心。加快服务业“两区”建设，突出特色定位，强化招商引资，推动业态创新，加快形成城市新中心。三是加快推进特色农业强市建设。聚焦现代农业，把增加绿色优质农产品供给放在突出位置，重点发展优质果品、畜禽、烟叶、食用菌、小麦、中药材等“六优”产品，进行区域化布局、规模化经营、标准化生产、“互联网+”发展。推动农村一二三产业融合发展，促进观光农业、加工农业、体验农业、乡村旅游等有机融合发展，推动农业转型升级。优化农业经营体系，走规模化、产业化发展道路。四是加快推进网络经济大市建设。加快实施“智慧三门峡”，进一步完善信息基础设施，推动“三网融合”发展。加快实施“互联网+”行动，坚持引进龙头电商和培育本土特色电商并举。加快推进商务中心区电商大厦、颐高集团电商产业园等项目，抓好市电子商务创业园、市众创空间暨创业孵化基地等各类园区运营发展，推动电子商务进农村、进社区、进企业。

（四）着力建设“三地五中心”，培育转型发展新优势。依托区位交通、自然资源、文化旅游等方面的比较优势，着力打造“三地五中心”，为建设省际中心城市提供有力支撑。一是加快打造先进制造业基地。加快推进与中国黄金、河南能化集团、杭州锦江集团、德国凯斯曼铸造集团合作，抓好中金集团黄金产业园二期、戴卡轮毂汽车零部件产业园、同人铝业年产 60 万吨铝合金铸造及深加工、汽车轻量化等项目。加快骏通车辆 1 万辆举升专用车、1万辆多轮驱动车等项目。整合优质资源，推进速达电动汽车项目生产车间建设，尽快形成量化生产，为及早通过国家工信部生产一致性审核做好充分准备。二是加快打造物流基地。积极深化与杭州锦江集团合作，加快推进中欧大宗商品物流产业园项目，大力引进互联网物流企业，积极推动冷链、保税、电子商务等行业物流园区建设。三是加快打造旅游目的地。积极与深圳华侨城、旅游百事通等国内大型旅游集团合作，着力扩大天鹅湖、陕州地坑院、豫西大峡谷、函谷关等核心景点的全国知名度和影响力，打造精品线路，发展智慧旅游，推进全域旅游。四是加快打造行业数据中心。按照省政府部署，推动数据资源整合、开展大数据创新应用、引进和培育大数据龙头企业，启动并加快三门峡大数据园区建设，构建具有三门峡特色的大数据产业发展体系。与知名互联网企业进行深度合作，努力打造全国有影响的特色农产品、黄金行业数据中心。积极培育发展智能装备、信息感知、移动终端、新型显示、智能应用等大数据端产品产业。五是加快打造黄金珠宝加工中心。推进城乡一体化示范区黄金珠宝加工中心建设，打造特色黄金小镇，完善黄金全产业链，建设中西部有影响力的黄金珠宝加工交易中心。六是加快打造大健康中心。着力提升陕州高阳山、翡翠丽池温泉和地坑院的品牌影响力，打造全省乃至全国重要的休闲养老度假中心。推动市中心医院、黄河医院、中医院做优做强重点专科，加快建设妇幼保健院和儿童医院建设。七是加快打造客运中心。积极推进运十高铁、运三高速、渑垣高速等项目建设，加快形成高铁、高速“双高”交汇格局；抢抓我市进入《全国民用运输机场布局规划》机遇，谋划推进三门峡民用、通用机场和通用航空产业园等项目，努力打造黄河金三角地区客运中心。八是加快打造职教中心。依托三门峡职业技术学院，积极创建国家优质高职院校，进一步扩大河南科技大学应用工程学院招生规模，力争今年突破400人；深化与中国黄金合作，推动黄金工业学校升格为三门峡黄金学院；整合中等职业教育资源，做大做优中等职业教育。加强职教园区建设。

（五）着力统筹城乡建设，科学推进新型城镇化。按照市委经济工作会议和城市工作会议精神，科学推进新型城镇化。一是突出规划引领。加快编制中心城区城市设计，促进湖滨区、陕州区、城乡一体化示范区、商务中心区一体化发展，结合310国道南移和陇海线取直，促进湖滨区和商务中心区融合发展，完成海绵城市等14项城市专项规划的修改完善，完成停车设施等4项规划的编制和评审。二是进一步完善城市功能。打通北环路（上村段）等城市断头路5条，升级改造、专项维护虢国西路（甘棠路-209国道）、茅津北路等城市道路12条。继续推进供热管网建设，老城区新增供热面积100万平方米，陕州区、商务中心区和产业集聚区新增供热面积100万平方米。启动商务中心区庙底沟遗址公园、青龙谷公园建设工程，新建高速南路等商务中心区道路10条。继续抓好上村、崖底、梁家渠等棚户区改造项目。三是加快城乡一体化示范区建设步伐。进一步健全管理机构，探索建立符合城乡发展一体化的行政管理体制，统筹考虑与陕州区、产业集聚区、灵宝市总体规划衔接，编制完善控制性详规，启动一批基础设施和公共服务设施建设，实现“一年开好头、三年见成效、五年成样板”。四是不断提高城市管理水平。推进环卫市场化改革，打造省内一流的洁净城市。建设城市运营指挥中心，建成智慧城管系统，城区重点区域、路段实现免费无线WiFi全覆盖。五是改造提升县城和中心镇承载能力。以灵宝市、义马市为重点，深入实施全省百城建设提质工程，着力抓好培育主导产业、提高综合承载能力、改善公共服务水平、建设生态宜居环境、提升城乡治理能力五大工程，逐步提高县域城镇化水平和质量。六是强化美丽乡村建设。巩固提升美丽乡村示范村水平，新建美丽乡村示范村 20 个。

（六）着力加强基础设施建设，提升发展支撑能力。坚持突出重点、弥补短板、强化弱项，加强基础设施互联互通互融，夯实发展支撑。一是加快构建现代综合交通系统。做好蒙华铁路的征地拆迁和建设协调工作，确保黄河公铁两用桥公路南引桥、南引线项目实质性开工，加快渑垣高速（渑池段）、三淅高速豫晋省界至灵宝段、国道 310 南迁等项目建设，做好国道 209、国道 344 等规划项目的升级改造，以及三洋铁路、运三高铁三门峡段、省道 312、省道 246 等改建工程等项目的前期准备工作，争取早日开工建设。二是加快构建现代能源支撑系统。淘汰落后小火电机组，继续关停单机 10 万千瓦及以下纯凝燃煤发电机组，加快现役煤电机组节能减排升级改造，推进城乡配电网建设，实施农村电网升级改造工程。大力发展可再生能源，力争赵庄等风电场和英利光伏电站等太阳能发电项目建成投产，争取狮子坪等风电场和垃圾焚烧发电项目开工建设。三是加快构建现代水利支撑系统。加快大石涧水库、陕县张家坡水库、池芦水库、义马石河及涧河综合治理等项目建设进度，推动卢氏洛河城区段综合治理和产业集聚区缁阳河治理项目开工建设，推进卢氏鸡湾水库、渑池东石门水库、槐扒提水二期等项目前期工作。

（七）着力深化改革开放，激发经济发展活力。深入推进各项改革，积极主动对外开放，不断激发经济发展活力和动能。改革方面：一是持续深化放管服改革。争取各部门审批系统与在线审批监管平台并网运行，真正发挥平台作用。启动社会信用体系建设，确保各县（市区）公共信用信息平台年底前全部建成投用。加快公共资源交易体制改革，确保交易项目应进必进。完善“12358”价格监管平台功能，引导社会广泛参与。深化商事制度改革，做好个体工商户登记制度改革试点工作。二是加快推进投融资体制改革。充分发挥三门峡投资集团公司功能，包装谋划一批重点基础设施和产业升级项目，设立投资基金，有效吸引社会资本参与。三是全面推进电力体制改革。加快售电侧改革，支持产业集聚区、服务业“两区”以区为单位组建售电公司参与市场交易。推动产业集聚区和服务业“两区”内 10 千伏电压及以上的工商业用户，区外年用电量 1000 万千瓦时以上的 10 千伏电压及以上工商业用户，以及电能替代用户参与省电力市场交易。四是纵深推进价格改革。按照国家部署，推进输配电价、农业水价、医疗服务等领域价格改革；进一步落实好利用价格政策鼓励特许经营的措施，引导社会资本参与基础设施和公用事业建设运营。同时，持续打好国企改革攻坚战，深入推进金融、科技、教育、户籍、医药卫生、盐业体制改革。对外开放方面:一是抓好开放招商。围绕打造装备制造产业园、黄金珠宝加工中心、德国中小企业合作园等重点项目，继续推行产业招商、专业招商、高层招商、网络招商、驻点招商、委托招商等，形成三次产业齐头并进态势。签约落地重点项目实行“五个一”落地推进机制，提高签约项目“三率”。二是加快对外开放平台建设。积极推进三门峡铜精矿指定口岸申建工作和河南中原黄金冶炼厂保税仓库建设工作。积极引进和培育出口型项目，争取省级食用菌出口基地获批。三是推动黄河金三角区域合作。按照《关于明确河南省晋陕豫黄河金三角区域合作规划实施方案重点工作责任单位的通知》，强化任务落实。进一步推动区域合作协调机制的建立，加强区域基础设施对接和产业合作对接，推进公共服务一体化，积极推进跨省医保报销、职业教育合作、楹联文化合作、社会治安联防。四是加强豫京战略合作。加强与北京的合作交流，围绕信息、装备制造、健康养老等八大领域做好承接产业转移和产业合作。提升卢氏县产业园区承接能力，推动开展洽谈合作。争取我市特色农产品生产商与北京超市达成合作意向。五是做好央企合作。加快与电建、中建、国新控股、中国核建、武钢等现有央企合作项目建设进度，做好黄河三门峡商务中心区医院、三门峡职业技术学院新校区建设等41个省政府认定的央企合作项目集中签约工作，强化与招商局集团、航天科工集团、中国储备粮管理总公司、中国兵器、中国节能环保集团等央企对接洽谈力度，加快函谷关景区、无人机项目、灵宝市环境综合治理等7个前期洽谈项目对接力度，争取谋划出更多的大项目、好项目向央企推介。

（八）着力开展环境保护，营造生态宜居的良好环境。实施最严格的环境保护制度，构建政府、企业、社会共治的环境治理体系。一是持续开展环境污染防治攻坚。继续开展大气污染、水污染、土壤污染防治攻坚战，实施城市环境质量提升、工业企业污染防治、大气污染防治三大工程。严格落实扬尘污染防治长效机制，全面推进建筑施工、交通运输、城市清扫等扬尘治理工作，确保全市优良天数达到203天以上，PM2.5、PM10浓度明显下降。加强水污染防治，开展阳平河等5个重度污染水体环境整治攻坚工程、涧河渑池段等3个中轻度污染水体水质提升攻坚工程、洛河卢氏段等2个达标水体巩固攻坚工程、三门峡水库三门峡段等2个跨界水体风险防控攻坚工程。二是深入推进节能减排。完善节能减排市场化机制，引导和鼓励民营企业积极参与节能减排，探索建立主要终端用能产品能效“领跑者”制度。鼓励和引导节能服务公司以合同能源管理方式为企业实施节能改造。三是加强资源综合利用。组织实施一批园区循环化改造、大宗工业固废综合利用、农业秸秆规模化利用、畜禽粪便资源化利用等示范项目，新增再生资源回收利用能力10万吨、工业固废利用能力30万吨、秸秆综合利用能力20万吨。四是推进重大生态工程和制度建设。突出抓好森林、湿地、流域、农田、城市“五大生态”建设，实施高铁、高速、国道两侧通道绿化提升工程，开展小秦岭、黄河湿地治理。完成造林35万亩，森林抚育和改造31万亩，建成国家及省级造林精品示范点12个。

（九）着力加强社会建设，持续保障和改善民生。围绕“保基本、兜底线、促公平”，全力推进精准脱贫，集中力量办好一批群众急需又看得见摸得着的民心工程。一是扎实有力推进脱贫攻坚。围绕5万人脱贫、3.9万人易地搬迁脱贫、91个贫困村退出的年度目标，通过产业扶贫、搬迁扶贫、转移就业等措施开展精准扶贫，确保按时完成目标任务。二是做好民生实事。扩大民生投入，办好省、市十项重点民生实事，抓好安居保障、城市畅通、教育扩容、公厕建设、智慧城市、菜篮子等民心工程。三是积极推进社会事业发展。扎实推进“第三期学前教育三年行动计划”“全面改薄”工作，加快清华园学校、外国语小学新建、改扩建等项目建设进度，确保清华园学校实现秋季招生。做好公共文化服务体系建设，积极推进重大文化工程，发展壮大文化产业。加大广播电视、文化遗产保护、社会福利、残疾人等服务设施建设力度，加强公共体育服务体系建设，积极开展全民健身活动。扎实推进“健康三门峡”建设，支持三门峡市中心医院、黄河三门峡医院、三门峡市中医院等具有较强综合实力的医院加快发展，建设区域医疗中心。加快建立和完善地方病、慢性病、传染病防治体系。坚持计划生育基本国策，完善人口发展战略，全面实施一对夫妇可生育两个孩子政策。四是做好就业和社会保障工作。完善就业托底保障机制，鼓励大众创业创新，加快创业孵化园和创业基地建设。妥善解决好化解过剩产能行业下岗分流职工再就业问题。

做好棚户区改造工作，今年新开工28868套，基本建成5500套，货币化安置率达到70%以上。五是推进社会治理创新。抓好安全、信访、重大项目社会稳定风险评估、网络舆情管理、综合治理工作，确保社会大局和谐稳定。同时，做好国防动员、国防教育和国防后备力量建设。继续推动双拥共建工作，巩固军民团结。

关于三门峡市2016年财政预算执行情况和2017年财政预算的报告（摘要）

（2017年6月14日市七届人大一次会议通过）

三门峡市财政局局长　宋东

一、2016年财政预算执行情况

（一）全市预算执行情况

1.公共财政预算

各级人代会批准的2016年全市一般公共收入预算合计1016710万元，执行中部分县（市、区）调整了收入预算，调整后收入预算合计1025643万元，实际完成1001216万元，为预算的97.6%，增长7.8%。全市一般公共支出预算合计1296698万元，执行中因上级补助、发行政府债券等因素，支出预算调整为1869835万元，实际完成1868141万元，为调整预算的99.9%，增长7.8%。

2.政府性基金预算

各级人代会批准的2016年全市政府性基金收入预算合计168450万元，实际完成183064万元，为预算的108.7 %，增长25.1%；全市政府性基金支出预算合计158448万元，执行中因上级补助、发行政府债券等因素，支出预算调整为270816万元，实际完成247611万元，为调整预算的91.4%，增长17.7%。

（二）市级预算执行情况

1.公共财政预算

市六届人大六次会议批准的2016年市级一般公共收入预算139000万元，实际完成134020万元，为预算的96.4%，下降6%。主要是市级部分重点企业税收下降较多。市级一般公共支出预算为227008万元，执行中因上级补助、发行政府债券、补助县（市、区）等因素，市级支出预算调整为392277万元，实际完成392210万元，为调整预算的100%，增长5.6%。

2.政府性基金预算

市六届人大六次会议批准的2016年市级政府性基金收入预算为103690万元，实际完成93677万元，为预算的90.3%，增长119.9%。市六届人大六次会议批准的2016年市级政府性基金支出预算为93690万元，执行中因上级补助、发行政府债券等因素，支出预算调整为81867万元，实际完成79187万元，为预算的96.7%，增长52.5%。市级基金收支增长较多的主要原因是土地使用权出让收支大幅度增长。

（三）2016年财政政策与财政改革情况

推动供给侧结构性改革，促进结构调整和转型升级。围绕经济运行面临的突出矛盾和问题，统筹整合资金，明确支持重点，提高经济发展质量和效益。降低企业职工基本养老保险和失业保险单位缴费比例，减轻企业负担5100万元。安排资金894万元用于农民进城购房补贴，大力推进棚改货币化安置，有效化解房地产库存。加大涉企收费清理工作检查力度，确保清费政策落到实处。国有资产管理和国有企业改革进一步深化，驻我市央企、省属企业剥离办社会职能“四供一业”分离移交工作按照省政府要求的时间节点顺利推进。市投资集团等公司积极与中国国家开发投资公司、中国国新投资公司、中央企业贫困地区产业投资基金、中国投资担保集团等央企，以及香港世成（国际）集团有限公司、深圳投资控股有限公司、深圳特区建展集团、华侨城等大型企业集团沟通衔接，加强合作，大力促进经济结构调整和产业转型升级。

认真落实积极的财政政策，促进经济平稳健康发展。针对经济社会发展的关键环节，加大投入力度，创新支持方式，不断培育经济发展新动能。争取省代理发行政府债券 370954 万元，其中仅置换债券每年即可节约政府财务成本 9000 万元。筹措基本建设资金 67719 万元，支持了干线公路等一大批基础设施和公共服务设施等重点工程建设，有效拉动了投资增长。建立健全结转结余资金清理长效机制，统筹用于经济社会发展亟需支出。加快推进新型城镇化建设，争取上级新型城镇化转移支付 10750 万元、城乡一体化示范区补助 3550 万元，有力支持了市县城市基础设施建设。认真落实促进产业集聚区持续健康发展的财政扶持政策，争取产业集聚区奖补资金 5955 万元，进一步调动了支持科学发展载体建设的积极性。支持生态保护和节能减排，筹措资金 6850 万元，积极支持大气污染防治攻坚战、水污染防治和水土保持，进一步改善生态环境。

落实强农富农惠农政策，推进农业农村实现更好发展。大力支持粮食生产。及时足额兑付农业支持保护补贴 20064 万元、农机购置补贴 6850 万元，有效调动了农民种粮的积极性。筹措保费补贴 2317 万元，提高各险种赔偿标准，增加风险保障能力。创新财政支农方式，建立“政银担保投” 联动支农机制，撬动金融和社会资本投向农业。研究制定支持农业供给侧结构性改革的若干财政政策，统筹整合财政支农资金，优化支农投入结构，保障农业供给侧结构性改革顺利推进。继续实施农村公路“三年行动计划”，统筹安排资金 7715 万元支持农村公路建设，切实改善农民出行条件。投入资金 6058 万元实施 4 个美丽乡村项目，安排资金 1474 万元支持建制镇示范试点、国家传统村落保护、一事一议等项目建设，进一步改善农村人居环境。及时下达农村危房改造资金 3541 万元，改造危房 3910 户。

积极服务保障和改善民生，促进社会事业加快发展。2016 年全市财政支出中涉及民生的支出达 1375200 万元，占一般公共预算支出比重达 73.6%。支持推进脱贫攻坚。围绕精准扶贫、精准脱贫，全市统筹整合各级各类财政涉农资金 30580 万元，为脱贫攻坚提供了有力保障。支持就业和社会保障体系建设。全市就业和社会保障支出 172015 万元，增长 12.3%。继续支持全民技能振兴工程项目建设，支持高校毕业生等各类群体就业创业工作顺利开展。城市、农村最低生活保障月人均补助水平分别提高到不低于 240 元、132 元。农村五保对象年集中供养、分散供养标准分别提高到不低于 4000 元、3000 元。稳步推进机关事业单位养老保险改革工作，全市第一批参保登记已经完成，第二批顺利启动。支持教育水平提升。全市财政教育事业支出 369686 万元，增长 5.3%。统一城乡义务教育“两免一补”政策和生均公用经费基准定额，完善普通高中教育经费保障机制。优化财政投入方式，促进学校经费管理与财政投入绩效的有机结合。支持深化医药卫生体制改革。全市财政医疗卫生与计划生育支出 191603 万元，增长 2.5%。支持城乡居民基本医疗保险、基本公共卫生服务均等化、公立医院综合改革、基层医疗机构实施国家基本药物制度等各项医改工作稳步推进。支持文化事业发展。全市财政文化体育与传媒支出 26520 万元，增长 7.9%。深入实施文化惠民工程，继续推动博物馆、纪念馆、公共图书馆、文化馆（站）免费开放。支持政府购买公共文化服务，扶持艺术、戏曲创作，支持“五个一”精品创作，开展舞台艺术送农民送基层。支持保障性住房建设。全市住房保障支出85746万元，增长71.9%；实现棚户区改造融资16.35亿元，支持棚户区改造项目开工建设11118套。支持平安三门峡建设。全市财政公共安全支出99122万元，增长15.1%。深化政法经费保障机制改革，大力支持信访稳定和社会治安综合治理，加强弱势群体法律援助、社区矫正和司法救助工作。支持加大安全监管执法和食品药品安全专项治理力度。

深化财税体制改革，推进建立现代财政制度。积极推进税制改革，2016年5月1日起，将建筑、房地产、金融、生活服务等四大行业纳入营改增改革试点范围，营改增试点全面推开，全年共为企业减税2.8亿元。2016年7月1日起，将资源税和矿产资源补偿费合并统一征收，清理不合理不合规收费，税费平移改革目标得到全面落实。按照中央确定的增值税收入划分过渡方案，本着“平稳过渡，减少震动，简便易行”的原则，调整完善市与县（市、区）财政体制，保障了各县（市、区）财政平稳运行。加强政府债务管理，全市政府债务规模在财政厅下达的限额范围内，总体规模得到有效控制。认真开展债务风险评估和预警工作，加强监督检查力度，化解债务风险。完成市级2017至2019年中期财政规划编制工作，将未来三年市委市政府重大项目支出纳入财力保障范围，提高了财政政策的前瞻性、有效性和可持续性。继续加大专项资金的取消、调整、统筹归并力度，2016年市级专项资金数量又压减305项。全面推进财政信息化建设，市级国库集中支付电子化改革成功上线运行，成为全省财政国库集中支付电子化改革第一个实现直接支付、授权支付、资金清算全业务上线的省辖市，得到了省财政厅的充分肯定。深化投融资体制改革。继续推进PPP模式推广应用，全市纳入省PPP意向库项目25个，其中进入省备选库项目2个、推介库项目3个，进入财政部示范库项目1个。加强财政监督检查。从预算监督、内部控制、专项检查、会计监督和内部监督等五个方面，深入推进财政监督工作，先后组织开展了扶贫资金专项检查、财政资金安全检查重点核查、财政预决算公开情况专项检查等11项监督检查，及时发现和纠正了一批存在的问题，促进了财政资金的规范管理使用。扎实推进政府购买服务，对政府购买服务预算管理、实施购买、合同管理、绩效评价、信息公开等事项进行规范。组织开展按部门编制政府购买服务目录，为政府购买服务的有效实施奠定基础。积极探索“互联网+政府采购”的新形态，建立健全财政内部控制制度，加强乡镇财政资金监管，不断提高基层财政规范化管理水平。

二、2017年财政预算初步安排

（一）2017年财政工作指导思想

全面贯彻落实党的十八大和十八大以来历次中央全会、中央和省经济、财政工作会议精神，牢固树立和贯彻落实创新、协调、绿色、开放、共享发展理念，围绕建设省际中心城市、“三次创业”和“效能革命”，认真落实积极的财政政策，支持推进供给侧结构性改革，更好发挥财政政策在稳增长和调结构中的积极作用；加快推进财税体制改革，强化财政管理，完善预算管理制度，推进预算公开透明；优化财政支出结构，压缩一般性支出，加大脱贫攻坚等重点工作投入，保障基本公共服务，强化民生托底；加强财政资金统筹使用，提高支出精准度和资金使用效益；加强政府性债务管理，有效防范财政风险，促进经济社会持续健康发展。

（二）市级公共财政预算安排情况

1. 收入安排

2017年市级一般公共预算收入总计262500万元，其中：市级一般公共预算收入142500万元，增长7.5%，与全市增幅持平；上级补助收入60000万元；体制结算收入35000万元；统筹各项资金安排25000万元，其中：政府性基金预算24000万元、国有资本经营预算1000万元。

市级一般公共预算收入具体项目情况：

税收收入92500万元，其中：增值税40880万元；企业所得税24200万元；个人所得税6400万元；城建税、房产税、印花税、城镇土地使用税、契税等21020万元。

非税收入50000万元。其中：专项收入11000万元，行政事业性收费21000万元，罚没收入8000万元，国有资产（资源）有偿使用收入6000万元，政府住房基金收入4000万元。

按照以上收入安排意见，税收收入占一般公共预算收入比重为64.9%，比上年提高1.2个百分点

2. 支出安排

2017年市级一般公共预算支出总计262500万元，主要支出科目安排情况是：

一般公共支出26966万元，增长3.9%；

教育支出48005万元，增长6%；

科学技术支出6877万元，增长190%，主要是加大科技创新力度，提高科技投入占一般预算支出的比重，安排科技创新及研发(R&D)等资金；

文化体育与传媒支出3837万元，增长6%；

社会保障和就业支出25366万元，增长10%；

医疗卫生与计划生育支出12212万元，增长5%；

农林水事务支出25884万元，增长41.8%，主要是扶贫支出增加较多；

城乡社区事务支出36010万元，增长3.2%；

住房保障支出6085万元，增长5%；

预备费4500万元，与上年持平。

需要说明的是：根据财政部要求，地方政府债券收支暂不编入年初预算，待省下达我市债券额度后再编制预算调整方案。

（三）市级政府性基金预算

2017年市级政府性基金收入预算安排90130万元，比上年下降3.8%。主要收入项目是：城市基础设施配套费2500万元，国有土地收益基金收入1550万元，国有土地使用权出让收入81500万元，污水处理费收入990万元。按照“以收定支、专款专用、集中财力、确保重点”的原则，与公共财政预算资金统筹安排使用。

（四）国有资本经营预算

根据2016年市级国有企业经营状况，2017年市级国有资本经营预算收入1000万元，按照财政部要求调入一般公共预算统筹使用。

（五）社会保险基金预算

1.代编全市社会保险基金预算情况

2017年，全市社会保险基金预算收入746869万元，其中财政补助收入183438万元；全市社会保险基金预算支出756157万元，当年收支缺口9286万元，年末累计结余306297万元。

2.市级社会保险基金预算情况

2017年，市级社保基金预算收入599927万元，其中财政补贴收入72992万元；市级社保基金预算支出627354万元，当年收支缺口27427万元，累计结余208766万元。主要项目情况：企业职工基本养老保险基金收入182312万元，支出211364万元；机关事业单位基本养老保险基金收入330144万元，支出331397万元；失业保险基金收入10290万元，支出10588万元；城镇职工基本医疗保险基金收入63168万元，支出60526万元；城乡居民基本医疗保险收入8492万元，支出8177万元；工伤保险基金收入3598万元，支出3597万元；生育保险基金收入1923万元，支出1705万元。

三、2017年财政重点工作

（一）继续推进中期财政规划管理改革。加快推进县（市、区）实施中期财政规划管理，重点做

好专项资金细化、规划评估调整、规划期现行收支政策预测分析等工作，提高规划编制质量，建立较为成熟的规划编制程序和方法，强化规划约束力。

（二）统筹推进预算管理流程优化和财政信息化建设。在全面梳理预算管理流程的基础上，积极运用云计算技术，加快推进系统整合暨一体化信息系统升级项目建设，将优化后的流程固化到信息系统中，继续探索开展财政经济大数据综合服务平台建设，切实提高财政部门精准治理能力。

（三）大力推进综合治税工作。全面推进涉税信息共享和综合治税工作，探索开展涉税信息分析比对应用，深入查找税收征管中存在的问题，拓展涉税信息利用链条，切实提高税收征管水平。

（四）加大财政资金统筹力度。按照国家要求，从 2017 年起将新增建设用地土地有偿使用费转列一般公共预算并统筹使用，相关支出予以重点保障。取消排污费、水资源费专款专用规定。稳定国有资本经营预算调入一般公共预算的比例。继续清理整合专项资金。

（五）进一步盘活财政存量资金。结余资金和连续两年未用完的结转资金，一律收回统筹使用。加快安排使用收回的存量资金，尽快形成实物工作量，避免形成“二次”沉淀。加大预算编制与结转资金的统筹力度，编制预算时要优先考虑动用存量资金。

（六）强化政府债务管理。研究政府债务政绩考核细则、存量债务纳入预算管理等办法，进一步落实债务风险预警、限额管理和债务信息月报等制度。研究加强或有债务监管，力争构建起较为完备的债务管理制度体系。加强政府债券资金管理，提高债券资金使用效益。

（七）创新财政投入方式。创新工作机制，鼓励通过引导基金、担保基金等市场化模式，发挥对社会资本的引导带动作用。创新投融资体制机制，加快 PPP 模式推广应用，提高公共服务供给质量和效率。对于采用 PPP 模式的项目，有关财政资金要逐步由“补建设”向“补运营”转变。

（八）依法加强财政收支管理。依法依规组织收入，坚决防止和纠正收取“过头税”以及采取“空转”方式虚增财政收入的行为。继续压减一般性支出，严格控制“三公”经费。落实部门预算执行主体责任，对结转结余资金限期分配或支付，提高年初预算资金分配下达速度和拨付效率，切实提高预算执行及时性均衡性有效性。

（九）进一步严肃财经纪律。严格执行预算法和财政违法行为处罚处分条例等法律法规，建立健全嵌入预算执行流程、覆盖财政资金运行全过程的监管机制，加大对违反财经纪律行为惩戒力度，确保各项财税政策有效落实和财政资金安全运行。

常用统计术语

1. 发展速度 是反映某种社会经济现象发展程度的相对指标，它是报告期发展水平与基期发展水平之比，用来说明报告期水平已发展到基期水平的若干倍或百分之几。一般用百分数（以基期水平为 100）表示。发展速度分为环比发展速度和定基发展速度。环比发展速度是报告期发展水平与前期发展水平之比，反映社会经济现象逐期的发展程度；定基发展速度是报告期发展水平与某一固定基期发展水平（通常为最初水平）之比，它反映社会经济现象在较长时间内总的发展速度。

2. 增长速度 是反映某种社会经济现象增长程度的相对指标，它是报告期增长量与基期发展水平之比。增长速度与发展速度一样，由于采用的基期不同，分为环比增长速度和定基增长速度。环比增长速度是报告期增长量与前期发展水平之比，反映社会经济现象逐期的增长程度；定基发展速度是报告期增长量与某一固定基期发展水平（通常为最初水平）之比，它反映社会经济现象在较长时间内增长的总速度。

3. 增长量 是说明两个不同时期发展水平增减差额的指标，它说明社会经济现象在一定时期内增长（或减少）的绝对量。计算公式为：

增长量＝报告期水平－基期水平

由于采用的基期不同，增长量分为逐期增长量和累计增长量。逐期增长量是报告期水平与前期水平的差额，反映社会经济现象逐期增长的数量；累计增长量是报告期水平与某一固定基期发展水平（通常为最初水平）的差额，它反映社会经济现象在一定时间内的总增长量。

4. 平均增长速度 是说明社会经济现象在一个较长时期内增长的平均速度。在我国计算平均增长速度有两种方法，一种是习惯上经常用的“水平法”，又称几何平均法，是以间隔期最后一年的水平同基期水平对比来计算平均每年增长（或下降）速度。另一种是“累计法”，又称代数平均法或方程法，是以间隔期内各年水平的总和同基期水平对比来计算平均每年增长（或下降）速度。

在一般正常情况下，两种方法计算的平均每年增长速度比较接近，但在经济发展不平衡，出现大起大落时，两种方法计算的结果差别较大。

5.“倍数” 倍，就是跟原数相同的数。倍数，只能用于数字的增加，不能用于数字的减少。如“增长多少倍”、“扩大多少倍”、“提高多少倍”都可以；但不能说“降低多少倍”、“缩小多少倍”、“减少多少倍”。因为减少一倍就减完了，再无什么可减了。运用倍数时，还要注意用词的准确。如“增加了两倍”，即原来是一，现在是三；“增加到两倍”，即原来是一，现在是二。这里的“了”和“到”不能缺少，也不能互换。

6.“番”与“倍”的关系 增加一倍，就是增加 100%；翻一番，也是增加 100%。除了一倍与一番相当外，两倍与两番以上的数字含义就不同了。而且数字越大，差距越大。如增加两倍，就指增加 200%；翻两番，就是 400%（一番是二、二番是四、三番就是八），所以说翻两番就是增加了 300%，翻三番就是增加了 700%。“番”是按几何级数计算的，“倍”是按算术级数计算的。“番”的计算公式为：

$$n = lg(报告期/基期)/lg2$$

n表示翻番数，ｌｇ是常用对数符号

7. 百分数 是用一百做分母的分数。百分数与倍数不同，他既可以表示数量的增加，也可以表示数量的减少。运用百分数时，也要注意概念的精确。

运用百分数时，还要注意有些百分数最多只能达到100%，如产品合格率等；有些百分数只能小于100%，如粮食出粉率等；有些百分数却可以大于100%，如产品产量计划完成情况等。

“占”、“超”、“为”、“增”的用法，“占计划百分之几”指完成计划的百分之几；“超计划的百分之几”，就应该扣除原来的基数（－100%）；“为去年的百分之几”就是等于或相当于去年的百分之几；“比去年增长百分之几”应扣掉原有的基数（-100%）。

8. 百分点 是指不同时期以百分数形式表示的相对指标（如速度、指数、构成等）的变动幅度。

9. 扣除价格因素 按当年价格计算的价值指标，在不同年份之间对比时，有各年间价格变动因素，不能确切反映实物量的增减变动。为此必须消除价格变动因素，使之可比，才能真实反映经济发展动态。

扣除价格因素的方法有两种：

（1）利用可比价格进行不同年份间价值指标的对比，即价值指标统一按相同的价格计算。

（2）价格指数缩减法，指用当年价格计算的价值指标直接对比后再扣除相应的价格指数。

10. 国民经济景气监测分值及综合评分 是通过建立国民经济监测网络，利用监测指标体系、监测和预警模型，对国民经济运行实施有效地监测和预警统计的常用方法之一。这种方法就是在所选择的一组反映经济发展状况的敏感性指标中，运用有关的数据处理方法，选择若干指标组成为一个综合性的指标体系，并通过类似于一组交通管制信号红、黄、绿灯的标志，对这组指标和综合指标反映的当时国民经济状况，发出不同的信号，最后，通过观察分析信号的变动情况，来判断未来经济发展态势的方法。

运用这种方法的基本步骤是：第一，选择和确定能够反映国民经济运行状况的监测指标，这些指标最好是按月度或季度收集整理；第二，计算各指标指数，即各指标本期的实际值与上年同期的数值相比，然后对其结果进行季节调整，消除季节性因素和不规则因素，用以制订预警灯号；第三，确定各个灯区的临界限，将各指标指数按照各种临界限划分为红灯区、黄灯区、绿灯区、浅蓝灯区和蓝灯区五个区间，并将5个区间依次赋值为5分、4分、3分、2分和1分；第四，根据确定灯号分数的标准，将消除季节因素和不规则因素的各项指标的指数转换为灯号分数；第五，综合各指标的灯号分数，求得整个国民经济动态平均灯号分数；第六，根据整个国民经济动态平均灯号分数进行预警信号的分析。当预警信号亮出绿灯，表示当时的经济景气比较稳定，可在稳定中采取一定的促进经济增长的措施；当预警信号亮出黄灯，说明经济尚稳，但短期内有转热或趋稳的可能；当预警信号亮出红灯时，表明经济稍热，若无适当措施，经济增长过热必将来临；当双红灯出现时，说明已经过热，必须采取有力的紧缩措施；蓝灯表示已进入萧条，必须采取强力刺激经济复苏的对策。

目前国家统计局采用的宏观经济运行监测指标体系，是选择以下12个指标组成：工业总产值、工业企业销售收入、基础产品产量指数、商品流转次数、社会消费品零售总额、商业国内工业品纯购进、固定资产投资额、狭义货币Ｍ１（现金＋企业、机关活期存款）、企业存款、银行现金总支出、出口额、消费价格指数。以上指标得分相加，48分以上为红灯区（过热）；42—48分为黄灯区（偏热）；30—42分为绿灯区（正常）；24—30分为浅蓝灯区

（偏冷）；24 分以下为蓝灯区（冷）。采用经济景气打分和综合评分的方法比较直观，易于理解，应用方便。近年来很多国家都运用这种方法对宏观经济运行状况进行监测和预警。值得注意的是：对于极其复杂的整个国民经济系统来说，必须定量与定性分析相结合，并充分发挥定性分析的作用，不宜片面强调这种方法的作用。

11. 投资率 通常是指总投资占生产总值的比率。但是生产总值由于受进出口的影响，又有生产额与使用额的区分。因此投资率也可以从以下两个不同的角度进行观察。计算公式为：

投资率＝（总投资/生产总值）×100%

或：投资率＝（总投资/生产总值国内使用额）×100%

生产总值生产额反映国家（或地区）的经济实力和经济发展水平，而生产总值使用额则反映生产总值实际使用于投资与消费的总规模。因此，前者可以 观察投资与国家经济实力的关系，从中看出投资规模的经济承受能力；后者可以观察可供使用的生产总值在投资与消费 之间的分配，从中可以看出投资与消费的比例关系。由于投资不同于积累，生产总值不同于国民收入，因此，投资率也有别于积累率。比较起来，由于总投资包括全部固定资产投资，所以投资率能全面地反映建设规模，更确切地观察建设与生产、建设与消费之间的关系。同时，投资率也有利于国际比较。

12. 投资系数 是指一定时期的总投资与新增生产总值之比。即一定时期每新增单位生产总值需要多少投资。计算公式为：

投资系数＝总投资/新增生产总值

这个指标还可以根据需要，写成新增生产总值与总投资之比，即：

投资系数＝新增生产总值/总投资

用来表示单位投资可以新增多少生产总值。这两个指标都能反映出投资的经济效益，是重要的宏观经济指标。

13. 恩格尔定律及恩格尔系数 19 世纪德国统计学家恩格尔根据统计资料，对消费结构的变化得出一个定律:一个家庭收入越少，家庭收入中（或总支出中）用来购买食物的支出所占的比例就越大，随着家庭收入的增加，家庭收入中（或总支出中）用来购买食物的支出则会下降。推而广之，一个国家越穷，每个国民的平均收入中（或平均支出中）用于购买食物的支出所占的比例就越大，随着国家的富裕，这个比例呈下降趋势。恩格尔定律的计算公式为：

食物支出对总支出的比例（Ｒ１）＝食物支出变动百分比/总支出变动百分比

或：食物支出对总支出的比例（Ｒ２）＝食物支出变动百分比/收入变动百分比

Ｒ２又称为食物支出的收入弹性。

恩格尔定律是根据经验数据提出的，他是在假定其他一切变量都是常数的前提下才适用的，因此在考察食物支出在收入中所占比例变动问题时，还应当考虑都市化程度、食品工业、饮食业和食物本身结构变化等因素，都会影响家庭的食物支出增加。只有达到相当高的平均食物消费水平时，收入的进一步增加才不对食物支出发生重要的影响。

恩格尔系数是根据恩格尔定律得出的比例数，是表示生活水平高低的一个指标。其计算公式为：
恩格尔系数＝食物支出金额/总支出金额

除食物支出外，衣着、住房、日用必需品等的支出，也同样在不断增长的家庭收入或总支出中，所占比重上升一段时期后，呈递减趋势。

14. 宏观调控 是指政府为实现宏观（总量）平衡，保持经济持续、稳定、协调增长，而对货币收支总量、财政收支总量、外汇收支总量和主要物资供求的调节与控制。由此扩展开来，通常把政府为弥补市场失灵采取的其他措施也纳入宏观调控的范畴。

政府的宏观调控主要表现为国家利用经济政策、经济法规、计划指导进行必要的行政管理。

第二部分 统计资料

综　　合

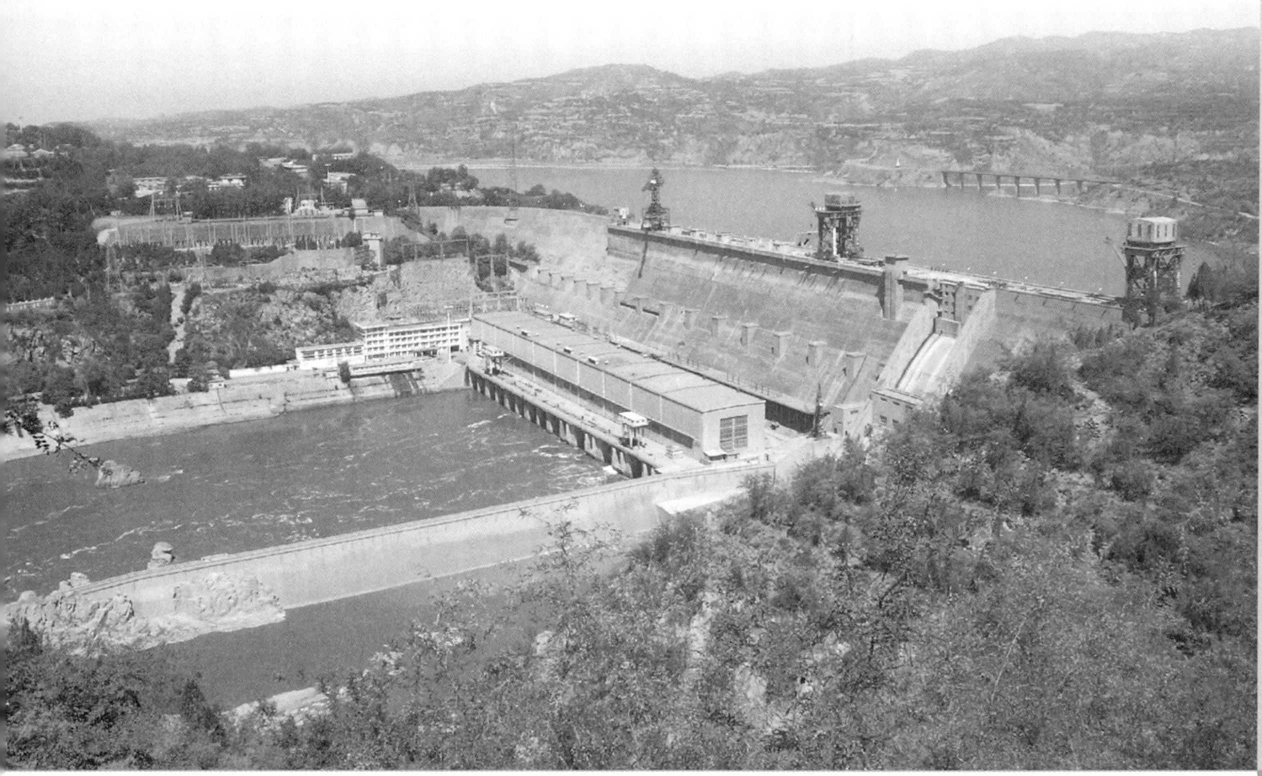

资料整理：邓晓飞、吉晓伟、李　超、任　佳

资料审核：严前程、刘　军、柴素妍、何永健

三门峡地理

地理位置 三门峡市位于河南省的西部，豫、晋、陕三省的交界处，地处东经 112° 21′ 42″ 至 112° 01′ 24″，北纬 33° 31′ 24″ 至 35° 05′ 48″ 之间。东临洛阳，西接陕西，北隔黄河与山西相望，南连伏牛山与南阳接壤。东西长 153 公里，南北宽 132 公里，总国土面积为 10496 平方公里。交通运输条件优越。境内陇海铁路、郑（州）西（安）高铁、连（云港）霍（尔果斯）高速横贯东西，三（门峡）淅（川）高速、209 国道纵穿南北，乡村公路交织成网。

地势地貌 地势西南高，东北低，差异明显，地表形态复杂多样，有山地、丘陵、河谷、平原等多种类型，大体为“五山四陵一分川”即山地占 54.8%，丘陵占 36%，平原占 9.2%。

气候 市域属暖温带大陆性季风气候。四季分明，春秋短而冬夏长，春季干燥多大风，夏季炎热多雨水，秋季温和湿润，冬季雨雪少且冷，光、热和水量集中，历年平均气温 13.2 ℃，年平均日照时数 2354.3 小时，平均日照率 51%，历年无霜期 184-218 天，平均年降雨量 550-800 毫米。

水文地质 全市河流沟溪众多，共有河溪 3000 多条，其中较大河流 29 条，分属黄河、长江两大水系。黄河水系主要有黄河干流、洛河、弘农涧河、青龙涧河、枣香河等，长江水系主要有老灌河、淇河。

水利资源 全市多年平均水资源总量 17.46 亿立方米（不含黄河入境水），人均水资源占有量 760 立方米，黄河干流年平均过境水量 420 亿立方米，三门峡水库设计总容量 96 亿立方米，正常调蓄量 18-20 亿立方米。

矿产资源 三门峡市矿产资源丰富，是河南省重要的矿产资源基地。目前已发现各种矿藏 66 种，探明储量的有 50 种，潜在经济价值达 3000 亿元，保有储量居全省前三位的约有 31 种，已开发利用的 37 种。黄金、铝、煤炭是三大优势矿产。有 17 种矿产居全省之冠，9 种矿产居第二位，6 种矿产居第三位。这些矿产不仅储量大、品位高，而且分布相对集中，埋藏浅，易开采，是河南省乃至全国主要的贵金属、有色金属及能源矿产基地。

动植物资源 动物仅野生陆栖脊椎动物就达 140 多种。其中爬行类 20 种，鸟类 70 多种，哺乳类 42 种，两栖类 8 种。主要有：国际保护动物金钱豹，国家一级保护动物苏门羚，二级保护动物大鲵、天鹅、豆雁、环颈雉、鸳鸯、水獭、麝，省级保护动物红腹锦鸡、鹿、密狗、猫头鹰等。全市维管束植物 144 科，780 余属，2100 余种。

行政区划 截止 2016 年底，全市辖两县两市两区（即渑池县、卢氏县、灵宝市、义马市和湖滨区、陕州区）和一个省级经济开发区（河南三门峡经济开发区）、一个城乡一体化示范区，62 个乡镇，14 个街道办事处，1343 个行政村。

数据要览

◆2016 年地区生产总值	13258631 万元	比上年增长 7.5%
第一产业	1235007 万元	比上年增长 4.6%
第二产业	7489299 万元	比上年增长 6.8%
第三产业	4534325 万元	比上年增长 9.5%
◆2016 年人均生产总值	58894 元	比上年增长 7.3%
◆2016 年生产总值构成	100%	
第一产业	9.3%	比上年降低 0.2 个百分点
第二产业	56.5%	比上年降低 1.7 个百分点
第三产业	34.2%	比上年提高 1.9 个百分点

地区生产总值

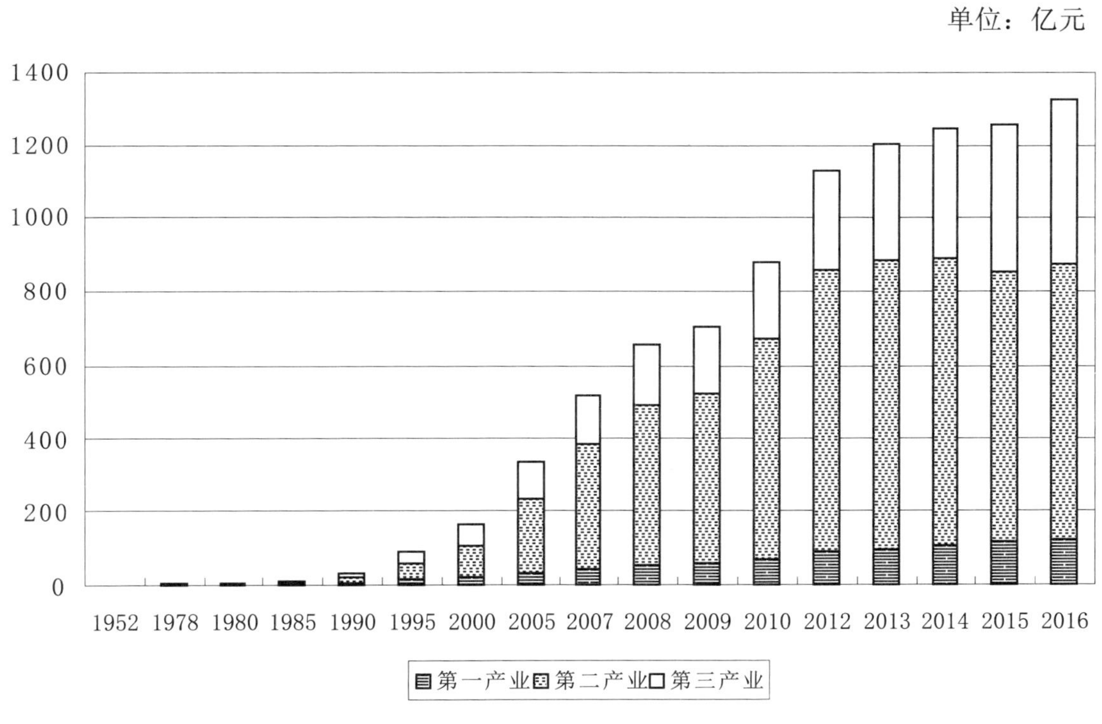

1-1 行政区划

（2016年） 单位：个

分　　类	全　市	湖滨区	陕州区	义马市	渑池县	灵宝市	卢氏县
市县区级	**6**	**1**	**1**	**1**	**1**	**1**	**1**
县	2				1		1
市	2			1		1	
区	2	1	1				
乡镇街道办事处级	**76**	**10**	**13**	**7**	**12**	**15**	**19**
乡	33	3	9		6	5	10
镇	29		4		6	10	9
街道办事处	14	7		7			
村、居委会级	**1477**	**95**	**272**	**35**	**247**	**461**	**367**
村委会	1343	53	262		236	440	352
居委会	134	42	10	35	11	21	15

1-2 土地面积

（2016年） 单位：平方公里

分　　类	全　市	湖滨区	陕州区	义马市	渑池县	灵宝市	卢氏县
土地总面积	**10496**	**185**	**1763**	**112**	**1421**	**3011**	**4004**
山区面积	5750	32	665	33	780	1481	2759
占总面积%	54.8	17.2	37.7	29.2	54.9	49.2	68.9
丘陵面积	3777	122	709	55	574	1208	1109
占总面积%	36.0	66.1	40.2	49.0	40.4	40.1	27.7
平原面积	969	31	389	24	67	322	136
占总面积%	9.2	16.7	22.1	21.8	4.7	10.7	3.4
土地总面积（千公顷）	**1049.6**	**18.5**	**176.3**	**11.2**	**142.1**	**301.1**	**400.4**

1-3 各县市所属乡（镇）、街道名称

（2016年）

县 (市 、 区)	乡（镇）街道数（个）	所属乡	所属镇	街道办事处
全 市	76	33	29	14
湖 滨 区	10	交口、磁钟、高庙		湖滨、车站、前进、涧河、大安、崖底、会兴街道
陕 州 区	13	张汴、张湾、菜园、张茅、硖石、王家后、西李村、宫前、店子	原店、观音堂、大营、西张村	
义 马 市	7			新义、朝阳、千秋、常村、泰山、新区、东区街道
渑 池 县	12	仁村、果园、陈村、坡头、段村、南村	城关、英豪、张村、洪阳、天池、仰韶	
灵 宝 市	15	川口、寺河、苏村、五亩、西闫	城关、尹庄、朱阳、阳平、大王、故县、豫灵、焦村、阳店、函谷关	
卢 氏 县	19	潘河、文峪、双槐树、汤河、横涧、瓦窑沟、狮子坪、木桐、沙河、徐家湾	城关、杜关、官坡、范里、东明、朱阳关、五里川、官道口、双龙湾	

1-4 主要年份农村基本情况

指　　标	计量单位	2000年	2005年	2010年	2013年	2014年	2015年	2016年
农村基层组织								
乡镇								
乡政府	个	47	35	33	33	33	33	33
镇政府	个	29	27	29	29	29	29	29
村民委员会	个	1349	1363	1342	1343	1343	1343	1343
农村基础设施								
通汽车村数	个	1345	1357	1340	1343	1343	1343	1343
通电村数	个	1349	1363	1342	1343	1343	1343	1343
通电话村数	个	1349	1337	1342	1343	1343	1343	1343
自来水受益村数	个	954	1061	1143	1166	1174	1198	1230
乡村人口与从业人员								
乡村户数	万户	41.00	42.16	43.69	44.28	44.46	44.59	45.10
乡村人口	万人	160.26	163.22	165.49	167.40	168.18	169.04	169.64
男	万人				88.29	88.77	89.03	89.20
女	万人				79.11	79.41	80.01	80.44
乡村劳动力资源数	万人	98.46	99.44	102.53	104.94	105.50	105.36	105.73
男劳动力	万人				55.90	56.41	56.18	56.36
女劳动力	万人				49.04	49.09	49.18	49.37
乡村从业人员数	万人	92.73	93.72	95.03	95.08	94.02	94.08	93.85
男劳动力	万人	48.95	49.86	50.72	50.69	50.28	50.46	50.50
女劳动力	万人	43.78	43.86	44.31	44.39	43.74	43.62	43.35
#农业从业人员	万人	71.94	66.64	61.59	62.44	60.92	61.70	62.30

1-5 分县市农村基本情况和劳动力资源状况

（2016年底）

指　　标	计量单位	全　市	湖滨区	陕州区	义马市	渑池县	灵宝市	卢氏县	开发区	三门峡产业集聚区
农村基层组织										
乡镇										
乡政府	个	33	3	9		6	5	10		
镇政府	个	29		4		6	10	9		
村民委员会	个	1343	47	256		236	428	352	6	18
农村基础设施										
通有线电视村数	个	1139	26	225		213	428	223	6	18
通宽带村数	个	1186	45	248		232	428	209	6	18
通电话村数	个	1343	47	256		236	428	352	6	18
自来水受益村数	个	1230	47	251		207	368	333	6	18
乡村人口与从业人员										
乡村户数	万户	45.10	2.36	7.70	1.18	7.54	15.68	8.90	0.30	1.44
乡村人口	万人	169.64	8.20	26.52	4.46	28.67	62.49	33.18	1.07	5.05
男	万人	89.20	4.22	13.66	2.30	15.04	33.39	17.44	0.60	2.55
女	万人	80.44	3.98	12.86	2.16	13.63	29.10	15.74	0.47	2.50
乡村劳动力资源数	万人	105.73	5.08	15.80	2.53	18.96	39.76	19.94	0.58	3.08
男劳动力	万人	56.36	2.69	8.38	1.36	9.93	21.41	10.64	0.33	1.62
女劳动力	万人	49.37	2.39	7.42	1.17	9.03	18.35	9.30	0.25	1.46
乡村从业人员数	万人	93.85	4.42	14.46	2.11	16.79	35.23	17.75	0.45	2.64
男劳动力	万人	50.50	2.43	7.66	1.15	8.71	19.27	9.59	0.26	1.43
女劳动力	万人	43.35	1.99	6.80	0.96	8.08	15.96	8.16	0.19	1.21
#农业从业人员	万人	62.30	1.50	10.68	0.78	8.28	26.21	12.93	0.23	1.69

注:陕州区、灵宝市不是全口径数据，使用时慎重。

1-6 各月平均气温和降水量

（2016年）

月　份	平均气温(摄氏度)				降水量(毫米)			
	湖滨区	渑池县	灵宝市	卢氏县	湖滨区	渑池县	灵宝市	卢氏县
一 月	-0.7	-1.3	-0.7	-1.2	0.2	0.8	2.5	1.3
二 月	3.8	2.7	3.8	2.8	8.6	8.7	11.6	9.3
三 月	10.6	9	10.9	9.6	3.2	7.2	4.8	0.5
四 月	17.4	16.1	17.6	15.9	50.9	43.3	51.9	56.4
五 月	19.9	18.4	19.7	17.9	62.5	43.4	61.1	77.0
六 月	25.4	24.5	25	22.9	95.3	76.8	108.5	180.5
七 月	27.0	25.8	26.9	25.3	114.9	140.2	127.4	118.0
八 月	26.9	25.1	27	24.9	55.2	72.3	48.5	63.1
九 月	21.9	20.7	21.9	20.1	63.9	30.2	36.7	54.9
十 月	15	13.7	14.7	14	83.1	72.3	82.8	58.9
十一月	7.3	6.9	7.4	7.3	37.9	42.0	45.3	34.4
十二月	3.7	2.7	4.0	3.3	14.5	17.0	12.3	10.2

1-7 气温、雨量、霜降情况

（2016年）

指　标	湖滨区	渑池县	灵宝市	卢氏县
平均气温(摄氏度)	14.9	13.7	14.9	13.5
降雨总量(毫 米)	590.2	554.2	593.4	664.5
终霜日期	3月27日	3月28日	1月18日	3月27日
初霜日期	11月2日	11月2日	11月30日	11月10日
有霜天数(天)	57	38	50	45
最高气温(摄氏度)	39.6	36.9	38.8	37.4
最低气温(摄氏度)	-11.9	-13	-12.8	-15.4
日最大降雨量(毫 米)	49.2	62.3	51.7	80.5

1-8 基本单位数

单位：个

年　　份	法人单位数	单产业法人	多产业法人	产业活动单位数	#多产业法人所属的产业活动单位
1996	8629	7385	1244	16254	8869
1997	8558	7308	1250	16216	8908
1998	8478	7241	1237	16039	8798
1999	8519	7304	1215	15907	8603
2000	**8525**	**7354**	**1171**	**15808**	**8454**
2001	9829	8914	915	15418	6504
2002	9485	8628	857	14683	6055
2003	9673	8887	786	14359	5472
2004	9385	8730	655	13806	5076
2005	**9756**	**9123**	**633**	**13835**	**4712**
2006	10199	9591	608	14176	4585
2007	10510	9892	618	14540	4648
2008	11290	10494	796	15633	5139
2009	12235	11409	826	16653	5244
2010	**12884**	**12026**	**858**	**17378**	**5352**
2011	13706	12851	855	18175	5324
2012	14653	13772	881	19197	5425
2013	16097	15787	310	18820	3033
2014	21041	20192	849	25081	4889
2015	**23347**	**22481**	**866**	**27678**	**5200**
2016	24713	23844	869	29195	5351

1-9 按三次产业分的基本单位数及构成

年　份	单位数(个)	第一产业		第二产业		第三产业	
		绝对数	构成(%)	绝对数	构成(%)	绝对数	构成(%)
法人单位							
1997	8558	559	6.5	2903	33.9	5096	59.5
1998	8478	609	7.2	2787	32.9	5082	59.9
1999	8519	649	7.6	2792	32.8	5078	59.6
2000	8525	661	7.8	2842	33.3	5022	58.9
2001	9829	772	7.9	2468	25.1	6589	67.0
2002	9485	591	6.2	2342	24.7	6552	69.1
2003	9673	539	5.6	2471	25.5	6663	68.9
2004	9385	227	2.4	2358	25.1	6800	72.5
2005	9756	231	2.4	2558	26.2	6967	71.4
2006	10199	229	2.2	2726	26.7	7244	71.0
2007	10510	250	2.4	2860	27.2	7400	70.4
2008	11290	330	2.9	3172	28.1	7788	69.0
2009	12235	379	3.1	3441	28.1	8415	68.8
2010	12884	403	3.1	3599	27.9	8882	69.0
2011	13706	494	3.6	3763	27.5	9449	68.9
2012	14653	587	4.0	3921	26.8	10145	69.2
2013	16097	950	5.9	3011	18.7	12136	75.4
2014	21041	1394	6.6	3751	17.8	15896	75.6
2015	23347	1631	7.0	3748	16.1	17968	76.9
2016	24713	1855	7.5	3687	14.9	19171	77.6
产业活动单位							
1997	16216	1059	6.5	3525	21.7	11632	71.7
1998	16039	1140	7.1	3394	21.2	11505	71.7
1999	15907	1180	7.4	3363	21.1	11364	71.4
2000	15808	1191	7.5	3414	21.6	11203	70.9
2001	15418	953	6.2	2959	19.2	11506	74.6
2002	14683	651	4.4	2783	19.0	11249	76.6
2003	14359	600	4.2	2868	20.0	10891	75.8
2004	13806	231	1.7	2727	19.8	10848	78.6
2005	13835	249	1.8	2925	21.1	10661	77.1
2006	14176	247	1.7	3038	21.4	10891	76.8
2007	14540	268	1.8	3180	21.9	11092	76.3
2008	15633	347	2.2	3362	21.5	11924	76.3
2009	16653	397	2.4	3642	21.9	12614	75.7
2010	17378	420	2.4	3793	21.8	13165	75.8
2011	18175	512	2.8	3953	21.8	13710	75.4
2012	19197	605	3.2	4113	21.4	14479	75.4
2013	18820	959	5.1	3148	16.7	14713	78.2
2014	25081	1411	5.6	3934	15.7	19736	78.7
2015	27678	1650	6.0	3967	14.3	22061	79.7
2016	29195	1872	6.4	3905	13.4	23418	80.2

1-10 按行业分的基本单位数

（2016年）　　单位：个

行　业	法人单位数	单产业法人	多产业法人	产业活动单位数	#多产业法人的活动单位
总　计	24713	23844	869	29195	5351
农、林、牧、渔业	1855	1851	4	1872	21
农业	866	866		867	1
林业	271	271		274	3
畜牧业	512	508	4	525	17
渔业	43	43		43	
农、林、牧、渔服务业	163	163		163	
采矿业	641	628	13	685	57
煤炭开采和洗选业	73	72	1	82	10
黑色金属矿采选业	58	56	2	65	9
有色金属矿采选业	364	355	9	383	28
非金属矿采选业	134	133	1	143	10
开采辅助活动	4	4		4	
其他采矿业	8	8		8	
制造业	2004	1961	43	2129	168
农副食品加工业	104	104		107	3
食品制造业	78	74	4	82	8
酒、饮料和精制茶制造业	82	76	6	100	24
烟草制品业	2	2		2	
纺织业	30	30		30	
纺织服装、服饰业	24	24		25	1
皮革、毛皮、羽毛及其制品和制鞋业	1	1		1	
木材加工和木、竹、藤、棕、草制品业	56	55	1	59	4
家具制造业	28	25	3	44	19
造纸和纸制品业	21	21		22	1
印刷和记录媒介复制业	62	60	2	63	3
文教、工美、体育和娱乐用品制造业	34	34		34	
石油加工、炼焦和核燃料加工业	8	8		10	2
化学原料和化学制品制造业	110	107	3	118	11

行业	法人单位数	单产业法人	多产业法人	产业活动单位数	#多产业法人的活动单位
医药制造业	25	25		26	1
化学纤维制造业	2	2		3	1
橡胶和塑料制品业	51	51		55	4
非金属矿物制品业	538	530	8	553	23
黑色金属冶炼和压延加工业	38	36	2	39	3
有色金属冶炼和压延加工业	112	106	6	113	7
金属制品业	138	136	2	143	7
通用设备制造业	108	107	1	117	10
专用设备制造业	178	174	4	190	16
汽车制造业	12	12		13	1
铁路、船舶、航空航天和其他运输设备制造业	3	3		4	1
电气机械和器材制造业	61	60	1	64	4
计算机、通信和其他电子设备制造业	18	18		18	
仪器仪表制造业	24	24		25	1
其他制造业	20	20		21	1
废弃资源综合利用业	10	10		11	1
金属制品、机械和设备修理业	26	26		37	11
电力、热力、燃气及水生产和供应业	187	181	6	209	28
电力、热力生产和供应业	120	117	3	136	19
燃气生产和供应业	15	14	1	17	3
水的生产和供应业	52	50	2	56	6
建筑业	855	838	17	882	44
房屋建筑业	157	152	5	162	10
土木工程建筑业	217	208	9	225	17
建筑安装业	150	148	2	155	7
建筑装饰和其他建筑业	331	330	1	340	10
批发和零售业	7324	7111	213	8495	1384
批发业	3612	3562	50	4006	444
零售业	3712	3549	163	4489	940

行　　业	法人单位数			产业活动单位数	#多产业法人的活动单位
		单产业法人	多产业法人		
交通运输、仓储和邮政业	729	709	20	970	261
铁路运输业	9	9		16	7
道路运输业	559	546	13	633	87
水上运输业	3	3		3	
航空运输业	2	2		3	1
装卸搬运和运输代理业	61	60	1	91	31
仓储业	61	60	1	70	10
邮政业	34	29	5	154	125
住宿和餐饮业	464	449	15	521	72
住宿业	180	173	7	202	29
餐饮业	284	276	8	319	43
信息传输、软件和信息技术服务业	332	326	6	564	238
电信、广播电视和卫星传输服务	43	39	4	257	218
互联网和相关服务	112	111	1	126	15
软件和信息技术服务业	177	176	1	181	5
金融业	114	80	34	686	606
货币金融服务	49	34	15	443	409
资本市场服务	16	14	2	24	10
保险业	31	14	17	200	186
其他金融业	18	18		19	1
房地产业	688	681	7	721	40
房地产业	688	681	7	721	40
租赁和商务服务业	1639	1612	27	1774	162
租赁业	282	281	1	285	4
商务服务业	1357	1331	26	1489	158
科学研究和技术服务业	806	794	12	875	81
研究和试验发展	39	38	1	41	3

1-10续表3 （2016年） 单位：个

行　　业	法人单位数	单产业法人	多产业法人	产业活动单位数	#多产业法人的活动单位
专业技术服务业	429	421	8	472	51
科技推广和应用服务业	338	335	3	362	27
水利、环境和公共设施管理业	352	351	1	390	39
水利管理业	76	75	1	89	14
生态保护和环境治理业	21	21		24	3
公共设施管理业	255	255		277	22
居民服务、修理和其他服务业	531	529	2	553	24
居民服务业	193	192	1	201	9
机动车、电子产品和日用产品修理业	190	189	1	201	12
其他服务业	148	148		151	3
教育	900	841	59	1460	619
教育	900	841	59	1460	619
卫生和社会工作	1090	1074	16	1478	404
卫生	933	917	16	1318	401
社会工作	157	157		160	3
文化、体育和娱乐业	543	535	8	608	73
新闻和出版业	25	25		29	4
广播、电视、电影和影视录音制作业	55	54	1	57	3
文化艺术业	188	186	2	199	13
体育	46	45	1	46	1
娱乐业	229	225	4	277	52
公共管理、社会保障和社会组织	3659	3293	366	4323	1030
中国共产党机关	84	81	3	83	2
国家机构	1383	1274	109	1996	722
人民政协、民主党派	14	14		14	
社会保障	60	59	1	81	22
群众团体、社会团体和其他成员组织	642	634	8	673	39
基层群众自治组织	1476	1231	245	1476	245

1-11 按机构类型和行业分的法人单位

(2016年)　　　　单位：个

行　　业	全部法人合计	企业	事业单位	机关	社会团体	民办非企业单位	基金会	居委会	村委会	农民专业合作社	其他
总　　计	24713	17509	2464	568	505	390	2	133	1343	567	1232
农、林、牧、渔业	1855	1205	25			17				333	275
采矿业	641	641									
制造业	2004	2001								3	
电力.热力.燃气及水生产和供应业	187	185	1								1
建筑业	855	855									
批发和零售业	7324	7128								196	
交通运输、仓储和邮政业	729	690	32			2				1	4
住宿和餐饮业	464	460	1								3
信息传输、软件和信息技术服务业	332	308	19			4				1	
金融业	114	105	9								
房地产业	688	681	7								
租赁和商务服务业	1639	1472	108			16				4	39
科学研究和技术服务业	806	526	202			17				25	36
水利、环境和公共设施管理业	352	237	110			3				2	
居民服务、修理和其他服务业	531	482	26			18				2	3
教育	900	127	582			179					12
卫生和社会工作	1090	52	234		12	109					683
文化、体育和娱乐业	543	354	135		12	25					17
公共管理、社会保障和社会组织	3659		973	568	481		2	133	1343		159
国际组织											

1-12 按机构类型和登记注册类型分的法人单位数

（2016年）　　　　单位：个

行　　业	全部法人合计	企业	事业单位	机关	社会团体	民办非企业单位	基金会	居委会	村委会	农民专业合作社	其他
总　　计	24713	17509	2464	568	505	390	2	133	1343	567	1232
内资	24679	17475	2464	568	505	390	2	133	1343	567	1232
国有	3145	288	2095	568	125	32					37
集体	814	335	51		25	33					370
股份合作	66	63			1	2					
联营	47	26	9		6	3					3
国有联营	8	4	3		1						
集体联营	15	13			1	1					
国有与集体联营	2	1									1
其他联营	22	8	6		4	2					2
有限责任公司	3198	3191			2	2					3
国有独资公司	56	56									
其他有限责任公司	3142	3135			2	2					3
股份有限公司	268	268									
私营	12028	11780			32	144					72
私营独资	3942	3757			24	104					57
私营合伙	641	616			5	12					8
私营有限责任公司	7080	7044			3	26					7
私营股份有限公司	365	363				2					
其他	5113	1524	309		314	174	2	133	1343	567	747
港、澳、台商投资	15	15									
合资经营(港或澳、台资)	6	6									
合作经营(港或澳、台资)	1	1									
港、澳、台商独资经营	7	7									
港、澳、台商投资股份有限公司	1	1									
其他港澳台投资企业											
外商投资	19	19									
中外合资经营	10	10									
中外合作经营	1	1									
外资	7	7									
外商投资股份有限公司	1	1									
其他外商投资企业											

1-13 分县市基本单位数

（2016年） 单位：个

县（市、区）	法人单位数	单产业法人	多产业法人	#规模、资质或限额以上单位	产业活动单位数	多产业法人所属的产业活动单位
总　计	**24713**	**23844**	**869**	**1560**	**29195**	**5351**
市　直	423	398	25	34	428	30
湖滨区	6573	6403	170	309	7501	1098
陕州区	3095	3043	52	148	3567	524
渑池县	3829	3732	97	286	4702	970
卢氏县	2632	2305	327	105	3559	1254
义马市	1806	1765	41	195	2154	389
灵宝市	4867	4754	113	382	5704	950
三门峡经济开发区	1040	999	41	67	1098	99
三门峡产业集聚区	448	445	3	34	482	37

1-14 分县市分机构类型法人单位数

（2016年） 单位：个

县（市、区）	企业法人	事业单位法人	机关法人	社会团体法人	民办非企业法人	其他法人
总　计	**17509**	**2464**	**568**	**505**	**390**	**3277**
市　直	52	182	60	121	8	
湖滨区	5750	282	98	145	85	213
陕州区	2307	403	67	43	13	262
渑池县	2221	394	90	41	32	1051
卢氏县	1281	576	74	46	36	619
义马市	1328	225	65	39	33	116
灵宝市	3274	342	78	49	155	969
三门峡经济开发区	934	30	29	15	18	14
三门峡产业集聚区	362	30	7	6	10	33

1-15 分县市"一套表"企业数

（2016年）　　单位：个

县（市、区）	合计	规模以上工业	资质以上建筑业	资质以上房地产开发业	限额以上批发和零售业	限额以上住宿和餐饮业	重点服务业
全　市	**1560**	**618**	**178**	**174**	**325**	**62**	**203**
市　直	34	12	14	8			
湖滨区	309	56	64	50	71	17	51
陕州区	148	54	17	28	18	12	19
渑池县	286	144	13	14	65	8	42
卢氏县	105	42	13	10	28	5	7
义马市	195	81	12	13	47	10	32
灵宝市	382	199	30	38	71	9	35
三门峡经济开发区	67	9	13	13	19	1	12
三门峡产业集聚区	34	21	2		6		5

1-16 各产业集聚区"一套表"企业数

（2016年）　　单位：个

名　称	合计	规模以上工业	资质以上建筑业	房地产开发业	限额以上批发和零售业	限额以上住宿和餐饮业	重点服务业
合　计	**327**	**221**	**24**	**16**	**46**	**1**	**19**
渑池县产业集聚区	80	57		1	19		3
陕州区产业集聚区	20	19			1		
卢氏县产业集聚区	20	20					
义马市煤化工产业集聚区	41	33	3	1	3		1
灵宝市产业集聚区	58	47	2	1	7		1
三门峡经济技术产业集聚区	66	12	15	13	14	1	11
三门峡产业集聚区	42	33	4		2		3

1-17 按地区、行业分的法人单位数

(2016年)　　　　单位：个

	全　市	市　直	湖滨区	陕州区	渑池县	卢氏县	义马市	灵宝市	三门峡经　济开发区	三门峡产　业集聚区
总　　计	24713	423	6573	3095	3829	2632	1806	4867	1040	448
农、林、牧、渔业	1855		187	198	506	327	90	539	3	5
采矿业	641		33	83	116	115	7	287		
制造业	2004	8	621	183	388	124	182	327	46	125
电力.热力.燃气及水生产和供应业	187	1	18	31	33	25	16	47	7	9
建筑业	855	6	352	108	66	33	47	143	89	11
批发和零售业	7324	1	2445	831	1064	540	533	1351	430	129
交通运输、仓储和邮政业	729	4	162	126	141	28	77	115	52	24
住宿和餐饮业	464	1	182	42	29	38	38	114	19	1
信息传输、软件和信息技术服务业	332	6	176	15	31	9	14	55	18	8
金融业	114	13	32	9	13	9	5	15	18	
房地产业	688	6	247	96	59	45	66	117	43	9
租赁和商务服务业	1639	35	846	130	138	98	85	196	86	25
科学研究和技术服务业	806	31	181	117	79	78	85	163	53	19
水利、环境和公共设施管理业	352	14	64	53	53	29	53	63	19	4
居民服务、修理和其他服务业	531	4	180	33	47	35	80	105	39	8
教育	900	38	108	74	86	290	40	238	20	6
卫生和社会工作	1090	13	118	307	233	139	40	225	6	9
文化、体育和娱乐业	543	15	175	65	76	46	69	58	32	7
公共管理、社会保障和社会组织	3659	227	446	594	671	624	279	709	60	49
国际组织										

1-18 按地区、行业分的企业法人单位数

（2016年）　　　　单位：个

	全　市	市　直	湖滨区	陕州区	渑池县	卢氏县	义马市	灵宝市	三门峡经　济开发区	三门峡产　业集聚区
总　　计	17509	52	5750	2307	2221	1281	1328	3274	934	362
农、林、牧、渔业	1205		155	354	145	175	40	331	3	2
采矿业	641		33	83	116	115	7	287		
制造业	2001	8	619	388	183	124	182	326	46	125
电力.热力.燃气及水生产和供应业	185	1	17	31	33	24	16	47	7	9
建筑业	855	6	352	108	66	33	47	143	89	11
批发和零售业	7128	1	2444	769	1057	505	533	1262	430	127
交通运输、仓储和邮政业	690	2	156	120	138	22	75	102	51	24
住宿和餐饮业	460		181	42	29	38	37	113	19	1
信息传输、软件和信息技术服务业	308		174	14	31	6	13	45	17	8
金融业	105	12	31	8	12	6	4	14	18	
房地产业	681	4	246	93	59	44	66	117	43	9
租赁和商务服务业	1472	11	800	112	119	81	72	174	81	22
科学研究和技术服务业	526	4	150	65	48	38	57	104	44	16
水利、环境和公共设施管理业	237	1	43	31	46	21	43	35	15	2
居民服务、修理和其他服务业	482		164	31	45	31	71	96	38	6
教育	127	1	40	16	29	2	6	27	6	
卫生和社会工作	52	1	10	6	11	4	5	14	1	
文化、体育和娱乐业	354		135	36	54	12	54	37	26	
公共管理、社会保障和社会组织										
国际组织										

1-19 主要年份国民经济主要指标

指　　标	计量单位	1978年	1985年	2005年	2010年	2015年	2016年
一、人口							
年底总人口	万人	166.41	178.42	221.81	224.70	228.53	229.49
#女性人口	万人	80.02	85.67	108.22	109.18	111.75	111.68
#男性人口	万人	86.39	92.75	113.59	115.52	116.77	117.82
二、年底从业人员	万人	63.6	81.3	123.29	129.56	139.33	139.66
#职工人数	万人	13.01	19.13	23.8	23.38	26.4	23.95
三、工农业总产值	万元	81972	165236	6606088	23642132	37980302	40172254
四、生产总值	万元	53690	129087	3344489	8731076	12510383	13258631
第一产业	万元	17817	35981	328951	696277	1184690	1235007
第二产业	万元	27667	55538	2013063	5943740	7279038	7489299
第三产业	万元	8206	37568	1002475	2091059	4046655	4534325
人均生产总值	元	324	729	15092	39117	55681	58894
五、农林牧渔业							
年底耕地面积	千公顷	189.7	183.1	162.37	162.25	161.5	161.18
农林牧渔业总产值	万元	26981	52860	565515	1204182	2054637	2146103
主要农产品产量							
粮食	吨	428400	402335	488147	632486	715667	667853
棉花	吨	9077	4270	1795	2000	1106	1410
油料	吨	1577	14540	29588	31808	36138	35193
烟叶	吨	1342	28595	34562	35663	41687	43641
水果	吨	65582	87400	1110789	1750125	2282967	2360618
年末大牲畜头数	万头	16.96	28.14	49.39	41.39	30.38	24.67
年末山绵羊只数	万只	45.2	6.06	54.97	32.91	45.01	44.03
年末生猪头数	万头	33.74	32.58	65.37	64.72	72.40	74.30
肉类总产量	吨	12989	14405	67914	78793	108173	113125
#猪牛羊肉产量	吨	12750	14140	63045	72200	99582	103395
六、工业							
工业总产值	万元	54991	112376	6040573	22437950	35925665	38026151
工业增加值	万元			1881723	5624404	6531592	6690870

1-19续表1

指　　标	计量单位	1978年	1985年	2005年	2010年	2015年	2016年
主要产品产量							
纱	吨	9103	8790	9331	14223	20428	20694
原煤	万吨	628	1028	2328	1968	1124	926
发电量	万千瓦小时	78097	115189	1096333	1357695	1320682	1228117
化肥(折纯)	吨		15048	116669	173583	138639	95912
合成氨	吨	12094	22150	150024	162516	225232	166779
原铝（电解铝）	吨	5812	8691	179155	374473	217819	176907
氧化铝	吨			27460	4209172	6007984	6324003
水泥	万吨	9.13	13.61	164	418	570.81	574.62
中成药	吨		219	2149	2643	8397	8654
七、建筑业							
建筑业总产值	万元			262487	824395	1166299	1339847
房屋施工面积	万平方米	24.32	40.14	150.83	362.97	433.53	606.08
房屋竣工面积	万平方米	10.44	22.22	65.56	180.22	98.84	99.68
八、运输、邮电							
公路货运量	万吨	620	667	3742	3225	4463	5014
公路货物周转量	万吨公里	2883	14270	180426	638899	1498051	1513854
公路客运量	万人		1086	6001	3790	3230	2335
公路旅客周转量	万人公里		33077	194081	182994	161635	116845
邮电业务总量	万元	149	289	94936	179410	299607	479803
电话交换机总容量	门	9092	14367	677037	453886	378112	187232
九、全社会固定资产投资	万元		25469	1792441	6094889	15489718	17829693
#国有经济单位投资	万元	7675	17535	879672	1805328	3919987	5080591
民间投资	万元			709284	4540261	11491270	12373403
#固定资产投资	万元			1549691	5708320	15387698	17731244
农户投资	万元		5748	61416	106583	102020	98449
#第一产业	万元			53390	352020	1588588	1189574
第二产业	万元			1318448	3748112	7720421	9902546
第三产业	万元			420603	2674770	6180709	6737573

注：从2011年开始，固定资产投资包括城镇固定资产投资和农村非农户固定资产投资。

1-19续表2

指　　标	计量单位	1978年	1985年	2005年	2010年	2015年	2016年
十、批发零售贸易餐饮业							
社会消费品零售总额	万元	17974	47546	871067	2026150	3968605	4411336
十一、对外贸易和国际旅游							
出口创汇(海关口径)	万美元			13859	10355	17539	26262
合同利用外资	万美元			7008	24945	29688	10522
实际直接利用外资	万美元			7208	39849	100817	106296
接待旅游外宾人数	人次			17940	51081	97350	102765
十二、财政金融							
财政收入	万元	6359	9192	180765	663984	1075504	1184280
财政支出	万元	3724	9808	339269	1129943	1943041	2115752
银行各项存款余额	万元	11410	41633	1907276	3612336	4793327	5077284
银行各项贷款余额	万元	23310	71472	1186500	1706492	3457867	3475467
十三、人民生活							
全部职工工资总额	万元	8581	20971	315121	701412	1172807	1108273
在岗职工平均工资	元	664	1132	13649	30446	44573	46479
#国有经济单位	元	677	1190	13526	30301	50775	56647
城镇居民人均可支配收入	元			8071.4	14720	23824.6	25254.1
城镇居民人均消费性支出	元			5762.1	11192.9	16942.1	18555.5
农村居民人均可支配收入	元				5858.5	11084.2	11982.1
农民人均生活消费支出	元		250.7	2030	4125.6	7946.4	8639.5
城乡居民储蓄存款余额	万元	3376	20211	1990380	3928245	6553077	7383996
十四、教育、卫生							
中等专业学校在校学生	人	674	1115	8011	28787	15203	11135
普通中学在校学生	万人	13.6	10.09	18.27	14.68	11.99	11.67
小学在校学生	万人	27.06	21.57	19.80	18.00	14.60	14.95
卫生机构	个	230	276	592	408	451	453
卫生技术人员	人	3292	5854	7913	9657	14000	14330
病床床位	张	3542	5508	6382	8709	13418	13653
十五、物价指数(以上年为100)							
居民消费价格指数	%			101.9	103.7	101.5	101.3
商品零售价格指数	%			101.5	103.6	100.0	100.8
十六、婚姻							
准予登记结婚	对		13542	12057	19666	20506	18714
准予登记离婚	对		548	1285	2503	4802	4968

注：1.本表价值量指标除邮电业务总量自1990年起按1990年不变价格计算外,其它价值量指标均按当年价格计算（下同）。
2. 1995年始财政收入为地方财政收入（下同）。
3. 银行各项存款贷款从2002年起口径调整为国有商业银行。
4. 在岗职工工资1998年及以前年度为职工口径（下同）。

1-20 国民经济主要指标发展（增长）速度

指　　标	2016年为下列各年%					平均每年增长%			
	1978年	1985年	2005年	2010年	2015年	1979-2016年	1986-2016年	2006-2016年	2011-2016年
一、人口									
年底总人口	137.9	128.6	103.5	102.1	100.4	0.8	0.8	0.3	0.4
#女性人口	139.6	130.4	103.2	102.3	99.9	0.9	0.9	0.3	0.4
#男性人口	136.4	127.0	103.7	102.0	100.9	0.8	0.8	0.3	0.3
二、年底从业人员	219.6	171.8	113.3	107.8	100.2	2.1	1.8	1.1	1.3
#职工人数	184.1	125.2	100.6	102.4	90.7	1.6	0.7	0.1	0.4
三、生产总值	24694.8	10271.1	396.4	151.9	106.0	11.4	11.7	11.8	9.0
第一产业	6931.6	3432.4	375.4	177.4	104.2	5.8	5.9	5.1	4.6
第二产业	27069.4	13485.0	372.0	126.0	102.9	12.2	13.2	13.0	9.0
第三产业	55256.2	12069.6	452.3	216.8	112.1	13.6	11.6	11.1	10.0
四、农林牧渔业									
年底耕地面积	85.0	88.0	99.3	99.3	99.8	-0.4	-0.4	-0.1	-0.1
农林牧渔业总产值	7954.1	4060.0	379.5	178.2	104.5	6.6	6.7	5.3	4.6
主要农产品产量									
粮食	155.9	166.0	136.8	105.6	93.3	1.2	1.6	2.9	0.9
棉花	15.5	33.0	78.6	70.5	127.5	-4.8	-3.5	-2.2	-5.7
油料	2231.6	242.0	118.9	110.6	97.4	8.5	2.9	1.6	1.7
烟叶	3251.9	152.6	126.3	122.4	104.7	9.6	1.4	2.1	3.4
水果	3599.5	2700.9	212.5	134.9	103.4	9.9	11.2	7.1	5.1
年末大牲畜头数	145.5	87.7	49.9	59.6	81.2	1.0	-0.4	-6.1	-8.3
年末山绵羊只数	97.4	726.6	80.1	133.8	97.8	-0.1	6.6	-2.0	5.0
年末生猪头数	220.2	228.1	113.7	114.8	102.6	2.1	2.7	1.2	2.3
肉类总产量	870.9	785.3	166.6	143.6	104.6	5.9	6.9	4.7	6.2
#猪牛羊肉产量	810.9	731.2	164.0	143.2	103.8	5.7	6.6	4.6	6.2
五、工业									
工业总产值	69149.8	33838.3	629.5	169.5	105.8	14.6	15.0	13.8	9.9

1-20续表1

指 标	2016年为下列各年%					平均每年增长%			
	1978年	1985年	2005年	2010年	2015年	1979-2016年	1986-2016年	2006-2016年	2011-2016年
主要产品产量									
纱	227.3	235.4	221.8	145.5	101.3	2.2	2.8	7.5	6.4
原煤	147.5	90.1	39.8	47.1	82.4	1.0	-0.3	-8.0	-11.8
发电量	1572.6	1066.2	112.0	90.5	93.0	7.5	7.9	1.0	-1.7
化肥(折纯)		637.4	82.2	55.3	69.2		6.2	-1.8	-9.4
合成氨	1379.0	753.0	111.2	102.6	74.0	7.1	6.7	1.0	0.4
原铝（电解铝）	3043.8	2035.5	98.7	47.2	81.2	9.4	10.2	-0.1	-11.7
氧化铝			23029.9	150.2	105.3			64.0	7.0
水泥	6293.8	4222.0	350.4	137.5	100.7	11.5	12.8	12.1	5.4
中成药		3951.6	402.7	327.4	103.1		12.6	13.5	21.9
六、建筑业									
建筑业总产值			510.4	162.5	114.9			16.0	8.4
房屋施工面积	2492.1	1509.9	401.8	167.0	139.8	8.8	9.2	13.5	8.9
房屋竣工面积	954.8	448.6	152.0	55.3	100.8	6.1	5.0	3.9	-9.4
七、运输、邮电									
公路货运量	808.7	751.7	134.0	155.5	112.3	5.7	6.7	2.7	7.6
公路货物周转量	52509.7	10608.6	839.0	236.9	101.1	17.9	16.2	21.3	15.5
公路客运量		215.0	38.9	61.6	72.3		2.5	-8.2	-7.8
公路旅客周转量		353.3	60.2	63.9	72.3		4.2	-4.5	-7.2
邮电业务总量	322015.4	166021.8	505.4	267.4	160.1	23.7	27.0	15.9	17.8
电话交换机总容量	2059.3	1303.2	27.7	41.3	49.5	8.3	8.6	-11.0	-13.7
八、全社会固定资产投资		70005.5	994.7	292.5	115.1		23.5	23.2	19.6
#国有经济单位投资	66196.6	28974.0	577.6	281.4	129.6	18.6	20.1	17.3	18.8
民间投资			1744.5	272.5	107.7			29.7	18.2
#固定资产投资			1144.2	310.6	115.2			24.8	20.8
农户投资		1712.8	160.3	92.4	96.5		9.6	4.4	-1.3
#第一产业			2228.1	337.9	74.9			32.6	22.5
第二产业			751.1	264.2	128.3			20.1	17.6
第三产业			1601.9	251.9	109.0			28.7	16.6

1-20续表2

指　　标	2016年为下列各年%					平均每年增长%			
	1978年	1985年	2005年	2010年	2015年	1979-2016年	1986-2016年	2006-2016年	2011-2016年
九、批发零售贸易餐饮业									
社会消费品零售总额	24542.9	9278.0	506.4	217.7	111.2	16.5	15.7	15.9	13.8
十、对外贸易和国际旅游									
出口创汇(海关口径)			189.5	253.6	149.7			6.0	16.8
合同利用外资			150.1	42.2	35.4			3.8	-13.4
实际直接利用外资			1474.7	266.7	105.4			27.7	17.8
接待旅游外宾人数			572.8	201.2	105.6			17.2	12.4
十一、财政金融									
财政收入	18623.7	12883.8	655.1	178.4	110.1	15.6	17.0	18.6	10.1
财政支出	56814.0	21571.7	623.6	187.2	108.9	19.3	18.9	18.1	11.0
银行各项存款余额	44498.5	12195.3	266.2	140.6	105.9	18.5	16.8	9.3	5.8
银行各项贷款余额	14909.8	4862.7	292.9	203.7	100.5	14.9	13.3	10.3	12.6
十二、人民生活									
全部职工工资总额	12915.4	5284.8	351.7	158.0	94.5	14.5	13.7	12.1	7.9
在岗职工平均工资	6999.8	4105.9	340.5	152.7	104.3	12.5	12.7	11.8	7.3
#国有经济单位	8367.4	4760.3	418.8	186.9	111.6	13.1	13.3	13.9	11.0
城镇居民人均可支配收入			312.9	171.6	106.0			10.9	9.4
城镇居民人均消费性支出			322.0	165.8	109.5			11.2	8.8
农村居民人均可支配收入				204.5	108.1				12.7
农民人均生活消费支出		3446.2	425.6	209.4	108.7		12.1	14.1	13.1
城乡居民储蓄存款余额		36534.5	371.0	188.0	112.7	23.8	21.0	12.7	11.1
十三、教育、卫生									
中等专业学校在校学生	1652.1	998.7	139.0	38.7	73.2	8.1	7.7	3.0	-14.6
普通中学在校学生	85.8	115.7	63.9	79.5	97.3	-0.4	0.5	-4.0	-3.8
小学在校学生	55.2	69.3	75.5	83.1	102.4	-1.6	-1.2	-2.5	-3.0
卫生机构	197.0	164.1	76.5	111.0	100.4	1.9	1.6	-2.4	1.8
卫生技术人员	435.3	244.8	181.1	148.4	102.4	4.2	2.9	5.5	6.8
病床床位	385.5	247.9	213.9	156.8	101.8	3.8	3.0	7.2	7.8
十四、婚姻									
准予登记结婚		138.2	155.2	95.2	91.3		1.0	4.1	-0.8
准予登记离婚		906.6	386.6	198.5	103.5		7.4	13.1	12.1

1-21 主要年份国民经济和社会发展结构及效益指标

指　　标	1978年	1985年	2005年	2010年	2015年	2016年
一、人口						
出生率(‰)	17.21	18.62	9.08	8.83	9.75	10.81
死亡率(‰)	7.57	6.49	5.19	4.37	5.5	5.69
自然增长率(‰)	9.64	12.13	3.89	4.46	4.25	5.12
二、就业						
就业人口负担系数	1.62	1.19	1.80	1.72	1.64	1.64
从业人员三次产业构成(%)						
第一产业	74.6	67.9	54.2	47.8	44.9	45.3
第二产业	16.3	21	21.3	23.5	22.2	21.5
第三产业	9.1	11.1	24.5	28.7	32.9	33.2
城镇登记失业率(%)			3.75	3.24	2.84	2.82
三、国民经济核算						
生产总值三次产业构成(%)						
第一产业	33.2	27.9	9.9	8.0	9.5	9.3
第二产业	51.5	43	60.2	68.5	58.2	56.5
第三产业	15.3	29.1	29.9	23.5	32.3	34.2
全社会劳动生产率(元/人)	844	1588	27185	68324	89791	94931
第一产业	376	655	4950	11223	18954	19504
第二产业	2663	3262	77051	202733	235097	250350
第三产业	1419	4187	33083	56929	88231	97660
人均生产总值(元/人)	324	729	15092	39117	55681	58893
四、固定资产投资						
固定资产投资率(%)		19.7	53.5	69.7	123.8	134.5
固定资产交付使用率(%)	64.2	47.3	63.1	76.7	78.9	58.0
项目建成投产率(%)		56.6	67.8	68.5	79.2	68.3
五、财政						
财政收入相当于生产总值比例(%)	11.8	7.1	5.4	7.6	8.7	8.9

1-21续表

指　　标	1978年	1985年	2005年	2010年	2015年	2016年
支援农林牧渔业生产的各项事业费支出占财政支出比例(%)	29.8	11.7	9.2	9.5	11.3	11.8
文教科卫事业费支出占财政支出比例(%)	32.4	30.8	21.7	24.0	29.9	28.8
六、利用外资						
实际利用外资占签定利用外资比例(%)			102.9	159.7	339.6	1010.2
七、农业						
人均耕地面积(公顷)	0.11	0.1	0.1	0.1	0.1	0.1
每公顷播种面积产量(千克)						
粮食	2258	2197	3271	3881	4230	3968
棉花	422	445	608	676	755	972
油料	376	1507	1680	1932	2382	2324
烟叶	930	1695	1800	2110	2350	2461
八、工业						
工业增加值率（%）			31.2	25.1	18.2	17.6
规模以上工业			30.1	24.9	17.8	17.1
规模以下工业			33.8	27.2	26.1	27.6
城乡个体工业			35.4	27.2		
规模以上工业产品销售率(%)		95.8	98.4	98.7	98.7	98.2
九、建筑业						
房屋建筑面积竣工率(%)			43.5	49.7	22.8	16.4
十、教育						
小学学龄儿童入学率(%)		96.6	100	100	100	102
每万人拥有小学在校生（人）	120.0	1217.7	893.6	802.4	640	652
十一、卫生						
每千人口拥有医生数(人)		1.36	1.40	1.78	2.29	2.37
每千人口拥有医院、卫生院病床数(张)	2.13	3.09	2.88	3.90	5.88	5.96

注:本表价值量指标均按当年价格计算。

1-22 历年生产总值及构成

年份	生产总值（万元）				人均生产总值（元）	构成(以生产总值为100)		
		第一产业	第二产业	第三产业		第一产业	第二产业	第三产业
1952	5870	5165	94	611	66	88.0	1.6	10.4
1953	6914	5503	664	747	76	79.6	9.6	10.8
1954	10036	6736	2205	1095	108	67.1	22.0	10.9
1955	8718	6747	998	973	92	77.4	11.4	11.2
1956	10679	7849	1551	1279	110	73.5	14.5	12.0
1957	10301	6376	2275	1650	101	61.9	22.1	16.0
1958	19656	7810	9780	2066	175	39.7	49.8	10.5
1959	27686	7796	15896	3994	231	28.2	57.4	14.4
1960	26153	6249	15649	4255	215	23.9	59.8	16.3
1961	13024	4614	6371	2039	109	35.4	48.9	15.7
1962	10229	4975	3687	1567	87	48.6	36.1	15.3
1963	10303	4838	3832	1633	86	47.0	37.2	15.8
1964	10892	5469	3829	1594	89	50.2	35.2	14.6
1965	13921	7131	4760	2030	112	51.2	34.2	14.6
1966	12793	7140	4227	1426	100	55.8	33.0	11.2
1967	13370	7191	4658	1521	103	53.8	34.8	11.4
1968	12078	6299	4557	1222	91	52.2	37.7	10.1
1969	18818	7151	9649	2018	138	38.0	51.3	10.7
1970	26091	9436	13619	3036	184	36.2	52.2	11.6
1971	25690	8785	13716	3189	176	34.2	53.4	12.4
1972	28166	9434	14989	3743	188	33.5	53.2	13.3
1973	30462	11455	14789	4218	199	37.6	48.5	13.9
1974	35429	13454	17369	4606	226	38.0	49.0	13.0
1975	40421	14498	20525	5398	252	35.9	50.8	13.3
1976	38400	15824	17238	5338	236	41.2	44.9	13.9
1977	47745	16817	25086	5842	290	35.2	52.5	12.3
1978	53690	17817	27667	8206	324	33.2	51.5	15.3
1979	63019	19491	33770	9758	377	30.9	53.6	15.5
1980	70869	21700	37753	11416	421	30.6	53.3	16.1
1981	72825	22012	38137	12676	430	30.2	52.4	17.4
1982	81958	24534	41590	15834	481	29.9	50.8	19.3
1983	96271	29053	47761	19457	558	30.2	49.6	20.2
1984	110612	33008	50251	27353	633	29.9	45.4	24.7

1-22续表

年 份	生产总值（万元）				人均生产总值（元）	构成(以生产总值为100)		
		第一产业	第二产业	第三产业		第一产业	第二产业	第三产业
1985	**129087**	**35981**	**55538**	**37568**	**729**	**27.9**	**43.0**	**29.1**
1986	141387	33284	63881	44222	785	23.5	45.2	31.3
1987	184030	49078	73460	61492	1003	26.7	39.9	33.4
1988	233228	58818	93879	80531	1244	25.2	40.3	34.5
1989	287996	68335	117601	102060	1504	23.7	40.9	35.4
1990	**311880**	**75468**	**124085**	**112327**	**1599**	**24.2**	**39.8**	**36.0**
1991	330387	74234	138724	117429	1667	22.5	42.0	35.5
1992	397169	80910	173741	142518	1971	20.4	43.7	35.9
1993	538938	118767	228426	191745	2631	22.0	42.4	35.6
1994	721888	143434	326515	251939	3464	19.9	45.2	34.9
1995	**916863**	**161946**	**433802**	**321115**	**4333**	**17.7**	**47.3**	**35.0**
1996	1116809	189357	548474	378978	5231	17.0	49.1	33.9
1997	1279755	204013	634638	441104	5953	15.9	49.6	34.5
1998	1408881	225098	698598	485185	6492	16.0	49.6	34.4
1999	1471355	218125	730936	522294	6729	14.8	49.7	35.5
2000	**1619294**	**225495**	**818164**	**575635**	**7416**	**13.9**	**50.5**	**35.6**
2001	1727611	210171	892225	625215	7923	12.2	51.6	36.2
2002	1854909	202365	959336	693208	8458	10.9	51.7	37.4
2003	2120322	237359	1125017	757946	9612	11.2	53.1	35.7
2004	2576687	287720	1428354	860613	11648	11.2	55.4	33.4
2005	**3344489**	**328951**	**2013063**	**1002475**	**15092**	**9.8**	**60.2**	**30.0**
2006	4102956	362120	2607081	1133755	18475	8.8	63.5	27.7
2007	5140226	418514	3368446	1353266	23005	8.1	65.5	26.4
2008	6474790	544417	4301424	1628949	29211	8.4	66.4	25.2
2009	7039879	572646	4640173	1827060	31646	8.1	65.9	26.0
2010	**8731076**	**696277**	**5943740**	**2091059**	**39117**	**8.0**	**68.1**	**23.9**
2011	10270384	807945	6994140	2468299	45900	7.9	68.1	24.0
2012	11267277	901006	7566884	2799387	50382	8.0	67.2	24.8
2013	12046791	990983	7854649	3201159	53862	8.2	65.2	26.6
2014	12400597	1113489	7752867	3534241	55260	9.0	62.5	28.5
2015	**12510383**	**1184690**	**7279038**	**4046655**	**55681**	**9.5**	**58.2**	**32.3**
2016	13258631	1235007	7489299	4534325	58894	9.3	56.5	34.2

注：本表数据按当年价格计算；表中1993—2003年，2005—2007年，2009-2012年分别根据第一次、第二次和第三次全国经济普查结果进行了调整；2005-2012年三次产业结构按《国民经济行业分类》（GB/T4754-2011）行业分类调整；2016年起生产总值为含研发支出数据。

1-23 历年生产总值指数

年 份	以1952年为100				以上年为100			
	生产总值	第一产业	第二产业	第三产业	生产总值	第一产业	第二产业	第三产业
1952	**100.0**	**100.0**	**100.0**	**100.0**	**100.0**	**100.0**	**100.0**	**100.0**
1953	116.8	105.3	709.6	122.3	116.8	105.3	709.6	122.3
1954	168.3	126.6	2388.3	179.2	144.1	120.2	336.6	146.5
1955	143.7	124.7	1090.4	159.2	85.4	98.5	45.7	88.8
1956	173.1	140.9	1704.3	209.3	120.5	113.0	156.3	131.5
1957	**167.4**	**112.6**	**2510.6**	**270.0**	**96.7**	**79.9**	**147.3**	**129.0**
1958	317.7	136.4	10769.6	338.1	189.8	121.1	429.0	125.2
1959	445.3	133.6	17477.0	653.7	140.2	97.9	162.3	193.3
1960	418.5	105.2	17150.4	696.4	94.0	78.7	98.1	106.5
1961	205.5	76.2	6945.8	333.7	49.1	72.4	40.5	47.9
1962	**157.8**	**80.2**	**3988.2**	**256.5**	**76.8**	**105.2**	**57.4**	**76.9**
1963	158.0	79.7	4114.1	267.3	100.1	99.4	103.2	104.2
1964	165.6	86.0	4108.5	260.9	104.8	107.9	99.9	97.6
1965	**209.9**	**110.9**	**5106.3**	**332.2**	**126.8**	**129.0**	**124.3**	**127.3**
1966	187.8	106.7	4509.1	233.4	89.5	96.2	88.3	70.3
1967	195.5	105.6	4992.5	248.9	104.1	99.1	110.7	106.6
1968	176.0	91.2	4905.3	200.0	90.0	86.3	98.3	80.4
1969	282.8	102.5	10569.9	330.3	160.7	112.4	215.5	165.2
1970	**398.9**	**134.0**	**15389.7**	**496.9**	**141.1**	**130.7**	**145.6**	**150.4**
1971	379.8	120.4	14746.8	521.9	95.2	89.9	95.8	105.0
1972	413.6	125.9	16178.7	612.6	108.9	104.6	109.7	117.4
1973	441.7	149.1	15869.6	690.3	106.8	118.4	98.1	112.7
1974	507.3	170.6	18538.0	753.8	114.9	114.4	116.8	109.2
1975	**574.0**	**178.2**	**21978.5**	**887.9**	**113.1**	**104.5**	**118.6**	**117.8**
1976	532.3	190.1	18026.0	873.6	92.7	106.7	82.0	98.4
1977	664.8	196.4	26670.2	956.1	124.9	103.3	148.0	109.4
1978	718.6	203.9	29735.6	1006.5	108.1	103.8	111.5	105.3
1979	825.0	216.2	35173.4	1196.7	114.8	106.0	118.3	118.9
1980	**878.6**	**212.3**	**37811.4**	**1400.1**	**106.5**	**98.2**	**107.5**	**117.0**
1981	908.4	203.4	39399.5	1554.2	103.4	95.8	104.2	111.0
1982	970.2	213.4	40614.9	1889.9	106.8	104.9	103.1	121.6
1983	1051.7	211.0	44734.2	2288.7	108.4	96.1	110.1	121.1
1984	1255.8	290.8	46053.3	3179.0	119.4	137.8	102.9	138.9

1-23续表

年份	以1952年为100				以上年为100			
	生产总值	第一产业	第二产业	第三产业	生产总值	第一产业	第二产业	第三产业
1985	**1407.7**	**288.5**	**49872.4**	**4228.0**	**112.1**	**99.2**	**108.3**	**133.0**
1986	1490.8	245.9	55753.1	4832.6	105.9	85.2	111.8	114.3
1987	1782.9	335.2	57875.9	6383.9	119.6	136.3	103.8	132.1
1988	2057.5	344.8	70519.0	7405.3	115.4	102.9	121.8	116.0
1989	2308.5	386.1	77268.6	8553.1	112.2	112.0	109.6	115.5
1990	**2421.6**	**371.7**	**83131.5**	**9117.6**	**104.9**	**96.3**	**107.6**	**106.6**
1991	2474.9	346.4	89793.9	9227.0	102.2	93.2	108.0	101.2
1992	2779.3	360.9	104477.5	10334.3	112.3	104.2	116.4	112.0
1993	3340.8	486.5	120548.5	12225.5	120.2	134.8	115.4	118.3
1994	3848.6	491.9	147998.7	14010.4	115.2	101.1	122.8	114.6
1995	**4321.9**	**518.0**	**169754.5**	**15831.7**	**112.3**	**105.3**	**114.7**	**113.0**
1996	4978.9	561.0	207100.5	17288.3	116.7	113.1	123.4	109.2
1997	5566.4	576.7	237958.5	19380.1	111.8	102.8	114.9	112.1
1998	6379.1	694.9	274842.1	21356.9	114.6	120.5	115.5	110.2
1999	6889.4	701.2	302876.0	23150.9	108.0	100.9	110.2	108.4
2000	**7523.2**	**765.0**	**331649.2**	**25141.9**	**109.2**	**109.1**	**109.5**	**108.6**
2001	8049.8	721.4	362160.9	27279.0	107.0	94.3	109.2	108.5
2002	8750.1	735.8	397652.7	29870.5	108.7	102.0	109.8	109.5
2003	9756.4	826.3	451335.8	32290.0	111.5	112.3	113.5	108.1
2004	11063.8	921.3	521292.8	35680.5	113.4	111.5	115.5	110.5
2005	**12701.2**	**995.9**	**608870.0**	**40390.3**	**114.8**	**108.1**	**116.8**	**113.2**
2006	14809.6	1081.5	737950.4	44429.3	116.6	108.6	121.2	110.0
2007	17490.1	1121.5	898085.6	51049.3	118.1	103.7	121.7	114.9
2008	20026.2	1195.5	1045371.6	57481.5	114.5	106.6	116.4	112.6
2009	22449.4	1249.3	1185451.4	63861.9	112.1	104.5	113.4	111.1
2010	**25839.3**	**1308.0**	**1386978.1**	**72227.8**	**115.1**	**104.7**	**117.0**	**113.1**
2011	29172.6	1365.6	1579768.1	81400.7	112.9	104.4	113.9	112.7
2012	32760.8	1432.5	1796196.3	89947.8	112.3	104.9	113.7	110.5
2013	35742.0	1497.0	1966834.9	98312.9	109.1	104.5	109.5	109.3
2014	38958.8	1559.9	2157617.9	106374.6	109.0	104.2	109.7	108.2
2015	**40244.4**	**1637.9**	**2179194.1**	**117012.1**	**103.3**	**105.0**	**101.0**	**110.0**
2016	43262.7	1713.2	2327379.3	128128.2	107.5	104.6	106.8	109.5

1-24 各县市总产出

（2016年）　　单位：万元

产　业	全　市	湖滨区	陕州区	义马市	渑池县	灵宝市	卢氏县
总产出	**51171769**	**5034203**	**8540941**	**4548186**	**10191105**	**20802065**	**2044717**
第一产业	**2134025**	**97605**	**349117**	**22526**	**358798**	**941476**	**366253**
第二产业	**40905660**	**2943432**	**6879830**	**3858379**	**8655963**	**17532650**	**1020406**
第三产业	**8132084**	**1993166**	**1311994**	**667281**	**1176344**	**2327939**	**658058**
农林牧渔业	2146103	98440	350217	22761	360346	948675	367414
#农林牧渔服务业	12078	835	1100	235	1548	7199	1161
工业	38478596	1972699	6575677	3618377	8383875	17121659	791309
#金属制品、机械和设备修理	23875	5059	2726	8352	2746	4181	811
建筑业	2450939	975792	306879	248354	274834	415172	229908
批发和零售业	1124165	325631	168905	70697	173730	306433	79305
交通运输、仓储和邮政业	2354465	288217	557870	144219	392669	754299	217945
住宿和餐饮业	660145	174896	52800	43305	69392	276926	43671
信息传输、软件和信息技术服务业	293309	149750	19272	28104	32505	43329	20211
金融业	748428	368882	65492	51768	80992	128046	53321
房地产业	304420	91714	43904	26748	55883	64658	21599
租赁和商务服务业	494832	140796	58727	105237	45812	95738	48424
科学研究和技术服务业	82030	26889	5648	8955	9181	20147	11230
水利、环境和公共设施管理业	85796	34005	2055	4148	2489	13006	30028
居民服务业、修理和其他服务业	328731	70036	67452	28376	49404	91725	21670
教育	403072	93705	60283	15440	52926	163919	16799
卫生和社会工作	345228	90541	39048	27457	65644	83702	38504
文化、体育和娱乐业	61105	9427	21015	4555	6941	8235	10930
公共管理、社会保障和社会组织	810405	122783	145697	99685	134482	266396	42449

注：本表按当年价格计算。各县市区为行政区划口径，2016年起原湖滨区内25家规上工业按在地口径划归陕州区。

1-25 各县市总产出指数

（2016年，以上年为100）

产　　业	全　市	湖滨区	陕州区	义马市	渑池县	灵宝市	卢氏县
总产出	105.6	108.4	109.1	100.3	108.8	108.5	111.1
第一产业	104.7	107.5	104.5	106.6	104.7	106.2	104.6
第二产业	104.9	106.8	109.6	98.5	109.1	108.7	114.6
第三产业	109.3	111.8	108.3	112.2	107.6	107.7	109.5
农林牧渔业	104.7	107.5	104.5	106.6	104.7	106.2	104.6
#农林牧渔服务业	111.0	107.3	112.1	111.0	114.8	110.7	111.8
工业	104.6	105.7	109.4	98.0	109.0	108.7	115.9
#金属制品、机械和设备修理	100.4	100.4	100.4	100.4	100.4	100.4	100.4
建筑业	110.0	110.4	113.1	106.5	111.9	108.9	110.0
批发和零售业	103.8	104.1	102.9	103.5	105.4	103.7	102.3
交通运输、仓储和邮政业	102.2	104.4	103.0	101.6	97.7	101.4	105.5
住宿和餐饮业	109.7	106.0	112.0	116.8	111.5	108.9	107.5
信息传输、软件和信息技术服务业	129.0	129.0	121.9	123.7	132.6	138.3	119.8
金融业	117.1	114.5	120.4	119.6	119.7	119.4	120.1
房地产业	107.0	107.7	106.3	110.2	107.8	108.5	101.8
租赁和商务服务业	140.9	147.7	151.9	137.8	145.9	136.5	125.0
科学研究和技术服务业	104.7	105.4	108.0	103.3	109.3	103.9	109.6
水利、环境和公共设施管理业	108.2	108.7	85.8	108.5	109.0	108.6	109.6
居民服务业、修理和其他服务业	126.3	130.8	124.5	123.4	131.3	127.8	112.0
教育	106.8	104.1	104.2	105.4	111.2	108.6	109.6
卫生和社会工作	107.5	113.3	106.7	110.6	109.0	105.7	109.2
文化、体育和娱乐业	135.9	133.5	143.9	140.1	149.9	134.2	130.9
公共管理、社会保障和社会组织	107.6	105.0	109.7	105.9	109.0	106.8	114.5

1-26 各县市生产总值

（2016年）　　　　单位：万元

产　业	全　市	湖滨区	陕州区	义马市	渑池县	灵宝市	卢氏县
生产总值	**13258631**	**1842936**	**2006212**	**1275287**	**2448997**	**4868386**	**815897**
第一产业	**1235007**	**56336**	**202009**	**12743**	**197635**	**555549**	**211795**
第二产业	**7489299**	**646416**	**1071947**	**896576**	**1598143**	**3017146**	**257180**
第三产业	**4534325**	**1140184**	**732256**	**365968**	**653219**	**1295691**	**346922**
农林牧渔业	1242918	56889	202735	12897	198657	560300	212567
#农林牧渔服务业	7911	553	726	154	1022	4751	772
工业	6761779	356404	981093	824338	1515724	2893912	188417
#金属制品、机械和设备修理	6680	1539	1074	2152	581	1125	209
建筑业	734200	291551	91928	74390	83000	124359	68972
批发和零售业	818229	238968	122848	51572	123621	224309	57498
交通运输、仓储和邮政业	992487	117165	242272	61964	166096	319552	85438
住宿和餐饮业	250665	66219	19556	14710	25340	108137	16621
信息传输、软件和信息技术服务业	146745	74950	9623	14024	16300	21682	10166
金融业	418941	204202	37713	29162	45752	71676	30436
房地产业	220881	64476	32400	18724	38304	49899	17078
租赁和商务服务业	254947	71442	31739	51860	25338	51425	23178
科学研究和技术服务业	40305	13215	3855	3980	4192	9736	5327
水利、环境和公共设施管理业	62116	24713	1507	2886	1796	9474	21740
居民服务业、修理和其他服务业	255488	55001	51793	22140	38258	71430	16924
教育	344709	80200	51542	13201	45252	140151	14363
卫生和社会工作	158877	42011	19593	13067	29210	37781	17224
文化、体育和娱乐业	41547	7242	13643	3172	5147	5668	6675
公共管理、社会保障和社会组织	513797	78288	92372	63200	87010	168895	23273
人均生产总值(元)	**58894**	**57209**	**57736**	**87018**	**69945**	**66789**	**22913**

注：本表按当年价格计算，人均生产总值按常住人口计算。

1-27 各县市生产总值构成

（2016年） 单位：%

产　业	全　市	湖滨区	陕州区	义马市	渑池县	灵宝市	卢氏县
生产总值	100.0	100.0	100.0	100.0	100.0	100.0	100.0
第一产业	9.3	3.1	10.1	1.0	8.1	11.4	26.0
第二产业	56.5	35.0	53.4	70.3	65.2	62.0	31.5
第三产业	34.2	61.9	36.5	28.7	26.7	26.6	42.5
农林牧渔业	9.4	3.1	10.1	1.0	8.1	11.5	26.1
#农林牧渔服务业	0.1	0.0	0.0	0.0	0.0	0.1	0.1
工业	51.0	19.3	48.9	64.6	61.8	59.4	23.1
#金属制品、机械和设备修理	0.1	0.1	0.1	0.2	0.0	0.0	0.0
建筑业	5.5	15.8	4.6	5.8	3.4	2.6	8.5
批发和零售业	6.2	13.0	6.1	4.0	5.0	4.6	7.0
交通运输、仓储和邮政业	7.5	6.4	12.1	4.9	6.8	6.6	10.5
住宿和餐饮业	1.9	3.6	1.0	1.2	1.0	2.2	2.0
信息传输、软件和信息技术服务业	1.1	4.1	0.5	1.1	0.7	0.4	1.2
金融业	3.2	11.1	1.9	2.3	1.9	1.5	3.7
房地产业	1.7	3.5	1.6	1.5	1.6	1.0	2.1
租赁和商务服务业	1.9	3.9	1.6	4.1	1.0	1.1	2.8
科学研究和技术服务业	0.3	0.7	0.2	0.3	0.2	0.2	0.7
水利、环境和公共设施管理业	0.5	1.3	0.1	0.2	0.1	0.2	2.7
居民服务业、修理和其他服务业	1.9	3.0	2.6	1.7	1.6	1.5	2.1
教育	2.6	4.4	2.6	1.0	1.8	2.9	1.8
卫生和社会工作	1.2	2.3	1.0	1.0	1.2	0.8	2.1
文化、体育和娱乐业	0.3	0.4	0.7	0.2	0.2	0.1	0.8
公共管理、社会保障和社会组织	3.9	4.2	4.6	5.0	3.6	3.5	2.9

1-28 各县市生产总值指数

（2016年，以上年为100）

产　业	全　市	湖滨区	陕州区	义马市	渑池县	灵宝市	卢氏县
生产总值	**107.5**	**110.6**	**108.5**	**99.7**	**109.0**	**107.6**	**108.0**
第一产业	**104.6**	**107.4**	**104.4**	**106.4**	**104.6**	**104.7**	**104.6**
第二产业	**106.8**	**108.0**	**109.5**	**96.0**	**109.7**	**108.0**	**110.3**
第三产业	**109.5**	**112.3**	**108.4**	**111.7**	**108.5**	**108.1**	**108.4**
农林牧渔业	104.7	107.4	104.4	106.5	104.7	104.8	104.6
#农林牧渔服务业	111.0	107.3	111.7	109.4	113.9	110.8	111.8
工业	106.5	106.6	109.2	95.3	109.6	107.9	110.3
#金属制品、机械和设备修理	109.0	109.0	109.0	111.0	109.0	109.0	109.1
建筑业	110.0	109.9	113.1	106.5	111.9	108.9	110.0
批发和零售业	104.0	104.8	102.8	103.6	103.2	104.4	104.7
交通运输、仓储和邮政业	101.6	103.7	102.6	101.2	100.5	100.6	101.6
住宿和餐饮业	109.7	109.2	111.3	111.5	111.3	108.8	111.7
信息传输、软件和信息技术服务业	129.0	129.0	122.0	123.6	133.2	138.3	119.8
金融业	118.4	116.7	120.6	120.0	120.0	119.8	120.4
房地产业	106.0	107.8	105.5	109.2	101.6	106.9	104.2
租赁和商务服务业	140.5	146.8	149.7	137.3	145.9	136.4	123.5
科学研究和技术服务业	105.6	107.0	108.2	103.7	104.4	104.5	104.7
水利、环境和公共设施管理业	108.2	108.7	85.9	108.4	106.6	108.6	109.5
居民服务业、修理和其他服务业	126.7	131.1	125.0	123.8	129.7	128.2	112.1
教育	106.9	104.4	104.2	105.4	109.0	108.6	109.6
卫生和社会工作	107.3	113.0	103.8	109.9	105.3	105.7	103.5
文化、体育和娱乐业	135.8	133.5	132.3	139.8	149.5	134.2	135.7
公共管理、社会保障和社会组织	107.6	105.6	109.7	105.9	109.0	106.8	107.5
人均生产总值(元)	**107.3**	**110.4**	**108.3**	**99.5**	**108.8**	**107.4**	**107.8**

主要统计指标解释

生产总值 是按市场价格计算的一个国家或地区生产总值的简称。它是所有常住单位在核算期内生产活动的最终成果。生产总值有三种表现形态，即价值形态、收入形态及产品形态。从价值形态看，它是所有常住单位在核算期内所生产的全部货物和服务价值超过同期投入的全部非固定资产货物和服务价值的差额，即所有常住单位的增加值之和；从收入形态看，它是所有常住单位在一定时期内所创造并分配给我国常住单位和非常住单位的初次分配收入之和；从产品形态看，它是最终使用的货物和服务减去进口货物和服务。

国民生产总值 是按市场价格计算的国民生产总值的简称。它是我国所有常住单位在核算期内收入初次分配的最终成果。我国常住单位从事生产活动所创造的增加值在初次分配过程中主要分配给我国常住单位，但也有一部分以劳动报酬和财产收入等形式分配给非常住单位，同时，国外生产所创造的增加值也有一部分以劳动者报酬和财产收入等形式分配给我国的常住单位，从而产生了国民生产总值概念，它等于国内生产总值加上来自国外的劳动者报酬和财产收入减去支付给国外的劳动者报酬和财产收入（即国外净要素收入）。国内生产总值是一个生产概念，而国民生产总值是个收入概念。

三次产业的划分 根据社会生产活动历史发展的顺序对产业结构的划分，产品直接取自自然界的部门称为第一产业，对初级产品进行再加工的部门称为第二产业，为生产和消费提供各种服务的部门称为第三产业。它是世界上通行的产业结构分类，但各国的划分不尽一致。我国的三次产业划分是：

第一产业：农业（包括种植业、林业、牧业和渔业）。

第二产业：工业（包括采掘业，制造业，电力、煤气及水的生产和供应业）和建筑业。

第三产业：除第一、第二产业以外的其他各业。由于第三产业包括的行业多、范围广，根据我国的实际情况，第三产业可分为两大部分；一是流通部门，二是服务部门。具体又可分为四个层次：

第一层次：流通部门，包括交通运输、仓储及邮电通信业，批发和零售贸易、餐饮业。

第二层次：为生产和生活服务的部门，包括金融、保险业，地质勘查业、水利管理业，房地产业，社会服务业，农、林、牧、渔服务业，交通运输辅助业，综合技术服务业等。

第三层次：为提高科学文化水平和居民素质服务的部门，包括教育、文化艺术及广播电影电视业，卫生、体育和社会福利业，科学研究业等。

第四层次：为社会公共需要服务的部门，包括国家机关、政党机关和社会团体以及军队、警察等。

当年价格 指报告期的实际价格，如工厂的出厂价格，农产品的收购价格，商业的零售价格等。使用当年价格计算的数据，是为了使国民经济各项指标互相衔接，便于考察当年社会经济效益，便于对生产和流通、生产和分配、生产和消费进行经济核算和综合平衡。按当年价格计算的价值指标，在不同年份之间进行对比时，因为包含有各年间价格变动的因素，不能确切地反映实物量的增减变动。必须消除价格变动因素后，才能真实反映经济发展动态。因此，在计算发展（增长）速度时都使用按可比价格计算的数据。

可比价格 指在不同时期的价值指标对比时，扣除了价格变动的因素，以确切反映物量的变化。按可比价格计算有两种方法：一种是直接按产品产量乘某一年的不变价格计算；一种是用价格指数换算。

不变价格 指用同类产品的平均价格作为固定价格，来计算各年产品价值。按不变价格计算的产品价值消除了价格变动的因素，不同时期对比可以反映生产的发展速度。新中国成立后，随着工农业产品价格水平的变化，国家统计局先后五次制定了全国统一的工业产品不变价格和农业产品不变价格，从1949年到1957年使用1952年的工（农）业产品不变价格，从1957年到1971年使用1957年不变价格，从1971年到1981年使用1970年不变价格，从1981年到1990年使用1980年不变价格，从1990年开始使用1990年不变价格。

本《年鉴》所列"生产总值指数"、"农、林、牧、渔业总产值指数"、"工业总产值指数"等都是按可比价格计算的。如计算有关年份产值增长情况，可用定基指数直接对比。

企业（单位）登记注册类型 是以在工商行政管理机关登记注册的各类企业为划分对象，以工商行政管理部门对企业登记注册的类型为依据，将企业登记注册类型分为内资企业、港澳台商投资企业和外商投资企业三大类。内资企业包括国有企业、集体企业、股份合作企业、联营企业、有限责任公司、股份有限公司、私营公司和其他企业；港澳台商投资企业和外商投资企业分别包括合资经营企业、合作经营企业、独资经营企业和股份有限公司。对不在工商行政管理部门进行登记注册的行政机关、事业单位和社会团体，主要按其经费来源和管理方式进行划分。

国有企业 是指企业全部资产归国家所有，并按《中华人民共和国企业法人登记管理条例》规定登记注册的非公司制的经济组织。不包括有限责任公司中的国有独资公司。

集体企业 是指企业资产归集体所有，并按《中华人民共和国企业法人登记管理条例》规定登记注册的经济组织。

股份合作企业 是指以合作制为基础，由企业职工共同出资入股，吸收一定比例的社会资产投资组建，实行自主经营，自负盈亏，共同劳动，民主管理，按劳分配与按股分红相结合的一种集体经济组织。

联营企业 是指两个及两个以上相同或不同所有制性质的企业法人或事业单位法人，按自愿、平等、互利的原则，共同投资组成的经济组织。

有限责任公司 是根据《中华人民共和国公司登记管理条例》规定登记注册，由两个以上，五十个以下的股东共同出资，每个股东以其所认缴的出资额对公司承担有限责任，公司以其全部资产对其债务承担责任的经济组织。

有限责任公司包括国有独资公司以及其他有限责任公司。

国有独资公司是指国家授权的投资机构或者国家授权的部门单独投资设立的有限责任公司。

其他有限责任公司是指国有独资公司以外的其他有限责任公司。

股份有限责任公司 是指根据《中华人民共和国公司登记管理条例》规定登记注册，其全部注册资本由等额股份构成并通过发行股票筹集资本，股东以其认购的股份对公司承担有限责任，公司以其全部资产对其债务承担责任的经济组织。

私营企业 是指由自然人投资设立或由自然人控股，以雇佣劳动为基础的营利性经济组织。包括按照《公司法》、《合伙企业法》、《私营企业暂行条例》规定登记注册的私营有限责任公司、私营股份有限公司、私营合伙企业和私营独资企业。

私营独资企业是指按《私营企业暂行条例》的规定，由一名自然人投资经营，以雇佣劳动为基础，投资者对企业债务承担无限责任的企业。

私营合伙企业是指按《合伙企业法》或《私营企业暂行条例》的规定，由两个以上自然人按照协议共同投资、共同经营、共负盈亏，以雇佣劳动为基础，对债务承担无限责任的企业。

私营有限责任公司是指按《公司法》、《私营企业暂行条例》的规定，由两个以上自然人投资或由单个自然人控股的有限责任公司。

私营股份有限公司是按《公司法》的规定，由五个以上自然人投资，或由单个自然人控股的股份有限公司。

其他企业　是指上述之外的其他内资经济组织。

合资经营企业（港或澳、台资）　是指港澳台地区投资者与内地的企业依照《中华人民共和国中外合资经营企业法》及有关法律的规定，按合同规定的比例投资设立、分享利润和分担风险的企业。

合作经营企业（港或澳、台资）　是指港澳台地区投资者与内地企业依照《中华人民共和国中外合作经营企业法》及有关法律的规定，依照合作合同的约定进行投资或提供条件设立、分配利润和分担风险的企业。

港、澳、台商独资企业　是指依照《中华人民共和国外资企业法》及有关法律的规定，在内地由港澳台地区投资者全额投资设立的企业。

港、澳、台商投资股份有限公司　是指根据国家有关规定，经商务部依法批准设立，其中港、澳、台商的股本占公司注册资本的比例达25%以上的股份有限公司。凡其中港、澳、台商的股本占注册资本的比例小于25%的，属于内资企业中的股份有限公司。

中外合资经营企业　是指外国企业或外国人与中国内地企业依照《中华人民共和国中外合资经营企业法》及有关法律的规定，按合同规定的比例投资设立、分享利润和分担风险的企业。

中外合作经营企业　是指外国企业或外国人与中国内地企业依照《中华人民共和国中外合作经营企业法》及有关法律的规定，依照合作合同的约定进行投资或提供条件设立、分配利润和分担风险的企业。

外资企业　是指依照《中华人民共和国外资企业法》及有关法律的规定，在中国内地由外国投资者全额投资设立的企业。

外商投资股份有限公司　是指根据国家有关规定，经商务部依法批准设立，其中外资的股本占公司注册资本的比例达25%以上的股份有限公司。凡其中外资股本占公司注册资本的比例小于25%的，属于内资企业中的股份有限公司。

法人单位　指具备：

⑴依法成立、有自己的名称、组织机构和场所、能够独立承担民事责任；

⑵独立拥有和使用（或授权使用）资产、承担负债、有权与其它单位签订合同；

⑶会计上独立核算、能够编制资产负债表。法人单位包括企业法人、事业单位法人、机关法人、会团体法人和其他法人。

单产业法人　指只在一个地点，主要从事一种生产经营活动的法人单位。

多产业法人　指坐落于两个及两个以上地点、或主要从事两种及两种以上生产经营活动的，按照单位划分规定可以划分为两个或两个以上产业活动单位的法人单位。

产业活动单位　是法人单位的附属单位。产业活动单位应具备下列条件：

⑴在一个场所从事一种或主要从事一种社会

经济活动；

⑵相对独立组织生产经营和业务活动；

⑶能够掌握收入和支出等业务核算资料。

“四上企业” 是指规模以上工业企业、资质等级建筑业企业和房地产开发企业、限额以上批发零售住宿餐饮企业、规模以上服务业企业。

规模以上工业企业 是指年主营业务收入2000万元以上的独立核算工业企业。

限额以上批发业企业 是指年主营业务收入2000万元及以上的批发业企业。

限额以上零售业企业 是指年主营业务收入500万元及以上的零售业企业。

限额以上住宿和餐饮业企业 是指年主营业务收入200万元及以上的住宿和餐饮业企业。

资质以内建筑业企业 是指具有资质的施工总承包、专业承包和劳务分包建筑企业。

房地产开发企业 是指具有房地产开发资质等级的房地产企业。

规模以上服务业 是指年主营业务收入1000万元及以上或者期末从业人员50人以上的交通运输、仓储和邮政业，信息传输、软件和信息技术服务业，租赁和商务服务业，科学研究和技术服务业，水利、环境和公共设施管理业，居民服务、修理和其他服务业，教育，卫生和社会工作，文化、体育和娱乐业；以及物业管理、房地产中介服务等行业法人单位。

人口、劳动力与工资

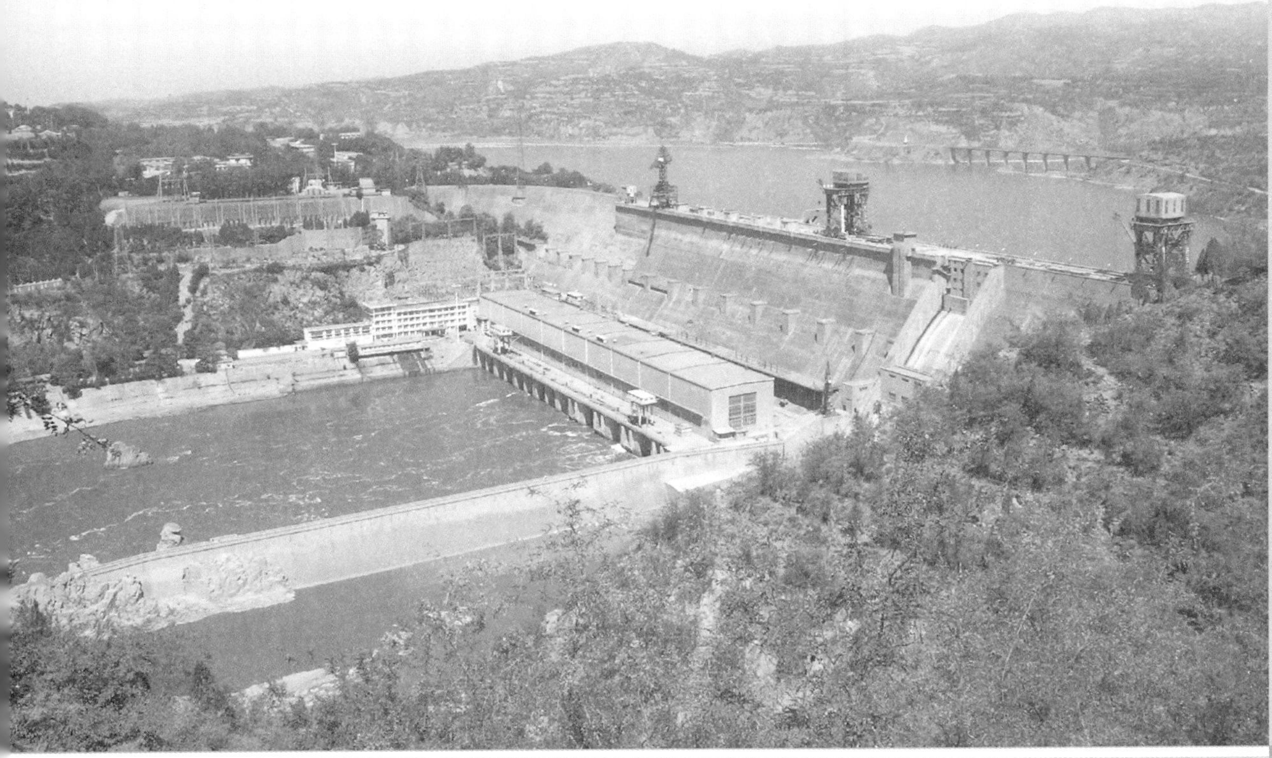

资料整理：李宏让、张明阳

资料审核：李宏让

数据要览

◆2016 年年底总人口	229.49 万人	比上年增长 0.42%
#男	117.82 万人	比上年增长 0.89%
女	111.68 万人	比上年下降 0.90%
◆2016 年人口出生率	10.81‰	比上年提高 1.06 个千分点
◆2016 年人口死亡率	5.69‰	比上年提高 0.19 个千分点
◆2016 年人口自然增长率	5.12‰	比上年提高 0.87 个千分点
◆2016 年人口密度	每平方公里 219 人	每平方公里比上年增加 1 人

总人口

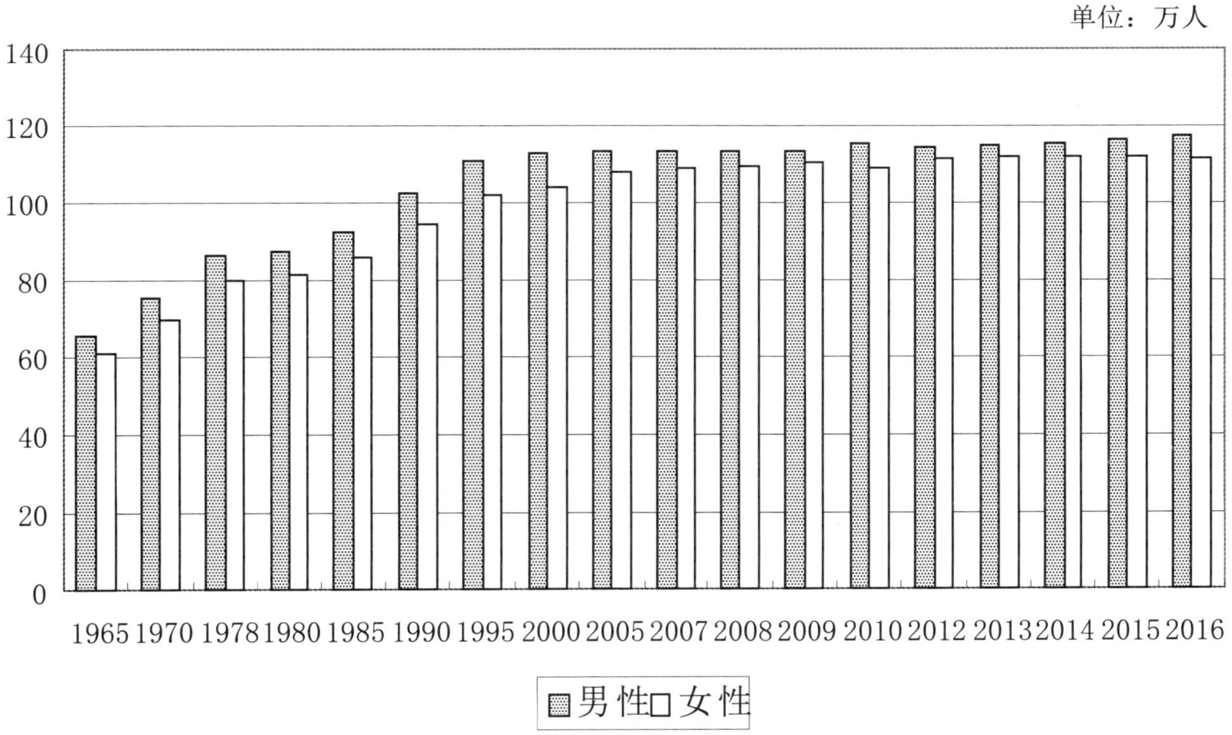

2-1 全市历年总户数、总人口数

年　份	总户数（户）	总人口（人）	按农业人口、非农业人口分		按性别分		性别比（女=100）
			农业人口	非农业人口	男	女	
1952	**203197**	**894423**	**844784**	**49639**	**465190**	**429233**	**108.4**
1953	212388	921158	869254	51904	479066	442092	108.4
1954	214451	932893	878590	54303	486915	445978	109.2
1955	**214568**	**953585**	**899680**	**53905**	**495138**	**458447**	**108.0**
1956	221661	984041	922189	61852	516055	467986	110.3
1957	**227132**	**1061008**	**937461**	**123547**	**561536**	**499472**	**112.4**
1958	261368	1185773	994020	191753	660565	525208	125.8
1959	242337	1206232	950298	255934	681506	524726	129.9
1960	242323	1222117	918581	303536	675042	547075	123.4
1961	262811	1166284	1002878	163406	608488	557796	109.1
1962	**262962**	**1175119**	**1041908**	**133211**	**609468**	**565651**	**107.7**
1963	262782	1213995	1078427	135568	628656	585339	107.4
1964	262992	1226969	1090351	136618	634719	592250	107.2
1965	**264900**	**1264457**	**1118667**	**145790**	**655478**	**608979**	**107.6**
1966	267458	1289754	1158090	131664	664980	624774	106.4
1967	261455	1316635	1185665	130970	678778	637857	106.4
1968	255452	1343516	1213240	130276	689480	654036	105.4
1969	270997	1391228	1244822	146406	714003	677225	105.4
1970	**284412**	**1451870**	**1269698**	**182172**	**752592**	**699278**	**107.6**
1971	285427	1474349	1299717	174632	764429	709920	107.7

2-1续表1

年 份	总户数（户）	总人口（人）	按农业人口、非农业人口分		按性别分		性别比（女=100）
			农业人口	非农业人口	男	女	
1972	294233	1514708	1326820	187888	786930	727778	108.1
1973	274313	1553254	1366674	186580	804626	748628	107.5
1974	311598	1587421	1400449	186972	822036	765385	107.4
1975	**319409**	**1616048**	**1427288**	**188760**	**838991**	**777057**	**108.0**
1976	329103	1634464	1442762	191702	849172	785292	108.1
1977	335782	1653013	1459414	193599	859410	793603	108.3
1978	337948	1664101	1469541	194560	863921	800180	108.0
1979	341570	1679386	1470572	208814	872139	807247	108.0
1980	**340749**	**1685881**	**1466196**	**219685**	**875162**	**810719**	**107.9**
1981	348203	1697537	1469428	228109	881933	815604	108.1
1982	355554	1713269	1479244	234025	891458	821811	108.5
1983	360372	1735089	1494340	240749	903803	831286	108.7
1984	374933	1758567	1511536	247031	915386	843181	108.6
1985	**385396**	**1784167**	**1517708**	**266459**	**927459**	**856708**	**108.3**
1986	396256	1816016	1544492	271524	945814	870202	108.7
1987	412606	1854779	1552775	302004	966669	888110	108.8
1988	432625	1894747	1564825	329922	987240	907507	108.8
1989	451727	1933783	1586047	347736	1004642	929141	108.1
1990	**472760**	**1966616**	**1604283**	**362333**	**1023641**	**942975**	**108.6**
1991	475417	1996232	1625355	370877	1039276	956956	108.6
1992	498646	2033088	1631217	401871	1057206	975882	108.3

2-1续表2

年 份	总 户 数（户）	总 人 口（人）	按农业人口、非农业人口分		按性别分		性 别 比（女=100）
			农业人口	非农业人口	男	女	
1993	525543	2063520	1619971	443549	1075821	987699	108.9
1994	561198	2103977	1610971	493006	1095179	1008798	108.6
1995	**578667**	**2128329**	**1608476**	**519853**	**1111316**	**1017013**	**109.3**
1996	592910	2141947	1605836	536111	1117860	1024087	109.1
1997	603543	2157638	1607116	550522	1125775	1031863	109.1
1998	617962	2182489	1608800	573689	1136808	1045681	108.7
1999	623293	2190539	1607305	583234	1141001	1049538	108.7
2000	**613123**	**2176398**	**1582202**	**594196**	**1133635**	**1042763**	**108.7**
2001	590459	2184666	1578258	606408	1141042	1043624	109.3
2002	648883	2201301	1580151	621150	1133590	1067711	106.2
2003	652427	2210322	1583353	626969	1146542	1063780	107.8
2004	662019	2214032	1552108	661924	1140666	1073366	106.3
2005	**668939**	**2218079**	**1562198**	**655881**	**1135878**	**1082201**	**105.0**
2006	700825	2223473	1558495	664978	1139909	1083564	105.2
2007	688560	2228900	1557834	671066	1139507	1089393	104.6
2008	700376	2234100	1557631	676469	1136710	1097390	103.6
2009	715034	2240276	1560161	680115	1139403	1100873	103.5
2010	**727384**	**2247015**	**1562612**	**684403**	**1155171**	**1091844**	**105.8**
2011	726433	2256173	1566486	689687	1149664	1106509	103.9
2012	711452	2261264	1589164	672100	1144315	1116949	101.9
2013	707520	2267892	1600335	667557	1150264	1117628	102.9
2014	733968	2277871	1619003	658868	1156982	1120889	103.2
2015	**738777**	**2285252**			**1167770**	**1117482**	**104.5**
2016	742946	2294922			1178172	1116750	105.5

注:1、总户数、非农业人口数为公安年报数据；2015年公安部门取消农业、非农人口统计。

2、1983-1990年数据是按1990年第四次人口普查数据和有关资料调整推算的；

3、1990年、2000年、2010年数据是第四次、第五次、第六次人口普查数；

4、其他年份数据是根据人口与城镇化调查资料推算的。

2-2 全市历年人口自然变动情况

年　份	年平均人数（人）	出生人数（人）	出生率（‰）	死亡人数（人）	死亡率（‰）	自然增长率（‰）
1952	**890862**	**24044**	**26.99**	**12262**	**13.76**	**13.23**
1953	907791	13297	14.65	6035	6.65	8.00
1954	927026	32297	34.84	13771	14.86	19.98
1955	943239	27065	28.69	10445	11.07	17.62
1956	968813	33149	34.22	12628	13.03	21.19
1957	**1022525**	**29524**	**28.87**	**12159**	**11.89**	**16.98**
1958	1123391	25669	22.85	13147	11.7	11.15
1959	1196003	35155	29.39	14079	11.77	17.62
1960	1214175	26833	22.1	17219	14.18	7.92
1961	1194201	19458	16.29	12455	10.43	5.86
1962	**1170702**	**43799**	**37.41**	**10123**	**8.65**	**28.76**
1963	1194557	51185	42.85	13296	11.13	31.72
1964	1220482	47717	39.1	19302	15.82	23.28
1965	**1245713**	**47213**	**37.9**	**14870**	**11.94**	**25.96**
1966	1277106	43917	34.39	14520	11.37	23.02
1967	1303195	44254	33.96	14552	11.17	22.79
1968	1330076	44448	33.42	12876	9.68	23.74
1969	1367372	44792	32.76	12336	9.02	23.74
1970	**1421549**	**45662**	**32.12**	**11648**	**8.19**	**23.93**
1971	1463110	45707	31.24	11089	7.58	23.66

2-2续表1

年 份	年平均人数（人）	出生人数（人）	出生率（‰）	死亡人数（人）	死亡率（‰）	自然增长率（‰）
1972	1494529	46654	31.22	12421	8.31	22.91
1973	1533981	47625	31.05	12672	8.26	22.79
1974	1570338	46625	29.69	12465	7.94	21.75
1975	**1601735**	**40304**	**25.16**	**13619**	**8.5**	**16.66**
1976	1625256	31790	19.56	12889	7.93	11.63
1977	1643739	30303	18.44	13833	8.42	10.02
1978	1658557	28550	17.21	12547	7.57	9.64
1979	1671744	26258	15.71	12419	7.43	8.28
1980	**1682634**	**20299**	**12.06**	**12299**	**7.31**	**4.75**
1981	1691707	24396	14.42	12757	7.54	6.88
1982	1705401	26084	15.29	12092	7.09	8.20
1983	1724179	28363	16.45	11694	6.78	9.67
1984	1746828	29178	16.7	11333	6.49	10.21
1985	**1771367**	**32991**	**18.62**	**11497**	**6.49**	**12.13**
1986	1800092	39750	22.08	12172	6.76	15.32
1987	1835398	46547	25.36	12084	6.58	18.78
1988	1874763	47377	25.27	11456	6.11	19.16
1989	1914265	47618	24.88	10625	5.55	19.33
1990	**1950200**	**42707**	**21.9**	**11885**	**6.09**	**15.81**
1991	1981424	36498	18.42	11908	6.01	12.41
1992	2014660	34725	17.23	13700	6.8	10.43

2-2续表2

年 份	年平均人数（人）	出生人数（人）	出生率（‰）	死亡人数（人）	死亡率（‰）	自然增长率（‰）
1993	2048304	32853	16.04	13189	6.44	9.60
1994	2083749	30673	14.72	13128	6.30	8.42
1995	**2116153**	**29690**	**14.03**	**13332**	**6.30**	**7.73**
1996	2135138	28888	13.53	13515	6.33	7.20
1997	2149793	26249	12.21	12447	5.79	6.42
1998	2170064	27082	12.48	12738	5.87	6.61
1999	2186514	25167	11.51	12419	5.68	5.83
2000	**2183469**	**23450**	**10.74**	**12730**	**5.83**	**4.92**
2001	2180532	26798	12.29	13018	5.97	6.32
2002	2192984	21930	10.00	13048	5.95	4.05
2003	2205811	19984	9.06	10963	4.97	4.09
2004	2212177	20086	9.08	11127	5.03	4.05
2005	**2216055**	**20122**	**9.08**	**11501**	**5.19**	**3.89**
2006	2220776	19542	8.80	11051	4.96	3.84
2007	2226186	19769	8.88	10307	4.63	4.25
2008	2231500	20195	9.05	10755	4.82	4.23
2009	2237188	20269	9.06	11074	4.95	4.11
2010	**2243645**	**19700**	**8.83**	**9749**	**4.37**	**4.46**
2011	2251594	20309	9.02	10853	4.82	4.20
2012	2258719	20554	9.10	11158	4.94	4.16
2013	2264578	21468	9.48	12138	5.36	4.12
2014	2272881	22456	9.88	12455	5.48	4.40
2015	**2281561**	**22245**	**9.75**	**12549**	5.50	**4.25**
2016	2290087	24756	10.81	13031	5.69	5.12

注：2001-2002年为1%人口抽样调查数据；2003-2009年为人口与城镇化抽样调查数据；2010年为第六次人口普查数据；2011-2016年为人口与城镇化抽样调查数据。

2-3 分县市总人口

单位：人

县（市）区	年末总人口			年平均人口			2016年城镇化率（%）
	2015年	2016年	2016年比2015年增减（±%）	2015年	2016年	2016年比2015年增减（±%）	
全　市	**2285252**	**2294922**	**0.42**	**2281561**	**2290087**	**0.37**	**53.11**
湖滨区	301840	302655	0.27	301432	302248	0.27	91.11
义马市	166801	167355	0.33	166557	167078	0.31	96.26
渑池县	355816	357438	0.46	355180	356627	0.41	46.44
陕州区	346931	348507	0.45	346308	347718	0.41	45.01
灵宝市	747219	750645	0.46	746043	748932	0.39	43.05
卢氏县	366645	368322	0.46	366041	367484	0.39	36.01

注:本表中总人口数根据抽样调查有关资料推算。

2-4 分县市有常住户籍的户数及人口

（2016年底）　　单位:人

县（市）区	总户数（户）	总人口		
		合计	男	女
全　市	**742946**	**2294868**	**1179241**	**1115627**
湖滨区	52001	294893	146733	148160
义马市	125882	160236	84033	76203
渑池县	117617	359844	182899	176945
陕州区	216653	340529	175098	165431
灵宝市	757046	757046	389604	367442
卢氏县	133101	382320	200874	181446

注:本表中总人口、总户数为公安局年报数。

2-5 从业人员

（2016年底）　　　　单位:人

分类	从业人员	在岗职工				其他从业人员	城镇私营经济	城镇个体经济	乡村从业人员
			国有单位	城镇集体	其他单位				
总　计	1396654	**239537**	**96407**	**19466**	**123664**	**11142**	**61195**	**146254**	**938526**
市　直	52787	21008	16143	290	4575	5362			26417
开发区	20052	9159	3986		5173	1203	2013	3177	4500
湖滨区	106615	34184	10973	1305	21906	1598	11336	15341	44156
义马市	102326	62988	6008	667	56313	546	8210	9490	21092
渑池县	222202	22382	12638	107	9637	509	7490	23883	167938
陕州区	192995	19342	11034	533	7775	91	3699	25229	144634
灵宝市	485165	56715	23809	15962	16944	1740	25786	48624	352300
卢氏县	214330	13759	11816	602	1341	93	2479	20510	177489
按国民经济行业分组									
农、林、牧、渔业	633206	709	672		37	6	5074	4377	623040
采矿业	171278	69280	833	14173	54274	231	660	305	100802
制造业	49948	37926	3863	1923	32140	947	8471	2604	
电力、热力、燃气及水生产和供应业	6643	6020	2637	29	3354	13	483	127	
建筑业	71284	16346	1588	529	14229	282	4256	456	49944
批发和零售业	172803	8147	2046	489	5612	412	25472	93880	44892
交通运输、仓储和邮政业	55169	8108	5056	178	2874	390	1744	1062	43865
住宿和餐饮业	50889	1962	553	170	1239	146	1694	21845	25242
信息传输、软件和信息技术服务业	10309	2492	1425	40	1027	1040	1203	346	5228
金融业	12594	6943	2460	1221	3262	5424	223	4	
房地产业	3997	1919	308	71	1540	67	2003	8	
租赁和商务服务业	8724	3414	914	198	2302	38	4005	1267	
科学研究、技术服务业	3884	2032	1292	9	731	31	1429	392	
水利、环境和公共设施管理业	2657	2198	2050		148	6	417	36	
居民服务、修理和其他服务业	67034	623	113	282	228	3	2580	18315	45513
教育	27281	26495	26359	55	81	415	187	184	
卫生和社会工作	14743	14033	13828	82	123	410	78	222	
文化、体育和娱乐业	3864	1831	1351	17	463	26	1193	814	
公共管理、社会保障和社会组织	30347	29059	29059			1255	23	10	
按三次产业分组									
第一产业	633206	709	672		37	6	5074	4377	623040
占总计%	45.3	0.3	0.7			0.1	8.3	3.0	66.4
第二产业	299153	129572	8921	16654	103997	1473	13870	3492	150746
占总计%	21.5	54.1	9.3	85.6	84.1	13.2	22.7	2.4	16.0
第三产业	464295	109256	86814	2812	19630	9663	42251	138385	164740
占总计%	33.2	45.6	90.1	14.5	15.9	86.7	69.0	94.6	17.6

2-6 劳动力资源配置情况

单位:万人

指　　标	2015年	2016年	2016年比2015年增减(±%)
年末劳动力资源总数	**188.89**	**191.01**	1.1
年末16岁以上全部人数	188.89	191.01	1.1
经济活动人口	**140.14**	**141**	0.6
从业人员	139.33	139.66	0.2
按就业身份分			
在岗职工	26.40	23.95	-9.3
单位其他从业人员	0.93	1.11	19.4
城镇私营经济人员	5.37	6.12	14.0
城镇个体经济	12.55	14.63	16.6
乡村从业人员	94.08	93.85	-0.2
按国民经济行业分			
农、林、牧、渔业	62.5	63.3	1.3
采矿业	18.01	17.13	-4.9
制造业	4.99	4.99	0.0
电力、热力、燃气及水生产和供应业	0.77	0.67	-13.0
建筑业	7.19	7.13	-0.8
批发和零售业	17.61	17.29	-1.8
交通运输、仓储和邮政业	5.57	5.52	-0.9
住宿和餐饮业	4.64	5.09	9.7
信息传输、软件和信息技术服务业	0.91	1.03	13.2
金融业	1.21	1.26	4.1
房地产业	0.38	0.4	5.3
租赁和商务服务业	0.78	0.87	11.5
科学研究、技术服务业	0.38	0.39	2.6
水利、环境和公共设施管理业	0.3	0.27	-10.0
居民服务、修理和其他服务业	6.46	6.7	3.7
教育	2.73	2.73	0.0
卫生和社会工作	1.44	1.47	2.1
文化、体育和娱乐业	0.34	0.39	14.7
公共管理、社会保障和社会组织	3.12	3.03	-2.9
失业人员	0.81	0.84	3.7
非经济活动人口	**48.75**	**50.51**	3.6
#16岁以上在校学生	10.7	10.75	0.5
家务劳动者	6.25	6.28	0.5

2-7 主要年份职工人数

单位:人

年 份	职工人数	#国有单位	#城镇集体单位	平均人数	#国有单位	#城镇集体单位
1957	37119	37119		37143	37143	
1962	57510	57510		65201	65201	
1965	55098	55098		53674	53674	
1970	88587	86759	1828	77094	74668	2426
1975	104771	96161	8610	103358	94203	9155
1978	130147	119729	10418	129218	118617	10601
1980	**159595**	**147742**	**11853**	**156851**	**145178**	**11673**
1981	163029	150284	12745	159704	147475	12229
1982	165615	152229	13386	163002	149879	13123
1983	175912	161528	14384	169914	155842	14072
1984	180571	158209	21266	174131	153282	19747
1985	**191332**	**164518**	**25073**	**185227**	**159083**	**24447**
1986	200884	171323	27822	201283	170894	28556
1987	213316	179999	31583	207758	175415	30655
1988	223302	189746	32104	216675	183448	31614
1989	231888	194856	35089	226941	192102	32994
1990	**243681**	**205056**	**38289**	**236807**	**200595**	**35891**
1991	251648	213327	37909	246695	209425	36869
1992	257026	219961	36188	253340	216765	35749
1993	282914	229450	49290	279586	227865	47836
1994	294788	239352	48686	287659	236100	45733

单位:人

年 份	职工人数	#国有单位	#城镇集体单位	平均人数	#国有单位	#城镇集体单位
1995	**302579**	**247293**	**36090**	**297361**	**242613**	**35903**
1996	304921	240424	46145	299773	236800	45282
1997	292026	224119	45750	290214	222299	45815
1998	282808	160814	42537	280633	158213	43353
1999	243972	135209	34738	242456	134610	34145
2000	**240264**	**134535**	**30220**	**240048**	**133688**	**30160**
2001	238308	134952	29338	236778	133713	28629
2002	232777	122999	23843	227768	121833	23787
2003	235182	124814	24052	226482	121704	23074
2004	230074	119879	23930	226453	117977	23383
2005	**238032**	**121757**	**17918**	**230880**	**118625**	**17192**
2006	236651	122295	18133	228217	117927	17587
2007	231308	121906	17446	226741	119365	16891
2008	224828	122713	7050	220458	118782	8231
2009	227232	118807	9517	224028	117259	8674
2010	**233803**	**119935**	**10565**	**230377**	**117190**	**10150**
2011	252275	123934	10620	248581	120589	9844
2012	253671	125386	10530	251325	122237	9819
2013	262083	101797	21375	258332	100491	20642
2014	274456	101389	22003	270367	98085	21365
2015	**263971**	**100898**	**21214**	**263118**	**99888**	**20501**
2016	239537	96407	19466	238446	94026	19153

注：1999年及以后年度职工人数、平均人数为在岗职工口径。2012年起，在岗职工人数含劳务派遣工人数。

2-8 主要年份职工工资

年　份	工资总额（万元）	#国有单位	#城镇集体单位	平均工资（元）	#国有单位	#城镇集体单位
1957	2080	2080		560	560	
1962	3801	3801		605	605	
1965	3408	3408		654	654	
1970	4891	4758	133	634	637	550
1975	6319	5929	390	611	629	426
1978	8581	8027	554	664	677	523
1980	**13131**	**12431**	**700**	**837**	**856**	**600**
1981	13300	12662	639	833	859	522
1982	13857	13071	786	850	872	599
1983	14846	13961	885	874	896	629
1984	17009	15513	1398	977	1012	708
1985	**20971**	**18936**	**1855**	**1132**	**1190**	**759**
1986	26220	23740	2283	1303	1389	800
1987	28327	25273	2738	1363	1441	893
1988	35120	31534	3365	1621	1719	1064
1989	43189	39246	3660	1903	2043	1109
1990	**50893**	**46622**	**4250**	**2149**	**2324**	**1184**
1991	53996	49296	4667	2189	2354	1266
1992	62593	57220	5217	2471	2640	1459
1993	76596	66890	8823	2740	2936	1844
1994	103778	91029	10871	3608	3856	2377

2-8续表

年　份	工资总额（万元）	#国有单位	#城镇集体单位	平均工资（元）	#国有单位	#城镇集体单位
1995	**131457**	**112069**	**11073**	**4421**	**4619**	**3084**
1996	150638	128312	14397	5025	5419	3179
1997	161205	131183	19601	5555	5901	4278
1998	139113	86722	16643	4957	5481	3839
1999	139174	89468	16945	5740	6646	4963
2000	**158589**	**98865**	**17589**	**6607**	**7395**	**5832**
2001	177127	108272	18901	7481	8097	6602
2002	198274	113558	18524	8705	9321	7788
2003	224349	126782	19318	9906	10417	8372
2004	255905	137088	21173	11301	11620	9055
2005	**315121**	**160446**	**20289**	**13649**	**13526**	**11801**
2006	378194	186442	24016	16572	15810	13656
2007	450554	230442	28642	19871	19306	16957
2008	524435	272030	13895	23788	22901	20334
2009	597979	313584	20815	26692	26743	23997
2010	**701412**	**355099**	**28832**	**30446**	**30301**	**28407**
2011	835996	399067	27551	33631	33093	27988
2012	989895	451001	33914	39387	36896	34539
2013	1109000	465288	72128	42929	46301	34992
2014	1199436	470079	79951	44363	47926	37422
2015	**1172807**	**507183**	**80265**	**44573**	**50775**	**39152**
2016	1108273	532629	78601	46479	56647	41039

注：1999年及以后年度工资总额、平均工资为在岗职工口径。2012年起，工资总额含劳务派遣人员工资。

2-9 全部在岗职工人数与工资

（2016年）

分　类	在岗职工（人）	平均人数（人）	工资总额（万元）	平均工资（元）
总　计	239537	238446	1108273	46479
市　直	21868	21689	154345	71163
开 发 区	8299	7991	40367	50516
湖 滨 区	34184	32903	181712	55227
义 马 市	62988	65972	229581	34800
渑 池 县	22382	21840	108968	49894
陕 州 区	19342	18751	94227	50252
灵 宝 市	56715	55868	231306	41402
卢 氏 县	13759	13432	67767	50452
按登记注册类型分组				
国有单位	96407	94026	532629	56647
城镇集体	19466	19153	78601	41039
其他单位	123664	125267	497043	39679
按企事业机关分组				
企业	166198	166759	711289	42654
事业	46508	45337	246237	54313
机关	26831	26350	150747	57209
按国民经济行业分组				
农、林、牧、渔业	709	701	3018	43057
采矿业	69280	72086	242825	33685
制造业	37926	37164	150485	40492
电力、热力、燃气及水生产和供应业	6020	5967	43224	72439
建筑业	16346	15622	70124	44888
批发和零售业	8147	7986	44424	55627
交通运输、仓储和邮政业	8108	7981	32049	40156
住宿和餐饮业	1962	1842	5743	31176
信息传输、软件和信息技术服务业	2492	2503	14603	58340
金融业	6943	6859	65564	95588
房地产业	1919	1834	8282	45159
租赁和商务服务业	3414	3377	12422	36783
科学研究、技术服务业	2032	1983	10751	54218
水利、环境和公共设施管理业	2198	2163	10591	48966
居民服务、修理和其他服务业	623	604	2104	34831
教育	26495	25892	142145	54899
卫生和社会工作	14033	13631	82802	60745
文化、体育和娱乐业	1831	1721	7036	40882
公共管理、社会保障和社会组织	29059	28530	160081	56110

注：2012年起，在岗职工人数、工资总额含劳务派遣人数和工资。

主要统计指标解释

人口数 指一定时点、一定地区范围内的有生命的个人的总和。年度统计的年底人口数是指每年12月31日24时的人口数。

出生率 (又称粗出生率)指在一定时期内(通常为一年)平均每千人所出生的人数的比率，一般用千分率表示。计算公式：

出生率＝年出生人数／年平均人数×1000‰

出生人数是指活产婴儿，即胎儿脱离母体时(不管怀孕月数)，有过呼吸或其他生命现象。

年平均人数是年初、年末人口数的平均数，也可用年中人口数代替。

死亡率 （又称粗死亡率）指在一定时期内(通常为一年)一定地区的死亡人数与同期平均人数(或期中人数)之比，一般用千分率表示。计算公式：

死亡率＝年死亡人数／年平均人数×1000‰

人口自然增长率 指在一定时期内(通常为一年)人口自然增加数(出生人数减死亡人数)与平均人数(或期中人数)之比，一般用千分率表示。

人口自然增长率＝(本年出生人口数－本年死亡人口数)／年平均人数×1000‰

人口自然增长率＝人口出生率－人口死亡率

性别比 反映两性人口比例的指标。指在总人口中或各年龄组人口中，男性人数与女性人数之比，通常为每100个女性人口相对应的男性人口数。计算公式：

性别比＝男性人口／女性人口×100%

劳动力资源数 指具有劳动能力，在正常情况下，可能或实际参加社会劳动的人口数。包括：劳动年龄以内、有劳动能力、实际参加社会劳动和未参加社会劳动的人员以及劳动年龄以外(不足和超过劳动年龄)，实际经常参加社会劳动并取得劳动报酬或经营收入的人员。但不包括现役军人，劳动年龄内的在押犯人和丧失劳动能力的人员。

从业人员 指从事一定社会劳动并取得劳动报酬或经营收入的全部劳动力。包括全部职工、城镇私营企业从业人员、城镇个体劳动者、农村从业人员及其他从业人员。从业人员与原统计制度中的社会劳动者属同一指标。

单位从业人员 指在各级国家机关、政党机关、社会团体及企业、事业单位中工作，取得工资或其他形式的劳动报酬的全部人员。包括：在岗职工、再就业的离退休人员、民办教师以及在各单位中工作的外方人员和港澳台方人员、兼职人员、借用的外单位人员和第二职业者。不包括离开本单位仍保留劳动关系的职工。

在岗职工 指在本单位工作并由单位支付工资的人员，以及有工作岗位，但由于学习、病伤产假等原因暂未工作，仍由单位支付工资的人员。

城镇私营企业从业人员 指在工商行政管理部门办理登记，并领取营业执照的各类私营企业中，从事经营管理和参加生产，并取得经营收入和劳动报酬的全部人员。包括离、退休后在私营企业从业的人员。

城镇个体从业人员 指经工商行政管理部门核准登记，领取营业执照，参加生产经营活动，户口在城镇的全部人员，包括个体经营者本人、家庭辅助人员、帮手、学徒、雇佣人员，以及离、退休后从事个体劳动的人员。

农村从业人员 指农村人口中经常参加合作经济组织（包括乡镇办企业事业单位）和家庭副业

生产劳动的劳动力。凡是由合作经济组织分配劳动任务或承包各种生产任务，并从中直接取得实物、现金收入和从承包的生产任务中获得实物、现金收入的劳动力，不管从事何种劳动，都要统计为农村从业人员。国家从乡(村)调用的建筑民工；由集体经费支付工资或补贴的乡(村)脱产管理干部；乡(村)劳动力到国有经济单位或城镇集体经济单位工作，其收入交给合作经济组织，并从中取得实物或现金收入的合同工、临时工、亦工亦农人员；自行外出，但户口没有转出的劳动力，都应包括在内。

其他从业人员 指劳动统计制度规定不作职工统计，但实际参加社会劳动的人员。包括：聘用或留用的离休、退休人员；民办教师；参加乡村劳动的城镇人员；国营农、林、牧、渔场代管的村(队)从业人员；宗教职业者等。

城镇登记失业人员 指有非农业户口，在一定的劳动年龄内(16 岁以上及男 50 岁以下、女 45 岁以下)，有劳动能力，无业而要求就业，并在当地就业服务机构进行失业登记的人员。包括失业青年、失业职工及其他失业人员。

城镇登记失业率 指城镇登记失业人数同城镇在业人数加城镇登记失业人数之比。计算公式为：

城镇登记失业率＝城镇登记失业人数 / (城镇在业人数＋城镇登记失业人数)×100%

职工工资总额 指各单位在一定时期内直接支付给本单位全部职工的劳动报酬总额。工资总额的计算原则应以直接支付给职工的全部劳动报酬为根据。各单位支付给职工的劳动报酬以及其他根据有关规定支付的工资，不论是计入成本的还是不计入成本的，不论是按国家规定列入计征奖金税项目的还是未列入计征奖金税项目的，不论是以货币形式支付的还是以实物形式支付的，均列入工资总额的计算范围。它包括：

⑴**计时工资** 指按计时工资标准(包括地区生活补贴)和工作时间支付给个人的劳动报酬。具体包括：对已做工作按计时工资标准支付的工资；新参加工作职工的见习工资(学徒的生活费)；根据国家法律、法规和政策规定，因病、工伤、产假、计划生育假、婚丧假、事假、探亲假、定期休假、停工学习、执行国家或社会义务等原因按计时工资标准或计时工资标准的一定比例支付的工资；实行岗位技能工资制的单位支付给职工的技能工资和岗位(职务)工资；合同制职工按规定缴纳的不超过本人标准工资 3%的退休养老基金、职工受处分期间的工资、浮动升级的工资等；根据国务院关于机关工作人员和事业单位工作人员工资制度改革方案的规定，列入机关工改范围的单位其计时工资包括：机关工作人员的职务工资、级别工资、基础工资，工人的岗位工资、技术等级(职务)工资；列入事业工改范围的单位其计时工资包括：各类专业技术人员和管理人员的专业技术职务工资、艺术专业职务工资、体育基础津贴、行员等级工资、职员职务工资、技术等级工资、等级工资等，工人的技术等级(职务)工资、等级工资；中小学教师、护士在新的专业技术职务工资标准的基础上提高 10%的部分也列入“计时工资”项内。

⑵**计件工资** 指对已做工作按计件单价支付的劳动报酬。具体包括：实行超额累进计件、直接无限计件、限额计件、超定额计件等工资制，按劳动部门或主管部门批准的定额和计件单价支付给个人的工资；按工作任务包干方法支付给个人的工资；按营业额提成或利润提成办法支付给个人的工资。

⑶**奖金** 指支付给职工的超额劳动报酬和增收节支的劳动报酬。包括生产(业务)奖、节约奖、劳动竞赛奖、机关、事业单位的奖励工资、其他奖金。

⑷**津贴和补贴** 指为了补偿职工特殊或额外的劳动消耗和因其他特殊原因支付给职工的津贴(包括地区津贴)，以及为了保证职工工资水平不受物价影响支付给职工的物价补贴。

⑸**加班加点工资** 指对法定节假日和公休假日工作的职工，以及在正常工作日以外延长工作时间的职工按规定支付的加班工资和加点工资。

⑹**其他工资** 指其他根据国家规定支付的工资。如附加工资、保留工资以及调整工资补发的上年工资等。

职工平均工资 指企业、事业、机关单位的职工在一定时期内平均每人所得的货币工资额。它表明一定时期职工工资收入的高低程度，是反映职工工资水平的主要指标。计算公式为：

职工平均工资＝报告期实际支付的全部职工工资总额 / 报告期全部职工平均人数

在职职工保险福利费 指企业、事业、机关单位在工资以外实际支付给在职职工个人以及用于集体的劳动保险和福利费用。具体包括：医疗卫生费或公费医疗费用、职工死亡丧葬费及抚恤费、职工生活困难补助、文娱体育宣传费、集体福利事业补贴费、集体福利设施费、计划生育补贴、冬季取暖补贴及其他费用。自 1994 年始，上下班交通费补贴、洗理卫生费，不再计入保险福利费中。

农村经济

资料整理：严前程、张红霞、邓晓飞

资料审核：严前程

数据要览

◆ 2016 年农林牧渔业总产值	2146103 万元	比上年增长 4.5%
◆ 2016 年粮食总产量	667853 吨	比上年下降 6.7%
◆ 2016 年棉花总产量	1410 吨	比上年增长 27.5%
◆ 2016 年油料总产量	35193 吨	比上年下降 2.6%
◆ 2016 年烟叶总产量	43641 吨	比上年增长 4.7%
◆ 2016 年水果总产量	2360618 吨	比上年增长 3.4%

农林牧渔业总产值

单位：亿元

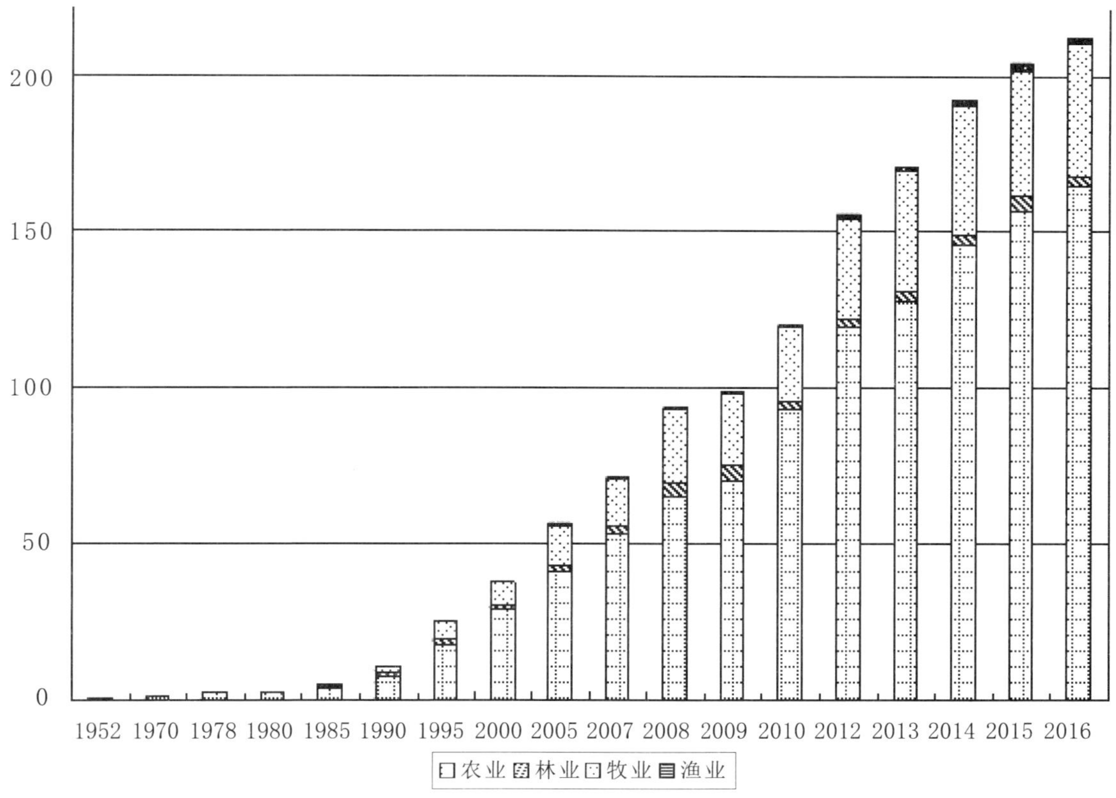

3-1 历年农林牧渔业总产值及指数

年 份	农林牧渔业总产值（当年价，万元）						农林牧渔业总产值指数（以1952年为100）			
	合计	农业	林业	牧业	渔业	服务业	合计	#农业	#林业	#牧业
1952	**7737**	**6506**	**515**	**716**			**100**	**100**	**100**	**100**
1953	8598	7114	822	662			109.3	112.7	74.8	103.5
1954	9992	8147	957	888			124.5	120.7	179.2	119.6
1955	10162	8618	698	846			124.5	125.6	128.5	112.0
1956	11822	9885	980	957			140.7	139.9	175.1	123.0
1957	**9551**	**7903**	**913**	**735**			**112.4**	**110.6**	**161.4**	**93.4**
1958	11764	9905	986	873			136.0	136.7	161.4	113.1
1959	11449	9671	846	932			129.7	130.8	135.7	118.3
1960	9412	7755	672	985			104.8	103.1	105.9	112.8
1961	6950	5596	564	790			75.8	72.9	87.1	96.6
1962	**7452**	**6332**	**466**	**654**			**79.8**	**80.9**	**70.6**	**78.4**
1963	7287	6549	132	605	1		76.6	82.2	19.6	71.6
1964	8235	7176	165	894			85.5	88.9	24.3	104.0
1965	**10800**	**9825**	**347**	**628**			**110.1**	**119.6**	**50.1**	**71.7**
1966	11398	10181	454	763			113.5	121	63.9	85.1
1967	11429	10151	459	819			111.9	118.6	63.6	89.7
1968	9690	8485	458	747			92.8	97.0	62.1	80.1
1969	10616	9358	473	785			99.8	105	62.9	82.6
1970	**14290**	**12763**	**562**	**965**			**132.8**	**141.6**	**73.9**	**100.4**
1971	13232	11423	372	1437			119.2	126.0	42.8	118.9
1972	14209	11299	611	2297	2		124.6	121.3	68.5	185.1
1973	17253	14489	779	1983	2		147.4	151.6	85.0	155.7
1974	20263	16085	1726	2450	2		168.5	163.8	183.4	187.2
1975	**21718**	**17201**	**2018**	**2497**	**2**		**175.9**	**170.6**	**208.8**	**185.8**
1976	24457	19537	2448	2469	3		192.9	188.7	246.7	179.1
1977	25329	20084	2148	3093	4		193.5	187.9	209.6	217.2
1978	26981	22717	1568	2692	4		200.8	207.0	149.1	184.2
1979	28581	23335	1847	3397	2		207.1	207.0	171.0	226.2
1980	**29089**	**22987**	**1768**	**4330**	**4**		**204.5**	**203.5**	**172.9**	**227.6**
1981	32174	25394	2157	4620	3		198.7	198	124.6	249.3
1982	37176	30486	2494	4182	14		218.3	227	131.3	213.6
1983	43123	35880	2692	4546	5		256.6	270.9	144.7	233.1

年份	农林牧渔业总产值（当年价，万元）						农林牧渔业总产值指数（以1952年为100）			
	合计	农业	林业	牧业	渔业	服务业	合计	#农业	#林业	#牧业
1984	48604	37246	5316	6028	14		280.9	276.0	272.6	285.8
1985	52860	39559	5305	7972	24		275.6	266.8	252.2	322.4
1986	49183	36284	5045	7802	52		235.6	220.7	240.6	302.2
1987	69797	54768	6214	8729	86		312.6	320.5	229.9	296.5
1988	87099	65647	6282	14987	183		335.2	332.3	213.0	428.3
1989	98839	75726	7372	15494	247		365.0	363.5	242.3	444.3
1990	109825	80535	9149	19815	326		353.1	345.9	244.5	457.6
1991	110162	79562	8196	22045	359		335.2	320.3	208.8	492.2
1992	121803	87630	10711	23014	448		354.7	337.6	270.8	488.9
1993	178774	138347	10539	29270	618		478.2	484.4	262.2	591.1
1994	223648	166564	14204	42021	859		499.5	488.3	321.3	668.2
1995	254384	174085	17907	61715	677		529.7	484.4	360.4	862.1
1996	293532	224640	21071	46960	861		598.9	609.7	437.0	637.8
1997	314043	233898	20389	58862	894		613.5	603.0	419.1	784.9
1998	356320	273409	15891	65922	1098		756.8	792.8	303.5	886.6
1999	359458	273973	18625	65559	1301		793.9	826.9	344.9	932.2
2000	377189	289245	17893	68742	1309		879.6	931.1	312.8	1018.0
2001	356810	267320	14292	73829	1369		839.6	879.9	233.4	1105.4
2002	347035	250244	14787	78458	1125	2421	853.0	885.9	214.8	1182.8
2003	404267	296824	16966	86542	1253	2682	952.8	1004.6	237.6	1214.9
2004	493109	355331	19776	113325	1860	2817	1066.2	1131.2	267.5	1319.4
2005	565515	410064	20237	129860	2274	3080	1154.7	1218.3	310.3	1434.2
2006	620588	464806	22090	127328	3069	3295	1270.2	1345.0	338.5	1554.7
2007	716694	532644	24702	151479	3784	4085	1321.0	1401.5	352.0	1598.2
2008	937545	650183	42409	234582	5336	5035	1412.1	1488.4	413.6	1714.9
2009	989267	701448	50512	225927	6090	5290	1478.5	1550.9	467.0	1786.9
2010	1204182	927654	21436	242073	7269	5750	1550.9	1634.6	443.2	1858.4
2011	1401690	1063433	24270	299401	8061	6525	1619.1	1709.8	492.8	1903.0
2012	1563025	1191907	25530	326455	11933	7200	1700.1	1790.2	481.5	2019.1
2013	1719929	1278833	32533	383833	16090	8640	1776.6	1858.2	505.1	2154.4
2014	1932315	1454885	33755	415114	18961	9600	1851.2	1919.5	512.2	2307.4
2015	2054637	1568650	42502	411265	21500	10720	1943.8	2044.3	474.3	2316.6
2016	2146103	1641902	36907	431289	23927	12078	2035.1	2150.6	424.5	2404.7

3-2 历年耕地、农产品产量主要指标

年份	耕地面积（千公顷）	#水田及水浇地面积	粮食总产量（吨）	#夏粮总产量	油料总产量（吨）	烟叶总产量（吨）	棉花总产量（吨）	水果总产量（吨）	#苹果
1952	248.6	6.8	196675	95565	1035	250	12615	13330	205
1953	252.3	7.0	231785	96205	1040	252	13840	14860	354
1954	253.2	7.3	256635	109705	1570	196	14830	14850	458
1955	251.6	8.1	260310	116615	1460	125	16375	15680	814
1956	251.3	11.2	284345	139855	1465	83	16645	20390	1744
1957	247.4	13.8	216115	87955	875	50	15575	19820	1789
1958	226.7	15.4	302805	127760	880	69	23970	17070	2023
1959	224.5	16.7	246890	107880	1020	96	19380	16620	2306
1960	222.2	17.1	218435	93045	575	46	11990	19650	3673
1961	215.1	16.5	180020	53195	145	6	5150	15450	2486
1962	218.9	15.5	221590	82705	202		4360	13910	1621
1963	218.3	14.0	218450	93855	373	100	6205	21470	6310
1964	218.3	18.8	222670	81070	850	30	6982	19910	2417
1965	218.4	14.0	301400	121580	1522	26	12211	21754	5360
1966	214.7	16.8	304715	100515	1480	103	11470	24780	5442
1967	213.0	15.8	295285	106235	943	99	9260	29275	11612
1968	213.0	24.0	241615	101105	744	104	6042	23370	10559
1969	211.3	27.1	277660	132970	1243	130	6941	28230	10400
1970	205.5	23.9	341500	117970	813	111	11237	36688	10909
1971	205.0	24.4	335485	128624	522	133	7055	21595	6377
1972	204.2	26.0	293040	141545	717	91	4410	34373	10304
1973	203.9	29.0	368300	141955	1021	165	10812	38628	16174
1974	199.4	47.2	402795	162270	990	57	9121	42424	14398
1975	189.9	54.4	421830	201690	1292	106	6894	31237	17194
1976	189.7	43.3	469322	217477	1865	470	9369	41610	18163
1977	189.8	46.0	432834	152562	1144	952	8712	53263	35547
1978	189.7	43.7	428400	154443	1577	1342	9077	65582	41666
1979	189.1	42.2	461455	192305	3377	164	8255	69005	47807
1980	188.9	41.5	447420	162411	5668	1011	11566	59690	32626
1981	189.2	40.3	453146	200336	5561	2379	6891	71186	51241
1982	188	39.3	449227	239240	4946	10825	10096	55862	37883
1983	187.7	38.8	554231	288871	4927	9925	6961	71310	53000

3-2续表

年　　份	耕地面积（千公顷）	#水田及水浇地面积	粮　食总产量（吨）	#夏粮总产量（吨）	油　料总产量（吨）	烟　叶总产量（吨）	棉　花总产量（吨）	水　果总产量（吨）	#苹果
1984	186.3	38.2	557960	299335	7210	17290	8460	32435	19580
1985	183.1	32.2	402335	238330	14540	28595	4270	87400	64320
1986	**181**	**33.8**	**379550**	**292000**	**7272**	**11174**	**1981**	**65802**	**41850**
1987	180.1	33.6	547930	317577	17249	17800	3917	123355	95537
1988	179.1	34.9	508882	292285	17581	29640	4668	128643	95198
1989	178.6	38.7	596351	352431	16049	25794	4883	160696	120937
1990	178.4	40	565320	375550	15087	24645	4043	147212	107172
1991	**178.2**	**41.9**	**408136**	**277488**	**11376**	**25713**	**4440**	**189226**	**150419**
1992	176.9	43.2	408387	221850	12831	29639	3507	207505	168426
1993	176.1	40.1	622244	382856	16905	26145	2871	359303	317259
1994	172.7	40.5	453424	334498	9726	16940	2092	456838	395851
1995	171.6	41.4	280426	206144	9679	10992	1514	568611	499723
1996	**166.4**	**41.6**	**422033**	**209529**	**20078**	**20708**	**2486**	**624718**	**546417**
1997	164.2	43.9	422639	353305	9021	27554	1397	648701	564708
1998	162	46	635489	388002	22171	25887	2016	775677	673472
1999	161.1	46.1	484832	242948	20844	31838	2007	843526	738553
2000	155.3	48.2	558498	285557	25061	37206	2174	861951	741923
2001	**154**	**49.5**	**446875**	**303041**	**21456**	**27846**	**1652**	**825338**	**711908**
2002	171.9	50.43	331591	185594	17425	29002	1484	841203	711179
2003	158.97	50.33	448987	264276	32444	31964	1334	918376	774165
2004	157.23	51.32	472187	239537	30102	33724	1950	1063486	910459
2005	162.37	52.78	488147	240000	29588	34562	1795	1110789	922294
2006	**163.22**	**52.62**	**593079**	**297963**	**29372**	**36140**	**2529**	**1199652**	**977333**
2007	163.2	51.28	531844	238775	30025	32102	2746	1344810	1093952
2008	164.37	52.44	614899	307650	34313	35052	2621	1479113	1182279
2009	162.80	53.57	627835	312435	30839	39075	2234	1620487	1294523
2010	162.25	54.08	632486	315555	31808	35663	2000	1750125	1404471
2011	**161.71**	**53.37**	**625880**	**310450**	**32251**	**35769**	**1820**	**1855133**	**1475888**
2012	162.31	54.42	660073	319937	37862	39126	1186	2013398	1607730
2013	162.43	43.60	615006	276034	35635	42965	1173	2080503	1664086
2014	161.91	46.12	597062	276937	29420	39251	1201	2164206	1755190
2015	**161.50**	**47.92**	**715667**	**369846**	**36138**	**41687**	**1106**	**2282967**	**1875207**
2016	161.18	50.02	667853	331432	35193	43641	1410	2360618	1893901

3-3 历年畜牧业主要指标

年份	大牲畜年末存栏（万头）	#役畜存栏	生猪年末存栏（万头）	山绵羊年末存栏（万只）	肉类总产量（吨）	#猪牛羊肉产量	奶类总产量（吨）
1952	**18.75**	**15.10**	**4.19**	**9.50**	**550**	**540**	
1953	20.77	15.42	4.72	11.69	693	680	
1954	19.01	15.67	4.50	10.10	2088	2050	
1955	20.56	16.79	4.42	8.53	1110	1090	
1956	21.31	16.50	7.52	10.92	1742	1710	
1957	**20.31**	**15.79**	**12.79**	**16.52**	**2211**	**2170**	
1958	17.62	13.88	11.23	20.6	2557	2510	
1959	17.68	13.63	14.49	23.02	2282	2240	
1960	16.84	12.53	11.25	27.25	1426	1400	
1961	15.67	11.37	7.93	23.61	479	470	
1962	**15.25**	**11.77**	**11.49**	**22.87**	**1070**	**1050**	
1963	15.52	12.04	15.08	23.33	2180	2140	
1964	15.74	12.03	16.14	19.14	4605	4520	
1965	**15.84**	**12.01**	**15.17**	**17.87**	**4574**	**4490**	
1966	17.64	12.58	21.58	24.56	4808	4720	
1967	18.79	13.07	27.39	29.04	6255	6140	
1968	19.07	13.00	24.84	32.70	8079	7930	
1969	18.32	13.34	18.85	30.41	7651	7510	
1970	**18.37**	**13.28**	**22.18**	**36.18**	**9474**	**9300**	
1971	18.77	13.57	32.03	37.77	9057	8890	
1972	18.90	13.81	34.23	40.63	14273	14010	45
1973	18.77	13.71	32.52	47.35	13539	13290	109
1974	18.45	13.58	30.64	47.67	12918	12680	226
1975	**17.72**	**13.43**	**30.57**	**44.42**	**11583**	**11370**	**179**
1976	16.80	12.72	36.54	40.76	11634	11420	262
1977	16.54	12.57	36.21	43.46	13050	12810	323
1978	16.96	12.21	33.74	45.20	12989	12750	568
1979	17.43	12.80	34.10	49.05	15200	12687	643
1980	**18.22**	**13.08**	**32.57**	**43.38**	**12836**	**12600**	**745**
1981	19.71	14.81	31.17	35.58	12443	12214	751
1982	21.88	16.33	29.42	27.27	14917	14643	676
1983	23.54	17.23	25.93	16.79	11942	11723	557

3-3续表

年份	大牲畜年末存栏（万头）	#役畜存栏	生猪年末存栏（万头）	山绵羊年末存栏（万只）	肉类总产量（吨）	#猪牛羊肉产量	奶类总产量（吨）
1984	25.56	18.5	26.22	10.58	12778	12543	723
1985	28.14	20.29	32.58	6.06	14405	14140	1160
1986	**30.46**	**21.14**	**29.61**	**7.5**	**15121**	**14694**	**1132**
1987	32.16	21.92	24.19	15.56	15316	14953	1384
1988	34.27	23.13	28.27	20.45	18852	18423	1257
1989	35.89	24.36	31.08	21.66	22340	21624	1290
1990	36.79	24.87	32.28	21.12	24273	23523	1134
1991	**38.01**	**25.21**	**33.47**	**21.7**	**28733**	**27723**	**1321**
1992	37.7	26.3	35.6	21.1	28958	27795	1372
1993	39.2	28.5	38.1	22.9	36068	34030	1470
1994	41.33	28.39	42.36	25.45	40435	38087	1113
1995	43.11	30.62	54.69	30.06	50672	47741	1110
1996	**28.48**	**20.56**	**32.89**	**22.86**	**37481**	**31691**	**664**
1997	32.76	20.57	41.5	26.09	39782	37756	894
1998	33.67	23.21	48.12	31.1	45215	42593	1082
1999	34.13	26.18	51.38	32.89	47364	44194	5633
2000	37.65	30.09	55.68	37.77	51037	47111	5242
2001	**40.02**	**26.68**	**58.37**	**40.37**	**52852**	**48520**	**6614**
2002	42.33	26.88	60.98	43.94	55775	50758	8215
2003	43.43	22.74	65.76	48.54	59979	54994	10384
2004	46.03	22.4	61.38	51.04	62883	58294	13165
2005	49.39	17.31	65.37	54.97	67914	63045	17280
2006	**41.57**	**18.71**	**56.3**	**28.6**	**67772**	**62781**	**19097**
2007	40.73	17.97	59.60	29	66623	61452	25336
2008	41.47	20.55	64.00	35.28	71820	66297	29121
2009	42.47	20.91	**64.46**	34.68	75500	69323	34500
2010	41.39	19.93	64.72	32.91	78793	72200	36200
2011	**39.2**	**18.8**	**70.22**	**32.38**	**80934**	**74215**	**40450**
2012	37.00	17.82	75.47	32.54	92707	84532	42300
2013	38.86	19.48	77.00	32.74	100733	92558	42528
2014	32.65	9.93	75.88	40.15	110026	101900	44271
2015	**30.38**	**4.49**	**72.40**	**45.01**	**108173**	**99582**	**48532**
2016	24.67	1.09	74.30	44.03	113125	103395	45443

3-4 主要年份农林牧渔业增加值

（按当年价格计算）　　单位：万元

指　标	2000年	2005年	2010年	2012年	2013年	2014年	2015年	2016年
农林牧渔业总产值	**377189**	**565515**	**1204182**	**1563025**	**1719929**	**1932315**	**2054637**	**2146103**
中间消耗	**154114**	**234534**	**504139**	**657303**	**723287**	**812538**	**862925**	**903185**
农业中间消耗	112513	158341	365337	469408	502700	573825	621989	652637
林业中间消耗	4473	5059	5360	6384	8135	8441	10628	9230
牧业中间消耗	36777	69475	129509	175829	205159	221879	220849	230740
渔业中间消耗	351	609	1949	3198	4312	5081	5761	6411
服务业中间消耗		1050	1984	2484	2981	3312	3698	4167
农林牧渔业增加值	**223075**	**330981**	**700043**	**905722**	**996642**	**1119777**	**1191712**	**1242918**
农业增加值	176732	251723	562317	722499	776133	881060	946661	989265
林业增加值	13420	15178	16076	19146	24398	25314	31874	27677
牧业增加值	31965	60385	112564	150626	178674	193235	190416	200549
渔业增加值	958	1665	5320	8735	11778	13880	15739	17516
服务业增加值		2030	3766	4716	5659	6288	7022	7911

3-5 主要年份主要农作物播种面积

单位：千公顷

年 份	总播种面积	#粮食		#棉花	#油料	#烟叶	#蔬菜
			#夏粮				
1952	301.76	243.60	136.00	49.40	3.33	0.16	0.53
1957	332.64	269.47	131.80	56.47	3.00	0.07	0.87
1962	307.17	274.61	129.78	29.76	0.99		1.80
1965	295.31	257.03	123.05	32.88	3.26	0.03	0.93
1970	272.25	241.83	115.75	25.29	2.21	0.09	
1975	257.84	225.46	109.27	24.02	3.35	0.15	2.28
1978	259.60	226.25	107.76	21.51	4.19	1.45	2.36
1980	252.39	214.37	103.01	23.59	8.99	0.84	2.12
1985	241.97	199.03	111.06	9.59	9.65	16.84	3.58
1990	244.35	201.94	113.13	7.51	11.57	15.75	5.47
1995	201.13	163.14	107.63	3.36	10.47	10.58	8.96
2000	246.11	186.34	101.98	3.26	13.26	20.87	14.04
2001	240.98	173.48	97.60	2.86	15.52	21.48	15.04
2002	240.92	168.69	92.73	2.50	16.16	19.00	16.22
2003	235.53	146.80	78.57	2.66	18.67	20.32	20.34
2004	236.37	141.84	71.74	2.86	18.69	20.20	23.00
2005	244.83	149.25	75.51	2.95	17.61	19.20	25.42
2006	253.27	165.70	81.87	3.59	16.42	19.80	26.35
2007	244.77	157.22	78.72	3.78	17.74	17.92	27.26
2008	245.35	159.09	78.78	3.44	17.57	18.25	27.80
2009	244.88	162.11	79.50	3.20	16.03	19.20	27.70
2010	244.34	162.95	79.95	2.96	16.47	16.91	28.80
2011	246.94	163.89	80.28	2.55	16.92	17.47	30.38
2012	251.87	168.10	80.56	1.66	17.25	17.88	30.88
2013	251.91	169.44	80.82	1.57	17.29	19.60	31.56
2014	233.18	158.41	71.12	1.62	13.25	17.50	30.68
2015	245.89	169.18	79.82	1.46	15.17	17.74	31.95
2016	243.49	168.30	79.47	1.45	15.14	17.73	31.10

3-6 主要年份主要农作物单位面积产量

单位：公斤/公顷

年　份	粮食			棉花	油料	烟叶	蔬菜
		夏收粮食	秋收粮食				
1952	807	703	940	255	311	1563	12216
1957	802	667	931	276	292	682	14763
1962	807	637	959	147	203		10569
1965	1173	988	1342	371	467	780	30162
1970	1412	1019	1773	444	177	1189	
1975	1871	1846	1895	287	385	723	
1978	1893	1433	2312	422	376	923	
1980	2087	1577	2559	490	630	1204	
1985	2021	2146	1864	445	1506	1698	15342
1990	2799	3320	2137	539	1304	1564	25501
1995	1719	1915	1338	451	924	1039	26900
2000	2997	2800	3235	667	1890	1783	33354
2001	2576	3105	1896	578	1383	1297	32060
2002	1966	2001	1922	594	1078	1526	31168
2003	3058	3363	2707	500	1738	1573	27751
2004	3329	3339	3319	683	1611	1669	28969
2005	3271	3178	3365	608	1680	1800	30547
2006	3579	3639	3520	704	1789	1825	32143
2007	3383	3033	3733	726	1693	1791	33241
2008	3865	3905	3826	762	1953	1921	33584
2009	3873	3930	3818	698	1924	2035	34268
2010	3881	3947	3818	676	1932	2110	34458
2011	3819	3867	3772	713	1906	2048	33418
2012	3927	3971	3886	715	2195	2189	34374
2013	3630	3415	3825	745	2061	2192	35545
2014	3769	3894	3667	740	2221	2243	35933
2015	4230	4634	3870	755	2382	2350	36211
2016	3968	4170	3788	972	2324	2461	35651

3-7 主要年份人均主要农产品产量

单位：公斤/人

年　份	粮食	棉花	油料	猪牛羊肉	禽蛋
1952	220.8	14.2	1.2	0.6	
1957	211.4	15.2	0.9	2.1	
1962	189.3	3.7	0.2	0.9	
1965	241.9	9.8	1.2	3.6	
1970	240.2	7.9	0.6	6.5	
1975	263.4	4.3	0.8	7.1	
1978	258.3	5.5	1.0	7.7	
1980	265.9	6.9	3.4	7.5	
1985	227.1	2.4	8.2	8.0	3.0
1990	289.9	2.1	7.7	12.1	4.8
1995	132.5	0.7	4.6	22.6	6.9
2000	255.8	1.0	11.5	21.6	14.3
2001	204.9	0.8	9.8	22.3	15.3
2002	151.2	0.7	7.9	23.1	15.9
2003	203.5	0.6	14.7	24.9	17.0
2004	213.4	0.9	13.6	26.4	18.0
2005	220.3	0.8	13.4	28.4	19.4
2006	267.1	1.1	13.2	28.3	18.0
2007	238.9	1.2	13.5	27.6	18.5
2008	275.6	1.2	15.4	29.7	20.0
2009	280.6	1.0	13.8	31.0	21.0
2010	281.9	0.9	14.2	32.2	21.2
2011	278.0	0.8	14.3	33.0	21.5
2012	292.2	0.5	16.8	37.4	22.4
2013	271.6	0.5	15.7	40.9	22.7
2014	262.7	0.5	12.9	44.8	22.9
2015	313.7	0.5	15.8	43.6	24.9
2016	291.6	0.6	15.4	45.1	24.1

3-8 主要年份造林面积和果园面积

单位：千公顷

年 份	造林面积	用材林	零星植树（万株）	果园面积	苹果园
1975	16.45		2552	7.54	6.80
1978	13.25	9.61	1193	7.91	7.16
1980	22.62	19.01	815	8.50	7.72
1985	17.44	13.27	1223	19.69	16.68
1990	23.89	15.77	721	45.26	35.99
1995	50.00	43.93	562	54.11	48.05
2000	50.62	7.12	938	48.86	42.74
2001	37.16	11.41	1366	46.95	40.33
2002	26.82	7.66	1073	46.77	39.57
2003	25.16	6.44	1979	46.39	39.13
2004	21.70	9.70	1073	46.68	38.78
2005	19.23	6.44	1258	48.00	38.51
2006	16.77	3.96	1250	54.03	44.58
2007	8.50		1146	56.76	45.62
2008	24.68	4.43	1377	62.14	49.73
2009	46.47	14.94	989	64.34	51.60
2010	29.12	2.07	1267	64.49	50.97
2011	21.27	3.27	1189	66.81	52.75
2012	19.99	3.35	1380	67.04	52.86
2013	24.84	2.97	1458	66.94	52.69
2014	20.24	1.23	1477	66.92	52.94
2015	15.95	3.15	1359	69.12	55.10
2016	26.73		1507	67.45	52.87

3-9 分县市渔业生产情况

（2016年）　　单位:吨；公顷

指 标	全市	湖滨区	陕州区	义马市	渑池县	灵宝市	卢氏县	开发区
水产品总产量	**21194**	**2002**	**3650**	**150**	**5350**	**7859**	**1975**	**208**
捕捞产量	7498	365	655	45	2150	3402	795	86
养殖产量	13696	1637	2995	105	3200	4457	1180	122
#草鱼	2147	180	603		635	368	339	22
鲢鱼	2986	214	1035	25	595	1014	73	30
鳙鱼	1111		36		500	553		22
黄河鲤鱼	1209	496	23		530	160		
其他鲤鱼	3944	253	1255	80	405	1404	515	32
鲫鱼	621	152			355	23	85	6
鲶鱼	475	317			100		48	10
鲟鱼	417		29		80	208	100	
鳟鱼	169					169		
池塘养殖	6363	1403	919		1130	2289	500	122
湖泊养殖								
水库养殖	6731	234	1489	105	2070	2153	680	
河沟养殖	15					15		
其他养殖	587		587					
养殖面积	**3240**	**94**	**364**	**30**	**499**	**941**	**1237**	**75**
池塘养殖	762	77	72		216	265	57	75
湖泊养殖								
水库养殖	2462	17	292	30	283	660	1180	
河沟养殖	16					16		
其他养殖								

3-10 分县市农田水利情况

（2016年）

指 标	计量单位	全市	湖滨区	陕州区	义马市	渑池县	灵宝市	卢氏县
总灌溉面积	**千公顷**	**54.33**	**2.57**	**12.20**	**1.05**	**7.80**	**27.38**	**3.33**
有效灌溉面积	千公顷	50.02	1.96	11.62	0.92	7.79	24.44	3.29
#当年新增面积	千公顷	2.10	0.48	0.80	0.02	0.20		0.60
园地灌溉面积	千公顷	4.30	0.61	0.58	0.13	0.01	2.94	0.03
林地灌溉面积	千公顷	0.01						0.01
其他灌溉面积	千公顷							
实际耕地灌溉面积	**千公顷**	**38.92**	**1.28**	**6.81**	**0.92**	**3.52**	**23.10**	**3.29**
节水灌溉面积	**千公顷**	**18.81**	**1.87**	**5.08**	**0.52**	**1.13**	**8.67**	**1.54**
喷灌面积	千公顷	2.11		0.63	0.10		1.11	0.27
微灌面积	千公顷	1.36		0.92	0.07		0.37	
低压管灌面积	千公顷	15.34	1.87	3.53	0.35	1.13	7.19	1.27
水库数量	**座**	**172**	**15**	**31**	**8**	**46**	**67**	**5**
大型水库	座	2	1				1	
中型水库	座	6	1	1		1	2	1
小型水库	座	164	13	30	8	45	64	4
塘坝数量	**座**	**141**	**2**	**1**		**77**	**52**	**9**
窖池数量	**座**	**29078**	**3133**	**7764**	**20**	**6835**	**11326**	
机电井数量	**眼**	**37274**	**1034**	**862**	**64**	**24884**	**9447**	**983**
规模以上机电井	眼	4892	287	852	61	298	2690	704
规模以下机电井	眼	32382	747	10	3	24586	6757	279

3-11 分县市农林牧渔业总产值

（2016年，按当年价计算）　　单位：万元

指　　标	全　市	湖滨区	陕州区	义马市	渑池县	灵宝市	卢氏县	开发区
农林牧渔业总产值	**2146103**	**94600**	**350217**	**22761**	**360346**	**948675**	**367414**	**3840**
农业产值	**1641902**	**67290**	**247250**	**8060**	**192054**	**821626**	**303571**	**2409**
谷物及其他作物	305822	5621	46226	2646	84474	86685	80400	629
谷物	112510	3234	18675	1631	29735	38632	19408	48
薯类	24419	567	4187	259	10197	5578	3608	24
油料	19483	850	1733	238	11238	4904	485	6
豆类	22039	535	2774	81	7001	6168	5368	46
棉花	3101	86	281	119	240	2368		
烟草	110063		15765	199	19442	25273	49383	
其他农作物	14207	349	2811	119	6621	3762	2148	505
蔬菜、食用菌及花卉盆景园艺	500721	40267	50996	3746	32919	222829	147077	493
#蔬菜	226439	16819	33833	3395	31030	126391	13371	103
食用菌	267402	19397	14628	351	1814	96192	133586	
花卉	3570	2191	1301		20	26	32	300
水果、坚果（含果用瓜）	800055	21002	148888	1398	61841	505708	61554	1287
#苹果	591844	11680	128209	48	24906	422717	3684	585
中药材	35304	400	1140	270	12820	6404	14540	
林业产值	**36907**	**1301**	**4556**	**676**	**5764**	**8544**	**15441**	
林木的培育和种植	20838	1123	2487	676	3714	6021	6837	
竹木采运	2962	78	829		360	1023	670	
林产品	13107	100	1240		1690	1500	7934	
牧业产值	**431289**	**23214**	**93296**	**13619**	**154800**	**101684**	**44884**	**948**
牲畜饲养	164215	6786	45868	1362	56786	29042	26391	135
猪的饲养	205290	11519	35503	11021	70677	59976	13451	463
家禽饲养	50485	4704	7490	1126	22767	10626	3491	49
肉禽	11411	846	1501	470	3895	3804	825	31
禽蛋	39074	3858	5989	656	18872	6822	2666	18
狩猎和捕捉动物	715		45		300	150	220	
其他畜牧业	10584	205	4390	110	4270	1890	1331	301
渔业产值	**23927**	**2170**	**4015**	**171**	**6180**	**9622**	**2357**	**273**
农林牧渔服务业产值	**12078**	**625**	**1100**	**235**	**1548**	**7199**	**1161**	**210**

3-12 分县市农林牧渔业总产值指数

（2016年，以上年为100）

指标	全市	湖滨区	陕州区	义马市	渑池县	灵宝市	卢氏县	开发区
农林牧渔业总产值	104.7	107.4	104.5	106.6	104.7	104.8	104.6	108.1
农业产值	105.2	108.4	104.4	92.3	102.0	106.2	105.2	110.5
谷物及其他作物	98.8	86.7	93.2	101.6	100.9	100.1	106.9	148.0
蔬菜园艺作物	108.1	112.7	115.7	81.0	96.2	110.1	103.5	182.3
水果、坚果、饮料和香料作物	106.4	109.6	105.5	126.7	104.7	106.1	106.8	92.0
中药材	105.0	93.5	100.0	84.4	111.3	95.9	105.2	
林业产值	89.5	105.1	67.1	71.3	98.0	86.4	93.8	
林木的培育和种植	76.4	108.0	56.3	71.3	93.5	76.3	79.3	
竹木采运	139.9	83.0	147.0		124.1	156.4	132.4	
林产品	110.0	95.2	69.2		104.6	113.2	107.7	
牧业产值	103.8	104.7	107.1	122.6	108.0	94.1	105.1	102.6
牲畜饲养	99.0	88.9	111.7	168.3	106.8	80.8	104.9	128.0
猪的饲养	110.1	118.1	106.7	114.6	107.7	106.3	117.1	84.2
家禽饲养	106.0	111.7	94.9	161.5	114.5	89.4	105.1	38.0
狩猎和捕捉动物	110.0				136.4	125.0	129.4	
其他畜牧业	88.4	72.4	87.4	110.0	97.4	94.5	59.9	200.7
渔业产值	109.7	111.0	107.8	101.8	114.5	116.7	100.3	118.0
农林牧渔服务业产值	111.0	112.0	112.1	110.0	114.8	110.9	111.8	95.5

3-13 分县市农林牧渔业增加值

（2016年，按当年价格计算） 单位：万元

指　标	全　市	湖滨区	陕州区	义马市	渑池县	灵宝市	卢氏县	开发区
农林牧渔业总产值	**2146103**	**94600**	**350217**	**22761**	**360346**	**948675**	**367414**	**3840**
中间消耗	**903185**	**40071**	**147482**	**9864**	**161689**	**388375**	**154847**	**1480**
农业中间消耗	652637	26699	96193	2621	76328	326612	126401	844
林业中间消耗	9230	323	1138	170	1442	2137	3860	0
牧业中间消耗	230740	12257	48701	6946	81734	54605	23564	492
渔业中间消耗	6411	580	1076	46	1659	2573	633	74
服务业中间消耗	4167	212	374	81	526	2448	389	70
农林牧渔业增加值	**1242918**	**54529**	**202735**	**12897**	**198657**	**560300**	**212567**	**2360**
农业增加值	989265	40591	151057	5439	115726	495014	177170	1565
林业增加值	27677	978	3418	506	4322	6407	11581	
牧业增加值	200549	10957	44595	6673	73066	47079	21320	456
渔业增加值	17516	1590	2939	125	4521	7049	1724	199
服务业增加值	7911	413	726	154	1022	4751	772	140

3-14 分县市主要农产品产量

（2016年）　　　　单位：吨

指　　标	全　市	湖滨区	陕州区	义马市	渑池县	灵宝市	卢氏县	开发区	三门峡产业集聚区
粮食	667853	18658	110371	9234	179548	223459	119791	390	6402
夏收粮食	331432	9258	51344	4259	95995	109812	57949	165	2650
秋收粮食	336421	9400	59027	4975	83553	113647	61842	225	3752
谷物	581176	16924	98146	8650	148095	202437	100465	237	6222
#小麦	331432	9258	51344	4259	95995	109812	57949	165	2650
玉米	246130	7666	46546	4370	48995	92625	42284	72	3572
谷子	3602		252	13	3105		232		
高粱	12		4	8					
豆类	45978	789	5247	152	14458	11726	13313	113	180
#大豆	36582	273	3338	99	11613	8120	12849	110	180
绿豆	7253	417	1261	37	2464	2880	191	3	
红小豆	2143	99	648	16	381	726	273		
红薯	40699	945	6978	432	16995	9296	6013	40	
油料	35193	1539	3328	425	20547	8400	881	11	62
#花生	12796	553	609	197	7281	3736	415	5	
油菜籽	13999	453	2531	211	7227	3097	433	6	41
棉花	1410	39	85	16	129	1138			3
烟叶	43641		6251	79	7709	10021	19581		
#烤烟	43641		6251	79	7709	10021	19581		
蔬菜	1108674	85187	143396	19193	163536	589432	97695	485	9750
瓜果类	89914	2740	11349	316	46014	23619	3496	38	2342
#西瓜	78882	1710	8929	263	41020	21705	3418	22	1815

注:陕州区、灵宝市不是全口径数据，使用时慎重。

3-15 分县市主要农产品单位面积产量

（2016年） 单位：千克/公顷

指　标	全　市	湖滨区	陕州区	义马市	渑池县	灵宝市	卢氏县	开发区	三门峡产业集聚区
粮食	3968	4721	4076	4137	4013	3961	3681	3980	5201
夏收粮食	4170	4576	3959	4555	4285	4173	4057	4125	5227
秋收粮食	3788	4873	4184	3836	3739	3775	3387	3879	5182
谷物	4162	5012	4153	4336	4303	4186	3766	5043	5458
#小麦	4170	4576	3959	4555	4285	4173	4057	4125	5227
玉米	4172	5662	4388	4170	4457	4201	3436	10286	5643
谷子	3060		4421	1857	3044		2495		
高粱	2000		4000	1600					
豆类	2077	1901	2218	1476	1855	1851	2669	2404	1978
#大豆	2146	2294	2293	1356	1943	1773	2732	2500	1978
绿豆	1838	1723	2134	1762	1629	2013	1326	1000	
红小豆	1863	1833	2031	1778	1253	2248	1936		
红薯	6257	5906	6485	3224	6701	5405	6872	10000	
油料	2324	1988	1990	2261	2504	2216	1899	1571	1632
#花生	2843	2458	2581	2239	3075	2690	2150	2500	
油菜籽	2078	2050	1893	2269	2232	1978	1753	1200	1414
棉花	972	1114	1049	1143	956	961			1500
烟叶	2461		3421	2257	2291	2444	2330		
#烤烟	2461		3421	2257	2291	2444	2330		
蔬菜	35651	56303	30297	30956	19522	47731	29812	23095	46875
瓜类	25529	30787	17761	18588	27803	25898	21188	38000	53227
#西瓜	26320	37174	15973	21917	29532	27030	21497	22000	64821

注:陕州区、灵宝市不是全口径数据，使用时慎重。

3-16 分县市农作物播种面积

（2016年）

单位：公顷

指　标	全　市	湖滨区	陕州区	义马市	渑池县	灵宝市	卢氏县	开发区	三门峡产　业集聚区
农作物总播种面积	**243492**	**6640**	**36513**	**3142**	**67852**	**80806**	**46889**	**127**	**1523**
粮食作物	168295	3952	27076	2232	44745	56418	32543	98	1231
夏收粮食	79471	2023	12969	935	22400	26315	14282	40	507
秋收粮食	88824	1929	14107	1297	22345	30103	18261	58	724
谷物	139650	3377	23634	1995	34414	48363	26680	47	1140
#小麦	79471	2023	12969	935	22400	26315	14282	40	507
玉米	58996	1354	10607	1048	10994	22048	12305	7	633
谷子	1177		57	7	1020		93		
高粱	6		1	5					
豆类	22140	415	2366	103	7795	6335	4988	47	91
#大豆	17045	119	1456	73	5978	4581	4703	44	91
绿豆	3945	242	591	21	1513	1431	144	3	
红小豆	1150	54	319	9	304	323	141		
红薯	6505	160	1076	134	2536	1720	875	4	
油料	15141	774	1672	188	8207	3791	464	7	38
#花生	4501	225	236	88	2368	1389	193	2	
油菜籽	6736	221	1337	93	3238	1566	247	5	29
棉花	1451	35	81	14	135	1184			2
烟叶	17731		1827	35	3365	4100	8404		
#烤烟	17731		1827	35	3365	4100	8404		
药材	5313	141	90	30	1368	1816	1868		
蔬菜	31098	1513	4733	620	8377	12349	3277	21	208
瓜类	3522	89	639	17	1655	912	165	1	44
#西瓜	2997	46	559	12	1389	803	159	1	28
其他农作物	941	136	395	6		236	168		

注:陕州区、灵宝市不是全口径数据，使用时慎重。

3-17 分县市茶叶、水果、蚕茧生产情况

（2016年）

指　　标	计量单位	全　市	湖滨区	陕州区	义马市	渑池县	灵宝市	卢氏县	开发区	三门峡产　业集聚区
茶叶产量	**吨**									
绿　茶	吨									
红　茶	吨									
水果产量	**吨**	**2360618**	**46966**	**481727**	**808**	**182138**	**1572151**	**75335**	**820**	**673**
苹　果	吨	1893901	37377	410270	154	72400	1361406	11789	110	395
梨	吨	47679	525	29747		4287	10504	2498		118
葡　萄	吨	65433	3629	6594	32	1669	52786	475	180	68
枣	吨	38393	1089	658		3618	32869	106		53
柿　子	吨	136963	1452	4931	196	65471	21801	43043	50	19
桃	吨	103221	2894	27972	292	7258	60951	3354	480	20
其他水果	吨	75028		1555	134	27435	31834	14070		
果园面积	**公顷**	**67448**	**1410**	**9028**	**225**	**7112**	**48680**	**914**	**37**	**42**
苹果园	公顷	52872	1009	7414	40	4365	39803	219	5	17
梨　园	公顷	1391	23	491		220	595	58		4
葡萄园	公顷	2417	104	161	5	207	1886	34	10	10
桃　园	公顷	3333	78	760	119	252	2013	88	20	3
枣　园	公顷	2397	84	50		120	2136	1		6
柿　园	公顷	2857	110	100	49	1131	1405	58	2	2
其他果园	公顷	2181	2	52	12	817	842	456		
蚕茧产量	**吨**	**106**						**106**		
#桑蚕茧	吨	106						106		

注:陕州区、灵宝市不是全口径数据，使用时慎重。

3-18 分县市主要牲畜年末存栏情况

（2016年）

指　　标	计量单位	全　市	湖滨区	陕州区	义马市	渑池县
大牲畜年末总头数	万头	24.67	0.26	4.13	0.03	7.52
#从事农事劳役	万头	1.09				
牛年末总头数	万头	24.67	0.26	4.13	0.03	7.52
#肉牛存栏	万头	22.55	0.17	3.73	0.03	7.26
奶牛存栏	万头	1.03	0.09	0.40		0.26
马年末总头数	万头					
#能繁殖的母马	万头					
当年生仔马	万头					
驴年末总头数	万头					
#能繁殖的母驴	万头					
当年生仔驴	万头					
骡年末总头数	万头					
#当年生仔骡	万头					
猪年末总头数	万头	74.30	4.29	14.11	4.50	22.95
#能繁殖的母猪	万头	9.14	0.58	1.83	1.02	2.41
羊年末总只数	万只	44.03	1.27	7.73	0.79	15.08
#山羊年末总只数	万只	24.20	0.46	3.79	0.30	7.60
绵羊年末总只数	万只	19.83	0.81	3.94	0.49	7.48
家　禽	万只	729.85	49.50	100.69	10.71	285.09
鸡存栏	万只	729.37	49.49	100.68	10.61	284.73
鸭存栏	万只	0.47	0.01		0.10	0.36
鹅存栏	万只	0.01		0.01		
养　兔	万只	3.37				

注:陕县、灵宝市不是全口径数据，使用时慎重。

3-18续表　　　　　　　　　　　　　（2016年）

指　　标	计量单位	灵宝市	卢氏县	开发区	三门峡产业集聚区
大牲畜年末总头数	万头	8.17	4.49	0.02	0.05
#从事农事劳役	万头		1.09		
牛年末总头数	万头	8.17	4.49	0.02	0.05
#肉牛存栏	万头	7.90	3.40	0.01	0.05
奶牛存栏	万头	0.27		0.01	
马年末总头数	万头				
#能繁殖的母马	万头				
当年生仔马	万头				
驴年末总头数	万头				
#能繁殖的母驴	万头				
当年生仔驴	万头				
骡年末总头数	万头				
#当年生仔骡	万头				
猪年末总头数	万头	22.65	4.44	0.05	1.31
#能繁殖的母猪	万头	2.58	0.58	0.01	0.13
羊年末总只数	万只	14.47	4.27	0.02	0.40
#山羊年末总只数	万只	7.91	4.10	0.01	0.03
绵羊年末总只数	万只	6.56	0.17	0.01	0.37
家　禽	万只	157.86	120.38	1.85	3.77
鸡存栏	万只	157.86	120.38	1.85	3.77
鸭存栏	万只				
鹅存栏	万只				
养　兔	万只	2.65	0.70	0.02	

3-19 分县市牧业主要产品产量

（2016年）

指　标	计量单位	全　市	湖滨区	陕州区	义马市	渑池县
出售和自宰的畜禽数						
猪	万头	104.13	6.09	17.97	5.77	34.95
牛	万头	15.33	0.40	3.62	0.06	5.19
羊	万只	33.30	2.14	5.74	0.93	12.58
马	万头					
驴	万头					
骡	万头					
家　禽	万只	684.64	52.92	98.91	20.69	215.39
肉类产量	吨	113125	5913	21031	4856	39026
#猪　肉	吨	78483	4404	13573	4265	27020
牛　肉	吨	21109	548	5497	83	7312
羊　肉	吨	3803	245	691	110	1401
驴　肉	吨					
马　肉	吨					
禽　肉	吨	9655	716	1270	398	3293
兔　肉	吨	75				
奶类总产量	吨	45443	6104	27402		6591
牛　奶	吨	45393	6054	27402		6591
羊　奶	吨	50	50			
山羊毛产量	吨	336	5	23		281
山羊粗毛	吨	333	5	23		281
羊绒产量	吨	3				
绵羊毛产量	吨	655	54	54	7	281
#细羊毛	吨	48	32	9	7	
半细羊毛	吨	351	22	45		281
蜂蜜产量	吨	2202	1	1156		108
禽蛋产量	吨	55188	5448	8458	926	26655

注:陕州区、灵宝市不是全口径数据，使用时慎重。

指　　标	计量单位	灵宝市	卢氏县	开发区	三门峡产业集聚区
出售和自宰的牲畜头数					
猪	万头	30.74	7.09	0.08	1.44
牛	万头	3.11	2.90	0.01	0.04
羊	万只	8.33	3.46	0.02	0.10
马	万头				
驴	万头				
骡	万头				
家　禽	万只	234.36	58.28	0.85	3.24
肉类产量	吨	30964	10011	90	1234
#猪　肉	吨	22877	5142	65	1137
牛　肉	吨	3852	3758	7	52
羊　肉	吨	929	409	7	11
驴　肉	吨				
马　肉	吨				
禽　肉	吨	3236	698	10	34
兔　肉	吨	70	4	1	
奶类总产量	吨	5146	20	180	
牛　奶	吨	5146	20	180	
羊　奶	吨				
山羊毛产量	吨	1	26		
山羊粗毛	吨	1	23		
羊绒产量	吨		3		
绵羊毛产量	吨	257	1		1
#细羊毛	吨				
半细羊毛	吨	1	1		1
蜂蜜产量	吨	564	373		
禽蛋产量	吨	9636	3766	25	274

3-20 分县市林业生产情况

（2016年）

指　　标	计量单位	全　市	湖滨区	陕州区	义马市	渑池县	灵宝市	卢氏县
营造林面积	千公顷	26.73	1.00	3.79	0.46	1.74	9.91	9.83
人工造林面积	千公顷	5.10	0.33	0.20	0.32	0.53	1.92	1.80
按经济成份分								
公有经济造林	千公顷	1.99				0.19		1.80
#国有经济造林	千公顷							
集体经济造林	千公顷	1.99				0.19		1.80
非公有经济造林	千公顷	3.11	0.33	0.20	0.32	0.34	1.92	
按林种用途分								
用材林	千公顷							
经济林	千公顷	1.01	0.13		0.22	0.33	0.33	
防护林	千公顷	4.09	0.20	0.20	0.10	0.20	1.59	1.80
薪炭林	千公顷							
特种用途林	千公顷							
荒山飞播造林面积	千公顷	1.36					0.69	0.67
按经济成份分								
公有经济造林	千公顷	0.67						0.67
#国有经济造林	千公顷							
集体经济造林	千公顷	0.67						0.67
非公有经济造林	千公顷	0.69					0.69	
按林种用途分								
用材林	千公顷							
经济林	千公顷							
防护林	千公顷	1.36					0.69	0.67
薪炭林	千公顷							
特种用途林	千公顷							

（2016年）

指　　标	计量单位	全　市	湖滨区	陕州区	义马市	渑池县	灵宝市	卢氏县
当年新封山（沙）育林面积	千公顷							
退化林修复面积	千公顷	0.10					0.03	0.07
人工更新面积	千公顷							
森林抚育面积	千公顷	20.17	0.67	3.59	0.14	1.21	7.27	7.29
年末实有封山（沙）育林面积	千公顷	51.40		6.12	0.27	2.72	11.60	30.70
四旁（零星）植树	万株	1507.3	65.3	260	40	101	501	540
林木种苗								
林木种子采集量	吨	377		22				355
当年苗木产量	万株	22598	8155	1509	208	2267	1283	9175
育苗面积	千公顷	1.55	0.10	0.31	0.02	0.28	0.34	0.50
#国有育苗面积	千公顷	0.22				0.16	0.01	0.05
木材及竹材采伐产品								
商品材	立方米	49333	1303	13815		6001	17047	11167
原木	立方米	49333	1303	13815		6001	17047	11167
薪材	立方米							
非商品材	立方米							
主要林产品产量								
生　漆	吨	902						902
油桐籽	吨	95						95
乌桕籽	吨	10						10
五倍子	吨	795				95		700
核　桃	吨	45280	3641	2006	1592	1654	5587	30800
板　栗	吨	5881		47			50	5784
花　椒	吨	1204	38	25	40	958	16	127

3-21 分县市农业机械化作业情况

（2016年）　　单位：千公顷

指　　标	全　市	湖滨区	陕州区	义马市	渑池县	灵宝市	卢氏县
机耕地面积(按耕地面积算)	115.27	2.85	23.99	2.45	35.80	31.18	19.00
#小麦机耕面积	63.46	1.96	11.30	0.93	20.00	17.27	12.00
玉米机耕面积	27.30	0.65	5.28	0.74	4.20	11.89	4.54
大豆机耕面积	2.95	0.11	0.93	0.05	1.86		
油菜机耕面积	1.30	0.05	1.16	0.09			
花生机耕面积	1.70	0.06			1.64		
机播面积(按播种面积算)	109.12	3.67	23.65	1.66	32.49	31.15	16.50
#小麦机播面积	63.99	1.88	12.25	0.94	20.80	17.62	10.50
玉米机播面积	33.58	0.65	8.62	0.56	8.01	13.34	2.40
大豆机播面积	3.42	0.11	0.93	0.05	2.33		
油菜机播面积	0.42	0.05	0.28	0.09			
花生机播面积	1.51	0.16			1.35		
机械收获面积	91.76	2.68	17.25	1.00	29.90	32.35	8.58
#小麦机收面积	64.78	1.83	12.88	0.91	22.00	20.13	7.03
玉米机收面积	25.03	0.84	4.37	0.09	5.96	12.22	1.55
大豆机收面积							
油菜机收面积							
花生机收面积							
机电灌溉面积	33.38	1.05	4.10	0.23	5.80	20.40	1.80
机械植保面积	67.70	2.10	17.80	0.20	11.30	31.80	4.50

3-21续表 （2016年）

指标	计量单位	全市	湖滨区	陕州区	义马市	渑池县	灵宝市	卢氏县
单项农机化作业情况								
机械深耕面积	千公顷	54.43	1.00	16.90	0.38	23.00	11.60	1.55
机械深松面积	千公顷	21.43	0.60	4.66	0.34	3.33	11.00	1.50
机械化免耕播种面积	千公顷	33.57	0.55	11.07		6.90	11.80	3.25
保护性耕作面积	千公顷	21.55	0.83	9.32		5.40	6.00	
精少量播种面积	千公顷	42.05	0.60	14.20	0.29	15.96	11.00	
机械深施化肥面积	千公顷	41.87	0.80	14.00	0.07	15.90	11.10	
机械铺膜面积	千公顷	7.07		3.38	0.13	3.56		
农田机械节水灌溉面积	千公顷	15.20	0.82	2.95	0.17	3.30	7.43	0.53
机械播种牧草面积	千公顷	0.08						0.08
机械收获牧草面积	千公顷							
机械化秸秆还田面积	千公顷	29.53	1.99	10.66	0.99	7.90	7.70	0.29
机械脱粒粮食数量	万吨	50.99	1.27	7.93	0.67	10.06	21.38	9.68
机械初加工农产品数量	万吨	36.26	1.60	8.73	0.34	19.67	1.24	4.68
机械化饲草料加工数量	万吨	36.20	0.80	13.72	2.18	4.60	14.55	0.35
机械运输作业量	万吨·公里	23885	50	9280	1860		3495	9200
农机跨区作业面积	千公顷	20.44	1.32	3.35	1.18	8.94	5.19	0.46
#跨区机收小麦面积	千公顷	12.44	0.48	3.19	0.50	7.98		0.29

3-22 分县市农村电气化、农业化学化情况

（2016年）

指　　标	计量单位	全　市	湖滨区	陕州区	义马市	渑池县	灵宝市	卢氏县	开发区	三门峡产　业集聚区
农村电气化情况										
农村用电量	万千瓦时	37761	3817	6581	2145	5560	15122	3011	196	1328
农村水电站										
个数	个	80		2			47	31		
装机容量	千瓦	54502		1000			21906	31596		
实际发电量	万千瓦时	9700					3900	5800		
农用化肥施用量										
按折纯量计算	吨	97778	3196	17094	1028	20754	38328	13910	88	3380
氮　肥	吨	27203	1051	3238	317	2552	14251	4811	10	973
磷　肥	吨	11661	557	1427	200	476	6586	1735	18	662
钾　肥	吨	12356	353	3570	164	655	5026	1681	20	887
复合肥	吨	46558	1235	8859	347	17071	12465	5683	40	858
农用薄膜使用量	吨	3696	97	726	76	900	1034	788	1	74
#地膜使用量	吨	2360	28	540	36	547	700	478	1	30
地膜覆盖面积	千公顷	25.56	0.36	2.48	0.27	8.48	6.97	6.35		0.65
农用柴油使用量	吨	20360	1001	4524	347	5621	6631	1305	9	922
农药使用量	吨	3009	98	791	25	324	1481	243	3	44

注：1. 本表中农村水电站是指已投入运行、单站装机容量为5万千瓦及以下水电站。
　　2. 陕州区、灵宝市不是全口径数据，使用时慎重。

3-23 分县市农业机械年末拥有量

（2016年）

指　　标	计量单位	全　市	湖滨区	陕州区	义马市	渑池县	灵宝市	卢氏县
农业机械总动力	万千瓦	116.75	5.73	21.72	1.32	31.77	38.40	17.81
柴油发电机动力	万千瓦	89.42	4.24	15.32	1.00	29.19	27.17	12.50
汽油发电机动力	万千瓦	1.84	0.03	0.30	0.00	0.06	1.24	0.21
电动机动力	万千瓦	25.49	1.46	6.10	0.32	2.52	9.99	5.10
拖拉机及配套机械								
拖拉机	台	49194	1323	9103	402	17080	14749	6537
	万千瓦	54.99	1.91	10.66	0.60	18.02	18.37	5.43
大中型拖拉机	台	3775	273	1061	46	920	1275	200
	万千瓦	14.88	0.84	3.00	0.22	5.36	4.40	1.06
小型拖垃机	台	45419	1050	8042	356	16160	13474	6337
	万千瓦	40.11	1.07	7.66	0.38	12.66	13.97	4.37
拖拉机配套农具	部	68366	2471	20305	886	27664	17040	
大中型拖拉机配套农具	部	7841	280	2725	116	1534	3186	
小型拖拉机配套农具	部	60525	2191	17580	770	26130	13854	
种植业机械								
耕整地及种植施肥机械								
机引犁	台	27324		6274	389	11300	6236	3125
机引耙	台	12878		1880	378	8300	998	1322
旋耕机	台	4614	178	405	292	729	2880	130
深松机	台	477	10	65		200	199	3
机引播种机	台	7917	160	1295	295	4101	1863	203
免耕播种机	台	763	2	179	2	93	452	35
化肥深施机	台	937		319		479	139	
地膜覆盖机	台	467		120	18		329	
农用排灌动力机械								
排灌动力机械	台	16456	256	1770	492	2759	7309	3870
	万千瓦	15.72	0.91	2.42	0.18	1.85	7.95	2.41
柴油机	台	5765	20	430	135	1116	2198	1866
	万千瓦	5.27	0.02	0.41	0.08	0.87	2.46	1.43
电动机	台	10686	236	1339	357	1639	5111	2004
	万千瓦	10.44	0.89	2.01	0.10	0.97	5.49	0.98
农用水泵	台	15514	252	1815	328	4480	5019	3620
节水灌溉机械	套	4609	2630	120	60	1036	505	258
田间管理机械								
机动喷雾(粉)机	台	8179	90	997	4	219	6282	587
	万千瓦	3.06	0.02	0.26	0.00	0.05	2.64	0.09

3-23续表

（2016年）

指　　标	计量单位	全　市	湖滨区	陕州区	义马市	渑池县	灵宝市	卢氏县
收获机械								
联合收割机	台	2161	183	580	35	696	516	151
	万千瓦	10.14	0.84	2.63	0.22	3.76	2.40	0.29
机动割晒机	台	685	5	131	9	190	350	
	万千瓦	0.35					0.35	
收获后处理机械								
机动脱粒机	台	24765	74	4256	20	9702	3640	7073
农产品初加工机械								
农产品初加工动力机械	台	20656	225	5572	275	2406	4553	7625
	万千瓦	13.90	0.18	3.52	0.22	1.47	3.44	5.07
柴油机	台	3105					378	2727
	万千瓦	2.84					0.38	2.46
电动机	台	17452	225	5572	275	2406	4076	4898
	万千瓦	11.06	0.18	3.52	0.22	1.47	3.06	2.61
农产品初加工机械	台	9451	155	1475	56	2454	3096	2215
粮食加工机械	台	7209	125	1047	40	2021	2416	1560
棉花加工机械	台	566	5	101	8	80	177	195
油料加工机械	台	1212	22	327	8	353	227	275
畜牧养殖机械	台	5283	353	876	20	1286	1319	1429
	万千瓦	4.27	0.18	0.59	0.02	0.91	1.59	0.98
饲草料加工机械	台	4991	78	864	20	1285	1315	1429
	万千瓦	4.10	0.06	0.56	0.02	0.90	1.58	0.98
畜牧饲养机械	台	245	245					
	千瓦	1180	1180					
畜产品采集加工机械	台	16	5	6		1	4	
	千瓦	223	25	108			90	
运输机械								
农用运输车	辆							
	万千瓦							
三轮汽车	辆							
	万千瓦							
低速载货汽车	辆							
	万千瓦							
农田基本建设机械	台	467			13	146	195	113
	万千瓦	3.26			0.08	1.06	1.08	1.04

主要统计指标解释

农林牧渔业总产值 是指以货币表现的农林牧渔业的全部产品总量和对农林牧渔业生产活动进行的各种支持性服务活动的价值。它反映一定时期内农林牧渔业生产总规模和总成果，是观察农林牧渔业生产水平和发展速度，研究农林牧渔业内部比例关系、农林牧渔业与工业、农林牧渔业与国家建设、人民生活比例关系的重要指标，同时也是计算农林牧渔业劳动生产率和农林牧渔业增加值的基础资料。

建国以来，我国先后制定过1952年、1957年、1970年、1980年、1990年的农产品不变价格。2004年国家统计局开始在全国范围内实施用价格指数缩减法计算农业发展速度，不变价格改变为可比价格。

农林牧渔业总产值的核算范围是：

1. 农业产值，包括谷物和其他作物产值；蔬菜、食用菌、花卉盆景园艺作物产值；水果、坚果、茶、饮料和香料产值；中草药材产值。

2. 林业产值，包括林木的培育和种植产值；木材、竹材采运产值；林产品产值。

3. 牧业产值，包括各种牲畜(如猪、羊、牛、马、驴、骡、骆驼以及特种经济动物等)的饲养与放牧、家禽及珍禽的饲养、狩猎、野生动物产品的采集及其它畜牧业产值。

4. 渔业产值，包括海水产品和淡水产品两类产值。

5. 农林牧渔服务业产值，农林牧渔服务业现价产值等于农林牧渔服务业营业收入。主要是通过测算年度增加值，然后用上年度增加值率来反推得到产值。

农林牧渔服务业可比价产值用农林牧渔服务业现价产值除以报告期居民消费价格指数。

农林牧渔业总产值，一般采用“产品法”进行计算，即凡是有产品产量的，都按产品产量乘以其产品单价求得每一种农产品的产值，然后把他们加总求得各业的产值，再将各业相加求得农林牧渔业总产值。

1992年以前的农林牧渔业总产值统称为农业总产值，且包括农林牧副渔五业，从1993年开始，将副业中的采集和农民家庭兼营商品性手工业划为农业中的其它农业，捕猎野兽、野禽划为牧业。从2010年起，将林业中的核桃、板栗、白果、松子等坚果和花椒、八角等香料划为农业，将农业中野生植物采集划为林业。本《年鉴》农林牧渔业总产值均按现行制度进行了调整。

农林牧渔业增加值 是指农、林、牧、渔及农林牧渔服务业生产货物或提供服务活动而增加的价值，为农林牧渔业现价总产值扣除农林牧渔业现价中间投入后的余额。

耕地面积 指可以用来种植农作物、经常进行耕锄的田地，除包括熟地、当年新开荒地、连续撂荒未满三年的耕地和当年的休闲地(轮歇地)外，还包括以种植农作物为主并附带种植桑树、茶树、果树和其他林木的土地，以及沿海、沿湖地已围垦利用的“海涂”“湖田”等面积。但不包括属于专业性桑园、茶园、果园、果木苗圃、林地、芦苇地、天然或人工草地面积。

农业机械总动力 指主要用于农、林、牧、渔业的各种动力机械的动力总和，包括耕作机械、农用排灌机械、收获机械、植保机械、畜牧机械、渔业机械、农产品加工机械、农用运输机械、其他农业机械。按能源又分为柴油、汽油、电力和其他动力。

农田有效灌溉面积 指具有一定的水源，地块比较平整，灌溉工程或设备已经配套，在一般年景下当年能够进行正常灌溉的耕地面积。在一般情况下，有效灌溉面积应等于灌溉工程或设备已经配套，能够进行正常灌溉的水田和水浇地面积之和。

农作物播种面积 指实际播种或移植有农作物的面积。凡是实际种植有农作物的面积，不论种植在耕地上，也不论面积大小，均包括在农作物播种面积中，同时还包括因遭灾而重新改种和补种的农作物面积。

粮食产量 指全社会的产量。包括国营农场等国有经营的、集体统一经营的和农民家庭经营的粮食产量，还包括工矿企业家属办的农场和其他生产单位的产量。粮食除包括稻谷、小麦、玉米、高粱、谷子及其他杂粮外，还包括薯类和豆类。其产量计算方法，豆类按去豆荚后的干豆计算;薯类(包括甘薯，不包括芋头、马铃薯和木薯)1963 年以前按每 4 千克鲜薯折 1 千克计算，从 1964 年以后按 5 千克鲜薯折 1 千克粮食计算。其他粮食一律按脱粒后的原粮计算。

谷物产量 谷物包括稻谷、小麦、玉米、谷子、高粱和其他谷物，不包括薯类和豆类。谷类作物一律按脱粒后的原粮计算(玉米按脱粒后的籽粒计算)。

水果产量 指本年度内从果树上收获的全部水果产量。不论自食的或出售的，都应计算在内。但不包括果用瓜(如西瓜、甜瓜等)和主要作疏菜食用的藕、西红柿等。也不包括采集的野生水果。水果的产量按鲜果计算，干枣、葡萄干、柿饼等应统一折成鲜果计算。

果园面积 指成片种植的果园面积，包括原有的、复垦的和本年新植定株面积，以及调查时虽已荒芜，但只要稍加开垦、修整和培育后就能恢复生产的面积，不论树龄大小，也不论当年有无得到收益，都要包括在内。

造林面积 在报告期内在荒山、荒地、沙丘等一切可以造林的土地上，采用人工播种、植苗、飞机播种等方法新植的成片乔木林和灌木林，经过检查验收符合“造林技术规程”要求株数，成活率达85%以上的面积。四旁植树如一侧在四行以上，连续面积 0.066 公顷(一亩)以上，应统计在造林面积内。

在造林面积中，不包括补植面积、治沙种草面积、经济林垦复面积，迹地更新面积和低产林改造面积。

猪牛羊肉产量 指当年出栏并已屠宰的猪、牛、羊肉产量。即屠宰后除去头蹄下水后带骨肉(即胴体重)的重量。

水产品产量 指人工养殖的水产品和天然生长的水产品的捕捞量。包括海水的鱼类、虾蟹类、贝类和藻类以及淡水的鱼类、虾蟹类和贝类，不包括淡水水生植物。

工　业

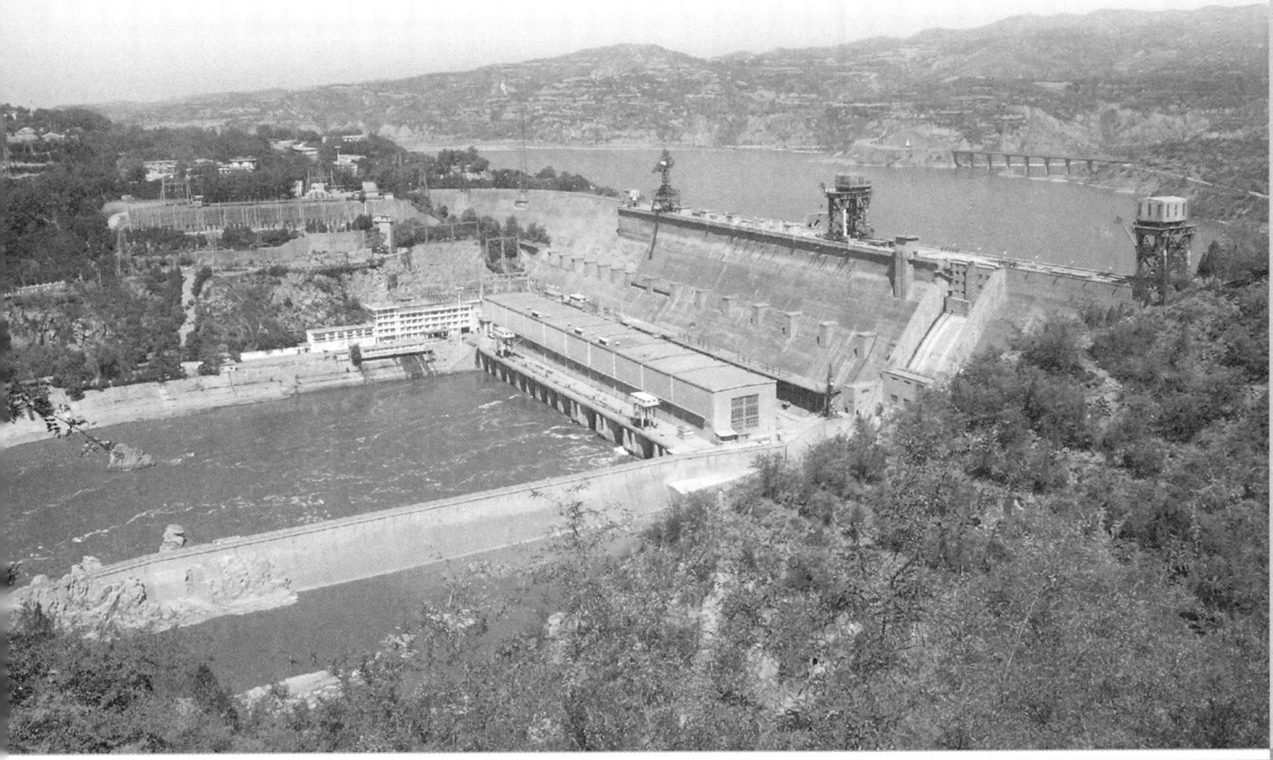

资料整理：范文亚、冀寒阳、谢啸宇
资料审核：贾晓岚

数据要览

◆2016年工业增加值	6690870万元	比上年增长6.5%
规模以上	6159973万元	比上年增长7.3%
◆2016年规模以上工业实现利税	2150885万元	比上年下降22.8%
◆2016年规模以上工业资产总计	27290162万元	比上年下降1.99.6%

工业增加值

单位：亿元

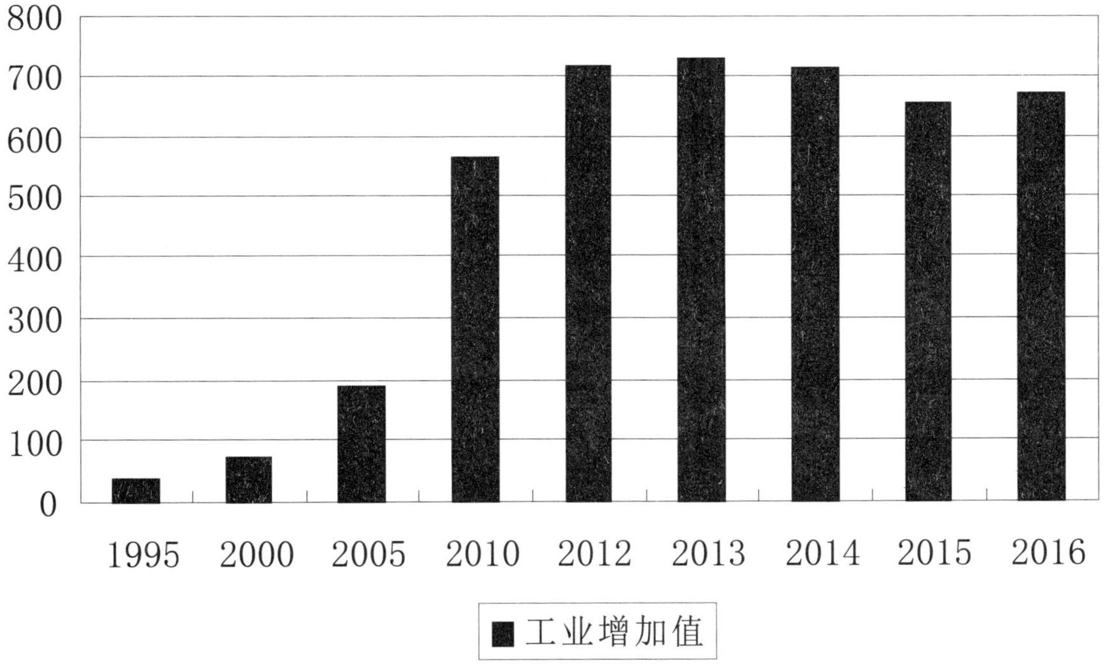

4-1 主要年份工业增加值及其指数

计量单位：万元

年 份	工业增加值（当年价）				工业增加值指数（以上年为100）			
		规模以上	规模以下企业	个体		规模以上	规模以下企业	个体
1994	279262							
1995	**388302**							
1996	483615				120.8			
1997	566752				115.6			
1998	630388	415108	55827	159453	116.9	123.9	84.2	84.2
1999	657591	433990	67178	156423	109.5	110.1	126.3	126.3
2000	**738158**	**487789**	**74002**	**176367**	**108.2**	**108.5**	**105.9**	**105.9**
2001	816031	555774	77884	182373	110.2	112.9	104.2	104.2
2002	919959	632312	85939	201708	113.5	114.8	110.3	110.3
2003	1070893	753181	97155	220557	113.4	114.8	107.5	107.5
2004	1335717	936819	104613	294285	118.0	114.6	87.9	87.9
2005	**1881723**	**1401623**	**144600**	**335500**	**118.0**	**120.7**	**111.3**	**110.3**
2006	2464437	1934086	161357	368994	122.1	125.9	111.1	109.5
2007	3243480	2652430	172395	418655	124.2	128.1	106.9	110.0
2008	4163101	3520001	187270	455830	117.3	119.7	105.3	105.6
2009	4324000	3700900	177704	445396	112.2	113.5	100.0	107.1
2010	**5624404**	**5069605**	**162414**	**392385**	**118.5**	**121.1**	**103.7**	**102.7**
2011	6652729	6066129	288200	298400	114.9	116.1	104.5	105.1
2012	7144967	6529967	301000	314000	113.4	115.0	102.2	102.4
2013	7269183	6694183	293000	282000	109.5	110.4	103.2	103.8
2014	7098759	6519559	192974	386226	109.6	110.7	104.3	103.0
2015	**6531592**	**6020347**	**176960**	**334285**	**102.0**	**101.8**	**107.1**	
2016	6690870	6159973	184090	346807	106.5	107.3	103.8	

注：2015年、2016年规模以上工业增加值为年快报数。

4-2 主要年份工业总产值及其指数

计量单位：万元

年 份	工业总产值（当年价）	轻工业	重工业	工业总产值指数（以1952年为100）	轻工业	重工业
1952	197	23	174	100	100	100
1957	2764	1508	1256	1512.0	7210.5	758.0
1962	6091	1667	4424	3232.5	7986.9	2562.5
1965	7397	1635	5762	3864.3	7760.8	3284.2
1970	26700	13950	12750	14593.5	69057.4	7389.3
1975	40334	17600	22734	20925.7	86806.9	11615.8
1978	54991	23750	31241	29049.7	117118.8	16493.3
1980	68518	33730	34788	35790.5	155089.1	19148.8
1981	74325	35983	38342	37143.3	169817.7	18952.7
1982	74685	32996	41689	37184.9	161867.0	19748.4
1983	83940	34789	49151	41864.2	173773.4	23046.9
1984	90382	32875	57507	43784.3	171871.9	35034.2
1985	112376	37760	74616	52403.6	189418.7	31511.7
1986	133100	48487	84613	61616.8	231980.3	36171.0
1987	163158	57120	106038	68006.4	248561.6	40633.1
1988	227959	73232	154727	89246.4	302670.0	55561.4
1989	320573	96995	223578	106997.5	337477.1	69035.0
1990	352499	107614	244885	118018.2	372912.2	76076.6
1991	394195	115198	278997	129466.0	407965.9	83608.2
1992	513444	116787	396657	159372.6	410005.7	110948.1
1993	715247	157916	557331	190474.0	495894.3	132089.7
1994	1042568	224280	818288	233897.4	577516.5	164930.7

年 份	工业总产值（当年价）	轻工业	重工业	工业总产值指数（以1952年为100）	轻工业	重工业
1995	**1212932**	**215199**	**997733**	**243972.7**	**521776.6**	**179032.9**
1996	1479598	264949	1214649	288619.7	623001.3	211437.9
1997	1761013	309035	1451978	338839.5	717074.5	249285.3
1998	1924094	368037	1556057	389326.6	896343.1	280944.5
1999	2015690	330872	1684818	428253.4	846120.3	319401.8
2000	**2259759**	**359400**	**1900359**	**468081.0**	**895302.4**	**351143.4**
2001	2501174	297237	2203937	516293.3	716241.9	411188.9
2002	2807702	327711	2479991	583411.4	850179.1	468755.3
2003	3226046	313472	2912574	651087.1	830625.0	531568.5
2004	4330588	353680	3976908	788466.5	943257.7	654732.9
2005	**6040573**	**527078**	**5513495**	**948919.4**	**1151812.0**	**786988.9**
2006	8192645	627049	7565596	1147243.6	1341861.0	953898.6
2007	11884044	815422	11068621	1478797.0	1582054.1	1238160.4
2008	15512845	979653	14533192	1712446.9	1782975.0	1435027.9
2009	17154044	1041665	16112379	1945853.4	1929713.8	1636362.3
2010	**22437950**	**1342724**	**21095226**	**2239677.3**	**2323375.4**	**1878543.9**
2011	29440911	1612637	27828274	2593546.3	2820577.7	2169718.2
2012	33221789	1892977	31328812	2979206.6	3374539.2	2486063.1
2013	34116992	2102800	32014192	3255125.2	3744681.1	2713521.7
2014	36553947	2253001	34300945	3626209.5	4366298.2	3014722.6
2015	**35925665**			**3771257.9**		
2016	38026151			3944735.8		

4-3 分县市规模以上工业增加值

（2016年，当年价） 单位：万元

指标	全市	市直	湖滨区	义马市	渑池县
总计	**6159973**	**296551**	**208695**	**791719**	**1370651**
按轻重工业分					
轻工业	489227	6013	70683	68971	187611
重工业	5670746	290538	138012	722749	1183040
按登记注册类型分					
国有企业	167837	64983		38109	5820
集体企业	1743223		8441	8857	5274
股份制企业	3434536	231569	163284	696459	1105679
外商和港澳台商投资企业	346369		35771		74028
其他	468009		1199	48294	179849
按是否公有制分					
公有制	2758433	294778	11571	351547	175331
非公有制	3401540	1773	197124	440173	1195320
按企业规模分					
大型企业	835229	204151		292207	272742
中型企业	2283270	90851	55286	239983	458626
小微企业	3041475	1549	153409	259529	639283
在总计中：高技术产业	107156		24763	23005	10831
在总计中：高成长企业	914441	19774	140456	223689	249279
在总计中：国有控股企业	995460	294778		342689	170057

4-3续表1 （2016年） 单位：万元

指标	陕州区	灵宝市	卢氏县	开发区	三门峡产业集聚区
总计	**632777**	**2661434**	**136081**	**28435**	**34114**
按轻重工业分					
轻工业	22792	83488	28476	8315	13941
重工业	609984	2577946	107605	20120	20173
按登记注册类型分					
国有企业	4307	51003	3158		
集体企业		1712708	1533		
股份制企业	393637	659858	130414	28435	30650
外商和港澳台商投资企业	234536	556			3464
其他	297	237310	976		
按是否公有制分					
公有制	51863	1847488	7095	4509	6920
非公有制	580914	813946	128986	23926	27194
按企业规模分					
大型企业		65948			
中型企业	435731	930678	60686		13187
小微企业	197046	1664809	75395	28435	20926
在总计中：高技术产业	2761	22065	11617	6657	5613
在总计中：高成长企业	79907	142228	17449	24625	18398
在总计中：国有控股企业	45015	129482	5562		6920

4-3续表2　　　　（2016年）　　　　单位：万元

指　　标	全　市	市　直	湖滨区	义马市	渑池县
在总计中：					
内资企业	5813605	296551	172924	791719	1296622
国有企业	167837	64983		38109	5820
集体企业	1743223		8441	8857	5274
有限责任公司	1158921	228234	90313	104762	331155
国有独资公司	46112	10173		28600	
其他有限责任公司	1112810	218061	90313	76162	331155
股份有限公司	337781	3334	750	263607	19940
私营企业	2405842		73419	376384	934433
私营独资企业	452465		1199	37787	174792
私营合伙企业	15544			10508	5056
私营有限责任公司	1920813		72221	328089	752261
私营股份有限公司	17021				2323
其他企业					
港、澳、台商投资企业	42303				
合资经营企业(港或澳、台资)	38865				
港澳台商独资经营企业	3439				
港澳台商投资股份有限公司					
外商投资企业	304066		35771		74028
中外合资经营企业	105043				74028
中外合作经营企业					
外资企业	199023		35771		
外商投资股份有限公司					

4-3续表3 （2016年） 单位：万元

指标	陕州区	灵宝市	卢氏县	开发区	三门峡产业集聚区
在总计中：					
内资企业	398241	2660878	136081	28435	30650
国有企业	4307	51003	3158		
集体企业		1712708	1533		
有限责任公司	193650	161341	29223	8319	13342
国有独资公司	4132	3162			
其他有限责任公司	189519	158179	29223	8319	13342
股份有限公司	1264	40893	6437		1488
私营企业	199019	694934	95730	20116	15820
私营独资企业	297	237310	976		
私营合伙企业					
私营有限责任公司	198722	456157	93427	8175	15820
私营股份有限公司		1467	1327	11941	
其他企业					
港、澳、台商投资企业	39135				3464
合资经营企业(港或澳、台资)	39135				
港澳台商独资经营企业					3464
港澳台商投资股份有限公司					
外商投资企业	195401	556			
中外合资经营企业	31566				
中外合作经营企业					
外资企业	163835	556			
外商投资股份有限公司					

4-3续表4　　（2016年）　　单位：万元

指　　标	全　市	市　直	湖滨区	义马市	渑池县
按国民经济行业分					
煤炭开采和洗选业	358545			200244	85619
黑色金属矿采选业	79091				29436
有色金属矿采选业	2517088	3334	660		236070
非金属矿采选业	220549				197631
农副食品加工业	74309		857	5170	42873
食品制造业	107427		2123	19367	61531
酒、饮料和精制茶制造业	106557		46129		21536
烟草制品业	3970	3949			
纺织业	28319		10896	50	14743
纺织服装、服饰业	2794			44	
木材加工和木、竹、藤、棕、草制品业	106147		55145	20155	
家具制造业	20210				18011
造纸和纸制品业	5494				
印刷和记录媒介复制业	980			67	
文教、工美、体育和娱乐用品制造业	10268				3414
石油加工、炼焦和核燃料加工业	11675			11672	
化学原料和化学制品制造业	288741	1158	3858	109079	115394
医药制造业	71667		9837	21458	1482
化学纤维制造业	5085				
橡胶和塑料制品业	62077			49153	7317
非金属矿物制品业	550901	1345	12072	84831	286240
黑色金属冶炼和压延加工业	42094	360	1111	14963	20656
有色金属冶炼和压延加工业	671128	122038	29804	13598	123601
金属制品业	92408	25		32237	41397
通用设备制造业	68320	228	11124	12898	
专用设备制造业	211916	1255	5738	144460	28297
汽车制造业	79313	18265	1567	378	
电气机械和器材制造业	29322		2846	4260	11542
计算机、通信和其他电子设备制造业	16609		2335		9348
仪器仪表制造业	15535		12591		
废弃资源综合利用业	1156			10	
金属制品、机械和设备修理业	164			164	
电力、热力生产和供应业	268771	142529		28870	7538
燃气生产和供应业	15733			11999	
水的生产和供应业	15611	2064		6591	6975

4-3续表5　　（2016年）　　单位：万元

指　　标	陕州区	灵宝市	卢氏县	开发区	三门峡产业集聚区
按国民经济行业分					
煤炭开采和洗选业	73521				
黑色金属矿采选业		12805	37317		
有色金属矿采选业	35230	2195418	39807		
非金属矿采选业	242	15564	8028		
农副食品加工业		9928	13909		1882
食品制造业		19293	2951		2409
酒、饮料和精制茶制造业	10263	26001			2731
烟草制品业					
纺织业				2704	
纺织服装、服饰业		2740			
木材加工和木、竹、藤、棕、草制品业		30161	589		
家具制造业		2271			
造纸和纸制品业	3534	1977			
印刷和记录媒介复制业	919				
文教、工美、体育和娱乐用品制造业					6920
石油加工、炼焦和核燃料加工业					
化学原料和化学制品制造业	40467	16051			3464
医药制造业	2761	20771	11617	3810	
化学纤维制造业	5120				
橡胶和塑料制品业		3929			1695
非金属矿物制品业	114938	37747	12156		3637
黑色金属冶炼和压延加工业	470	4606			
有色金属冶炼和压延加工业	208083	170490	4269		
金属制品业		15913		1675	1291
通用设备制造业	8618	32781			2624
专用设备制造业	15098	12751		2624	1850
汽车制造业	45929	1468		11941	
电气机械和器材制造业		6075		4635	
计算机、通信和其他电子设备制造业		1294			3697
仪器仪表制造业				1047	1916
废弃资源综合利用业	1153				
金属制品、机械和设备修理业					
电力、热力生产和供应业	63226	20853	5439		
燃气生产和供应业	3205	546			
水的生产和供应业					

4-4 分县市规模以上工业增加值指数

（2016年，以上年为100）

指　　标	全　市	市　直	湖滨区	义马市	渑池县
总　　计	**107.3**	**114.8**	**111.6**	**95.3**	**110.1**
按轻重工业分					
轻工业	111.8	95.0	124.8	127.4	110.5
重工业	106.9	115.3	105.9	93.1	110.0
按登记注册类型分					
国有企业	101.3	94.0		106.7	99.4
集体企业	111.0		120.1	105.7	106.4
股份制企业	107.8	122.6	107.8	93.7	114.9
外商和港澳台商投资企业	100.1		129.9		67.3
其他	99.4		126.0	113.1	110.9
按是否公有制分					
公有制	107.0	115.1	110.2	86.1	112.7
非公有制	107.5	76.1	111.7	104.5	109.7
按企业规模分					
大型企业	98.7	132.3		85.4	96.5
中型企业	106.3	90.8	122.7	100.0	110.1
小微企业	110.8	65.2	108.1	105.0	117.1
在总计中：高技术产业	96.0		122.7	118.7	119.1
在总计中：高成长产业	113.3	97.1	108.8	104.6	120.5
在总计中：国有控股企业	102.4	115.1		87.1	112.9

4-4续表1 （2016年，以上年为100）

指　　标	陕州区	灵宝市	卢氏县	开发区	三门峡产业集聚区
总　　计	**110.6**	**108.0**	**112.9**	**116.6**	**115.0**
按轻重工业分					
轻工业	147.6	80.7	170.8	106.1	209.5
重工业	109.6	109.3	104.7	121.8	87.9
按登记注册类型分					
国有企业	88.3	109.2	117.5		
集体企业		111.2	56.5		
股份制企业	109.3	107.8	114.5	116.6	104.7
外商和港澳台商投资企业	113.7	36.2			836.2
其他	53.1	90.0	85.1		
按是否公有制分					
公有制	104.9	110.6	97.7	181.3	153.8
非公有制	111.1	102.6	113.9	109.3	108.2
按企业规模分					
大型企业		101.5			
中型企业	108.4	106.7	113.0		87.3
小微企业	115.6	109.0	112.8	116.6	144.5
在总计中：高技术产业	113.2	54.6	108.1	136.5	110.1
在总计中：高成长产业	113.3	121.1	255.9	112.3	99.0
在总计中：国有控股企业	103.9	110.0	123.9		153.8

4-4续表2　　（2016年，以上年为100）

指　　标	全　市	市　直	湖滨区	义马市	渑池县
在总计中：					
内资企业	107.8	114.8	108.4	95.3	114.2
国有企业	101.3	94.0		106.7	99.4
集体企业	111.0		120.1	105.7	106.4
有限责任公司	113.2	123.7	97.8	94.7	123.7
国有独资公司	91.6	86.2		87.5	
其他有限责任公司	114.3	126.4	97.8	97.7	123.7
股份有限公司	89.8	74.2	126.9	85.2	113.2
私营企业	106.7		123.4	103.1	111.3
私营独资企业	99.8		126.0	113.2	113.6
私营合伙企业	88.3			112.5	61.0
私营有限责任公司	108.6		123.3	101.8	111.4
私营股份有限公司	107.7				112.5
其他企业					
港、澳、台商投资企业	157.4				
合资经营企业(港或澳、台资)	146.9				
港澳台商独资经营企业	827.8				
港澳台商投资股份有限公司					
外商投资企业	95.2		129.9		67.3
中外合资经营企业	77.7				67.3
中外合作经营企业					
外资企业	108.5		129.9		
外商投资股份有限公司					

4-4续表3　　（2016年，以上年为100）

指　　标	陕州区	灵宝市	卢氏县	开发区	三门峡产业集聚区
在总计中：					
内资企业	108.9	108.0	112.9	116.6	104.7
国有企业	88.3	109.2	117.5		
集体企业		111.2	56.5		
有限责任公司	106.3	106.7	166.2	166.2	113.7
国有独资公司	119.6	130.6			
其他有限责任公司	106.0	106.3	166.2	166.2	113.7
股份有限公司	130.2	111.6	124.6		269.0
私营企业	112.1	101.1	104.8	103.4	93.3
私营独资企业	53.1	90.0	85.1		
私营合伙企业					
私营有限责任公司	112.2	108.0	105.2	92.4	93.3
私营股份有限公司		83.6	93.2	112.8	
其他企业					
港、澳、台商投资企业	148.4				836.2
合资经营企业(港或澳、台资)	148.4				
港澳台商独资经营企业					836.2
港澳台商投资股份有限公司					
外商投资企业	108.6	36.2			
中外合资经营企业	120.5				
中外合作经营企业					
外资企业	106.5	36.2			
外商投资股份有限公司					

4-4续表4 （2016年，以上年为100）

指　　标	全　市	市　直	湖滨区	义马市	渑池县
按国民经济行业分					
煤炭开采和洗选业	92.4			82.6	107.8
黑色金属矿采选业	103.0				128.3
有色金属矿采选业	109.6	101.7	83.5		113.8
非金属矿采选业	101.4				100.6
农副食品加工业	134.5		133.6	106.1	120.9
食品制造业	118.2		127.7	117.7	113.0
酒、饮料和精制茶制造业	119.7		128.2		116.3
烟草制品业	93.4	92.4			
纺织业	116.7		112.8	96.8	121.5
纺织服装、服饰业	126.0			55.2	
木材加工和木、竹、藤、棕、草制品业	98.5		88.3	108.2	
家具制造业	102.0				113.6
造纸和纸制品业	48.1				
印刷和记录媒介复制业	43.2			162.5	
文教、工美、体育和娱乐用品制造业	333.5				111.2
石油加工、炼焦和核燃料加工业	113.4			113.0	
化学原料和化学制品制造业	106.4	112.4	130.2	97.1	108.5
医药制造业	85.5		120.1	110.7	101.4
化学纤维制造业	118.4				
橡胶和塑料制品业	109.5			107.7	113.1
非金属矿物制品业	106.8	44.4	112.8	90.2	119.0
黑色金属冶炼和压延加工业	93.2	95.2	135.5	113.9	87.5
有色金属冶炼和压延加工业	112.1	181.9	120.4	81.2	90.9
金属制品业	107.2	176.2		101.6	105.1
通用设备制造业	85.7	61.4	123.1	61.1	
专用设备制造业	125.1	68.0	144.5	110.9	217.5
汽车制造业	107.5	100.8	131.5	112.5	
电气机械和器材制造业	133.8		132.2	172.9	110.4
计算机、通信和其他电子设备制造业	116.4		118.3		122.3
仪器仪表制造业	126.3		125.7		
废弃资源综合利用业	105.4			21.7	
金属制品、机械和设备修理业	14.1			14.0	
电力、热力生产和供应业	102.7	92.7		107.5	105.1
燃气生产和供应业	85.9			107.1	
水的生产和供应业	84.3	100.4		82.1	82.6

4-4续表5 （2016年，以上年为100）

指　　标	陕州区	灵宝市	卢氏县	开发区	三门峡产业集聚区
按国民经济行业分					
煤炭开采和洗选业	111.9				
黑色金属矿采选业		76.0	95.3		
有色金属矿采选业	108.0	109.0	118.4		
非金属矿采选业	106.3	135.5	87.6		
农副食品加工业		130.8	379.2		64.9
食品制造业		145.6	134.7		112.2
酒、饮料和精制茶制造业	272.1	95.7			175.0
烟草制品业					
纺织业				114.3	
纺织服装、服饰业		128.8			
木材加工和木、竹、藤、棕、草制品业		118.1	64.4		
家具制造业		127.9			
造纸和纸制品业	108.3	24.3			
印刷和记录媒介复制业	100.5				
文教、工美、体育和娱乐用品制造业					
石油加工、炼焦和核燃料加工业					
化学原料和化学制品制造业	153.3	72.3			836.2
医药制造业	113.2	52.3	108.1	152.1	
化学纤维制造业	119.6				
橡胶和塑料制品业		127.3			105.1
非金属矿物制品业	105.4	87.3	118.6		80.7
黑色金属冶炼和压延加工业	65.7	69.8			
有色金属冶炼和压延加工业	106.1	116.0	83.2		
金属制品业		132.9		108.7	84.4
通用设备制造业	97.9	87.8			106.4
专用设备制造业	99.7			107.3	63.1
汽车制造业	109.0	126.5		112.8	
电气机械和器材制造业		136.0		201.0	
计算机、通信和其他电子设备制造业		171.6			95.5
仪器仪表制造业				103.1	158.9
废弃资源综合利用业	110.4				
金属制品、机械和设备修理业					
电力、热力生产和供应业	119.3	131.5	111.1		
燃气生产和供应业	48.4	110.1			
水的生产和供应业					

4-5 分县市规模以上工业高技术产业增加值

（2016年）　　单位：万元

指　　标	全　市	市　直	湖滨区	义马市	渑池县
高技术产业合计	**107156**		**24763**	**23005**	**10831**
医药制造业	71667		9837	21458	1482
化学药品制造	3804				
化学药品原料药制造	3804				
中药饮品加工	11084				
中成药生产	44203			21458	1482
生物药品制造	12577		9837		
电子及通信设备制造业	15762			1546	9348
锂离子电池制造	3345			1546	
通信设备制造	1299				
通信终端设备制造	1299				
电子器件制造	9306				9348
光电子器件及其他电子器件制造	9306				9348
电子元件制造	1812				
电子元件及组件制造	1812				
计算机及办公设备制造业	4192		2335		
计算机整机制造	1858				
计算机外围设备制造	2334		2335		
医疗仪器设备及仪器仪表制造业	15535		12591		
仪器仪表制造	15535		12591		
绘图、计算及测量仪器制造	3806		2761		
试验机制造	3637		3638		
地质勘探和地震专用仪器制造	6190		6192		
电子测量仪器制造	1300				
其他仪器仪表制造业	602				

（2016年）　　单位：万元

指　　标	陕州区	灵宝市	卢氏县	开发区	三门峡产业集聚区
高技术产业合计	**2761**	**22065**	**11617**	**6657**	**5613**
医药制造业	2761	20771	11617	3810	
化学药品制造				3810	
化学药品原料药制造				3810	
中药饮品加工		7130	3967		
中成药生产		13641	7649		
生物药品制造	2761				
电子及通信设备制造业		1294		1801	1825
锂离子电池制造				1801	
通信设备制造		1294			
通信终端设备制造		1294			
电子器件制造					
光电子器件及其他电子器件制造					
电子元件制造					1825
电子元件及组件制造					1825
计算机及办公设备制造业					1871
计算机整机制造					1871
计算机外围设备制造					
医疗仪器设备及仪器仪表制造业				1047	1916
仪器仪表制造				1047	1916
绘图、计算及测量仪器制造				1047	
试验机制造					
地质勘探和地震专用仪器制造					
电子测量仪器制造					1310
其他仪器仪表制造业					607

4-6 分县市规模以上工业高技术产业增加值指数

（2016年，以上年为100）

指标	全市	市直	湖滨区	义马市	渑池县
高技术产业合计	**96**		**122.7**	**118.7**	**119.1**
医药制造业	85.5		120.1	110.7	101.4
化学药品制造	151.4				
化学药品原料药制造	151.4				
中药饮品加工	111.6				
中成药生产	74			110.7	101.4
生物药品制造	110.4		120.1		
电子及通信设备制造业	135.6				122.3
锂离子电池制造	243.2				
通信设备制造	171.4				
通信终端设备制造	171.4				
电子器件制造	121.3				122.3
光电子器件及其他电子器件制造	121.3				122.3
电子元件制造	102.2				
电子元件及组件制造	102.2				
计算机及办公设备制造业	102.4		118.3		
计算机整机制造	88				
计算机外围设备制造	117.8		118.3		
医疗仪器设备及仪器仪表制造业	126.3		125.7		
仪器仪表制造	126.3		125.7		
绘图、计算及测量仪器制造	118.9		127		
试验机制造	132.6		133.1		
地质勘探和地震专用仪器制造	120.5		120.9		
电子测量仪器制造	211.7				
其他仪器仪表制造业	101				

4-6续表　　（2016年，以上年为100）

指　标	陕州区	灵宝市	卢氏县	开发区	三门峡产业集聚区
高技术产业合计	**113.2**	**54.6**	**108.1**	**136.5**	**110.1**
医药制造业	113.2	52.3	108.1	152.1	
化学药品制造				152.1	
化学药品原料药制造				152.1	
中药饮品加工		113.8	102.4		
中成药生产	62.4	41.3	124.4		
生物药品制造	113.2				
电子及通信设备制造业	-100	171.6	-100	131.3	103.3
锂离子电池制造	-100		-100	131.3	
通信设备制造		171.6			
通信终端设备制造		171.6			
电子器件制造					
光电子器件及其他电子器件制造					
电子元件制造					103.3
电子元件及组件制造					103.3
计算机及办公设备制造业					88.9
计算机整机制造					88.9
计算机外围设备制造					
医疗仪器设备及仪器仪表制造业				103.1	158.9
仪器仪表制造				103.1	158.9
绘图、计算及测量仪器制造				103.1	
试验机制造					
地质勘探和地震专用仪器制造					
电子测量仪器制造					213.8
其他仪器仪表制造业					102.1

4-7 分县市规模以上工业高新技术产业增加值

（2016年）　　单位：万元

指　标	全　市	市　直	湖滨区	义马市	渑池县
高新技术产业（含企业）合计	**1046172**	**19369**	**76752**	**345195**	**249014**
高新技术产业合计	**1006760**	**19369**	**76752**	**334574**	**222902**
电子信息技术	16609		2335		9348
计算机整机制造	1858				
计算机外围设备制造	2334		2335		
通信终端设备制造	1299				
光电子器件及其他电子器件制造	9306				9348
电子元件及组件制造	1812				
生物与新医药技术	90021		9837	21458	3426
营养食品制造	3498				
食品及饲料添加剂制造	4390				1944
有机肥料及微生物肥料制造	10466				
化学药品原料药制造	3804				
中药饮片加工	11084				
中成药生产	44203			21458	1482
生物药品制造	12577		9837		
新材料技术	556807	49	36535	160545	180833
有机化学原料制造	103194		723	100444	
其他基础化学原料制造	13673	24		4912	
化学试剂和助剂制造	28645		1490		11263
专项化学用品制造	440			439	
橡胶零件制造	63			63	
防水建筑材料制造	7608			1281	6356
隔热和隔音材料制造	1735				
其他玻璃制造	1838				
玻璃纤维及制品制造	79			79	
石墨及碳素制品制造	28676				4624
其他非金属矿物制品制造	178894		3130	47133	79696
有色金属合金制造	23732		19622		
铜压延加工	18756				
铝压延加工	67509		7738		49443
其他有色金属压延加工	36167		2444		
金属结构制造	44412	25		6194	29450
电线、电缆制造	1388		1389		

（2016年）

单位：万元

指　　标	陕州区	灵宝市	卢氏县	开发区	三门峡产业集聚区
高新技术产业（含企业）合计	**174091**	**126299**	**14981**	**25731**	**16729**
高新技术产业合计	**173897**	**126299**	**14981**	**25731**	**14109**
电子信息技术		1294			3697
计算机整机制造					1871
计算机外围设备制造					
通信终端设备制造		1294			
光电子器件及其他电子器件制造					
电子元件及组件制造					1825
生物与新医药技术	9916	27249	12040	3810	2409
营养食品制造		1656	424		1426
食品及饲料添加剂制造		1473			983
有机肥料及微生物肥料制造	7155	3348			
化学药品原料药制造				3810	
中药饮片加工		7130	3967		
中成药生产		13641	7649		
生物药品制造	2761				
新材料技术	100022	72003	2941	1675	3464
有机化学原料制造	2015				
其他基础化学原料制造	5334				3464
化学试剂和助剂制造	16054				
专项化学用品制造					
橡胶零件制造					
防水建筑材料制造					
隔热和隔音材料制造	1005	734			
其他玻璃制造		1831			
玻璃纤维及制品制造					
石墨及碳素制品制造	15094	9048			
其他非金属矿物制品制造	45750	3834			
有色金属合金制造	4144				
铜压延加工		18686			
铝压延加工	10627				
其他有色金属压延加工		30696	2941		
金属结构制造		7173		1675	
电线、电缆制造					

4-7续表2　　（2016年）　　单位：万元

指　　标	全　市	市　直	湖滨区	义马市	渑池县
高技术服务业	43			43	
专用设备修理	43			43	
新能源及节能技术	14021			1546	1718
汽轮机及辅机制造	781				
锂离子电池制造	3345			1546	
风力发电	9895				1718
资源与环境技术	19553	622			19012
水资源专用机械制造	626	622			
其他专用设备制造	18927				19012
高新技术改造传统产业	309707	18698	28045	150982	8564
金属切削机床制造	581				
铸造机械制造	2024				
起重机制造	216	215			
连续搬运设备制造	1452				
液压和气压动力机械及元件制造	2592			2591	
轴承制造	4964				
机械零部件加工	9821	13		3559	
其他通用设备制造业	9983		8884		
矿山机械制造	167140	204	1117	144454	8564
建筑材料生产专用机械制造	2620				
模具制造	1329		1330		
印刷专用设备制造	1163				
电工机械专用设备制造	1098		1099		
改装汽车制造	45611				
电车制造	1474				
汽车零部件及配件制造	32228	18265	1567	378	
变压器、整流器和电感器制造	4287		1458		
配电开关控制设备制造	5590				
绘图、计算及测量仪器制造	3806		2761		
试验机制造	3637		3638		
地质勘探和地震专用仪器制造	6190		6192		
电子测量仪器制造	1300				
其他仪器仪表制造业	602				

4-7续表3　　（2016年）　　单位：万元

指　　标	陕州区	灵宝市	卢氏县	开发区	三门峡产业集聚区
高技术服务业					
专用设备修理					
新能源及节能技术	8242	778		1801	
汽轮机及辅机制造		778			
锂离子电池制造				1801	
风力发电	8242				
资源与环境技术					
水资源专用机械制造					
其他专用设备制造					
高新技术改造传统产业	55717	24976		18445	4540
金属切削机床制造					585
铸造机械制造					2038
起重机制造					
连续搬运设备制造	1462				
液压和气压动力机械及元件制造					
轴承制造		4945			
机械零部件加工	6291				
其他通用设备制造业	864	243			
矿山机械制造		12751			
建筑材料生产专用机械制造				2624	
模具制造					
印刷专用设备制造	1171				
电工机械专用设备制造					
改装汽车制造	45929				
电车制造		1468			
汽车零部件及配件制造				11941	
变压器、整流器和电感器制造				2834	
配电开关控制设备制造		5569			
绘图、计算及测量仪器制造				1047	
试验机制造					
地质勘探和地震专用仪器制造					
电子测量仪器制造					1310
其他仪器仪表制造业					607

4-8 分县市规模以上工业高新技术产业增加值指数

（2016年，以上年为100）

指　标	全　市	市　直	湖滨区	义马市	渑池县
高新技术产业（含企业）合计	**109.3**	**91.8**	**122.2**	**102.2**	**119.2**
高新技术产业合计	**109**	**91.8**	**122.2**	**101.1**	**119.7**
电子信息技术	116.4		118.3		122.3
计算机整机制造	88				84.8
计算机外围设备制造	117.8		118.3		60.8
通信终端设备制造	171.4				
光电子器件及其他电子器件制造	121.3				122.3
电子元件及组件制造	102.2				12
生物与新医药技术	89.7		120.1	110.7	92.9
营养食品制造	184.4				47.7
食品及饲料添加剂制造	89.9				87.5
有机肥料及微生物肥料制造	101.2				26.2
化学药品原料药制造	151.4				39
中药饮片加工	111.6				95
中成药生产	74			110.7	101.4
生物药品制造	110.4		120.1		15.9
新材料技术	107.8	4.2	118.1	97.2	111.4
有机化学原料制造	98.8		127.5	97.6	-29.8
其他基础化学原料制造	159.3	97		80.7	-52.2
化学试剂和助剂制造	138.2		131.5		122
专项化学用品制造	104.2			104.2	74
橡胶零件制造	43.1			43.1	
防水建筑材料制造	968.5			83.7	
隔热和隔音材料制造	103.8				
其他玻璃制造	123.9				
玻璃纤维及制品制造	116.5			116.5	-11.9
石墨及碳素制品制造	101.2				123.8
其他非金属矿物制品制造	102.7		91.2	97.1	109.6
有色金属合金制造	134.1		122.9		7.1
铜压延加工	125.2				83.6
铝压延加工	99.6		117		96.3
其他有色金属压延加工	114.5		112.2		35467.3
金属结构制造	117.4	114.2		112	114.8
电线、电缆制造	133		133.5		-5.3

4-8续表1　　（2016年，以上年为100）

指　　标	陕州区	灵宝市	卢氏县	开发区	三门峡产业集聚区
高新技术产业（含企业）合计	**112.9**	**105.7**	**100.5**	**126.3**	**92.3**
高新技术产业合计	**112.9**	**105.7**	**100.5**	**126.3**	**97.3**
电子信息技术	25.4	171.6	22.4		95.5
计算机整机制造	3		-4.6		88.9
计算机外围设备制造	25.2		32.3		
通信终端设备制造		171.6			
光电子器件及其他电子器件制造	11.6		13		
电子元件及组件制造	20.3		11.9		103.3
生物与新医药技术	109.9	60.9	107.6	152.1	112.2
营养食品制造	4.6	446	94.7		116.4
食品及饲料添加剂制造		137.9	24.6		106.6
有机肥料及微生物肥料制造	120	83.2	14.9		
化学药品原料药制造	128.5		69.2	152.1	
中药饮片加工	31.5	113.8	102.4		
中成药生产	8.6	41.3	124.4		
生物药品制造	113.2				
新材料技术	118.7	115.3	79.3	108.7	72.3
有机化学原料制造	179.3		-10.9		
其他基础化学原料制造	263		-54.5		191.7
化学试剂和助剂制造	156		3		
专项化学用品制造	3.6		-6.4		
橡胶零件制造					
防水建筑材料制造					
隔热和隔音材料制造	113.3	94.5			
其他玻璃制造		124			
玻璃纤维及制品制造	-3.9		-29.4		
石墨及碳素制品制造	113	81.3	-21.9		
其他非金属矿物制品制造	101.8	122.1	54.9		
有色金属合金制造	202.3		2.6		
铜压延加工	72.7	125.3	42.6		
铝压延加工	104.3		19.4		
其他有色金属压延加工	7757.4	118.9	79.3		
金属结构制造	24.9	139.3	13.7	108.7	
电线、电缆制造	-5		12.1		

（2016年，以上年为100）

指　　标	全　市	市　直	湖滨区	义马市	渑池县
高技术服务业	4.2			4.2	-100
专用设备修理	4.2			4.2	-100
新能源及节能技术	128			25875	129
汽轮机及辅机制造	121.3				57
锂离子电池制造	243.2				
风力发电	112.3				129
资源与环境技术	229.6	65.9			251.7
水资源专用机械制造	66.6	65.9			0.8
其他专用设备制造	249.8				251.7
高新技术改造传统产业	113.9	98.5	129.3	103.9	247.2
金属切削机床制造	92.9				-11.2
铸造机械制造	109.6				-38.5
起重机制造	59.2	58.6			
连续搬运设备制造	102.3				11.2
液压和气压动力机械及元件制造	115			115.1	17.3
轴承制造	91.5				9
机械零部件加工	51.5	283.9		28.7	9.9
其他通用设备制造业	123.2		123.4		82.3
矿山机械制造	123	43.1	138.2	110.9	247.2
建筑材料生产专用机械制造	106.8				92.9
模具制造	162.8		163.4		41.5
印刷专用设备制造	67.5				
电工机械专用设备制造	213.1		193.8		26.5
改装汽车制造	107.9				-8.4
电车制造	126.4				15.2
汽车零部件及配件制造	106.1	100.8	131.5	112.5	2.4
变压器、整流器和电感器制造	203.3		131		5.5
配电开关控制设备制造	123.9				87.2
绘图、计算及测量仪器制造	118.9		127		-0.6
试验机制造	132.6		133.1		23.2
地质勘探和地震专用仪器制造	120.5		120.9		104.2
电子测量仪器制造	211.7				
其他仪器仪表制造业	101				11.8

4-8续表3 （2016年，以上年为100）

指　　标	陕州区	灵宝市	卢氏县	开发区	三 门 峡 产业集聚区
高技术服务业	-95.3		-3.5		
专用设备修理	-95.3		-3.5		
新能源及节能技术	110.6	121.4	68.9	131	
汽轮机及辅机制造	-9.5	121.4	-16.1		
锂离子电池制造				131	
风力发电	110.6		48.7		
资源与环境技术	31.5		6		
水资源专用机械制造	31.5		6		
其他专用设备制造					
高新技术改造传统产业	106	291.4	8.3	123.1	123.2
金属切削机床制造	-13.4		-5.9		93.9
铸造机械制造	-30.5		-15.5		110.7
起重机制造					
连续搬运设备制造	103.4		7.8		
液压和气压动力机械及元件制造	17.2		7.4		
轴承制造	3.6	91.6	2.4		
机械零部件加工	96		15.9		
其他通用设备制造业	103.8	539.9	25.4		
矿山机械制造	18.6		7.1		
建筑材料生产专用机械制造	122.1		94.2	107.3	
模具制造	39.3		20.7		
印刷专用设备制造	67.9				
电工机械专用设备制造	24.1		-64		
改装汽车制造	109		9.3		
电车制造	15.4	126.5	10.7		
汽车零部件及配件制造	2.7		-1.8	112.8	
变压器、整流器和电感器制造	-5.1		-5.5	302.4	
配电开关控制设备制造	127.3	124	138.1		
绘图、计算及测量仪器制造	2.9		7.7	102.9	
试验机制造	19.9		26.4		
地质勘探和地震专用仪器制造	33.9		31.3		
电子测量仪器制造					213.8
其他仪器仪表制造业	21.2		14.2		102.1

4-9 分县市规模以上工业总产值

（2016年，当年价）　　单位：万元

指　　标	全　市	市　直	湖滨区	义马市	渑池县
总　　计	**36075267**	**3089618**	**972571**	**3427978**	**6794008**
按轻重工业分					
轻工业	2233675	9661	293930	301889	937083
重工业	33841592	3079957	678642	3126089	5856925
按登记注册类型分					
国有企业	2092481	390453		189168	35372
集体企业	10118551		40504	46696	27386
股份制企业	19069838	2699165	787924	2960676	5245856
外商和港澳台商投资企业	2226905		138224		545481
其他	2567491		5920	231438	939913
按是否公有制分					
公有制	18534126	3080803	54461	1376088	812292
非公有制	17541142	8814	918111	2051890	5981716
按企业规模分					
大型企业	7897192	2820304		1094257	1717082
中型企业	12509631	261595	229172	1168194	2135806
小微企业	15668444	7719	743399	1165527	2941121
在总计中：高技术产业	467213		102903	96286	48899
在总计中：高成长企业	4471564	93546	601938	1127038	1259856
在总计中：国有控股企业	8324858	3080803		1329393	784906

4-9续表1 （2016年） 单位：万元

指 标	陕州区	灵宝市	卢氏县	开发区	三门峡产业集聚区
总 计	**3417515**	**17480394**	**606551**	**132222**	**154410**
按轻重工业分					
轻工业	98979	367093	122789	38383	63869
重工业	3318536	17113301	483762	93839	90540
按登记注册类型分					
国有企业	26110	1432299	19079		
集体企业		9998022	5943		
股份制企业	1866820	4662479	577745	132222	136951
外商和港澳台商投资企业	1523335	2407			17459
其他	1250	1385186	3784		
按是否公有制分					
公有制	309309	12812939	34340	20329	33565
非公有制	3108207	4667455	572211	111893	120845
按企业规模分					
大型企业		2265549			
中型企业	2597364	5778303	280068		59129
小微企业	820152	9436541	326483	132222	95280
在总计中：高技术产业	13163	103096	50843	31109	20915
在总计中：高成长企业	458760	661343	74663	114988	79433
在总计中：国有控股企业	273706	2794089	28397		33565

4-9续表2　　（2016年）　　单位：万元

指　　标	全　市	市　直	湖滨区	义马市	渑池县
在总计中：					
内资企业	33848362	3089618	834348	3427978	6248527
国有企业	2092481	390453		189168	35372
集体企业	10118551		40504	46696	27386
有限责任公司	7790898	2679622	429980	490016	1631379
国有独资公司	195386	28608		141015	
其他有限责任公司	7595512	2651015	429980	349001	1631379
股份有限公司	1808837	19542	2966	953242	84587
私营企业	12037595		360898	1748857	4469803
私营独资企业	2500489		5920	186894	917456
私营合伙企业	67002			44545	22458
私营有限责任公司	9387451		354978	1517418	3519652
私营股份有限公司	82652				10238
其他企业					
港、澳、台商投资企业	216898				
合资经营企业(港或澳、台资)	199439				
港澳台商独资经营企业	17459				
港澳台商投资股份有限公司					
外商投资企业	2010007		138224		545481
中外合资经营企业	665067				545481
中外合作经营企业					
外资企业	1344941		138224		
外商投资股份有限公司					

4-9续表3　　（2016年）　　单位：万元

指　　标	陕州区	灵宝市	卢氏县	开发区	三门峡产业集聚区
在总计中：					
内资企业	1894180	17477987	606551	132222	136951
国有企业	26110	1432299	19079		
集体企业		9998022	5943		
有限责任公司	1011447	1327306	123388	37564	60196
国有独资公司	11477	14286			
其他有限责任公司	999970	1313020	123388	37564	60196
股份有限公司	7006	710835	24950		5709
私营企业	849618	4009524	433190	94658	71046
私营独资企业	1250	1385186	3784		
私营合伙企业					
私营有限责任公司	848368	2617857	419682	38450	71046
私营股份有限公司		6481	9724	56208	
其他企业					
港、澳、台商投资企业	199439				17459
合资经营企业(港或澳、台资)	199439				
港澳台商独资经营企业					17459
港澳台商投资股份有限公司					
外商投资企业	1323896	2407			
中外合资经营企业	119586				
中外合作经营企业					
外资企业	1204310	2407			
外商投资股份有限公司					

指　　标	全　市	市　直	湖滨区	义马市	渑池县
按国民经济行业分					
煤炭开采和洗选业	997957			557501	237233
黑色金属矿采选业	309728				114755
有色金属矿采选业	14549539	19542	3681		1310378
非金属矿采选业	971816				865674
农副食品加工业	386765		4437	26795	240633
食品制造业	534531		10247	96136	309538
酒、饮料和精制茶制造业	422081		178245		90076
烟草制品业	5132	5132			
纺织业	133024		50048	244	71325
纺织服装、服饰业	11324			179	
木材加工和木、竹、藤、棕、草制品业	480523		252938	89340	
家具制造业	89522				79948
造纸和纸制品业	24684				
印刷和记录媒介复制业	5989			288	
文教、工美、体育和娱乐用品制造业	50167				16602
石油加工、炼焦和核燃料加工业	64211			64211	
化学原料和化学制品制造业	1518908	5909	21413	555725	598038
医药制造业	314624		47203	87906	6042
化学纤维制造业	21141				
橡胶和塑料制品业	287882			228453	33530
非金属矿物制品业	2424611	6687	53509	375914	1255147
黑色金属冶炼和压延加工业	225092	1882	5772	84507	106488
有色金属冶炼和压延加工业	8391499	2343057	189008	100676	934955
金属制品业	471141	129		168713	212132
通用设备制造业	325136	985	50040	61814	
专用设备制造业	1051286	5862	28437	726344	128240
汽车制造业	459747	86569	7385	1780	
电气机械和器材制造业	169619		14508	22531	85108
计算机、通信和其他电子设备制造业	76061		8639		42857
仪器仪表制造业	58407		47061		
废弃资源综合利用业	4479			40	
金属制品、机械和设备修理业	616			616	
电力、热力生产和供应业	1137638	609335		113285	40156
燃气生产和供应业	66315			50589	
水的生产和供应业	34073	4529		14389	15155

指　　标	陕州区	灵宝市	卢氏县	开发区	三门峡产业集聚区
按国民经济行业分					
煤炭开采和洗选业	203222				
黑色金属矿采选业		50333	144640		
有色金属矿采选业	199054	12823088	193795		
非金属矿采选业	1022	71261	33859		
农副食品加工业		48305	58638		7958
食品制造业		93433	13308		11868
酒、饮料和精制茶制造业	42405	100876			10479
烟草制品业					
纺织业				11408	
纺织服装、服饰业		11145			
木材加工和木、竹、藤、棕、草制品业		135528	2717		
家具制造业		9574			
造纸和纸制品业	15767	8917			
印刷和记录媒介复制业	5701				
文教、工美、体育和娱乐用品制造业					33565
石油加工、炼焦和核燃料加工业					
化学原料和化学制品制造业	226299	94066			17459
医药制造业	13163	92233	50843	17234	
化学纤维制造业	21141				
橡胶和塑料制品业		18152			7747
非金属矿物制品业	501854	164640	50653		16207
黑色金属冶炼和压延加工业	2425	24019			
有色金属冶炼和压延加工业	1529573	3261529	32702		
金属制品业		74887		8526	6754
通用设备制造业	41393	158820			12083
专用设备制造业	75523	64337		13168	9376
汽车制造业	299439	8364		56208	
电气机械和器材制造业		25928		21545	
计算机、通信和其他电子设备制造业		10863			13703
仪器仪表制造业				4134	7213
废弃资源综合利用业	4438				
金属制品、机械和设备修理业					
电力、热力生产和供应业	221679	127786	25396		
燃气生产和供应业	13417	2309			
水的生产和供应业					

4-10 分县市规模以上工业总产值指数

（2016年）

指　　标	全　市	市　直	湖滨区	义马市	渑池县
总　　计	**104.6**	**77.2**	**112.4**	**98.0**	**109.5**
按轻重工业分					
轻工业	114.4	98.1	125.4	133.3	112.4
重工业	104.0	77.2	107.6	95.6	109.1
按登记注册类型分					
国有企业	101.6	94.0		106.6	91.6
集体企业	111.8		121.1	107.4	113.6
股份制企业	102.7	75.1	109.2	96.3	115.5
外商和港澳台商投资企业	99.7		131.0		71.7
其他	100.7		127.1	114.9	111.7
按是否公有制分					
公有制	101.1	77.2	111.6	87.8	113.1
非公有制	108.4	77.8	112.5	106.5	109.1
按企业规模分					
大型企业	88.2	75.9		86.8	95.5
中型企业	106.0	92.4	123.0	101.9	110.9
小微企业	9.9	66.6	7.4	9.3	9.9
在总计中：高技术产业	98.9		123.6	123.1	119.9
在总计中：高成长产业	114.1	97.4	51.2	105.5	120.0
在总计中：国有控股企业	91.2	77.2		89.1	113.3

4-10续表1　　（2016年，以上年为100）

指　　标	陕州区	灵宝市	卢氏县	开发区	三 门 峡 产业集聚区
总　　　计	**109.4**	**108.9**	**120.0**	**118.1**	**105.7**
按轻重工业分					
轻工业	140.9	82.9	178.1	110.9	220.1
重工业	108.7	109.7	107.1	121.4	77.6
按登记注册类型分					
国有企业	88.4	104.0	125.2		
集体企业		111.8	60.2		
股份制企业	107.9	110.4	117.3	118.1	95.0
外商和港澳台商投资企业	111.9	36.6			837.8
其他	53.2	92.2	90.7		
按是否公有制分					
公有制	105.1	110.3	107.6	173.7	95.4
非公有制	109.9	105.3	116.7	111.6	108.7
按企业规模分					
大型企业		104.1			
中型企业	107.8	104.3	112.2		87.6
小微企业	114.8	110.1	10.6	10.3	12.3
在总计中：高技术产业	113.4	59.5	113.5	138.1	109.5
在总计中：高成长产业	111.4	123.9	266.0	113.9	97.1
在总计中：国有控股企业	104.2	106.4	130.4		95.4

4-10续表2 （2016年，以上年为100）

指　　标	全　市	市　直	湖滨区	义马市	渑池县
在总计中：					
内资企业	104.9	77.2	109.8	98.0	114.8
国有企业	101.6	94.0		106.6	91.6
集体企业	111.8		121.1	107.4	113.6
有限责任公司	95.7	75.1	99.4	95.5	123.0
国有独资公司	91.2	88.1		87.4	
其他有限责任公司	95.9	74.9	99.4	99.3	123.0
股份有限公司	95.6	81.0	128.0	86.7	113.7
私营企业	108.2		124.0	105.3	112.3
私营独资企业	101.2		127.1	115.0	114.6
私营合伙企业	84.4			114.2	55.5
私营有限责任公司	110.8		124.0	104.0	112.3
私营股份有限公司	96.4				114.3
其他企业					
港、澳、台商投资企业	159.8				
合资经营企业(港或澳、台资)	149.2				
港澳台商独资经营企业	837.8				
港澳台商投资股份有限公司					
外商投资企业	95.8		131.0		71.7
中外合资经营企业	77.6				71.7
中外合作经营企业					
外资企业	108.4		131.0		
外商投资股份有限公司					

4-10续表3　　（2016年，以上年为100）

指　　标	陕州区	灵宝市	卢氏县	开发区	三门峡产业集聚区
在总计中：					
内资企业	107.5	108.9	116.3	118.1	95.0
国有企业	88.4	104.0	125.2		
集体企业		111.8	60.2		
有限责任公司	105.5	109.1	177.2	163.4	92.7
国有独资公司	119.8	131.7			
其他有限责任公司	105.4	108.9	177.2	163.4	92.7
股份有限公司	130.4	108.1	132.9		269.5
私营企业	111.1	104.1	106.1	106.0	92.1
私营独资企业	53.2	92.2	90.7		
私营合伙企业					
私营有限责任公司	110.9	111.9	106.3	96.7	92.1
私营股份有限公司		37.5	99.3	113.6	
其他企业					
港、澳、台商投资企业	149.2				837.8
合资经营企业(港或澳、台资)	149.2				
港澳台商独资经营企业					837.8
港澳台商投资股份有限公司					
外商投资企业	107.9	36.6			
中外合资经营企业	120.8				
中外合作经营企业					
外资企业	106.7	36.6			
外商投资股份有限公司					

4-10续表4　　（2016年，以上年为100）

指　　标	全　市	市　直	湖滨区	义马市	渑池县
按国民经济行业分					
煤炭开采和洗选业	92.9			82.8	108.2
黑色金属矿采选业	104.3				128.8
有色金属矿采选业	110.9	104.0	84.2		114.1
非金属矿采选业	102.5				100.9
农副食品加工业	133.1		134.7	107.8	121.6
食品制造业	119.3		128.8	119.6	113.1
酒、饮料和精制茶制造业	121.2		129.2		117.5
烟草制品业	94.5	94.5			
纺织业	118.2		113.7	96.8	122.1
纺织服装、服饰业	127.5			55.2	
木材加工和木、竹、藤、棕、草制品业	99.5		89.1	109.9	
家具制造业	101.6				114.1
造纸和纸制品业	48.6				
印刷和记录媒介复制业	43.0			162.4	
文教、工美、体育和娱乐用品制造业	337.5				111.7
石油加工、炼焦和核燃料加工业	114.8			114.8	
化学原料和化学制品制造业	107.1	112.4	131.7	97.7	109.9
医药制造业	88.0		121.0	112.5	101.8
化学纤维制造业	119.8				
橡胶和塑料制品业	109.8			108.2	113.5
非金属矿物制品业	108.4	47.1	114.2	92.0	120.0
黑色金属冶炼和压延加工业	94.7	97.4	136.6	115.2	87.8
有色金属冶炼和压延加工业	92.5	72.6	120.8	81.3	91.0
金属制品业	108.0	180.6		103.1	105.3
通用设备制造业	85.4	63.3	124.0	60.3	
专用设备制造业	125.9	69.5	160.4	112.6	215.0
汽车制造业	108.7	100.8	132.6	114.2	
电气机械和器材制造业	130.5		133.6	178.9	110.9
计算机、通信和其他电子设备制造业	121.5		119.3		122.8
仪器仪表制造业	127.5		127.0		
废弃资源综合利用业	106.6			21.7	
金属制品、机械和设备修理业	16.3			16.3	
电力、热力生产和供应业	103.0	94.0		103.4	95.3
燃气生产和供应业	86.1			107.1	
水的生产和供应业	85.3	102.7		83.2	83.0

4-10续表5　　（2016年，以上年为100）

指　标	陕州区	灵宝市	卢氏县	开发区	三门峡产业集聚区
按国民经济行业分					
煤炭开采和洗选业	112.2				
黑色金属矿采选业		76.9	101.5		
有色金属矿采选业	108.2	110.4	126.1		
非金属矿采选业	106.4	136.5	93.3		
农副食品加工业		130.7	404.2		65.0
食品制造业		149.0	141.4		112.4
酒、饮料和精制茶制造业	248.2	96.8			175.4
烟草制品业					
纺织业				115.1	
纺织服装、服饰业		130.2			
木材加工和木、竹、藤、棕、草制品业		119.4	68.7		
家具制造业		129.3			
造纸和纸制品业	108.5	24.6			
印刷和记录媒介复制业	100.7				
文教、工美、体育和娱乐用品制造业					
石油加工、炼焦和核燃料加工业					
化学原料和化学制品制造业	146.2	72.8			837.8
医药制造业	113.4	55.0	113.5	153.3	
化学纤维制造业	119.8				
橡胶和塑料制品业		128.7			105.3
非金属矿物制品业	105.5	88.3	126.8		82.1
黑色金属冶炼和压延加工业	65.8	70.6			
有色金属冶炼和压延加工业	105.9	107.5	88.5		
金属制品业		134.1		109.5	84.6
通用设备制造业	97.9	87.7			106.6
专用设备制造业	100.5			108.1	63.2
汽车制造业	109.2	127.9		113.6	
电气机械和器材制造业		140.3		192.0	
计算机、通信和其他电子设备制造业		173.5			95.8
仪器仪表制造业				103.9	153.0
废弃资源综合利用业	110.6				
金属制品、机械和设备修理业					
电力、热力生产和供应业	117.1	133.0	121.1		
燃气生产和供应业	48.5	111.3			
水的生产和供应业					

4-11 分县市规模以上工业高技术产业总产值

（2016年）　　　　单位：万元

指　　标	全　市	市　直	湖滨区	义马市	渑池县
高技术产业合计	**467213**		**102903**	**96286**	**48899**
医药制造业	314624		47203	87906	6042
化学药品制造	17234				
化学药品原料药制造	17234				
中药饮品加工	55992				
中成药生产	181032			87906	6042
生物药品制造	60366		47203		
电子及通信设备制造业	78667			8380	42857
锂离子电池制造	18121			8380	
通信设备制造	10863				
通信终端设备制造	10863				
电子器件制造	42857				42857
光电子器件及其他电子器件制造	42857				42857
电子元件制造	6826				
电子元件及组件制造	6826				
计算机及办公设备制造业	15515		8639		
计算机整机制造	6876				
计算机外围设备制造	8639		8639		
医疗仪器设备及仪器仪表制造业	58407		47061		
仪器仪表制造	58407		47061		
绘图、计算及测量仪器制造	15055		10921		
试验机制造	14386		14386		
地质勘探和地震专用仪器制造	21754		21754		
电子测量仪器制造	4570				
其他仪器仪表制造业	2643				

4-11续表　　（2016年）　　单位：万元

指　　标	陕州区	灵宝市	卢氏县	开发区	三门峡产业集聚区
高技术产业合计	**13163**	**103096**	**50843**	**31109**	**20915**
医药制造业	13163	92233	50843	17234	
化学药品制造				17234	
化学药品原料药制造				17234	
中药饮品加工		36155	19837		
中成药生产		56077	31006		
生物药品制造	13163				
电子及通信设备制造业		10863		9741	6826
锂离子电池制造				9741	
通信设备制造		10863			
通信终端设备制造		10863			
电子器件制造					
光电子器件及其他电子器件制造					
电子元件制造					6826
电子元件及组件制造					6826
计算机及办公设备制造业					6876
计算机整机制造					6876
计算机外围设备制造					
医疗仪器设备及仪器仪表制造业				4134	7213
仪器仪表制造				4134	7213
绘图、计算及测量仪器制造				4134	
试验机制造					
地质勘探和地震专用仪器制造					
电子测量仪器制造					4570
其他仪器仪表制造业					2643

4-12 分县市规模以上工业高技术产业总产值指数

（2016年，以上年为100）

指　　标	全　市	市　直	湖滨区	义马市	渑池县
高技术产业合计	**98.9**		**123.6**	**123.1**	**119.9**
医药制造业	88		121	112.5	101.8
化学药品制造	153.3				
化学药品原料药制造	153.3				
中药饮品加工	112.9				
中成药生产	74.8			112.5	101.8
生物药品制造	111.7		121		
电子及通信设备制造业	142				122.8
锂离子电池制造	246.1				
通信设备制造	173.5				
通信终端设备制造	173.5				
电子器件制造	122.8				122.8
光电子器件及其他电子器件制造	122.8				122.8
电子元件制造	103.4				
电子元件及组件制造	103.4				
计算机及办公设备制造业	103.7		119.3		
计算机整机制造	89				
计算机外围设备制造	119.3		119.3		
医疗仪器设备及仪器仪表制造业	127.5		127		
仪器仪表制造	127.5		127		
绘图、计算及测量仪器制造	120.3		128		
试验机制造	134.2		134.2		
地质勘探和地震专用仪器制造	121.9		121.9		
电子测量仪器制造	214.2				
其他仪器仪表制造业	102.2				

4-12续表

（2016年，以上年为100）

指　　标	陕州区	灵宝市	卢氏县	开发区	三门峡产业集聚区
高技术产业合计	**113.4**	**59.5**	**113.5**	**138.1**	**109.5**
医药制造业	113.4	55	113.5	153.3	
化学药品制造				153.3	
化学药品原料药制造				153.3	
中药饮品加工		115.1	109.2		
中成药生产	62.4	41.7	132.6		
生物药品制造	113.4				
电子及通信设备制造业	-100	173.5	-100	132.3	103.4
锂离子电池制造	-100		-100	132.3	
通信设备制造		173.5			
通信终端设备制造		173.5			
电子器件制造					
光电子器件及其他电子器件制造					
电子元件制造					103.4
电子元件及组件制造					103.4
计算机及办公设备制造业					89
计算机整机制造					89
计算机外围设备制造					
医疗仪器设备及仪器仪表制造业				103.9	153
仪器仪表制造				103.9	153
绘图、计算及测量仪器制造				103.9	
试验机制造					
地质勘探和地震专用仪器制造					
电子测量仪器制造					214.2
其他仪器仪表制造业					102.2

4-13 分县市规模以上工业高新技术产业总产值

（2016年）　　单位：万元

指　标	全　市	市　直	湖滨区	义马市	渑池县
高新技术产业（含企业）合计	**5456316**	**91541**	**395320**	**1691372**	**1304610**
高新技术产业合计	**5276990**	**91541**	**395320**	**1640978**	**1189635**
电子信息技术	76061		8639		42857
计算机整机制造	6876				
计算机外围设备制造	8639		8639		
通信终端设备制造	10863				
光电子器件及其他电子器件制造	42857				42857
电子元件及组件制造	6826				
生物与新医药技术	423015		47203	87906	15647
营养食品制造	17356				
食品及饲料添加剂制造	21785				9605
有机肥料及微生物肥料制造	69250				
化学药品原料药制造	17234				
中药饮片加工	55992				
中成药生产	181032			87906	6042
生物药品制造	60366		47203		
新材料技术	3066218	252	223371	785516	1001773
有机化学原料制造	523934		3668	510108	
其他基础化学原料制造	69420	122		24946	
化学试剂和助剂制造	159811		8310		62555
专项化学用品制造	2452			2452	
橡胶零件制造	304			304	
防水建筑材料制造	32244			5429	26815
隔热和隔音材料制造	7353				
其他玻璃制造	11715				
玻璃纤维及制品制造	388			388	
石墨及碳素制品制造	127915				20535
其他非金属矿物制品制造	797998		13956	210304	353902
有色金属合金制造	131455		108661		
铜压延加工	148051				
铝压延加工	532878		61059		388516
其他有色金属压延加工	285477		19288		
金属结构制造	226395	129		31585	149450
电线、电缆制造	8429		8429		

4-13续表1 （2016年） 单位：万元

指　　标	陕州区	灵宝市	卢氏县	开发区	三门峡产业集聚区
高新技术产业（含企业）合计	**935475**	**765803**	**75902**	**120814**	**75480**
高新技术产业合计	**934672**	**765803**	**75902**	**120814**	**62325**
电子信息技术		10863			13703
计算机整机制造					6876
计算机外围设备制造					
通信终端设备制造		10863			
光电子器件及其他电子器件制造					
电子元件及组件制造					6826
生物与新医药技术	60175	130058	52924	17234	11868
营养食品制造		8248	2081		7027
食品及饲料添加剂制造		7339			4841
有机肥料及微生物肥料制造	47012	22238			
化学药品原料药制造				17234	
中药饮片加工		36155	19837		
中成药生产		56077	31006		
生物药品制造	13163				
新材料技术	505858	500487	22978	8526	17459
有机化学原料制造	10158				
其他基础化学原料制造	26892				17459
化学试剂和助剂制造	88946				
专项化学用品制造					
橡胶零件制造					
防水建筑材料制造					
隔热和隔音材料制造	4231	3121			
其他玻璃制造		11715			
玻璃纤维及制品制造					
石墨及碳素制品制造	66866	40514			
其他非金属矿物制品制造	202667	17169			
有色金属合金制造	22794				
铜压延加工		148051			
铝压延加工	83303				
其他有色金属压延加工		243212	22978		
金属结构制造		36706		8526	
电线、电缆制造					

4-13续表2　　　　（2016年）　　　　单位：万元

指　　标	全　市	市　直	湖滨区	义马市	渑池县
高技术服务业	134			134	
专用设备修理	134			134	
新能源及节能技术	49327			8380	4785
汽轮机及辅机制造	3527				
锂离子电池制造	18121			8380	
风力发电	27679				4785
资源与环境技术	84423	2702			81721
水资源专用机械制造	2702	2702			
其他专用设备制造	81721				81721
高新技术改造传统产业	1577812	88587	116107	759043	42853
金属切削机床制造	2695				
铸造机械制造	9388				
起重机制造	918	918			
连续搬运设备制造	6161				
液压和气压动力机械及元件制造	12971			12971	
轴承制造	23803				
机械零部件加工	49590	68		17976	
其他通用设备制造业	42867		38135		
矿山机械制造	840153	1032	5615	726316	42853
建筑材料生产专用机械制造	13168				
模具制造	6787		6787		
印刷专用设备制造	4912				
电工机械专用设备制造	5045		5045		
改装汽车制造	299439				
电车制造	8364				
汽车零部件及配件制造	151943	86569	7385	1780	
变压器、整流器和电感器制造	17883		6080		
配电开关控制设备制造	23318				
绘图、计算及测量仪器制造	15055		10921		
试验机制造	14386		14386		
地质勘探和地震专用仪器制造	21754		21754		
电子测量仪器制造	4570				
其他仪器仪表制造业	2643				

指　　标	陕州区	灵宝市	卢氏县	开发区	三门峡产业集聚区
高技术服务业					
专用设备修理					
新能源及节能技术	22894	3527		9741	
汽轮机及辅机制造		3527			
锂离子电池制造				9741	
风力发电	22894				
资源与环境技术					
水资源专用机械制造					
其他专用设备制造					
高新技术改造传统产业	345745	120868		85313	19296
金属切削机床制造					2695
铸造机械制造					9388
起重机制造					
连续搬运设备制造	6161				
液压和气压动力机械及元件制造					
轴承制造		23803			
机械零部件加工	31546				
其他通用设备制造业	3686	1047			
矿山机械制造		64337			
建筑材料生产专用机械制造				13168	
模具制造					
印刷专用设备制造	4912				
电工机械专用设备制造					
改装汽车制造	299439				
电车制造		8364			
汽车零部件及配件制造				56208	
变压器、整流器和电感器制造				11804	
配电开关控制设备制造		23318			
绘图、计算及测量仪器制造				4134	
试验机制造					
地质勘探和地震专用仪器制造					
电子测量仪器制造					4570
其他仪器仪表制造业					2643

4-14 分县市规模以上工业高新技术产业总产值指数

（2016年，以上年为100）

指　标	全　市	市　直	湖滨区	义马市	渑池县
高新技术产业（含企业）合计	**132.5**	**92.3**	**122.8**	**103.5**	**116**
高新技术产业合计	**110.1**	**92.3**	**122.8**	**102.5**	**116**
电子信息技术	121.5		119.3		122.8
计算机整机制造	89				84.8
计算机外围设备制造	119.3		119.3		60.8
通信终端设备制造	173.5				
光电子器件及其他电子器件制造	122.8				122.8
电子元件及组件制造	103.4				12
生物与新医药技术	92.9		121	112.5	92.7
营养食品制造	186.6				47.7
食品及饲料添加剂制造	90.9				87.8
有机肥料及微生物肥料制造	102.6				26.2
化学药品原料药制造	153.3				39
中药饮片加工	112.9				95
中成药生产	74.8			112.5	101.8
生物药品制造	111.7		121		15.9
新材料技术	108.5	4.9	119.4	98.1	108.9
有机化学原料制造	99.3		128.5	98.3	-29.8
其他基础化学原料制造	160.7	99		81	-52.2
化学试剂和助剂制造	139.9		132.5		122.5
专项化学用品制造	104.2			104.2	74
橡胶零件制造	43.1			43.1	
防水建筑材料制造	980.2			83.7	100
隔热和隔音材料制造	105.1				
其他玻璃制造	125.4				
玻璃纤维及制品制造	116.5			116.5	-11.9
石墨及碳素制品制造	102.4				124.3
其他非金属矿物制品制造	104		91.9	98.6	110.1
有色金属合金制造	135.7		123.9		7.1
铜压延加工	126.8				83.6
铝压延加工	100		118		96.4
其他有色金属压延加工	115.9		113.1		35467.3
金属结构制造	118.8	115.6		113.6	115.9
电线、电缆制造	134.6		134.6		-5.3

4-14续表1 （2016年，以上年为100）

指　　标	陕州区	灵宝市	卢氏县	开发区	三门峡产业集聚区
高新技术产业（含企业）合计	**114**	**274.8**	**102.5**	**126.2**	**79.1**
高新技术产业合计	**114**	**112.7**	**102.5**	**126.2**	**80.6**
电子信息技术	25.4	173.5	22.4		95.8
计算机整机制造	3		-4.6		89
计算机外围设备制造	25.2		32.3		
通信终端设备制造		173.5			
光电子器件及其他电子器件制造	11.6		13		
电子元件及组件制造	20.3		11.9		103.4
生物与新医药技术	112	65.3	113	153.3	112.4
营养食品制造	4.6	450.5	101		116.6
食品及饲料添加剂制造	27.9	139.4	24.6		106.8
有机肥料及微生物肥料制造	120.2	84.2	14.9		
化学药品原料药制造	128.5		69.2	153.3	
中药饮片加工	31.5	115.1	109.2		
中成药生产	8.6	41.7	132.6		
生物药品制造	113.4		9.4		
新材料技术	119.9	118.9	84.6	109.5	48.1
有机化学原料制造	179.6		-10.9		
其他基础化学原料制造	263.5		-54.5		193.3
化学试剂和助剂制造	156.3		3		
专项化学用品制造	3.6		-6.4		
橡胶零件制造					
防水建筑材料制造					
隔热和隔音材料制造	113.4	95.6			
其他玻璃制造		125.4			
玻璃纤维及制品制造	-3.9		-29.4		
石墨及碳素制品制造	113.2	82.2	-21.9		
其他非金属矿物制品制造	102	123.5	54.9		
有色金属合金制造	203.8		2.6		
铜压延加工	72.7	126.8	42.6		
铝压延加工	105		19.4		
其他有色金属压延加工	7757.4	120.3	84.6		
金属结构制造	24.9	140.9	13.7	109.5	
电线、电缆制造	-5		12.1		

4-14续表2　　（2016年，以上年为100）

指　　标	全　市	市　直	湖滨区	义马市	渑池县
高技术服务业	4.3			4.3	-100
专用设备修理	4.3			4.3	-100
新能源及节能技术	140.5			26262.7	129.5
汽轮机及辅机制造	122.8				57
锂离子电池制造	246.1			100	
风力发电	113.7				129.5
资源与环境技术	232.4	67.4			252.8
水资源专用机械制造	67.4	67.4			0.8
其他专用设备制造	252.8				252.8
高新技术改造传统产业	114.7	98.6	131.2	104.4	248.3
金属切削机床制造	94.1				-11.2
铸造机械制造	110.9				-38.5
起重机制造	59.9	59.9			
连续搬运设备制造	103.6				11.2
液压和气压动力机械及元件制造	116.5			116.5	17.3
轴承制造	92.6				9
机械零部件加工	51.9	290.7		28.7	9.9
其他通用设备制造业	124.6		124.4		82.3
矿山机械制造	124.6	44	139.3	112.6	248.3
建筑材料生产专用机械制造	108.1				92.9
模具制造	164.8		164.8		41.5
印刷专用设备制造	68.3				
电工机械专用设备制造	215.3		215.3		26.5
改装汽车制造	109.2				-8.4
电车制造	127.9				15.2
汽车零部件及配件制造	106.6	100.8	132.6	114.2	2.4
变压器、整流器和电感器制造	205.7		132.1		5.5
配电开关控制设备制造	125.4				87.2
绘图、计算及测量仪器制造	120.3		128		-0.6
试验机制造	134.2		134.2		23.2
地质勘探和地震专用仪器制造	121.9		121.9		104.2
电子测量仪器制造	214.2				
其他仪器仪表制造业	102.2				11.8

4-14续表3

（2016年，以上年为100）

指　　标	陕州区	灵宝市	卢氏县	开发区	三门峡产业集聚区
高技术服务业	-95.3		-3.5		
专用设备修理	-95.3		-3.5		
新能源及节能技术	110.8	122.8	68.9	132.3	
汽轮机及辅机制造	-9.5	122.8	-16.1		
锂离子电池制造				132.3	
风力发电	110.8		48.7		
资源与环境技术	31.5		6		
水资源专用机械制造	31.5		6		
其他专用设备制造					
高新技术改造传统产业	106.9	310.5	8.3	122.8	119.9
金属切削机床制造	-13.4		-5.9		94.1
铸造机械制造	-30.5		-15.5		110.9
起重机制造					
连续搬运设备制造	103.6		7.8		
液压和气压动力机械及元件制造	17.2		7.4		
轴承制造	3.6	92.6	2.4		
机械零部件加工	96.2		15.9		
其他通用设备制造业	104	546.6	25.4		
矿山机械制造	18.6	100	7.1		
建筑材料生产专用机械制造	122.1		94.2	108.1	
模具制造	39.3		20.7		
印刷专用设备制造	68.3				
电工机械专用设备制造	24.1		-64		
改装汽车制造	109.2		9.3		
电车制造	15.4	127.9	10.7		
汽车零部件及配件制造	2.7		-1.8	113.6	
变压器、整流器和电感器制造	-5.1		-5.5	304.6	
配电开关控制设备制造	127.3	125.4	138.1		
绘图、计算及测量仪器制造	2.9		7.7	103.9	
试验机制造	19.9		26.4		
地质勘探和地震专用仪器制造	33.9		31.3		
电子测量仪器制造					214.2
其他仪器仪表制造业	21.2		14.2		102.2

4-15 分县市规模以上工业销售产值

（2016年，当年价） 单位：万元

指　　标	全　市	市　直	湖滨区	义马市	渑池县
总　　计	**35410706**	**3019346**	**931573**	**3451817**	**6757720**
按轻重工业分					
轻工业	2143496	8129	286071	247563	934693
重工业	33267210	3011216	645502	3204255	5823028
按登记注册类型分					
国有企业	1951225	390470		189844	35372
集体企业	10018126		40690	46680	27193
股份制企业	18805253	2628876	750005	2992371	5217143
外商和港澳台商投资企业	2112303		135417		544502
其他	2523800		5461	222922	933510
按是否公有制分					
公有制	18218130	3008959	55055	1438544	807515
非公有制	17192576	10387	876518	2013274	5950206
按企业规模分					
大型企业	7695127	2750487		1159095	1704191
中型企业	12304810	259589	225376	1156096	2130725
小微企业	15410769	9270	706197	1136626	2922804
在总计中：高技术产业	446686		97913	96143	48414
在总计中：高成长产业	4192791	94144	575366	1097708	1200216
在总计中：国有控股企业	8111537	3008959		1391864	780321

指　　标	陕州区	灵宝市	卢氏县	开发区	三门峡产业集聚区
总　　计	**3241337**	**17138332**	**594913**	**126840**	**148827**
按轻重工业分					
轻工业	95620	354937	121948	35297	59238
重工业	3145718	16783395	472965	91543	89589
按登记注册类型分					
国有企业	26110	1290350	19079		
集体企业		9897667	5896		
股份制企业	1802427	4589973	566248	126840	131368
外商和港澳台商投资企业	1411550	3376			17459
其他	1250	1356966	3690		
按是否公有制分					
公有制	306345	12518026	34111	19985	29592
非公有制	2934992	4620306	560802	106856	119236
按企业规模分					
大型企业		2081354			
中型企业	2465834	5733640	275461		58090
小微企业	775503	9323339	319453	126840	90738
在总计中：高技术产业		105298	49876	28684	20358
在总计中：高成长产业	345448	626595	72072	103152	78090
在总计中：国有控股企业	273053	2599533	28215		29592

指　　标	全　市	市　直	湖滨区	义马市	渑池县
在总计中：					
内资企业	33298403	3019346	796157	3451817	6213218
国有企业	1951225	390470		189844	35372
集体企业	10018126		40690	46680	27193
有限责任公司	7624940	2609334	404314	484855	1619197
国有独资公司	188909	28608		140420	
其他有限责任公司	7436031	2580726	404314	344435	1619197
股份有限公司	1851509	19542	3260	1018675	83985
私营企业	11852602		347892	1711763	4447472
私营独资企业	2458714		5461	180209	911138
私营合伙企业	65086			42713	22373
私营有限责任公司	9247549		342431	1488841	3503728
私营股份有限公司	81253				10234
其他企业					
港、澳、台商投资企业	199351				
合资经营企业(港或澳、台资)	181892				
港澳台商独资经营企业	17459				
港澳台商投资股份有限公司					
外商投资企业	1912952		135417		544502
中外合资经营企业	653648				544502
中外合作经营企业					
外资企业	1259304		135417		
外商投资股份有限公司					

4-15续表3 （2016年） 单位：万元

指　　标	陕州区	灵宝市	卢氏县	开发区	三门峡产业集聚区
在总计中：					
内资企业	1829787	17134956	594913	126840	131368
国有企业	26110	1290350	19079		
集体企业		9897667	5896		
有限责任公司	1002598	1293889	119917	35147	55690
国有独资公司	11014	8868			
其他有限责任公司	991585	1285021	119917	35147	55690
股份有限公司	6865	688893	24516		5774
私营企业	794214	3964158	425506	91693	69904
私营独资企业	1250	1356966	3690		
私营合伙企业					
私营有限责任公司	792964	2600686	412284	36712	69904
私营股份有限公司		6506	9532	54982	
其他企业					
港、澳、台商投资企业	181892				17459
合资经营企业(港或澳、台资)	181892				
港澳台商独资经营企业					17459
港澳台商投资股份有限公司					
外商投资企业	1229658	3376			
中外合资经营企业	109146				
中外合作经营企业					
外资企业	1120512	3376			
外商投资股份有限公司					

4-15续表4　　（2016年）　　单位：万元

指　　标	全　市	市　直	湖滨区	义马市	渑池县
按国民经济行业分					
煤炭开采和洗选业	1527937			1100499	237102
黑色金属矿采选业	288337				114748
有色金属矿采选业	14628880	19542	3721		1248252
非金属矿采选业	960099				881455
农副食品加工业	410104		4215	26792	262784
食品制造业	498874		10247	96116	287164
酒、饮料和精制茶制造业	411338		172725		89160
烟草制品业	3601	3601			
纺织业	129577		48081		70748
纺织服装、服饰业	12800				
木材加工和木、竹、藤、棕、草制品业	503544		240478	86395	
家具制造业	82189				79540
造纸和纸制品业	8861				
印刷和记录媒介复制业	39109				
文教、工美、体育和娱乐用品制造业	46186				16595
石油加工、炼焦和核燃料加工业	62337			62337	
化学原料和化学制品制造业	1682182		19894	400691	593956
医药制造业	300735		47054	87872	6240
化学纤维制造业	20595				
橡胶和塑料制品业	224347			165280	33478
非金属矿物制品业	2408960	8221	48490	364671	1282673
黑色金属冶炼和压延加工业	182788		5772	43932	106526
有色金属冶炼和压延加工业	7477385	2279974	183195	6976	981245
金属制品业	452110			162121	210688
通用设备制造业	214779		53205	27551	
专用设备制造业	982360	8523	23503	751454	73298
汽车制造业	450395	85621			
电气机械和器材制造业	185935		20134	33673	84660
计算机、通信和其他电子设备制造业	73845		7769		42174
仪器仪表制造业	54447		43090		
废弃资源综合利用业	4570				
电力、热力生产和供应业	1033512	609335		22870	40088
燃气生产和供应业	15726				
水的生产和供应业	32262	4529		12586	15147

4-15续表5　　（2016年）　　单位：万元

指　　标	陕州区	灵宝市	卢氏县	开发区	三门峡 产业集聚区
按国民经济行业分					
煤炭开采和洗选业	190335				
黑色金属矿采选业		31498	142092		
有色金属矿采选业	200798	12943589	212978		
非金属矿采选业		45556	33089		
农副食品加工业		49665	58707		7940
食品制造业		83221	10716		11409
酒、饮料和精制茶制造业	35915	103240			10298
烟草制品业					
纺织业				10747	
纺织服装、服饰业		12800			
木材加工和木、竹、藤、棕、草制品业		168146		8526	
家具制造业			2649		
造纸和纸制品业		8861			
印刷和记录媒介复制业	39109				
文教、工美、体育和娱乐用品制造业					29592
石油加工、炼焦和核燃料加工业					
化学原料和化学制品制造业	302836	347345			17459
医药制造业		94532	49876	15162	
化学纤维制造业	20595				
橡胶和塑料制品业		18131			7458
非金属矿物制品业	475306	163491	49879		16229
黑色金属冶炼和压延加工业	2565	23993			
有色金属冶炼和压延加工业	1438320	2578143	9532		
金属制品业		72795			6505
通用设备制造业	8046	114132			11845
专用设备制造业		103405		12443	9736
汽车制造业	301487	8305		54982	
电气机械和器材制造业		26622		20846	
计算机、通信和其他电子设备制造业		10767			13135
仪器仪表制造业				4134	7223
废弃资源综合利用业	4570				
电力、热力生产和供应业	208037	127786	25396		
燃气生产和供应业	13417	2309			
水的生产和供应业					

4-16 分县市规模以上工业销售产值指数

（2016年）

指　　标	全　市	市　直	湖滨区	义马市	渑池县
总　　计	**104.1**	**74.0**	**112.5**	**102.3**	**109.5**
按轻重工业分					
轻工业	109.2	80.6	125.7	110.9	113.0
重工业	103.8	73.9	107.5	101.7	108.9
按登记注册类型分					
国有企业	97.9	93.9		108.0	91.6
集体企业	111.6		121.9	107.4	114.6
股份制企业	102.6	71.4	109.3	101.2	115.4
外商和港澳台商投资企业	96.3		130.9		71.8
其他	100.9		115.0	113.0	111.4
按是否公有制分					
公有制	100.8	73.9	116.0	98.4	112.8
非公有制	107.6	88.3	112.3	105.4	109.0
按企业规模分					
大型企业	87.7	72.3		100.1	95.3
中型企业	105.2	93.2	123.9	101.9	111.2
小微企业	10.0	74.9	7.2	9.2	118.4
在总计中：高技术产业	98.2		126.1	123.0	119.5
在总计中：高成长产业	115.6	102.3	51.4	109.2	120.7
在总计中：国有控股企业	90.7	73.9		100.4	112.9

4-16续表1　　（2016年，以上年为100）

指　　标	陕州区	灵宝市	卢氏县	开发区	三门峡产业集聚区
总　　计	**106.0**	**108.3**	**121.0**	**116.3**	**109.5**
按轻重工业分					
轻工业	128.9	81.3	171.6	105.2	101.5
重工业	105.7	109.2	108.3	121.2	115.4
按登记注册类型分					
国有企业	88.4	97.7	125.2		
集体企业		111.7	61.1		
股份制企业	106.1	110.1	118.1	116.3	98.1
外商和港澳台商投资企业	106.7	48.6			837.8
其他	53.2	92.9	91.2		
按是否公有制分					
公有制	104.8	109.6	108.4	171.9	93.5
非公有制	106.2	105.1	117.5	109.6	114.2
按企业规模分					
大型企业		101.0			
中型企业	103.7	103.9	109.5		92.4
小微企业	114.0	109.9	10.6	10.2	12.7
在总计中：高技术产业		60.0	114.2	133.3	111.0
在总计中：高成长产业	111.7	120.8	264.3	114.1	102.9
在总计中：国有控股企业	104.3	103.7	130.8		93.5

4-16续表2 （2016年，以上年为100）

指　　标	全　市	市　直	湖滨区	义马市	渑池县
在总计中：					
内资企业	104.6	74.0	109.9	102.3	114.6
国有企业	97.9	93.9		108.0	91.6
集体企业	111.6		121.9	107.4	114.6
有限责任公司	94.1	71.3	98.8	94.2	122.7
国有独资公司	86.6	88.1		85.2	
其他有限责任公司	94.3	71.1	98.8	98.4	122.7
股份有限公司	104.8	86.5	136.4	102.4	114.8
私营企业	107.7		124.6	104.0	112.3
私营独资企业	101.4		115.0	112.9	114.2
私营合伙企业	83.6			113.5	55.5
私营有限责任公司	110.2		124.8	102.7	112.4
私营股份有限公司	96.1				114.9
其他企业					
港、澳、台商投资企业	167.1				
合资经营企业(港或澳、台资)	155.2				
港澳台商独资经营企业	837.8				
港澳台商投资股份有限公司					
外商投资企业	92.2		130.9		71.8
中外合资经营企业	78.2				71.8
中外合作经营企业					
外资企业	101.9		130.9		
外商投资股份有限公司					

4-16续表3　　（2016年，以上年为100）

指　　标	陕州区	灵宝市	卢氏县	开发区	三门峡产业集聚区
在总计中：					
内资企业	105.7	108.4	116.4	116.3	98.1
国有企业	88.4	97.7	125.2		
集体企业		111.7	61.1		
有限责任公司	104.9	110.9	177.5	157.7	93.1
国有独资公司	119.4	73.7			
其他有限责任公司	104.7	111.3	177.5	157.7	93.1
股份有限公司	130.4	106.4	135.0		272.7
私营企业	107.6	103.8	106.9	105.6	97.0
私营独资企业	53.2	92.9	91.2		
私营合伙企业					
私营有限责任公司	107.8	109.9	107.1	96.1	97.0
私营股份有限公司		37.3	100.4	113.3	
其他企业					
港、澳、台商投资企业	155.2				837.8
合资经营企业(港或澳、台资)	155.2				
港澳台商独资经营企业					837.8
港澳台商投资股份有限公司					
外商投资企业	101.8	48.6			
中外合资经营企业	128.8				
中外合作经营企业					
外资企业	99.5	48.6			
外商投资股份有限公司					

4-16续表4　　（2016年，以上年为100）

指　　标	全　市	市　直	湖滨区	义马市	渑池县
按国民经济行业分					
煤炭开采和洗选业	104.4			102.4	108.3
黑色金属矿采选业	115.6				128.8
有色金属矿采选业	111.5	86.5	85.2		122.6
非金属矿采选业	103.0				102.0
农副食品加工业	132.9		134.7	107.8	121.3
食品制造业	119.6		128.8	119.6	113.5
酒、饮料和精制茶制造业	118.6		130.1		119.2
烟草制品业	63.6	63.6			
纺织业	116.8		111.9		121.1
纺织服装、服饰业	124.1				
木材加工和木、竹、藤、棕、草制品业	101.2		89.6	108.7	
家具制造业	98.9				115.3
造纸和纸制品业	24.5				
印刷和记录媒介复制业	86.3				
文教、工美、体育和娱乐用品制造业	99.3				111.7
石油加工、炼焦和核燃料加工业	115.0			115.0	
化学原料和化学制品制造业	110.0		129.3	99.0	108.8
医药制造业	87.2		121.8	112.5	107.2
化学纤维制造业	114.8				
橡胶和塑料制品业	85.2			77.7	113.5
非金属矿物制品业	108.6	84.6	114.0	91.8	120.9
黑色金属冶炼和压延加工业	89.8		137.1	110.2	87.9
有色金属冶炼和压延加工业	86.9	68.4	120.7	54.7	84.4
金属制品业	119.9			111.0	123.6
通用设备制造业	114.5		127.4	194.9	
专用设备制造业	114.8	96.5	123.1	110.6	167.6
汽车制造业	107.3	102.9			
电气机械和器材制造业	129.7		136.6	136.0	112.3
计算机、通信和其他电子设备制造业	118.8		131.8		121.6
仪器仪表制造业	129.9		129.9		
废弃资源综合利用业	109.2				
电力、热力生产和供应业	102.2	94.0		135.7	95.3
燃气生产和供应业	52.9				
水的生产和供应业	84.6	102.7		81.3	83.1

4-16续表5 （2016年，以上年为100）

指　　标	陕州区	灵宝市	卢氏县	开发区	三门峡产业集聚区
按国民经济行业分					
煤炭开采和洗选业	112.3				
黑色金属矿采选业		145.5	102.5		
有色金属矿采选业	106.6	110.4	109.4		
非金属矿采选业		141.2	94.2		
农副食品加工业		131.4	414.9		71.4
食品制造业		147.3	118.0		112.7
酒、饮料和精制茶制造业	189.5	95.2			181.7
烟草制品业					
纺织业				111.3	
纺织服装、服饰业		124.1			
木材加工和木、竹、藤、棕、草制品业		119.2		106.0	
家具制造业			69.5		
造纸和纸制品业		24.5			
印刷和记录媒介复制业	105.0				
文教、工美、体育和娱乐用品制造业					93.5
石油加工、炼焦和核燃料加工业					
化学原料和化学制品制造业	131.7	104.9			837.8
医药制造业		56.2	114.2	142.4	
化学纤维制造业	114.8				
橡胶和塑料制品业		128.7			110.4
非金属矿物制品业	102.2	88.8	128.2		82.6
黑色金属冶炼和压延加工业	59.4	70.7			
有色金属冶炼和压延加工业	101.5	101.1	100.4		
金属制品业		133.6			86.3
通用设备制造业	96.5	112.1			111.3
专用设备制造业		130.0		109.4	77.2
汽车制造业	107.0	131.6		113.3	
电气机械和器材制造业		133.6		198.4	
计算机、通信和其他电子设备制造业		133.3			97.0
仪器仪表制造业				103.9	153.2
废弃资源综合利用业	109.2				
电力、热力生产和供应业	109.9	133.0	121.1		
燃气生产和供应业	48.5	111.3			
水的生产和供应业					

4-17 规模以上工业主要产品产量

指　　标	计量单位	2016年	2015年	2016年比2015年增减(±%)
原煤	吨	9263801	11239556	-17.6
炼焦烟煤	吨	3117644	3155426	-1.2
一般烟煤	吨	6146157	8084130	-24.0
洗精煤（用于炼焦）	吨	3596815	3682098	-2.3
其他洗煤	吨	1835692	1848351	-0.7
煤制天然气	万立方米	14710	13962	5.4
铁矿石原矿	吨	5719514	5599085	2.2
铁矿石成品矿	吨	52751	112570	-53.1
锑金属含量	吨	1565	1620	-3.4
铝原矿实物量*	吨	27685658	20375325	35.9
金矿含金量(精矿,块矿)*	千克	17643	19637	-10.2
石灰石	吨	3744522	4562758	-17.9
耐火粘土成品矿*	吨	12517702	10111304	23.8
磷矿石（折含五氧化二磷30%）	吨	1130601	878275	28.7
小麦粉	吨	463792	387433	19.7
饲料	吨	63422	101585	-37.6
其中：混合饲料	吨	63422	101585	-37.6
鲜、冷藏肉	吨	11531	10527	9.5
淀粉及淀粉制品*	吨	5138	4518	13.7
糕点*	吨	13828	10844	27.5
焙烤松脆食品	吨	23261	16213	43.5
速冻食品	吨	37990	32233	17.9
方便面	吨	58853	62879	-6.4
乳制品	吨	52800	50487	4.6
液体乳	吨	52800	50487	4.6
罐头	吨	12524	13402	-6.6
营养、保健食品	吨	275	245	12.4
食品添加剂	吨	8617	14208	-39.3
饲料添加剂	吨	3251	3023	7.5

注：由于汇总单位不同，部分产品产量与2016年年鉴中的2015年数据不完全一致。

4-17续表1

指　　标	计量单位	2016年	2015年	2016年比2015年增减(±%)
饮料酒	千升	49648	42314	17.3
其中：白酒（折65度，商品量）	千升	4164	3815	9.2
啤酒	千升	45484	38499	18.1
软饮料	吨	377602	313846	20.3
其中：包装饮用水	吨	115313	102287	12.7
果汁和蔬菜汁类饮料	吨	240490	192643	24.8
蛋白饮料	吨	21799	18916	15.2
纱	吨	20694	20428	1.3
棉纱	吨	20694	20428	1.3
无纺布（无纺织物）	吨	48711	43459	12.1
人造板	立方米	1329935	1647005	-19.3
其中：胶合板	立方米	20307	28502	-28.8
纤维板	立方米	1045994	1398605	-25.2
刨花板	立方米	262363	219268	19.7
人造板表面装饰板	平方米	693853	681327	1.8
复合木地板	平方米	7968200	11624677	-31.5
家具	件	281158	280564	0.2
其中：木质家具	件	227748	218616	4.2
软体家具	件	45902	53689	-14.5
纸制品	吨	27474	43776	-37.2
其中：瓦楞纸箱	吨	21808	38870	-43.9
溶剂油	吨	2819	2883	-2.2
硫酸（折100%）	吨	1430742	634829	125.4
盐酸（氯化氢，含量31%）	吨	18296	17590	4.0
烧碱（折100%）	吨	43797	40600	7.9
其中：离子膜法烧碱（折100%）	吨	43797	40600	7.9
精甲醇	吨	668005	562006	18.9
冰乙酸（冰醋酸）	吨	212864	178392	19.3
商品液氯*	吨	33030	20920	57.9

4-17续表2

指　　标	计量单位	2016年	2015年	2016年比2015年增减(±%)
合成氨（无水氨）	吨	166779	225232	-26.0
农用氮、磷、钾化学肥料总计（折纯）	吨	95912	138639	-30.8
氮肥（折含N100%）	吨	95912	138639	-30.8
其中：尿素（折含N100%）	吨	95875	137581	-30.3
磷酸一铵（实物量）	吨	121543	160307	-24.2
合成橡胶	吨	54116	47829	13.1
化学试剂	吨	91760	73839	24.3
塑料助剂*	吨	47103	31505	49.5
化学药品原药	吨	44	39	12.8
中成药	吨	8654	8397	3.1
化学纤维用浆粕	吨	36406	33184	9.7
橡胶输送带*	平方米	38309	78061	-50.9
塑料制品	吨	118296	68619	72.4
其中：塑料薄膜	吨	2918	1738	67.9
泡沫塑料	吨	1003	934	7.4
日用塑料制品	吨	62480	13223	372.5
硅酸盐水泥熟料	吨	4619475	4584119	0.8
其中：窑外分解窑水泥熟料	吨	4619475	4514955	2.3
水泥	吨	5746163	5708070	0.7
其中：强度等级42.5水泥（含R型）	吨	3400089	3611030	-5.8
商品混凝土	立方米	4719134	3952535	19.4
预应力混凝土桩	米	188603	168999	11.6
石膏板	万平方米	484	405	19.5
砖	万块	1384983	863492	60.4
天然大理石建筑板材	平方米	21818	88289	-75.3
沥青和改性沥青防水卷材	平方米	1189510	745104	59.6
隔热、隔音人造矿物材料及其制品	吨	8861	9313	-4.9
石棉制品*	吨	11649	10176	14.5
耐火材料制品	吨	1799119	1662766	8.2

4-17续表3

指　　标	计量单位	2016年	2015年	2016年比2015年增减(±%)
石墨及炭素制品	吨	265139	225985	17.3
磨具*	吨	189590	162855	16.4
磨料*	吨	1113516	1025200	8.6
铸钢件	吨	40373	45612	-11.5
钢材	吨	212975	196313	8.5
棒材	吨	212975	196313	8.5
十种有色金属	吨	522351	367613	42.1
精炼铜（电解铜）	吨	261272	75032	248.2
铅	吨	82054	71085	15.4
锌	吨	2118	3677	-42.4
氧化铝	吨	6324003	6007984	5.3
原铝（电解铝）	吨	176907	217819	-18.8
黄金	千克	144579	207470	-30.3
白银（银锭）	千克	219474	137340	59.8
铝合金	吨	15992	6341	152.2
铜材	吨	19146	16464	16.3
铝材	吨	168026	171384	-2.0
其中：铝型材*	吨	83295	90172	-7.6
铝带材*	吨	6095	5907	3.2
铝箔材*	吨	28109	28941	-2.9
钢结构	吨	117118	106116	10.4
金属切削机床	台	31	31	
起重机	吨	466	1445	-67.8
真空应用设备	台	125	92	35.9
阀门	吨	5623	4897	14.8
滚动轴承	万套	41	52	-21.5
齿轮	吨	34938	28775	21.4
工业电炉	台	74	76	-2.6
矿山专用设备	吨	61160	69435	-11.9

4-17续表4

指　　标	计量单位	2016年	2015年	2016年比2015年增减（±%）
工矿配件*	吨	391043	352148	11.0
水泥专用设备	吨	13288	12846	3.4
炼油、化工生产专用设备	吨	8071	9073	-11.0
模具	套	71830	53896	33.3
棉纺织设备*	吨	178	219	-18.7
电线电缆制造专用设备*	吨	82	34	141.2
水工机械*	吨	3071	4883	-37.1
改装汽车	辆	40254	38625	4.2
汽车配件*	件	4189086	3959240	5.8
变压器	千伏安	5231	4796	9.1
互感器	台	2361	963	145.2
电力电缆	千米	6815	6845	-0.4
锂离子电池	只（自然只	3431053	74224	4522.6
家用洗衣机	台	969853	896914	8.1
电子计算机整机	台	22922	25778	-11.1
打印机	台	3300	7106	-53.6
光电子器件	万只（片、	1537	1338	14.9
其中：液晶显示屏	万片	1537	1338	14.9
电子元件	万只	1347	1351	-0.3
量仪*	件	23007	23159	-0.7
试验机	台	555	530	4.7
发电量	万千瓦小时	1228117	1320682	-7.0
其中：火力发电量	万千瓦小时	1035668	1095146	-5.4
燃煤发电	万千瓦小时	1020929	1088242	-6.2
余热、余气、预压发电	万千瓦小时	14739	6903	113.5
水力发电量	万千瓦小时	138645	173830	-20.2
风力发电量	万千瓦小时	53348	51298	4.0
太阳能发电量	万千瓦小时	456	409	11.5
煤气生产量	万立方米	221743	247453	-10.4
自来水生产量	万立方米	9295	9355	-0.6

4-18 主要年份全部国有及国有控股独立核算工业企业主要指标

单位：万元

年　份	企　业 单位数 （个）	#亏损 企业	固定资产 原　　价	固定资产 净　　值	固定资产净值 年平均余额	流动资产 年平均余额	工业总产值 （当年价）
1975	109	30	38686	33021	26596		
1978	117	22	55940	48711	40866	18685	41598
1980	121	16	67594	46505	45928	23397	54942
1981	111	23	71202	57746	52123		55465
1982	110	26	79906	53780	55763		54778
1983	108	6	95198	65922	59851		62009
1984	110	11	103546	69606	67764	31058	62080
1985	121	14	177919	132779	101193	38359	80100
1986	126	20	205726	151884	142332	45795	90294
1987	130	23	221657	160134	156009	55322	101271
1988	138	16	241347	173758	166946	70928	134373
1989	154	19	297916	219506	196632	101508	177662
1990	169	45	323205	234351	226929	130541	199601
1991	181	47	366422	266814	250583	176792	207311
1992	188	35	397771	295073	278579	208093	244992
1993	209	74	440785	328154	327478	258860	312404
1994	214	85	569672	416028	388111	298884	386052
1995	222	85	883930	682559	610139	333487	543428

4-18续表1 单位：万元

年　份	产品销售收入	#产品销售税金及附加	#产品销售成　本	利润总额	亏损企业亏 损 额	利税总额	全部职工平均人数（人）
1975		**3315**		**629**		**3944**	**53047**
1978		3100		1933	1090	5033	68835
1980	**52784**	**3794**	**44420**	**4244**	**383**	**8038**	**84477**
1981	53602	4200	45158	3500	557	7700	86069
1982	53599	3988	45545	2553	802	6541	87119
1983	58859	4175	49313	4877	91	9052	92727
1984	57272	3359	47657	4616	212	7975	95082
1985	**77633**	**5123**	**66656**	**4402**	**1039**	**9525**	**97676**
1986	93499	5559	82246	5127	2909	10686	109244
1987	101134	5521	87694	4672	3081	10194	109071
1988	135520	7804	112089	5193	5137	12996	113707
1989	162979	10126	148600	4102	9257	14228	122406
1990	**172428**	**8826**	**158010**	**-1483**	**12841**	**7343**	**126345**
1991	203865	10350	183294	-632	10852	10419	132101
1992	223376	11530	201606	1648	9727	13818	135832
1993	313491	15473	241760	7144	7941	22617	141096
1994	342791	4897	250848	18424	10130	41670	142004
1995	**436991**	**5360**	**320025**	**12992**	**13927**	**41390**	**146985**

4-18续表2 单位：万元

年 份	企 业单位数（个）	#亏损企业	固定资产原 价	固定资产净 值	固定资产净值年平均余额	流动资产年平均余额	工业总产值（当年价）
1996	211	63	1022877	788460	707883	360980	545409
1997	87	18	1139849	872939	864486	412066	595177
1998	81	17	1032709	806805	785912	442305	480504
1999	74	10	934310	694804	692559	370941	404755
2000	**75**	**10**	**1040779**	**732329**	**749482**	**442852**	**453562**
2001	79	17	1024608	694072	700146	448595	545055
2002	89	13	1861884	1281710	1150242	798119	989651
2003	88	19	2131756	1466799	1455846	987583	1268736
2004	83	18	2289021	1535656	1555397	1083156	1850141
2005	**65**	**12**	**2470657**	**1640246**	**1543041**	**1237619**	**2366031**
2006	63	10	3090107	2161663	1927267	1247862	2657990
2007	54	6	3073964	2062684	2053710	1301947	4258767
2008	48	11	3144305	2031047	1913203	1445245	5051309
2009	48	13	3504298	2185654	2108351	2010777	5662286
2010	**49**	**9**	**4232639**	**2652867**	**2419261**	**2263806**	**6987955**
2011	46	7	4787243	3541789	3097328	2758294	9293058
2012	50	6	5465290	3283172	3412481	3254904	10257251
2013	54	16	6003648	3519764	3401468	3406974	9189335
2014	51	19	6333699				8991179
2015	**53**	**21**	**7269450**				**7645719**
2016	52	21	7550961				8324858

单位：万元

年　份	主营业务收入	#主营业务税金及附加	#主营业务成　本	利润总额	亏损企业亏损额	利税总额	全部职工平均人数（人）
1996	534765	6600	369326	45382	24429	80896	132731
1997	552838	6085	412847	11975	16922	51774	120294
1998	400120	2841	304990	8830	11911	38147	54937
1999	354256	2790	276864	5474	10735	32930	47348
2000	**381083**	**2897**	**291986**	**19000**	**3194**	**49057**	**47521**
2001	459808	3102	358552	30136	2560	63230	47692
2002	916135	6416	709290	49379	3934	108003	105578
2003	1177453	5937	944401	53594	10351	123372	109174
2004	1737258	9261	1453297	48811	20606	136363	100562
2005	**2070107**	**14832**	**1755600**	**55496**	**29481**	**174332**	**158058**
2006	2757409	19503	2360177	119407	5697	269924	97822
2007	4281980	23025	3729650	252917	2137	435941	84610
2008	4932603	29038	4458327	81362	78267	281316	73665
2009	5715325	30366	5194868	130788	38128	331384	80842
2010	**7609522**	**44188**	**6842714**	**319624**	**15278**	**582263**	**92049**
2011	9922499	53849	8982582	337491	12735	652788	94648
2012	11447481	49943	10616474	195014	42645	464595	95694
2013	9939471	48047	9299235	47524	179189	342598	97465
2014	9472279	42444	8837382	102041	90225	363888	99058
2015	**10713845**	**35306**	**10339732**	**−219904**	**393570**	**2822**	**95024**
2016	8690565	35022	8262770	−335811	498789	−98912	82042

4-19 规模以上独立核算工业企业主要指标

指　　标	计量单位	2015年	2016年	2016年比2015年增减(±%)
企业单位数	个	646	618	-4.3
#亏损企业	个	43	46	7.0
主营业务收入	万元	35074367	31943034	-8.9
#主营业务成本	万元	31372760	28748246	-8.4
主营业务税金及附加	万元	143631	125485	-12.6
管理费用	万元	610592	581500	-4.8
财务费用	万元	486105	509376	4.8
#利息支出	万元	525037	559753	6.6
利润总额	万元	2178152	1617846	-25.7
亏损企业亏损额	万元	408298	523236	28.2
利税总额	万元	2785411	2150885	-22.8
资产总计	万元	27829773	27290162	-1.9
流动资产合计	万元	12551442	11566195	-7.8
应收帐款	万元	1978681	1908648	-3.5
存货	万元	1991080	2111246	6.0
#产成品	万元	574907	583149	1.4
固定资产合计	万元	11772617	11384377	-3.3
累计折旧	万元	5067549	5360503	5.8
负债总计	万元	15329697	15322406	0.0
本年应交增值税	万元	460985	404645	-12.2
所有者权益	万元	11847565	11687034	-1.4
从业人员平均人数	人	229867	213150	-7.3

注：从2011年起，纳入规模以上工业统计范围的工业企业起点标准从年主营业务收入500万元提高到2000万元。

4-20 规模以上工业企业主要经济指标（一）

（2016年） 单位：万元

指标	企业单位数（个）	#亏损企业	资产总计	流动资产合计	#应收账款
合 计	**618**	**46**	**27290162**	**11566195**	**1908648**
市 直	12	6	2959677	1363317	81997
湖滨区	56	5	463078	232192	67239
渑池县	144	3	5561060	2763637	808305
陕州区	54	6	2530946	1060080	119738
卢氏县	42		248489	73838	10184
义马市	81	7	7157896	2008286	294216
灵宝市	199	16	8024406	3875299	462446
开发区	9	1	103323	51828	18407
三门峡产业聚集区	21	2	241288	137718	46117
按登记注册类型分组					
内资企业	610	43	24723318	9964275	1306130
国有企业	6	2	636453	44309	3200
中央企业	3	1	594791	36407	2901
地方企业	3	1	41662	7902	299
集体企业	95		3351639	1601916	178001
有限责任公司	140	21	7559093	3399729	408322
国有独资公司	6	3	961654	203747	32661
其他有限责任公司	134	18	6597440	3195982	375661
股份有限公司	18	5	6542995	2246966	239416
私营企业	351	15	6633138	2671355	477192
私营独资企业	45		898270	404153	64207
私营合伙企业	3		33481	15550	2965
私营有限责任公司	297	14	5620386	2224547	406470
私营股份有限公司	6	1	81000	27106	3550
港、澳、台商投资企业	3	2	86498	18982	3449
合资经营企业(港或澳、台资)	2	1	58483	17262	2570
港澳台商独资经营企业	1	1	28014	1720	879
外商投资企业	5	1	2480347	1582938	599069
中外合资经营企业	2		1317222	1085919	571870
中外合作经营企业					
外资企业	3	1	1163125	497019	27199

4-20（一）续表1　　（2016年）　　单位：万元

指　　标	存货	#产成品	固定资产合　　计	固定资产原　　价	累计折旧
合　计	**2111246**	**583149**	**11384377**	**15991808**	**5360503**
市　直	786933	70089	1419419	2307544	1113035
湖滨区	54969	23008	160089	203002	60387
渑池县	188230	75422	2554411	3266607	849490
陕州区	143079	43047	765994	1397284	648418
卢氏县	10857	6224	133953	146905	16876
义马市	271209	150558	2877915	4515768	1658368
灵宝市	609221	185018	3374088	4034707	982922
开发区	6100	3171	19885	22946	9357
三门峡产业聚集区	40649	26612	78623	97044	21650
按登记注册类型分组					
内资企业	1979273	564974	10908523	14812472	4644515
国有企业	1502	105	550320	837585	401219
中央企业	731	105	518371	763743	359289
地方企业	771		31949	73841	41930
集体企业	189425	68532	1638627	1987010	384658
有限责任公司	1154970	187958	3322064	4588737	1555275
国有独资公司	24084	1423	675703	893536	310402
其他有限责任公司	1130886	186535	2646361	3695202	1244873
股份有限公司	280619	149185	2081708	3544979	1477724
私营企业	352758	159196	3315804	3854162	825640
私营独资企业	39668	21524	411354	472054	138052
私营合伙企业	1739	768	14049	17150	5778
私营有限责任公司	307005	133224	2869008	3345404	676924
私营股份有限公司	4347	3680	21392	19554	4886
港、澳、台商投资企业	6681	2936	26200	30254	4058
合资经营企业(港或澳、台资)	6581	2836	175	219	48
港澳台商独资经营企业	100	100	26025	30035	4010
外商投资企业	125292	15239	449654	1149082	711930
中外合资经营企业	50605	3091	227841	582868	365068
中外合作经营企业					
外资企业	74687	12148	221813	566214	346862

指　　标	本年折旧	负债合计	流动负债合　计	应付账款	非流动负债合　　计
合　计	**640534**	**15322406**	**11685171**	**1916833**	**3258349**
市　直	108452	2263433	1486530	556920	776903
湖滨区	8936	182832	106035	24029	28872
渑池县	136390	1887543	1512997	113739	205579
陕州区	72365	1885367	1529967	231765	304919
卢氏县	2605	55520	47229	2439	3472
义马市	182277	5999613	4490915	614778	1471107
灵宝市	121664	2886596	2378169	334822	457497
开发区	1763	35604	28530	5850	2489
三门峡产业聚集区	6084	125898	104800	32493	7510
按登记注册类型分组					
内资企业	569846	14156149	10697597	1818976	3079666
国有企业	41740	513160	398878	151699	114283
中央企业	40435	488900	377487	150896	111413
地方企业	1306	24260	21391	803	2870
集体企业	61106	447048	391349	57441	50269
有限责任公司	178076	5365700	4032004	843415	1222569
国有独资公司	37414	766919	591222	88017	175697
其他有限责任公司	140662	4598781	3440782	755397	1046873
股份有限公司	143842	5386033	4274249	486177	1107913
私营企业	145082	2444208	1601118	280245	584633
私营独资企业	17857	173576	126148	9815	24247
私营合伙企业	1099	23474	20329	1405	
私营有限责任公司	126034	2221534	1434750	267677	555830
私营股份有限公司	92	25624	19891	1349	4556
港、澳、台商投资企业	2833	60743	51798	5366	8944
合资经营企业(港或澳、台资)	4	41700	37979	4802	3721
港澳台商独资经营企业	2829	19043	13820	565	5223
外商投资企业	67856	1105514	935776	92491	169738
中外合资经营企业	34561	509533	459444	28019	50089
中外合作经营企业					
外资企业	33295	595981	476332	64472	119650

指　标	所有者权益合　计	实收资本	国家资本	集体资本	法人资本
合　计	**11687034**	**4335276**	**628455**	**475479**	**1538569**
市　直	696243	580397	436378		112543
湖滨区	280246	86461	3600	1000	18935
渑池县	3615536	922624	16329		418814
陕州区	645578	393236	80241	33038	91941
卢氏县	178043	50671	1766	594	17221
义马市	1138924	626616	4019	4550	532682
灵宝市	4949355	1572056	80130	436297	301657
开发区	67718	27962	993		5372
三门峡产业聚集区	115390	75255	5000		39404
按登记注册类型分组					
内资企业	10286446	4098932	628455	475479	1490187
国有企业	123293	82872	82872		
中央企业	105891	75448	75448		
地方企业	17401	7425	7425		
集体企业	2806174	881336		392969	40495
有限责任公司	2181403	1476150	534506	17376	659993
国有独资公司	194735	257586	232288		25298
其他有限责任公司	1986668	1218564	302218	17376	634695
股份有限公司	1156962	459797	11077		430081
私营企业	4018615	1198777		65135	359619
私营独资企业	629022	231549		500	85558
私营合伙企业	10008	3132			
私营有限责任公司	3324210	940871		64635	271860
私营股份有限公司	55376	23226			2200
港、澳、台商投资企业	25755	32672			12382
合资经营企业(港或澳、台资)	16784	22727			2438
港澳台商独资经营企业	8971	9944			9944
外商投资企业	1374833	203672			36000
中外合资经营企业	807689	95544			36000
中外合作经营企业					
外资企业	567144	108128			

指标	个人资本	港澳台资本	外商资本	营业收入	主营业务收入
合计	**1467746**	**84355**	**140673**	**32230279**	**31943034**
市直	1103		30374	3843462	3744382
湖滨区	56850	6075		450761	449093
渑池县	435436	52044		5565316	5557028
陕州区	61793	20290	105933	2339512	2290325
卢氏县	31090			579088	579028
义马市	85365			4369923	4292425
灵宝市	744407	5946	3620	14825064	14776035
开发区	21597			118226	118225
三门峡产业聚集区	30104		746	138928	136493
按登记注册类型分组					
内资企业	1467746	5946	31120	30531186	30248587
国有企业				534846	525305
中央企业				478197	468796
地方企业				56649	56509
集体企业	447872			8096643	8096605
有限责任公司	233902		30374	6985615	6808785
国有独资公司				296408	293892
其他有限责任公司	233902		30374	6689207	6514893
股份有限公司	12694	5946		5009232	4918341
私营企业	773278		746	9904849	9899551
私营独资企业	145490			1959153	1959153
私营合伙企业	3132			57567	57567
私营有限责任公司	603630		746	7803076	7797825
私营股份有限公司	21026			85053	85007
港、澳、台商投资企业		20290		38258	38258
合资经营企业(港或澳、台资)		20290		20799	20799
港澳台商独资经营企业				17459	17459
外商投资企业		58120	109553	1660835	1656188
中外合资经营企业		52044	7500	624581	620770
中外合作经营企业					
外资企业		6075	102053	1036254	1035418

指　　标	营业成本	主营业务成本	营业税金及附加	主营业务税金及附加	其他业务收入
合　计	**28993692**	**28748246**	**128393**	**125485**	**287245**
市　直	3688026	3595464	4733	4633	99080
湖滨区	405411	404446	1065	1065	1668
渑池县	4734734	4729212	40883	39226	8287
陕州区	2170498	2125919	5211	5067	49187
卢氏县	532154	522661	4766	4758	60
义马市	4161097	4091789	25066	24067	77498
灵宝市	13084066	13063251	45935	45935	49030
开发区	98023	98023	315	315	1
三门峡产业聚集区	119683	117482	419	419	2435
按登记注册类型分组					
内资企业	27511537	27268810	123164	121914	282598
国有企业	527170	520778	1154	1125	9541
中央企业	472389	466012	853	824	9401
地方企业	54780	54766	300	300	141
集体企业	7027440	7027432	29150	29150	38
有限责任公司	6468484	6305182	22938	22502	176830
国有独资公司	270360	269615	567	567	2516
其他有限责任公司	6198124	6035567	22371	21936	174314
股份有限公司	4796310	4728118	27281	26663	90891
私营企业	8692133	8687300	42642	42474	5298
私营独资企业	1703116	1703016	8049	8049	
私营合伙企业	50901	50901	251	251	
私营有限责任公司	6867629	6862930	34038	33870	5252
私营股份有限公司	70487	70453	305	305	46
港、澳、台商投资企业	35141	35141	1		
合资经营企业(港或澳、台资)	19863	19863	1		
港澳台商独资经营企业	15278	15278			
外商投资企业	1447015	1444296	5228	3571	4646
中外合资经营企业	463991	461862	3188	1531	3811
中外合作经营企业					
外资企业	983024	982434	2040	2040	836

4-20（一）续表6 （2016年） 单位：万元

指　标	其他业务利润	销售费用	管理费用		财务费用
				税金	
合　计	**43985**	**304276**	**581500**	**35517**	**509376**
市　直	6148	9201	43140	2942	59794
湖滨区	693	8244	14217	658	3791
渑池县	-1	61243	73586	8084	44992
陕州区	117	12031	43925	4588	67926
卢氏县		5590	11755	598	1563
义马市	14881	57206	185909	9257	205150
灵宝市	21914	144748	195283	8721	121239
开发区	1	1811	6394	161	328
三门峡产业聚集区	233	4201	7292	510	4594
按登记注册类型分组					
内资企业	43999	303340	566041	32196	487228
国有企业	3110	902	4140	135	8888
中央企业	3024	156	3027	60	8466
地方企业	86	747	1113	76	423
集体企业	31	105258	71320	1751	23348
有限责任公司	19427	56428	156684	11432	170707
国有独资公司	1771	598	24868	1288	24123
其他有限责任公司	17655	55829	131816	10145	146584
股份有限公司	21115	30361	176154	8392	201173
私营企业	317	110391	157742	10486	83112
私营独资企业		14407	16652	2172	7702
私营合伙企业		2075	1205	35	396
私营有限责任公司	304	93063	137146	8194	74623
私营股份有限公司	12	847	2740	85	391
港、澳、台商投资企业		424	856	215	3523
合资经营企业(港或澳、台资)		381	682	205	881
港澳台商独资经营企业		43	174	9	2642
外商投资企业	-14	512	14604	3107	18625
中外合资经营企业			9145	1797	16832
中外合作经营企业					
外资企业	-14	512	5459	1310	1793

指　　标	利息收入	利息支出	营业利润	资产减值损失	公允价值变动收益
合　计	**89862**	**559753**	**1629597**	**68677**	**138**
市　直	654	60393	36688	-340	
湖滨区	-50	3215	18005	-12	
渑池县	5032	45910	609854	36	
陕州区	41674	93064	39503	458	
卢氏县	10	1653	23263	-2	
义马市	33025	227726	-327573	63191	
灵宝市	9199	123276	1216927	5263	28
开发区	-4	312	10193	84	110
三门峡产业聚集区	323	4204	2737		
按登记注册类型分组					
内资企业	44236	507273	1456490	68620	138
国有企业	153	8952	-6810	109	
中央企业	140	8518	-6062	76	
地方企业	14	434	-748	34	
集体企业	3	23346	840127		
有限责任公司	3780	166820	103041	3688	-59
国有独资公司	301	24001	-26924	-167	
其他有限责任公司	3479	142819	129965	3855	-59
股份有限公司	39020	227003	-294740	64738	87
私营企业	1280	81153	814872	84	110
私营独资企业	46	7732	209229		
私营合伙企业	8	367	2739		
私营有限责任公司	1225	72794	593748		
私营股份有限公司		260	9157	84	110
港、澳、台商投资企业	-2	3525	-1686		
合资经营企业(港或澳、台资)		881	-1009		
港澳台商独资经营企业	-2	2644	-677		
外商投资企业	45628	48955	174793	57	
中外合资经营企业	5752	22081	131424		
中外合作经营企业					
外资企业	39876	26874	43368	57	

指 标	投资收益	营业外收入	补贴收入	营业外支出
合 计	**-14901**	**43954**	**10544**	**55704**
市 直	-2219	11466	1865	1401
湖滨区	-38	4124	3381	3906
渑池县	13	6217	10	1195
陕州区	41	5124	2096	2252
卢氏县		422		82
义马市	123	10679	851	44327
灵宝市	-11631	4952	2023	2321
开发区	-1190	304		153
三门峡产业聚集区		666	319	66
按登记注册类型分组				
内资企业	-14901	37494	10544	53906
国有企业	708	9865	811	582
中央企业	708	8829	251	276
地方企业		1036	560	306
集体企业				
有限责任公司	-3587	10962	4334	6615
国有独资公司	-2983	819	98	568
其他有限责任公司	-604	10143	4236	6046
股份有限公司	-8042	13370	3918	44517
私营企业	-3980	3297	1481	2192
私营独资企业		9		162
私营合伙企业				1
私营有限责任公司	-2827	3102	1481	2008
私营股份有限公司	-1153	186		21
港、澳、台商投资企业		204		27
合资经营企业(港或澳、台资)		203		1
港澳台商独资经营企业				26
外商投资企业		6256		1772
中外合资经营企业		5407		634
中外合作经营企业				
外资企业		849		1138

4-20（一）续表9 （2016年） 单位：万元

指　标	利润总额	应　交 所得税	亏损企业 亏损总额	利税总额
合　计	**1617846**	**50502**	**523236**	**2150885**
市　直	46753	14364	13721	79127
湖滨区	18222	820	3791	25450
渑池县	614875	33533	3233	835072
陕州区	42375	12848	39379	76590
卢氏县	23603	144		34497
义马市	-361221	-15825	423184	-201290
灵宝市	1219558	3650	38271	1283190
开发区	10344	1095	637	12765
三门峡产业聚集区	3337	-127	1020	5484
按登记注册类型分组				
内资企业	1440079	30207	521462	1917876
国有企业	2473	2547	2076	17990
中央企业	2490	2556	1622	14811
地方企业	-17	-9	453	3178
集体企业	840127	522		871798
有限责任公司	107387	20951	116807	203844
国有独资公司	-26673	391	37531	-18930
其他有限责任公司	134061	20560	79276	222774
股份有限公司	-325886	-26566	387531	-157116
私营企业	815977	32754	15049	981361
私营独资企业	209076	4137		235852
私营合伙企业	2738	366		3777
私营有限责任公司	594842	27680	14861	731368
私营股份有限公司	9321	571	188	10363
港、澳、台商投资企业	-1510	-168	1531	-1675
合资经营企业(港或澳、台资)	-806		828	-971
港澳台商独资经营企业	-703	-168	703	-703
外商投资企业	179278	20462	243	234683
中外合资经营企业	136198	9708		171265
中外合作经营企业				
外资企业	43080	10755	243	63418

指　　标	应交税金及附加	本年应付职工薪酬	本年应交增值税	从业人员平均人数（人）
合　计	**619058**	**1086907**	**404645**	**213150**
市　直	49679	89249	27641	8123
湖滨区	8706	21178	6162	4565
渑池县	261813	147522	179314	38949
陕州区	51651	44844	29004	10871
卢氏县	11636	34400	6128	6521
义马市	153363	489983	134866	70807
灵宝市	76003	235822	17697	67043
开发区	3677	3348	2107	899
三门峡产业聚集区	2530	20562	1727	5372
按登记注册类型分组				
内资企业	540201	1062928	354634	209597
国有企业	18199	44307	14363	1841
中央企业	14937	35071	11468	853
地方企业	3262	9237	2895	988
集体企业	33943	91357	2521	28091
有限责任公司	128840	204171	73519	43919
国有独资公司	9421	23287	7176	3326
其他有限责任公司	119419	180884	66343	40593
股份有限公司	150595	439755	141489	60865
私营企业	208624	283339	122742	74881
私营独资企业	33086	31932	18728	9624
私营合伙企业	1440	2641	788	507
私营有限责任公司	172400	236795	102489	63923
私营股份有限公司	1698	11972	737	827
港、澳、台商投资企业	-118	929	-166	292
合资经营企业(港或澳、台资)	40	790	-166	272
港澳台商独资经营企业	-158	139		20
外商投资企业	78975	23050	50177	3261
中外合资经营企业	46572	16301	31880	2012
中外合作经营企业				
外资企业	32403	6750	18298	1249

4-20 规模以上工业企业主要经济指标（二）

（2016年） 单位：万元

指　　标	企业单位数（个）	#亏损企业	资产总计	流动资产合　计	#应收账款
按经济组织类型分组					
独资企业	150	4	6077501	2549117	273485
国有企业	6	2	636453	44309	3200
集体企业	95		3351639	1601916	178001
私营独资企业	45		898270	404153	64207
港澳台商独资经营企业	1	1	28014	1720	879
外资企业	3	1	1163125	497019	27199
合作、合伙企业	3		33481	15550	2965
私营合伙企业	3		33481	15550	2965
中外合作经营企业					
股份有限公司	24	6	6623995	2274072	242966
股份有限公司(内资)	18	5	6542995	2246966	239416
私营股份有限公司	6	1	81000	27106	3550
有限责任公司	441	36	14555185	6727456	1389233
国有独资公司	6	3	961654	203747	32661
私营有限责任公司	297	14	5620386	2224547	406470
合资经营企业(港或澳、台资)	2	1	58483	17262	2570
中外合资经营企业	2		1317222	1085919	571870
其他有限责任公司	134	18	6597440	3195982	375661
在总计中:亏损企业	46	46	7783956	2522316	344306
在总计中:国有控股企业	52	21	11877557	4244568	440832
在总计中:农村工业	91		3252344	1575268	185006
在总计中:轻工业	101	9	1432044	634948	126897
重工业	517	37	25858118	10931247	1781751
在总计中:大型企业	11	3	10792151	4867994	855431
中型企业	128	20	6936871	2636179	499672
小微企业	479	23	9561140	4062022	553545

指　　标	存货	#产成品	固定资产合　计	固定资产原　价	累计折旧
按经济组织类型分组					
独资企业	305380	102408	2848139	3892898	1274801
国有企业	1502	105	550320	837585	401219
集体企业	189425	68532	1638627	1987010	384658
私营独资企业	39668	21524	411354	472054	138052
港澳台商独资经营企业	100	100	26025	30035	4010
外资企业	74687	12148	221813	566214	346862
合作、合伙企业	1739	768	14049	17150	5778
私营合伙企业	1739	768	14049	17150	5778
中外合作经营企业					
股份有限公司	284965	152865	2103100	3564532	1482610
股份有限公司(内资)	280619	149185	2081708	3544979	1477724
私营股份有限公司	4347	3680	21392	19554	4886
有限责任公司	1519161	327108	6419088	8517228	2597315
国有独资公司	24084	1423	675703	893536	310402
私营有限责任公司	307005	133224	2869008	3345404	676924
合资经营企业(港或澳、台资)	6581	2836	175	219	48
中外合资经营企业	50605	3091	227841	582868	365068
其他有限责任公司	1130886	186535	2646361	3695202	1244873
在总计中:亏损企业	377362	177197	2825548	4870565	2039125
在总计中:国有控股企业	1252004	238866	4791394	7550961	3101350
在总计中:农村工业	204870	81095	1644102	1982175	370189
在总计中:轻工业	130815	73311	642511	794052	194774
重工业	1980431	509838	10741866	15197756	5165729
在总计中:大型企业	1178914	222695	3377571	5261541	2041192
中型企业	443608	119764	3353235	4953049	1854189
小微企业	488724	240691	4653571	5777219	1465122

指　标	本年折旧	负债合计	流动负债合　计	应付账款	非流动负债合　计
按经济组织类型分组					
独资企业	156827	1748809	1406526	283991	313671
国有企业	41740	513160	398878	151699	114283
集体企业	61106	447048	391349	57441	50269
私营独资企业	17857	173576	126148	9815	24247
港澳台商独资经营企业	2829	19043	13820	565	5223
外资企业	33295	595981	476332	64472	119650
合作、合伙企业	1099	23474	20329	1405	
私营合伙企业	1099	23474	20329	1405	
中外合作经营企业					
股份有限公司	143934	5411657	4294141	487525	1112469
股份有限公司(内资)	143842	5386033	4274249	486177	1107913
私营股份有限公司	92	25624	19891	1349	4556
有限责任公司	338674	8138466	5964176	1143912	1832209
国有独资公司	37414	766919	591222	88017	175697
私营有限责任公司	126034	2221534	1434750	267677	555830
合资经营企业(港或澳、台资)	4	41700	37979	4802	3721
中外合资经营企业	34561	509533	459444	28019	50089
其他有限责任公司	140662	4598781	3440782	755397	1046873
在总计中:亏损企业	190905	6802125	5542827	722573	1229355
在总计中:国有控股企业	319049	9616148	7340627	1313054	2231684
在总计中:农村工业	58374	420885	384399	48026	34953
在总计中:轻工业	30227	513248	379114	113951	67709
重工业	610307	14809158	11306058	1802883	3190640
在总计中:大型企业	229885	8230973	6423456	915657	1807518
中型企业	189585	3583968	2754767	568249	762655
小微企业	221066	3507464	2506950	432927	688176

指　　标	所有者权益合　　计	实收资本	国家资本	集体资本	法人资本
按经济组织类型分组					
独资企业	4134604	1313829	82872	393469	135998
国有企业	123293	82872	82872		
集体企业	2806174	881336		392969	40495
私营独资企业	629022	231549		500	85558
港澳台商独资经营企业	8971	9944			9944
外资企业	567144	108128			
合作、合伙企业	10008	3132			
私营合伙企业	10008	3132			
中外合作经营企业					
股份有限公司	1212338	483023	11077		432281
股份有限公司(内资)	1156962	459797	11077		430081
私营股份有限公司	55376	23226			2200
有限责任公司	6330085	2535292	534506	82010	970291
国有独资公司	194735	257586	232288		25298
私营有限责任公司	3324210	940871		64635	271860
合资经营企业(港或澳、台资)	16784	22727			2438
中外合资经营企业	807689	95544			36000
其他有限责任公司	1986668	1218564	302218	17376	634695
在总计中:亏损企业	978264	924471	243716	1550	600750
在总计中:国有控股企业	2257842	1548336	623862	4612	874633
在总计中:农村工业	2831460	862271		392384	38663
在总计中:轻工业	915445	272861	17351	13442	92804
重工业	10771589	4062415	611104	462037	1445765
在总计中:大型企业	2561178	836461	221577		547762
中型企业	3352903	1333310	260035	75096	545498
小微企业	5772953	2165505	146843	400382	445309

指　　标	个人资本	港澳台资本	外商资本	营业收入	主营业务收入
按经济组织类型分组					
独资企业	593363	6075	102053	11644355	11633940
国有企业				534846	525305
集体企业	447872			8096643	8096605
私营独资企业	145490			1959153	1959153
港澳台商独资经营企业				17459	17459
外资企业		6075	102053	1036254	1035418
合作、合伙企业	3132			57567	57567
私营合伙企业	3132			57567	57567
中外合作经营企业					
股份有限公司	33720	5946		5094285	5003348
股份有限公司(内资)	12694	5946		5009232	4918341
私营股份有限公司	21026			85053	85007
有限责任公司	837532	72334	38620	15434072	15248179
国有独资公司				296408	293892
私营有限责任公司	603630		746	7803076	7797825
合资经营企业(港或澳、台资)		20290		20799	20799
中外合资经营企业		52044	7500	624581	620770
其他有限责任公司	233902		30374	6689207	6514893
在总计中:亏损企业	48601	26235	3620	3957136	3801496
在总计中:国有控股企业	8910	5946	30374	8944529	8690565
在总计中:农村工业	431225			7958781	7958781
在总计中:轻工业	139569	6075	3620	1673771	1671118
重工业	1328177	78279	137053	30556507	30271916
在总计中:大型企业	9132	57990		9274256	9162191
中型企业	323874		128806	9169031	9004985
小微企业	1134740	26365	11866	13786991	13775858

指　　标	营业成本	主营业务成本	营业税金及附加	主营业务税金及附加	其他业务收入
按经济组织类型分组					
独资企业	10256028	10248939	40392	40363	10415
国有企业	527170	520778	1154	1125	9541
集体企业	7027440	7027432	29150	29150	38
私营独资企业	1703116	1703016	8049	8049	
港澳台商独资经营企业	15278	15278			
外资企业	983024	982434	2040	2040	836
合作、合伙企业	50901	50901	251	251	
私营合伙企业	50901	50901	251	251	
中外合作经营企业					
股份有限公司	4866797	4798571	27585	26968	90937
股份有限公司(内资)	4796310	4728118	27281	26663	90891
私营股份有限公司	70487	70453	305	305	46
有限责任公司	13819967	13649837	60165	57903	185893
国有独资公司	270360	269615	567	567	2516
私营有限责任公司	6867629	6862930	34038	33870	5252
合资经营企业(港或澳、台资)	19863	19863	1		
中外合资经营企业	463991	461862	3188	1531	3811
其他有限责任公司	6198124	6035567	22371	21936	174314
在总计中:亏损企业	3821709	3690091	24412	23573	155640
在总计中:国有控股企业	8484789	8262770	35960	35022	253965
在总计中:农村工业	6901385	6901385	28944	28944	
在总计中:轻工业	1453256	1441401	13292	13292	2653
重工业	27540436	27306845	115101	112193	284592
在总计中:大型企业	8801205	8711534	29649	27302	112065
中型企业	8131743	7995200	35688	35174	164046
小微企业	12060744	12041513	63057	63008	11134

指　　标	其他业务利润	销售费用	管理费用	税金	财务费用
按经济组织类型分组					
独资企业	3127	121121	97745	5378	44373
国有企业	3110	902	4140	135	8888
集体企业	31	105258	71320	1751	23348
私营独资企业		14407	16652	2172	7702
港澳台商独资经营企业		43	174	9	2642
外资企业	-14	512	5459	1310	1793
合作、合伙企业		2075	1205	35	396
私营合伙企业		2075	1205	35	396
中外合作经营企业					
股份有限公司	21127	31208	178894	8477	201563
股份有限公司(内资)	21115	30361	176154	8392	201173
私营股份有限公司	12	847	2740	85	391
有限责任公司	19731	149872	303657	21628	263044
国有独资公司	1771	598	24868	1288	24123
私营有限责任公司	304	93063	137146	8194	74623
合资经营企业(港或澳、台资)		381	682	205	881
中外合资经营企业			9145	1797	16832
其他有限责任公司	17655	55829	131816	10145	146584
在总计中:亏损企业	23975	40441	224622	12578	260433
在总计中:国有控股企业	28531	53870	264854	14915	341067
在总计中:农村工业		106048	69754	1680	22027
在总计中:轻工业	131	31544	36877	2215	12947
重工业	43854	272732	544624	33302	496429
在总计中:大型企业	22191	36828	202038	12645	288024
中型企业	20627	99320	210129	16094	139841
小微企业	1168	168128	169334	6779	81512

指　　标	利息收入	利息支出	营业利润	资产减值损失	公允价值变动收益
按经济组织类型分组					
独资企业	40076	69547	1085237	167	
国有企业	153	8952	-6810	109	
集体企业	3	23346	840127		
私营独资企业	46	7732	209229		
港澳台商独资经营企业	-2	2644	-677		
外资企业	39876	26874	43368	57	
合作、合伙企业	8	367	2739		
私营合伙企业	8	367	2739		
中外合作经营企业					
股份有限公司	39020	227263	-285583	64822	197
股份有限公司(内资)	39020	227003	-294740	64738	87
私营股份有限公司		260	9157	84	110
有限责任公司	10757	262577	827204	3688	-59
国有独资公司	301	24001	-26924	-167	
私营有限责任公司	1225	72794	593748		
合资经营企业(港或澳、台资)		881	-1009		
中外合资经营企业	5752	22081	131424		
其他有限责任公司	3479	142819	129965	3855	-59
在总计中:亏损企业	41214	289318	-493233	66514	483
在总计中:国有控股企业	43741	372422	-313908	68321	424
在总计中:农村工业		22028	830622		
在总计中:轻工业	417	13288	125792	58	
重工业	89445	546465	1503805	68619	138
在总计中:大型企业	44814	319402	-157936	65838	28
中型企业	42506	161944	544158	2621	
小微企业	2542	78407	1243375	219	110

指　　标	投资收益	营业外收入	补贴收入	营业外支出
按经济组织类型分组				
独资企业	708	10724	811	1909
国有企业	708	9865	811	582
集体企业				
私营独资企业		9		162
港澳台商独资经营企业				26
外资企业		849		1138
合作、合伙企业				1
私营合伙企业				1
中外合作经营企业				
股份有限公司	-9195	13556	3918	44538
股份有限公司(内资)	-8042	13370	3918	44517
私营股份有限公司	-1153	186		21
有限责任公司	-6414	19674	5815	9257
国有独资公司	-2983	819	98	568
私营有限责任公司	-2827	3102	1481	2008
合资经营企业(港或澳、台资)		203		1
中外合资经营企业		5407		634
其他有限责任公司	-604	10143	4236	6046
在总计中:亏损企业	-12719	17017	4590	47021
在总计中:国有控股企业	-10001	26500	4352	48402
在总计中:农村工业				
在总计中:轻工业	-5	2553	764	862
重工业	-14896	41401	9780	54842
在总计中:大型企业	-8641	17482	2171	45714
中型企业	-5532	9255	2790	4556
小微企业	-729	17218	5583	5434

指　　标	利润总额	应　交 所得税	亏损企业 亏损总额	利税总额
按经济组织类型分组				
独资企业	1094052	17793	3021	1188354
国有企业	2473	2547	2076	17990
集体企业	840127	522		871798
私营独资企业	209076	4137		235852
港澳台商独资经营企业	-703	-168	703	-703
外资企业	43080	10755	243	63418
合作、合伙企业	2738	366		3777
私营合伙企业	2738	366		3777
中外合作经营企业				
股份有限公司	-316565	-25996	387719	-146753
股份有限公司(内资)	-325886	-26566	387531	-157116
私营股份有限公司	9321	571	188	10363
有限责任公司	837621	58339	132496	1105506
国有独资公司	-26673	391	37531	-18930
私营有限责任公司	594842	27680	14861	731368
合资经营企业(港或澳、台资)	-806		828	-971
中外合资经营企业	136198	9708		171265
其他有限责任公司	134061	20560	79276	222774
在总计中:亏损企业	-523236	-29279	523236	-365725
在总计中:国有控股企业	-335811	-9918	498789	-98912
在总计中:农村工业	830622			859881
在总计中:轻工业	127483	10860	6200	165538
重工业	1490363	39642	517036	1985346
在总计中:大型企业	-186169	-13254	412390	21699
中型企业	548858	37048	97434	704636
小微企业	1255158	26708	13413	1424550

指　　标	应交税金及附加	本年应付职工薪酬	本年应交增值税	从业人员平均人数（人）
按经济组织类型分组				
独资企业	117472	174484	53910	40825
国有企业	18199	44307	14363	1841
集体企业	33943	91357	2521	28091
私营独资企业	33086	31932	18728	9624
港澳台商独资经营企业	-158	139		20
外资企业	32403	6750	18298	1249
合作、合伙企业	1440	2641	788	507
私营合伙企业	1440	2641	788	507
中外合作经营企业				
股份有限公司	152293	451727	142226	61692
股份有限公司(内资)	150595	439755	141489	60865
私营股份有限公司	1698	11972	737	827
有限责任公司	347853	458056	207721	110126
国有独资公司	9421	23287	7176	3326
私营有限责任公司	172400	236795	102489	63923
合资经营企业(港或澳、台资)	40	790	-166	272
中外合资经营企业	46572	16301	31880	2012
其他有限责任公司	119419	180884	66343	40593
在总计中:亏损企业	140810	487060	133099	70795
在总计中:国有控股企业	241897	600277	200939	82042
在总计中:农村工业	30940	88554	315	28253
在总计中:轻工业	51130	73447	24763	20195
重工业	567928	1013460	379882	192955
在总计中:大型企业	207259	493359	178220	68202
中型企业	208920	283117	120090	67685
小微企业	202879	310432	106335	77263

4-21 规模以上工业分行业主要经济指标

（2016年） 单位：万元

指标	企业单位数（个）	#亏损企业	资产总计	流动资产合计	#应收账款
合　　计	**618**	**46**	**27290162**	**11566195**	**1908648**
煤炭开采和洗选业	16	3	5359765	1614850	194776
黑色金属矿采选业	18		235609	90016	6361
有色金属矿采选业	153	6	5967687	2827742	389217
非金属矿采选业	27	1	669080	216682	27599
农副食品加工业	24		191029	71960	15487
食品制造业	20	1	243863	76821	12337
酒、饮料和精制茶制造业	15	1	399362	213930	34436
烟草制品业	1	1	9870	4294	2551
纺织业	7	2	90709	48948	2636
纺织服装、服饰业	2		11502	5249	1329
木材加工和木、竹、藤、棕、草制品业	8		138156	68278	11078
家具制造业	3		43049	14267	2152
造纸和纸制品业	1		35816	7153	3670
印刷和记录媒介复制业	1		29119	18869	4571
文教、工美、体育和娱乐用品制造业	2		41358	35385	5259
石油加工、炼焦和核燃料加工业	1		79984	4801	697
化学原料和化学制品制造业	34	5	2276676	709771	38789
医药制造业	12	1	110100	45370	6323
化学纤维制造业	1	1	54878	42776	24263
橡胶和塑料制品业	10		143516	57627	22481
非金属矿物制品业	103	3	1529545	643660	140043
黑色金属冶炼和压延加工业	5	1	137729	36352	3213
有色金属冶炼和压延加工业	26	6	6018618	3575372	724468
金属制品业	16	1	245909	78172	10316
通用设备制造业	15	3	149715	79775	20801
专用设备制造业	43	3	613168	258562	71537
汽车制造业	4		294140	156582	21769
电气机械和器材制造业	12		153635	60091	20577
计算机、通信和其他电子设备制造业	6	2	84216	41626	19054
仪器仪表制造业	8		44423	24363	3857
废弃资源综合利用业	1		7955	5809	410
金属制品、机械和设备修理业	1		3932	2616	1324
电力、热力生产和供应业	16	3	1804408	402054	63881
燃气生产和供应业	2		31563	16290	19
水的生产和供应业	4	2	40081	10083	1367

4-21续表1 （2016年） 单位：万元

指　　标	存货	#产成品	固定资产合　　计	固定资产原　　价	累计折旧
合　　计	**2111246**	**583149**	**11384377**	**15991808**	**5360503**
煤炭开采和洗选业	193033	116760	1744597	3076535	1270801
黑色金属矿采选业	5944	4631	101971	129288	25272
有色金属矿采选业	329342	126847	2816212	3394326	712666
非金属矿采选业	10354	5473	390525	413994	75177
农副食品加工业	12448	8202	97519	113518	25431
食品制造业	7051	3948	148841	179934	32349
酒、饮料和精制茶制造业	66864	40302	125587	167751	51449
烟草制品业	1410	1153	3391	16096	12705
纺织业	9759	2797	40617	46198	5356
纺织服装、服饰业	1447	1303	5759	2585	985
木材加工和木、竹、藤、棕、草制品业	4614	2986	62776	71087	11291
家具制造业	2239	2016	20150	24189	4040
造纸和纸制品业	3482		28362	32347	4069
印刷和记录媒介复制业	3210	1418	6163	10347	5468
文教、工美、体育和娱乐用品制造业	3358	537	3855	2769	982
石油加工、炼焦和核燃料加工业	903	731	75183	32715	9643
化学原料和化学制品制造业	148916	26273	1128250	1421886	404429
医药制造业	6460	2970	37088	45601	15900
化学纤维制造业	6557	4140	10090	13391	3435
橡胶和塑料制品业	7347	3326	54631	64769	13737
非金属矿物制品业	63100	30378	714229	843168	201484
黑色金属冶炼和压延加工业	2838	708	78456	99448	33754
有色金属冶炼和压延加工业	1031799	122350	1629581	2540110	1038211
金属制品业	8507	4413	145092	180031	42366
通用设备制造业	15543	7824	51951	69116	19405
专用设备制造业	75427	35299	302352	318500	75037
汽车制造业	22060	5513	110632	161384	57027
电气机械和器材制造业	11369	6759	89800	96497	6765
计算机、通信和其他电子设备制造业	5526	4204	33179	42165	8986
仪器仪表制造业	7399	4469	12607	17123	7502
废弃资源综合利用业	5398	5398	2147	2399	252
金属制品、机械和设备修理业	1		1316		
电力、热力生产和供应业	37194	3	1278259	2310250	1155112
燃气生产和供应业	210	4	7732	14145	6886
水的生产和供应业	138	15	25480	38146	22534

4-21续表2 （2016年） 单位：万元

指　　标	本年折旧	负债合计	流动负债合　计	应付账款	非流动负债合　计
合　　计	**640534**	**15322406**	**11685171**	**1916833**	**3258349**
煤炭开采和洗选业	118853	4524922	3556823	450290	951408
黑色金属矿采选业	903	46231	14732	924	1823
有色金属矿采选业	102079	1410816	1255709	129490	128076
非金属矿采选业	16560	147138	98531	1469	180
农副食品加工业	5903	47867	27825	6932	14053
食品制造业	5868	61450	39107	12232	10883
酒、饮料和精制茶制造业	7513	160189	119301	19312	5600
烟草制品业	474	1679	1679	15	
纺织业	1613	36148	19198	1017	4448
纺织服装、服饰业	143	1298	567	356	731
木材加工和木竹藤棕草制品业	1845	76697	37137	9332	16943
家具制造业	1041	9040	6744	1885	1890
造纸和纸制品业	223	2586	1753	1190	833
印刷和记录媒介复制业	270	11305	11305	390	
文教工美体育和娱乐用品制造业	420	11720	11581	9308	
石油加工、炼焦和核燃料加工业	1737	77678	19362		58316
化学原料和化学制品制造业	62516	1534964	1261905	153407	259487
医药制造业	2894	56222	35045	13518	20540
化学纤维制造业		61806	61806	42475	
橡胶和塑料制品业	4010	63315	43687	13504	19088
非金属矿物制品业	40509	700628	484691	71474	144430
黑色金属冶炼和压延加工业	6455	66333	45378	4472	6201
有色金属冶炼和压延加工业	118866	4100150	3086085	583985	972203
金属制品业	8011	101161	44459	15327	55572
通用设备制造业	3171	67712	58484	8635	3399
专用设备制造业	12977	458575	288787	62964	159917
汽车制造业	4414	162842	134441	24113	28401
电气机械和器材制造业	2482	51252	45091	5412	4164
计算机通信和其他电子设备制造业	1582	34138	25179	10942	2000
仪器仪表制造业	506	19460	18645	752	815
废弃资源综合利用业	252	4410	4410	892	
金属制品、机械和设备修理业		3304	3304	3054	
电力、热力生产和供应业	103898	1169323	788387	253503	380936
燃气生产和供应业	1016	20744	20744	1814	
水的生产和供应业	1529	19304	13290	2448	6014

（2016年）

单位：万元

指　　标	所有者权益合　　计	实收资本	国家资本	集体资本	法人资本
合　　计	**11687034**	**4335276**	**628455**	**475479**	**1538569**
煤炭开采和洗选业	833068	433471	22100		384941
黑色金属矿采选业	142252	22590		594	5505
有色金属矿采选业	4383474	1227081	43063	381386	200968
非金属矿采选业	512564	155335	3853		17129
农副食品加工业	143162	53726		9095	21825
食品制造业	182413	73148		1000	26959
酒、饮料和精制茶制造业	239173	54493			19160
烟草制品业	8191	6353	6353		
纺织业	54562	11604			
纺织服装、服饰业	10204	1389	200	551	454
木材加工和木、竹、藤、棕、草制品业	61459	21908	993	4795	1462
家具制造业	30659	5970			5800
造纸和纸制品业	33230	1645			
印刷和记录媒介复制业	17815	2796		2796	
文教、工美、体育和娱乐用品制造业	29638	5850	5000		
石油加工、炼焦和核燃料加工业	2306	4532			4532
化学原料和化学制品制造业	741712	352772	100	3000	298552
医药制造业	53878	31330			11807
化学纤维制造业	-6928	3000			
橡胶和塑料制品业	80201	18419			
非金属矿物制品业	795212	367773		34859	165864
黑色金属冶炼和压延加工业	71396	4466			
有色金属冶炼和压延加工业	1906477	608854	212049		113988
金属制品业	144748	61677		7456	4333
通用设备制造业	82003	74104	19017	23566	1800
专用设备制造业	154593	80452	3450	1550	17438
汽车制造业	131298	42326	10000		
电气机械和器材制造业	102383	20218		1769	12450
计算机、通信和其他电子设备制造业	50079	19876			13659
仪器仪表制造业	24962	11245			
废弃资源综合利用业	3545	1000			
金属制品、机械和设备修理业	628	500			500
电力、热力生产和供应业	635085	538858	296479	62	204444
燃气生产和供应业	10819	4000		3000	1000
水的生产和供应业	20776	12518	5798		4000

指　　标				营业收入	
	个人资本	港澳台资本	外商资本		主营业务收入
合　　计	**1467746**	**84355**	**140673**	**32230279**	**31943034**
煤炭开采和洗选业	26430			2765961	2696322
黑色金属矿采选业	16491			174494	174494
有色金属矿采选业	601664			11904994	11875498
非金属矿采选业	134353			823859	823859
农副食品加工业	22807			401810	401747
食品制造业	41570		3620	329845	329775
酒、饮料和精制茶制造业	29257	6075		229825	229739
烟草制品业				3619	3601
纺织业	11604			93545	93535
纺织服装、服饰业	184			13223	13223
木材加工和木、竹、藤、棕、草制品业	14658			211845	211845
家具制造业	170			82141	82141
造纸和纸制品业	1645			8861	8861
印刷和记录媒介复制业				40073	40043
文教、工美、体育和娱乐用品制造业	850			36853	34651
石油加工、炼焦和核燃料加工业				62337	62337
化学原料和化学制品制造业	30831	20290		1581273	1569863
医药制造业	19523			237129	237069
化学纤维制造业	3000			20595	20595
橡胶和塑料制品业	18419			108545	108315
非金属矿物制品业	167049			2127065	2123142
黑色金属冶炼和压延加工业	4466			78571	78552
有色金属冶炼和压延加工业	126394	57990	98433	7780004	7695445
金属制品业	49888			451677	451623
通用设备制造业	29720			200444	200033
专用设备制造业	58014			801127	798632
汽车制造业	32326			283526	281066
电气机械和器材制造业	5999			179425	179425
计算机、通信和其他电子设备制造业	6216			69483	69483
仪器仪表制造业	10499		746	56915	56904
废弃资源综合利用业	1000			3079	3079
金属制品、机械和设备修理业				5084	5084
电力、热力生产和供应业			37874	1015179	935905
燃气生产和供应业				14641	14012
水的生产和供应业	2720			33235	33135

4-21续表5　　（2016年）　　单位：万元

指　　标	营业成本	主营业务成本	营业税金及附加	主营业务税金及附加	其他业务收入
合　　计	**28993692**	**28748246**	**128393**	**125485**	**287245**
煤炭开采和洗选业	2641766	2579714	24123	23505	69639
黑色金属矿采选业	151075	151075	2011	2011	
有色金属矿采选业	10363091	10347856	46296	46296	29496
非金属矿采选业	721511	721511	6863	6863	
农副食品加工业	352802	343308	2107	2107	63
食品制造业	284903	284819	1689	1689	70
酒、饮料和精制茶制造业	181892	181892	6577	6577	85
烟草制品业	2257	2257	57	57	18
纺织业	85930	85930	724	724	10
纺织服装、服饰业	9812	9812	62	62	
木材加工和木、竹、藤、棕、草制品业	181921	181921	1075	1075	
家具制造业	68843	68843	356	356	
造纸和纸制品业	7448	7448	30	30	
印刷和记录媒介复制业	37008	37006	9	9	30
文教、工美、体育和娱乐用品制造业	32928	30727	155	155	2202
石油加工、炼焦和核燃料加工业	59701	59701	76	76	
化学原料和化学制品制造业	1483490	1473902	2703	2702	11410
医药制造业	211795	211740	1085	1085	60
化学纤维制造业	20928	20928	3	3	
橡胶和塑料制品业	78461	78215	628	479	231
非金属矿物制品业	1854190	1850343	11468	11457	3923
黑色金属冶炼和压延加工业	71067	71062	178	178	18
有色金属冶炼和压延加工业	7332994	7265768	9032	7374	84559
金属制品业	390321	390308	2210	2210	54
通用设备制造业	168157	167989	712	712	410
专用设备制造业	730112	728643	2059	1838	2495
汽车制造业	249419	247563	314	243	2460
电气机械和器材制造业	163992	163992	396	396	
计算机、通信和其他电子设备制造业	58930	58930	504	504	
仪器仪表制造业	42207	42207	282	282	11
废弃资源综合利用业	2534	2534	12	12	
金属制品、机械和设备修理业	4769	4769	52	52	
电力、热力生产和供应业	905217	833992	4450	4270	79274
燃气生产和供应业	13440	12773	11	11	629
水的生产和供应业	28785	28771	87	87	101

指　　标	其他业务利润	销售费用	管理费用	税金	财务费用
合　　计	**43985**	**304276**	**581500**	**35517**	**509376**
煤炭开采和洗选业	6521	32665	145304	6980	170885
黑色金属矿采选业		4911	2111	337	643
有色金属矿采选业	6939	129071	143012	5812	49097
非金属矿采选业		4636	7368	507	2150
农副食品加工业	2	5628	4498	303	1788
食品制造业	-14	6198	5723	116	3239
酒、饮料和精制茶制造业		9054	8209	912	3176
烟草制品业		691	1589	137	-2
纺织业		346	414	7	279
纺织服装、服饰业		540	2572	24	82
木材加工和木、竹、藤、棕、草制品业		1326	1612	228	743
家具制造业		585	673	26	75
造纸和纸制品业		71	135	7	76
印刷和记录媒介复制业	15	100	370	61	871
文教、工美、体育和娱乐用品制造业		659	879	19	12
石油加工、炼焦和核燃料加工业		669	762	91	588
化学原料和化学制品制造业	8672	13022	31595	2701	45663
医药制造业	32	4221	5708	127	1718
化学纤维制造业		35	938	1	408
橡胶和塑料制品业	-16	2424	4158	236	1859
非金属矿物制品业	65	34721	35036	3135	26491
黑色金属冶炼和压延加工业	13	609	1175	34	833
有色金属冶炼和压延加工业	13940	15182	89871	8866	146184
金属制品业	40	8171	8029	259	5462
通用设备制造业	232	3004	7263	332	1465
专用设备制造业	499	12704	20215	937	8796
汽车制造业	603	4051	8480	553	4928
电气机械和器材制造业		2429	3112	174	969
计算机、通信和其他电子设备制造业		1476	3193	288	1222
仪器仪表制造业	11	3497	7488	114	398
废弃资源综合利用业		21	279	5	15
金属制品、机械和设备修理业			238		9
电力、热力生产和供应业	6302	146	27121	1954	28812
燃气生产和供应业	44	435	463	137	9
水的生产和供应业	86	980	1908	100	434

指　　标	利息收入	利息支出	营业利润	资产减值损失	公允价值变动收益
合　　计	**89862**	**559753**	**1629597**	**68677**	**138**
煤炭开采和洗选业	32723	196461	-310726	62062	
黑色金属矿采选业	11	632	13745		
有色金属矿采选业	645	45823	1173955	718	
非金属矿采选业	26	2176	81331		
农副食品加工业	6	1861	34987		
食品制造业	1	3233	28049	57	
酒、饮料和精制茶制造业	346	4166	20899		
烟草制品业	2		-973		
纺织业	2	151	5850		
纺织服装、服饰业	5		155		
木材加工和木、竹、藤、棕、草制品业	35	662	25167		
家具制造业	1	76	11610		
造纸和纸制品业		76	1101		
印刷和记录媒介复制业		871	1714		
文教、工美、体育和娱乐用品制造业	-9	17	2219		
石油加工、炼焦和核燃料加工业	9	577	541		
化学原料和化学制品制造业	1609	43784	2380	1474	-59
医药制造业	-1	1259	12602		
化学纤维制造业	48	456	-1715		
橡胶和塑料制品业	356	1542	21015		
非金属矿物制品业	548	25184	165124		
黑色金属冶炼和压延加工业	2	850	4709		
有色金属冶炼和压延加工业	50624	175497	172718	3431	87
金属制品业	51	5439	37483		
通用设备制造业	56	1505	20119	-276	
专用设备制造业	138	8803	26225	1030	
汽车制造业	656	5576	15228	103	110
电气机械和器材制造业	13	937	8527		
计算机、通信和其他电子设备制造业	-55	1266	4121		
仪器仪表制造业	1	124	3042		
废弃资源综合利用业	1	5	219		
金属制品、机械和设备修理业			17		
电力、热力生产和供应业	2001	30298	46833	77	
燃气生产和供应业	10	8	284		
水的生产和供应业	5	438	1041		

指　　标	投资收益	营业外收入	补贴收入	营业外支出
合　　计	**-14901**	**43954**	**10544**	**55704**
煤炭开采和洗选业	117	8841		43261
黑色金属矿采选业				
有色金属矿采选业	248	1661	457	1047
非金属矿采选业				
农副食品加工业		42		50
食品制造业	13	78	42	8
酒、饮料和精制茶制造业	-18	899	59	165
烟草制品业		2		19
纺织业				
纺织服装、服饰业		100	93	148
木材加工和木、竹、藤、棕、草制品业		281		861
家具制造业				
造纸和纸制品业				
印刷和记录媒介复制业		531		2
文教、工美、体育和娱乐用品制造业				
石油加工、炼焦和核燃料加工业				
化学原料和化学制品制造业	-887	974	251	2174
医药制造业		295	10	436
化学纤维制造业				22
橡胶和塑料制品业		273	244	251
非金属矿物制品业	-34	1469	672	667
黑色金属冶炼和压延加工业		25		7
有色金属冶炼和压延加工业	-10680	10420	2575	3680
金属制品业		23		65
通用设备制造业		642	5	168
专用设备制造业	13	696	470	559
汽车制造业	-1112	436		140
电气机械和器材制造业		124		646
计算机、通信和其他电子设备制造业	-37	6		2
仪器仪表制造业		438	267	21
废弃资源综合利用业				
金属制品、机械和设备修理业				
电力、热力生产和供应业	-2523	15095	4838	1280
燃气生产和供应业		6	1	14
水的生产和供应业		600	560	11

指　　标	利润总额	应　交 所得税	亏损企业 亏损总额	利税总额
合　　计	**1617846**	**50502**	**523236**	**2150885**
煤炭开采和洗选业	-345146	-27727	374145	-194146
黑色金属矿采选业	13745	59		18501
有色金属矿采选业	1174568	2606	14359	1265550
非金属矿采选业	81331	716	1219	118006
农副食品加工业	34979	3359		41058
食品制造业	28120	1248	243	31038
酒、饮料和精制茶制造业	21633	1148	1788	35394
烟草制品业	-990	-17	990	-456
纺织业	5850	2	37	9551
纺织服装、服饰业	107			686
木材加工和木、竹、藤、棕、草制品业	24587	8		25771
家具制造业	11610	2303		13162
造纸和纸制品业	1101			1132
印刷和记录媒介复制业	2243			2484
文教、工美、体育和娱乐用品制造业	2219			3393
石油加工、炼焦和核燃料加工业	541	132		771
化学原料和化学制品制造业	1179	3099	49758	20180
医药制造业	12460	1517	916	16783
化学纤维制造业	-1738		1738	-1709
橡胶和塑料制品业	21037	2599		23751
非金属矿物制品业	165926	9529	735	221182
黑色金属冶炼和压延加工业	4726	330	325	5529
有色金属冶炼和压延加工业	179458	23533	53468	250694
金属制品业	37442	2463	317	43330
通用设备制造业	20593	391	1956	23037
专用设备制造业	26362	4003	10415	36094
汽车制造业	15524	1882		17537
电气机械和器材制造业	8005	1141		10682
计算机、通信和其他电子设备制造业	4125	169	1809	6850
仪器仪表制造业	3459	362		5575
废弃资源综合利用业	219			328
金属制品、机械和设备修理业	17	4		69
电力、热力生产和供应业	60648	15308	8530	96760
燃气生产和供应业	275	69		302
水的生产和供应业	1631	266	489	2018

4-21续表10　　（2016年）　　单位：万元

指　　标	应交税金及附加	本年应付职工薪酬	本年应交增值税	从业人员平均人数（人）
合　　计	**619058**	**1086907**	**404645**	**213150**
煤炭开采和洗选业	130254	416830	126878	57401
黑色金属矿采选业	5152	9238	2745	2279
有色金属矿采选业	99400	174925	44686	48829
非金属矿采选业	37898	21720	29812	5742
农副食品加工业	9741	9376	3972	3210
食品制造业	4282	16697	1229	5126
酒、饮料和精制茶制造业	15821	13052	7184	3114
烟草制品业	654	3702	478	603
纺织业	3710	4473	2977	826
纺织服装、服饰业	602	1533	517	900
木材加工和木、竹、藤、棕、草制品业	1420	4380	109	1742
家具制造业	3881	1473	1197	343
造纸和纸制品业	37	1089		295
印刷和记录媒介复制业	302	891	232	300
文教、工美、体育和娱乐用品制造业	1193	2343	1019	380
石油加工、炼焦和核燃料加工业	453	2812	154	381
化学原料和化学制品制造业	24800	42021	16298	9970
医药制造业	5968	9951	3238	2193
化学纤维制造业	29	1322	25	527
橡胶和塑料制品业	5550	7797	2086	2223
非金属矿物制品业	67919	66355	43788	19042
黑色金属冶炼和压延加工业	1167	4025	625	1000
有色金属冶炼和压延加工业	103635	97872	62205	18330
金属制品业	8610	13485	3678	3229
通用设备制造业	3167	11662	1732	2412
专用设备制造业	14673	44445	7674	10428
汽车制造业	4448	15535	1699	2588
电气机械和器材制造业	3992	7843	2281	2414
计算机、通信和其他电子设备制造业	3181	5127	2221	1731
仪器仪表制造业	2592	2481	1834	601
废弃资源综合利用业	114	161	98	61
金属制品、机械和设备修理业	57	612		128
电力、热力生产和供应业	53373	68696	31661	3875
燃气生产和供应业	233	296	16	86
水的生产和供应业	753	2686	300	841

4-22 大中型工业企业主要经济指标

（2016年） 单位：万元

指标	企业单位数（个）	#亏损企业	资产总计	流动资产合计	#应收账款
合计	**139**	**23**	**17729022**	**7504173**	**1355103**
市直	10	6	2381474	1327094	79640
湖滨区	2		14882	9236	3555
渑池县	32	1	2913872	1676989	660981
陕州区	11	2	1664712	706162	57053
卢氏县	6		98116	31192	3729
义马市	18	4	6459627	1774544	252972
灵宝市	53	10	4082218	1908611	271768
三门峡产业聚集区	7		114122	70345	25406
按国民经济行业分组					
煤炭开采和洗选业	7	2	5250224	1557596	190831
黑色金属矿采选业	3		45106	13965	3598
有色金属矿采选业	39	5	2091063	826451	193968
非金属矿采选业	4		220492	57320	9701
农副食品加工业	1		3879	2680	
食品制造业	6		83525	23661	3895
酒、饮料和精制茶制造业	1		67665	40694	258
烟草制品业	1	1	9870	4294	2551
纺织业					
纺织服装、服饰业	1		7551	2681	649
造纸和纸制品业	1		35816	7153	3670
印刷和记录媒介复制业	1		29119	18869	4571
石油加工、炼焦和核燃料加工业	1		79984	4801	697
化学原料和化学制品制造业	7	3	2001984	620012	14606
医药制造业	3		49927	18455	3642
化学纤维制造业	1	1	54878	42776	24263
橡胶和塑料制品业	1		81370	34690	18421
非金属矿物制品业	17		526458	230068	51922
黑色金属冶炼和压延加工业	1		19635	7426	1710
有色金属冶炼和压延加工业	14	5	5669765	3432832	688574
金属制品业	3		80920	37472	3994
通用设备制造业	3	1	42825	27496	9978
专用设备制造业	8	3	284830	130492	48558
汽车制造业	3		254124	147621	18965
电气机械和器材制造业	3		90857	22288	9698
计算机、通信和其他电子设备制造业	3		36142	23432	13403
电力、热力生产和供应业	4	1	592173	162735	32664
水的生产和供应业	2	1	18842	6215	316

指　　标	存货	#产成品	固定资产合　　计	固定资产原　　价
合　计	**1622522**	**342459**	**6730806**	**10214589**
市　直	784680	69151	913121	1555679
湖滨区	1634	645	3819	5286
渑池县	108571	36437	1203160	1690066
陕州区	106905	23182	459794	967279
卢氏县	4934	3186	60280	62120
义马市	226389	128748	2505189	4063156
灵宝市	362571	60827	1558614	1833805
三门峡产业聚集区	26839	20284	26828	37199
按国民经济行业分组				
煤炭开采和洗选业	186235	113959	1727323	3052908
黑色金属矿采选业	981	815	24497	26573
有色金属矿采选业	101468	17830	1134005	1382625
非金属矿采选业	2432	1353	144795	156590
农副食品加工业			1199	1199
食品制造业	2078	1324	50588	63465
酒、饮料和精制茶制造业	33429	20944	15284	21215
烟草制品业	1410	1153	3391	16096
纺织业				
纺织服装、服饰业	1442	1298	4377	258
造纸和纸制品业	3482		28362	32347
印刷和记录媒介复制业	3210	1418	6163	10347
石油加工、炼焦和核燃料加工业	903	731	75183	32715
化学原料和化学制品制造业	125994	14469	1000592	1271947
医药制造业	2025	270	16364	25400
化学纤维制造业	6557	4140	10090	13391
橡胶和塑料制品业	3856	1244	23314	30519
非金属矿物制品业	21967	10041	233622	297119
黑色金属冶炼和压延加工业	765	141	6934	11054
有色金属冶炼和压延加工业	1005611	113125	1446904	2312662
金属制品业	1565	256	30334	47299
通用设备制造业	5939	2817	9089	16906
专用设备制造业	49469	22670	135158	165837
汽车制造业	21750	5330	105962	156714
电气机械和器材制造业	3999	3452	68522	71849
计算机、通信和其他电子设备制造业	4899	3665	5227	8229
电力、热力生产和供应业	30973		410913	963382
水的生产和供应业	84	15	12617	25944

4-22续表2 （2016年） 单位：万元

指　　标	累计折旧	本年折旧	负债合计	流动负债合　计	应付账款
合　计	**3895381**	**419469**	**11814942**	**9178222**	**1483906**
市　直	762036	68310	1799068	1132564	407830
湖滨区	3360	424	5675	4238	1544
渑池县	541177	77184	902789	788065	57026
陕州区	511055	45356	1300803	1119783	159774
卢氏县	3203	486	6484	6484	
义马市	1552663	165154	5520543	4257103	584585
灵宝市	510256	60920	2206235	1808434	257597
三门峡产业聚集区	11630	1636	73344	61550	15551
按国民经济行业分组					
煤炭开采和洗选业	1264223	117728	4456452	3523866	446894
黑色金属矿采选业	2238	192	2594	2594	
有色金属矿采选业	307151	49303	600413	508909	62715
非金属矿采选业	22605	6659	21520	7527	
农副食品加工业			920		
食品制造业	12877	2836	11400	10003	1544
酒、饮料和精制茶制造业	7423	1502	59708	58552	10592
烟草制品业	12705	474	1679	1679	15
纺织业					
纺织服装、服饰业	40	30	340	108	105
造纸和纸制品业	4069	223	2586	1753	1190
印刷和记录媒介复制业	5468	270	11305	11305	390
石油加工、炼焦和核燃料加工业	9643	1737	77678	19362	
化学原料和化学制品制造业	372403	52511	1390399	1149088	140578
医药制造业	9660	2295	24915	16856	10551
化学纤维制造业	3435		61806	61806	42475
橡胶和塑料制品业	7205	2174	28481	20281	7145
非金属矿物制品业	85737	15066	300996	234903	24171
黑色金属冶炼和压延加工业	4121	768	9070	5386	4158
有色金属冶炼和压延加工业	989204	114671	3965209	2970403	576232
金属制品业	16966	3105	25537	16808	10360
通用设备制造业	8039	801	32915	32099	6730
专用设备制造业	37381	5229	264154	181738	51474
汽车制造业	54613	4154	157523	130652	23499
电气机械和器材制造业	3372	1166	22118	18237	1549
计算机、通信和其他电子设备制造业	3002	267	24857	15898	10076
电力、热力生产和供应业	633307	35639	250474	168818	51361
水的生产和供应业	18495	672	9895	9592	103

4-22续表3　　(2016年)　　单位：万元

指　　标	非流动负债合　　计	所有者权益合　　计	实收资本	国家资本	集体资本
合　计	**2570172**	**5914081**	**2169771**	**481612**	**75096**
市　直	666504	582405	519457	375833	
湖滨区	800	9207	2456		
渑池县	100645	2011083	386325	16000	
陕州区	162449	363909	183930	6100	29976
卢氏县		91632	24417		
义马市	1263440	939084	520038	3550	1550
灵宝市	374093	1875983	500183	80130	43570
三门峡产业聚集区	2241	40777	32965		
按国民经济行业分组					
煤炭开采和洗选业	932587	793772	405372	22100	
黑色金属矿采选业		42512	100		
有色金属矿采选业	91504	1490649	315675	43063	39276
非金属矿采选业		198972	29056		
农副食品加工业		2959	2959		2367
食品制造业		72125	18377		
酒、饮料和精制茶制造业	1156	7957	350		
烟草制品业		8191	6353	6353	
纺织业					
纺织服装、服饰业	232	7212	1189		551
造纸和纸制品业	833	33230	1645		
印刷和记录媒介复制业		17815	2796		2796
石油加工、炼焦和核燃料加工业	58316	2306	4532		
化学原料和化学制品制造业	241311	611585	280930	100	
医药制造业	7422	25012	8588		
化学纤维制造业		-6928	3000		
橡胶和塑料制品业	8200	52889	9750		
非金属矿物制品业	46347	225463	150605		27787
黑色金属冶炼和压延加工业	3684	10565	1300		
有色金属冶炼和压延加工业	972203	1704556	519296	212049	
金属制品业	8729	55383	9229		
通用设备制造业	713	9910	19317	19017	
专用设备制造业	82416	20677	23243	3450	1550
汽车制造业	26872	96601	30120	10000	
电气机械和器材制造业	3691	68739	8241		769
计算机、通信和其他电子设备制造业	2000	11285	10767		
电力、热力生产和供应业	81656	341699	298932	160151	
水的生产和供应业	302	8948	8049	5329	

指　　标					营业收入
	法人资本	个人资本	港澳台资本	外商资本	
合　计	**1093260**	**333006**	**57990**	**128806**	**18443287**
市　直	112543	708		30374	3374663
湖滨区	736	1720			51929
渑池县	234320	83961	52044		2982512
陕州区	23900	25521		98433	1748791
卢氏县	100	24317			275596
义马市	484778	30159			3412403
灵宝市	211423	159114	5946		6548774
三门峡产业聚集区	25460	7505			48619
按国民经济行业分组					
煤炭开采和洗选业	378272	5000			2520932
黑色金属矿采选业	100				72285
有色金属矿采选业	97856	135480			4229838
非金属矿采选业		29056			324586
农副食品加工业	237	355			9204
食品制造业	8660	9717			172153
酒、饮料和精制茶制造业		350			23959
烟草制品业					3619
纺织业					
纺织服装、服饰业	454	184			9700
造纸和纸制品业		1645			8861
印刷和记录媒介复制业					40073
石油加工、炼焦和核燃料加工业	4532				62337
化学原料和化学制品制造业	270175	10655			1305323
医药制造业		8588			125558
化学纤维制造业		3000			20595
橡胶和塑料制品业		9750			25718
非金属矿物制品业	85900	36918			796550
黑色金属冶炼和压延加工业		1300			43951
有色金属冶炼和压延加工业	107591	43234	57990	98433	7533844
金属制品业		9229			200384
通用设备制造业		300			32669
专用设备制造业	16535	1708			193303
汽车制造业		20120			227549
电气机械和器材制造业	7280	192			92822
计算机、通信和其他电子设备制造业	7262	3505			24369
电力、热力生产和供应业	108408			30374	324590
水的生产和供应业		2720			18518

指　　标	主营业务收入	营业成本	主营业务成本	营业税金及附加	主营业务税金及附加
合　计	18167176	16932948	16706734	65337	62477
市　直	3276943	3225582	3134299	3855	3784
湖滨区	51872	46537	46517	132	132
渑池县	2977692	2497079	2494950	23472	21814
陕州区	1701539	1649852	1606945	2916	2773
卢氏县	275596	256995	256995	1394	1394
义马市	3335285	3277387	3208111	23312	22324
灵宝市	6499865	5938402	5917803	10039	10039
三门峡产业聚集区	48386	41115	41115	217	217
按国民经济行业分组					
煤炭开采和洗选业	2452437	2411583	2350535	23561	22944
黑色金属矿采选业	72285	65238	65238	607	607
有色金属矿采选业	4200360	3718563	3703427	13306	13306
非金属矿采选业	324586	292504	292504	2608	2608
农副食品加工业	9204	8363	8363		
食品制造业	172153	145889	145889	1138	1138
酒、饮料和精制茶制造业	23877	7290	7290	4051	4051
烟草制品业	3601	2257	2257	57	57
纺织业					
纺织服装、服饰业	9700	8603	8603		
造纸和纸制品业	8861	7448	7448	30	30
印刷和记录媒介复制业	40043	37008	37006	9	9
石油加工、炼焦和核燃料加工业	62337	59701	59701	76	76
化学原料和化学制品制造业	1294003	1236271	1226683	1427	1427
医药制造业	125517	114923	114888	201	201
化学纤维制造业	20595	20928	20928	3	3
橡胶和塑料制品业	25521	6641	6406	339	190
非金属矿物制品业	796473	694823	694784	3910	3910
黑色金属冶炼和压延加工业	43932	40745	40740	58	58
有色金属冶炼和压延加工业	7449290	7100345	7033122	8496	6838
金属制品业	200330	174848	174834	827	827
通用设备制造业	32315	29050	28917	144	144
专用设备制造业	190839	175636	174175	1029	808
汽车制造业	225089	203232	201375	256	185
电气机械和器材制造业	92822	87403	87403	111	111
计算机、通信和其他电子设备制造业	24369	20084	20084	60	60
电力、热力生产和供应业	248220	248447	179023	2952	2809
水的生产和供应业	18417	15125	15111	80	80

4-22续表6　　（2016年）　　单位：万元

指　标	其他业务收入	其他业务利润	销售费用	管理费用	税金
合　计	**276111**	**42817**	**136147**	**412167**	**28738**
市　直	97720	6069	8795	42268	2851
湖滨区	58	38	1064	1941	16
渑池县	4820		31786	43254	5676
陕州区	47253	15	6785	24435	3923
卢氏县			1207	6226	62
义马市	77118	14550	41152	164074	8466
灵宝市	48910	21913	43727	127213	7534
三门峡产业聚集区	233	233	1632	2756	211
按国民经济行业分组					
煤炭开采和洗选业	68495	6521	30811	143121	6949
黑色金属矿采选业			357	636	17
有色金属矿采选业	29479	6939	37400	74968	4941
非金属矿采选业			717	522	7
农副食品加工业			307	320	
食品制造业			3555	2404	79
酒、饮料和精制茶制造业	82		5011	4947	449
烟草制品业	18		691	1589	137
纺织业					
纺织服装、服饰业			493	426	24
造纸和纸制品业			71	135	7
印刷和记录媒介复制业	30	15	100	370	61
石油加工、炼焦和核燃料加工业			669	762	91
化学原料和化学制品制造业	11320	8672	9515	24781	2313
医药制造业	41	32	1599	1930	74
化学纤维制造业			35	938	1
橡胶和塑料制品业	197	-38	956	1745	149
非金属矿物制品业	77	51	12698	13700	1212
黑色金属冶炼和压延加工业	18	13	469	637	33
有色金属冶炼和压延加工业	84554	13940	13323	87163	8722
金属制品业	54	40	3361	2913	148
通用设备制造业	354	220	1468	3248	248
专用设备制造业	2464	486	5326	10151	637
汽车制造业	2460	603	3994	6781	505
电气机械和器材制造业			1213	1139	99
计算机、通信和其他电子设备制造业			937	1607	48
电力、热力生产和供应业	76369	5237	94	24009	1707
水的生产和供应业	101	86	980	1226	82

4-22续表7　　（2016年）　　单位：万元

指　　标	财务费用			营业利润	资产减值损失
		利息收入	利息支出		
合　计	**427864**	**87320**	**481346**	**386221**	**68458**
市　直	51435	478	51944	40445	-396
湖滨区	-2	9	3	2220	
渑池县	24483	4727	28276	362438	
陕州区	50591	40107	74592	13796	458
卢氏县	148		148	9627	
义马市	195041	32869	217812	-351637	63191
灵宝市	105115	9121	107517	307488	5205
三门峡产业聚集区	1054	11	1056	1845	
按国民经济行业分组					
煤炭开采和洗选业	169166	32714	194792	-319256	62062
黑色金属矿采选业	52		52	5394	
有色金属矿采选业	33671	641	34296	351460	718
非金属矿采选业	171	3	174	28065	
农副食品加工业	43			170	
食品制造业	1724		1724	17442	
酒、饮料和精制茶制造业	580	302	845	2081	
烟草制品业	-2	2		-973	
纺织业					
纺织服装、服饰业	86			92	
造纸和纸制品业	76		76	1101	
印刷和记录媒介复制业	871		871	1714	
石油加工、炼焦和核燃料加工业	588	9	577	541	
化学原料和化学制品制造业	40087	1586	38245	-9179	1474
医药制造业	848	3	844	6056	
化学纤维制造业	408	48	456	-1715	
橡胶和塑料制品业	834	17	817	15202	
非金属矿物制品业	15403	309	14425	55978	
黑色金属冶炼和压延加工业	516		514	1526	
有色金属冶炼和压延加工业	144387	50616	173694	166106	3431
金属制品业	2205	1	2203	16229	
通用设备制造业	452	50	496	-1417	-276
专用设备制造业	3940	38	3989	-3796	1030
汽车制造业	4756	656	5404	8551	19
电气机械和器材制造业	259	10	228	2698	
计算机、通信和其他电子设备制造业	851	1	831	832	
电力、热力生产和供应业	5797	308	5693	40308	
水的生产和供应业	96	5	100	1012	

指　　标	公允价值变动	投资收益	营业外收入	补贴收入	营业外支出
合　计	**28**	**-14173**	**26737**	**4961**	**50270**
市　直		-2679	2943	1865	1187
湖滨区		-38			18
渑池县			6136		734
陕州区		41	2940	591	1960
卢氏县					
义马市		117	9517	304	44199
灵宝市	28	-11613	4836	1963	2167
三门峡产业聚集区			365	238	5
按国民经济行业分组					
煤炭开采和洗选业		117	8841		43260
黑色金属矿采选业					
有色金属矿采选业		248	1607	457	826
非金属矿采选业					
农副食品加工业					
食品制造业			42	42	
酒、饮料和精制茶制造业			835		88
烟草制品业			2		19
纺织业					
纺织服装、服饰业					
造纸和纸制品业					
印刷和记录媒介复制业			531		2
石油加工、炼焦和核燃料加工业					
化学原料和化学制品制造业	-59	-890	461	231	818
医药制造业					
化学纤维制造业					22
橡胶和塑料制品业			266	244	251
非金属矿物制品业		-38	1287	591	255
黑色金属冶炼和压延加工业			18		6
有色金属冶炼和压延加工业	87	-10680	10420	2575	3677
金属制品业					
通用设备制造业			567	5	-1
专用设备制造业		13	436	256	169
汽车制造业		41	262		140
电气机械和器材制造业					
计算机、通信和其他电子设备制造业					
电力、热力生产和供应业		-2983	571		730
水的生产和供应业			591	560	9

指　标	利润总额	应　交 所得税	亏损企业 亏损总额	利税总额
合　计	**362688**	**23794**	**509823**	**726335**
市　直	42201	11684	13721	62168
湖滨区	2202	45		3314
渑池县	367840	19523	2541	502040
陕州区	14776	10755	38172	40607
卢氏县	9627			13927
义马市	-386319	-21495	421649	-236660
灵宝市	310157	3276	33740	337432
三门峡产业聚集区	2205	6		3508
按国民经济行业分组				
煤炭开采和洗选业	-353674	-27881	374137	-205765
黑色金属矿采选业	5394			6886
有色金属矿采选业	352242	2335	14182	404363
非金属矿采选业	28065			41294
农副食品加工业	170			170
食品制造业	17484	960		19331
酒、饮料和精制茶制造业	2828	709		8781
烟草制品业	-990	-17	990	-456
纺织业				
纺织服装、服饰业	92			92
造纸和纸制品业	1101			1132
印刷和记录媒介复制业	2243			2484
石油加工、炼焦和核燃料加工业	541	132		771
化学原料和化学制品制造业	-9536	3042	48226	4382
医药制造业	6056	953		7692
化学纤维制造业	-1738		1738	-1709
橡胶和塑料制品业	15217	2213		16598
非金属矿物制品业	57009	1964		80624
黑色金属冶炼和压延加工业	1539	330		2118
有色金属冶炼和压延加工业	172848	22827	53374	242329
金属制品业	16229	1836		18495
通用设备制造业	-849	188	1723	137
专用设备制造业	-3529	1028	10415	1242
汽车制造业	8673	1337		10221
电气机械和器材制造业	2698	603		4432
计算机、通信和其他电子设备制造业	832			1116
电力、热力生产和供应业	40149	11074	4584	57705
水的生产和供应业	1594	162	453	1870

（2016年）

单位：万元

指　　标	应交税金及附加	本年应付职工薪酬	本年应交增值税	从业人员平均人数（人）
合　计	**416179**	**776475**	**298310**	**135887**
市　直	34502	57251	16112	7982
湖滨区	1173	4586	980	675
渑池县	159399	73199	110729	18524
陕州区	40508	32102	22915	7289
卢氏县	4362	13396	2906	3115
义马市	136631	443698	126347	59259
灵宝市	38085	140047	17236	35854
三门峡产业聚集区	1520	12197	1086	3189
按国民经济行业分组				
煤炭开采和洗选业	126977	413338	124348	56176
黑色金属矿采选业	1509	5180	885	1095
有色金属矿采选业	59398	90295	38816	22912
非金属矿采选业	13236	7338	10621	1854
农副食品加工业		1746		582
食品制造业	2886	9179	709	2347
酒、饮料和精制茶制造业	7111	2031	1901	709
烟草制品业	654	3702	478	603
纺织业				
纺织服装、服饰业	24	1379		700
造纸和纸制品业	37	1089		295
印刷和记录媒介复制业	302	891	232	300
石油加工、炼焦和核燃料加工业	453	2812	154	381
化学原料和化学制品制造业	19273	33545	12491	6746
医药制造业	2663	6430	1434	1071
化学纤维制造业	29	1322	25	527
橡胶和塑料制品业	3743	2174	1041	350
非金属矿物制品业	26791	26052	19704	7708
黑色金属冶炼和压延加工业	943	2214	521	403
有色金属冶炼和压延加工业	101030	85567	60985	15978
金属制品业	4249	5102	1438	1057
通用设备制造业	1422	5532	842	1148
专用设备制造业	6436	19365	3742	4040
汽车制造业	3389	14750	1291	2440
电气机械和器材制造业	2437	3695	1624	1507
计算机、通信和其他电子设备制造业	332	4526	224	1528
电力、热力生产和供应业	30338	25096	14605	2705
水的生产和供应业	521	2126	197	725

主要统计指标解释

工业　指从事自然资源的开采，对采掘品和农产品进行加工和再加工的物质生产部门。具体包括：（1）采矿业：指对固体（如煤和矿物）、液体（原油）或气体（如天然气）等自然产生的矿物的采掘；（2）制造业：指对农副产品和采掘品的加工、再加工以及与制造业生产关系密切的修理活动即“金属制品、机械和设备修理业”等；（3）电力、燃气及水的生产供应业。

工业统计调查单位　工业统计调查单位分为两类：独立核算法人工业企业和工业产业活动单位。

独立核算法人工业企业　是指从事工业生产经营活动的单位。独立核算法人工业企业应同时具备以下条件：（1）依法成立，有自己的名称、组织机构和场所，能够承担民事责任；(2)独立拥有和使用资产，承担负债，有权与其他单位签订合同；（3）独立核算盈亏，并能编制资产负债表。

工业产业活动单位　是指在一个场所从事一种或主要从事一种工业生产活动的经济单位。它包括独立核算工业企业按主营业务活动（即工业生产活动）划分的主营业务活动单位和非工业企业所属的工业生产活动单位（即原非独立核算工业生产单位）。工业产业活动单位，一般应同时具备以下三个条件：（1）具有一个场所，从事一种或主要从事一种工业活动；（2）单独组织工业生产、经营或业务活动；（3）单独核算收入和支出。

轻工业　指主要提供生活消费品和制作手工工具的工业，是为满足人们吃、穿、用需要的工业，按其所使用的原料不同，可分为两大类：(1)以农产品为原料的轻工业，是指直接或间接以农产品为基本原料的轻工业。主要包括食品制造、饮料制造、烟草加工、纺织、缝纫、皮革和毛皮制作、造纸以及印刷等工业；(2)以非农产品为原料的轻工业，是指以工业品为原料的轻工业。主要包括文教体育用品、化学药品制造、合成纤维制造、日用化学制品、日用玻璃制品、日用金属制品、手工工具制造、医疗器械制造、文化和办公用机械制造等工业。

重工业　是指为国民经济各部门提供物质技术基础的主要生产资料的工业。按其生产和产品用途，可以分为下列三类：(1)采掘(伐)工业，是指对自然资源的开采，包括石油开采、煤炭开采、金属矿开采、非金属矿开采和木材采伐等工业；(2)原材料工业，是指提供国民经济各部门使用的原料、动力和燃料的工业。包括金属冶炼及加工、炼焦及焦炭、化学、化工原料、水泥、人造板及电力、石油和煤炭加工等工业；(3)加工工业，是指对原材料进行加工制造的工业。包括装备国民经济各部门的机械设备制造工业、金属结构、水泥制品等工业，以及为农业提供的生产资料和化肥、农药等工业。根据上述划分原则，修理业中修理作业对象是重工业的划为重工业，否则划为轻工业。

工业总产值　是以货币形式表现的、工业企业在一定时期内生产的工业最终产品或提供工业性劳务的总价值量。计算工业总产值时应遵循工业生产、最终产品、工厂法三个基本原则。

①工业生产的原则：即凡是企业在报告期生产的经检验合格的产品，不管是否在报告期销售，均应包括在内。反之，凡不是本企业生产的产品，均

不计入本企业的工业总产值。

②最终产品的原则：即凡是计入工业总产值的产品，必须是本企业生产的、经检验合格不需再进行任何加工的最终产品。如果企业有中间产品（半成品）对外销售，那么对外销售的中间产品也应视为企业的最终产品。

③工厂法原则：即工业总产值是以工业企业作为基本计算单位，即按企业的最终产品计算工业总产值。按这种方法计算的工业总产值，不允许同一产品价值在企业内部重复计算，但允许企业间的重复计算。

内容及计算方法：工业总产值包括本期生产成品价值、对外加工费收入，在制品半成品期末期初差额价值三部分。

①本期生产成品价值：是指企业本期生产，并在报告期内不再进行加工，经检验、包装入库的全部工业成品（半成品价值）合计，包括企业生产的自制设备及提供给本企业在建工程、其他非工业部门和生活福利部门等单位使用的成品价值。本期生产成品价值按自备原材料生产的产品的数量乘以本期不含增值税（销项税额）的产品实际销售平均单价；会计核算中按成品价格转帐的自制设备和自产自用的成品，按成品价格计算生产成品价值。生产成品价值中不包括用定货者来料加工的成品（半成品）价值。

②对外加工费收入和对外工业修理作业所取得的加工费收入。对外加工费收入按不含增值税（销项税额）的价格计算，可根据会计“产品销售收入”科目的有关资料取得。对于本企业对内非工业部门提供的加工修理、设备安装的劳务收入，如果企业会计核算基础比较好，能取得这部分资料，而且这部分价值所占比重较大，应包括在对外加工费收入中。

③自制半成品、在制品期末期初差额价值：是指企业报告期自制半成品、在制品期末减期初的差额价值。本指标一般可从会计核算资料中取得。如果会计产品成本核算中不计算半成品、在制品的成本，则总产值中也不包括这部分价值，反之则包括。

工业销售产值　销售产值是以货币形式表现的、工业企业在一定时期内销售的本企业生产的工业产品或提供工业性劳务活动的价值总量。

内容及计算方法；工业销售产值包括以下内容：

①销售成本价值：指企业在报告期内实际销售（包括本企业本期生产和非本期生产）的全部成品或半成品的总金额，即按报告期产品实际销售量乘以不含增值税（销项税额）的产品实际销售平均单价计算。销售成品价值包括为本企业在建工程、生活福利部门等提供的成品和自制设备价值。不包括用定货者来料加工的成品和半成品价值。

②对外加工费收入：是指企业在报告期内完成的对外承接的工业品加工（包括用定货者来料加工产品）的加工费收入；对外工业品修理作业可收取的加工费收入和对内非工业部门提供的加工修理、设备安装等收入。对外加工费收入按不含增值税（销项税额）的价格计算。

与工业总产值的关系

工业总产值与销售产值区别在于：

①工业销售产值计算的基础是工业产品销售总量，不管是否本期生产，只要是在本期销售的都应计算工业销售产值，因此工业销售产值是以产品所有权的转移为计算原则；工业总产值的计算基础是工业产品生产总量，只要是本期生产的不论是已销售的还是尚未销售的都要计算工业总产值，所以工业总产值是以产品的生产为计算原则。

②销售产值不含半成品、在制品期末期初差额价值，而工业总产值包括。

工业增加值　企业在报告期内以货币表现的

工业生产活动的最终成果。工业增加值有两种计算方法，一是生产法，二是收入法。本《年鉴》所列的工业增加值按生产法计算。

资产总计 指企业过去的交易或者事项形成的、由企业拥有或者控制的、预期会给企业带来经济利益的资源。资产一般按流动性分为流动资产和非流动资产。

固定资产原价 工业企业在建造、购置、安装、改建、扩建、技术改造某项固定资产时所支出的全部货币总额。它一般包括买价、包装费、运杂费和安装费等。

产成品 指工业企业已经完成全部生产过程并验收入库，可以按照合同规定的条件送交订货单位，或者可以作为商品对外销售的产品。

固定资产净值 固定资产原价减去历年已提折旧额后的净额。

流动资产 可以在一年或者超过一年的一个营业周期内变现或者耗用的资产，包括现金及各种存款、短期投资、应收及预付货款、存货等。

利润总额 指企业在一定会计期间的经营成果，是生产经营过程中各种收入扣除各种耗费后的盈余，反应企业在报告期内实现的亏盈总额，包括营业利润、补贴收入、投资净收益和营业外收支净额。

利税总额 企业税金总额和利润总额之和。

应交增值税 指企业按税法规定，从事货物销售或提供加工、修理修配劳务等增加货物价值的活动本期应缴纳的税金。指企业在报告期应交增值税额。

交通运输邮电通讯业

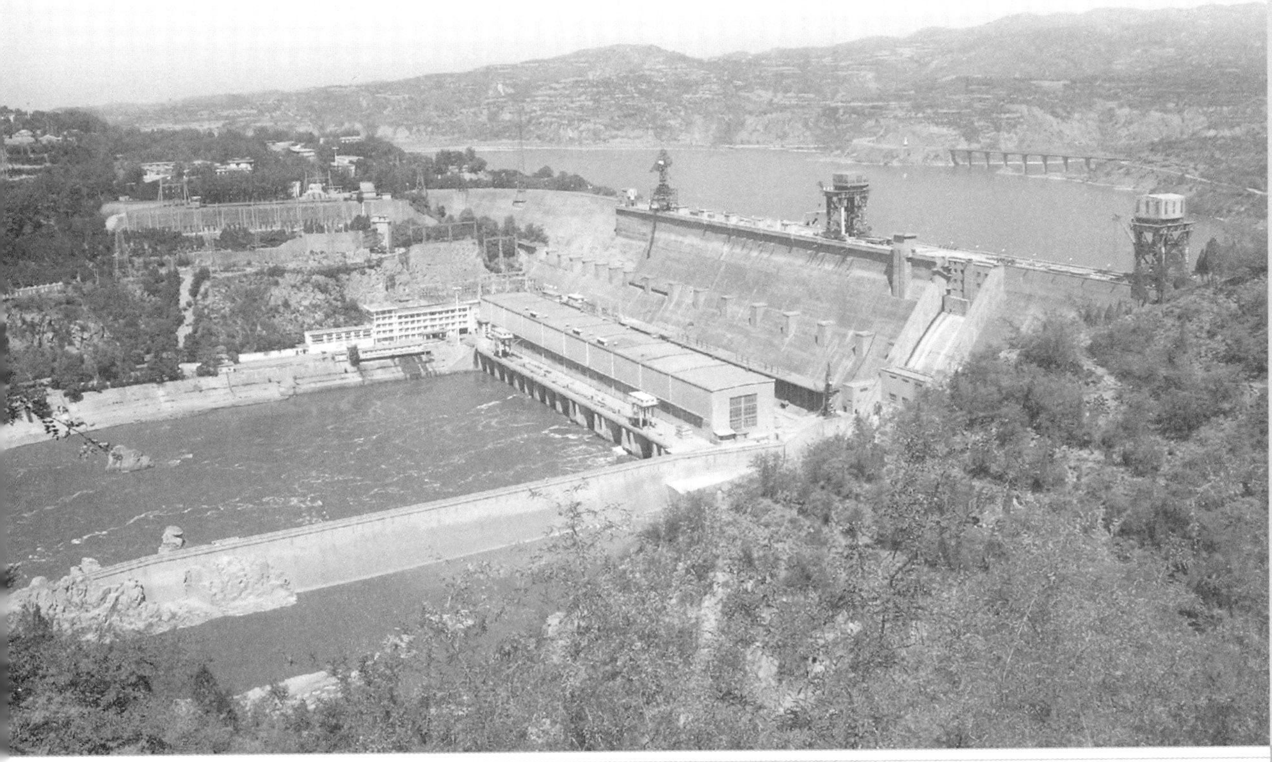

资料整理：刘　馨
资料审核：张淑丽

数据要览

◆ 2016年公路通车里程	10089公里	比上年增加499公里
◆ 2016年公路旅客运输量	2335万人	平均每天发送旅客6.4万人
◆ 2016年公路货运量	5014万吨	平均每天发送货物13.7万吨
◆ 2016年邮电业务总量	479803万元	比上年增长60.14%
◆ 2016年末电话机拥有量	16.23万部	比上年增长19.73%

邮电业务总量

单位：亿元

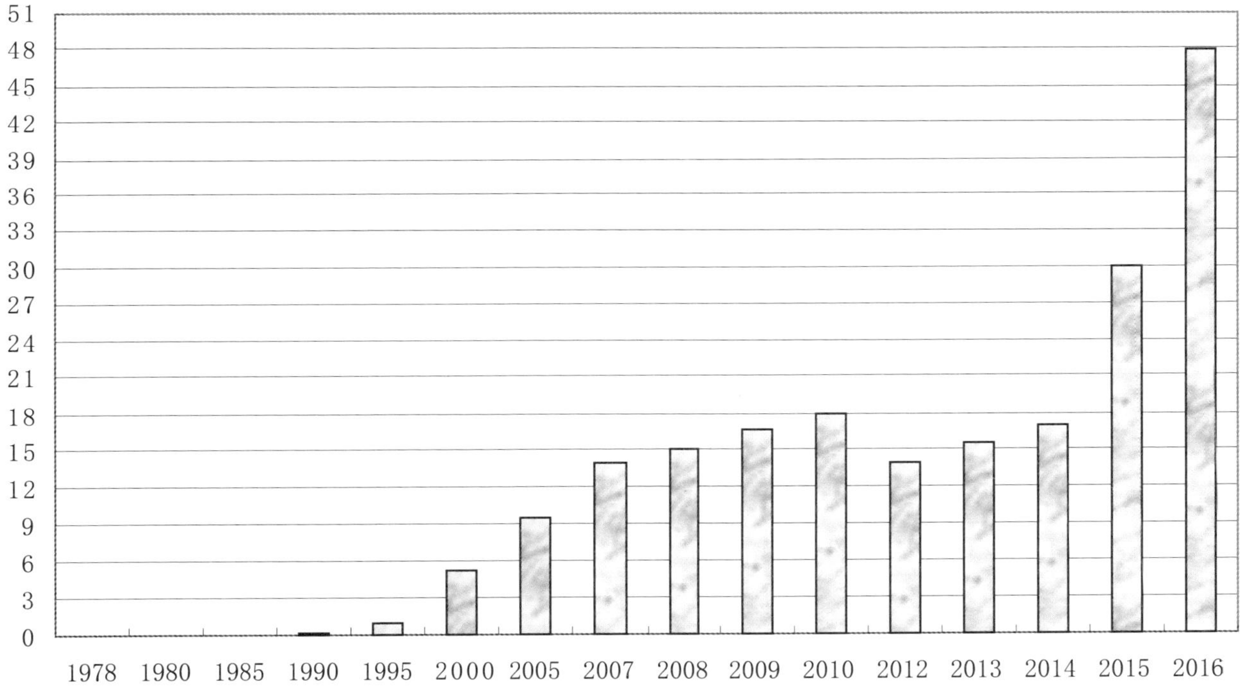

5-1 主要年份交通邮电主要指标

年 份	公 路 里 程 （公里）	汽车 （辆）	公 路 货运量 （万吨）	公路货运 周 转 量 （万吨公里）	公路旅客 运 输 量 （万人）	公路旅客 周 转 量 （万人公里）	邮 电 业务总量 （万元）	本地电话 年末用户 （户）	电话设备 总 容 量 （门）
1962	1097	565	66	400			91	3783	6841
1975	**1662**		**435**	**2765**			**145**	**4866**	**8222**
1978	1765	1987	620	2883			149	5337	9092
1980	**2879**	**2737**	**454**	**3151**			**175**	**6302**	**11302**
1981	2233	3197	309	3866			248	6193	11662
1982	2165	3542	291	4471			247	6253	11727
1983	2175	3733	334	5327			254	6312	11975
1984	2175	5116	435	8607			263	7057	12237
1985	**2224**	**6739**	**667**	**14270**	**1086**	**33077**	**289**	**8560**	**14367**
1986	2235	6848	588	14412	1332	49408	301	8377	14673
1987	2225	7775	658	23318	1332	49408	384	9193	9710
1988	2225	9260	992	35479	1682	56917	483	10625	12580
1989	2241	10172	1296	44873	1922	60407	635	13547	13245
1990	**2466**	**12669**	**1459**	**56881**	**2218**	**70952**	**1303**	**14246**	**12210**
1991	2482	13386	1609	68711	2419	83268	1644	17254	21492
1992	2517	17582	1913	80351	2904	99980	2339	22145	27520
1993	2512	18725	2294	101899	3301	113310	3642	32977	35892
1994	2593	27467	2760	121066	4134	138297	6166	46787	68066
1995	**2629**	**28510**	**3340**	**145176**	**4821**	**159518**	**10529**	**66719**	**100525**
1996	2752	26841	3770	162650	5968	187137	15957	96339	176710
1997	2892	28127	4306	185594	6571	210153	21307	131590	223257
1998	3009	30354	4592	204385	6952	231236	32204	176719	288230
1999	3102	33638	5056	215502	7713	256153	41592	240568	287782
2000	**3228**	**36817**	**5013**	**227580**	**7550**	**269428**	**51863**	**317301**	**372674**
2001	3787	40170	5175	235791	7783	277537	49716	355382	406513
2002	3885	45879	5169	234498	7786	277579	67488	378306	442006
2003	7167	51733	4653	211379	6251	225410	72853	418728	474775
2004	7196	55387	4570	163070	16706	530760	86160	386879	678203
2005	**7300**	**107284**	**3742**	**180426**	**6001**	**194081**	**94936**	**397366**	**677037**
2006	9164	119558	4162	200634	6674	215818	115927	491184	715548
2007	9228	130470	5183	272140	7628	241292	140558	477624	636452
2008	9238	114178	4702	341453	6926	271127	150743	412504	728886
2009	9254	129986	2795	502271	3281	152081	165454	361038	570252
2010	**9344**	**154102**	**3225**	**638899**	**3790**	**182994**	**179410**	**344712**	**453886**
2011	9400	161891	3933	799529	4475	220213	131780	329385	499469
2012	9511	177106	4541	926808	4841	238482	139827	292977	535416
2013	9522	203284	5100	1043100	5234	258072	154402	247509	472040
2014	9519	219853	4424	1407801	2840	148025	170053	223723	378108
2015	**9590**	**231075**	**4463**	**1498051**	**3230**	**161635**	**299607**	**135595**	**378112**
2016	10089	246655	5014	1513854	2335	116845	479803	162348	345786

注：邮电业务量1980年前按1970年不变价计算，1981-1989年按1980年不变价计算。1990年后按1990年不变价计算。不变价换算系数：1980年不变价为1970年不变价的1.3053，1990年不变价为1980年不变价的1.6653。公路里程2003年起含公路、村道。自2011年1月起，邮电业务总量按2010年不变价格计算。

5-2 各种民用车辆拥有量及驾驶员实有数

（2016年底）

指　　标	计量单位	总　计				总计中			报废
			营运	非营运	校车	#进口	#个人	#新注册	
机动车辆	**辆**	**419630**	**29181**	**341061**	**194**	**5378**	**389605**	**41942**	**4846**
汽车	辆	246655	22043	224418	194	5344	221277	32758	3020
载客汽车	辆	213092	3732	209166	194	5332	199240	29203	1345
#大型	辆	1394	1066	257	71	5	8	253	241
中型	辆	1136	748	265	123	21	38	86	99
小型	辆	207727	1918	205809		5297	196411	28820	975
微型	辆	2835		2835		9	2783	44	30
#轿车	辆	130077	1918	128159		1083	123860	16093	719
载货汽车	辆	29061	15507	13554		11	18503	3240	1546
#重型	辆	8893	8675	218			1717	1317	155
中型	辆	1938	1847	91			1307	21	113
轻型	辆	18201	4983	13218		11	15454	1902	1221
微型	辆	29	2	27			25		57
#普通载货	辆	15035	3204	11831		8	12805	1465	684
其它汽车	辆	4502	2804	1698		1	3534	315	129
#三轮汽车	辆	1976	1516	460			1970	73	92
低速货车	辆	1056	730	326			1000	175	13
摩托车	辆	119532	2904	116628		34	118964	6257	17
普通	辆	118509	2904	115605		34	117941	6207	17
轻便	辆	1023		1023			1023	50	
挂车	辆	4249	4234	15			170	928	15
拖拉机	辆	49194		49194			49194	1999	1794
机动车驾驶员人数	人	585664							
#汽车驾驶员	人	507697							

注：1. 本表中拖拉机数据来源于市农业局，其它数据来源于市公安局；

2. 本表中机动车辆指标“营运、非营运、进口、个人、新注册、报废”分类均不包括“拖拉机”分类数据。

5-3 分县市公路通阻养护里程

（2016年底）

指　　标	计量单位	全　市	湖滨区	义马市	渑池县	陕州区	灵宝市	卢氏县
公路里程总计	**公里**	**10089**	**398**	**276**	**1762**	**1809**	**2666**	**3178**
按公路等级分								
等级公路	公里	8050	373	276	1428	1508	2226	2238
高速	公里	312	18	21	22	36	107	108
一级	公里	70	13			15	29	14
二级	公里	1031	79	58	259	224	186	225
三级	公里	816	39	19	138	148	192	280
四级	公里	5821	225	178	1009	1085	1713	1612
等外公路	公里	2039	25		335	301	439	940
按公路路面分								
有铺装路面公路	公里	7652	371	274	1323	1458	2085	2141
沥青混凝土路面	公里	1877	134	92	353	344	590	363
水泥混凝土路面	公里	5775	237	182	970	1113	1495	1778
简易铺装路面里程	公里	41			1			40
未铺装路面里程	公里	2396	27	2	438	351	580	997
总计中:晴雨通车里程	公里	9290	373	276	1429	1512	2638	3062

5-4 分县市公路桥梁、涵洞年末数

（2016年底）

指　　标	计量单位	全　市	湖滨区	义马市	渑池县	陕州区	灵宝市	卢氏县
桥梁总计	**座**	**1280**	**33**	**56**	**118**	**149**	**312**	**612**
按桥梁跨度分								
#大型桥梁	座	373	15	15	24	38	103	178
中型桥梁	座	399	13	27	42	46	121	150
按桥梁使用年限分								
永久性	座	1242	33	49	117	149	312	582
半永久性	座	28		3	1			24
临时性	座	10		4				6
涵洞总计	**道**	**6558**	**142**	**389**	**1694**	**359**	**2934**	**1040**
隧道总计	**处**	**90**			**4**		**24**	**62**

5-5 分县市邮政局、所及通信网络

（2016年）

指　　标	计量单位	全　市	湖滨区	义马市	渑池县	陕州区	灵宝市	卢氏县
邮政局所服务网点情况								
邮政局所服务网点总数	处	2423	180	80	482	350	873	458
邮政局所总数	处	84	10	6	17	15	17	19
#设在农村的	处	63	3		15	13	15	17
提供全功能服务的	处	37		3	10	8	8	8
电子化局所	处	66	6	5	13	10	16	16
自办局所	处	55	9	3	13	11	5	14
邮政支局	处	27	1	3	4	3	11	5
代办邮政所	处	2				1	1	
邮政报刊图书销售点	个	82	44	7	29	2		
集邮品销售点	个	6	1	1	1	1	1	1
邮政储蓄点	个	40	8	3	5	6	12	6
汇兑网点数	个	57	8	3	12	12	13	9
物流专门营销网点	个							
投递部门	个	60	2	1	14	11	14	18
邮政信箱信筒	个	167	27	21	40	14	46	19
设在农村的个数	个	99	3		30	11	38	17
邮政妥投点	个	55291	31093	4637	3540	6840	6369	2812
#直接投递的	个	47381	28522	4035	2307	5540	5479	1498
与用户签订妥投协议的	个	7910	2571	602	1233	1300	890	1314
邮路及农村投递路线								
邮路总长度	公里	1678	615	50	149	201	219	444
其中：汽车邮路	公里	1633	615	50	149	156	219	444
农村投递路线条数	条	174	7		27	18	47	75
城市投递段道	公里	2161	836	212	245	280	524	64
邮政主要设备								
邮政汽车	辆	185	52	18	34	29	36	16
邮资机	台	11	6	1	1	1	1	1

5-6 分县市邮电通信行业业务情况

（2016年）

指　　标	计量单位	全　市	湖滨区	义马市	渑池县	陕州区	灵宝市	卢氏县
邮电业务总量	**万元**	**479803**	**133939**	**34223**	**62948**	**50563**	**144107**	**54023**
邮政业务总量	万元	33997	14677	2334	2775	3328	7660	3223
电信业务总量	万元	445806	119262	31889	60173	47235	136447	50800
邮政业务主要指标								
国内平常函件	万件	140	49	9	2	54	24	2
#信件	万件	129	40	8	2	54	23	1
#印刷品	万件	12	10				1	1
国内挂号函件	万件	10	4		1	1	3	1
国际港澳台平函、给据函件	件	124	72		3	30	17	2
机要邮件	件	6492	5413	118	262	32	546	121
国内包裹	件	595840	133795	71892	65199	95057	181351	48546
#快递包裹	件	576172	131547	69934	61813	92876	177692	42310
特快专递业务	件	51930	15840	4044	7878	7039	10592	6537
#国内特快专递	件	51811	15745	4034	7865	7039	10592	6536
国际特快专递	件	119	95	10	13	0	0	1
国内汇票合计	笔	125377	20810	12976	10553	21289	40024	19725
兑付国内汇票笔数	笔	8643	3201	525	929	1217	1796	975
订销报纸累计份数	万份	4187	1114	321	637	605	951	558
#订销报纸期发份数	份	228834	70897	13752	33850	32183	48456	29696
订销杂志累计份数	万份	189	71	14	20	16	51	17
#订销杂志期发份数	份	127564	46378	9624	15156	12600	33397	10409
报刊流转额	万元	5235	1525	381	711	723	1270	625
邮政储蓄期末余额	万元	737653	136684	56024	84053	114968	226390	119535
集邮品册数	册	67164	19031	7841	9258	9927	12037	9070
集邮业务量	万枚	299	102	39	36	50	41	32
物流分销与邮购运输量	吨	2655	176	90	753	438	993	205

（2016年）

指　　标	单位	全　市	湖滨区	义马市	渑池县	陕州区	灵宝市	卢氏县
电信业务主要指标								
长途电话通话量	万次	7165	2557	644	879	682	1690	713
本地电话年末用户	户	162348	50999	11439	20944	21072	37971	19923
城市电话用户	户	121904	50359	10802	14069	14686	19961	12027
乡村电话用户	户	40444	640	637	6875	6386	18009	7897
住宅电话年末用户	户	101120	24868	6421	13835	13491	26704	15801
城市住宅电话	户	66258	24582	6169	7975	8120	10975	8437
乡村住宅电话	户	35790	562	341	5985	5463	15989	7450
公用电话	部	14696	4871	1835	2064	1427	2264	2235
普通公用电话	部	14656	4859	1831	2059	1423	2253	2231
IC卡公用电话	部	40	12	4	5	4	11	4
分组交换用户	户							
数字数据用户	户							
移动电话用户	户	2050731	490413	146968	289816	243658	617124	262752
国际互联网络用户	户	2569923	619307	189663	368004	300370	771758	320821
电信主要通信能力								
长途电话交换机容量	路端	18340	17920					
电话设备总容量	门	347786	250299	1242	11746	38355	30312	15832
#局用电话交换机容量	门	42802	11502		4500	10000	12000	4800
接入网设备容量	门	45196	13176		5112	2776	15256	8876
无线市话系统容量	门							
接入局用交换机话机部数	部							
接入用户交换机话机部数	部							
移动电话交换机容量	万门	360						

注：自2013年起国际互联网络用户包括移动手机开通上网用户。

主要统计指标解释

公路里程　指在一定时期内实际达到《公路工程[WTBZ]技术标准JTJ01-88》规定的等级公路，并经公路主管部门正式验收交付使用的公路里程数。包括大中城市的郊区公路以及通过小城镇街道部分的公路里程和桥梁、渡口的长度，不包括大中城市的街道、厂矿、林区生产用道和农业生产用道的里程。两条或多条公路共同经由同一路段，只计算一次，不得重复计算里程长度。它是反映公路建设发展规模的重要指标，也是计算运输网密度等指标的基础资料。

货（客）运量　指在一定时期内，各种运输工具实际运送的货物（旅客）数量。它是反映运输业为国民经济和人民生活服务的数量指标，也是制定和检查运输生产计划、研究运输发展规模和速度的重要指标。货运按吨计算，客运按人计算。货物不论运输距离长短、货物类别，均按实际重量统计。旅客不论行程远近或票价多少，均按一人一次客运量统计；半价票、小孩票也按一人统计。

货物（旅客）周转量　指在一定时期内，由各种运输工具运送的货物（旅客）数量与其相应运输距离的乘积之总和。它是反映运输业生产总成果的重要指标，也是编制和检查运输生产计划，计算运输效率、劳动生产率以及核算运输单位成本的主要基础资料。计算货物周转量通常按发出站与到达站之间的最短距离，也就是计费距离计算。计算公式为：

货物（旅客）周转量＝∑货物（旅客）运输量×运输距离

民用汽车拥有量　指报告期末，在公安交通管理部门按照《机动车注册登记工作规范》，已注册登记领有民用车辆牌照的全部汽车数量。汽车拥有量统计的主要分类：根据汽车结构分为载客汽车、载货汽车以及其他汽车；根据汽车所有者的不同分为个人（私人）汽车、单位汽车；根据汽车的使用性质分为营运汽车、非营运汽车和特种汽车；根据汽车大小规格不同载客汽车分为大型、中型、小型和微型，载客汽车分为重型、中型、轻型和微型。

移动电话用户　是指通过移动电话交换机进入移动电话网、占用移动电话号码的电话用户。用户数量以报告期末在移动电话营业部门实际办理登记手续进入移动电话网的户数进行计算，一部移动电话统计为一户。

固定电话用户　指在电信运营企业营业网点办理开户登记手续并已接入固定电话网上的全部电话用户。包括普通电话用户、公用电话用户、窄带综合业务数字网（N—ISDN）用户、智能网专用接入终端用户等。按行政区划分为城市电话用户和农村电话用户。

城市电话用户　指直辖市、省辖市、地级市、县级市的市区、市郊区及县城范围内接入局用交换机的电话用户。包括分布在农村地区县团级以上建制的独立工矿区、林区、驻军等电话用户。

农村电话用户　指县城关区以下的集镇和农村接入局用交换机的电话用户。

住宅电话用户　指安装在居民住宅或农民家里并按照住宅电话用户登记注册和收费的各类电话用户。包括私人付费、单位付费和按规定免费安装的住宅电话用户。

长途电话交换机容量　指用于接入长途电话网的电话交换机的设备额定容量，包括国际电话交换机容量。

局用交换机容量 指安装在电信运营企业内用于接续本地固定电话的电话交换机容量，有倍增设备按倍增后的数量计数。包括现用和备用的人工或自动交换机的全部容量。不包括用户交换机容量。

移动电话交换机容量 指移动电话交换机根据一定话务模型和交换机处理能力计算出来的最大同时服务用户的数量。

物流 根据国家质量技术监督局发布的《物流术语》（GB/T28354-2001）——物流即物品从供应地向接受地的实体流动过程。根据实际需要，将运输、储存、装卸、搬运、包装、流通加工、配送、信息处理等基本功能实施有机结合。社会物流活动涉及的相关行业有：运输业、装卸搬运和其它运输服务业、仓储业、邮政业。

物流企业 是指从事运输(包含运输代理、货物快递)或仓储活动的,并能够按照客户物流需求对运输、储存、装卸、包装、流通加工、配送等基本功能进行组织和管理的法人企业。

运输成本 指一定时期内，企业为完成货物运输业务而发生的全部费用。包括支付外部运输费和自有车辆运输费，即从事货物运输业务人员的工资福利、车辆（船舶、飞机、管道）年折旧、燃料与动力消耗、过路过桥费、维修保养费、年检费、企业货物运输业务费等。

仓储成本 指一定时期内，企业为完成货物储存业务而发生的全部费用。包括业务人员的工资福利、仓库设施年折旧、水电费、燃料与动力消耗、设施设备维修保养费、业务费等。

信息及相关服务成本 指一定时期内，企业为完成信息及相关服务业务而发生的全部费用。包括支付外部信息及相关业务费和本企业内部信息及相关服务业务费等。

货运车辆 包括普通载货汽车和专用载货汽车。

普通货车 指只有一般构造的栏板式及平板式货运汽车，包括自卸车、半掛车等。

专用载货汽车 指具有特殊构造和专门用途的货运汽车，如集装箱专用车、冷藏车、罐车、活畜运输车、散装水泥车等。

冷藏车 能进行冷冻运输的货运汽车。

集装箱专用车 专用装载集装箱的货运汽车。

装卸设备（台） 专用于装卸搬运货物的设备。包括集装箱装卸桥、门式起重机、桥式起重机、带式输送机、叉车等。

仓储总面积 指本企业自有仓储面积和租用仓储面积之和。

自有仓储面积 指本企业拥有的，用于保管、储存物品的建筑物和场所的面积。包括库房面积和货场面积。库房面积=内墙的长*宽-障碍物面积（不能存放货物部分的面积，如：柱子)。

租用仓储面积 指租用本企业以外的保管、储存物品的建筑物和场所的面积。包括库房和货场面积。

铁路专用线（条） 指和铁路大动脉相连，归企业所有的为加速货物的集散而铺设的专用铁路线。

物流计算机信息管理系统（套） 指为提高经营管理的工作效率，对相关物流过程进行全面动态监控与管理的计算机管理系统。

货物吞吐量 指一定时期内，仓储企业进出货物数量。货物吞吐量=入库货物重量+出库货物重量

期末货物储存量 报告期末处于储存状态的货物总量。

平均货物储存量 在一定报告期内，平均每天的货物储存量。其中：月平均储存量=（月初库存量+月末库存量）/2；累计平均储存量=月平均储存

量之和/累计月份。

自运货物平均运价 指一定时期内，企业使用自有运输工具完成物品的社会运输业务，理应取得的运输业务收入与自运货物周转量之比。

自运货物平均运价＝应计算的自运货物业务收入额÷自运货物周转量

委托代理货物平均运价 指一定时期内，委托本单位以外的企业运输完成物品运输业务，所支付的运输费用与货运周转量之比。

委托代理货物平均运价＝所支付的委托代理运费额÷委托代理货运周转量。

货物销售总额：指一定时期内，企业对本单位以外的单位和个人销售的货物价值总量。

货物购进总额：指一定时期内，企业从本单位以外的单位和个人购进，供本单位消费使用的原材料、燃料、设备等货物的价值总量。

平均储存周期：在一定报告期内，库存物品从入库到出库的平均时间。即仓储货物平均储存时间。可参考以下公式计算：

平均储存周期=报告期天数（全年按360天）除周转次数

周转次数=报告期货物吞吐量/报告期货物平均储存量

平均货物储存费用率：在一定报告期内，货物储存费用与平均货物储存量的比率。

运输费用：指一定时期内，生产和使用企业在销售或购进物品的过程中，由于物品运输而支付的全部费用。包括支付的运费、为运输发生的装卸搬运等辅助服务费、货运代理费、运输附加费等。

运输附加费：指一定时期内，生产和使用企业在销售或购进物品的过程中，支付给运输管理或投资部门的各种交通建设基金、过路费、过桥费、过闸费等。

固定资产投资和建筑业

资料整理：白宝厅、揣　园
资料审核：薛玉坤

数据要览

◆2016 年全社会固定资产投资额	17829693 万元	比上年增长 15.1%
固定资产投资	17731244 万元	比上年增长 13.2%
#房地产投资	1146252 万元	比上年增长 7.4%
农户固定资产投资	98449 万元	比上年下降 3.5%

全社会固定资产投资

单位：亿元

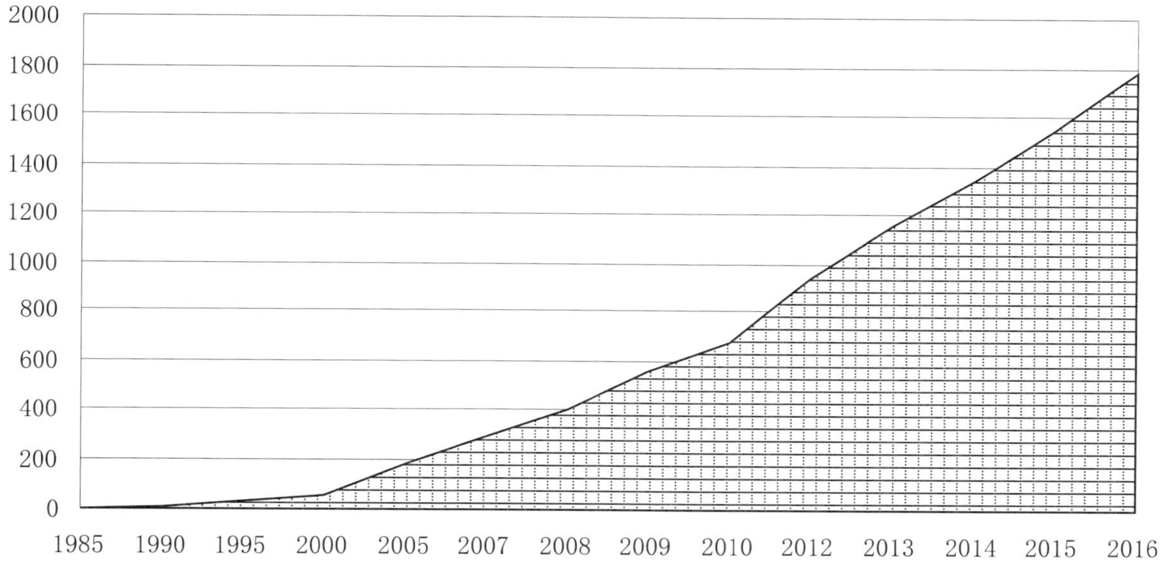

6-1 主要年份固定资产投资完成情况

单位：万元

年 份	全社会固定资产投资总额	国有经济	集体经济	城乡个人	其他各种经济类型
“一五”时期	9066	9066			
“二五”时期	67344	67344			
“三五”时期	20071	20071			
“四五”时期	34512	34512			
“五五”时期	35876	35876			
“六五”时期	104201	81054	6833	16314	
“七五”时期	312724	204873	37482	70369	
“八五”时期	1024846	703854	106906	176529	37557
“九五”时期	2330961	1695500	169656	332591	130474
1996	431464	309600	26198	72901	22765
1997	421128	322659	20507	71075	6887
1998	437414	315183	14666	68073	39292
1999	472391	308572	79274	63557	19708
2000	568564	439486	29011	56985	41822
“十五”时期	4845059	2818109	358688	495767	1175027
2001	594715	453901	48149	53395	38060
2002	588265	420680	84002	38481	42822
2003	760489	452420	58269	61941	187859
2004	1109149	611436	80943	144257	278535
2005	1792441	879672	87325	197693	627751
“十一五”时期	21539932	7112244	2717623	6615177	5094888
2006	2290508	873213	141956	412431	862908
2007	2913718	889031	144969	613127	1266591
2008	4027748	1439890	516259	850554	1221045
2009	5533056	1851175	920932	1192311	1568638
2010	6774902	2058935	993507	3546754	175706
2010(新口径)	6094889	1805328	882371	2774283	632907
“十二五”时期	57365248	16740684	4185188	34075697	2363679
2011	7603865	2350601	618311	4396209	238744
2012	9377349	3167950	700297	5450164	58938
2013	11503267	3613195	961035	6861168	67869
2014	13391049	3688951	894416	6888015	1919667
2015	15489718	3919987	1011129	10480141	78461
“十三五”时期	17829693	5080591	860433	11500347	388322
2016	17829693	5080591	860433	11500347	388322

6-2 全社会固定资产投资

（2016年） 单位：万元

项　目	合计	国有	港澳台商	外商	集体	私营个体	其中：民间投资
投资总额（万元）	**17829693**	**5080591**	**175468**	**212854**	**860433**	**11500347**	**12373403**
按隶属关系分							
中央	1084257	1070122		14135			
地方	16745436	4010469	175468	198719	860433	11500347	12373403
按管理渠道分							
固定资产	17731244	5080591	175468	212854	860433	11401898	12274954
#房地产	1146252	182036	10600			953616	953616
农户	98449					98449	98449
按构成分							
建筑工程	10024595	3173322	71952	111163	567354	6100804	6680221
安装工程	975420	243266	5458	6245	43876	676575	720511
设备工器具购置	4564746	1178733	48762	73014	52021	3212216	3264537
其他费用	2264932	485270	49296	22432	197182	1510752	1708134
房屋建筑面积(平方米)							
施工面积	16368487	3970867	634891	28000	1250137	12152297	13402434
竣工面积	2212940	845806			653040	1049858	1702898
#住宅	1623999	504720			599340	765275	1364615
本年资金来源合计	**16807848**	**4693107**	**176787**	**213320**	**803599**	**10921035**	**11730214**
上年末结余资金	132654	2613	147			129894	129894
本年资金来源小计	16675194	4690494	176640	213320	803599	10791141	11600320
国家预算内资金	676243	622764			3110	50369	59059
国内贷款	3105539	719351	85150	60759	107500	2132779	2240279
债券							
利用外资	40911		5090		12000	23821	35821
#外商直接投资	18091		5090			13001	13001
自筹资金	12132936	3157707	86400	152561	667489	8068779	8736268
#企事业单位自有资金	3323714	746437	39690	15840	4100	2517647	2521747
其他资金来源	719565	190672			13500	515393	528893

6-3 分县市全社会固定资产投资

（2016年）

单位：万元

指　　标	全　市	市　直	开发区	湖滨区	陕州区	义马市	渑池县	灵宝市	卢氏县
全社会固定资产投资额	**17829693**	**1798063**	**247497**	**1325345**	**3189041**	**2448795**	**3480112**	**4056769**	**1284071**
#民间投资	12373403	803705	177027	1111273	1567321	2915497	2175394	2921738	701448
按控股情况分									
国有	5080591	910210	56335	226695	890708	335681	949908	1128431	582623
港澳台商投资	175468					164868	4000	6600	
外商投资	212854	120150	14135			40790	37779		
集体	860433			1269	167945	51131	4800	580198	55090
私营个体	11500347	803705	177027	1097381	1399376	2864366	2170594	2341540	646358
按隶属关系分									
中央	1084257	655801	14135	65958	7428	5022	91183		244730
地方	16646987	1178264	231772	1251929	2439544	3449991	3058801	4009459	1027227
按管理渠道分									
固定资产	17731244	1798063	245907	1317887	3177984	2446972	3463015	4009459	1271957
#房地产开发	1146252	3517	104019	643304	104963	60970	28381	150725	50373
农户	98449		1590	7458	11057	1823	17097	47310	12114
按构成分									
建筑工程	10024595	601179	132191	922863	1204942	1414740	1809986	2975310	963384
安装工程	975420	68662	6811	85336	179271	322132	126267	174359	12582
设备工器具购置	4564746	799932	108495	243196	873735	1222297	871283	282444	163364
其他	2264932	364292		73950	200081	497667	359545	624656	144741
按建设性质分									
#新　建	13680379	1653570	238907	1283151	1996932	2105739	2870847	3104009	427224
扩　建	2873914	180495		23026	191233	850980	121500	798524	708156
改　建	1022534		7000	11710	244264	418220	156737	48026	136577
按三次产业分									
第一产业	1189574	35800		87019	69171	207024	122968	477970	189622
第二产业	9902546	1558889	125210	323596	1175192	2158782	1683642	2370058	507177
第三产业	6737573	239376	122287	914730	1213666	1091030	1360471	1208741	587272

6-4 按国民经济行业分的全社会固定资产投资

（2016年）　　单位：万元

指　标	全社会固定资产投资	固定资产投资	农　户
合　计	17829693	17731244	98449
第一产业	1189574	1164857	24717
第二产业	9902546	9901946	600
采矿业	2593584	2593584	
制造业	5627130	5627130	
电力、燃气及水生产和供应业	1718799	1718799	
建筑业	600		600
第三产业	6737573	6664441	73132
交通运输、仓储和邮政业	773876	773876	
信息传输、软件和信息技术服务业	46178	46178	
批发和零售业	360342	360342	
住宿和餐饮业	83330	83330	
金融业			
房地产业	1916988	1843856	73132
租赁和商务服务业	52715	52715	
科学研究和技术服务业	29210	29210	
水利、环境和公共设施管理业	2555331	2555331	
居民服务、修理和其他服务业	117868	117868	
教育	140415	140415	
卫生和社会工作	347448	347448	
文化、体育和娱乐业	158866	158866	
公共管理、社会保障和社会组织	31162	31162	

6-5 固定资产投资主要指标

单位:万元

指　　标	2015年	2016年	2016年比2015年增长%
投资完成额	15387698	17731244	15.2
其中：住宅	966597	1090583	12.8
其中:民间投资	11389250	12274954	
按控股情况分			
#国有及国有控股	3919987	5080591	29.6
港澳台商投资	17795	175468	886.1
外商投资	60666	212854	250.9
集体及集体控股	1011129	860433	-14.9
私营个体投资	7186577	11401898	58.7
按三次产业分			
第一产业	1563835	1164857	-25.5
第二产业	7719847	9901946	28.3
第三产业	6104016	6664441	9.2
按隶属关系分			
中央项目	489727	1084257	121.4
地方项目	14897971	16646987	11.7
按建设性质分			
#新　建	10672291	13680379	28.2
扩　建	2532294	2873914	13.5
改　建	1002120	1022534	2.0
本年资金来源	14814561	16675194	12.6
国家预算内资金	952795	676243	-29.0
国内贷款	2709294	3105539	14.6
债券			
利用外资		40911	
自筹资金	10717065	12132936	13.2
其他资金来源	435407	719565	65.3

6-6 分县市固定资产投资构成情况

（2016年） 单位：万元

指　　标	全　市	市　直	开发区	湖滨区	陕州区	义马市	渑池县	灵宝市	卢氏县
施工项目（个）	**883**	**34**	**10**	**67**	**150**	**146**	**166**	**186**	**124**
全部建成投产项目（个）	603	17	5	41	102	102	135	115	86
项目建成投产率（%）	68.3	50.0	50.0	61.2	68.0	69.9	81.3	61.8	69.4
新增固定资产	10279558	714460	29891	422849	1581337	2041805	2370904	2382903	735409
本年完成投资	17731244	1834065	245907	1317887	2446972	3455013	3149984	4009459	1271957
固定资产交付使用率（%）	58.0	39.0	12.2	32.1	64.6	59.1	75.3	59.4	57.8
施工房屋建筑面积（平方米）	16368487	1149519	675117	3799427	3062890	1279749	2086623	3339245	975917
#住宅	9020083	143094	356035	2454992	1864279	769874	1308227	1468589	654993
竣工房屋建筑面积（平方米）	2212940			292392	814784	88520	470289	314072	232883
#住宅	1623999			236529	643932		374744	254710	114084
竣工率（%）	13.5			7.7	26.6	6.9	22.5	9.4	23.9
#住宅	18.0			9.6	34.5		28.6	17.3	17.4
投资额按三次产业分									
第一产业	1164857	35800		84061	67114	206724	115920	465970	189268
第二产业	9901946	1558889	124610	323596	1175192	2158782	1683642	2370058	507177
第三产业	6664441	239376	121297	910230	1204666	1089507	1350422	1173431	575512
投资额按建设性质分									
#新建	13680379	1653570	238907	1283151	1996932	2105739	2870847	3104009	427224
扩建	2873914	180495		23026	191233	850980	121500	798524	708156
改建	1022534		7000	11710	244264	418220	156737	48026	136577
投资额按构成分									
建筑工程	9926146	601179	130601	915405	1193885	1412917	1792889	2928000	951270
安装工程	975420	68662	6811	85336	179271	322132	126267	174359	12582
设备工器具购置	4564746	799932	108495	243196	873735	1222297	871283	282444	163364
其他费用	2264932	364292		73950	200081	497667	359545	624656	144741

6-7 分县市固定资产投资资金情况

（2016年） 单位：万元

指　　标	全　市	市　直	开发区	湖滨区	陕州区	义马市	渑池县	灵宝市	卢氏县
本年资金来源合计	**16807848**	**1854481**	**219628**	**994445**	**2151449**	**3492132**	**3005616**	**3793993**	**1296104**
上年末结余资金	132654	7438	2753	9662	1330	27280	10899	46967	26325
本年资金来源小计	16675194	1847043	216875	984783	2150119	3464852	2994717	3747026	1269779
国家预算内资金	676243			31128	220644	64076	151806	166805	41784
国内贷款	3105539	129170	7000	86570	858370	880062	523076	513942	107349
债券									
利用外资	40911			13001			5090	22820	
#外商直接投资	18091			13001			5090		
自筹资金	12132936	1702586	181491	706219	1027992	2387279	2174024	2861599	1091746
#企事业单位自有资金	3323714		38640	267524	263335	994938	1273657	410933	74687
其他资金来源	719565	15287	28384	147865	43113	133435	140721	181860	28900
本年各项应付款合计	1469076	5959	38374	509975	337266	73283	185636	310612	7971
#工程款	278516		850	20686	145164	24892	78857	4540	3527

6-8 分县市分行业固定资产投资完成情况

（2016年） 单位：万元

指　　标	全　市	市　直	开发区	湖滨区	陕州区	义马市	渑池县	灵宝市	卢氏县
总　　　　计	**17731244**	**1834065**	**245907**	**1317887**	**2446972**	**3455013**	**3149984**	**4009459**	**1271957**
农、林、牧、渔业	1251134	35800		92791	67114	206724	161909	496626	190170
农业	618827	35800		53342	19805	176029	87318	175895	70638
林业	121288			3800	27230	1813		49835	38610
畜牧业	384512			26919	20079	28882	28602	235940	44090
渔业	40230							4300	35930
农、林、牧、渔服务业	86277			8730			45989	30656	902
采矿业	2593584				124534	409434	465256	1249298	345062
煤炭开采和洗选业	104724				104724				
石油和天然气开采业									
黑色金属矿采选业	52225								52225
有色金属矿采选业	2262192					406894	431656	1139498	284144
非金属矿采选业	174443				19810	2540	33600	109800	8693
开采辅助活动									
其他采矿业									
制造业	5627130	1104859	100874	160524	991622	1390788	745156	1021142	112165
农副食品加工业	216397	50335		3163		112146		49366	1387
食品制造业	210806	56899				77859		49048	27000
饮料制造业	284038	128911				41697		113430	
烟草制品业									
纺织业	6000			6000					
纺织服装、服饰业									
皮革、毛皮、羽毛及其制品业									
木材加工及木、竹、藤、棕、草业	7155					7155			
家具制造业	4900						4900		
造纸及纸制品业	25310							25310	
印刷和记录媒介复制业	3600							3600	
文教、工美、体育和娱乐用品业									
石油加工、炼焦和核燃料加工业	4009				4009				
化学原料及化学制品制造业	768695				295524	155154	291973	26044	
医药制造业	68363		3900			5685			58778
化学纤维制造业									
橡胶和塑料制品业	241021	40440		4833	74983	9865	106800	4100	
非金属矿物制品业	967202	4598		72628	104592	549424	61000	149960	25000
黑色金属冶炼及压延加工业	5400							5400	
有色金属冶炼及压延加工业	982057	539621				148646	34600	259190	
金属制品业	171167	92994			27458		31415	19300	
通用设备制造业	154181			3030	72602	13049	45500	20000	
专用设备制造业	555389	135448		18500	209886	26071		165484	

6-8续表1　　（2016年）　　单位：万元

指　　标	全　市	市　直	开发区	湖滨区	陕州区	义马市	渑池县	灵宝市	卢氏县
汽车制造业	373423		96974		8787	98694	168968		
铁路、船舶、航空和其他制造业									
电气机械及器材制造业	361969	47528			70334	129807		114300	
计算机、通信和其他电子设备制造	138264			39974	85880			12410	
仪器仪表制造业	19155	8085		11070					
其他制造业	15536					15536			
废弃资源综合利用业	5526			1326				4200	
金属制品、机械和设备修理业	37567				37567				
电力、燃气及水的生产和供应业	1718799	454030	23736	163072	96603	358560	473230	99618	49950
电力、热力的生产和供应业	1348675	333880	19756	163072	28211	310799	351881	99618	41458
燃气生产和供应业	104828				39717	30072	30164		4875
水的生产和供应业	265296	120150	3980		28675	17689	91185		3617
建筑业									
房屋建筑业									
土木工程建筑业									
建筑安装业									
建筑装饰和其他建筑业									
批发和零售业	360342			41589	41716	42164	120643	85830	28400
批发业	126459			3736	11980		102843		7900
零售业	233883			37853	29736	42164	17800	85830	20500
交通运输、仓储和邮政业	773876	54800		33645	134850	234595	139012	150904	26070
铁路运输业	90334				90334				
道路运输业	362604			2789	30449	206141	61132	56023	6070
水上运输业									
航空运输业									
管道运输业									
装卸搬运和运输代理业	84056			30856			53200		
仓储业	235572	54800			12757	28454	24680	94881	20000
邮政业	1310				1310				
住宿和餐饮业	83330		3100	8530		12800	37550	21350	
住宿业	54600		3100	1150		12800	37550		
餐饮业	28730			7380				21350	
信息传输、软件和信息技术服务业	46178		14178		9000		18000	5000	
电信、广播电视和卫星传输服务业	27043		43		9000		18000		
互联网和相关服务业	14135		14135						
软件和信息技术服务业	5000							5000	
金融业									
货币金融服务									
资本市场服务									

6-8续表2　　　　　　　　　　　　（2016年）　　　　　　　　　　　　单位：万元

指　　标	全　市	市　直	开发区	湖滨区	陕州区	义马市	渑池县	灵宝市	卢氏县
保险业									
其他金融业									
房地产业	1843856	51676	104019	643304	237713	128607	308381	165295	204861
房地产业	1843856	51676	104019	643304	237713	128607	308381	165295	204861
租赁和商务服务业	52715				52715				
租赁业	4907				4907				
商务服务业	47808				47808				
科学研究和技术服务业	29210			710				26500	2000
研究与试验发展									
专业技术服务业	26500							26500	
科技推广和应用服务业	2710			710					2000
水利、环境和公共设施管理业	2555331	84515		145276	521031	502645	466487	528776	306601
水利管理业	326589				111433	12295	89267	76098	37496
生态保护和环境治理业	133580	39650			21068		69300	2386	1176
公共设施管理业	2095162	44865		145276	388530	490350	307920	450292	267929
居民服务、修理和其他服务业	117868				64808		18300	34760	
居民服务业	99549				52249		18300	29000	
机动车、电子产品和日用品修理业	5760							5760	
其他服务业	12559				12559				
教育	140415	43752		3220	20107	52566	10000	5050	5720
教育	140415	43752		3220	20107	52566	10000	5050	5720
卫生和社会工作	347448	4633		19826	42487	111394	77000	91150	958
卫生	150368	4633		19826	42487	24422		59000	
社会工作	197080					86972	77000	32150	958
文化、体育和娱乐业	158866				34670	4736	108060	11400	
新闻和出版业									
广播、电视、电影和影视制作业									
文化艺术业	124196					4736	108060	11400	
体育	34670				34670				
娱乐业									
公共管理、社会保障和社会组织	31162			5400	8002		1000	16760	
中国共产党机关									
国家机构	6657			3720	2937				
人民政协、民主党派									
社会保障	22405			1680	5065		1000	14660	
群众团体、社会团体和其他组织	2100							2100	
基层群众自治组织									
国际组织									
国际组织									

6-9 按行业和注册类型分的固定资产投资

（2016年）　　　　单位：万元

指标名称	本年完成投资	国有控股	集体控股	私人控股	港澳台商控股	外商控股	其他控股
总　　计	**17731244**	**5080591**	**860433**	**10069700**	**175468**	**212854**	**1332198**
农、林、牧、渔业	1251134	312150	46090	804935			87959
农业	618827	172075	6000	426744			14008
林业	121288	19625		101663			
畜牧业	384512	58303	40090	216898			69221
渔业	40230	4300		31200			4730
农、林、牧、渔服务业	86277	57847		28430			
采矿业	2593584	397262	406278	1432315			357729
煤炭开采和洗选业	104724	74160		30535			29
石油和天然气开采业							
黑色金属矿采选业	52225			52225			
有色金属矿采选业	2262192	323102	406278	1284912			247900
非金属矿采选业	174443			64643			109800
开采辅助活动							
其他采矿业							
制造业	5627130	806904	1269	4473382	84794	40790	219991
农副食品加工业	216397	5400		210610			387
食品制造业	210806	5600		205206			
饮料制造业	284038	17920		266118			
烟草制品业							
纺织业	6000			6000			
纺织服装、服饰业							
皮革、毛皮、羽毛(绒)及其制品业和制鞋业							
木材加工及木、竹、藤、棕、草制品业	7155			7155			
家具制造业	4900			4900			
造纸及纸制品业	25310			25310			
印刷和记录媒介复制业	3600			3600			
文教、工美、体育和娱乐用品制造业							
石油加工、炼焦和核燃料加工业	4009						4009
化学原料及化学制品制造业	768695	93080		675615			
医药制造业	68363			68363			
化学纤维制造业							
橡胶和塑料制品业	241021	4100		236921			
非金属矿物制品业	967202	6765	1269	874203	5920		79045
黑色金属冶炼及压延加工业	5400						5400
有色金属冶炼及压延加工业	982057	618661		220132	78874	40790	23600
金属制品业	171167			171167			
通用设备制造业	154181			154181			
专用设备制造业	555389	7428		547961			

指标名称	本年完成投资	国有控股	集体控股	私人控股	港澳台商控股	外商控股	其他控股
汽车制造业	373423			303440			69983
铁路、船舶、航空航天和其他运输设备制造							
电气机械及器材制造业	361969			361969			
计算机、通信和其他电子设备制造业	138264	43750		94514			
仪器仪表制造业	19155			19155			
其他制造业	15536			15536			
废弃资源综合利用业	5526	4200		1326			
金属制品、机械和设备修理业	37567						37567
电力、燃气及水的生产和供应业	1718799	1028096	69888	433721		157929	29165
电力、热力的生产和供应业	1348675	822466	69888	394252		37779	24290
燃气生产和供应业	104828	64464		35489			4875
水的生产和供应业	265296	141166		3980		120150	
建筑业							
房屋建筑业							
土木工程建筑业							
建筑安装业							
建筑装饰和其他建筑业							
批发和零售业	360342	67856	7793	200470			84223
批发业	126459	17620	7793	16823			84223
零售业	233883	50236		183647			
交通运输、仓储和邮政业	773876	197553		483039			93284
铁路运输业	90334						90334
道路运输业	362604	156463		203191			2950
水上运输业	362604	156463		203191			2950
航空运输业							
管道运输业							
装卸搬运和运输代理业	84056			84056			
仓储业	235572	39780		195792			
邮政业	1310	1310					
住宿和餐饮业	83330	8050		75280			
住宿业	54600	8050		46550			
餐饮业	28730			28730			
信息传输、软件和信息技术服务业	46178	9043		23000		14135	
电信、广播电视和卫星传输服务业	27043	9043		18000			
互联网和相关服务业	14135					14135	
软件和信息技术服务业	5000			5000			
金融业							
货币金融服务							
资本市场服务							

指标名称	本年完成投资	国有控股	集体控股	私人控股	港澳台商控股	外商控股	其他控股
保险业							
其他金融业							
房地产业	1843856	612705	98558	785312	90674		256607
房地产业	1843856	612705	98558	785312	90674		256607
租赁和商务服务业	52715	47808		4907			
租赁业	4907			4907			
商务服务业	47808	47808					
科学研究和技术服务业	29210	2500		26710			
研究与试验发展							
专业技术服务业	26500	2500		24000			
科技推广和应用服务业	2710			2710			
水利、环境和公共设施管理业	2555331	1141177	215141	1035779			163234
水利管理业	326589	207374	53356	12139			53720
生态保护和环境治理业	133580	66970	110	66500			
公共设施管理业	2095162	866833	161675	957140			109514
居民服务、修理和其他服务业	117868	81876		35992			
居民服务业	99549	76116		23433			
机动车、电子产品和日用产品修理业	5760	5760					
其他服务业	12559			12559			
教育	140415	118322		18873			3220
教育	140415	118322		18873			3220
卫生和社会工作	347448	167157	856	147385			32050
卫生	150368	149512	856				
社会工作	197080	17645		147385			32050
文化、体育和娱乐业	158866	65530		88600			4736
新闻和出版业							
广播、电视、电影和影视录音制作业							
文化艺术业	124196	30860		88600			4736
体育	34670	34670					
娱乐业							
公共管理、社会保障和社会组织	31162	16602	14560				
中国共产党机关							
国家机构	6657	6657					
人民政协、民主党派							
社会保障	22405	7845	14560				
群众团体、社会团体和其他成员组织	2100	2100					
基层群众自治组织							
国际组织							
国际组织							

6-10 按三次产业分的固定资产投资及构成

单位：万元

指　　标	2015年		2016年		2016年比2015年增长%
	投资额	构成	投资额	构成	
总　　计	**15387698**	**100**	**17731244**	**100**	**15.2**
第一产业	**1498512**	**9.7**	**1164857**	**6.6**	**-22.3**
其中：农业	929266	6	618827	3.5	-33.4
第二产业	**7709789**	**50.1**	**9901946**	**55.8**	**28.4**
采矿业	2241296	14.6	2593584	14.6	15.7
煤炭开采和洗选业	46990	0.3	104724	0.6	122.9
石油和天然气开采业					
黑色金属矿采选业	54000	0.4	52225	0.3	-3.3
有色金属矿采选业	2045931	13.3	2262192	12.8	10.6
非金属矿采选业	84317	0.5	174443	1	106.9
开采辅助活动	10058	0.1			
其他采矿业					
制造业	4673400	30.4	5627130	31.7	20.4
农副食品加工业	150376	1	216397	1.2	43.9
食品制造业	74502	0.5	210806	1.2	183.0
酒、饮料和精制茶制造业	133267	0.9	284038	1.6	113.1
烟草制品业					
纺织业			6000		
纺织服装、服饰业					
皮革、毛皮、羽毛及其制品业和制鞋业					
木材加工及木、竹、藤、棕、草制品业	58312	0.4	7155		-87.7
家具制造业			4900		
造纸及纸制品业			25310	0.1	
印刷和记录媒介复制业	20850	0.1	3600		-82.7
文教、工美、体育和娱乐用品制造业					
石油加工、炼焦和核燃料加工业	58000	0.4	4009		-93.1
化学原料及化学制品制造业	216576	1.4	768695	4.3	254.9
医药制造业	239635	1.6	68363	0.4	-71.5
化学纤维制造业	204000	1.3			
橡胶和塑料制品业	74891	0.5	241021	1.4	221.8
非金属矿物制品业	562601	3.7	967202	5.5	71.9
黑色金属冶炼和压延加工业	20263	0.1	5400		-73.4
有色金属冶炼和压延加工业	1605770	10.4	982057	5.5	-38.8
金属制品业	64409	0.4	171167	1	165.8
通用设备制造业	96146	0.6	154181	0.9	60.4
专用设备制造业	478094	3.1	555389	3.1	16.2

6-10续表

单位：万元

指　　标	2015年		2016年		2016年比2015年增长%
	投资额	构成	投资额	构成	
汽车制造业	317962	2.1	373423	2.1	17.4
铁路、船舶、航空航天和其他运输设备制造业	18433	0.1			
电气机械及器材制造业	124569	0.8	361969	2	190.6
计算机、通信和其他电子设备制造业	145406	0.9	138264	0.8	-4.9
仪器仪表制造业			19155	0.1	
其他制造业	9338	0.1	15536	0.1	66.4
废弃资源综合利用业			5526	0	
金属制品、机械和设备修理业			37567	0.2	
电力、燃气及水的生产和供应业	805151	5.2	1718799	9.7	113.5
电力、热力的生产和供应业	696992	4.5	1348675	7.6	93.5
燃气生产和供应业	52593	0.3	104828	0.6	99.3
水的生产和供应业	55566	0.4	265296	1.5	377.4
第三产业	**6179397**	**40.2**	**6664441**	**37.6**	**7.8**
批发和零售业	279848	1.8	360342	2	28.8
交通运输、仓储和邮政业	1238141	8	773876	4.4	-37.5
其中：铁路运输业	82538	0.5	90334	0.5	9.4
其中：道路运输业	768867	5	362604	2	-52.8
其中：航空运输业					
其中：仓储业	386476	2.5	235572	1.3	-39.0
住宿和餐饮业	53637	0.3	83330	0.5	55.4
信息传输、软件和信息技术服务业	59120	0.4	46178	0.3	-21.9
金融业					
房地产业	2158505	14	1843856	10.4	-14.6
租赁和商务服务业	5657		52715	0.3	831.9
科学研究和技术服务业	36887	0.2	29210	0.2	-20.8
水利、环境和公共设施管理业	1681084	10.9	2555331	14.4	52.0
水利管理业	134240	0.9	326589	1.8	143.3
生态保护和环境治理业	123193	0.8	133580	0.8	8.4
公共设施管理业	1423651	9.3	2095162	11.8	47.2
居民服务、修理和其他服务业	54559	0.4	117868	0.7	116.0
教育	37852	0.2	140415	0.8	271.0
卫生和社会工作	307496	2	347448	2	13.0
其中：卫生	306596	2	150368	0.8	-51.0
文化、体育和娱乐业	69147	0.4	158866	0.9	129.8
公共管理、社会保障和社会组织	122083	0.8	31162	0.2	-74.5
国际组织					

6-11 国民经济各行业固定资产投资

（2016年） 单位：万元

行　　业	投资总额	按构成分				按建设性质分，其中：		
		建筑工程	安装工程	设备购置	其他费用	新建	扩建	改建及技术改造
总　　计	**17731244**	**9926146**	**975420**	**4564746**	**2264932**	**12534127**	**2873914**	**1022534**
农、林、牧、渔业	1251134	805093	56366	202722	186953	1043592	207542	
其中：农业	618827	296622	42177	137500	142528	490207	128620	
工业	9939513	4447244	660503	3671588	1160178	7080028	1998909	860576
采矿业	2593584	1464699	162480	459697	506708	1346251	859762	387571
煤炭开采和洗选业	104724	39899	17349	44623	2853	52591	29	52104
石油和天然气开采业								
黑色金属矿采选业	52225	26790	2831	22054	550	2945	49280	
有色金属矿采选业	2262192	1261859	135869	365980	498484	1135820	808905	317467
非金属矿采选业	174443	136151	6431	27040	4821	154895	1548	18000
开采辅助活动								
制造业								
农副食品加工业	5627130	2367107	363460	2428625	467938	4289589	992305	345236
食品制造业	216397	114420	35841	43008	23128	216010	387	
酒、饮料和精制茶制造业	210806	95590	28967	65399	20850	156724	27000	27082
烟草制品业	284038	161167	20783	87390	14698	278532		5506
纺织业								
纺织服装、服饰业	6000	1250	1180	3570		6000		
皮革、毛皮、羽毛及其制品业和制鞋业								
木材加工及木、竹、藤、棕、草制品业								
家具制造业	7155	4205	245	2505	200	7155		
造纸及纸制品业	4900	1950	150	1800	1000	4900		
印刷和记录媒介复制业	25310	18000	2310	5000		25310		
文教、工美、体育和娱乐用品制造业	3600	3600				3600		
石油加工、炼焦和核燃料加工业								
化学原料及化学制品制造业	4009	3984			25	4009		
医药制造业	768695	276289	36921	432458	23027	730261	38434	
化学纤维制造业	68363	53897	1454	10155	2857	59219	5244	3900
橡胶和塑料制品业								
非金属矿物制品业	241021	48621	5438	161514	25448	231156	9865	
黑色金属冶炼和压延加工业	967202	436015	73471	365634	92082	469677	422304	75221
有色金属冶炼和压延加工业	5400	5000	80	320		5400		
金属制品业	982057	474666	29176	379746	98469	782567	108764	90726
通用设备制造业	171167	66799	12583	63689	28096	126172	44995	
专用设备制造业	154181	25356	16597	91791	20437	154181		

6-11续表　　　　（2016年）　　　　单位：万元

行　业	投资总额	按构成分				按建设性质分，其中：		
		建筑工程	安装工程	设备购置	其他费用	新建	扩建	改建及技术改造
汽车制造业	373423	139173	26323	187979	19948	343423		30000
铁路、船舶、航空航天和其他设备制造业								
电气机械及器材制造业	361969	194086	11215	142005	14663	84068	165100	112801
计算机、通信和其他电子设备制造业	138264	31085	8839	94630	3710	138264		
仪器仪表制造业	19155	8075	1985	9095		19155		
其他制造业	15536	4099	6680	3665	1092	15536		
废弃资源综合利用业	5526	4313	50	1163		5526		
金属制品、机械和设备修理业	37567	2073	1210	31919	2365	37567		
电力、燃气及水的生产和供应业	1718799	615438	134563	783266	185532	1444188	146842	127769
电力、热力的生产和供应业	1348675	441518	101555	647977	157625	1163005	133419	52251
燃气生产和供应业	104828	34599	16907	48846	4476	47963		56865
水的生产和供应业	265296	139321	16101	86443	23431	233220	13423	18653
建筑业								
批发和零售业	360342	179262	35331	61402	84347	334212	20500	5630
交通运输、仓储和邮政业	773876	466832	9749	51574	245721	638296	104257	30423
其中：铁路运输业	90334	48909	705	5301	35419		90334	
其中：道路运输业	362604	242402	5378	10151	104673	317358	13923	30423
其中：航空运输业								
其中：仓储业	235572	106451	3666	36122	89333	235572		
住宿和餐饮业	83330	62716	6822	8766	5026	79080		4250
信息传输、软件和信息技术服务业	46178	34257	3405	6526	1990	46178		
金融业								
房地产业	1843856	1546904	14802	77226	204924	483154	134376	
租赁和商务服务业	52715	10987	6815	29111	5802	4907		47808
科学研究和技术服务业	29210	26300	805	1605	500	27210	2000	
水利、环境和公共设施管理业	2555331	1789528	139480	322738	303585	2162162	320732	57894
水利管理业	326589	258481	4930	44637	18541	278235	37496	10858
生态保护和环境治理业	133580	88169	3854	29982	11575	100628	1176	31776
公共设施管理业	2095162	1442878	130696	248119	273469	1783299	282060	15260
居民服务、修理和其他服务业	117868	88549	13858	10049	5412	117868		
教育	140415	84989	4471	33234	17721	95692	44127	596
卫生和社会工作	347448	237632	19342	65054	25420	235720	37471	15357
其中：卫生	150368	119450	16826	8023	6069	56285	19826	15357
文化、体育和娱乐业	158866	118281	3494	22373	14718	154866	4000	
公共管理、社会保障和社会组织	31162	27572	177	778	2635	31162		

6-12 国民经济各行业固定资产投资项目个数及新增固定资产

（2016年）

项　　目	施工项目（个）	新开工项目	全部投产项　目（个）	项　目建成投产率（%）	新　增固定资产（万元）	固定资产交付使用率（%）
总　　计	**883**	**756**	**647**	**73.3**	**11193629**	**63.1**
农、林、牧、渔业	142	129	115	81	742053	59.3
其中：农业	77	71	58	75.3	391718	63.3
工业	347	282	228	65.7	5799946	58.4
采矿业	84	67	44	52.4	1335706	51.5
煤炭开采和洗选业	11	9	2	18.2	31421	30
石油和天然气开采业						
黑色金属矿采选业	3	3	1	33.3	7925	15.2
有色金属矿采选业	61	48	36	59	1254355	55.4
非金属矿采选业	9	7	5	55.6	42005	24.1
其他采矿业						
制造业						
农副食品加工业	190	154	132	69.5	3534657	62.8
食品制造业	15	14	11	73.3	56186	26
酒、饮料和精制茶制造业	10	8	9	90	126787	60.1
烟草制品业	10	7	9	90	284038	100
纺织业						
纺织服装、服饰业	1	1	1	100	6000	100
皮革、毛皮、羽毛及其制品业和制鞋业						
木材加工及木、竹、藤、棕、草制品业						
家具制造业	1	1				
造纸及纸制品业	1	1	1	100	4900	100
印刷和记录媒介复制业	1	1	1	100	25310	100
文教、工美、体育和娱乐用品制造业	1	1	1	100	3600	100
石油加工、炼焦和核燃料加工业						
化学原料及化学制品制造业	1	1				
医药制造业	18	14	12	66.7	428497	55.7
化学纤维制造业	4	2	3	75	14829	21.7
橡胶和塑料制品业						
非金属矿物制品业	7	7	4	57.1	115733	48
黑色金属冶炼和压延加工业	48	44	34	70.8	809925	83.7
有色金属冶炼和压延加工业	1	1	1	100	5400	100
金属制品业	14	12	5	35.7	648920	66.1
通用设备制造业	6	3	6	100	186606	109
专用设备制造业	5	4	4	80	16806	10.9

6-12续表 （2016年）

项　　目	施工项目（个）	新开工项目	全部投产项　目（个）	项　目建成投产率（%）	新　增固定资产（万元）	固定资产交付使用率（%）
汽车制造业	7	4	3	42.9	106236	28.4
铁路、船舶、航空航天和其他设备制造业						
电气机械及器材制造业	8	5	4	50	251867	69.6
计算机、通信和其他电子设备制造业	6	4	4	66.7	54620	39.5
仪器仪表制造业	3	3	3	100	19170	100.1
其他制造业	1	1	1	100	1	0
废弃资源综合利用业	2	2	2	100	4200	76
金属制品、机械和设备修理业	1	1				
电力、燃气及水的生产和供应业	73	61	52	71.2	929583	54.1
电力、热力的生产和供应业	47	42	32	68.1	735347	54.5
燃气生产和供应业	11	10	10	90.9	81469	77.7
水的生产和供应业	15	9	10	66.7	112767	42.5
建筑业						
批发和零售业	28	25	20	71.4	134195	37.2
交通运输、仓储和邮政业	47	41	36	76.6	331310	42.8
其中：铁路运输业	2	1	2	100	78184	86.5
其中：道路运输业	30	26	25	83.3	95631	26.4
其中：航空运输业						
其中：仓储业	12	11	8	66.7	155415	66
住宿和餐饮业	10	10	8	80	63830	76.6
信息传输、软件和信息技术服务业	5	4	2	40	24343	52.7
金融业						
房地产业	47	42	33	70.2	1736425	94.2
租赁和商务服务业	2	1	2	100	76104	144.4
科学研究和技术服务业	4	3	3	75	19500	66.8
水利、环境和公共设施管理业	183	160	141	77	1653739	64.7
水利管理业	37	36	29	78.4	227810	69.8
生态保护和环境治理业	11	9	5	45.5	72936	54.6
公共设施管理业	135	115	107	79.3	1352993	64.6
居民服务、修理和其他服务业	7	6	5	71.4	36620	31.1
教育	19	17	19	100	145167	103.4
卫生和社会工作	20	15	15	75	256145	73.7
其中：卫生	13	9	11	84.6	113571	75.5
文化、体育和娱乐业	11	10	9	81.8	148579	93.5
公共管理、社会保障和社会组织	11	11	11	100	25673	82.4

6-13 高技术产业项目固定资产投资完成情况

单位：万元

指　　标	2015年	2016年	2016年比2015年增长%
总　　计	**385041**	**225782**	**-41.4**
信息化学品制造			
医药制造业	239635	68363	-71.5
其中：化学药品原料药制造、化学药品制剂制造	40884	3900	-90.5
其中：中成药生产	160751	5244	-96.7
其中：生物药品的制造			
飞机制造、航天器制造			
飞机制造			
航天器制造			
通信和其他电子设备制造业	145406	98290	-32.4
通信设备制造	127710		
通信系统设备制造	33000		
通信终端设备制造	94710		
雷达及配套设备制造			
广播电视设备制造			
电子器件制造	17696	85880	385.3
电子真空器件制造			
半导体分立器件制造			
集成电路制造			
光电子器件及其他电子器件制造	17696	85880	385.3
电子元件制造		12410	
视听设备制造			
其他电子设备制造			
电子计算机及办公设备制造业		39974	
计算机整机制造		39974	
其他计算机制造			
复印和胶印设备制造、计算器及货币专用设备制造			
医疗仪器设备及器械制造、仪器仪表制造业		19155	
医疗仪器设备及器械制造			
仪器仪表制造		19155	
软件开发			
核燃料加工、其他航空航天器制造			

6-14 按登记注册类型分的固定资产投资情况

单位：万元

指　　标	2015年	2016年	2016比2015年增长%
总　　计	**15387698**	**17731244**	**15.2**
内资	15225107	17244710	13.3
国有	3649800	3173821	-13.0
集体	586989	416051	-29.1
股份合作	160425		
国有联营			
集体联营			
国有与集体联营			
其他联营		4040	
国有独资公司	24788	493957	1892.7
其他有限责任公司	4199709	4512958	7.5
股份有限公司	398519	543287	36.3
私营	4328044	7311259	68.9
私营独资企业	1233281	838060	-32.0
私营合伙企业	83735	193800	131.4
私营有限责任公司	2947268	6134626	108.1
私营股份有限公司	63760	144773	127.1
其他	1876833	789337	-57.9
港澳台投资	62786	227778	262.8
合资经营		223778	
合作经营			
独资	15595	4000	-74.4
股份有限			
其他	47191		
外商投资	80955	258756	219.6
合资经营		171041	
合作经营	70666		
独资		87715	
股份有限			
其他	10289		
个体经营	18850		
个体户	2000		
个人合伙	16850		

6-15 民间固定资产投资(不含农户)完成情况

单位：万元

指　　标	2015年	2016年	2016年比2015年增长（%）
民间固定资产投资	**11389250**	**12274954**	**7.8**
农、林、牧、渔业	1510360	938984	-37.8
采矿业	1598912	2196322	37.4
制造业	4510990	4694642	4.1
电力、燃气及水的生产和供应业	186215	532774	186.1
建筑业			
批发和零售业	218324	292486	34.0
交通运输、仓储和邮政业	423621	576323	36.0
住宿和餐饮业	45417	75280	65.8
信息传输、软件和信息技术服务业	57100	23000	-59.7
金融业			
房地产业	1517901	1140477	-24.9
租赁和商务服务业	5651	4907	-13.2
科学研究和技术服务业	35127	26710	-24.0
水利、环境和公共设施管理业	898994	1426777	58.7
居民服务、修理和其他服务业	50759	35992	-29.1
教育	9634	22093	129.3
卫生和社会工作	238264	180291	-24.3
文化、体育和娱乐业	48423	93336	92.8
公共管理、社会保障和社会组织	33558	14560	-56.6
国际组织			
本年资金来源小计	**11054093**	11600320	4.9
国家预算资金	85234	59059	-30.7
国内贷款	2024854	2240279	10.6
债券			
利用外资		35821	
自筹资金	8572552	8736268	1.9
其他资金来源	371453	528893	42.4

6-16 历年来房地产开发企业基本情况

指　　标	计量单位	2007年	2008年	2009年	2010年	2011年	2012年	2013年	2014年	2015年	2016年
开发企业个数	个	49	91	94	95	118	135	144	167	172	174
# 国有经济	个	7	8	8	8	6	8	8	9	13	12
集体经济	个										
其他所有制经济	个	42	83	86	87	112	127	136	158	159	162
年末从业人员数	人	848	2224	2350	2350	2629	2988	3169	3554	3734	3641
资产总计	万元	137846	267066	347293	491858	914226	1237620	1818846	2325373	3017026	3129745
固定资产累计折旧	万元	1463	2839	5490	6325	7011	5938	12319	12425	14766	15497
# 本年折旧	万元	414	737	1379	1323	1355	2073	3733	3513	3267	3048
负债总计	万元	75766	170903	223832	360216	662412	933421	1448407	1902980	2520368	2615739
所有者权益合计	万元	62080	96163	123461	131641	251815	304199	370438	422393	496658	514006
主营业务收入	万元	47192	58190	122676	117237	141062	156132	330808	322845	232735	411137
# 商品房销售收入	万元	41017	57022	119767	114093	136030	138140	307504	312253	222064	385808
利税总额	万元	29605	-1125	11020	19341	9898	9059	62166	10815	20717	43712

6-17 历年来房地产开发投资情况

指　　标	计量单位	2007年	2008年	2009年	2010年	2011年	2012年	2013年	2014年	2015年	2016年
投资总额	**万元**	**74283**	**172274**	**265036**	**466039**	**538554**	**647775**	**857241**	**978740**	**1067155**	**1146252**
按工程用途分											
住宅	万元	58738	137280	191721	363180	389511	413164	518250	575692	530432	665392
办公楼	万元	4402	4007	6183	7775	15664	18152	27367	103161	70317	84571
商业营业用房	万元	5721	16224	36527	45471	86270	135515	234912	252146	415024	345592
其 他	万元	5422	14763	30605	49613	47109	80944	76712	47741	51382	50697
按经济类型分											
国有经济	万元	16211	21697	15656	25695	39694	75005	52631	28277	35941	46526
集体经济	万元		3679								
其他经济	万元	58072	146898	249380	440344	498860	572770	804610	950463	1031214	1095726
新增固定资产	**万元**	**61260**	**61973**	**122611**	**138237**	**125197**	**343834**	**294188**	**306115**	**351916**	**232181**
房屋建筑面积											
施工面积	平方米	1251660	2602525	3165260	4678989	5770000	7354180	8604404	8543538	8032766	8935443
#住宅	平方米	988182	1937601	2467764	3618564	4177253	5457768	6190926	6013740	5392746	6068138
竣工面积	平方米	453169	468606	509510	666039	567752	1025300	1020349	829481	1047884	911648
#住宅	平方米	326123	432014	470287	607625	482302	800113	751224	576292	803452	713615
商品房销售面积	平方米	370460	581664	637082	847167	943052	994736	1229863	1408870	1585158	2117759
#住宅	平方米	342976	549417	610368	799682	864360	952732	1138962	1203636	1196135	1853142
商品房待售面积	平方米	2068	55176	76886	115855	534226	775731	978154	1191658	878184	727889
土地开发面积	**平方米**	**162654**	**433766**	**446432**	**1008051**						

注：从2011年起取消土地开发面积指标。

6-18 房地产开发投资完成情况

指　　标	2015年		2016年		2016年为2015年%
	绝对数	构成（%）	绝对数	构成（%）	
投资完成额（万元）	**1067155**	**100.0**	**1146252**	**100.0**	**107.4**
按工程用途分					
住宅	530432	49.7	665392	58.0	125.4
办公楼	70317	6.6	84571	7.4	120.3
商业营业用房	415024	38.9	345592	30.1	83.3
其他	51382	4.8	50697	4.4	98.7
本年资金来源合计（万元）	**1199835**	**100.0**	**1260840**	**100.0**	**105.1**
#国内贷款	68767	5.7	84680	6.7	123.1
自筹资金	769713	64.2	792247	62.8	102.9
#企事业单位自有	353120	29.4	363989	28.9	103.1
其他资金来源	174707	14.6	269063	21.3	154.0
#定金及预付款	110468	9.2	155974	12.4	141.2
土地开发面积（平方米）					
本年购置土地面积	330074	100.0	224407	100.0	68.0
待开发土地面积	407012	100.0	419028	100.0	103.0
商品房面积（平方米）					
施工面积	8032766	100.0	8935443	100.0	111.2
#住宅	5392746	67.1	6068138	67.9	112.5
#新开工面积	1955671	24.3	2673768	29.9	136.7
#住宅	1374441	70.3	2033020	76.0	147.9
竣工面积	1047884	100.0	911648	100.0	87.0
#住宅	803452	76.7	713615	78.3	88.8
销售面积	1585158	100.0	2117759	100.0	133.6
#住宅	1196135	75.5	1853142	87.5	154.9
#现房销售面积	735461	46.4	705234	33.3	95.9
#住宅	451280	37.7	611595	33.0	135.5
#期房销售面积	849697	53.6	1412525	66.7	166.2
#住宅	744855	47.0	1241547	58.6	166.7
待售面积	878184	100.0	727889	100.0	82.9
#住宅	547732	62.4	448609	61.6	81.9
商品房销售额（万元）	**590590**	**100.0**	**720285**	**100.0**	**122.0**
#住宅	388014	65.7	597044	82.9	153.9
#现房销售额	294526	49.9	227806	31.6	77.3
#住宅	141390	23.9	186000	25.8	131.6
#期房销售额	296064	50.1	492479	68.4	166.3
#住宅	246624	41.8	411044	57.1	166.7

6-19 房地产开发面积完成情况

（2016年）

指标	计量单位	合计	住宅	# 90平方米以下	# 144平方米以上	# 别墅、高档公寓	办公楼	商业营业用房	其他
房屋施工面积	平方米	8935443	6068138	1636990	783056	86951	421073	1685495	760737
#新开工面积	平方米	2673768	2033020	471540	294551	14270	65019	331326	244403
房屋竣工面积	平方米	911648	713615	85875	110119		18609	114121	65303
#不可销售面积	平方米	34747					96	24301	10350
商品住宅竣工套数	套		5899	1001	732				
竣工房屋价值	万元	203257	164436	20090	25165		4732	25238	8851
批准预售面积	平方米	916518	728537	31735	112795	14692	53531	126033	8417
批准预售住宅套数	套		5834	369	676	78			
出租房屋面积	平方米	18000						18000	
商品房销售面积	平方米	2117759	1853142	236876	349882	14692	71198	168846	24573
现房销售面积	平方米	705234	611595	96202	138860		31971	59980	1688
期房销售面积	平方米	1412525	1241547	140674	211022	14692	39227	108866	22885
商品房销售额	万元	720285	597044	79685	115552	7640	24269	92968	6004
现房销售额	万元	227806	186000	27933	41851		10545	30823	438
期房销售额	万元	492479	411044	51752	73701	7640	13724	62145	5566
商品住宅销售套数	套		15788	3345	2153	78			
现房销售套数	套		5267	1295	878				
期房销售套数	套		10521	2050	1275	78			
商品房待售面积	平方米	727889	448609	45591	79149	8925	28326	178222	72732
#待售一年至三年	平方米	303744	153912	29262	24294	8925	16622	112193	21017
待售三年以上	平方米	37970	36032	5000	22000			1938	

6-20 分县市按构成分的房地产开发投资情况

（2016年）　　单位：万元

指　　标	本年完成投资额	建筑工程	安装工程	设备工器具购置	其他费用	本年资金来源合计
合　计	**1146252**	**1018319**	**6007**	**33280**	**88646**	**1260840**
市　直	3517	2697	62	405	353	23325
开发区	104019	95638	97	8284		77758
湖滨区	643304	592068	555	650	50031	667729
陕州区	104963	85373	2557	14148	2885	104681
义马市	60970	55371	195	2371	3033	57205
渑池县	28381	25240	581	1023	1537	79707
灵宝市	150725	126323	1710	5374	17318	173124
卢氏县	50373	35609	250	1025	13489	77311

6-21 分县市按工程用途分的房地产开发投资情况

（2016年）　　单位：万元

指　　标	合　计	商品住宅	#90平方米以下	办公楼	商业营业用房	其　他
合　计	**1146252**	**665392**	**157092**	**84571**	**345592**	**50697**
市　直	3517	1692	997		1287	538
开发区	104019	67309	5909	29074	6676	960
湖滨区	643304	329168	86080	49745	227251	37140
陕州区	104963	66106	6132	1	38185	671
义马市	60970	41417	2444	4282	11480	3791
渑池县	28381	13095	4850	135	14666	485
灵宝市	150725	114423	45550	1334	28906	6062
卢氏县	50373	32182	5130		17141	1050

6-22 分县市商品房施工面积情况

（2016年）　　　　单位：平方米

指　标	合　计	商品住宅	#90平方米以下	办公楼	商业营业用房	其　他
合　计	**8935443**	**6068138**	**1636990**	**421073**	**1685495**	**760737**
市　直	168309	143094	61944		13912	11303
开发区	638433	356035	72709	142479	88354	51565
湖滨区	3738627	2454992	742248	170086	626353	487196
陕州区	896214	499337	37922	3942	370846	22089
义马市	777808	565304	67065	67151	108881	36472
渑池县	549466	365529	86507	1008	175239	7690
灵宝市	1892231	1462789	544595	36407	267283	125752
卢氏县	274355	221058	24000		34627	18670

6-23 分县市商品房新开工面积情况

（2016年）　　　　单位：平方米

指　标	合　计	商品住宅	#90平方米以下	办公楼	商业营业用房	其　他
合　计	**2673768**	**2033020**	**471540**	**65019**	**331326**	**244403**
市　直						
开发区	97441	97441				
湖滨区	1353763	994023	196753	35372	148131	176237
陕州区	103410	85892	6536		15468	2050
义马市	269508	195022	6760	29530	41311	3645
渑池县	56070	40070	13600		16000	
灵宝市	635454	515747	223891	117	75789	43801
卢氏县	158122	104825	24000		34627	18670

6-24 分县市商品房竣工面积情况

（2016年）　　　　单位：平方米

指　标	合　计	商品住宅	# 90平方米以下	办公楼	商业营业用房	其　他
合　计	**911648**	**713615**	**85875**	**18609**	**114121**	**65303**
市　直						
开发区						
湖滨区	292392	236529	10110	6750	20290	28823
陕州区	224740	180584		3942	27685	12529
义马市	86444	44592		7800	29586	4466
渑池县						
灵宝市	308072	251910	75765	117	36560	19485
卢氏县						

6-25 分县市商品房竣工价值情况

（2016年）　　　　单位：万元

指　标	合　计	商品住宅	#90平方米以下	办公楼	商业营业用房	其　他
合　计	**203257**	**164436**	**20090**	**4732**	**25238**	**8851**
市　直						
开发区						
湖滨区	73502	62409	2455	2223	4869	4001
陕州区	36702	30456		649	4718	879
义马市	20884	11366		1833	7285	400
渑池县						
灵宝市	72169	60205	17635	27	8366	3571
卢氏县						

6-26 分县市商品房销售面积情况

（2016年）　　单位：平方米

指　　标	合　计	商品住宅	#90平方米以下	办公楼	商业营业用房	其　他
合　计	**2117759**	**1853142**	**236876**	**71198**	**168846**	**24573**
市　直	59441	59279	27333		162	
开发区	89402	71909	2561	17493		
湖滨区	856037	807776	107938	20231	23180	4850
陕州区	162461	154461	4671		8000	
义马市	315829	192439		28454	76576	18360
渑池县	155299	114201	23512		41098	
灵宝市	409730	390406	66262	5020	14119	185
卢氏县	69560	62671	4599		5711	1178

6-27 分县市商品房销售额情况

（2016年）　　单位：万元

指　　标	合　计	商品住宅	#90平方米以下	办公楼	商业营业用房	其　他
合　计	**720285**	**597044**	**79685**	**24269**	**92968**	**6004**
市　直	20947	20755	9159		192	
开发区	31839	23985	1153	7854		
湖滨区	303140	283260	37838	7184	11800	896
陕州区	47703	42153	1248		5550	
义马市	109588	57291		7724	39743	4830
渑池县	59941	34874	7363		25067	
灵宝市	125511	116646	21544	1507	7257	101
卢氏县	21616	18080	1380		3359	177

6-28 分县市房地产开发企业主要财务指标

（2016年） 单位：万元

指　　标	全　市	市　直	开发区	湖滨区	陕州区	义马市	渑池县	灵宝市	卢氏县
年初存货	1369868	98505	136335	573196	235349	50364	62045	154935	59137
流动资产合计	2738107	151244	233127	1239782	355733	189863	133255	355697	79406
其中：存货	1653354	103745	144748	750260	243790	119173	55175	177582	58881
固定资产原价	95065	4672	3614	9795	50427	4486	5615	16319	138
累计折旧	15497	1519	1889	4253	2265	1810	1625	2024	114
其中：本年折旧	3048	115	256	805	876	157	341	417	81
资产总计	3129745	168687	245626	1411043	442931	201567	160825	414916	84151
负债合计	2615739	155016	193617	1274178	287667	150081	146122	345205	63854
所有者权益合计	514006	13672	52009	136866	155264	51485	14703	69711	20297
其中：实收资本	375068	9536	25576	141742	100383	35558	15256	38817	8200
主营业务收入	411137	18467	15029	126788	98950	52090	33918	51065	14832
土地转让收入	5621							5621	
商品房屋销售收入	385808	18367	14466	124247	88766	52074	33918	39148	14823
房屋出租收入	2983	100	273	1825	148			632	5
其他收入	16725		290	716	10036	16		5664	4
主营业务成本	330711	15776	13123	104173	79749	41270	25589	39175	11858
主营业务税金及附加	17161	356	314	5453	2426	5075	1664	1195	677
其他业务利润	584	74		272			33	205	
销售费用	11420	112	895	3489	3203	586	920	1453	762
管理费用	21266	1016	1412	6762	5998	1211	1453	2902	514
其中：税金	2242	54	158	401	1296	5	126	49	152
其中：差旅费									
其中：工会经费									
财务费用	28246	33	2163	9755	2197	395	11964	1519	220
其中：利息支出	15331	113	1418	6817	2153	343	2939	1350	199
营业利润	18134	1196	-2562	10057	5324	3627	452	-854	895
营业外收入	807	7	4	685	15	4	45	48	
营业外支出	1616	186	44	972	164	11	81	139	20
利润总额	17324	1016	-2602	9770	5174	3619	416	-945	876
应交所得税	4711	225	84	1626	1842	78	497	309	50

6-29 建筑业企业主要经济指标

指　　标	计量单位	2015年	2016年	2016年比2015年增减(±%)
企业个数	个	145	142	-2.1
直接从事生产经营活动的平均人数	人	38372	37243	-2.9
固定资产原价合计	万元	418555	430939	3.0
固定资产合计	万元	266588	466774	75.1
自有施工机械设备总台数	台	13628	23617	73.3
自有施工机械设备净值	万元	114467	152386	33.1
自有施工机械设备总功率	千瓦	481468	837482	73.9
建筑业总产值	万元	1166299	1339847	14.9
按建筑业总产值计算的全员劳动生产率	元/人	303945	359758	18.4
房屋建筑施工面积	平方米	4335327	6060787	39.8
房屋建筑竣工面积	平方米	988373	996766	0.8
房屋建筑面积竣工率	%	22.8	16.4	-28.1
技术装备率	元/人	29830	40917	37.2
动力装备率	千瓦/人	13	22	69.2
主营业务收入	万元	1642961	2006013	22.1
主营业务成本	万元	1406565	1784720	26.9
主营业务税金及附加	万元	43157	23488	-45.6
管理费用中的税金	万元	1630	1522	-6.6
本年固定资产折旧	万元	40477	12222	-69.8
应付职工薪酬	万元	203904	227854	11.7
利税总额	万元	120190	152024	26.5
利润总额	万元	65020	78765	21.1
税金总额	万元	55170	73259	32.8
产值利润率	%	5.6	5.9	5.4
产值利税率	%	10.3	11.3	9.7

6-30 建筑业企业房屋建筑竣工面积及竣工价值

指　　标	2015年		2016年	
	竣工面积（平方米）	竣工价值（万元）	竣工面积（平方米）	竣工价值（万元）
竣工房屋	**988373**	**131825**	**996766**	**149563**
住宅	908800	118069	801197	121115
餐饮用房			8000	632
居民服务业用房	5500	715	14410	2271
办公用房	15286	2533	33729	5590
教育用房	21699	5532	116166	15497
卫生医疗用房				
厂房及建筑物	28217	3609	11527	1856
仓库			4338	577
其他用房	8871	1367	7399	2025

6-31 建筑业企业生产情况

指　　标	计量单位	合　计		#国　有		#集体	
		2015年	2016年	2015年	2016年	2015年	2016年
企业个数	个	145	142	17	18	3	3
直接从事生产经营活动的平均人数	人	38372	37243	15148	13697	575	543
签订的合同额	万元	2563459	3358769	1912030	2576041	12621	11305
上年结转合同额	万元	1045381	1519777	821265	1170715	5785	1578
本年新签合同额	万元	1518078	1838992	1090765	1405326	6836	9727
建筑业总产值	万元	1166299	1339847	743424	884837	10693	9952
#在外省完成的产值	万元	320492	449039	309264	438736		
按构成分							
建筑工程	万元	1098768	1272959	698064	842732	10693	9952
安装工程	万元	47464	53820	25294	29041		
其他产值	万元	20067	13069	20066	13065		
建筑业竣工产值	万元	489150	870351	175028	551643	3536	2610
按建筑业总产值计算的全员劳动生产率	元／人	303945	359758	490774	646008	185965	183269
房屋建筑施工面积	平方米	4335327	6060787	1678422	3268873		
#本年新开工	平方米	2292691	2770571	1076531	1736575		
投标承包面积	平方米	4326941	5983603	1678422	3265358		
房屋建筑竣工面积	平方米	988373	996766	90544	202095		
房屋建筑面积竣工率	%	22.8	16.4	5.4	6.2		
按房屋施工面积计算的招标承包面	%	99.8	98.7	100	99.9		
自有施工机械设备总台数	台	13628	23617	7833	17910	50	50
自有施工机械设备总功率	千瓦	481468	837482	333770	694342	4898	4898
自有施工机械设备净值	万元	114467	152386	70325	107698	116	116
技术装备率	元/人	29830	40917	46425	78629	2017	2136
动力装备率	千瓦/人	13	22	22	51	9	9

6-32 分行业建筑业企业生产情况

（2016年）

指　　标	计量单位	合计	房屋和土木工程建筑	房屋工程建筑	土木工程建筑	建　筑安装业	建　筑装饰业	其　它建筑业
企业个数	个	142	120	38	82	5	14	3
直接从事生产经营活动的平均人数	人	37198	36808	9020	27788	156	187	47
签订的合同额	万元	3358769	3349766	537755	2812011	3360	2444	3200
上年结转合同额	万元	1519777	1516335	342200	1174134	110	232	3100
本年新签合同额	万元	1838992	1833431	195554	1637877	3250	2212	100
建筑业总产值	万元	1339847	1333353	219652	1113701	3155	2237	1102
#在外省完成的产值	万元	449039	449039	7494	441545			
按构成分								
建筑工程	万元	1272959	1269624	212175	1057449		2233	1102
安装工程	万元	53820	50665	6220	44445	3155		
其他产值	万元	13069	13065	1257	11807		4	
建筑业竣工产值	万元	870351	866321	135453	730868	2829	1101	100
按建筑业总产值计算全员劳动生产率	元／人	360193	362245	243517	400785	202250	119642	234426
房屋建筑施工面积	平方米	6060787	6060787	3000294	3060493			
#本年新开工	平方米	2770571	2770571	1081038	1689533			
投标承包面积	平方米	5983603	5983603	2926625	3056978			
房屋建筑竣工面积	平方米	996766	996766	825131	171635			
房屋建筑面积竣工率	%	16.4	16.4	27.5	5.6			
按房屋施工面积计算招标承包面	%	98.7	98.7	97.5	99.9			
自有施工机械设备总台数	台	23617	23227	3402	19825	172	176	42
自有施工机械设备总功率	千瓦	837482	834464	82801	751663	381	627	2010
自有施工机械设备净值	万元	152386	151636	18791	132845	208	178	365
技术装备率	元/人	40966	41196	20832	47806	13314	9492	77660
动力装备率	千瓦/人	22.5	22.7	9.2	27.0	2.4	3.4	42.8

6-33 建筑业企业主要财务指标

单位：万元

指　　标	合　计		#国　有		#城镇集体	
	2015年	2016年	2015年	2016年	2015年	2016年
年末资产负债						
资产总计	1904249	2283018	1377709	1698241	6558	8586
流动资产合计	1421859	1744086	1041299	1311523	2405	4989
其中：应收工程款	332182	391884	269081	298053	457	26
存货	267240	258004	200836	196240	187	1350
固定资产合计	266588	466774	169719	374779	3523	3029
固定资产原价合计	418555	430939	293620	313264	4367	4215
累计折旧	171952	182881	130984	140859	974	1186
#本年折旧	40477	12222	35141	7164	107	317
在建工程	13437	17628	6836	11433		
负债合计	1190697	1504663	966660	1225409	1225	2342
流动负债	1159697	1465633	954347	1203789	825	2214
所有者权益合计	713552	778355	411049	472833	5334	6244
#实收资本	340395	335295	148476	148751	1972	1972
损益及分配						
主营业务收入	1642961	2006013	1206780	1518856	10943	11128
主营业务成本	1406565	1784720	1041655	1363550	9036	9017
主营业务税金及附加	43157	23488	26808	7777	264	244
其他业务利润	1390	2454	623	1813		
管理费用	83282	103342	62328	83159	683	868
#税金	1630	1522	968	663	26	26
财务费用	11238	3594	6503	-742	40	65
#利息支出	11110	120417	3199	116716	19	16
营业利润	64383	79377	38948	55867	911	924
利润总额	65020	78765	38948	55632	918	931
应交所得税	19315	25360	13632	19017	144	233
利税总额	120190	152024	66724	108900	1208	1346
应付职工薪酬	203904	227854	129258	139199	1828	2260

6-34 分行业建筑业企业主要财务指标

（2016年） 单位：万元

指　　标	合　计	房屋和土木工程建筑业	房屋工程建筑	土木工程建筑	建　筑安装业	建　筑装饰业	其　它建筑业
年末资产负债							
资产总计	2283018	2266946	396394	1870552	6032	5921	4119
流动资产合计	1744086	1729563	335473	1394090	5722	5448	3354
其中：应收工程款	391884	389443	109594	279850	802	1627	12
#存货	303441	301720	84612	217108	813	908	
固定资产合计	466774	465813	40429	425383	277	267	417
固定资产原价合计	430939	429294	52210	377084	632	543	470
累计折旧	182881	182161	18483	163678	358	309	53
#本年折旧	12222	12119	1291	10828	39	55	9
在建工程	17628	17628	4390	13238			
负债合计	1504663	1499827	278170	1221657	2803	1278	755
流动负债	1465633	1460885	271577	1189308	2803	1243	702
非流动负债	39030	38942	6593	32349		35	53
所有者权益合计	778355	767119	118225	648894	3229	4644	3363
#实收资本	335295	325137	83262	241875	2685	4273	3200
损益及分配	2006013	1997029	244149	1752880	5248	2978	758
主营业务收入	2006013	1997029	244149	1752880	5248	2978	758
主营业务成本	1784720	1777170	218325	1558845	4636	2356	558
主营业务税金及附加	23488	23228	7235	15993	142	74	44
其他业务利润	2454	2454	816	1638			
管理费用	103342	102529	7269	95259	401	370	42
#税金	1522	1498	441	1057		21	
财务费用	3594	3575	2148	1427		10	9
#利息支出	120417	120408	1108	119300		9	
营业利润	79377	79054	8919	70136	66	158	99
利润总额	787650	784420	88080	696330	670	1570	990
应交所得税	78765	78442	8808	69633	68	157	98
利税总额	1520240	1513130	200180	1312940	2870	2810	1430
应付职工薪酬	2039040	2023670	350610	1673060	7270	6490	1610

6-35 劳务分包建筑业企业生产经营情况

（2016年）

指　　标	计量单位	合　计	#非公有制	#房屋和土木工程建筑	房屋工程建筑	土木工程建筑	#建筑安装业
企业个数	个	33	33	31	27	4	2
#有工作量企业	个	26	26	26	22	4	
建筑业总产值	万元	11900	11900	11900	9048	2852	
年末从业人数	人	1760	1760	1760	1414	346	
固定资产原价	万元	1675	1675	1675	1031	645	
本年折旧	万元	173	173	173	79	94	
资产总计	万元	17372	17372	17372	9638	7734	
负债合计	万元	8270	8270	8270	5173	3097	
实收资本	万元	5481	5481	5481	1136	4345	
营业收入	万元	12661	12661	12661	9208	3453	
主营业务收入	万元	12652	12652	12652	9198	3453	
营业成本	万元	11767	11767	11767	8582	3184	
主营业务成本	万元	11129	11129	11129	8582	2547	
营业税金及附加	万元	301	301	301	227	74	
主营业务税金及附加	万元	299	299	299	227	72	
销售费用	万元	25	25	25	25		
管理费用	万元	336	336	336	208	128	
其中：税金	万元	16	16	16	15	1	
财务费用	万元	33	33	33	30	3	
营业利润	万元	261	261	261	186	75	
利润总额	万元	483	483	483	182	301	
应付职工薪酬	万元	6073	6073	6073	4535	1537	

6-36 分县市建筑业企业主要指标

（2016年）

指　标	企业个数（个）	直接从事生产经营活动的平均人数（人）	签订的合同额（万元）	总产值（万元）	竣工产值（万元）
全　市	**142**	**37243**	**3358769**	**1339847**	**870351**
市　直	14	11960	2614418	865124	547673
湖滨区	41	3240	67987	61056	50293
陕州区	15	6646	125969	95042	97524
渑池县	10	2715	107181	79640	22980
卢氏县	11	2783	63273	52233	22380
义马市	11	2552	111196	65940	35533
灵宝市	30	6573	253874	108655	89392
开发区	10	774	14872	12159	4578

6-36续表

指　标	施工面积（平方米）	竣工面积（平方米）	自有机械设备净值（万元）	自有机械设备台数（台）	总功率（千瓦）
全　市	**6060787**	**996766**	**152386**	**23617**	**837482**
市　直	4102160	452932	104471	16457	664211
湖滨区	448928	112379	9414	1406	22042
陕州区	292342	203615	7593	583	27293
渑池县	599741	41065	10524	1059	17300
卢氏县	160451	72597	5027	484	14632
义马市	367937	106618	7598	2345	46798
灵宝市	85128	7560	7013	1056	41101
开发区	4100		747	227	4105

6-37 分县市建筑业企业个数

（2016年）　　单位:个

指　　标	全　市	市　直	湖滨区	陕州区	渑池县	卢氏县	义马市	灵宝市	开发区
企业个数	**142**	**14**	**41**	**15**	**10**	**11**	**11**	**30**	**10**
按登记注册类型分									
内资	142	14	41	15	10	11	11	30	10
国有经济	9	5	1	1				2	
集体经济	3					2	1		
按所有制类型分									
公有制	21	6	1	1	1	2	5	5	
非公有制	121	8	40	14	9	9	6	25	10
按行业分									
房屋和土木工程建筑业	120	14	24	15	9	11	11	29	7
房屋工程建筑	38	7	4	8	5	4	7	2	1
土木工程建筑	82	7	20	7	4	7	4	27	6
建筑安装业	5		4						1
建筑装饰业	14		11		1				2
其他建筑业	3		2					1	

6-38 分县市建筑业企业总产值

（2016年）

单位:万元

指　　标	全　市	市　直	湖滨区	陕州区	渑池县	卢氏县	义马市	灵宝市	开发区
建筑业总产值	**1339847**	**865124**	**61056**	**95042**	**79640**	**52233**	**65940**	**108655**	**12159**
按登记注册类型分									
内资	1339847	865124	61056	95042	79640	52233	65940	108655	12159
国有经济	786939	764330	959	871				20780	
集体经济	9952					7342	2610		
按所有制类型分									
公有制	894789	793071	959	871	15486	7342	54615	22446	
非公有制	445058	72053	60097	94171	64154	44891	11325	86209	12159
按行业分									
房屋和土木工程建筑业	1333353	865124	58634	95042	79597	52233	65940	107653	9131
房屋工程建筑	219652	69549	22995	31582	20233	21116	45097	8343	738
土木工程建筑	1113701	795575	35639	63460	59364	31117	20843	99310	8393
建筑安装业	3155		1099						2056
建筑装饰业	2237		1223		43				972
其他建筑业	1102		100					1002	

6-39 分县市建筑业企业实收资本

（2016年）　　单位:万元

指　　标	全　市	市　直	湖滨区	陕州区	渑池县	卢氏县	义马市	灵宝市	开发区
实收资本	**335295**	**145805**	**41829**	**39808**	**19209**	**22721**	**22896**	**34208**	**8820**
按登记注册类型分									
内资	335295	145805	41829	39808	19209	22721	22896	34208	8820
国有经济	122239	118037	1152	2000				1050	
集体经济	1972					1960	12		
按所有制类型分									
公有制	150723	128037	1152	2000	4000	1960	11291	2283	
非公有制	184572	17768	40677	37808	15209	20761	11605	31925	8820
按行业分									
房屋和土木工程建筑业	325137	145805	34881	39808	19109	22721	22896	34108	5810
房屋工程建筑	83262	14297	10617	15118	8103	12043	17205	3880	2000
土木工程建筑	241875	131508	24264	24690	11006	10678	5691	30228	3810
建筑安装业	2685		1175						1510
建筑装饰业	4273		2673		100				1500
其他建筑业	3200		3100					100	

6-40 分县市建筑业企业资产合计

（2016年） 单位:万元

指　　标	全　市	市　直	湖滨区	陕州区	渑池县	卢氏县	义马市	灵宝市	开发区
资产合计	**2283018**	**1558517**	**103653**	**117339**	**49878**	**53308**	**238707**	**146080**	**15537**
按登记注册类型分									
内资	2283018	1558517	103653	117339	49878	53308	238707	146080	15537
国有经济	1428589	1393674	1892	3981				29042	
集体经济	8586					8112	480		
按所有制类型分									
公有制	1706828	1420177	1892	3981	22462	8112	219273	30931	
非公有制	576190	138340	101761	113358	27416	45196	19434	115149	15537
按行业分									
房屋和土木工程建筑业	2266946	1558517	95352	117339	49772	53308	238707	145304	8647
房屋工程建筑	396394	69067	19894	53491	11914	20549	200850	18578	2051
土木工程建筑	1870552	1489450	75458	63848	37858	32759	37857	126726	6596
建筑安装业	6032		1610						4422
建筑装饰业	5921		3347		106				2468
其他建筑业	4119		3344					776	

6-41 分县市建筑业企业固定资产

（2016年）　　　　　　　　　　　　单位:万元

指　　标	全　市	市　直	湖滨区	陕州区	渑池县	卢氏县	义马市	灵宝市	开发区
固定资产合计	**466774**	**368646**	**17557**	**10235**	**12289**	**18319**	**11879**	**26285**	**1564**
按登记注册类型分									
内资	466774	368646	17557	10235	12289	18319	11879	26285	1564
国有经济	354586	349594	707	658				3627	
集体经济	3029					2993	36		
按所有制类型分									
公有制	377809	361668	707	658	1734	2993	5457	4590	
非公有制	88965	6978	16850	9577	10555	15326	6422	21695	1564
按行业分									
房屋和土木工程建筑业	465813	368646	17173	10235	12280	18319	11879	25868	1413
房屋工程建筑	40429	6263	5034	3450	5857	6893	9304	3157	471
土木工程建筑	425384	362383	12139	6785	6423	11426	2575	22711	942
建筑安装业	277		171						106
建筑装饰业	267		213		9				45
其他建筑业	417							417	

6-42 分县市建筑业企业流动资产

（2016年）　　单位:万元

指　　标	全　市	市　直	湖滨区	陕州区	渑池县	卢氏县	义马市	灵宝市	开发区
流动资产合计	**1744086**	**1171674**	**80357**	**95498**	**36523**	**26735**	**222277**	**97308**	**13714**
按登记注册类型分									
内资	1744086	1171674	80357	95498	36523	26735	222277	97308	13714
国有经济	1067204	1037681	786	3322				25415	
集体经济	4989					4887	102		
按所有制类型分									
公有制	1316512	1052111	786	3323	19788	4887	209335	26282	
非公有制	427574	119563	79571	92175	16735	21848	12942	71026	13714
按行业分									
房屋和土木工程建筑业	1729563	1171674	73027	95498	36427	26735	222277	96949	6976
房屋工程建筑	335473	57112	14860	48190	5950	9660	190753	7368	1580
土木工程建筑	1394090	1114562	58167	47308	30477	17075	31524	89581	5396
建筑安装业	5722		1406						4316
建筑装饰业	5448		2929		97				2422
其他建筑业	3354		2995					359	

6-43 分县市建筑业企业负债合计

（2016年）　　单位:万元

指　　标	全　市	市　直	湖滨区	陕州区	渑池县	卢氏县	义马市	灵宝市	开发区
负债合计	**1504663**	**1089156**	**53379**	**46045**	**26240**	**20419**	**202950**	**60461**	**6013**
按登记注册类型分									
内资	1504663	1089156	53379	46045	26240	20419	202950	60461	6013
国有经济	1001888	977383	649	710				23146	
集体经济	2342					2013	329		
按所有制类型分									
公有制	1227751	985068	649	709	15516	2013	200386	23410	
非公有制	276912	104088	52730	45336	10724	18406	2564	37051	6013
按行业分									
房屋和土木工程建筑业	1499826	1089156	52561	46044	26238	20419	202950	59949	2509
房屋工程建筑	278170	48804	5657	28658	2901	6282	176824	8993	51
土木工程建筑	1221656	1040352	46904	17386	23337	14137	26126	50956	2458
建筑安装业	2803		334						2469
建筑装饰业	1278		240	1	2				1035
其他建筑业	756		244					512	

6-44 分县市建筑业企业主营业务收入

（2016年）　　单位：万元

指　　标	全　市	市　直	湖滨区	陕州区	渑池县	卢氏县	义马市	灵宝市	开发区
主营业务收入合计	**2006013**	**1506474**	**78751**	**113540**	**65707**	**53467**	**65014**	**109562**	**13498**
按登记注册类型分									
内资	2006013	1506474	78751	113540	65707	53467	65014	109562	13498
国有经济	1418928	1393413	1080	3693				20742	
集体经济	11128					7342	3786		
按所有制类型分									
公有制	1524302	1422155	1080	3692	15486	7342	52340	22207	
非公有制	481711	84319	77671	109848	50221	46125	12674	87355	13498
按行业分									
房屋和土木工程建筑业	1997029	1506474	75665	113541	65664	53467	65014	109251	7953
房屋工程建筑	244149	81074	22995	45014	23203	22534	40801	7790	738
土木工程建筑	1752880	1425400	52670	68527	42461	30933	24213	101461	7215
建筑安装业	5248		1099						4149
建筑装饰业	2978		1539		43				1396
其他建筑业	759		449					310	

6-45 分县市建筑业企业利润总额

（2016年）　　单位:万元

指　标	全　市	市　直	湖滨区	陕州区	渑池县	卢氏县	义马市	灵宝市	开发区
利润总额	**78765**	**53064**	**2515**	**6975**	**1721**	**3312**	**1393**	**9432**	**353**
按登记注册类型分									
内资	78765	53064	2515	6975	1721	3312	1393	9432	353
国有经济	52848	49503	21	159				3165	
集体经济	931			1		910	20		
按所有制类型分									
公有制	56562	51883	21	160	-22	910	407	3203	
非公有制	22203	1181	2494	6816	1743	2401	986	6229	353
按行业分									
房屋和土木工程建筑业	78441	53064	2302	6975	1720	3312	1393	9379	296
房屋工程建筑	8808	937	1048	2149	1303	1083	1191	1095	2
土木工程建筑	69633	52127	1254	4826	417	2229	202	8284	294
建筑安装业	68		17	1					50
建筑装饰业	157		149	1	1				6
其他建筑业	99		46					53	

6-46 分县市建筑业企业利税总额

（2016年）　　单位:万元

指　　标	全　市	市　直	湖滨区	陕州区	渑池县	卢氏县	义马市	灵宝市	开发区
利税总额	**152024**	**101167**	**4692**	**10835**	**8225**	**6348**	**4828**	**14972**	**958**
按登记注册类型分									
内资	152024	101167	4692	10835	8225	6348	4828	14972	958
国有经济	98841	94343	38	359				4101	
集体经济	1346					1270	76		
按所有制类型分									
公有制	110246	97272	38	359	3901	1270	3192	4215	
非公有制	41778	3896	4653	10476	4324	5078	1636	10757	958
按行业分									
房屋和土木工程建筑业	151312	101167	4334	10835	8222	6348	4828	14899	680
房屋工程建筑	20018	3538	1698	4316	2549	2467	3826	1597	27
土木工程建筑	131295	97629	2636	6519	5673	3881	1002	13302	653
建筑安装业	285		68						218
建筑装饰业	280		217		3				60
其他建筑业	146		73					73	

主要统计指标解释

全社会固定资产投资 固定资产投资是社会固定资产再生产的主要手段。通过建造和购置固定资产的活动，可以扩大社会再生产的规模，提高社会生产的技术水平，调整经济结构，改变生产力的地区分布，增强国家的经济实力，提高和改善人民物质和文化生活水平。

固定资产投资额，又称固定资产投资完成额，是以货币形式表现的在一定时期内建造和购置固定资产的工作量以及与此有关的费用的总称。它是反映固定资产投资规模、结构和发展速度的综合性指标，又是观察工程进度和考核投资效果的重要依据。

报表统计范围为：城镇和农村各种登记注册类型的企业、事业、行政单位，以及城镇个体户进行的计划总投资500万元及500万元以上的建设项目。

本表中全社会固定资产投资统计指标计算方法：是由固定资产项目投资、房地产项目投资、农户固定资产投资三部分组成。

本表中固定资产投资指标计算方法：是由固定资产投资项目和房地产开发项目二部分组成。

固定资产投资按构成分 固定资产投资活动按其工作内容和实现方式分为建筑工程，安装工程，设备、工具、器具购置，其他费用四个部分。

1. 建筑工程，是指各种房屋、建筑物的建造工程，又称建筑工程量。这部分投资额必须兴工动料，通过施工活动才能实现，是固定资产投资额的重要组成部分。具体包括：

①各种房屋建造工程如厂房、仓库、办公室、住宅、商店、学校、医院、俱乐部、食堂、车库、招待所的建设，包括列入房屋工程预算内的暖气、卫生、通风、照明、煤气等设备的价值及其装饰油饰工程，列入建筑工程预算内的各种管道(如蒸气、压缩空气、石油、给排水等管道)、电力、电讯电缆导线的敷设等工程。

②设备基础、支柱、操作平台、梯子、烟囱、凉水塔、水池、灰塔等建筑工程、炼焦炉、裂解炉、蒸气炉等各种窑炉的砌筑工程及金属结构工程。

③为施工而进行的建筑场地的布置，工程地质勘探，原有建筑物和障碍物的拆除，平整土地，施工临时用水、电、气、道路工程，以及完工后建筑场地的清理、环境绿化美化工作等。

④矿井的开凿，井巷掘进延伸，露天矿的剥离，石油、天然气钻井工程和铁路、公路、港口、桥梁等工程。

⑤水利工程，如水库、堤坝、灌渠以及河道整治等工程。

⑥防空、地下建筑特殊工程及其他建筑工程。

2. 安装工程，是指各种设备、装置的安装工程，又称安装工作量。具体包括：

①生产、动力、起重、运输、传动和医疗、实验等各种需要安装设备的装配，与设备相连的工作台、梯子、栏杆等装设工程，附属于被安装设备的管线敷设工程，被安装设备的绝缘、防腐、保温、油漆等工作。

②为测定安装工作质量，对单个设备、系统设备进行单机试运、系统联动无负荷试运工作(投料试运工作不包括在内)。

在安装工程中，不包括被安装设备本身的价值。

3. 设备、工具、器具购置，是指把工业企业生产的产品转为固定资产的购置活动，包括建设单位或企、事业单位购置或自制的，达到固定资产标准的设备、工具、器具的价值。新建单位及扩建单位的新建车间，按照设计或计划要求购置或自制的全部设备、工具、器具，不论是否达到固定资产标准均计入“设备、工具、器具购置”中。

4. 其他费用，是指在固定资产建造和购置过程中发生的除建筑工程、安装工程及设备、工具、器具购置以外的各种应分摊计入固定资产的费用。具体包括：旧房屋购置、基本畜禽支出、林木支出、办公生活用家具器具购置、建设单位管理费、土地征用及迁移补偿费、勘察设计费、研究实验费、可行性研究费、临时设施费、施工机构转移费、设备检验费、负荷联合试车费、土地占用、使用费、投资方向调节税、建设期应付利息、包干节余、企业债券发行费、合同公证费及工程质量监测费、国外借款手续费及承诺费、汇兑损益、调整器材调拨价格折价、坏帐损失、固定资产亏损及损失、其他。

固定资产投资按建设性质分　建设项目的性质一般分为新建、扩建、改建、迁建、恢复。基本建设按建设项目划分建设性质，更新改造、国有单位其他固定资产投资及城镇集体投资按整个企业、事业单位的建设情况确定建设性质。目前基本建设和更新改造是根据我国现行的计划管理体制区分的，所以基本建设和更新改造都可以分别按新建、扩建和改建等划分。

1. 新建　一般是指从无到有，“平地起家”新开始建设的单位。有的单位原有的基础很小、经过建设后其新增加的固定资产价值超过原有固定资产价值(原值)三倍以上的也算新建。

2. 扩建　一般是指为扩大原有产品的生产能力，在厂内或其他地点增建主要生产车间(或主要工程)、独立的生产线或总厂之下的分厂的企业；事业单位和行政单位在原单位增建业务用房(如学校增建教学用房、医院增建门诊部或病床用房，行政机关增建办公楼等)也作扩建。

3. 改建　一般是指现有企业、事业单位为了技术进步，提高产品质量，增加花色品种，促进产品升级换代，降低消耗和成本，加强资源综合利用和三废治理，以及劳保安全等，采用新技术、新工艺、新设备、新材料等对现有设施、工艺条件进行技术改造或更新(包括相应配套的辅助性生产、生活福利设施)，有的企业为充分发挥现有生产能力，进行填平补齐而增建不增加本单位主要产品能力的车间等，也属于改建。

施工项目　指报告期内曾进行建筑或安装施工活动的建设项目。包括报告期内新开工的项目，报告期以前开工跨入报告期继续施工的项目，报告期施过工并在报告期内全部建成投产或停缓建的项目。

全部建成投产项目　工业项目是指设计文件规定形成生产能力的主体工程及其相应配套的辅助设施全部建成，经负荷试运转，证明具备生产设计规定合格产品的条件，并经过验收鉴定合格或达到竣工验收标准，与生产性工程配套的生活福利设施可以满足近期正常生产的需要，正式移交生产的建设项目；非工业项目是指设计文件规定的主体工程和相应的配套工程全部建成，能够发挥设计规定的全部效益，经验收鉴定合格或达到竣工验收标准，正式移交使用的建设项目。

新增生产能力　指通过固定资产投资活动而增加的设计能力或工程效益，它是用实物形态表示的固定资产投资的成果。新增生产能力的计算，是以能独立发挥生产能力或效益的单项工程(或项目)为对象。当单项工程(或项目)建成，经有关部门鉴定合格，正式移交投入生产，即可计算新增生产能力。

新增生产能力或工程效益有以下几种表现形式：

1. 以建设项目或单项工程建成后的年产能力表示。如煤炭开采、石油开采等。

2. 以建设项目或单项工程建成后处理原料的能力表示。如选矿工程的年处理矿石能力，洗煤厂年洗原煤能力等。

3. 以新增的主要设备数量或容量表示。如发电机组容量、棉纺锭枚数等。

4. 以建筑物容积、容量、面积或长度表示。如铁路公路里程、水库容量等。

新增生产能力数量一般按设计能力计算。设计能力是指设计文件中规定的在正常情况下能够达到的生产能力，而不论投产后的实际产量如何。以设备数量、建筑物容积、面积、长度等表示的新增生产能力(或效益)，则按建成的实际数量计算。

施工和竣工房屋建筑面积 房屋建筑面积是从房屋的外墙线算起，包括房屋结构(如柱、墙)占用的面积和地下室面积。多层建筑按各自然层面积总和计算，包括房屋内的楼隔层，突出墙面的眺望间、门斗、有柱雨罩的面积。不包括突出墙面结构的构件、艺术装饰等所占的面积，如台阶等。凹阳台、挑阳台按其水平投影面积一半计算建筑面积。

施工面积，指报告期内施工的全部房屋建筑面积。包括本期新开工的面积和上期开工跨入本期继续施工的房屋面积，以及上期已停建在本期继续施工的房屋建筑面积。

竣工面积，指在报告期内房屋建筑按照设计要求已全部完工，达到住人和使用条件，经验收鉴定合格，正式移交使用单位的建筑面积。

新增固定资产 指已经建成投入生产或交付使用的工程价值和达到固定资产标准的设备、工具、器具的投资及有关应摊入的费用。它是以价值形式表示的固定资产投资成果的综合性指标，可以综合反映不同时期、不同部门、不同地区的固定资产投资成果。

固定资产交付使用率 又称固定资产运用动用系数，是指一定时期新增固定资产与同期完成投资额的比率。其计算公式为：

固定资产交付使用率＝报告期新增固定资产／报告期固定资产投资额×100%

固定资产交付使用率是反映固定资产动用速度，衡量建设过程中宏观投资效果的综合指标。由于新增固定资产是较长时期内形成的结果，而投资则是当年完成的，因此，这一指标一般适宜于反映较长时期内固定资产的动用情况。

房地产开发投资额 又称房地产开发工作量，它是以货币表示的工作量。是指房地产开发企业和单位所开发的各种工程所完成的投资额。

土地开发投资额 是指房地产开发单位进行土地开发工程所完成的投资额，如进行场地平整、道路、给水、排水、供电、供热、通讯等工程所完成的投资额。未进行开发工程、只进行单纯的土地交易活动不作为土地开发投资统计。

投资额按工程用途分组：

（1）住宅：指专供居住的房屋，包括别墅、公寓、职工家属宿舍和集体宿舍（包括职工单身宿舍和学生宿舍）等。但不包括住宅楼中作为人防用、不住人的地下室等。住宅按照用途可以划分为经济适用住房和别墅、高档公寓等。按照户型结构可以划分为90平方米以下住房，144平方米以上住房等。

①90平方米及以下住房：指在房地产开发企业（单位）投资建设的商品住宅中，套型建筑面积不超过90平方米（包括90平方米）的住房。套型建筑面积是指单套住房的建筑面积，由套内建筑面积和分摊的共有建筑面积组成。现房应以商品房销售合同中实际测绘的建筑面积为统计标准，期房根据商品房预售合同中规划设计面积进行统计，待住宅竣工交付使用后，应根据实际测绘面积进行相应调整。

②144平方米以上住房：指在房地产开发企

业（单位）投资建设的商品住宅中，套型建筑面积超过 144 平方米（不包括 144 平方米）的住房。现房应以商品房销售合同中实际测绘的建筑面积为统计标准，期房根据商品房预售合同中规划设计面积进行统计，待住宅竣工交付使用后，应根据实际测绘面积进行相应调整。

③别墅、高档公寓：指建筑造价和销售价格明显高于一般商品住宅的商品住宅。别墅一般指地处郊区，独立成栋的商品住宅；高档公寓一般指地处市内高尚社区，高层或多层的商品住宅。别墅、高档公寓的确定标准：一是经有房地产投资计划审批权的主管部门审批建设的别墅、高档公寓开发项目；二是销售价格高于当地同等地段商品住宅平均销售价格一倍以上的别墅、公寓开发项目。该指标可以分析房地产投资结构，反映高收入家庭商品住宅的供求平衡情况。

（2）办公楼：指企业、事业、机关、团体、学校、医院等单位使用的各类办公用房（又称写字楼）

（3）商业营业用房：指商业、粮食、供销、饮食服务业等部门对外营业的用房，如度假村、饭店、商店、门市部、粮店、书店、供销店、饮食店、菜店、加油站、日杂等房屋。

（4）其他：凡不属于上述各项用途的房屋建筑物，如中小学教学用房、托儿所、幼儿园、图书馆、体育馆等。

本年新增固定资产　指在报告期已经完成建造和开发过程并交付使用的房屋和土地开发面积的价值。指房地产开发公司进行开发经营活动的最终成果，即为社会提供的固定资产，而且是在报告期内新增加的。不是反映房地产开发企业本身固定资产的增加。

房屋施工面积　指报告期内施过工的全部房屋建筑面积，它包括本期新开工的面积、上期跨入本期继续施工的房屋面积、上期停缓建在本期恢复施工的房屋面积、本期竣工的房屋面积以及本期施工后又停缓建的房屋面积。

房屋新开工面积　指在报告期内新开工的各个房屋单位工程的建筑面积之和。它不包括在上期开工跨入报告期继续施工的房屋建筑面积和上期停缓建而在本期复工的建筑面积。新开工面积用于反映报告期内投入施工的房屋建筑规模，为科学组织施工提供依据。

房屋竣工面积　指在报告期内房屋建筑按照设计要求已全部完工，达到了使用条件，经检查验收鉴定合格的房屋建筑面积。计算房屋竣工面积，必须严格执行房屋竣工验收标准。对民用建筑来讲，一般应按设计要求在土建工程和房屋本身附属的水、卫、气、暖等工程已经完工，通风、电梯等设备已安装完毕，做到水通、灯亮、经验收鉴定合格，并正式交付给使用单位后，才能计算竣工面积。对于工业及科研等生产性房屋建筑：一般应按设计要求在土建工程(包括水、暖、电、卫、通风)及属于房屋组成部分的生活间、操作间等已经完成，经验收合格后才计算竣工面积。只差安装工艺设备、管线工程的亦可以计算竣工面积。

商品房建设投资额　是指房地产开发单位开发建设的供出售用的商品住宅、厂房、仓库、饭店、度假村、写字楼、办公楼等房屋工程及其配套的服务设施所完成的投资额。

批准预售面积　指报告期内，经批准可供销售的未竣工商品房建筑面积，依据《城市商品房预售管理办法》（建设部令第 131 号）填报。

批准预售住宅套数　指报告期内，经批准可供销售的未竣工商品房总套数，依据《城市商品房预售管理办法》（建设部令第 131 号）填报。

商品房销售面积　指报告期内出售商品房屋的合同总面积（即双方签署的正式买卖合同中所确定的建筑面积）。由现房销售面积和期房销售面积两部分组成。

（1）现房销售面积：指在报告期内正式签

订买卖合同、已经竣工达到入住条件的商品房屋建筑面积。包括以一次性付款方式和分期付款方式销售的现房建筑面积。

（2）期房销售面积：指在报告期内正式签订买卖合同、正在建设尚未竣工交付使用的商品房屋建筑面积。包括以一次性付款方式和分期付款方式销售的商品房屋建筑面积。期房销售建筑面积竣工后不再结转为现房销售建筑面积。

商品房屋销售额 是指房屋开发公司报告期售出商品房屋的实际收入。包括正式交付的商品房在建设前期预收的定金、预收的款项及结算尾数，不包括未交付的商品房所预收的款项。收取的外汇折算在其中。如果商品房是跨年度完成的，应包括以前年度所收的定金预收款。

待售面积 指报告期末已竣工的可供销售或出租的商品房屋建筑面积中，尚未销售或出租的商品房屋建筑面积，包括以前年度竣工和本期竣工的房屋面积，但不包括报告期已竣工的拆迁还建、统建代建、公共配套建筑、房地产公司自用及周转房等不可销售或出租的房屋面积。按照商品房待售时间的长短可以划分为待售一年以下、待售一到到三年（含一年）和待售三年以上（含三年）。

待开发土地面积 指经有关部门批准，通过各种方式获得土地使用权，但尚未开工建设的土地面积。

本年购置土地面积 指在本年内通过各种方式获得土地使用权的土地面积。

本年土地成交价款 指进行土地使用权交易活动的最终金额。在土地一级市场，是指土地最后的划拨款、“招拍挂”价格和出让价；在土地二级市场是指土地转让、出租、抵押等最后确定的合同价格。土地成交价款与土地购置面积同口径，可以计算土地的平均购置价格。

拆迁补偿费 指土地成交价款中包含的向被拆迁房屋的所有权人或使用人支付的各种补偿金。

土地使用权出让金 指政府将土地使用权出让给土地使用者，并向受让人收取的政府放弃若干年土地使用权的全部货币或其他物品及权利折合成货币的补偿。房地产企业填报此指标应以《国有土地使用权出让合同》中相应指标为依据。

契税 指以所有权发生转移变动的不动产（土地）为征税对象，向产权承受人征收的一种财产税。

民间固定资产投资 是根据投资主体的所有制形式对固定资产投资进行的一种分类，是相对于国有固定资产投资的一类投资。民间固定资产投资与国有、港澳台商和外商固定资产投资共同构成全社会固定资产投资。

建筑业 是国民经济中专门从事建筑安装工程施工的物质生产部门。它是以工农业产品为原料，经过建筑安装活动形成各种用途的固定资产。其主要活动包括：

1. 各种房屋、建筑物和构筑物的建造；
2. 各种线路、管道和机械设备的安装；
3. 原有房屋、建筑物和构筑物的修理；
4. 部分非标准设备的制造。

建筑业总产值 也是自行完成施工产值。是以货币表现的建筑安装企业和建筑业活动单位在一定时期内生产的建筑业产品的总和。是反映建筑业生产规模、发展速度、经营成果的重要标志，也是用以计算建筑业经济效益、劳动生产率和建筑业在国民经济中所占比重的依据。它包括建筑工程产值、设备安装工程产值、房屋构筑物修理产值及非标准设备制造产值。

建筑业增加值 是建筑业企业在报告期内以货币表现的建筑业生产经营活动的最终成果。其计算方法有两种：一是生产法，即建筑业总产出减去建筑业中间消耗后的余额；二是分配法(收入法)，即从收入的角度出发，根据生产要素在生产过程中应得到的收入份额计算，具体构成项目有固定资产折旧、劳动者报酬、生产税净额、营业盈余。本《年鉴》建筑业增加值是按分配法计算的。

独立核算企业建筑业增加值的计算公式为：

建筑业增加值＝本年提取的固定资产折旧＋本年应付工资总额＋本年应付福利费总额＋管理费用中的劳动失业保险费＋住房公积金及住房补贴＋工会经费＋差旅费×6.4%＋工程结算税金及附加＋管理费用中的税金＋营业利润

建筑业竣工产值 是以货币表现的建筑业生产所形成的成品的价值，反映建筑业的成就，是考核建筑业施工速度和经济效益的依据之一。它一般是以单位工程为对象，当该工程按照设计所规定的工程内容全部完成，达到了设计规定的交工条件，经有关部门检查验收鉴定合格的单位工程价值。

年底自有机械设备总功率 是指建筑业企业自有施工机械、生产设备、运输设备以及其他设备等列为在册固定资产的生产性机械设备年底总功率，按设定能力或查定能力计算。包括机械本身的动力和为该机械服务的单独动力设备。

实收资本 是指企业实际收到的所有投资人投入的资本，包括以货币、实物、无形资产等各种形式的投入。

1. 国家资本 指国家以各种形式对企业的实物投资、货币投资和所有权应属于国家的发明创造和技术成果等无形资产投资。

2. 法人资本 指其他法人单位以其依法可以支配的资产投资而形成的资本。

3. 个人资本 指个人或本企业内部职工以个人合法财产投入企业而形成的资本。

4. 外商资本 指外国投资者以各种形式的资产进行投资形成的资本。

5. 港澳台资本 指港澳台投资者以各种形式的资产进行投资形成的资本。

流动资产 是指可以在一年或者超过一年的一个营业周期内变现或者耗用的资产，包括现金及各种存款、短期投资、应收预付款项、存货等。

固定资产原价 指建筑业企业在建造、购置、安装、改建扩建、技术改造某项固定资产时所支出的全部货币总额。它一般包括买价、包装费、运杂费和安装费等。

利税总额 指建筑业企业实现利润与上缴税金(利前税)之和，包括利润总额、工程结算税金及附加、管理费用中的税金。

能源、环境

资料整理：王振国、葛金慧
资料审核：孙应伟

数据要览

▲2016 年能源生产总量	559.76 万吨标准煤	比上年下降 13.42%
▲2016 年能源消费总量	1136.14 万吨标准煤	比上年下降 3.99%
▲2016 年规模以上工业综合能源消费量	943.61 万吨标准煤	比上年下降 4.0%
▲2016 年单位生产总值能耗	0.844 吨标准煤/万元	比上年下降 10.81%
▲2016 年单位工业增加值能耗	1.540 吨标准煤/万元	比上年下降 10.50%

单位生产总值能耗降低率和单位工业增加值能耗降低率

单位：%

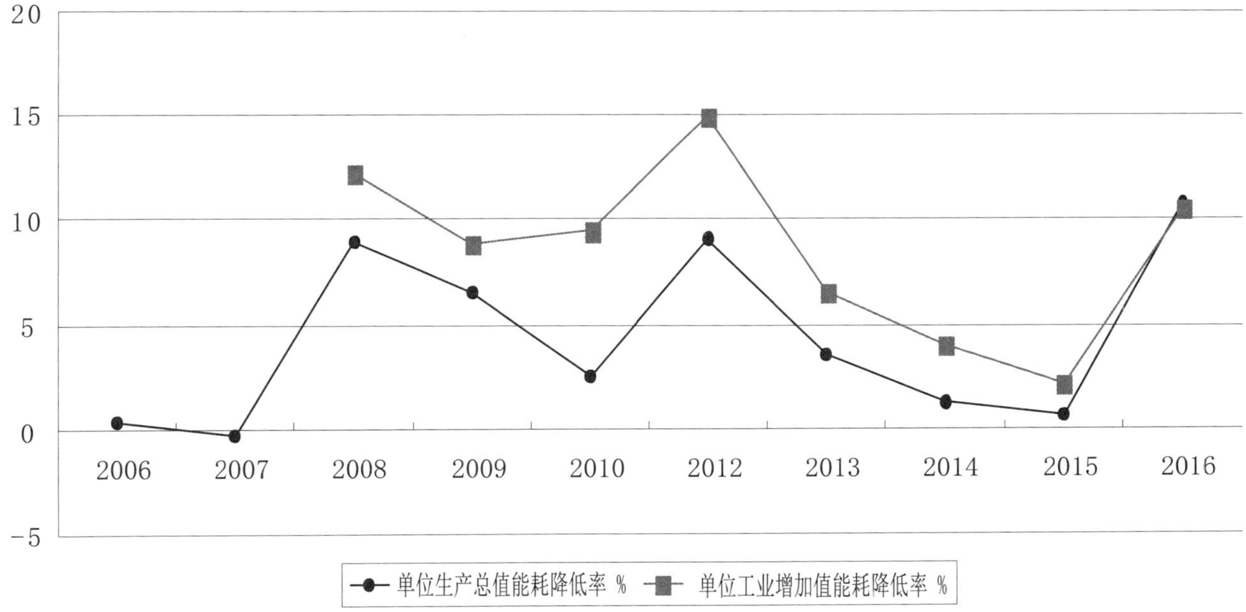

7-1 历年能源生产总量及构成

年　份	能源生产总量（吨标准煤）	原煤（吨）	电力（万千瓦时）		占能源生产总量的比重（%）	
			其中：水电	其中：风电	原　煤	电　力
1970	2279501	3191000	42		100.0	0.0
1975	3909080	5272000	35468		96.3	3.7
1978	4803959	6283700	78097		93.4	6.6
1979	5716167	7521000	85128		94.0	6.0
1980	5531241	7240000	89037		93.5	6.5
1981	5681162	7411000	95912		93.2	6.8
1982	5936304	7670000	113273		92.3	7.7
1983	6646162	8631000	119069		92.8	7.2
1984	6800103	8889000	111557		93.4	6.6
1985	7803210	10273000	115150		94.0	6.0
1986	8096917	10730300	106996		94.7	5.3
1987	7680751	10190200	99478		94.8	5.2
1988	7671104	10174500	99866		94.7	5.3
1989	9356632	12377400	127588		94.5	5.5
1990	9725750	12988800	110854		95.4	4.6
1991	9688632	12939200	110436		95.4	4.6
1992	8970961	11941200	109248		95.1	4.9
1993	9050851	12046200	110458		95.1	4.9
1994	9275114	12260500	128079		94.4	5.6
1995	8930009	11850600	115130		94.8	5.2
1996	9615333	12734500	128485		94.6	5.4
1997	8296089	11151500	81825		96.0	4.0
1998	7231476	9571600	97644		94.5	5.5
1999	6486245	8368700	125862		92.2	7.8
2000	6860514	8927920	119629		93.0	7.0
2001	7730928	10173679	114819		94.0	6.0
2002	9590456	12727489	123567		94.8	5.2
2003	9912907	13185421	122416		95.0	5.0
2004	11810548	15773556	134529		95.4	4.6
2005	17160960	23280973	131525		96.9	3.1
2006	14524175	19188208	146984		95.9	4.1
2007	12460879	16352356	154025		93.7	6.3
2008	14195891	18765050	193722	2322	94.4	5.6
2009	14263131	18806265	199958	5442	94.2	5.8
2010	10822993	19981520	209274	5159	93.6	6.4
2011	9299194	16912500	215230	12032	92.2	7.8
2012	8278569	14554000	252952	24585	89.1	10.9
2013	8331624	15052196	193887	23123	91.6	8.4
2014	7372548	13193312	179591	33549	90.7	9.3
2015	6412523	11239556	178706	44360	88.8	11.2
2016	5597624	9263801	142129	53348	87.2	12.8

注：本表能源生产总量指一定时期内一次能源生产量的总和。由于制度变动，2010-2015年数据与往年公布数据有出入。

7-2 分县市单位GDP能耗及降低率

（2016年）

县（市）区	单位GDP能耗 上升或下降 （±%）	单位GDP电耗 上升或下降 （±%）
全　市	**-10.81**	**-19.25**
湖滨区	-12.84	-22.13
陕州区	-14.18	-37.55
义马市	-3.71	-1.30
渑池县	-7.59	-9.04
灵宝市	-13.03	-10.24
卢氏县	-6.84	-2.99

7-3 全社会用电量情况

单位：万千瓦时

指　　标	2016年	2016年比2015年 增减(±%)
总　　计	**996871**	**-13.1**
第一产业	17724	22.5
农、林、牧、渔业	17724	22.5
第二产业	748770	-17.9
工业	733884	-18.7
建筑业	14886	50.7
第三产业	124278	4.1
交通运输、仓储和邮政业	54392	0.9
信息传输、计算机服务和软件业	5095	14.1
商业、住宿和餐饮业	33260	1.9
金融、房地产、商务及居民服务业	10674	5.0
公共事业及管理组织	20857	14.5
城乡居民生活合计	106098	5.5
城镇居民	57193	4.4
乡村居民	48905	6.9

7-4 规模以上工业企业综合能源消费量

单位：吨标准煤

指　　标	单位数（个）	2015年	2016年	2016年比2015年增减(±%)
总　计	**653**	**9826177**	**9436082**	**-4.0**
市　直	13	1405916	1339606	-4.7
开发区	9	3169	2349	-25.9
产业集聚区	20	13803	30108	118.1
湖滨区	53	136685	129576	-5.2
陕州区	46	3150936	2872667	-8.8
义马市	86	2685192	2656020	-1.1
渑池县	152	1794776	1851686	3.2
灵宝市	228	575017	493100	-14.3
卢氏县	46	60683	60970	0.5
按部门分				
煤炭	16	1445188	1363954	-5.6
石油石化	1	1860	1893	1.8
冶金	31	43877	43187	-1.6
有色	200	3106917	3067751	-1.3
建材	141	858780	871722	1.5
化工	41	1799111	1788034	-0.6
轻工	85	103322	93782	-9.2
烟草	1	3366	2805	-16.7
纺织	9	25974	22007	-15.3
医药	13	44646	46982	5.2
机械	79	53341	52927	-0.8
电子	5	5944	6673	12.3
电力	15	2171858	1954728	-10.0
其他	16	161993	119637	-26.2
按能源消费量分				
5000吨以下	576	508481	452194	-11.1
5000吨以上	77	9317696	8983888	-3.6
1万以上	53	9133741	8818376	-3.5
5万以上	24	8430829	8069066	-4.3
10万以上	15	7732229	7432113	-3.9
15万以上	13	7507356	7184165	-4.3
在总计中：高耗能行业	209	9042287	8720216	-3.6

注：本表中的2015年数据为2016年报表中的同表数据，由于单位和制度变化，与2015年公布的数据有一定出入。

7-5 规模以上工业企业分行业综合能源消费量

单位：吨标准煤

指　　标	单位数（个）	2015年	2016年	2016年比2015年增减（±%）
总　　计	**653**	**9826177**	**9436082**	**-4.0**
按轻重工业分				
轻工业	106	169576	160627	-5.3
重工业	547	9656601	9275455	-4.0
按行业分				
采矿业	235	1817988	1723808	-5.2
煤炭开采和洗选业	16	1445188	1363953	-5.6
黑色金属矿采选业	19	23499	24145	2.8
有色金属矿采选业	172	275900	263800	-4.4
非金属矿采选业	28	73401	71910	-2.0
制造业	398	5747773	5705557	-0.7
农副食品加工业	22	5760	4562	-20.8
食品制造业	20	14044	12371	-11.9
酒、饮料和精制茶制造业	16	60513	57972	-4.2
烟草制品业	1	3366	2805	-16.7
纺织业	7	4279	2335	-45.4
纺织服装、服饰业	1	6	126	2090.3
木材加工和木、竹、藤、棕、草制品业	10	73428	67642	-7.9
家具制造业	4	2797	2692	-3.8
造纸和纸制品业	3	6384	5891	-7.7
印刷和记录媒介复制业	2	1951	1593	-18.4
文教、工美、体育和娱乐用品制造业	2	183	199	8.9
石油加工、炼焦和核燃料加工业	1	1860	1893	1.8
化学原料和化学制品制造业	37	1796307	1785949	-0.6
医药制造业	13	44646	46982	5.2
化学纤维制造业	1	21689	19545	-9.9
橡胶和塑料制品业	12	12680	8594	-32.2
非金属矿物制品业	106	784571	798693	1.8
黑色金属冶炼和压延加工业	7	13346	12941	-3.0
有色金属冶炼和压延加工业	28	2831014	2803952	-1.0
金属制品业	16	9480	8834	-6.8
通用设备制造业	16	6755	5926	-12.3
专用设备制造业	44	19907	19051	-4.3
汽车制造业	4	24355	25706	5.6
电气机械和器材制造业	12	1729	1898	9.8
计算机、通信和其他电子设备制造业	5	5944	6673	12.3
仪器仪表制造业	7	772	726	-6.0
废弃资源综合利用业	1	7	6	-21.8
电力、热力、燃气及水生产和供应业	20	2260416	2006717	-11.2
电力、热力生产和供应业	15	2171857	1954728	-10.0
燃气生产和供应业	2	86745	50505	-41.8
水的生产和供应业	3	1814	1484	-18.2

注：本表中的2015年数据为2016年报表中的同表数据，由于单位和制度变化，与2015年公布的数据有一定出入。

7-6 规模以上工业企业分品种能源消费量

（2016年）

指　　标	原煤(吨)	无烟煤	炼焦烟煤	一般烟煤	褐煤
总　计	**19066170**	**339058**	**1763678**	**16943086**	**20348**
市　直	2952210			2952211	
开发区					
产业集聚区	53			53	
湖滨区	101745	1400		100345	
陕州区	4755217	286224	112	4468881	
义马市	6498405		1758596	4719461	20348
渑池县	4515685	37410	269	4478006	
灵宝市	216465	14024		202441	
卢氏县	26390		4701	21688	
按部门分					
煤炭	8459668		1752026	6687294	20348
石油石化	1835			1835	
冶金	16773		2156	14617	
有色	1845692	14024	4747	1826921	
建材	815559	38810	3150	773599	
化工	2911354	109363		2801991	
轻工	76027		870	75157	
烟草	2972			2972	
纺织	32826			32826	
医药	30947			30947	
机械	3552		729	2823	
电子	3841			3841	
电力	4621143			4621143	
其他	243981	176861		67120	
按能源消费量分					
5000吨以下	137096	3813	5706	127577	
5000吨以上	232457		6215	226242	
1万以上	3095058	49996	783533	2261529	
5万以上	3384149	176861		3207288	
10万以上	4038644	108388		3930256	
15万以上	8178767		968224	7190195	20348
在总计中：高耗能行业	10063344	126085	3730	9933529	

（2016年）

指　　标	焦炭(吨)	发生炉煤气(万立方米)	天然气（气态）(万立方米)	液化天然气（液态）(吨)	汽油(吨)	煤油(吨)	柴油(吨)	燃料油(吨)	液化石油气(吨)
总　计	**38865**	**222183**	**68593**	**200**	**51114**	**380**	**75931**	**1442**	**166**
市　直	186		3742		737	3	2249		
开发区			106		11				
产业集聚区	516			70	25		26		
湖滨区	296				38		41		
陕州区	20584	56327	60076		554	10	2355	1298	166
义马市	3703	33992	4532	130	1217		3487	144	
渑池县		131864	85		4450		5091		
灵宝市	13580		52		33659	367	51482		
卢氏县					10423		11200		
按部门分									
煤炭		33992	4160		662		3255		
石油石化					10		9		
冶金	81				6569		7043		
有色	14713	184061	62376		32175	278	55577		166
建材	22825	4130	306		3755		3993		
化工			246		408	97	397		
轻工			257		3496		1873		
烟草			33		16		13		
纺织			10		13		8		
医药	36		106		1182		1043		
机械	1210		1099	130	981	5	737		
电子				70	44		45		
电力					1463		1726	1442	
其他					340		212		
按能源消费量分									
5000吨以下	7951	441	1183	200	34723	27	48668		166
5000吨以上	10382				10229		11617		
1万以上	296		934		5299	343	7493		
5万以上	20236		2775		177		620		
10万以上		3843	50		97	10	979	1442	
15万以上		217899	63651		588		6553		
在总计中：高耗能行业	24505	188131	62927		7802	375	12314	1442	166

7-6续表2 （2016年）

指　　标	润滑油(吨)	石油焦(吨)	其它石油制品(吨)	热力(百万千焦)	电力(万千瓦时)	余热余压(百万千焦)
总　计	**631**	**92085**	**362**	**24750831**	**974621**	**1735949**
市　直				227	119041	597010
开发区					751	
产业集聚区					23946	
湖滨区					50084	
陕州区				8364083	337452	762509
义马市	439		362	16386521	175516	
渑池县	193	92085			99665	376430
灵宝市					160205	
卢氏县					7959	
按部门分						
煤炭	179		348	3890741	78114	
石油石化					452	
冶金	14				9020	
有色	31	8725		8296301	403505	597010
建材	22	83360	14	62350	116928	1138939
化工	162			12030590	153212	
轻工	22			163342	19930	
烟草					382	
纺织					4431	
医药	9			307240	7746	
机械	192			227	26442	
电子					3072	
电力				40	129835	
其他					21552	
按能源消费量分						
5000吨以下	250		14	350549	161907	
5000吨以上	12			469639	29127	
1万以上	2	8725		1071636	200111	
5万以上					101058	597010
10万以上	3	83360		40	276199	1138939
15万以上	364		348	22858967	206219	
在总计中：高耗能行业	220	92085	14	20389281	725567	1735949

7-7 规模以上工业企业分行业分品种能源消费量

（2016年） 单位：吨

指标名称	原煤	无烟煤	炼焦烟煤	一般烟煤	褐煤
总　计	**19066170**	**339058**	**1763678**	**16943086**	**20348**
按轻重工业分					
轻工业	138861			138861	
重工业	18927309	339058	1763678	16804225	20348
按行业分					
采矿业	8601625	36112	1756839	6788325	20348
煤炭开采和洗选业	8459667		1752026	6687292	20348
黑色金属矿采选业	7751		66	7685	
有色金属矿采选业	65029		4747	60282	
非金属矿采选业	69178	36112		33066	
制造业	5666542	126085	6839	5533618	
农副食品加工业	863			863	
食品制造业	5322			5322	
酒、饮料和精制茶制造业	62154			62154	
烟草制品业	2972			2972	
纺织业					
纺织服装、服饰业					
木材加工和木、竹、藤、棕、草制品业	67120			67120	
家具制造业	1943			1943	
造纸和纸制品业	1160			1160	
印刷和记录媒介复制业					
文教、工美、体育和娱乐用品制造业					
石油加工、炼焦和核燃料加工业	1835			1835	
化学原料和化学制品制造业	2910336	109363		2800975	
医药制造业	30947			30947	
化学纤维制造业	32826			32826	
橡胶和塑料制品业	5267		870	4397	
非金属矿物制品业	746515	2698	3150	740667	
黑色金属冶炼和压延加工业	2852		580	2272	
有色金属冶炼和压延加工业	1780665	14024		1766639	
金属制品业	6707		1510	5197	
通用设备制造业	242			242	
专用设备制造业	2803		729	2074	
汽车制造业					
电气机械和器材制造业	108			108	
计算机、通信和其他电子设备制造业	3841			3841	
仪器仪表制造业	64			64	
废弃资源综合利用业					
电力、热力、燃气及水生产和供应业	4798004	176861		4621143	
电力、热力生产和供应业	4621143			4621143	
燃气生产和供应业	176861	176861			
水的生产和供应业					

指标名称	焦炭	发生炉煤气(万立方米)	天然气(气态)(万立方米)	液化天然气(液态)	汽油	煤油	柴油	燃料油	液化石油气
总　　计	**38865**	**222183**	**68593**	**200**	**51114**	**380**	**75931**	**1442**	**166**
按轻重工业分									
轻工业	36		373		4631		2937		
重工业	38829	222183	68220	200	46483	380	72994	1442	166
按行业分									
采矿业	13114	34052	4160		36723		59573		
煤炭开采和洗选业		33992	4160		662		3255		
黑色金属矿采选业	81				4886		5662		
有色金属矿采选业	13033				30381		49666		
非金属矿采选业		60			794		990		
制造业	25751	188131	64433	200	12832	380	14620		166
农副食品加工业			21		733		171		
食品制造业			9		394		27		
酒、饮料和精制茶制造业			140		176		5		
烟草制品业			33		16		13		
纺织业					4				
纺织服装、服饰业			10		1				
木材加工和木、竹、藤、棕、草制品业					245		201		
家具制造业					494		49		
造纸和纸制品业					1420		1450		
印刷和记录媒介复制业			53		113		95		
文教、工美、体育和娱乐用品制造业					2				
石油加工、炼焦和核燃料加工业					10		9		
化学原料和化学制品制造业			246		388	97	384		
医药制造业	36		106		1182		1043		
化学纤维制造业					8		8		
橡胶和塑料制品业			34		151		40		
非金属矿物制品业	22825	4070	306		2515		2932		
黑色金属冶炼和压延加工业					1627		1352		
有色金属冶炼和压延加工业	1680	184061	62376		1795	278	5910		166
金属制品业					519		130		
通用设备制造业	448				325	2	3		
专用设备制造业	762		27	130	523	1	222		
汽车制造业			1062		77	2	505		
电气机械和器材制造业			10		51		26		
计算机、通信和其他电子设备制造业				70	44		45		
仪器仪表制造业					19				
废弃资源综合利用业									
电力、热力、燃气及水生产和供应业					1559		1738	1442	
电力、热力生产和供应业					1464		1727	1442	
燃气生产和供应业					32				
水的生产和供应业					63		11		

7-7续表2　　（2016年）　　单位：吨

指标名称	润滑油	石油焦	其它石油制品	热力（百万千焦）	电力（万千瓦时）	余热余压（百万千焦）
总　　计	**631**	**92085**	**362**	**24750831**	**974621**	**1735949**
按轻重工业分						
轻工业	21			470582	30934	
重工业	610	92085	362	24280249	943687	1735949
按行业分						
采矿业	179		348	3890741	163013	
煤炭开采和洗选业	179		348	3890741	78114	
黑色金属矿采选业					2622	
有色金属矿采选业					72976	
非金属矿采选业					9301	
制造业	452	92085	14	20860050	679469	1735949
农副食品加工业					1960	
食品制造业	6			126210	2895	
酒、饮料和精制茶制造业				37132	9264	
烟草制品业					382	
纺织业					1895	
纺织服装、服饰业					10	
木材加工和木、竹、藤、棕、草制品业					19243	
家具制造业					512	
造纸和纸制品业					700	
印刷和记录媒介复制业					490	
文教、工美、体育和娱乐用品制造业					160	
石油加工、炼焦和核燃料加工业					452	
化学原料和化学制品制造业	163			12030590	152147	
医药制造业	9			307240	7746	
化学纤维制造业					2526	
橡胶和塑料制品业	15				3671	
非金属矿物制品业	22	83360	14	62350	107247	1138939
黑色金属冶炼和压延加工业	4				5359	
有色金属冶炼和压延加工业	31	8725		8296301	330528	597010
金属制品业	10				2284	
通用设备制造业					3962	
专用设备制造业	190			227	11822	
汽车制造业					9292	
电气机械和器材制造业	2				1313	
计算机、通信和其他电子设备制造业					3072	
仪器仪表制造业					532	
废弃资源综合利用业					5	
电力、热力、燃气及水生产和供应业				40	132139	
电力、热力生产和供应业				40	129835	
燃气生产和供应业					1134	
水的生产和供应业					1170	

7-8 主要工业产品单位产品能耗情况

目录	计量单位			单位换算系数	2015年			2016年		
	指标单位	子项单位	母项单位		指标值	子项值	母项值	指标值	子项值	母项值
吨原煤生产综合能耗	千克标准煤/吨	吨标准煤	吨	1000	6.17	66796	10825922	7.85	66388	8459022
吨原煤生产耗电	千瓦时/吨	万千瓦时	吨	10000	30.19	31789	10528922	35.84	30319	8459022
选煤电力单耗	千瓦时/吨	万千瓦时	吨	10000	8.18	1273	1557613	9.09	1007	1107644
单位烧碱生产综合能耗(离子膜法30%)	千克标准煤/吨	吨标准煤	吨	1000	255.50	10373	40600	257.99	11299	43797
单位烧碱生产耗交流电(离子膜法30%)	千瓦时/吨	万千瓦时	吨	10000	1899.90	7714	40600	1879.81	8233	43797
单位合成氨生产综合能耗	千克标准煤/吨	吨标准煤	吨	1000	1500.76	338020	225232	1430.81	138271	96638
单位合成氨耗电	千瓦时/吨	万千瓦时	吨	10000	1436.47	32354	225232	1215.23	11744	96638
单位合成氨耗原料煤	千克标准煤/吨	吨标准煤	吨	1000	1189.98	268021	225232	1143.50	110505	96638
单位合成氨耗标准燃料煤	千克标准煤/吨	吨标准煤	吨	1000	134.43	30277	225232	170.99	16524	96638

7-8续表

目　　录	计量单位			单位换算系数	2015年			2016年		
	指标单位	子项单位	母项单位		指标值	子项值	母项值	指标值	子项值	母项值
吨水泥熟料综合能耗	千克标准煤/吨	吨标准煤	吨	1000	107.75	492977	4574983	107.26	495493	4619475
吨水泥熟料综合电耗	千瓦时/吨	万千瓦时	吨	10000	77.06	35254	4574983	77.02	35579	4619475
吨水泥熟料烧成标准煤耗	千克标准煤/吨	吨标准煤	吨	1000	107.93	493762	4574983	109.32	505018	4619475
吨水泥综合能耗	千克标准煤/吨	吨标准煤	吨	1000	84.92	396943	4674263	85.23	395424	4639718
吨水泥综合电耗	千瓦时/吨	万千瓦时	吨	10000	77.75	36344	4674263	77.14	35791	4639718
吨水泥标准煤耗	千克标准煤/吨	吨标准煤	吨	1000	86.54	404522	4674263	86.83	402861	4639718
单位氧化铝综合能耗	千克标准煤/吨	吨标准煤	吨	1000	416.14	2500155	6007983	413.53	2615169	6324006
单位电解铝综合能耗	千克标准煤/吨	吨标准煤	吨	1000	1679.57	330186	196590	1687.93	167169	99038
单位铝锭综合交流电耗	千瓦时/吨	万千瓦时	吨	10000	13657.21	268487	196590	13734.12	136020	99038
电厂火力发电标准煤耗	克标准煤/千瓦时	万千瓦时	吨	100	324.84	3489071	1074083	321.75	3284884	1020929
电厂火力供电标准煤耗	克标准煤/千瓦时	万千瓦时	吨	100	349.40	3426111	980556	350.98	3218654	917059
发电厂用电率	%				6.23	66223	1062353	7.08	71255	1006484

7-9 分县市单位工业增加值能耗及降低率

（2016年）

县（市）区	单位工业增加值能耗（吨标准煤/万元）	单位工业增加值能耗上升或下降（±%）
全　市	**1.540**	**-10.50**
市　直	4.355	-17.00
开发区	0.081	-36.41
产业集聚区	0.883	89.68
湖滨区	0.619	-15.05
陕州区	4.441	-16.62
义马市	3.257	3.79
渑池县	1.330	-6.29
灵宝市	0.192	-20.60
卢氏县	0.435	-11.00

7-10 分县市单位工业增加值电耗及降低率

（2016年）

县（市）区	单位工业增加值电耗（万千瓦时/万元）	单位工业增加值电耗上升或下降（±%）
全　市	**992**	**-17.51**
市　直	847	-6.16
开发区	2371	-21.20
产业集聚区	17349	91.76
湖滨区	3664	-19.78
陕州区	1083	-30.07
义马市	654	5.49
渑池县	555	-8.25
灵宝市	2786	-15.61
卢氏县	1312	-18.18

7-11 规模以上工业企业取水情况

单位：万立方米

指　　标	单位数（个）	2015年	2016年	2016年比2015年增减（±%）
总　计	**602**	**17785**	**17142**	**-3.6**
市　直	13	3478	3603	3.6
开发区	8	14	13	-7.4
产业集聚区	20	6	7	8.2
湖滨区	53	129	120	-7.0
陕州区	46	2746	2181	-20.6
义马市	81	6234	6274	0.6
渑池县	141	2781	2710	-2.5
灵宝市	199	2338	2184	-6.6
卢氏县	41	59	52	-12.4
按水种分				
地表淡水	162	9249	9224	-0.3
地下淡水	325	3733	3673	-1.6
自来水	177	3424	3317	-3.1
矿井水	5	711	804	13.1
雨水	2	1	0	-20.0
再生水（中水）	1	27	34	23.6
其他水	10	640	90	-85.9

注：本表中的2015年数据为2016年报表中的同表数据，由于单位和制度变化，与2015年公布的数据有一定出入。

7-12　分县市单位工业增加值水耗及降低率

（2016年）

县（市）区	单位工业增加值水耗（立方米/万元）	单位工业增加值水耗上升或下降（±%）
全　市	**16.99**	**-12.06**
市　直	55.55	-9.97
开发区	4.33	-15.64
产业集聚区	1.95	2.95
湖滨区	5.74	-17.14
陕州区	33.72	-28.18
义马市	35.43	3.78
渑池县	9.04	-2.17
灵宝市	8.52	-13.55
卢氏县	3.68	-22.44

7-13 污染物排放总量情况

（2016年）

指　标	单　位	排放总量	工业源	农业源	城镇生活源	集中式治理设施
废水污染排放总量						
废水	万吨	11872.85	3807.68		8064.40	0.77
化学需氧量	吨	11435.98	3604.36	0.00	7779.95	51.67
氨氮	吨	1111.76	290.13	0.00	815.67	5.96
总氮	吨	1951.19	579.55	0.00	1365.65	5.99
总磷	吨	74.31	2.36	0.00	71.93	0.02
石油类	吨	51.66	51.66			0.00
挥发酚	千克	603.12	603.12			
氰化物	千克	207.99	207.99			0.00
废水砷	千克	178.57	178.38			0.19
废水铅	千克	22.98	22.42			0.56
废水镉	千克	15.27	15.11			0.16
废水汞	千克	1.63	1.60			0.03
废水总铬	千克	2.47	2.14			0.33
废水六价铬	千克	0.95	0.95			

7-13续表 （2016年）

指　标	单　位	区域总量	工业源	城镇生活源	机动车	集中式治理设施
废气污染物排放总量						
二氧化硫	吨	23989.98	23465.34	524.64		
氮氧化物	吨	35504.16	22839.41	152.75	12512.00	
烟（粉）尘	吨	16252.46	14814.24	590.22	848.00	
废气砷	千克	131.35	131.35			
废气铅	千克	1551.43	1551.43			
废气镉	千克	50.4	50.4			
废气汞	千克	7.89	7.89			
废气总铬	千克					
废气六价铬	千克					

7-14 分县市废水污染物排放情况

（2016年）

指　标	单　位	全　市	开发区	产业集聚区	湖滨区	陕州区
废水污染排放总量						
废水	万吨	11872.85	4.66	0.79	1934.61	1524.07
化学需氧量	吨	11435.98	0.85	0.20	496.06	3284.18
氨氮	吨	1111.76	0.07	0.04	26.41	241.86
总氮	吨	1951.19	0.07	0.10	35.32	426.19
总磷	吨	74.31			15.24	10.48
石油类	吨	51.66				6.32
挥发酚	千克	603.12				44.67
氰化物	千克	207.99				72.50
废水砷	千克	178.57				0.44
废水铅	千克	22.98				0.67
废水镉	千克	15.27				0.24
废水汞	千克	1.63				0.09
废水总铬	千克	2.47				0.15
废水六价铬	千克	0.95				

7-14续表　　　　　　　　　　　　　　　（2016年）

指　标	单　位	义马市	渑池县	灵宝市	卢氏县
废水污染排放总量					
废水	万吨	1894.56	2727.15	2865.91	921.10
化学需氧量	吨	1744.70	948.49	3415.63	1545.87
氨氮	吨	267.40	85.22	327.12	163.64
总氮	吨	448.71	235.85	512.93	292.02
总磷	吨	19.55	8.95	10.46	9.63
石油类	吨	38.68	6.53	0.13	
挥发酚	千克	558.45			
氰化物	千克	101.70		33.79	
废水砷	千克	0.10		178.03	
废水铅	千克	0.20		22.11	
废水镉	千克	0.09		14.94	
废水汞	千克	0.02		1.52	
废水总铬	千克	0.18		2.14	
废水六价铬	千克			0.95	

7-15 分县市废气污染物排放情况

（2016年）

指　标	单　位	全　市	开发区	产业集聚区	湖滨区	陕州区
废气污染物排放总量						
二氧化硫	吨	23989.98	1.38	3.51	1395.15	5191.01
氮氧化物	吨	35504.16	4.26	13.53	1422.31	8282.15
烟（粉）尘	吨	16252.46	2.07	0.18	518.63	5670.67
废气砷	千克	131.35				
废气铅	千克	1551.43				
废气镉	千克	50.40				
废气汞	千克	7.89				
废气总铬	千克					
废气六价铬	千克					

7-15续表　（2016年）

指　标	单　位	义马市	渑池县	灵宝市	卢氏县
废气污染物排放总量					
二氧化硫	吨	7203.99	7700.21	2209.21	285.52
氮氧化物	吨	6144.97	6550.57	412.64	161.73
烟（粉）尘	吨	4118.43	3898.94	760.72	434.82
废气砷	千克			131.35	
废气铅	千克			1551.43	
废气镉	千克			50.40	
废气汞	千克			7.89	
废气总铬	千克				
废气六价铬	千克				

注：全市数包括机动车排放的氮氧化物、烟（粉）尘排放量，各县市区不包括。

7-16 分县市工业污染排放及处理利用情况

（2016年）

项　　目	单　位	全　市	开发区	产业集聚区	湖滨区	陕州区
工业废水						
废水治理设施数	套	169	1	1	7	65
废水治理设施处理能力	万吨/日	35.27	0.01	0.00	2.28	16.49
废水治理设施运行费用	万元	11381.20	3.70	15.00	1301.70	1873.30
工业废水处理量	万吨	3953.33	3.94	0.79	343.10	625.73
工业废水排放量	万吨	3807.69	4.66	0.78	106.87	482.92
直接排入环境的	万吨	3051.75	4.66		53.71	482.92
工业废气						
工业废气排放量	亿立方米	1531.83	0.01	3.62	305.10	472.73
废气治理设施数	套	393		3	19	181
#脱硫设施数	套	73		1	6	11
脱硝设施数	套	43		1	5	14
除尘设施数	套	208		1	6	66
废气治理设施处理能力	万立方米/时	4041.59		308.32	695.40	1125.85
废气治理设施运行费用	万元	42713.30		184.00	15264.90	10384.30
工业固体废物						
一般工业固体废物产生量	万吨	1695.65		0.03	214.47	448.55
一般工业固体废物综合利用量	万吨	624.48		1.86	208.37	141.74
一般工业固体废物贮存量	万吨	80.48			6.00	5.60
一般工业固体废物处置量	万吨	992.53			0.10	301.21
工业锅炉数	台/蒸吨	123	1	1	13	33
工业窑炉数	座	186		2	11	92

7-16续表 （2016年）

项 目	单 位	义马市	渑池县	灵宝市	卢氏县
工业废水					
废水治理设施数	套	10	19	64	2
废水治理设施处理能力	万吨/日	1.81	5.37	9.02	0.29
废水治理设施运行费用	万元	1911.10	896.70	5361.90	17.40
工业废水处理量	万吨	885.08	1035.83	1035.40	23.45
工业废水排放量	万吨	827.62	1426.71	917.84	40.28
直接排入环境的	万吨	264.99	1426.71	778.49	40.28
工业废气					
工业废气排放量	亿立方米	333.59	298.02	112.29	6.47
废气治理设施数	套	32	73	82	3
#脱硫设施数	套	11	28	16	
脱硝设施数	套	10	13		
除尘设施数	套	16	59	58	2
废气治理设施处理能力	万立方米/时	731.60	805.08	369.01	6.33
废气治理设施运行费用	万元	4481.70	9428.90	2940.70	28.80
工业固体废物					
一般工业固体废物产生量	万吨	218.35	492.54	320.10	1.62
一般工业固体废物综合利用量	万吨	103.92	163.92	4.61	0.06
一般工业固体废物贮存量	万吨	20.86	3.96	42.49	1.56
一般工业固体废物处置量	万吨	93.57	324.66	272.99	
工业锅炉数	台	21	37	16	1
工业窑炉数	座	9	50	18	4

7-17 分县市工业污染防治投资情况

（2016年）

项　　目	单　位	全　市	产业集聚区	湖滨区	陕州区
实施项目治理的工业企业数	个	58		6	27
老工业污染源项目治理本年施工总数	个	82		22	31
工业废水治理项目	个	8			4
工业废气脱硫治理项目	个	18		3	1
工业废气脱硝治理项目	个	3		3	
其他废气治理项目	个	45		12	24
一般工业固体废物治理项目	个				
危险废物治理（企业自建设施）项目	个				
噪声治理项目	个	2		1	
电磁辐射治理项目	个				
放射性治理项目	个				
工业土壤污染治理项目	个				
矿山土壤污染治理项目	个				
污染物自动在线监测仪器购置安装项目	个	1			1
污染治理搬迁项目	个				
其他治理项目	个	5		3	1
老工业污染源治理项目本年竣工总数	个	76		22	31
工业废水治理项目	个	6			4
工业废气脱硫治理项目	个	15		3	1
工业废气脱硝治理项目	个	3		3	
其他废气治理项目	个	44		12	24
一般工业固体废物治理项目	个				
危险废物治理（企业自建设施）项目	个				
噪声治理项目	个	2		1	
电磁辐射治理项目	个				
放射性治理项目	个				
工业土壤污染治理项目	个				
矿山土壤污染治理项目	个				
污染物自动在线监测仪器购置安装项目	个	1			1
污染治理搬迁项目	个				
其他治理项目	个	5		3	1

7-17续表1 （2016年）

项　　目	单位	义马市	渑池县	灵宝市	开发区
实施项目治理的工业企业数	个	5	14	5	1
老工业污染源项目治理本年施工总数	个	6	17	5	1
工业废水治理项目	个	1		3	
工业废气脱硫治理项目	个	3	10	1	
工业废气脱硝治理项目	个				
其他废气治理项目	个	2	7		
一般工业固体废物治理项目	个				
危险废物治理（企业自建设施）项目	个				
噪声治理项目	个				1
电磁辐射治理项目	个				
放射性治理项目	个				
工业土壤污染治理项目	个				
矿山土壤污染治理项目	个				
污染物自动在线监测仪器购置安装项目	个				
污染治理搬迁项目	个				
其他治理项目	个			1	
老工业污染源治理项目本年竣工总数	个	2	17	3	1
工业废水治理项目	个	1		1	
工业废气脱硫治理项目	个		10	1	
工业废气脱硝治理项目	个				
其他废气治理项目	个	1	7		
一般工业固体废物治理项目	个				
危险废物治理（企业自建设施）项目	个				
噪声治理项目	个				1
电磁辐射治理项目	个				
放射性治理项目	个				
工业土壤污染治理项目	个				
矿山土壤污染治理项目	个				
污染物自动在线监测仪器购置安装项目	个				
污染治理搬迁项目	个				
其他治理项目	个			1	

项　目	单　位	全　市	产业集聚区	湖滨区	陕州区
老工业污染源治理项目至本年底累计完成投资	万元	35190.60		8975.50	14327.10
工业废水治理项目	万元	2388.20			1213.20
工业废气脱硫治理项目	万元	12998.00		4200.00	280.00
工业废气脱硝治理项目	万元	2300.00		2300.00	
其他废气治理项目	万元	16899.40		2375.50	12568.90
一般工业固体废物治理项目	万元				
危险废物治理（企业自建设施）项目	万元				
噪声治理项目	万元	47.00		31.00	
电磁辐射治理项目	万元				
放射性治理项目	万元				
工业土壤污染治理项目	万元				
矿山土壤污染治理项目	万元				
污染物自动在线监测仪器购置安装项目	万元	100.00			100.00
污染治理搬迁项目	万元				
其它治理项目	万元	458.00		69.00	165.00
老工业污染源治理项目本年完成投资	万元	35190.60		8975.50	14327.10
工业废水治理项目	万元	2388.20			1213.20
工业废气脱硫治理项目	万元	12998.00		4200.00	280.00
工业废气脱硝治理项目	万元	2300.00		2300.00	
其他废气治理项目	万元	16899.40		2375.50	12568.90
一般工业固体废物治理项目	万元				
危险废物治理（企业自建设施）项目	万元				
噪声治理项目	万元	47.00		31.00	
电磁辐射治理项目	万元				
放射性治理项目	万元				
工业土壤污染治理项目	万元				
矿山土壤污染治理项目	万元				
污染物自动在线监测仪器购置安装项目	万元	100.00			100.00
污染治理搬迁项目	万元				
其它治理项目	万元	458.00		69.00	165.00

（2016年）

项　　目	计量单位	义马市	渑池县	灵宝市	开发区
老工业污染源治理项目至本年底累计完成投资	万元	7598.00	2373.00	1901.00	16.00
工业废水治理项目	万元	458.00		717.00	
工业废气脱硫治理项目	万元	6300.00	1258.00	960.00	
工业废气脱硝治理项目	万元				
其他废气治理项目	万元	840.00	1115.00		
一般工业固体废物治理项目	万元				
危险废物治理（企业自建设施）项目	万元				
噪声治理项目	万元				16.00
电磁辐射治理项目	万元				
放射性治理项目	万元				
工业土壤污染治理项目	万元				
矿山土壤污染治理项目	万元				
污染物自动在线监测仪器购置安装项目	万元				
污染治理搬迁项目	万元				
其它治理项目	万元			224.00	
老工业污染源治理项目本年完成投资	万元	7598.00	2373.00	1901.00	16.00
工业废水治理项目	万元	458.00		717.00	
工业废气脱硫治理项目	万元	6300.00	1258.00	960.00	
工业废气脱硝治理项目	万元				
其他废气治理项目	万元	840.00	1115.00		
一般工业固体废物治理项目	万元				
危险废物治理（企业自建设施）项目	万元				
噪声治理项目	万元				16.00
电磁辐射治理项目	万元				
放射性治理项目	万元				
工业土壤污染治理项目	万元				
矿山土壤污染治理项目	万元				
污染物自动在线监测仪器购置安装项目	万元				
污染治理搬迁项目	万元				
其它治理项目	万元			224.00	

（2016年）

项　　目	单　位	全　市	产业集聚区	湖滨区	陕州区
排污费补助	万元				
政府其他补助	万元	344.00			
企业自筹	万元	34846.60		8975.50	14327.10
#银行贷款	万元				
老工业污染源废水治理项目新增处理能力	万吨/日				
老工业污染源废气治理项目新增处理能力	万立方米/时	206.20		0.02	81.87
老工业污染源固废治理项目新增处理能力	万吨/日				
“三同时”项目竣工验收数	个	1			
“三同时”竣工验收项目实际总投资	万元	3200.00			
“三同时”竣工验收项目实际环保投资	万元	35.00			
废水治理	万元	11.00			
废气脱硫治理	万元	5.00			
废气脱硝治理	万元				
其它废气治理	万元	12.00			
噪声治理	万元				
固废治理	万元	3.00			
绿化及生态治理	万元				
其它治理	万元	4.00			
“三同时”项目废水治理新增处理能力	万吨/日				
“三同时”项目废气治理新增处理能力	万立方米/时	0.64			

（2016年）

项　　目	单位	义马市	渑池县	灵宝市	开发区
排污费补助	万元				
政府其他补助	万元			344.00	
企业自筹	万元	7598.00	2373.00	1557.00	16.00
#银行贷款	万元				
老工业污染源废水治理项目新增处理能力	万吨/日				
老工业污染源废气治理项目新增处理能力	万立方米/时	63.13	57.20	4.00	
老工业污染源固废治理项目新增处理能力	万吨/日				
“三同时”项目竣工验收数	个			1	
“三同时”竣工验收项目实际总投资	万元			3200.00	
“三同时”竣工验收项目实际环保投资	万元			35.00	
废水治理	万元			11.00	
废气脱硫治理	万元			5.00	
废气脱硝治理	万元				
其它废气治理	万元			12.00	
噪声治理	万元				
固废治理	万元			3.00	
绿化及生态治理	万元				
其它治理	万元			4.00	
“三同时”项目废水治理新增处理能力	万吨/日				
“三同时”项目废气治理新增处理能力	万立方米/时			0.64	

主要统计指标解释

能源生产总量 指一定时期内一次能源生产量的总和。该指标是观察能源生产水平、规模、构成和发展速度的总量指标。一次能源生产量包括原煤、原油、天然气、水电、核能及其他动力能(如风能、地热能等)发电量，不包括低热值燃料生产量、生物质能、太阳能等的利用和由一次能源加工转换而成的二次能源产量。

单位GDP能耗 指一定时期内，一个国家或地区每生产一个单位的生产总值所消耗的能源。计算公式为：

单位GDP能耗=能源消耗总量/GDP

单位GDP电耗 指一定时期内，一个国家或地区每生产一个单位的生产总值所消耗的电力。计算公式为：

单位GDP电耗=全社会用电量/GDP

能源消费总量 指一定时期内物质生产部门、非物质生产部门和生活消费的各种能源的总和。该指标是观察能源消费水平、构成和增长速度的总量指标。能源消费总量包括原煤和原油及其制品、天然气、电力，不包括低热值燃料、生物质能和太阳能等的利用。能源消费总量分为终端能源消费量、能源加工转换损失量和能源损失量三部分。

规模以上工业企业 指年主营业务收入2000万元及以上的工业法人单位。

工业企业能源消费量 指工业企业在工业生产活动和非工业生产活动中消费的能源，包括工业生产活动中作为燃料、动力、原料、辅助材料使用的能源，生产工艺中使用的能源，用于能源加工转换的能源；非工业生产活动中使用的能源。具体包括：

（1）用于本企业产品生产、工业性作业和其他生产性活动的能源；

（2）用于技术更新改造措施、新技术研究和新产品试制以及科学试验等方面的能源；

（3）用于经营维修、建筑及设备大修理、机电设备和交通运输工具等方面的能源；

（4）用于劳动保护的能源；

（5）生产交通运输工具的企业（如造船厂、汽车制造厂），向成品轮船、汽车中添加动力用油，应算作企业的能源消费，但不作为工业生产消费，应作为非工业生产消费和交通运输工具消费。

（6）其他非生产消费的能源。

不包括：

（1）由仓库发到车间，但在报告期最后一天没有消费的能源。这部分能源应在办理假退料手续后计入库存量。

（2）拨到外单位，委托外单位加工用的能源。

（3）调出本单位或借给外单位的能源。

综合能源消费量 指企业（单位）在报告期内实际消费的各种能源（扣除能源加工转换和能源回收利用等重复因素）的总和。计算综合能源消费量时，需要将各种能源品种的消费量换算成按照标准计量单位（如：吨标准煤）计量的消费量。不同工业法人单位的计算方法见《能源购进、消费与库存》（205-1表）的说明。

能源加工转换投入 能源加工转换，指为了特定的用途，将一种能源（一般为一次能源），经过一定的工艺，加工或转换成另外一种能源（二次能源）。

能源加工，是能源的物理形态的变化，比如用蒸馏的方式将原油炼制成汽油、煤油、柴油等石油制品；用筛选、水洗的方式将原煤洗选成洗煤；以焦化的方式将煤炭高温干馏成焦炭；以气化的方式将煤炭气化成煤气，等等。这些方法在加工前后能源均未发生质的变化。

能源转换，是能源的能量形态和化学形态的变化，比如经过一定的工艺过程，将煤炭、重油等转换为电力和热力，将热能转换为机械能，将机械能转换为电能，将电能转换为热能等；又比如，经过裂化，将重质石油转换成轻质石油（转换前、后的物质具有不同的化学结构和化学性质）。

能源加工转换投入量，指以生产二次能源产品为目的而投入能源加工转换生产装置的能源（一般为一次能源）的数量。

用作能源加工转换的能源不能算作用于原材料。两者的区别是：用作加工转换，投入的是能源，产出的主要产品还是能源，或产出的产品属于加工转换过程中产生的不作能源使用的其他副产品和联产品。而用作原材料时，投入的是能源，产出的主要产品却是能源范畴以外的产品，包括产出的某种产品在广义上可以用作能源（比如可以燃烧以提供热量），但通常意义上不作能源使用的产品。

能源加工转换企业的能源投入量不包括：

（1）加工转换本身的工艺用能，如发电厂的发电装置的电机用电、点火用燃料、车间通风设备用电及其他厂用电；炼焦厂的焦炉原料预热用的焦炉煤气、设备运转用电等。

（2）车间用能。

（3）辅助生产系统用能。

（4）经营管理用能。

（5）除上述项目以外的其他生产用能。

吨原煤生产综合能耗

计算公式：吨原煤生产综合能耗（千克标准煤/吨）＝1000×原煤生产综合能源消费量（吨标准煤）/ 原煤产量（吨）

分子项：原煤生产综合能源消费量。指企业原煤生产所消费的各种能源。

主要包括：矿井（或露天）原煤生产过程中的回采、掘进（剥离）、运输（不包括为矿区服务的大铁路运输）、提升、通风、排水、压风、坑木加工、瓦斯抽放、消火灌浆、井口选矸、矿井采暖、水砂充填、矿灯充电、矿机修、工业照明、工业供水等用能，以及与上述有关的电力线路和变压器的电损。

不包括：非原煤生产、非生产部门、基本建设工程等用能和生活用能。

非原煤生产用能量，指煤矿企业附属的其他工业产品生产用能量。如选煤厂、机修厂、运输队、建材厂、火药厂、化工厂、支架厂、钢铁厂、综合利用厂等用能量和由各种专用基金支付的工程（如大修理、更新改造工程等）用能，以及与上述有关的电力线路和变压器的电损。

非生产部门用能，指煤矿企业的非生产部门用能量，如学校、托儿所、幼儿园、机关职工食堂、住宅区浴室、消防队等用能，以及与上述有关的电力线路和变压器的电损。

基本建设工程用能，指企业内基本建设工程用能量，以及与上述有关的电力线路和变压器的电损。

分母项：原煤产量。指矿井产量、露天矿产量和其他产量。

（1）矿井产量，指回采产量、掘进产量和矿井其他产量。

①回采产量，指生产矿井中全部回采工作面所采出的煤炭产量。但下列情况应区别处理：

矿井未正式移交之前，对准备出煤的回采工作面进行实际采煤，其采煤量应计为基建工程煤；

列入科研计划的新采煤方法试验面和使用新机试采面的出煤，应计为矿井其他产量。

已完成掘进，在回采过程中掘凿的巷道（一般称“采后掘进”）出煤，应计为回采产量；

对已报废的矿井进行复采，由原煤生产费负担的，计入矿井其他产量。

②掘进产量，指在生产矿井中由生产费用负担的生产掘进巷道的出煤。不包括由更改资金进行的掘进工作出煤和井巷维修工作出煤。对采掘产量混在一起分不清的，以下式计算：

掘进产量（吨）＝煤巷及半煤巷的煤断面（平方米）×进尺（米）×煤的容重（吨/立方米）

③矿井其他产量，指生产矿井回采和掘进产量以外的其他产量，主要包括井巷维修出煤，已报废矿井复采后所出的煤，质量不合格经处理后合格的回收煤，科研试采出煤，出井无牌煤，水砂充填或水采矿井扫沉淀的煤泥，盘点发生的盈（亏）吨煤，以及由生产费用开支不计能力的矿井产量。

（2）露天矿产量，指露天煤矿采煤阶段的煤炭产量、剥离阶段的煤炭产量和露天矿其他产量。

露天矿其他产量，指露天采煤阶段和剥离阶段以外的其他产量。主要包括由生产费用开支的不计能力的露天产量，由排土场回收的拣煤量，露天坑内的残煤回收量。

（3）其他产量，指不由原煤生产费用开支的出煤，主要包括基建工程煤、更改工程煤、不计能力的小井和小露天矿出煤。

①基建工程煤，指基本建设矿井、露天矿在没有移交生产以前的工程出煤和试生产期间的煤炭产量。

②更改工程煤，指在生产矿井中用更改资金进行掘进工作所产出的煤。

③不计能力的小井、小露天矿产量，指年生产能力三万吨以下的小井、小露天矿产量。

吨原煤生产耗电量

计算公式：吨原煤生产耗电量（千瓦时/吨）＝10000×原煤生产用电量（万千瓦时）/原煤产量（吨）

分子项：原煤生产用电量。见上述原煤生产综合能源消费量的说明。

分母项：原煤产量。同原煤生产综合能源消费量的说明。

选煤电力单耗

计算公式：洗煤电力单耗（千瓦时/吨）＝10000×洗煤生产过程耗电量（万千瓦时）/入洗原煤量（吨）

分子项：洗煤生产过程耗电量。按电力部门结算的电量计算，不包括洗煤厂向外转供的电量，以及与洗煤生产无直接关系的各种用电量（如居民生活用电、基建工程用电、文化福利设施用电等）。

分母项：入洗原煤量。指从入厂毛煤中拣出的不计原煤产量的大块矸石（一般指 50 毫米以上）后进入洗选煤过程，进行加工处理的原煤量。

单位烧碱生产综合能耗

计算公式：单位烧碱生产综合能耗（千克标准煤/吨）＝1000×液体烧碱综合能源消耗量（吨标准煤）/液体烧碱（折 100%）产量（吨）

分子项：烧碱综合能源消耗量。指用于烧碱生产的各种能源折标准煤后的总和。包括烧碱生产工艺系统、为烧碱生产服务的辅助系统和附属生产系统等的耗能量。

烧碱生产系统耗能量的统计范围：从原料投入开始，包括盐水制备、整流、电解、蒸发、蒸煮至成品烧碱包装入库为止的所有工艺用的电解用交流电、动力用电、蒸汽、油、煤等实际消耗量。

烧碱生产的辅助和附属系统耗能量的统计范围包括：电槽修理、阳极组装、石棉绒回收、炭极加工以及车间检修、车间分析、车间办公室、休息室、更衣室等各种耗能量。

分母项：烧碱（折 100%）产量。烧碱产量按折 100%纯量计算。烧碱（折 100%） 包括由盐水电解法或由纯碱（或天然碱）苛化法生产的液体氢氧化钠、氢气干燥和本企业其他产品自用的合格烧碱。不同方法生产的各种烧碱，经检验符合国家标准（GB209-93），方可统计产量。产量中不包括在使用烧碱过程中回收的烧碱和生产烧碱过程中自用的电解碱液、浓缩碱液、回收盐液中的含碱量。企业填报烧碱产量，应将不同的生产方法（水银法、隔膜法、离子膜法、苛化法）生产的液碱折成 100%纯量后计算产量。

单位烧碱生产耗交流电

计算公式：单位烧碱生产耗交流电（千瓦时/吨）＝10000×交流电消耗量（万千瓦时）/液体烧碱（折 100%）产量（吨）

分子项：交流电消耗量。以电业局安装的直流耗交流电度表计量数值为准。没有安装电表的企业，以电业局安装的总交流电度表指示的交流电量，扣除动力系统安装的交流电度表的交流电量后，计算直流电所消耗的交流电量。

分母项：烧碱（折 100%）产量。烧碱产量按折 100%纯量计算。说明同上。

氮肥（26）

单位合成氨生产综合能耗

计算公式：单位合成氨生产综合能耗（千克标准煤/吨）=1000×合成氨生产综合能耗（吨标准煤）/合成氨（无水氨）产量（吨）

分子项：合成氨生产综合能耗。指合成氨生产实际的能源消耗或称为生产所必需的能源消耗。包括原料加工到液氨进氨库整个生产系统的消耗以及辅助和附属生产系统的消耗。

合成氨生产综合能耗=合成氨消耗的各种能源（标准煤）之和－合成氨输出的各种能源（标准煤）之和。

分母项：合成氨（无水氨）产量。以液态氨为最终计量状态，按实物量计算，不折 100%的纯品。合成氨产量包括：厂内各用氨单位的使用量、销售的商品液氨量、合成氨生产过程中的自用量（净化与脱硫用）以及氨罐弛放气、合成放空气、中间槽解析气等气体回收的氨水含氨量（按回收产品含氨100%折算）。

合成氨产量不包括：冰机自用氨量（损失）、净化和氨水脱硫回收的氨水含氨量、碳化清洗塔及回收塔析出的氨水含氨量。

合成氨产量采用仪表计量或以最终含氮产品计量。

单位合成氨耗电

计算公式：单位合成氨耗电（千瓦时/吨）=10000×合成氨耗电总量（万千瓦时）/合成氨（无水氨）产量（吨）

分子项：合成氨耗电总量。指合成氨生产系统和辅助、附属生产系统消耗的电量及界区内损失的电量。以电表计量为准，计量单位为万千瓦时。

分母项：合成氨（无水氨）产量。说明同上。

吨水泥熟料综合能耗

计算公式：吨水泥熟料综合能耗（千克标准煤/吨）＝1000×生产水泥熟料综合能源消费量（吨标准煤）/硅酸盐水泥熟料产量（吨）

分子项：生产水泥熟料综合能源消费量。包括电力、煤炭、油品、天然气、煤气、液化气、蒸汽的消费。企业自备锅炉，自备发电机组生产的蒸汽、电力，由本企业消耗的，只计算第一次能源消耗，不重复计算蒸汽及电的消耗；利用余热发电亦不重复计算。

分母项：硅酸盐水泥熟料产量。为报告期合格品产量，计量单位为吨。凡是由本企业生产的水泥熟料，无论是作为商品熟料出售，还是作为水泥生产过程中的半成品，都应统计水泥熟料产量。外购的熟料不得统计产量。

吨水泥熟料综合电耗

计算公式：吨水泥熟料综合电耗（千瓦时/吨）＝10000×熟料生产综合电力消费量（万千瓦时）/硅酸盐水泥熟料产量（吨）

分子项：熟料生产综合电力消费量。包括熟料工序用电，以及生料电力消耗。熟料工序用电中还包括生产煤粉各项用电，即生产水泥熟料的全部电耗。

熟料生产综合电力消费量＝熟料工序电力消耗量+生料消耗量×本期每吨生料电力消耗量

只生产水泥熟料的企业（不生产水泥），熟料生产综合电力消费量还要包括水泥熟料发送工序的电力消耗量。

采用纯低温余热发电技术的新型干法水泥企业其电力自用量不得抵扣熟料生产综合电力消费量。

分母项：硅酸盐水泥熟料产量。指报告期合格品产量，计量单位为吨。

吨水泥综合能耗

计算公式：吨水泥综合能耗（千克标准煤/吨）＝1000×生产水泥综合能源消费量（吨标准煤）/水泥产量（吨）

分子项：生产水泥综合能源消费量。包括电力、原煤、洗精煤、焦炭、原油、重油（包括渣油）、汽油、煤油、柴油、天然气、煤气、液化气、蒸汽等。企业自备锅炉、自备发电机组生产的蒸汽、电力，由本企业消耗的，只计算第一次能源消耗，不再重复计算蒸汽及电的消耗；余热发电亦不重复计算。依据分子分母对应原则，生产水泥综合能源消费量不应包括已销售的商品熟料所消耗的能源。

分母项：水泥产量。指报告期合格品产量，计量单位为吨。水泥是指加水拌和成塑性浆体，能胶结砂、石等适当材料并能在空气和水中硬化的粉状水硬性胶凝材料。企业在统计水泥产量时，不得将达不到水泥强度等级的废品水泥和已销售的商品熟料折合成水泥统计在水泥产量中。

吨水泥综合电耗

计算公式：吨水泥综合电耗（千瓦时/吨）＝10000×水泥生产综合电力消费量（万千瓦时）/水泥产量（吨）

分子项：水泥生产综合电力消费量。指生产水泥（不分品种、标号）所消耗的电力。消耗的电力应包括：水泥工序电耗，水泥所消耗的熟料、石膏、混合材的电力消耗量，水泥出厂时，进行包装或者散装所消耗的电力。为各种辅助用电，如机修、供热、供水、供风、化验等辅助用电，变电、配电、线路损失的电力，厂区、办公室、仓库照明用电，如果企业除生产水泥外，还生产其他产品，则要按比例进行合理分摊。

水泥生产综合电力消费量＝水泥粉磨及包装工序耗电量+熟料消耗量×本期每吨熟料电力消耗量+混合材消耗量×本期每吨混合材电力消耗量+石膏消耗量×本期每吨石膏电力消耗量+应分摊的辅助用电量

只进行水泥生产的企业（俗称水泥粉磨站），水泥生产综合电力消费量＝水泥粉磨及包装工序耗电量+水泥粉磨原料消耗量×本期每吨原料进厂工序电耗+水泥发运工序耗电+应分摊的辅助用电量

分母项：水泥产量。说明同上。

单位氧化铝综合能耗

计算公式：单位氧化铝综合能耗（千克标准煤/吨）＝1000×氧化铝生产综合能源消费量（吨标准煤）/实产氧化铝产量（吨）

分子项：氧化铝生产综合能源消费量。包括氧化铝工艺用能和间接能源消耗。氧化铝工艺用能，指生产氧化铝所直接消耗的各项能源，包括煤、油、焦、汽、电、煤气、汽油、柴油等消耗；间接能源消耗，指企业辅助、附属部门能耗分摊量、能源转换损耗分摊量和企业内部能源正常损耗量。

分母项：实产氧化铝产量。包括冶金级氧化铝（指生产电解铝的原料）和化学品级氧化铝（折合量），如氢氧化铝系列商品折合量（普通氢氧化铝、特种氢氧化铝、白色氢氧化铝填料氢氧化铝等）、氧化铝系列折合量（煅烧氧化铝、助燃剂用低温氧化铝、电工填料氧化铝等）、拟薄水铝石系列折合量等。

单位电解铝综合能耗

计算公式：单位电解铝综合能耗（千克标准煤/吨）＝1000×全厂综合能源消费量（吨标准煤）/合格交库的电解铝产量（吨）

分子项：全厂综合能源消费量。包括电解铝工艺能耗总量（直接消耗），辅助和附属部门消耗的柴油、汽油、蒸汽。

分母项：合格交库的电解铝产量。说明同上。

单位铝锭综合交流电耗

计算公式：单位铝锭综合交流电耗（千瓦时/吨）＝10000×铝锭交流电消耗总量（万千瓦时）/合格交库的铝锭产量（吨）

分子项：铝锭交流电消耗总量为铝锭生产全部用电量，含电解工序交流电用量；电解工序、铸造工序的动力及照明用电；如电解的通风排烟和烟气净化设施，铸造的混合炉、熔炼炉、扒渣机、堆垛机、天车等设备用电；分摊的辅助、附属部门用电。如为电解服务的供电车间、机修车间、电维车间、计算机室、化验室等分摊的线路损失等。

分母项：合格交库的铝锭产量是指报告期内生产合格交库的铝锭产量，包括商品产量和自用量之和。

电厂火力发电标准煤耗

计算公式：电厂火力发电标准煤耗（克标准煤/千瓦时）＝100×发电耗用标准煤量（吨标准煤）/火力发电量（万千瓦时）

分子项：发电耗用标准煤量。指发电生产耗用的原煤、燃料油和燃气等（标准煤）。不包括如下用项：

（1）新设备或大修后设备的烘炉、煮炉、暖风机、空载运行的用能；

（2）新设备在未移交生产前的带负荷试运行期间的用能；

（3）计划大修以及基建、更改工程施工的用能；

（4）发电机作调相运行时耗用的用能；

（5）自备机车、船舶等耗用的用能；

（6）升、降压变压器（不包括厂用电变压器）、变波机、调相机等消耗的用能；

（7）修配车间、车库、副业、综合利用、集体企业、外供及非生产用（食堂、宿舍、幼儿园、学校、医院、服务公司和办公室等）的燃料。

发电企业对外供热，其“发电耗用标准煤量”计算方法如下：

发电耗用标准煤量＝发电、供热耗用标准煤量－供热耗用标准煤量

式中“供热耗用标准煤量”的计算，根据不同的供热方式，分别采用如下计算方法：

（1）由供热式汽轮机组供热：

供热耗用标准煤量（吨）＝发电、供热耗用标准煤量×[供热量（百万千焦）/发电、供热总耗热量（百万千焦）]

（2）由锅炉直接供热：

供热耗用标准煤量（吨）＝锅炉供热量折标准

煤量（吨）/锅炉热效率

分母项：火力发电量。指报告期内火力发电厂生产的电量，扣除试运行期间的电量。

电厂火力供电标准煤耗

计算公式：电厂火力供电标准煤耗（克标准煤/千瓦时）＝100×发电耗用标准煤量（吨标准煤）/电厂供电量（万千瓦时）

分子项：发电耗用标准煤量。说明同上。

分母项：电厂供电量。即电厂火力发电量减去厂用电量。厂用电量包括电厂动力、照明、通风、取暖及经常维修等用电量，以及其他励磁用电量、设备属于电厂资产并由电厂负责其运行和检修的厂外输油管道系统、循环管道系统和除灰管道系统等用电量。厂用电量既包括本厂生产的电力供本厂生产耗用的电量，也包括购电量中供本厂使用的电量。

厂用电量不包括：

（1）新设备或大修后设备的烘炉、煮炉、暖风机、空载运行的用电；

（2）新设备在未移交生产前的带负荷试运行期间的用电；

（3）计划大修以及基建、更改工程施工用电；

（4）发电机作调相运行时的用电；

（5）自备机车、船舶等的用电；

（6）升、降压变压器（不包括厂用电变压器）、变波机、调相机等的用电；

（7）修配车间、车库、副业、综合利用、集体企业、外供及非生产（食堂、宿舍、幼儿园、学校、医院、服务公司和办公室等）的用电。

发电厂用电率

计算公式：发电厂用电率（%）＝发电厂用电量（万千瓦时）/发电量（万千瓦时）×100%

发电量、发电厂用电量说明同上。

取水量　指企业从各种水源直接提取或者从市场购买的用于厂区、办公区内工业生产活动的水量，以实际获得的新水量为准。

用于工业生产活动的水量，包括主要生产用水、辅助生产用水（如机修、运输、空压站等）和附属生产用水（如绿化、办公室、浴室、食堂、厕所、保健站等），不包括非工业生产单位的用水量（如基建用水、厂内居民家庭用水和企业附属幼儿园、学校、对外营业的浴室、游泳池等的用水量）和居民生活用水量。

取水量包括企业取自地表、地下、城镇供水工程的水，外购的再生水（中水）、其他水或水的产品，以及企业为生产外供水或水产品而取用的水。不包括重复用水量、直流冷却水量、未利用直接排放的矿井水和雨水量、污水处理企业处理的污（废）水量、水力发电动力用水量。

自来水　指自来水厂将地表淡水、地下淡水经过“混凝、沉淀、过滤、消毒”等净水工序，达到国家饮用水标准，通过城镇自来水管网供给工业生产、居民生活使用的水。

外排水量　指完成生产过程和生产活动之后，经过企业厂区、办公区所有排水口排到企业外部的水量。包括进入城镇污水管网的污（废）水量、直接排到自然环境中的水量。不包括外供水量、直流冷却水量、未利用就直接排放的矿井水量。

外排水量计算方法：

1、实测法

企业排水口有计量装置，按照计量装置的计量数据计算外排水量。

2、排放系数法

外排水量＝（取水量合计－外供水量合计）×排放系数。

不同类型的工业企业排放系数数值有所不同，一般在0.6至0.9范围内取值。

3、物料衡算法

外排水量＝（取水量合计－外供水量合计）－（产品带走水量＋漏失水量＋蒸发水量＋其他损失量）。

企业排水口有计量装置，按照实测法计算外排水量。企业排水口无计量装置，按照排放系数法或者物料衡算法计算外排水量。

化学需氧量和氨氮的排放量　指工业污染源、城镇生活污染源、农业污染源和集中式污染治理设施排放量之和。

二氧化硫排放量　指工业污染源、城镇生活污染源和集中式污染治理设施排放量之和。

氮氧化物排放量　指工业污染源、城镇生活污染源、集中式污染治理设施和机动车排放量之和。

化学需氧量（氨氮）排放量=工业污染源排放量+城镇生活污染源排放量+农业污染源排放量+集中式污染治理设施排放量

其中，工业污染源排放量=造纸行业排放量 + 印染行业排放量 + 其他工业行业排放量

二氧化硫排放量=火电行业二氧化硫排放量 + 钢铁行业二氧化硫排放量 + 其他二氧化硫排放量

氮氧化物排放量=火电行业氮氧化物排放量 + 水泥行业氮氧化物排放量 + 机动车氮氧化物排放量 +其他氮氧化物排放量

工业用水量 指调查年度企业厂区内用于工业生产活动的水量，它等于取水量与重复用水量之和。

工业锅炉数 指调查年度企业厂区内用于生产和生活的大于 1 蒸吨（含 1 蒸吨）的蒸汽锅炉、热水锅炉总台数和总蒸吨数，包括燃煤、燃油、燃气和燃电的锅炉，不包括茶炉。

工业炉窑数 指调查年度企业生产用的炉窑总数，如炼铁高炉、炼钢炉、冲天炉、烘干炉窑、锻造加热炉、水泥窑、石灰窑等。

废水治理设施数 指调查年度企业用于防治水污染和经处理后综合利用水资源的实有设施（包括构筑物）数，以一个废水治理系统为单位统计。附属于设施内的水治理设备和配套设备不单独计算。备用的、调查年度未运行的、已经报废的设施不统计在内。

废水治理设施处理能力 指调查年度企业内部的所有废水治理设施实际具有的废水处理能力。

废水治理设施运行费用 指调查年度企业维持废水治理设施运行所发生的费用。包括能源消耗、设备维修、人员工资、管理费、药剂费及与设施运行有关的其他费用等。

工业废水处理量 指经各种水治理设施（含城镇污水处理厂、工业废水处理厂）实际处理的工业废水量，包括处理后外排的和处理后回用的工业废水量。虽经处理但未达到国家或地方排放标准的废水量也应计算在内。计算时，如遇有车间和厂排放口均有治理设施，并对同一废水分级处理时，不应重复计算工业废水处理量。

直接排入环境的废水 指废水经过工厂的排污口或经过下水道直接排入环境中，包括排入海、河流、湖泊、水库、蒸发地、渗坑以及农田等。

工业废气排放量 指调查年度企业厂区内燃料燃烧和生产工艺过程中产生的各种排入空气中含有污染物的气体的总量，以标准状态（273K，101325Pa）计。

工业废气排放总量＝燃料燃烧过程中废气排放量+生产工艺过程中废气排放量

废气治理设施数 指调查年度末企业用于减少在燃料燃烧过程与生产工艺过程中排向大气的污染物或对污染物加以回收利用的废气治理设施总数，以一个废气治理系统为单位统计。包括除尘、脱硫、脱硝及其它的污染物的烟气治理设施。备用的、调查年度未运行的、已报废的设施不统计在内。锅炉中的除尘装置属于“三同时”设备，应统计在内。

除尘设施数 指专门设计、建设的去除废气烟（粉）尘的设施。

脱硫设施数 指脱硫设施指专门设计、建设的去除废气二氧化硫的设施，具有兼性脱硫效果的设施，如湿法除尘等治理设施等其他可能具有脱硫效果的废气治理设施不计入脱硫设施。具有脱硫效果的生产装置，如制酸、水泥生产等不作为脱硫设施。

脱硝设施数 指在治理设施中采用选择性催化还原技术（SCR）、选择性非催化还原技术（SNCR）及其联合技术或采用活性炭吸附进行烟气脱硝的设施。具有脱硝效果的生产装置，如水泥生产等不作为脱硝设施。

废气治理设施处理能力 指调查年度末企业实有的废气治理设施的实际处理能力。

废气脱硫设施处理能力 指调查年度末企业实有的废气脱硫设施的实际处理能力。

废气脱硝设施处理能力 指调查年度末企业实有的废气脱硝设施的实际处理能力。

废气除尘设施处理能力 指调查年度末企业实有的废气除尘设施的实际处理能力。

废气治理设施运行费用 指调查年度维持废气治理设施运行所发生的费用。包括能源消耗、设备折旧、设备维修、人员工资、管理费、药剂费及与

设施运行有关的其他费用等。

二氧化硫产生量 指调查年度企业生产过程中产生的未经过处理的废气中所含的二氧化硫总质量。

二氧化硫排放量 指调查年度企业在燃料燃烧和生产工艺过程中排入大气的二氧化硫总质量。工业中二氧化硫主要来源于化石燃料（煤、石油等）的燃烧，还包括含硫矿石的冶炼或含硫酸、磷肥等生产的工业废气排放。

氮氧化物产生量 指调查年度企业生产过程中产生的未经过处理的废气中所含的氮氧化物总质量。

氮氧化物排放量 指调查年度企业在燃料燃烧和生产工艺过程中排入大气的氮氧化物总质量。

烟（粉）尘产生量 烟尘是指通过燃烧煤、石煤、柴油、木柴、天然气等产生的烟气中的尘粒。通过有组织排放的，俗称烟道尘。工业粉尘指在生产工艺过程中排放的能在空气中悬浮一定时间的固体颗粒。如钢铁企业耐火材料粉尘、焦化企业的筛焦系统粉尘、烧结机的粉尘、石灰窑的粉尘、建材企业的水泥粉尘等。烟（粉）尘产生量指当年全年调查对象生产过程中产生的未经过处理的废气中所含的烟尘及工业粉尘的总质量之和。

烟（粉）尘排放量 指调查年度企业在燃料燃烧和生产工艺过程中排入大气的烟尘及工业粉尘的总质量之和。烟尘或工业粉尘排放量可以通过除尘系统的排风量和除尘设备出口烟尘浓度相乘求得。

一般工业固体废物产生量 指未被列入《国家危险废物名录》或者根据国家规定的危险废物鉴别标准（GB 5085）、固体废物浸出毒性浸出方法（GB 5086）及固体废物浸出毒性测定方法（GB / T 15555）鉴别方法判定不具有危险特性的工业固体废物。根据其性质分为两种：

（1）第Ⅰ类一般工业固体废物：按照 GB5086 规定方法进行浸出试验而获得的浸出液中，任何一种污染物的浓度均未超过 GB8978 最高允放排放浓度，且 PH 值在 6-9 范围之内的一般工业固体废物；

（2）第Ⅱ类一般工业固体废物：按照 GB5086 规定方法进行浸出试验而获得的浸出液中，有一种或一种以上的污染物浓度超过 GB8978 最高允许排放浓度，或者是 PH 值在 6-9 范围之外的一般工业固体废物。

一般工业固体废物产生量=（一般工业固体废物综合利用量-其中：综合利用往年贮存量）+ 一般工业固体废物贮存量 +（一般工业固体废物处置量-其中：处置往年贮存量）+ 一般工业固体废物倾倒丢弃量

一般工业固体废物综合利用量 指调查年度企业通过回收、加工、循环、交换等方式，从固体废物中提取或者使其转化为可以利用的资源、能源和其他原材料的固体废物量（包括当年利用的往年工业固体废物累计贮存量）。如用作农业肥料、生产建筑材料、筑路等。综合利用量由原产生固体废物的单位统计。

一般工业固体废物贮存量 指调查年度企业以综合利用或处置为目的，将固体废物暂时贮存或堆存在专设的贮存设施或专设的集中堆存场所内的量。专设的固体废物贮存场所或贮存设施必须有防扩散、防流失、防渗漏、防止污染大气、水体的措施。

一般工业固体废物处置量 指调查年度企业将工业固体废物焚烧和用其他改变工业固体废物的物理、化学、生物特性的方法，达到减少或者消除其危险成分的活动，或者将工业固体废物最终置于符合环境保护规定要求的填埋场的活动中，所消纳固体废物的量。

处置方式如：填埋、焚烧、专业贮存场（库）封场处理、深层灌注、回填矿井及海洋处置（经海洋管理部门同意投海处置）等。

处置量包括本单位处置或委托给外单位处置的量。还包括当年处置的往年工业固体废物贮存量。

处置往年贮存量 指调查年度企业按照《关于固体废物处置、综合利用的作业方式的规定》的要求，处置的上一调查年度末企业累计贮存的工业固体废物的量。

生活天然气消费量 指调查年度调查区域用作城镇生活的天然气消费总量，包括批发和零售贸易业、餐饮业和居民生活两个部分，以统计部门的能源平衡表数据为准。

生活天然气消费量 = 批发和零售贸易业、餐饮业天然气消费量 + 居民生活天然气消费量。

生活用水总量 指调查年度调查区域住宿业与餐饮业、居民服务和其他服务业、医院以及城镇生活等的用水总量（含自来水和自备水），包括居民家庭用水和公共服务用水的总量两个部分（包括自来水和自备水），以城市供水管理部门的统计数据为准。

煤炭消费总量 即全社会煤炭消费量，指辖区内全年的的煤炭消费总量，以统计部门数据为准。

生活煤炭消费量 指调查年度调查区域用作城镇生活的煤炭总量，包括批发和零售贸易业、餐饮业、居民生活以及生活供热三个部分，以统计部门的能源平衡表数据为准。其中，批发和零售贸易业、餐饮业和居民生活煤炭消费量从能源平衡表直接获取；生活供热煤炭消费量需由能源平衡表中的供热总煤耗扣减工业供热煤耗得到。生活煤炭消费量计算公式为：

生活煤炭消费量 = 批发和零售贸易业、餐饮业煤炭消费量 + 居民生活煤炭消费量 + 生活供热煤炭消费量

生活供热煤炭消费量 = 供热总煤耗 − 工业供热煤耗（环境统计工业调查中 4430 行业煤炭消费总量）。

贸易、外经、旅游和规模以上服务业

资料整理：乔晓岚、李佳娜、任娟琴

资料审核：闫平安、张淑丽

数据要览

◆2016 年社会消费品零售总额	4411336 万元	比上年增长 11.2%
城镇零售额	3679703 万元	比上年增长 10.8%
#城区零售额	1983390 万元	比上年增长 11.3%
乡村零售额	731633 万元	比上年增长 12.9%
◆2016 年出口总值	26262 万美元	比上年增长 49.7%
◆2016 年接待海外游客	10.28 万人次	比上年增长 7.7%
◆2016 年旅游外汇收入	2137 万美元	比上年增长 9.2%
◆2016 年实际直接利用外资	106296 万美元	比上年增长 5.4%

社会消费品零售总额

单位：亿元

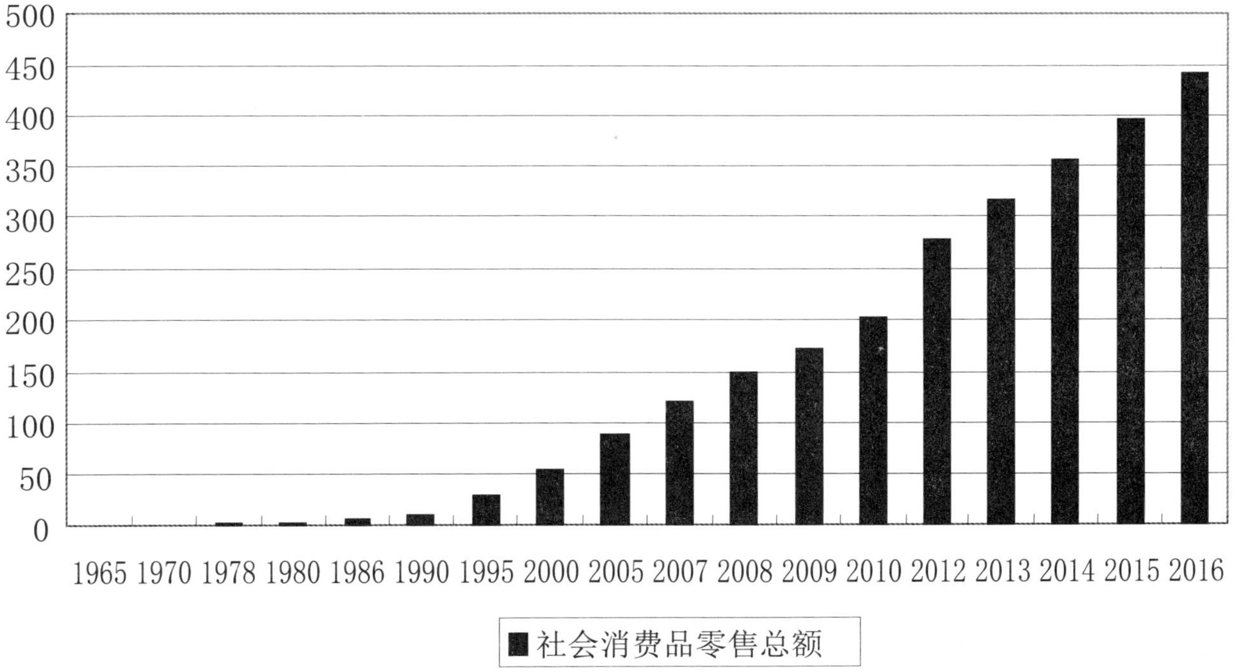

8-1 主要年份社会消费品零售总额

单位：万元

年份	社会消费品零售总额	城镇	城区	乡村	批发零售业	住宿餐饮业	其它
1952	3799						
1957	4623						
1962	7042						
1965	7543						
1970	8966						
1975	15067						
1978	17974						
1980	**24636**	**7563**	**6740**	**10333**			
1981	27604	9174	6873	11557			
1982	30180	9401	9013	11766			
1983	32759	9836	9986	12937			
1984	39188	10636	12995	15557			
1985	**47546**	**14415**	**14292**	**18839**			
1986	54556	16595	16469	21492			
1987	65198	19973	22206	23019			
1988	92760	27703	34123	30934			
1989	106393	35413	39717	31263			
1990	**105728**	**40019**	**34905**	**30804**			
1991	120853	48653	34529	37671			
1992	148047	61782	42576	43689			

注：本表中“城镇”、“城区”、“乡村”三栏，2009年及以前分别为“市”、“县”、“县以下”数据。

年份	社会消费品零售总额	城镇	城区	乡村	批发零售业	住宿餐饮业	其它
1993	186148	91311	19868	74969	136222	14710	18750
1994	243306	119247	24727	99332	168385	20340	37170
1995	**292480**	**143552**	**31197**	**117731**	**194720**	**26094**	**50440**
1996	352605	178668	51330	122607	222115	35721	62498
1997	409813	206659	63406	139748	263480	42190	68178
1998	451420	223794	56250	171376	277569	44342	90468
1999	485658	234526	63543	187589	287906	47142	105853
2000	**529932**	**256496**	**72113**	**201323**	**308991**	**53826**	**116813**
2001	579010	281507	79806	217697	338859	58516	127203
2002	639250	313573	87824	237853	378371	65998	136530
2003	703998	348066	97026	258906	613683	71117	19198
2004	755458	377941	104896	272621	652957	86486	16015
2005	**871067**	**445115**	**142855**	**283097**	**732567**	**115852**	**22648**
2006	1010964	531767	175908	303289	859319	133447	18198
2007	1198594	655631	204960	338003	1023599	154619	20376
2008	1483444	813763	255588	414093	1261182	197375	24887
2009	1717546	942005	297195	478346	1459279	229966	28301
2010	**2026150**	**1698530**	**925949**	**327620**	**1746502**	**251347**	**28301**
2011	2392845	2010512	1096324	382333	2058275	301147	33423
2012	2770795	2330474	1281794	440321	2390536	341557	38702
2013	3157369	2652668	1464986	504701	2724793	388474	44102
2014	3557573	2978891	1615335	578682	3112823	444750	
2015	**3968605**	**3320598**	**1782184**	**648007**	**3473090**	**495515**	
2016	4411336	3679703	1983390	731633	3846328	565009	

8-2 社会消费品零售总额及构成

指　　标	2015年		2016年		2016年比2015年增减(±%)
	数值（万元）	构成（%）	数值（万元）	构成（%）	
社会消费品零售总额	**3968605**	**100**	**4411336**	**100**	11.2
按销售地区分					
城镇零售额	3320598	83.7	3679703	83.4	10.8
城区零售额	1782184	44.9	1983390	45.0	11.3
乡村零售额	648007	16.3	731633	16.6	12.9
按国民经济行业分					
批发零售业	3473090	87.5	3846328	87.2	10.7
批发业	182464	4.6	195294	4.4	7.0
限额以上	105500	2.7	101676	2.3	5.9
限额以下	76964	1.9	93618	2.1	8.2
零售业	3290626	82.9	3651034	82.8	11.0
限额以上	1246025	31.4	1289647	29.2	15.8
限额以下	2044601	51.5	2361387	53.5	8.5
住宿餐饮业	495515	12.5	565009	12.8	14.0
住宿业	39369	1.0	43208	1.0	9.8
限额以上	17008	0.4	18044	0.4	13.3
限额以下	22361	0.6	25164	0.6	7.3
餐饮业	456146	11.5	521801	11.8	14.4
限额以上	29002	0.7	29903	0.7	16.5
限额以下	427144	10.8	491898	11.2	14.3

8-3 分县市社会消费品零售总额

（2016年）　　　　　　　　　　　　　　　　单位：万元

指　　标	全　市	开发区	湖滨区	义马市	渑池县	陕州区	灵宝市	卢氏县
社会消费品零售总额	**4411336**	**187133**	**876616**	**386713**	**540106**	**460039**	**1552211**	**408520**
按销售地区分								
城镇零售额	3679703	187133	829118	386713	390836	189068	1290007	339626
城区零售额	1983390	63089	826060	386713		64525	800303	
乡村零售额	731633		47498		149270	270971	262203	68894
按国民经济行业分								
批发零售业	3846328	176112	861486	324080	486378	407167	1506139	363049
批发业	195294	4817	245042	15202	58439	55904	83204	11416
限额以上	101676		93825	754	4256	2842		11416
限额以下	93618	4817	151217	14448	54183	53062	83204	
零售业	3651034	171295	616444	308878	427940	351263	1422935	351633
限额以上	1289647	121119	427446	76385	217715	6939	342491	97552
限额以下	2361387	50176	188998	232493	210225	344324	1080444	254081
住宿餐饮业	565009	11021	15131	62633	53728	52872	46072	45471
住宿业	43208	4270	7715	14644	12561	4371	8323	12208
限额以上	18044	2925	3772	3982	2993	1847	2293	231
限额以下	25164	1345	3943	10662	9568	2524	6029	11977
餐饮业	521801	6751	7416	47989	41167	48501	37749	33263
限额以上	29903		3413	8514	12872	2013	1574	1517
限额以下	491898	6751	4003	39476	28295	46488	36175	31746

注：本表中市级数据按市级样本推算，县级按县级样本推算，故分县之和不等于全市数据。

8-4 分县市批发业、零售业销售额和住宿业、餐饮业营业额

（2016年）　　　　单位：万元

指　　标	全　市	开发区	湖滨区	义马市	渑池县	陕州区	灵宝市	卢氏县
销售额（营业额）总计	**10684288**	**269764**	**3824517**	**1241485**	**1109085**	**1059725**	**2142839**	**763655**
批发零售业	**9787541**	**247322**	**3644661**	**1149137**	**991545**	**996310**	**1868526**	**616322**
批发业	4667828	28297	2387837	775676	383904	504028	206795	107571
限额以上	2636423		1027050	954521	243066	368205	41957	1624
限额以下	2031405	28297	1360787	-178845	140838	135823	164838	105947
零售业	5119713	219025	1256824	373461	607641	492282	1661731	508751
限额以上	1332997	121119	445534	76614	220507	8148	362207	98868
限额以下	3786717	97906	811290	296847	387134	484134	1299524	409883
住宿餐饮业	**896747**	**22442**	**179856**	**92348**	**117540**	**63415**	**274313**	**147333**
住宿业	194833	5167	38951	30176	21906	12362	52974	33798
限额以上	34575	4106	8265	7507	5402	4814	4125	357
限额以下	160258	1061	30686	22669	16504	7548	48849	33442
餐饮业	701914	17275	140905	62172	95634	51053	221339	113535
限额以上	34004		3546	9086	14333	2398	2960	1682
限额以下	667910	17275	137359	53086	81301	48656	218379	111854

8-5 分县市批发和零售业、住宿和餐饮业限额以上企业（单位）数

（2016年）

单位：个

指　　标	全　市	开发区	湖滨区	义马市	渑池县	陕州区	灵宝市	卢氏县
总　　计	**413**	**17**	**90**	**82**	**91**	**24**	**73**	**36**
批发业	81		11	16	37	10	6	1
限额以上法人	80		10	16	37	10	6	1
大个体								
外行业附营产业	1		1					
零售业	243	15	54	41	39	7	57	30
限额以上法人	223	15	53	31	35	7	54	28
大个体	19			10	4		3	2
外行业附营产业	1		1					
住宿业	49	2	16	10	8	5	6	2
限额以上法人	40	1	15	5	6	5	6	2
大个体	6			4	2			
外行业附营产业	3	1	1	1				
餐饮业	40		9	15	7	2	4	3
限额以上法人	22		7	5	5	2	3	
大个体	18		2	10	2		1	3
外行业附营产业								

注：本表为2016年定期报表单位数。

8-6 限额以上批发和零售业单位商品购销存总额

（2016年）　　　　单位：万元

指　　标	法人单位（个）	年末从业人员数（人）	商品购进总额	商品销售总额	批发	零售	年末商品库存总额
总计	325	16909	2637158	3075545	1760379	1315165	134985
一、批发业	84	5335	1531688	1782774	1679164	103610	48786
农、林、牧产品批发	1	6	4210	5545	5545		1450
其他农牧产品批发	1	6	4210	5545	5545		1450
食品、饮料及烟草制品批发	9	1758	375470	484376	479838	4537	19487
米、面制品及食用油批发	1	5	17455	18993	14890	4102	271
果品、蔬菜批发	5	142	17380	18757	18322	435	452
盐及调味品批发	1	12	1573	1995	1995		10
酒、饮料及茶叶批发	1	352	14175	24725	24725		2316
烟草制品批发	1	1247	324888	419906	419906		16439
医药及医疗器材批发	2	70	39392	38733	36424	2309	4259
西药批发	2	70	39392	38733	36424	2309	4259
矿产品、建材及化工产品批发	64	3360	1065929	1203055	1109523	93532	22833
煤炭及制品批发	11	549	123719	149391	149391		2571
石油及制品批发	4	768	260686	303448	222966	80482	10852
金属及金属矿批发	40	1937	652127	717715	704945	12769	8440
建材批发	4	6	4159	4866	4585	280	53
化肥批发	1	12	12670	13164	13164		464
其他化工产品批发	4	88	12568	14471	14471		453
机械设备、五金产品及电子产品批发	5	51	15790	16496	16496		355
农业机械批发	1	16	5157	5158	5158		85
电气设备批发	1						
通讯及广播电视设备批发	1	23	5285	5769	5769		117
其他机械设备及电子产品批发	2	12	5348	5568	5568		153
其他批发业	3	90	30898	34570	31339	3232	402
再生物资回收与批发	2	90	30898	34570	31339	3232	402
其他未列明批发业	1						
内资企业	82	4780	1327440	1535742	1499919	35823	39269
国有企业	7	1660	396949	520212	520126	85	17723
集体企业	3	57	54161	56807	49473	7334	967
有限责任公司	27	1524	595511	654589	642833	11757	8823
国有独资公司	1	100	154366	153938	153938		427
其他有限责任公司	26	1424	441145	500651	488895	11757	8396
股份有限公司	2	175	51163	51409	39996	11413	876
私营企业	43	1364	229655	252726	247492	5235	10880
私营独资企业	2	31	3989	6305	6305		143
私营有限责任公司	40	1327	221456	240877	235642	5235	9287

注：本表数据为2016年年报数，统计调查单位数与定期报表存在差异。

指　标	法人单位（个）	年末从业人员数（人）	商品购进总额	商品销售总额	批发	零售	年末商品库存总额
私营股份有限公司	1	6	4210	5545	5545		1450
港、澳、台商投资企业	1	9	1717	1912	1560	352	102
与港澳台商合资经营企业	1	9	1717	1912	1560	352	102
外商投资企业	1	546	202532	245120	177685	67435	9414
中外合资经营企业	1	546	202532	245120	177685	67435	9414
国有控股	13	2507	829813	996453	917520	78933	28517
集体控股	3	57	54161	56807	49473	7334	967
私人控股	66	2653	630857	710840	693497	17343	19078
其他	2	118	16857	18674	18674		223
独立门店	71	4257	1207616	1414970	1401615	13355	34867
连锁总店	2	704	252369	294905	216057	78848	10089
其他	**11**	**374**	**71703**	**72899**	**61492**	**11407**	**3830**
大型	2	1793	527420	665026	597591	67435	25853
中型	26	2543	690927	783454	764866	18588	13166
小型	40	881	247044	263282	245708	17574	8584
微型	16	118	66297	71012	70999	13	1183
二、零售业	241	11574	1105470	1292771	81216	1211555	86200
综合零售	66	4763	436459	516778	11249	505529	23495
百货零售	39	2418	310164	376902	8310	368592	13445
超级市场零售	16	1978	84958	97139		97139	8016
其他综合零售	**11**	**367**	**41337**	**42736**	**2939**	**39798**	**2034**
食品、饮料及烟草制品专门零售	23	1053	76351	82925	23904	59021	7358
粮油零售	5	214	38074	38103	19855	18248	5461
糕点、面包零售	1	111	239	933		933	5
果品、蔬菜零售	6	209	7457	8991	3311	5680	1236
肉、禽、蛋、奶及水产品零售	3	91	19945	23620		23620	58
营养和保健品零售	1	54	781	619	594	25	179
酒、饮料及茶叶零售	2	23	1662	1660	143	1516	40
烟草制品零售	2	29	412	506		506	178
其他食品零售	3	322	7781	8493		8493	201
纺织、服装及日用品专门零售	17	1969	87694	93726	3233	90494	3761
纺织品及针织品零售	4	32	25313	27747		27747	712
服装零售	9	1324	35336	37761	255	37506	2394
鞋帽零售	1	26	1755	1863		1863	201
其他日用品零售	3	587	25290	26357	2978	23379	454
文化、体育用品及器材专门零售	9	331	13725	15282	1684	13597	1434

指　　标	法人单位（个）	年末从业人员数（人）	商品购进总额	商品销售总额	批发	零售	年末商品库存总额
文具用品零售	2	37	2166	2541		2541	281
图书、报刊零售	5	219	9757	11020	1684	9335	771
珠宝首饰零售	2	75	1802	1721		1721	382
医药及医疗器材专门零售	13	848	103633	125188	11385	113803	11077
药品零售	13	848	103633	125188	11385	113803	11077
汽车、摩托车、燃料及零配件专门零售	58	1370	230277	259868	4203	255664	29224
汽车零售	43	1242	209791	237791	2963	234828	28659
汽车零配件零售	1	12	1783	1831		1831	26
摩托车及零配件零售	1	5	5366	5999		5999	10
机动车燃料零售	13	111	13336	14246	1240	13007	528
家用电器及电子产品专门零售	34	497	94064	104820	16364	88456	6051
家用视听设备零售	9	95	54329	56814	13138	43676	2212
日用家电设备零售	11	185	14187	14725	583	14142	2964
计算机、软件及辅助设备零售	6	93	6394	6569		6569	415
通信设备零售	7	114	18203	25657	2643	23014	438
其他电子产品零售	1	10	951	1054		1054	22
五金、家具及室内装饰材料专门零售	12	349	26967	35700	6722	28977	2348
五金零售	4	83	4227	4819	509	4309	1298
家具零售	3	50	18195	18931		18931	133
涂料零售	1	19	1611	1683		1683	110
陶瓷、石材装饰材料零售	2	62	1029	8337	6213	2124	107
其他室内装饰材料零售	2	135	1905	1930		1930	701
货摊、无店铺及其他零售业	9	394	36302	58485	2471	56014	1452
互联网零售	5	130	6272	6896	1074	5822	472
生活用燃料零售	3	253	29608	50946	1237	49709	882
其他未列明零售业	1	11	422	643	161	482	97
内资企业	240	11399	1085331	1252562	81216	1171347	85523
国有企业	18	399	118863	137140	8600	128540	4200
集体企业	32	841	280184	301514	33143	268371	6370
有限责任公司	73	3878	330666	369635	21321	348315	40780
国有独资公司	6	384	50026	54662	11096	43566	6882
其他有限责任公司	67	3494	280640	314973	10224	304749	33898
股份有限公司	4	123	7809	7640	2258	5382	981
私营企业	112	6143	346312	434965	15894	419072	32801
私营独资企业	21	1042	65494	74769	1007	73763	4111
私营合伙企业	1	15	2750	2885		2885	131
私营有限责任公司	82	4805	234894	300583	14887	285696	27112
私营股份有限公司	8	281	43174	56729		56729	1446

指　　标	法人单位（个）	年末从业人员数（人）	商品购进总额	商品销售总额	批发	零售	年末商品库存总额
其他企业	1	15	1497	1668		1668	391
港、澳、台商投资企业	1	175	20139	40208		40208	677
与港澳台商合作经营企业	1	175	20139	40208		40208	677
国有控股	30	1380	276479	312855	24342	288513	19902
集体控股	37	1111	285228	307774	33526	274249	7317
私人控股	168	8693	509853	614806	23348	591458	56342
港澳台商控股	1	175	20139	40208		40208	677
其他	5	215	13771	17127		17127	1962
独立门店	223	10047	990975	1150580	79917	1070663	73628
连锁总店	6	745	58076	69022		69022	7215
连锁门店	1	48	1016	1642		1642	81
其他	11	734	55403	71526	1298	70227	5276
中型	56	7580	497370	608321	28290	580031	49400
小型	135	3698	434587	501954	34723	467231	29695
微型	50	296	173513	182495	18202	164293	7105
有店铺零售	236	11444	1099198	1285875	80142	1205733	85727
食杂店	2	117	7433	9055		9055	37
便利店	4	159	8568	8731		8731	482
超市	20	1183	37932	41450	1266	40185	4403
大型超市	5	1157	81735	95961	458	95504	8569
仓储会员店	1	30	545	1090	400	690	120
百货店	57	3355	392952	463844	11781	452064	16124
专业店	103	3250	413249	480648	56591	424057	38607
专卖店	39	1923	145110	165816	2925	162892	15276
家居建材商店	3	154	2457	9611	6722	2889	1590
购物中心	1	102	7535	7505		7505	324
厂家直销中心	1	14	1682	2163		2163	195
无店铺零售	5	130	6272	6896	1074	5822	472
网上商店	5	130	6272	6896	1074	5822	472

8-7 限额以上贸易企业重要商品购进、销售和库存情况

指　　标	计量单位	购进量		销售量		期末库存量	
		2015年	2016年	2015年	2016年	2015年	2016年
大米（稻米）	吨	5773	5413	5880	5295	139	184
白面（小麦面）	吨	17583	21662	17629	21612	138	155
杂粮	吨	147123	3593	147223	3119	4113	517
食用植物油	吨	11354	6526	11159	6443	480	165
猪肉	吨	9358	9636	9345	9602	23	37
牛肉	吨	100	109	105	108	1	2
羊肉	吨	183	193	183	192	1	2
禽肉	吨	225	392	231	387	6	9
鲜蛋	吨	1080	1407	1773	1397	67	72
彩色电视机	台	63861	55920	62722	55670	3861	2833
家用电冰箱	台	38379	34710	37062	34534	4537	3182
房间空调器	台	40460	31710	39690	32133	7471	5757
电脑（微型计算机）	台	12252	11141	12063	11222	657	427
汽车	辆	17388	18372	16983	18047	1917	2137
轿车	辆	10462	11425	10044	11230	1014	1101
钢材	吨	1073338	699986	1014608	699690	61040	1398
铜	吨	202		155		47	
铝	吨	155618		169124			
水泥	吨	190820	201204	135890	201204	54930	
化学肥料	吨	131302	103973	130712	103723	4332	2591
化学农药	吨	522	311	518	307	18	13

8-8 限额以上批发业企业财务状况

（2016年）　　单位：万元

指　　标	法人企业数（个）	年初存货	流动资产合计	应收账款	存货	固定资产合计	固定资产原价
总　　计	**84**	**165681**	**364559**	**74327**	**110519**	**91573**	**138962**
按行业分							
农、林、牧产品批发	1	1450	1450		1450	586	610
食品、饮料及烟草制品批发	9	132286	183795	31375	75819	16844	42132
纺织、服装及家庭用品批发							
医药及医疗器材批发	2	2108	21579	9915	3640	659	1262
矿产品、建材及化工产品批发	64	28699	152314	30097	29043	72243	93577
机械设备、五金产品及电子产品批发	5	908	3580	2710	328	933	1038
其他批发业	3	230	1841	231	239	308	343
按登记注册类型分							
内资企业	82	152779	348274	74229	94851	76238	113412
国有企业	7	127079	157759	27833	69024	18091	43659
集体企业	3	418	5242	752	548	109	121
有限责任公司	27	17103	122595	20776	13869	7738	12429
国有独资公司	1	3717	38411	11069	603	657	1802
其他有限责任公司	26	13386	84185	9707	13266	7082	10627
股份有限公司	2	834	3018	30	876	2497	4337
私营企业	43	7345	59660	24839	10535	47803	52866
私营独资企业	2	18	923		143	798	820
私营有限责任公司	40	5877	57287	24839	8942	46419	51436
私营股份有限公司	1	1450	1450		1450	586	610
港、澳、台商投资企业	1	20	142	97	16	12	15
外商投资企业	1	12882	16143	1	15652	15323	25535
按控股情况分							
国有控股	13	144516	219479	40549	86213	36875	76046
集体控股	3	418	5242	752	548	109	121
私人控股	66	20549	133951	31747	23623	54143	61963
其他	2	197	5888	1279	136	447	832
按经营形式分							
独立门店	71	148227	329302	71728	90477	71340	104781
连锁总店	2	13503	18926	1	16328	17779	29719
其他	11	3951	16331	2597	3714	2455	4462
按单位规模分							
大型	2	138682	156743	26448	83397	30798	65312
中型	26	18927	141073	32892	17506	39080	48660
小型	40	7099	47883	11173	8518	20707	23247
微型	16	972	18860	3814	1098	988	1743

指　　标	累计折旧	本年折旧	在建工程	资产总计	流动负债合计	应付账款	非流动负债合计	负债合计
总　　计	**47389**	**6134**	**16473**	**519739**	**221331**	**74449**	**12396**	**232791**
按行业分								
农、林、牧产品批发	24	12		2060				1450
食品、饮料及烟草制品批发	25288	2863	11207	215978	84831	38014	206	84988
纺织、服装及家庭用品批发								
医药及医疗器材批发	603	105	364	22994	21347	15751		21347
矿产品、建材及化工产品批发	21334	3105	4900	271420	109471	17883	9444	118915
机械设备、五金产品及电子产品批发	105	33	2	4576	4095	2801	2659	4418
其他批发业	34	15		2710	1587		87	1673
按登记注册类型分								
内资企业	37174	4779	12268	465663	212773	74257	12355	224192
国有企业	25567	2772	10730	192069	57067	34812	4451	61518
集体企业	13			5634	4908	66	3	4910
有限责任公司	4691	1066	97	137553	98351	16955	4106	100073
国有独资公司	1146	380		39195	32285	442		32285
其他有限责任公司	3545	686	97	98358	66067	16513	4106	67788
股份有限公司	1840	211		13709				
私营企业	5064	730	1442	116698	52744	22814	3794	57988
私营独资企业	22	17		1721	229	58	145	373
私营有限责任公司	5017	701	1442	112917	52515	22756	3649	56165
私营股份有限公司	24	12		2060				1450
港、澳、台商投资企业	3	3		161	95	95	41	136
外商投资企业	10211	1352	4205	53914	8463	97		8463
按控股情况分								
国有控股	39171	4748	14935	303390	100378	35848	4451	104830
集体控股	13			5634	4908	66	3	4910
私人控股	7820	1329	1442	202832	109831	34588	7941	116837
其他	385	57	97	7883	6214	3947		6214
按经营形式分								
独立门店	33441	4466	12139	427255	195092	69162	11062	205218
连锁总店	11940	1560	4205	67346	7970			7970
其他	2007	107	129	25138	18269	5758	1334	19603
按单位规模分								
大型	34513	4109	14901	224662	58825	32508	4	58829
中型	9580	1629	461	191596	106451	29328	9723	113838
小型	2540	372	600	80850	43308	9871	2367	47076
微型	755	24	511	22631	12747	2742	301	13048

指　　标	所有者权益	实收资本	营业收入	主营业务收入	营业成本	主营业务成本	营业税金及附加	主营业务税金及附加
总　　计	**286947**	**98808**	**1559526**	**1552361**	**1326723**	**1319721**	**43305**	**42929**
按行业分								
农、林、牧产品批发	610	610	5545	5545	5268	5268		
食品、饮料及烟草制品批发	130990	10225	401766	395284	276379	269923	25305	25305
纺织、服装及家庭用品批发								
医药及医疗器材批发	1647	1250	33105	33105	32154	32154	21	21
矿产品、建材及化工产品批发	152505	85677	1074495	1073812	969831	969285	17896	17520
机械设备、五金产品及电子产品批发	158	341	13965	13965	13288	13288	19	19
其他批发业	1036	704	30650	30650	29802	29802	64	64
按登记注册类型分								
内资企业	241471	98783	1348040	1340875	1129418	1122416	42938	42562
国有企业	130551	6904	428639	422200	288733	282277	30479	30479
集体企业	723	554	49842	49842	48275	48275	2	2
有限责任公司	37481	27045	594908	594821	551167	551167	8831	8521
国有独资公司	6910	5020	153938	153895	148331	148331	134	133
其他有限责任公司	30570	22025	440970	440925	402836	402836	8697	8388
股份有限公司	14005	13974	52029	51390	50727	50181	128	62
私营企业	58710	50306	222622	222622	190516	190516	3498	3497
私营独资企业	1348	1245	5918	5918	4666	4666	134	134
私营有限责任公司	56753	48451	211160	211160	180582	180582	3364	3363
私营股份有限公司	610	610	5545	5545	5268	5268		
港、澳、台商投资企业	25	25	1912	1912	1736	1736	135	135
外商投资企业	45451		209574	209574	195570	195570	232	232
按控股情况分								
国有控股	198561	27448	866290	859170	704586	697584	30987	30920
集体控股	723	554	49842	49842	48275	48275	2	2
私人控股	85995	69806	629115	629071	561109	561109	12272	11963
其他	1669	1000	14278	14278	12753	12753	43	43
按经营形式分								
独立门店	222036	78520	1235490	1228965	1020223	1013767	42811	42501
连锁总店	59375	13924	259998	259359	244876	244330	350	284
其他	5536	6363	64038	64037	61624	61624	144	144
按单位规模分								
大型	165833	5228	550843	544405	420458	414002	25441	25441
中型	77757	55619	709521	708795	629513	628968	15449	15383
小型	33774	29990	236798	236797	217564	217564	2397	2088
微型	9583	7971	62364	62364	59188	59188	17	17

8-8续表3　　（2016年）　　单位：万元

指　　标	其他业务利润	销售费用	管理费用		财务费用		
				税金		利息收入	利息支出
总　　计	**456**	**54218**	**41660**	**2613**	**6794**	**1173**	**6420**
按行业分							
农、林、牧产品批发		38	34		19		
食品、饮料及烟草制品批发	138	25706	20929	584		801	26
纺织、服装及家庭用品批发							
医药及医疗器材批发		252	562	21	38	34	28
矿产品、建材及化工产品批发	225	27517	19751	1990	7267	338	6354
机械设备、五金产品及电子产品批发	93	378	185	1	12		6
其他批发业		328	199	16	155		6
按登记注册类型分							
内资企业	456	44661	39607	2445	6540	1172	6418
国有企业	232	25282	27762	1714		755	33
集体企业	9	1505	60	1	7		7
有限责任公司	123	9820	5223	226	5461	168	5444
国有独资公司		1094	566	45	2239	14	2225
其他有限责任公司	123	8726	4656	181	3222	154	3219
股份有限公司	92	2371	379	8	146	145	1
私营企业		5682	6183	497	1232	105	933
私营独资企业		111	108	13	40	0	24
私营有限责任公司		5534	6041	484	1172	104	909
私营股份有限公司		38	34		19		
港、澳、台商投资企业		11	41		2	1	2
外商投资企业		9547	2012	168	253	1	
按控股情况分							
国有控股	324	38841	31054	1946	2317	935	2265
集体控股	9	1505	60	1	7		7
私人控股	123	13489	9658	651	4487	219	4147
其他		383	888	16		20	2
按经营形式分							
独立门店	240	41358	37880	2386	6410	979	6406
连锁总店	92	11827	2357	170	398	146	
其他	124	1033	1423	57		49	14
按单位规模分							
大型	138	29040	22082	736		744	
中型	92	19156	15496	1702	3505	350	2985
小型	226	5093	3806	174	1009	34	714
微型		930	276	2	2545	47	2721

8-8续表4 （2016年） 单位：万元

指　　标	资产减值损失	投资收益	营业利润	营业外收入	政府补助	利润总额
总　　计	**509**	**184**	**86438**	**1444**	**98**	**87265**
按行业分						
农、林、牧产品批发			186			186
食品、饮料及烟草制品批发		64	54143	1174	20	55216
纺织、服装及家庭用品批发						
医药及医疗器材批发		24	102	50		84
矿产品、建材及化工产品批发	509	96	31821	126	78	31535
机械设备、五金产品及电子产品批发			84	94		142
其他批发业			102			102
按登记注册类型分						
内资企业	295	184	84704	1403	65	85927
国有企业			56689	1231		57754
集体企业						3
有限责任公司	295	159	14208	102	45	14315
国有独资公司	295		1279	5		1278
其他有限责任公司		159	12929	98	45	13037
股份有限公司				5		
私营企业		25	15536	65	20	15581
私营独资企业			859			859
私营有限责任公司		25	14491	65	20	14537
私营股份有限公司			186			186
港、澳、台商投资企业						
外商投资企业	214		1747	41	34	1351
按控股情况分						
国有控股	509	63	57996	1282	34	58720
集体控股						3
私人控股		111	28210	161	65	28310
其他		10	239	1		233
按经营形式分						
独立门店	295	122	86634	1393	65	87750
连锁总店	214			47	34	
其他		63		5		
按单位规模分						
大型	214		53874	1171	34	54444
中型	295	34	26141	80		26094
小型		149	7014	126		7203
微型		1		67	65	

8-8续表5　　（2016年）　　单位：万元

指　　标	应交所得税	应付职工薪酬	应交增值税
总　　计	**19580**	**26244**	**64891**
按行业分			
农、林、牧产品批发		13	
食品、饮料及烟草制品批发	14541	11837	20170
纺织、服装及家庭用品批发			
医药及医疗器材批发	20	236	163
矿产品、建材及化工产品批发	4991	13776	44476
机械设备、五金产品及电子产品批发	27	168	70
其他批发业	1	216	12
按登记注册类型分			
内资企业	19580	22000	62589
国有企业	15074	11214	22900
集体企业	1	151	29
有限责任公司	2018	5240	34658
国有独资公司	246	790	-910
其他有限责任公司	1772	4450	35568
股份有限公司	8	1053	468
私营企业	2479	4342	4535
私营独资企业	138	103	240
私营有限责任公司	2341	4226	4294
私营股份有限公司		13	
港、澳、台商投资企业		27	325
外商投资企业		4217	1977
按控股情况分			
国有控股	15343	17459	24554
集体控股	1	151	29
私人控股	4168	8159	39947
其他	67	476	361
按经营形式分			
独立门店	19534	20118	62068
连锁总店		5217	2427
其他	47	909	396
按单位规模分			
大型	13867	14566	21212
中型	4839	8967	40994
小型	859	2364	2610
微型	15	347	75

8-9 限额以上零售业企业财务状况

（2016年） 单位：万元

指　　标	法人企业数（个）	年初存货	流动资产合计	应收账款	存货	固定资产合计	固定资产原价
总　　计	**241**	**78572**	**290355**	**55444**	**80139**	**75561**	**94847**
按行业分							
综合零售	66	18632	58972	4184	14889	13532	18413
食品、饮料及烟草制品专门零售	23	13345	22041	2741	10941	7746	8739
纺织、服装及日用品专门零售	17	2804	11492	212	3549	5477	6557
文化、体育用品及器材专门零售	9	656	8200	1226	2131	1801	2716
医药及医疗器材专门零售	13	5923	74162	33757	11576	1445	2151
汽车、摩托车、燃料及零配件专门零售	58	29216	84501	4346	25706	10002	13829
家用电器及电子产品专门零售	34	5676	17571	4013	7066	1872	2339
五金、家具及室内装饰材料专门零售	12	1564	9092	3019	2962	3947	4869
货摊、无店铺及其他零售	9	756	4325	1947	1319	29738	35236
按登记注册类型分							
内资企业	240	78332	288233	53999	79462	47952	62103
国有企业	18	1764	7984	856	1973	3330	4416
集体企业	32	1428	16049	3688	2277	1580	2422
有限责任公司	73	34825	146799	35928	39561	14477	22101
国有独资公司	6	9104	15774	609	9115	1809	2381
其他有限责任公司	67	25721	131025	35319	30447	12668	19720
股份有限公司	4	375	2734	333	908	234	352
私营企业	112	39379	113699	12922	34091	28190	32664
私营独资企业	21	5471	10627	639	5696	5317	6703
私营合伙企业	1	197	274	30	244	79	101
私营有限责任公司	82	32633	91194	11793	27320	21954	24894
私营股份有限公司	8	1079	11604	460	831	840	966
其他企业	1	561	967	272	652	141	148
港、澳、台商投资企业	1	239	2122	1445	677	27609	32744
合作经营企业（港或澳、台资）	1	239	2122	1445	677	27609	32744

指　　标	法人企业数（个）	年初存货	流动资产合计	应收账款	存货	固定资产合计	固定资产原价
按控股情况分							
国有控股	30	15502	98134	31063	19941	7715	11412
集体控股	37	2491	20760	5540	3184	2959	4816
私人控股	168	58182	162260	17064	53474	36014	44246
港澳台商控股	1	239	2122	1445	677	27609	32744
其他	5	2158	7078	332	2865	1263	1629
按经营形式分							
独立门店	223	72092	232804	36667	67335	69126	86090
连锁总店	6	3934	23935	6429	7681	1235	2688
连锁门店	1	120	714	157	26	784	963
其他	11	2425	32901	12191	5098	4417	5107
按零售业态分							
有店铺零售	236	78430	288966	54956	79769	74578	93754
食杂店	2	88	557	202	93	320	492
便利店	4	281	3112	665	1110	119	173
超市	20	5652	13596	746	6618	8020	9295
大型超市	5	5215	46104	15151	8582	3762	6594
仓储会员店	1	1500	1600		5	780	800
百货店	57	11546	34296	678	5585	7114	8917
专业店	103	36772	154950	34089	40275	48695	59839
专卖店	39	16375	31444	3347	15703	4539	6016
家居建材商店	3	783	2269	75	1604	1008	1332
购物中心	1		805				
厂家直销中心	1	219	233	4	195	223	297
无店铺零售	5	142	1389	488	370	983	1093
网上商店	5	142	1389	488	370	983	1093
按单位规模分							
大型							
中型	56	45615	187672	43621	45254	50773	63407
小型	135	23839	85379	9777	27907	21166	26763
微型	50	9118	17303	2046	6979	3622	4677

指　　标	累计折旧	本年折旧	在建工程	资产总计	流动负债合计	应付账款	非流动负债合计	负债合计
总　　计	**19518**	**3911**	**11028**	**429846**	**248996**	**60859**	**41732**	**292738**
按行业分								
综合零售	4893	647	3926	84585	47624	7765	5317	54906
食品、饮料及烟草制品专门零售	1178	269	1595	32683	18261	2689	370	18631
纺织、服装及日用品专门零售	1081	65	20	17432	9640	1445	228	9867
文化、体育用品及器材专门零售	915	44	470	13936	5166	2453	314	5480
医药及医疗器材专门零售	705	355		76809	68063	34641	382	68445
汽车、摩托车、燃料及零配件专门零售	3848	1047	2461	110240	72012	6990	13101	85114
家用电器及电子产品专门零售	468	106		22444	10720	1544	195	10959
五金、家具及室内装饰材料专门零售	922	159		14522	4736	1565	1131	5867
货摊、无店铺及其他零售	5509	1219	2557	57195	12775	1767	20694	33470
按登记注册类型分								
内资企业	14383	2890	9010	378207	238723	59787	21082	261815
国有企业	1086	100	26	12017	8103	624	659	8761
集体企业	843	44		20094	16442	1590	869	17326
有限责任公司	7837	1831	3959	184270	130929	42972	6118	137048
国有独资公司	572	158	2063	25607	15269	3113	2824	18093
其他有限责任公司	7265	1674	1896	158663	115660	39858	3294	118955
股份有限公司	118	30	15	3156	1518	130	99	1616
私营企业	4492	882	5010	157346	81090	14092	12996	96081
私营独资企业	1391	197		16391	5307	1476	440	7497
私营合伙企业	22	1		353	124	94		124
私营有限责任公司	2953	654	4666	123907	75241	12441	1483	76890
私营股份有限公司	126	29	344	16695	418	82	11073	11569
其他企业	7	4		1324	641	380	342	983
港、澳、台商投资企业	5135	1021	2019	51639	10273	1072	20650	30923
合作经营企业（港或澳、台资）	5135	1021	2019	51639	10273	1072	20650	30923

8-9续表3 （2016年） 单位：万元

指　　标	累计折旧		在建工程	资产总计	流动负债合计		非流动负债合计	负债合计
		本年折旧				应付账款		
按控股情况分								
国有控股	3697	771	2089	116328	86248	33546	3742	89990
集体控股	1868	208		26371	20030	3895	887	20932
私人控股	8452	1812	6919	226870	128720	21381	15939	146654
港澳台商控股	5135	1021	2019	51639	10273	1072	20650	30923
其他	366	99	2	8638	3725	965	514	4239
按经营形式分								
独立门店	17196	3338	10232	358237	197825	38155	41046	240802
连锁总店	1453	262		28366	19037	9902	304	19341
连锁门店	179			2030	1162	998	34	1196
其他	690	311	796	41213	30972	11804	348	31399
按零售业态分								
有店铺零售	19407	3803	10490	426845	248035	60624	41732	291777
食杂店	172	12		1129	626	85		626
便利店	54	12		4470	549	73	136	685
超市	1288	157	3912	24355	15943	3243	324	16237
大型超市	2833	582		50728	35787	15981		37537
仓储会员店	20	8		2400				
百货店	1803	181	34	50160	27062	1251	5084	32391
专业店	11362	2484	6545	249746	137817	37245	35566	173429
专卖店	1478	331		38916	29231	2746	436	29667
家居建材商店	324	22		3684	414		187	601
购物中心				805	233			233
厂家直销中心	74	17		455	373	0		373
无店铺零售	110	108	538	3000	961	235		961
网上商店	110	108	538	3000	961	235		961
按单位规模分								
大型								
中型	12836	2642	8264	279365	165424	49093	36416	203806
小型	5622	1112	2508	127665	71081	10280	4694	75776
微型	1060	157	257	22816	12491	1485	622	13157

指　　标	所有者权益	实收资本	营业收入	主营业务收入	营业成本	主营业务成本	营业税金及附加	主营业务税金及附加
总　　计	**137108**	**79894**	**1153125**	**1147633**	**1023478**	**1021102**	**11098**	**10979**
按行业分								
综合零售	29679	21353	453522	451894	398960	398514	6639	6607
食品、饮料及烟草制品专门零售	14052	6513	79768	79715	73955	73955	429	426
纺织、服装及日用品专门零售	7565	3839	88586	88395	80394	80381	622	619
文化、体育用品及器材专门零售	8456	2243	14001	13651	10550	10434	73	57
医药及医疗器材专门零售	8364	3678	108739	108621	96869	96522	315	315
汽车、摩托车、燃料及零配件专门零售	25126	21340	230418	228154	213738	212509	685	622
家用电器及电子产品专门零售	11485	8636	92725	92338	83796	83639	822	822
五金、家具及室内装饰材料专门零售	8656	4593	33058	32636	25340	25320	1085	1083
货摊、无店铺及其他零售	23726	7698	52308	52230	39876	39827	427	427
按登记注册类型分								
内资企业	116392	74589	1117621	1112206	997358	995024	10937	10818
国有企业	3255	1588	127528	127428	120376	120376	1824	1824
集体企业	2768	2240	283490	283170	263016	262967	3105	3075
有限责任公司	47223	33397	326751	324488	297524	296141	1308	1283
国有独资公司	7514	1471	51321	51165	47953	47870	627	610
其他有限责任公司	39708	31926	275430	273322	249572	248271	681	673
股份有限公司	1540	480	6631	6631	5989	5789	15	15
私营企业	61265	36674	371796	369065	309444	308742	4682	4618
私营独资企业	8894	3361	68532	68434	57020	57019	1388	1388
私营合伙企业	229	80	2779	2779	2578	2578	24	24
私营有限责任公司	47017	30275	248387	246113	212066	211365	2027	1970
私营股份有限公司	5126	2959	52098	51739	37781	37781	1244	1236
其他企业	341	210	1425	1425	1009	1009	2	2
港、澳、台商投资企业	20716	5305	35504	35427	26121	26078	161	161
合作经营企业（港或澳、台资）	20716	5305	35504	35427	26121	26078	161	161

8-9续表5　　（2016年）　　单位：万元

指　　标	所有者权益	实收资本	营业收入	主营业务收入	营业成本	主营业务成本	营业税金及附加	主营业务税金及附加
按控股情况分								
国有控股	26338	12259	279377	278288	258370	257514	2731	2713
集体控股	5439	3773	289791	289128	268168	268099	3145	3113
私人控股	80216	56074	533424	529761	457275	455866	5041	4971
港澳台商控股	20716	5305	35504	35427	26121	26078	161	161
其他	4398	2483	15030	15030	13545	13545	21	21
按经营形式分								
独立门店	117434	64475	1030574	1025291	925492	923149	9926	9810
连锁总店	9025	9368	55030	55024	47194	47194	119	119
连锁门店	834	500	1694	1499	1111	1078	25	25
其他	9814	5551	65828	65820	49682	49682	1029	1025
按零售业态分								
有店铺零售	135069	78054	1146363	1140872	1017660	1015289	11052	10934
食杂店	503	233	7875	7875	6646	6646	208	208
便利店	3785	2200	8731	8731	7564	7564	8	8
超市	8118	7160	38990	38437	33891	33496	480	479
大型超市	13191	8050	79534	78858	67703	67703	508	508
仓储会员店	2400	41	1090	1090	545	545	3	1
百货店	17769	10779	414219	413622	370538	370488	6241	6208
专业店	76317	41115	430575	428016	387730	386385	1417	1348
专卖店	9249	7015	146875	145991	129565	128985	1620	1608
家居建材商店	3083	761	9340	9118	5916	5916	528	528
购物中心	572	500	7286	7286	5856	5856	38	38
厂家直销中心	83	200	1848	1848	1706	1706	1	1
无店铺零售	2039	1840	6762	6761	5819	5813	45	45
网上商店	2039	1840	6762	6761	5819	5813	45	45
按单位规模分								
大型								
中型	75559	38490	519681	517294	446673	446214	4040	4020
小型	51889	33042	467868	465213	425726	424348	5031	4952
微型	9659	8362	165576	165127	151079	150541	2027	2006

指　标	其他业务利润	销售费用	管理费用	税金	财务费用	利息收入	利息支出
总　计	**805**	**48184**	**33899**	**863**	**8823**	**778**	**3009**
按行业分							
综合零售	187	23509	15466	413	2704	252	343
食品、饮料及烟草制品专门零售		2425	1373	17	554	51	336
纺织、服装及日用品专门零售		2492	3902	9	281	6	245
文化、体育用品及器材专门零售	206	1414	1079	3	15	7	15
医药及医疗器材专门零售		5377	2482	67	1561	208	949
汽车、摩托车、燃料及零配件专门零售	288	6790	5221	128	1761	45	244
家用电器及电子产品专门零售	69	3524	1356	72	545	0	110
五金、家具及室内装饰材料专门零售	20	1291	1161	51	448	1	71
货摊、无店铺及其他零售	35	1361	1860	103	955	208	696
按登记注册类型分							
内资企业	770	47525	33019	769	8301	571	2397
国有企业		3332	1315	51	271	0	56
集体企业	146	9063	4492	199	1747	1	374
有限责任公司	419	14027	8849	109	3045	467	1412
国有独资公司	97	1121	919		719	6	214
其他有限责任公司	322	12907	7929	109	2326	461	1198
股份有限公司		342	178	14	104		4
私营企业	206	20567	18100	395	3120	103	539
私营独资企业	10	2908	1888	157	729	9	91
私营合伙企业		74	24	5	1	0	1
私营有限责任公司	195	11932	10962	218	1829	43	440
私营股份有限公司		5653	5225	15	561	51	8
其他企业		194	85	2	14	0	13
港、澳、台商投资企业	35	659	881	94	522	207	612
合作经营企业（港或澳、台资）	35	659	881	94	522	207	612

8-9续表7　　　　(2016年)　　　　单位：万元

指　　标	其他业务利润	销售费用	管理费用	税金	财务费用	利息收入	利息支出
按控股情况分							
国有控股	206	8705	5385	71	2281	406	1158
集体控股	166	9952	4747	201	1779	2	374
私人控股	399	28118	22405	488	4216	163	851
港澳台商控股	35	659	881	94	522	207	612
其他		751	482	9	24	0	15
按经营形式分							
独立门店	690	36059	25652	847	8003	586	2801
连锁总店	6	5691	1844	3	23	192	200
连锁门店	109	299	226		0		
其他		6135	6178	13	798	0	8
按零售业态分							
有店铺零售	805	47828	33591	859	8752	778	3001
食杂店		882	118	3	20	0	20
便利店		474	284	1	84		37
超市	31	2855	1385	39	118	1	47
大型超市	10	6308	2551	95	480	201	74
仓储会员店		10	1		4		
百货店	146	15529	13047	292	2705	52	271
专业店	446	15142	10583	296	3868	473	2423
专卖店	171	4913	4907	99	1411	52	69
家居建材商店		606	490	35	60		60
购物中心		1103	96		1		
厂家直销中心		7	129	0	1	0	
无店铺零售		356	308	4	71		8
网上商店		356	308	4	71		8
按单位规模分							
大型							
中型	244	27889	21590	411	4882	663	2255
小型	485	13578	10349	255	3064	111	677
微型	76	6717	1961	198	877	5	77

8-9续表8　　　　（2016年）　　　　单位：万元

指　　标	资产减值损失	公允价值变动收益	投资收益	营业利润	营业外收入	政府补助
总　　计	**177**	**15**	**796**	**28342**	**1019**	**532**
按行业分						
综合零售	151		371	6464	229	
食品、饮料及烟草制品专门零售				1035	470	420
纺织、服装及日用品专门零售				894	27	21
文化、体育用品及器材专门零售	22			847	104	90
医药及医疗器材专门零售	3			2130	10	
汽车、摩托车、燃料及零配件专门零售			425	2652	163	
家用电器及电子产品专门零售				2739	5	
五金、家具及室内装饰材料专门零售				3735	1	
货摊、无店铺及其他零售		15		7845	11	
按登记注册类型分						
内资企业	177		796	21165	1008	532
国有企业				411	86	15
集体企业				2066	35	
有限责任公司	177		30	1851	639	517
国有独资公司	15			-33	504	495
其他有限责任公司	162		30	1884	135	22
股份有限公司				3	16	
私营企业			766	16713	233	
私营独资企业				4600	0	
私营合伙企业				78		
私营有限责任公司			766	10400	233	
私营股份有限公司				1635		
其他企业				121		
港、澳、台商投资企业		15		7177	10	
合作经营企业（港或澳、台资）		15		7177	10	

8-9续表9 （2016年） 单位：万元

指 标	资产减值损失	公允价值变动收益	投资收益	营业利润	营业外收入	政府补助
按控股情况分						
国有控股	177			1729	609	511
集体控股			30	2030	42	
私人控股			766	17199	355	21
港澳台商控股		15		7177	10	
其他				208	3	
按经营形式分						
独立门店	15	15	796	26303	989	532
连锁总店	151			10	24	
连锁门店	7			27	5	0
其他	3			2003	1	
按零售业态分						
有店铺零售	177	15	796	28179	1019	532
食杂店				0	27	
便利店				317		
超市				260	58	
大型超市	154		30	1860	46	
仓储会员店				530		
百货店			341	6500	175	21
专业店	22	15	425	12259	679	511
专卖店				4518	27	
家居建材商店				1740		
购物中心				193		
厂家直销中心				4	7	
无店铺零售				163		
网上商店				163		
按单位规模分						
大型						
中型	166	15	371	14833	724	427
小型	11		425	10593	266	105
微型				2915	29	

指　　标	利润总额	应交所得税	应付职工薪酬	应交增值税
总　　计	**25485**	**3769**	**36865**	**28228**
按行业分				
综合零售	5715	992	13355	1438
食品、饮料及烟草制品专门零售	884	53	3291	101
纺织、服装及日用品专门零售	920	45	5388	681
文化、体育用品及器材专门零售	947	15	1700	124
医药及医疗器材专门零售	2074	578	2632	1829
汽车、摩托车、燃料及零配件专门零售	2255	193	6516	1631
家用电器及电子产品专门零售	2792	68	1335	308
五金、家具及室内装饰材料专门零售	2091	25	998	155
货摊、无店铺及其他零售	7808	1800	1650	21961
按登记注册类型分				
内资企业	18298	1971	35835	6333
国有企业	377	1	1023	376
集体企业	2219	46	2222	244
有限责任公司	2227	584	13717	2204
国有独资公司	471		1443	29
其他有限责任公司	1757	584	12274	2176
股份有限公司	64	13	273	89
私营企业	13289	1303	18541	3409
私营独资企业	4447	388	2477	455
私营合伙企业	75	19	53	11
私营有限责任公司	6961	866	15300	2778
私营股份有限公司	1806	30	712	165
其他企业	121	25	60	11
港、澳、台商投资企业	7187	1798	1030	21894
合作经营企业（港或澳、台资）	7187	1798	1030	21894

8-9续表11　　　　（2016年）　　　　单位：万元

指　　标	利润总额	应交所得税	应付职工薪酬	应交增值税
按控股情况分				
国有控股	2145	517	5226	1934
集体控股	2113	63	2855	323
私人控股	13948	1359	27212	4028
港澳台商控股	7187	1798	1030	21894
其他	92	33	542	48
按经营形式分				
独立门店	23379	3304	32147	27188
连锁总店	22	41	2205	372
连锁门店	28		365	46
其他	2055	425	2149	621
按零售业态分				
有店铺零售	25365	3769	36449	28149
食杂店	12		301	0
便利店	244	18	513	3
超市	127	107	3016	312
大型超市	1831	619	3470	886
仓储会员店			180	
百货店	5987	749	10081	813
专业店	12431	2128	12813	24373
专卖店	4427	129	5156	1587
家居建材商店	121		532	38
购物中心	193	20	323	125
厂家直销中心	-7		64	12
无店铺零售	120		416	79
网上商店	120		416	79
按单位规模分				
大型				
中型	14391	3279	25984	25925
小型	8176	272	10031	1902
微型	2917	219	851	401

8-10 分县市限额以上批发和零售企业财务指标

（2016年） 单位：万元

指　　标	全　市	开发区	湖滨区	义马市	渑池县	陕州区	灵宝市	卢氏县	集聚区
法人企业数（个）	325	19	71	47	65	18	71	28	6
流动资产合计	654914	36642	364965	39344	77038	24608	76755	15637	19926
#存货	190658	12852	115547	6609	20374	6914	19931	8320	112
固定资产原价	233809	4071	118929	16832	59637	11540	16803	3641	2356
累计折旧	66906	1936	47853	2409	7821	1534	3793	1071	489
#本年折旧	10044	269	6810	302	1145	372	684	282	181
资产合计	949584	43873	518256	62450	131122	46131	99518	21279	26957
负债合计	525530	34900	270656	29272	63988	33801	61329	14857	16727
所有者权益合计	424055	8973	247600	33178	67134	12330	38189	6422	10229
#实收资本	178701	9643	55291	15408	52189	9691	22239	3641	10600
主营业务收入	2699994	104600	1246001	156440	357586	278432	398569	86932	71435
主营业务成本	2340822	99408	1059625	124310	286564	262940	360000	80261	67716
主营业务税金及附加	53907	157	27568	6121	8012	7527	3809	681	32
其他业务利润	1261	187	567		157	49	158	143	
销售费用	102402	2524	53610	7290	17731	2635	15460	2731	421
管理费用	75559	2026	36690	9567	10360	2842	11695	1779	600
#税金	3476	29	1044	1241	885	17	128	107	26
财务费用	15617	636	4920	814	3152	355	2770	257	2714
#利息支出	9429	188	4136	71	1493	223	573	34	2711
营业利润	114780	925	64967	8149	31859	2236	5303	1392	-53
利润总额	112749	534	63098	8180	31719	2266	5548	1398	7
应交所得税	23350	4	16495	1514	4209	301	580	210	36
应付职工薪酬	63110	2247	34054	3284	9655	2786	8438	2191	455
应交增值税	93119	970	45701	4197	7474	33007	1123	387	260

8-11 限额以上住宿餐饮业经营状况

（2016年） 单位：万元

指　　标	营业额	客房收入	餐费收入	商品销售收入	其他收入
总计	**54793**	**19593**	**29859**	**3087**	**2254**
一、住宿业	**39612**	**19063**	**16736**	**1562**	**2252**
1.按住宿业行分					
旅游饭店	33275	15217	14997	1416	1645
一般旅馆	6337	3846	1739	146	607
其他住宿业					
2.按登记注册类型分					
内资企业	39612	19063	16736	1562	2252
国有企业	2870	1191	1532	114	34
集体企业	2236	939	1250	14	34
股份合作企业					
联营企业					
有限责任公司	13909	6439	5418	498	1554
国有独资公司	6407	2772	3170	190	275
其他有限责任公司	7502	3666	2248	309	1280
股份有限公司	682	384	202		95
私营企业	19915	10110	8335	936	535
私营独资企业	555	93	213	7	242
私营合伙企业					
私营有限责任公司	16671	8747	6913	919	92
私营股份有限公司	2689	1270	1208	10	201
其他企业					
3.按控股情况分					
国有控股	11451	4750	5470	464	767
集体控股	4062	1770	1973	47	272
私人控股	22774	11915	9056	1014	790
港澳台商控股					
外商控股					
其他	1325	628	238	37	423
4.按经营形式分					
独立门店	39435	18895	16736	1552	2252
连锁总店					
连锁门店					
其他	178	168		10	
5.按单位规模分					
大型					
中型	**11011**	**4793**	**5134**	**351**	**734**
小型	28327	14060	11547	1201	1518
微型	274	209	55	10	
6.按星级分					
五星					
四星	7462	3384	3639	228	211
三星	10365	4394	4841	354	776

指　　标	营业额	客房收入	餐费收入	商品销售收入	其他收入
二星	4377	1543	2634	56	145
一星					
其他	17408	9741	5622	924	1121
二、餐饮业	15180	531	13123	1525	2
1.按餐饮业行业分					
正餐服务	15180	531	13123	1525	2
快餐服务					
饮料及冷饮服务					
其他餐饮业					
2.按登记注册类型分					
内资企业	15180	531	13123	1525	2
国有企业	516	0	516		
集体企业					
股份合作企业					
联营企业					
有限责任公司	2119	74	1752	294	
国有独资公司					
其他有限责任公司	2119	74	1752	294	
股份有限公司	210		210		
私营企业	12335	457	10645	1231	2
私营独资企业	6821		5855	966	
私营合伙企业					
私营有限责任公司	5514	457	4790	265	2
私营股份有限公司					
其他企业					
3.按控股情况分					
国有控股	516	0	516		
集体控股					
私人控股	14664	531	12606	1525	2
港澳台商控股					
外商控股					
其他					
4.按经营形式分					
独立门店	14945	531	12891	1523	
连锁总店					
连锁门店					
其他	236		232	2	2
5.按单位规模分					
大型					
中型	2197	385	1732	81	
小型	12780	146	11277	1355	2
微型	203		114	89	

指　　标	法　人 单位数 （个）	从业人数 （人）	年末餐饮 营业面积 （平方米）	年　末 床位数 （个）	年　末 餐位数 （个）
总计	**62**	**4225**	**123945**	**7915**	**20844**
1. 按住宿业行业类分					
一、住宿业	**46**	**3563**	**98035**	**7615**	**15201**
旅游饭店	30	2939	83613	5288	13371
一般旅馆	16	624	14422	2327	1830
其他住宿业					
2. 按登记注册类型分					
内资企业	46	3563	98035	7615	15201
国有企业	4	486	7430	901	1415
集体企业	3	239	8600	441	1050
股份合作企业					
联营企业					
有限责任公司	13	1225	25708	2575	3802
国有独资公司	2	557	3410	777	1770
其他有限责任公司	11	668	22298	1798	2032
股份有限公司	1	134	500	125	200
私营企业	25	1479	55797	3573	8734
私营独资企业	2	58	6000	156	430
私营合伙企业					
私营有限责任公司	21	1287	39567	3182	7746
私营股份有限公司	2	134	10230	235	558
其他企业					
3. 按控股情况分					
国有控股	7	1236	13090	1905	3555
集体控股	5	437	9942	781	1460
私人控股	31	1787	69597	4572	9406
港澳台商控股					
外商控股					
其他	3	103	5406	357	780
4. 按经营形式分					
独立门店	45	3554	97735	7417	15168
连锁总店					
连锁门店					
其他	1	9	300	198	33
5. 按单位规模分					
大型					
中型	**4**	**854**	**15660**	**1194**	**2648**
小型	40	2683	80075	6173	12400
微型	2	26	2300	248	153
6. 按星级分					
五星					
四星	4	731	16263	1232	2544
三星	9	1073	26400	1813	7630
三星	9	1073	26400	1813	7630

8-11续表3 （2016年） 单位：万元

指　　标	法　人 单位数 （个）	从业人数 （人）	年末餐饮 营业面积 （平方米）	年　末 床位数 （个）	年　末 餐位数 （个）
二星	6	467	18968	960	1725
一星					
其他	27	1292	36404	3610	3302
二、餐饮业	16	662	25910	300	5643
1.按餐饮业行业分					
正餐服务	16	662	25910	300	5643
快餐服务					
饮料及冷饮服务					
其他餐饮业					
2.按登记注册类型分					
内资企业	16	662	25910	300	5643
国有企业	1	106	2000	1	650
集体企业					
股份合作企业					
联营企业					
有限责任公司	5	127	9130	73	1328
国有独资公司					
其他有限责任公司	5	127	9130	73	1328
股份有限公司	1	28	300		130
私营企业	9	401	14480	226	3535
私营独资企业	3	115	2460		1174
私营合伙企业					
私营有限责任公司	6	286	12020	226	2361
私营股份有限公司					
其他企业					
3.按控股情况分					
国有控股	1	106	2000	1	650
集体控股					
私人控股	15	556	23910	299	4993
港澳台商控股					
外商控股					
其他					
4.按经营形式分					
独立门店	15	645	25710	300	5528
连锁总店					
连锁门店					
其他	1	17	200		115
5.按单位规模分					
大型					
中型	1	101	4200	159	980
小型	14	553	21360	141	4503
微型	1	8	350		160

8-12 限额以上住宿业企业财务指标

（2016年）　　　　单位：万元

指　标	法人企业数（个）	年初存货	流动资产合计	应收账款	存货	固定资产合计	固定资产原价
总　计	**46**	**2613**	**24360**	**3509**	**3002**	**45621**	**65588**
按行业分							
旅游饭店	30	2265	18493	3308	2678	41955	60180
一般旅馆	16	347	5868	201	324	3666	5408
按登记注册类型分							
内资企业	46	2613	24360	3509	3002	45621	65588
国有企业	4	521	2718	905	466	1812	3895
集体企业	3	125	1161	95	119	1266	1780
有限责任公司	13	1067	11315	1714	1682	32147	40927
国有独资公司	2	736	6976	909	692	29116	35477
其他有限责任公司	11	331	4340	805	991	3031	5450
股份有限公司	1	102	855	226	94	1506	2607
私营企业	25	798	8312	570	641	8889	16380
私营独资企业	2	24	87	42	25	1421	1428
私营有限责任公司	21	724	7513	525	614	6065	12535
私营股份有限公司	2	50	712	3	3	1403	2417
按控股情况分							
国有控股	7	1361	10377	1952	1264	31073	40014
集体控股	5	248	2174	368	243	2827	4512
私人控股	31	968	10195	794	846	10260	18768
其他	3	36	1614	396	649	1461	2293
按经营形式分							
独立门店	45	2608	24214	3493	2993	45595	65529
连锁总店							
连锁门店							
其他	1	5	146	16	9	26	59
按星级分							
五星							
四星	4	1004	5758	989	809	9231	10893
三星	9	1021	8538	1529	979	25861	39396
二星	6	169	2314	270	156	2644	4232
一星							
其他	27	418	7751	721	1059	7884	11067
按单位规模分							
大型							
中型	4	887	8354	1047	798	30498	38237
小型	40	1715	15692	2444	2194	15096	27282
微型	2	11	314	19	11	27	69

指　　标	累计折旧	本年折旧	在建工程	资产合计	流动负债合计	应付账款	非流动负债合计	负债合计
总　　计	**25765**	**1799**	**6390**	**90118**	**81912**	**8673**	**5735**	**86552**
按行业分								
旅游饭店	24023	1661	6311	80021	75673	8357	4173	78851
一般旅馆	1743	138	79	10097	6240	316	1562	7701
按登记注册类型分								
内资企业	25765	1799	6390	90118	81912	8673	5735	86552
国有企业	2083	82	158	8671	14073	5071	404	15082
集体企业	513	6		2695	4322	202	61	4384
有限责任公司	14578	934	5536	55465	46420	2381	4393	49213
国有独资公司	12158	556	5419	44760	35927	1198	3101	37429
其他有限责任公司	2420	378	117	10705	10493	1183	1291	11784
股份有限公司	1100	122		2562	2143	9	210	2353
私营企业	7491	655	695	20725	14954	1009	668	15522
私营独资企业	7	4		1508	879	15		879
私营有限责任公司	6470	641	695	15305	10321	988	628	10850
私营股份有限公司	1014	10		3912	3753	7	40	3793
按控股情况分								
国有控股	14740	670	5578	54704	50610	6525	3505	53120
集体控股	1685	128		5590	6492	231	576	7068
私人控股	8509	778	775	26674	17804	1465	1554	19258
其他	832	222	38	3151	7007	452	100	7107
按经营形式分								
独立门店	25733	1794	6390	89932	81779	8666	5735	86419
连锁总店								
连锁门店								
其他	33	5		186	134	7		134
按星级分								
五星								
四星	7460	435	438	17630	16619	562	2003	17023
三星	13534	605	5145	43952	45382	2225	1953	47336
二星	1587	36		9038	8377	4839	367	9349
一星								
其他	3184	723	807	19498	11533	1047	1412	12845
按单位规模分								
大型								
中型	13537	588	5419	49762	40216	1454	3101	41717
小型	12187	1204	950	39981	41120	7181	2534	44159
微型	42	6	21	375	576	39	100	676

指　　标	所有者权益（合计）	实收资本	营业收入	主营业务收入	营业成本	主营业务成本	营业税金及附加	主营业务税金及附加
总　　计	**3566**	**24799**	**38763**	**38578**	**19809**	**19757**	**1057**	**1055**
按行业分								
旅游饭店	1170	20229	32641	32566	16503	16492	861	861
一般旅馆	2396	4570	6123	6012	3306	3265	196	193
按登记注册类型分								
内资企业	3566	24799	38763	38578	19809	19757	1057	1055
国有企业		649	2766	2766	1307	1307	127	127
集体企业		291	2230	2198	517	507	28	27
有限责任公司	6252	14024	13702	13623	5174	5143	297	295
国有独资公司	7331	9991	6407	6407	1532	1532	134	134
其他有限责任公司		4033	7295	7217	3642	3611	163	162
股份有限公司	210	210	682	682	391	391	12	12
私营企业	5203	9625	19384	19309	12420	12409	593	593
私营独资企业	628	600	545	545	226	226	8	8
私营有限责任公司	4455	8914	16159	16085	10509	10498	569	569
私营股份有限公司	119	111	2679	2679	1685	1685	16	16
按控股情况分								
国有控股	1584	12440	11347	11347	3417	3417	308	308
集体控股		833	3898	3866	1562	1552	49	48
私人控股	7416	11426	22235	22081	13772	13729	682	680
其他		100	1284	1284	1058	1058	18	18
按经营形式分								
独立门店	3514	24749	38586	38400	19773	19721	1047	1045
连锁总店								
连锁门店								
其他	52	50	178	178	36	36	10	10
按星级分								
五星								
四星	608	10079	7328	7328	3423	3423	185	185
三星		3861	10250	10218	3386	3376	203	202
二星		1385	4198	4198	1566	1566	65	65
一星								
其他	6653	9474	16988	16834	11434	11392	605	603
按单位规模分								
大型								
中型	8045	11841	11011	11011	3690	3690	195	195
小型		12858	27480	27294	16039	15987	850	848
微型		100	272	272	79	79	12	12

指　　标	其他业务利润	销售费用	管理费用		财务费用		
				税金		利息收入	利息支出
总　　计	**138**	**9403**	**10021**	**186**	**1029**	**13**	**54**
按行业分							
旅游饭店		8372	8567	144	985	3	33
一般旅馆	149	1030	1455	42	44	10	21
按登记注册类型分							
内资企业	138	9403	10021	186	1029	13	54
国有企业		1137	782	38	307		19
集体企业		1015	967	10	26	0	
有限责任公司	151	4522	5441	70	133	13	25
国有独资公司		2699	3145	52	110		
其他有限责任公司	151	1823	2297	18	23	13	25
股份有限公司		83	190	0	1		
私营企业		2646	2640	68	563	0	10
私营独资企业		119	159		10	0	10
私营有限责任公司		2382	2221	66	468		
私营股份有限公司		145	260	1	85		0
按控股情况分							
国有控股		4604	4649	91	419	3	19
集体控股		1098	1488	10	28	0	
私人控股	138	3570	3164	86	569	10	24
其他		131	720		14		11
按经营形式分							
独立门店	138	9335	9960	186	1028	13	53
连锁总店							
连锁门店							
其他		68	61		1		1
按星级分							
五星							
四星		1836	2357	88	379		
三星		3979	4050	14	343	3	0
二星		1504	1144	10	55	0	28
一星							
其他	138	2083	2470	74	251	10	26
按单位规模分							
大型							
中型		3539	4092	52	197	3	
小型	138	5714	5855	134	820	10	42
微型		150	75		12		12

8-12续表4 （2016年） 单位：万元

指　　标	营业利润	营业外收入	利润总额	应交所得税	应付职工薪酬	应交增值税
总　　计	**-2825**	**197**	**-3371**	**95**	**9634**	**358**
按行业分						
旅游饭店	-2659	194	-3208	82	8047	284
一般旅馆	-166	3	-163	14	1587	74
按登记注册类型分						
内资企业	-2825	197	-3371	95	9634	358
国有企业	-894	74	-836		1213	35
集体企业	-323	1	-322	8	627	5
有限责任公司	-1865	76	-2017	4	4029	174
国有独资公司	-1212	61	-1386		2012	49
其他有限责任公司	-653	15	-631	4	2017	125
股份有限公司	5				211	
私营企业	252	46	-197	84	3554	144
私营独资企业	22		22	6	168	17
私营有限责任公司	-258	46	-252	76	3138	127
私营股份有限公司	488		33	2	248	
按控股情况分						
国有控股	-2051	147	-2143		4078	134
集体控股	-329	2	-333	8	978	5
私人控股	211	49	-236	88	4341	197
其他	-656	0	-660		237	22
按经营形式分						
独立门店	-2827	197	-3374	95	9612	353
连锁总店						
连锁门店						
其他	2		2		22	5
按星级分						
五星						
四星	-853	6	-1317		2114	56
三星	-1711	84	-1867		3515	78
二星	-138	74	-65	8	1146	29
一星						
其他	-123	33	-123	88	2858	195
按单位规模分						
大型						
中型	-702	73	-1307		3072	99
小型	-2068	124	-2009	95	6500	252
微型	-55		-55		61	7

8-13 限额以上餐饮业企业财务指标

（2016年）　　单位：万元

指　　标	法人企业数（个）	年初存货	流动资产合计	应收帐款	存货	固定资产合计	固定资产原价
总　　计	**16**	**695**	**4246**	**1168**	**1165**	**3549**	**4205**
按行业分							
正餐服务	16	695	4246	1168	1165	3549	4205
按登记注册类型分							
内资企业	16	695	4246	1168	1165	3549	4205
国有企业	1		410	279	20	1	2
集体企业							
有限责任公司	5	50	1560	302	381	373	420
其他有限责任公司	5	50	1560	302	381	373	420
股份有限公司	1	17	29		28		
私营企业	9	629	2246	586	737	3176	3784
私营独资企业	3	16	331	5	14	1052	1140
私营合伙企业							
私营有限责任公司	6	612	1916	581	723	2124	2644
私营股份有限公司							
其他企业							
按控股情况分							
国有控股	1		410	279	20	1	2
集体控股							
私人控股	15	695	3836	888	1145	3548	4203
经营形式分							
独立门店	15	695	4183	1145	1165	3549	4205
连锁总店							
连锁门店							
其他	1		63	22			
按单位规模分							
大型							
中型	1	122	828	201	135	1403	1797
小型	14	562	2761	960	1019	2146	2408
微型	1	11	658	6	11		

8-13续表1 （2016年） 单位：万元

指　　标	累计折旧	本年折旧	在建工程	资产合计	流动负债合计	应付账款	非流动负债合计
总　　计	**663**	**147**	**29**	**9003**	**3372**	**991**	**1187**
按行业分							
正餐服务	663	147	29	9003	3372	991	1187
按登记注册类型分							
内资企业	663	147	29	9003	3372	991	1187
国有企业	1	1		411	546	25	
集体企业							
有限责任公司	47	26		2461	793	470	432
其他有限责任公司	47	26		2461	793	470	432
股份有限公司				241			
私营企业	615	120	29	5890	2032	496	755
私营独资企业	88	34		1403	445	10	302
私营合伙企业							
私营有限责任公司	526	86	29	4488	1588	486	454
私营股份有限公司							
其他企业							
按控股情况分							
国有控股	1	1		411	546	25	
集体控股							
私人控股	662	146	29	8592	2826	966	1187
经营形式分							
独立门店	663	147	29	8876	3332	959	1187
连锁总店							
连锁门店							
其他				128	40	32	
按单位规模分							
大型							
中型	394	48	29	2260	854	29	
小型	269	99		6086	2361	835	1187
微型				658	157	127	

8-13续表2　　（2016年）　　单位：万元

指　　标	负债合计	所有者权益（合计）	实收资本	营业收入	主营业务收入	营业成本	主营业务成本
总　　计	**4825**	**4179**	**3387**	**14504**	**14489**	**9534**	**9519**
按行业分							
正餐服务	4825	4179	3387	14504	14489	9534	9519
按登记注册类型分							
内资企业	4825	4179	3387	14504	14489	9534	9519
国有企业	546	-135	100	516	516	257	257
集体企业							
有限责任公司	1225	1236	1070	2119	2119	1310	1310
其他有限责任公司	1225	1236	1070	2119	2119	1310	1310
股份有限公司	238	3	3	210	210	170	170
私营企业	2815	3075	2214	11658	11643	7796	7781
私营独资企业	746	656	656	6271	6256	4559	4544
私营合伙企业							
私营有限责任公司	2069	2419	1558	5387	5387	3237	3237
私营股份有限公司							
其他企业							
按控股情况分							
国有控股	546	-135	100	516	516	257	257
集体控股							
私人控股	4279	4314	3287	13987	13972	9277	9262
经营形式分							
独立门店	4785	4091	3299	14268	14253	9345	9330
连锁总店							
连锁门店							
其他	40	88	88	236	236	189	189
按单位规模分							
大型							
中型	854	1406	800	2073	2073	992	992
小型	3814	2272	2087	12228	12213	8396	8380
微型	157	500	500	203	203	146	146

8-13续表3 （2016年） 单位：万元

指　　标	营业税金及附加	主营业务税金及附加	其他业务利润	销售费用	管理费用	税金
总　　计	**629**	**629**		**1850**	**1165**	**150**
按行业分						
正餐服务	629	629		1850	1165	150
按登记注册类型分						
内资企业	629	629		1850	1165	150
国有企业	11	11		317		
集体企业						
有限责任公司	81	81		245	354	6
其他有限责任公司	81	81		245	354	6
股份有限公司	6	6		18	9	1
私营企业	531	531		1270	802	144
私营独资企业	297	297		356	308	51
私营合伙企业						
私营有限责任公司	234	234		914	494	92
私营股份有限公司						
其他企业						
按控股情况分						
国有控股	11	11		317		
集体控股						
私人控股	619	619		1533	1165	150
经营形式分						
独立门店	622	622		1850	1107	150
连锁总店						
连锁门店						
其他	8	8			58	
按单位规模分						
大型						
中型	86	86		835	51	
小型	540	540		994	1087	150
微型	4	4		21	27	

（2016年）

单位：万元

指　　标	财务费用	利息收入	利息支出	资产减值损失	营业利润	营业外收入	政府补助
总　　计	**472**	**1**	**220**	**1**	**853**	**15**	
按行业分							
正餐服务	472	1	220	1	853	15	
按登记注册类型分							
内资企业	472	1	220	1	853	15	
国有企业					-69		
集体企业							
有限责任公司	47		37		81		
其他有限责任公司	47		37		81		
股份有限公司	3				4		
私营企业	422	1	183	1	837	15	
私营独资企业	220				531	15	
私营合伙企业							
私营有限责任公司	202	1	183	1	305		
私营股份有限公司							
其他企业							
按控股情况分							
国有控股					-69		
集体控股							
私人控股	472	1	220	1	922	15	
经营形式分							
独立门店	472	1	220	1	872	15	
连锁总店							
连锁门店							
其他					-19		
按单位规模分							
大型							
中型	51		52		58		
小型	421		168	1	791	15	
微型					5		

8-13续表5　　（2016年）　　单位：万元

指　　标	利润总额	应交所得税	应付职工薪酬	应交增值税
总　　计	**872**	**56**	**1825**	**125**
按行业分				
正餐服务	872	56	1825	125
按登记注册类型分				
内资企业	872	56	1825	125
国有企业	-69		265	17
集体企业				
有限责任公司	81	20	313	2
其他有限责任公司	81	20	313	2
股份有限公司	4		71	
私营企业	856	36	1176	106
私营独资企业	531	1	305	14
私营合伙企业				
私营有限责任公司	325	36	871	93
私营股份有限公司				
其他企业				
按控股情况分				
国有控股	-69		265	17
集体控股				
私人控股	941	56	1561	108
经营形式分				
独立门店	872	56	1775	118
连锁总店				
连锁门店				
其他			50	7
按单位规模分				
大型				
中型	58	15	284	20
小型	810	41	1517	104
微型	5		25	

8-14 分县市限额以上住宿餐饮企业财务指标

（2016年） 单位：万元

指　　标	全　市	开发区	湖滨区	义马市	渑池县	陕州区	灵宝市	卢氏县
法人企业数（个）	62	1	17	10	8	12	9	5
流动资产合计	28607	3614	7470	2833	1638	4776	6883	1393
#存货	4167	370	566	1095	97	1177	830	32
固定资产原价	69793	27303	6882	4047	6439	8994	13708	2420
累计折旧	26429	6115	4468	1189	3313	1556	8768	1020
#本年折旧	1946	221	272	141	84	481	698	49
资产合计	99121	33469	10975	6113	7441	16009	18620	6495
负债合计	91377	35829	8482	3307	7204	20578	10023	5954
所有者权益合计	7744	-2360	2493	2807	236	-4569	8597	541
#实收资本	28186	300	6342	1459	1718	5838	11008	1521
主营业务收入	53066	4106	10169	9163	13088	7938	6880	1723
主营业务成本	29275	949	4904	6983	8463	4253	2861	862
主营业务税金及附加	1684	75	345	248	471	258	256	32
其他业务利润	138		149			2	-13	
销售费用	11253	1894	2646	388	1278	2050	2720	277
管理费用	11186	1948	2301	821	1310	2220	2087	500
#税金	336		156	30	18	66	63	4
财务费用	1501	106	286	149	486	367	84	23
#利息支出	274		74	102		74		23
营业利润	-1972	-866	-501	575	1080	-1212	-1076	29
利润总额	-2499	-1044	-479	573	633	-1208	-1003	29
应交所得税	151		6	110	1	28	4	2
应付职工薪酬	11459	1177	3221	1149	735	1850	2849	478

8-15 限额以上批发零售业连锁店情况

（2016年）

指标名称	连锁总店（个）	连锁门店数（个）	#直营店	年末零售营业面积（平方米）	年末从业人员数（人）
总　　计	**7**	**194**	**194**	**335619**	**1361**
按登记注册类型分					
内资企业	6	94	94	109420	815
国有企业	1	9	9	38900	265
集体企业	1				
股份合作企业					
联营企业					
国有联营企业					
集体联营企业					
国有与集体联营企业					
其他联营企业					
有限责任公司	1	8	8	5000	80
国有独资公司					
其他有限责任公司	1	8	8	5000	80
股份有限公司	1	19	19	55350	156
私营企业	2	58	58	10170	314
私营独资企业	1				
私营合伙企业					
私营有限责任公司	1	58	58	10170	314
私营股份有限公司					
其他企业					
外商投资企业	1	100	100	226199	546
中外合资经营企业	1	100	100	226199	546
按行业分					
批发业	2	119	119	281549	702
农、林牧产品批发					
食品、饮料及烟草制品批发					
纺织、服装及家庭用品批发					
文化、体育用品及器材批发					
医疗及医疗器材批发					

8-15 限额以上批发零售业连锁店情况

8-15续表1　　　　　　　　　　　　　　（2016年）

指标名称	连锁总店（个）	连锁门店数（个）		年末零售营业面积（平方米）	年末从业人员数（人）
			#直营店		
矿产品、建材及化工产品批发	2	119	119	281549	702
机械设备、五金产品及电子产品批发					
贸易经纪与代理					
其他批发业					
零售业	5	75	75	54070	659
综合零售	4	17	17	43900	345
食品、饮料及烟草制品专门零售					
纺织、服装及日用品专门零售					
文化、体育用品及器材专门零售					
医药及医疗器材专门零售	1	58	58	10170	314
汽车、摩托车、燃料及零配件专门零售					
家用电器及电子产品专门零售					
五金、家具及室内装饰材料专门零售					
货摊、无店铺及其他零售业					
按业态分					
便利店					
折扣店					
超市	3	8	8	5000	80
大型超市	1	9	9	38900	265
仓储会员店					
百货店					
专业店	3	177	177	291719	1016
其中：加油站	2	119	119	281549	702
专卖店					
家具建材商店					
厂家直销中心					
其他					

指标名称	连锁门店商品购进总额	#统一配送	#自有配送	#非自有配送	连锁门店商品销售额	#零售额
总　　计	**302664**	**270706**	**219280**	**1826**	**355668**	**139611**
按登记注册类型分						
内资企业	100132	68174	16748	1826	110548	72175
国有企业	34352	2394	2030	364	38819	38819
集体企业						
股份合作企业						
联营企业						
国有联营企业						
集体联营企业						
国有与集体联营企业						
其他联营企业						
有限责任公司	2493	2493	1031	1462	2492	2492
国有独资公司						
其他有限责任公司	2493	2493	1031	1462	2492	2492
股份有限公司	49600	49600			49785	11413
私营企业	13687	13687	13687		19452	19452
私营独资企业						
私营合伙企业						
私营有限责任公司	13687	13687	13687		19452	19452
私营股份有限公司						
其他企业						
外商投资企业	202532	202532	202532		245120	67435
中外合资经营企业	202532	202532	202532		245120	67435
按行业分						
批发业	252132	252132	202532		294905	78848
农、林、牧产品批发						
食品、饮料及烟草制品批发						
纺织、服装及家庭用品批发						
文化、体育用品及器材批发						
医药及医疗器材批发						

8-15续表3 （2016年） 单位：万元

指标名称	连锁门店商品购进总额	#统一配送	#自有配送	#非自有配送	连锁门店商品销售额	#零售额
矿产品、建材及化工产品批发	252132	252132	202532		294905	78848
机械设备、五金产品及电子产品批发						
贸易经纪与代理						
其他批发业						
零售业	50533	18574	16748	1826	60763	60763
综合零售	36845	4887	3061	1826	41311	41311
食品、饮料及烟草制品专门零售						
纺织、服装及日用品专门零售						
文化、体育用品及器材专门零售						
医药及医疗器材专门零售	13687	13687	13687		19452	19452
汽车、摩托车、燃料及零配件专门零售						
家用电器及电子产品专门零售						
五金、家具及室内装饰材料专门零售						
货摊、无店铺及其他零售业						
按业态分						
便利店						
折扣店						
超市	2493	2493	1031	1462	2492	2492
大型超市	34352	2394	2030	364	38819	38819
仓储会员店						
百货店						
专业店	265819	265819	216219		314357	98300
其中：加油站	252132	252132	202532		294905	78848
专卖店						
家具建材商店						
厂家直销中心						
其他						

8-16 亿元以上商品交易市场情况

（2016年）

指　　标	年末摊位数 (个)	成交额 (万元)
总　　计	**269**	**65656**
粮油、食品类		
其中:粮油类		
肉禽蛋类		
水产品类		
蔬菜类		
干鲜果品类		
饮料类		
烟酒类		
服装、鞋帽、针纺织品类		
服装类		
鞋帽类		
针纺织品类		
化妆品类		
金银珠宝类		
日用品类		
其中：儿童玩具类		
五金、电料类	19	227
体育、娱乐用品类		
其中：照相器材类		
书报杂志类		
电子出版物及音像制品类		
家用电器和音像器材类		
中西药品类		
其中:西药类		
中草药及中成药类		
文化办公用品类		
其中：计算机及其配套产品		
家具类		
通讯器材类		
煤炭及制品类		
木材及制品类		
石油及制品类		
化工材料及制品类		
其中：化肥类		
金属材料类	5	68
建筑及装潢材料类	150	9898
机电产品及设备类		
其中：农机类		
汽车类	95	55463
种子饲料类		
棉麻类		
其他类		

8-17 分县市进出口总值

（2016年）　　单位：万美元

指　　标	进出口总值	出口总值	进口总值
全　市	**109229**	**26262**	**82967**
市　直	76574	5895	70679
开发区	210	9	201
市产业集聚区	1913	1913	
湖滨区	3990	1890	2100
义马市	2178	7	2171
渑池县	1612	1032	579
陕州区	2138	1183	955
灵宝市	12042	5767	6275
卢氏县	8571	8566	5

注：表8-17至表8-27数据由市商务局提供。

8-18 分县市分年度出口总值

单位：万美元

年　　份	全　市	市　直	开发区	市产业集聚区	湖滨区	义马市	渑池县	陕州区	灵宝市	卢氏县
1998	760	525			125	45	18	20	24	3
1999	1538	751			532	47	110	43	46	9
2000	2264	1281			251	185	174	23	311	39
2001	3737	1314			352	314	1033	24	682	18
2002	7105	3169			617	620	2213	65	421	
2003	9523	3069			1807	916	2478	172	1081	
2004	12104	3385			1612	1673	3716	271	1447	
2005	11495	5336			1312	1371	1333	372	1755	16
2006	15199	5592			1717	1510	2005	569	3780	26
2007	17718	7036			1333	1046	1843	673	5754	33
2008	13067	3473			488	1681	2513	853	4044	15
2009	8080	1162			228	1409	1025	602	3610	44
2010	10355	1140			400	1552	2110	943	4173	37
2011	16142	3824			604	1647	3217	1489	5296	65
2012	19368	1391			761	2027	4080	4653	6317	139
2013	18387	4033			893	2041	3221	3790	4239	169
2014	11908	3026			1275	1562	1146	1666	2336	898
2015	17539	2567	119	592	2056	46	1249	1030	5663	4217
2016	26262	5895	9	1913	1890	7	1032	1183	5767	8566

8-19 全市全社会出口总值

单位：万美元

指　标	2015年		2016年		2016年比2015年增减(±%)
	绝对数	构成（%）	绝对数	构成（%）	
全　市	17539	**100.0**	26262	**100.0**	49.7
市　直	2567	14.6	5895	22.4	129.6
开发区	119	0.7	9		-92.4
市产业集聚区	592	3.4	1913	7.3	223.1
湖滨区	2056	11.7	1890	7.2	-8.1
义马市	46	0.3	7		-84.8
渑池县	1249	7.1	1032	3.9	-17.4
陕州区	1030	5.9	1183	4.5	14.9
灵宝市	5663	32.3	5767	22.0	1.8
卢氏县	4217	24.0	8566	32.6	103.1
#高新技术产品	249	1.4			
加工贸易	620	3.5	242	0.9	-61.0
外商投资企业	952	5.4	526	2.0	-44.7
机电产品	2186	12.5			
对外承包服务工程货物			193	0.7	
按出口重点商品分					
#果汁	602	3.4	1977	7.5	228.3
鲜果	1822	10.4	1875	7.1	2.9
轮毂	1384	7.9	1530	5.8	10.5
食用菌	5266	30.0	15942	60.7	202.7
铜金粉	23189	132.2		0.0	
石油支撑剂及刚玉砂系列	602	3.4			

8-20 进出口商品构成

单位：万美元

指　　标	2015年			2016年		
	进出口总值	出口总值	进口总值	进出口总值	出口总值	进口总值
总　值	42699	17565	25134	109229	26262	82967
植物产品	10049	9948	101	17940	17934	6
食用蔬菜、根及块茎	7773	7773		15942	15942	
食用水果及坚果；甜瓜等	2253	2152	101	1994	1989	5
编结用植物材料						
油籽；子仁；工业或药用						
虫胶；树胶、树脂及其他	24	24		3	3	
食品；饮料、酒及醋；烟	2396	2392	4	2529	2519	10
蔬菜、水果等或植物其他	2396	2392	4	2529	2519	10
矿产品	24629	31	24598	82264	28	82236
盐；硫磺；土及石料；石	31	31		28	28	
矿砂、矿渣及矿灰	24598		24598	82236		82236
化学工业及其相关工业	1438	1433	5	1604	1603	
无机化学品；贵金属等的	97	97		462	462	
有机化学品	392	392		479	479	
鞣料；着色料；涂料；油	6	1	5	1	1	
洗涤剂、润滑剂、人造蜡				7	7	
蛋白类物质；改性淀粉	548	548		242	242	
杂项化学产品	311	311		321	321	
药品	84	84		92	92	
塑料及其制品；橡胶	133	51	82	140	18	122
塑料及其制品	90	10	81	124	2	122
橡胶及其制品	43	41	2	16	16	0
木及制品；木炭；软木	36	30	6	22	17	5
木及木制品；木炭	12	5	6	7	2	5
软木及软木制品	24	24		15	15	
编结材料制品；篮筐及柳						
木浆等；废纸；纸、纸板	5	5		5	4	1
纸及纸板；纸浆、纸或纸	5	5		5	4	1
纺织原料及纺织制品	79	32	47			
棉花						
絮胎、毡呢及无纺织物						
特种机织物；簇绒织物	31	31				

8-20续表 单位：万美元

指　　标	2015年			2016年		
	进出口总值	出口总值	进口总值	进出口总值	出口总值	进口总值
非针织或非钩编的服装及						
其他纺织制品；成套物品	47	0	47			
特种机织物；簇绒织物						
鞋帽伞等；羽毛品						
鞋靴、护腿和类似品						
帽类及其零件						
矿物材料制品；陶瓷品	326	321	6	546	496	50
矿物材料的制品	62	57	6	46	41	5
陶瓷产品	254	254		498	453	45
玻璃及其制品	10	10		2	2	0
贱金属及其制品	498	430	68	354	306	47
钢铁	118	114	4	38	38	0
钢铁制品	14	13		14	12	2
铜及其制品	295	295		252	252	
镍及其制品						
铝及其制品	23	5	18	1	1	
贱金属器具、利口器	3	2	1	3	2	1
贱金属杂项制品	11	1	10	15	2	14
铅及其制品						
其他贱金属、金属陶瓷	35	0	35	31	0	31
机电、音像设备	1297	1082	215	916	444	472
核反应堆、锅炉、机械器	877	667	210	885	415	470
电机、电气、音像设备	420	414	6	31	29	3
光学、医疗等仪器；钟	2	2		22	6	16
光学、照相、医疗等设备	2	2		22	6	16
杂项制品	2	1	1	2	2	
家具；寝具等；灯具	2	1	1	1	1	
杂项制品				1	1	
玩具、游戏或运动用品						
车辆、航空器、船舶	1810	1810		2886	2886	
车辆及其零附件	1810	1810		2886	2886	
特殊交易及未分类商						
特殊交易品及未分类商品						

8-21 按国别(地区)分的对外贸易进出口总值

单位：万美元

国别（地区）	2015年			2016年		
	进出口总值	出口总值	进口总值	进出口总值	出口总值	进口总值
总　　计	**42699**	**17565**	**25134**	**109229**	**26262**	**82967**
亚洲	**16869**	**11744**	**5125**	**38974**	**20738**	**18236**
孟加拉国	1517	1517		1576	1576	
香港	166	166		1099	1099	
印度	553	549	4	339	328	11
伊朗						
以色列	4	4				
日本	887	697	190	2079	1593	486
黎巴嫩						
澳门	5	5				
蒙古	2966	11	2955	5088	4	5084
尼泊尔				2	2	
阿曼	3	3		2	2	
巴基斯坦	6	6		2	2	
巴勒斯坦				2	2	
沙特阿拉伯	10	10		1047	4	1044
韩国	375	267	109	768	701	67
斯里兰卡	181	181		166	166	
叙利亚	1	1				
土耳其	1527	74	1453	5626	94	5532
阿联酋	6	6		144	144	
中国						
台澎金马关税区	33	30	3	2445	49	2395
哈萨克斯坦	141	141		281	126	155
东盟	8487	8075	412	18307	14845	3462
缅甸						
柬埔寨						
印度尼西亚	20	20		2153	18	2135
老挝				1324		1324
马来西亚	951	951		581	581	
菲律宾	24	24		15	15	
新加坡	73	72		21	18	3
泰国	1340	928	412	1494	1494	
越南	6080	6080		12718	12718	
非洲	**4398**	**864**	**3534**	**9750**	**1538**	**8212**

8-21续表1 单位：万美元

国别（地区）	2015年			2016年		
	进出口总值	出口总值	进口总值	进出口总值	出口总值	进口总值
埃及	9	9		13	13	
埃塞俄比亚	7	7				
毛里塔尼亚	3534		3534	3008		3008
毛里求斯	7	7		2	2	
摩洛哥				34		34
莫桑比克	149	149		1211	1211	
尼日利亚	20	20		16	16	
塞内加尔	5	5				
南非	108	108		458	124	334
苏丹	14	14				
坦桑尼亚	101	101		3860	132	3728
突尼斯				1	1	
乌干达	61	61		14	14	
刚果（金）	1	1		1	1	
赞比亚	52	52		15	15	
津巴布韦	330	330		10	10	
厄立特里亚				1108		1108
欧洲	**3018**	**2194**	**824**	**8596**	**1024**	**7572**
挪威	5	5		23	23	
格鲁吉亚				370		370
亚美尼亚				1095		1095
白俄罗斯	10	10		22	22	
俄罗斯	605	605		237	237	
乌克兰						
欧盟	2399	1575	824	6850	743	6107
比利时	43	43		58	58	
英国	211	211		57	57	
德国	79	79		9	9	
法国				3	3	
意大利	116	25	91	21	0	21
荷兰	128	128		72	72	
希腊				2	2	

8-21续表2　　单位：万美元

国别（地区）	2015年			2016年		
	进出口总值	出口总值	进口总值	进出口总值	出口总值	进口总值
葡萄牙				2	2	
西班牙	1722	1069	653	5414	517	4897
奥地利				45		45
保加利亚				1143		1143
芬兰	3	3		1	1	
马耳他						
波兰	81	2	79			
瑞典				1		1
拉脱维亚	13	13		9	9	
立陶宛				11	11	
斯洛文尼亚	2	2		1	1	
拉丁美洲	**12546**	**147**	**12399**	**33244**	**143**	**33101**
阿根廷	21	21		34	34	
玻利维亚				36	36	
巴西	26	26		10	10	
智利	5139	6	5133	8025	1	8023
哥伦比亚	2		2			
哥斯达黎加				4	4	
多米尼加共和国	214	2	212	1	1	
厄瓜多尔	2	2				
危地马拉	1	1				
洪都拉斯	59	59		35	35	
墨西哥	3426	25	3400	12035	14	12021
秘鲁	3657	5	3652	13062	5	13058
乌拉圭						
委内瑞拉				3	3	
北美洲	**4099**	**2574**	**1525**	**7264**	**2758**	**4506**
加拿大	**1594**	**170**	**1424**	**1212**	**124**	**1089**
美国	**2505**	**2404**	**101**	**6052**	**2634**	**3418**
大洋洲	**1769**	**42**	**1726**	**11401**	**61**	**11339**
澳大利亚	1739	12	1726	8012	43	7969
新西兰	30	30		19	19	
巴布亚新几内亚				3370		3370

8-22 外贸出口总值前50名主要商品

金额单位：美元

指　　标	单位	数量	金　　额		
			2015年	2016年	2016年比2015年增减(±%)
干香菇	千克	6677685	56932349	100672915	76.8
干木耳	千克	3764051	20588667	58745372	185.3
其他苹果汁	千克	20053275	13011371	19774448	52.0
鲜苹果	千克	37294828	17833522	18750709	5.1
铝合金制的未列名机动车辆用车轮及其零件	千克	3243760	14753903	15296033	3.7
未列名特殊用途的机动车辆	辆	11	101525	11773306	11496.5
未列名有机硫化合物	千克	1198698	2934245	4548638	55.0
未列名陶制品	千克	7307749	2532455	4487186	77.2
棕刚玉	千克	7977000	545523	4354166	698.2
芦笋罐头	千克	1175782	9518961	3932313	-58.7
未列名化学工业及相关工业化学产品及配制品	千克	5239300	2970876	2851459	-4.0
无衬背精炼铜箔，厚≤0.15mm	千克	257396	2951318	2510302	-14.9
未列名的酶；未列名的酶制品	千克	1318500	5473679	2375037	-56.6
其他非醋制作的未冷冻蔬菜及什锦蔬菜罐头	千克	445584	1280927	1179371	-7.9
其他蒸馏或精馏设备	台	5	859895	1099567	27.9
机动混凝土搅拌车	辆	19		881500	
未列名含有抗菌素的药品	千克	117525	501377	707324	41.1
未列名柴油机的零件	千克	6531	300031	631891	110.6
核桃仁	千克	53672	2400604	441420	-81.6
未列名的机器零件，不具有电气器材特征的	千克	59470.0	2488719	428357	-82.8
其他非公路用货运机动自卸车	辆	20	1954817	380728	-80.5
鲜柿子	千克	364343	878523	364343	-58.5
配制的橡胶促进剂	千克	33000	106818	357941	235.1
其他粘聚磨料或陶瓷制石磨、石碾等及其零件	千克	279200	362082	355526	-1.8
斗式连续运送货物的升降机及输送机	台	1		353628	

金额单位：美元

指　　标	单位	数量	金　　额		
			2015年	2016年	2016年比2015年增减(±%)
其他条、杆，除热轧、热拉拔	千克	954452	792695	352193	-55.6
织机用筘、综丝及综框	千克	7730	81741	276082	237.8
富铝红柱石	千克	384000	281619	269720	-4.2
品目8426、8429及8430所列机械的未列名零件	千克	37289	272528	248824	-8.7
其他人造刚玉，不论是否已有化学定义	千克	280000	425550	242100	-43.1
滚动轴承的其他零件	千克	34287	255959	222210	-13.2
未列名成分≥两种的混合药品，未	千克	182000	337600	212410	-37.1
未列名货运挂车及半挂车	辆	17	828000	194781	-76.5
柠檬及酸橙	千克	154995		189282	
其他非柑桔属水果制果酱、果冻、果泥及果膏	千克	324278		174312	
压制软木块、板、片及条	千克	44845	243008	152046	-37.4
紧凑型热阴极荧光灯	只	259530	607585	138136	-77.3
品目8474所列机器的零件	千克	46173	260541	127241	-51.2
核桃仁罐头	千克	12960	110227	115184	4.5
品目8705所列车辆用未列名零件	千克	13402	21853	109005	398.8
沉降片、未列名织针及成圈机件	千克	1970	110337	92904	-15.8
深沟球滚珠轴承	套	5774	84414	90852	7.6
其他酰亚胺及其衍生物以及它们的盐	千克	10000	121627	84800	-30.3
品目8701至8704所列其他车辆用未列名零、附件	千克	7467	85743	83090	-3.1
其他柑桔、杂交柑桔	千克	79600	54330	79600	46.5
未列名含醇基羧酸等及其衍生物	千克	43000		73640	
玻璃或金属用的光洁剂及类似制品	千克	25000		72130	
新的充气橡胶轮胎	条	14050	59354	66154	11.5
鲜葡萄	千克	56700	134551	62370	-53.6
未列名二元醇	千克	48000	188451	60560	-67.9

8-23 外贸进口总值前40名主要商品

金额单位：美元

指　标	单位	数量	金　额		
			2015年	2016年	2016年比2015年增减(±%)
铜矿砂及其精矿	千克	415687534	200560233	539611063	169.1
其他贵金属矿砂及其精矿	千克	81692534	44626848	282751982	533.6
砑光机或其他滚压机器	台	2	1237650	2866500	131.6
其他橡胶或塑料及其产品的加工机器	台	3		921987	
未列名非泡沫塑料板、片、膜、箔及扁条	千克	3202	19112	762749	3890.9
品目8477所列机器的零件	千克	4309		493747	
镁、钙或铬单项或合计＞50%的耐火砖、瓦等	千克	7496		446633	
其他锻轧钛及钛制品	千克	480	345440	304668	-11.8
初级形状的聚丙烯	千克	142000	579400	252700	-56.4
其他挤出机	台	3		213824	
其他测量或检验用光学仪器及器具	台	2		160000	
贱金属制其他塞、盖、帽、封志等包装用附件	千克	38223	102272	135560	32.5
初级形状的纤维素醚	千克	5000	178195	127594	-28.4
其他非柑桔属水果制果酱、果冻、果泥及果膏	千克	138139	38557	104667	171.5
未命名	未知	1		101601	
止回阀	套	280000	15590	83064	432.8
塑料卷轴、纡子、筒管及类似品	千克	10808	19400	71887	270.6
未去壳核桃	千克	40000	1011966	52910	-94.8
木托板、箱形托盘及其他装载木板；托盘护框	千克	110639	63073	50814	-19.4
其他粘聚磨料或陶瓷制砂轮及其零件	千克	460	56685	48804	-13.9

金额单位：美元

指　　标	单位	数量	金　　额		
			2015年	2016年	2016年比2015年增减(±%)
其他工业或实验室用电阻加热炉及烘箱	台	1		25500	
品目8422其他机器的零件	千克	55	10476	14441	37.8
其他螺钉及螺栓，抗拉强度在800兆帕以下	千克	208	49	11188	22732.7
其他用塑料涂布、浸渍或覆盖绝缘纸及纸板	千克	7816		10012	
切管器、螺栓切头器、打孔冲及类似手工工具	千克	76		8134	
其他钢铁结构体；钢结构体用部件及加工钢材	千克	386		6140	
耐火的水泥、灰泥、混凝土等耐火混合制品	千克	1400		4847	
主要供染料、鞣料用的植物原料	千克	500		4806	
初级形状的聚乙烯，比重≥0.94	千克	1100		3850	
各种台球的用品及附件	千克	118		3827	
其他丙烯酸聚合物非泡沫塑料板、片、膜等	千克	419		2666	
测量气体流量的仪器及装置	个	1		2450	
钛条、杆、型材及异型材	千克	25		1508	
有衬背铝箔	千克	40	178130	1490	-99.2
未镀或涂层的普通钢铁丝，不论是否抛光	千克	96	41935	1245	-97.0
其他阀门	套	10000.0	7149	1003	-86.0
锁的零件	千克	132		669	
贱金属制钩、环、眼	千克	60		645	
厨房器具或食品工业机器用的刀及刀片	千克	34	10246	575	-94.4
未列名非工业用钢铁制品	千克	44	4235	355	-91.6

8-24 全市实际利用外资额

（1988—2016年） 单位：万美元

年　份	客商直接投资实际到资	第一产业	第二产业	第三产业	对外借款实际到资	客商其他投资实际到资
1988	127		127			
1989	10		10			
1990	12		12		194	
1991	97	12	85			
1992	47	11	36			
1993	521		378	143	8	
1994	660		57	603	1730	300
1995	1115	74	990	51	1193	233
1996	1560	1	1233	326	2221	
1997	4410		4410		234	
1998	2418		2418		1683	
1999	994	200	794		769	
2000	282	210	72		81	
2001	1895	36	1859		15	
2002	2120		2110	10	1152	
2003	4199		3622	577	191	
2004	5758		5758			
2005	7208		7208			
2006	13824	210	13314	300		
2007	18707		18707			
2008	23411		23411			
2009	26355		26355			
2010	39849		37849	2000	18473	
2011	63149		59549	3600	4084	
2012	74672		73233	1439	14100	
2013	86857		86607	250	7031	
2014	95679	2124	93555		5400	
2015	100817	10553	87248	3016	84394	16423
2016	106296	6320	92794	7182	104363	1933

8-25 分县市外商和港澳台商直接投资

（2016年） 单位：个、万美元

指 标	新签协议情况		客商实际投入资金			年末实有企业个数	#已建成投产（开业）企业个数
	合同个数	合同投资额	合计	现金	实物		
全 市	**5**	**10522**	**106296**	**106296**		**44**	**44**
市 直							
开发区			2214	2214		5	5
产业集聚区	1	905	21679	21679		5	5
湖滨区	2	1320	6420	6420		12	12
义马市		2333	18470	18470		5	5
渑池县			21885	21885		2	2
陕州区	1	2983	16943	16943		6	6
灵宝市	1	2981	18685	18685		9	9
卢氏县							

8-26 进出口按贸易方式分类

单位：万美元

指 标	2015年			2016年		
	进出口总值	出口总值	进口总值	进出口总值	出口总值	进口总值
总 值	**43779**	**17539**	**26240**	**109229**	**26262**	**82967**
一般贸易	42360	16251	26109	108773	25827	82946
进料加工贸易	818	805	13	256	243	14
对外承包工程货物	482	482		193	193	
其它	5		5	7		7

8-27 外商和港澳台商直接投资

（1988—2016年）　　单位：个、万美元

年份	新签协议情况		客商实际投入资金	年末实有企业个数	#已建成企业数			
	合同个数	合同投资额				第一产业	第二产业	第三产业
1988	2	195	127	1				
1989	1	30	10	2				
1990			**12**	**2**				
1991	5	130	97	8	5	1	4	
1992	20	903	47	27	8	1	7	
1993	43	3825	521	65	15	1	13	1
1994	35	1606	660	96	21	1	16	4
1995	**23**	**931**	**1115**	**113**	**33**	**1**	**25**	**7**
1996	8	4389	1560	118	45	1	34	10
1997	15	6351	4410	116	57	2	45	10
1998	7	4715	2418	119	57	2	45	10
1999	8	358	994	122	61	3	48	10
2000	**10**	**1920**	**282**	**128**	**64**	**3**	**51**	**10**
2001	11	2583	1895	136	66	3	53	10
2002	12	5372	2120	147	72	3	55	14
2003	13	16969	4199	152	78	3	61	14
2004	13	6274	5758	154	78	3	64	11
2005	**13**	**7008**	**7208**	**167**	**78**	**3**	**64**	**11**
2006	11	20678	13824	44	37	1	33	3
2007	10	29589	18707	47	39	1	35	3
2008	8	37048	23411	43	33		31	2
2009	8	12587	26355	35	28		26	2
2010	**10**	**24945**	**39849**	**44**	**41**	**3**	**32**	**6**
2011	16	33467	63149	37	35	3	30	2
2012	14	79027	74672	36	35	2	31	2
2013	20	63393	86857	36	35	2	31	2
2014	26	107838	95679	33	33		31	2
2015	**14**	**29688**	**100817**	**36**	**36**	**2**	**30**	**4**
2016	5	10522	106296	44	44	4	37	3

8-28 人民币汇率（年平均价）

单位：元

年　份	100美元	100日元	100港元	100欧元
1985	**293.66**	**1.2457**	**37.57**	
1986	345.28	2.0694	44.22	
1987	372.21	2.5799	47.74	
1988	372.21	2.9082	47.70	
1989	376.51	2.7360	48.28	
1990	**478.32**	**3.3233**	**61.39**	
1991	532.33	3.9602	68.45	
1992	551.46	4.3608	71.24	
1993	576.20	5.2020	74.41	
1994	861.87	8.4370	111.53	
1995	**835.10**	**8.9225**	**107.96**	
1996	831.42	7.6352	107.51	
1997	828.98	6.8600	107.09	
1998	827.91	6.3488	106.88	
1999	827.83	7.2932	106.66	
2000	**827.84**	**7.6864**	**106.18**	
2001	827.70	6.8075	106.08	
2002	827.70	6.6237	106.07	800.58
2003	827.70	7.1466	106.24	936.13
2004	827.68	7.6552	106.23	1029.00
2005	**819.17**	**7.4484**	**105.30**	**1019.53**
2006	797.18	6.8570	102.62	1001.90
2007	760.40	6.4632	97.46	1041.75
2008	694.51	6.7427	89.19	1022.27
2009	683.10	7.2986	88.12	952.70
2010	**676.95**	**7.7279**	**87.13**	**897.25**
2011	634.52	8.1745	81.56	854.27
2012	636.28	8.2232	81.75	875.01
2013	611.13	5.9700	99.11	804.72
2014	614.28	5.8196	79.22	816.51
2015	**622.84**	**5.1543**	**80.34**	**691.41**
2016	664.23	6.1243	85.58	734.26

注：数据来源于国家外汇管理局。

8-29 历年接待海外旅游者人数

（1986—2016年）

年　份	海外旅游者（人次）	外国人	港澳台同胞
1986	1072	785	287
1987	2366	2098	268
1988	1669	1310	359
1989	1248	1144	104
1990	**2126**	**1421**	**705**
1991	2331	1596	735
1992	3005	1304	1701
1993	3598	1912	1686
1994	3807	2165	1642
1995	**4575**	**2946**	**1629**
1996	4960	3919	1041
1997	5709	3485	2224
1998	5460	2681	2779
1999	6342	2570	3772
2000	**7134**	**2230**	**4904**
2001	8957	2983	5974
2002	11079	4125	6954
2003	9941	3834	6107
2004	11319	3625	7694
2005	**17940**	**8963**	**8977**
2006	23814	10233	13581
2007	27386	9481	17905
2008	30731	8540	22191
2009	36053	8556	27497
2010	**51081**	**11817**	**39264**
2011	62800	15328	47472
2012	72896	17175	55721
2013	85828	20781	65047
2014	92436	20336	72100
2015	**97350**	**21417**	**75933**
2016	102765	23244	79521

注：表8-29至表8-31数据由市旅游局提供。

8-30 全市旅游人数及收入情况

指　　标	计量单位	2015年	2016年	2016年比2015年增减(±%)
旅游接待总人数	**万人次**	**2687**	**3028**	**12.7**
海外旅游者人数	万人次	9.74	10.28	7.7
国内旅游者人数	万人次	2677	3018	12.7
旅游业综合收入	**亿元**	**226**	**258**	**14.2**
国内旅游收入	亿元	224	254	13.2
旅游外汇收入	万美元	1957	2137	9.2
海外旅游者	**人次**	**97350**	**102765**	**5.6**
外国人	人次	21417	23244	8.5
港澳台同胞	人次	75933	79521	4.7

8-31 旅游事业情况

指　　标	计量单位	2015年	2016年	2016年比2015年增减(±%)
旅游设施				
旅游星级饭店	个	25	17	-32.0
房间	个	4080	2721	-33.3
床位	张	7250	4605	-36.5
旅行社	个	57	55	-3.5
国际旅行社	个	1	1	
国内旅行社	个	56	54	-3.6
旅游景区	个	27	27	
其中：#A级景区	个	19	19	
#4A级以上景区	个	12	12	

8-32 分县市规模以上服务业财务指标

（2016年） 单位：万元

指标	全市	湖滨区	陕州区	渑池县	义马市	灵宝市	卢氏县	开发区	产业集聚区
单位数(个)	203	51	19	42	32	35	7	12	5
年初存货	390517	11903	58569	2534	5181	3057	126	308970	178
流动资产合计	1753916	600319	184516	26915	49345	200711	2870	629338	59901
固定资产原价	1185392	116359	28142	86228	24862	339194	12272	546166	32170
本年折旧	56744	9149	409	3356	1781	5284	662	34872	1231
资产总计	4618130	1765590	326827	116761	88569	609009	11762	1611460	88153
负债合计	1657570	657689	187171	47958	47101	241848	11307	444977	19519
所有者权益合计	2960560	1107901	139655	68803	41468	367161	454	1166483	68634
营业收入	729239	258386	45876	51163	49004	74501	4497	232055	13756
营业成本	507194	183901	39647	40562	39674	53636	1231	137566	10978
营业税金及附加	4473	1068	359	1082	369	505	43	774	274
销售费用	35290	3439	2837	1655	924	4571	1151	20632	79
管理费用	71053	30447	5011	2790	4872	12378	1331	13308	917
财务费用	35132	8763	2822	971	551	1227	448	19968	383
投资收益	106	83			1	13	9		
营业利润	74090	31180	-4786	4103	2587	1465	303	38088	1151
营业外收入	14064	2890	7495	598	861	1979	72	138	31
营业外支出	3096	96	117	5	554	760	39	1406	119
利润总额	85045	33960	2592	4696	2894	2684	336	36822	1063
应交所得税	2648	350	155	537	351	901	45	266	45
应付职工薪酬	102835	37885	6084	6001	12556	13667	946	22980	2717
应交增值税	12774	1223	1144	1771	1003	493	90	6426	626
从业人员平均人数（人）	22714	7488	1513	1920	2518	3570	268	4324	1113

8-33 分县市规模以上服务业分行业大类营业收入

（2016年）　　　　　　　　　　单位：万元

指　　标	全市	湖滨区	陕州区	渑池县	义马市	灵宝市	卢氏县	开发区	产业集聚区
总　　计	**729239**	**258386**	**45876**	**51163**	**49004**	**74501**	**4497**	**232055**	**13756**
道路运输业	115172	37645	19402	42446	8937	3536	1342		1864
装卸搬运和运输代理业	33892	32609			1090	193			
仓储业	20965	1207	12243	1800	817	4897			
邮政业	25201	24162						1039	
电信、广播电视和卫星传输服务	138610							138610	
互联网和相关服务	57	57							
软件和信息技术服务业	1142	99							1044
物业管理	2221	1481			371	95	275		
租赁业	6227	418	230		5579				
商务服务业	253360	100564	8834	1544	392	47632		85453	8942
专业技术服务业	22795	9530			3801	2934		6530	
水利管理业	1533					1533			
生态保护和环境治理业	609	609							
公共设施管理业	13910			347	2928	7906	2729		
居民服务业	6404	573	1196		1371	1359			1906
机动车、电子产品和日用产品修理业	3440	329	1372	969	449	321			
其他服务业	287					287			
教育	1173					1173			
卫生	72795	46962		1673	22437	1301		422	
社会工作	216				216				
广播、电视、电影和影视录音制作业	2179	1406		773					
文化艺术业	3222		923	346	618	1336			
体育	402	363	39						
娱乐业	3429	373	1639	1264			153		

8-34 分县市规模以上服务业分行业小类营业收入

（2016年）　　　　　　　　　　　　单位：万元

指　　标	全市	湖滨区	陕州区	渑池县	义马市	灵宝市	卢氏县	开发区	产业集聚区
总　　计	**729239**	**258386**	**45876**	**51163**	**49004**	**74501**	**4497**	**232055**	**13756**
公共电汽车客运	7105	4485	1010	1100		510			
出租车客运	5150			3127		1590	433		
公路旅客运输	27257	25826	543			888			
道路货物运输	72176	6224	16383	38219	8937	549			1864
客运汽车站	2019	1110					909		
公路管理与养护	1466		1466						
装卸搬运	1283				1090	193			
货物运输代理	32609	32609							
谷物仓储	16577	1207	12243	1800	817	509			
其他农产品仓储	254					254			
其他仓储业	4134					4134			
邮政基本服务	24088	24088							
快递服务	1113	74						1039	
移动电信服务	138610							138610	
互联网信息服务	9	9							
其他互联网服务	48	48							
信息技术咨询服务	1067	24							1044
数据处理和存储服务	75	75							
物业管理	2221	1481			371	95	275		
汽车租赁	230		230						
建筑工程机械与设备租赁	5579				5579				
其他机械与设备租赁	418	418							
企业总部管理	22842	10958	2268			9616			
投资与资产管理	208179	81089	5591			36819		81793	2887
单位后勤管理服务	1328	745						584	
其他企业管理服务	6055								6055
其他专业咨询	3077							3077	
广告业	1851	436		1415					
旅游管理服务	124					124			
安全服务	9383	7337	974			1073			
市场管理	129			129					
担保服务	392				392				

8-34续表 （2016年） 单位：万元

指　　标	全市	湖滨区	陕州区	渑池县	义马市	灵宝市	卢氏县	开发区	产业集聚区
能源矿产地质勘查	2520				2520				
工程管理服务	2394	1245						1149	
工程勘察设计	12235	6224			411	219		5382	
专业化设计服务	2930	2061			869				
摄影扩印服务	2715					2715			
水资源管理	132					132			
其他水利管理业	1401					1401			
危险废物治理	609	609							
绿化管理	2005				1943	62			
游览景区管理	11905			347	986	7844	2729		
家庭服务	1092	393			581	118			
理发及美容服务	605					605			
洗浴服务	790				790				
保健服务	180	180							
殡葬服务	636					636			
其他居民服务业	3102		1196						1906
汽车修理与维护	2991	329	1372	969		321			
计算机和辅助设备修理	449				449				
其他未列明服务业	287					287			
职业技能培训	248					248			
其他未列明教育	925					925			
综合医院	69812	45032		1673	22437	671			
专科医院	2983	1931				630		422	
老年人、残疾人养护服务	216				216				
电影和影视节目制作	1001	389		613					
电影放映	1178	1017		161					
文艺创作与表演	963			346	618				
文物及非物质文化遗产保护	2258		923			1336			
休闲健身活动	402	363	39						
歌舞厅娱乐活动	378	226					153		
网吧活动	1264			1264					
其他室内娱乐活动	147	147							
游乐园	1639		1639						

8-35 规模以上服务业分行业大类财务指标

（2016年） 单位：万元

指标	单位数（个）	年初存货	流动资产合计	固定资产原价	本年折旧
总计	**203**	**390517**	**1753916**	**1185392**	**56744**
道路运输业	54	1541	39544	70430	4301
装卸搬运和运输代理业	3	59	53756	16258	3186
仓储业	8	60113	118851	20871	568
邮政业	3	781	6296	24747	973
电信、广播电视和卫星传输服务	3	2515	11996	449564	33262
互联网和相关服务	2		10	59	9
软件和信息技术服务业	3	165	655	243	27
物业管理	13	2	1015	453	32
租赁业	7	1677	4943	1675	81
商务服务业	25	316441	1401318	211293	4896
专业技术服务业	15	1950	14870	5778	431
水利管理业	2		14570	116409	1085
生态保护和环境治理业	1	16	544	653	43
公共设施管理业	11	1737	35535	199718	2760
居民服务业	9	517	1458	5152	176
机动车、电子产品和日用产品修理业	10	1217	3527	5523	260
其他服务业	1	2	32	166	1
教育	2	4	385	517	25
卫生	11	1708	32021	47904	4217
社会工作	1	7	35	111	10
广播、电视、电影和影视录音制作业	5	51	782	1092	93
文化艺术业	6	8	11292	4502	96
体育	2		54	617	103
娱乐业	6	8	431	1661	111

8-35续表1 （2016年） 单位：万元

指　　标	资产总计	负债合计	所有者权益合计	营业收入	营业成本
总　　计	**4618130**	**1657570**	**2960560**	**729239**	**507194**
道路运输业	89330	50340	38990	115172	97565
装卸搬运和运输代理业	79669	76697	2972	33892	31912
仓储业	138566	121399	17167	20965	22587
邮政业	25982	16857	9125	25201	20394
电信、广播电视和卫星传输服务	230787	105400	125387	138610	101572
互联网和相关服务	57	5	53	57	40
软件和信息技术服务业	834	394	440	1142	455
物业管理	1586	1665	-80	2221	1178
租赁业	6258	2202	4056	6227	4699
商务服务业	3490040	1023764	2466276	253360	133054
专业技术服务业	18824	9525	9299	22795	13872
水利管理业	145816	11138	134678	1533	1432
生态保护和环境治理业	966	267	698	609	328
公共设施管理业	242999	136634	106365	13910	5483
居民服务业	9959	2400	7559	6404	4733
机动车、电子产品和日用产品修理业	10341	9089	1252	3440	2158
其他服务业	187	34	153	287	149
教育	787	241	546	1173	443
卫生	87802	59255	28547	72795	61769
社会工作	130	36	94	216	
广播、电视、电影和影视录音制作业	3352	1924	1428	2179	1199
文化艺术业	30786	27205	3581	3222	880
体育	574	181	393	402	1
娱乐业	2500	918	1582	3429	1292

指　标	营业税金及附加	销售费用	管理费用	财务费用	投资收益
总　计	**4473**	**35290**	**71053**	**35132**	**106**
道路运输业	1750	1654	8518	844	
装卸搬运和运输代理业	95	430	636	5476	
仓储业	26	1019	2637	2961	
邮政业	222		5572	170	
电信、广播电视和卫星传输服务	435	18485	7875	84	
互联网和相关服务	1	2	41		
软件和信息技术服务业	61		681		
物业管理	51	193	836	4	
租赁业	129	267	623	41	1
商务服务业	1095	5418	22320	23610	96
专业技术服务业	142	715	5842	25	
水利管理业	16		89	-23	
生态保护和环境治理业	6	111	122		
公共设施管理业	107	3206	2375	608	9
居民服务业	107	313	638	128	
机动车、电子产品和日用产品修理业	54	245	906	604	
其他服务业	1	10	77	4	
教育	28	195	253	46	
卫生	11	476	8323	228	
社会工作	4	165	43		
广播、电视、电影和影视录音制作业	102	350	433	103	
文化艺术业	21	795	1263	208	1
体育	1	199	337	2	
娱乐业	8	1041	614	10	

8-35续表3 （2016年） 单位：万元

指　　标	营业利润	营业外收入	营业外支出	利润总额	应交所得税
总　　计	**74090**	**14064**	**3096**	**85045**	**2648**
道路运输业	4785	3231	67	7949	651
装卸搬运和运输代理业	-4662	1	17	-4679	6
仓储业	-7957	9168	44	1168	62
邮政业	-1159	6	24	-1175	1
电信、广播电视和卫星传输服务	8441	128	1405	7163	15
互联网和相关服务	-27			-27	
软件和信息技术服务业	-55	25	18	-48	
物业管理	-22		1	-22	16
租赁业	471			471	123
商务服务业	67959	787	860	67871	618
专业技术服务业	2170	17	29	2157	577
水利管理业	18			18	3
生态保护和环境治理业	41		3	38	9
公共设施管理业	1485	75	39	1521	336
居民服务业	511		13	498	69
机动车、电子产品和日用产品修理业	-527	4	2	-525	36
其他服务业	46			47	12
教育	208		20	188	52
卫生	1988	539	540	1988	4
社会工作	4	11	8	7	
广播、电视、电影和影视录音制作业	-11	66	3	53	16
文化艺术业	56		2	54	12
体育	-138			-138	1
娱乐业	464	6	2	468	31

（2016年）

单位：万元

指　　标	应付职工薪酬（本年贷方累计发生额）	应交增值税	从事服务业活动的从业人员平均人数（人）
总　　计	**102835**	**12774**	**22714**
道路运输业	19830	3458	6178
装卸搬运和运输代理业	900	24	235
仓储业	2189	120	480
邮政业	4257	133	722
电信、广播电视和卫星传输服务	19300	5881	3602
互联网和相关服务	40		7
软件和信息技术服务业	57	21	19
物业管理	1599	38	693
租赁业	675	427	261
商务服务业	16170	962	3812
专业技术服务业	5581	870	1000
水利管理业	138	4	66
生态保护和环境治理业	163	18	53
公共设施管理业	1791	295	481
居民服务业	1505	228	587
机动车、电子产品和日用产品修理业	1084	150	199
其他服务业	130	9	46
教育	230	7	80
卫生	23878	2	3077
社会工作	104		58
广播、电视、电影和影视录音制作业	561	65	162
文化艺术业	1490	31	527
体育	172	1	101
娱乐业	992	32	268

8-36 规模以上服务业分行业小类财务指标

（2016年）　　　　　　　　　　　　　　单位：万元

指　　标	单位数（个）	年初存货	流动资产合计	固定资产原价	本年折旧
总　　计	**203**	**390517**	**1753916**	**1185392**	**56744**
公共电汽车客运	4	129	2958	15278	1384
出租车客运	6		480	2727	374
公路旅客运输	4	11	4251	14603	812
道路货物运输	36	1164	26373	32793	1988
客运汽车站	3		1271	3464	184
公路管理与养护	1	237	4210	1567	-440
装卸搬运	2	2	168	408	16
货物运输代理	1	58	53588	15850	3170
谷物仓储	6	59374	115372	18412	397
其他农产品仓储	1	20	50	230	5
其他仓储业	1	719	3428	2229	166
邮政基本服务	1	780	5991	24713	971
快递服务	2	1	305	34	2
移动电信服务	3	2515	11996	449564	33262
互联网信息服务	1		6	3	1
其他互联网服务	1		4	57	8
信息技术咨询服务	2	165	628	233	26
数据处理和存储服务	1		27	10	1
物业管理	13	2	1015	453	32
汽车租赁	1		178	5	
建筑工程机械与设备租赁	5	1491	3810	1521	74
其他机械与设备租赁	1	186	955	149	6
企业总部管理	4	2287	42673	13738	1107
投资与资产管理	8	313721	1334292	184223	3095
单位后勤管理服务	2	41	247	397	4
其他企业管理服务	1	12	8785	9608	386
其他专业咨询	1		2781	455	48
广告业	3	255	549	771	27
旅游管理服务	1	125	86	135	3
安全服务	3		1861	1592	197
市场管理	1		54	51	10
担保服务	1		9991	323	20

指 标	单位数（个）	年初存货	流动资产合计	固定资产原价	本年折旧
能源矿产地质勘查	1	34	3172	1307	113
工程管理服务	3		1261	468	17
工程勘察设计	8	1895	8148	2852	247
专业化设计服务	2	20	1919	268	19
摄影扩印服务	1		370	883	35
水资源管理	1		6	46	5
其他水利管理业	1		14564	116362	1081
危险废物治理	1	16	544	653	43
绿化管理	2	40	23046	125	10
游览景区管理	9	1698	12489	199594	2750
家庭服务	3	103	608	302	11
理发及美容服务	1	87	231	153	10
洗浴服务	1	31	63	1590	132
保健服务	1	296	298	900	9
殡葬服务	1	2	145	1209	8
其他居民服务业	2		114	998	6
汽车修理与维护	9	1217	3245	5213	245
计算机和辅助设备修理	1		282	310	15
其他未列明服务业	1	2	32	166	1
职业技能培训	1		250	350	23
其他未列明教育	1	4	135	167	2
综合医院	7	1612	30713	46535	4047
专科医院	4	96	1308	1369	170
老年人、残疾人养护服务	1	7	35	111	10
电影和影视节目制作	2	21	128	350	58
电影放映	3	30	654	742	35
文艺创作与表演	4		242	562	34
文物及非物质文化遗产保护	2	8	11049	3940	62
休闲健身活动	2		54	617	103
歌舞厅娱乐活动	2	8	21	86	14
网吧活动	2			1322	85
其他室内娱乐活动	1		21	213	5
游乐园	1		389	39	8

8-36续表2 （2016年） 单位：万元

指　　标	资产总计	负债合计	所有者权益合计	营业收入	营业成本
总　　计	**4618130**	**1657570**	**2960560**	**729239**	**507194**
公共电汽车客运	15128	10432	4696	7105	9574
出租车客运	2602	1356	1246	5150	4214
公路旅客运输	13795	11136	2660	27257	20230
道路货物运输	46357	23218	23139	72176	61222
客运汽车站	4539	1526	3013	2019	1105
公路管理与养护	6909	2673	4236	1466	1219
装卸搬运	305	138	168	1283	1139
货物运输代理	79364	76560	2804	32609	30773
谷物仓储	130692	117633	13059	16577	19561
其他农产品仓储	275	10	265	254	106
其他仓储业	7599	3756	3843	4134	2921
邮政基本服务	25642	16608	9034	24088	19734
快递服务	341	250	91	1113	660
移动电信服务	230787	105400	125387	138610	101572
互联网信息服务	6	2	5	9	
其他互联网服务	51	3	48	48	40
信息技术咨询服务	797	393	404	1067	455
数据处理和存储服务	37	2	35	75	
物业管理	1586	1665	-80	2221	1178
汽车租赁	243	26	217	230	204
建筑工程机械与设备租赁	5375	2041	3334	5579	4159
其他机械与设备租赁	640	135	505	418	335
企业总部管理	148245	77876	70370	22842	17086
投资与资产管理	3311079	926618	2384461	208179	108552
单位后勤管理服务	371	532	-161	1328	170
其他企业管理服务	13213	12823	390	6055	5056
其他专业咨询	2877	2232	645	3077	
广告业	1220	612	608	1851	897
旅游管理服务	222	220	2	124	53
安全服务	2525	925	1601	9383	1043
市场管理	54	52	2	129	47
担保服务	10235	1876	8359	392	151

8-36续表3 （2016年） 单位：万元

指　　标	资产总计	负债合计	所有者权益合计	营业收入	营业成本
能源矿产地质勘查	4097	2038	2059	2520	1587
工程管理服务	1480	677	803	2394	698
工程勘察设计	9740	4486	5254	12235	7090
专业化设计服务	2353	1566	787	2930	2447
摄影扩印服务	1154	758	396	2715	2049
水资源管理	52	13	39	132	40
其他水利管理业	145763	11125	134638	1401	1391
危险废物治理	966	267	698	609	328
绿化管理	23070	22222	848	2005	1859
游览景区管理	219929	114412	105517	11905	3624
家庭服务	1009	371	638	1092	487
理发及美容服务	341	17	324	605	308
洗浴服务	1711	59	1652	790	603
保健服务	1197	6	1191	180	167
殡葬服务	2735	723	2013	636	412
其他居民服务业	2965	1224	1742	3102	2757
汽车修理与维护	9643	8527	1116	2991	1905
计算机和辅助设备修理	698	562	136	449	253
其他未列明服务业	187	34	153	287	149
职业技能培训	500	80	420	248	150
其他未列明教育	287	161	126	925	293
综合医院	85492	58394	27099	69812	60207
专科医院	2310	861	1448	2983	1563
老年人、残疾人养护服务	130	36	94	216	
电影和影视节目制作	745	42	703	1001	524
电影放映	2607	1881	726	1178	675
文艺创作与表演	584	356	227	963	733
文物及非物质文化遗产保护	30202	26848	3354	2258	148
休闲健身活动	574	181	393	402	1
歌舞厅娱乐活动	163	35	128	378	147
网吧活动	1557	100	1457	1264	792
其他室内娱乐活动	361	288	73	147	138
游乐园	420	496	−76	1639	215

8-36续表4　　（2016年）　　单位：万元

指　　标	营业税金及附加	销售费用	管理费用	财务费用	投资收益
总　　计	**4473**	**35290**	**71053**	**35132**	**106**
公共电汽车客运	42	24	2173	37	
出租车客运	46	191	230	37	
公路旅客运输	205	0	2961	-37	
道路货物运输	1430	1439	2083	801	
客运汽车站	25		937	6	
公路管理与养护	2		134		
装卸搬运	4	47	94	1	
货物运输代理	91	383	543	5475	
谷物仓储	22	877	2185	2608	
其他农产品仓储		11	92		
其他仓储业	3	131	360	354	
邮政基本服务	221		5105	168	
快递服务	1		467	2	
移动电信服务	435	18485	7875	84	
互联网信息服务	0		9		
其他互联网服务	1	2	32		
信息技术咨询服务	61		602		
数据处理和存储服务			79		
物业管理	51	193	836	4	
汽车租赁	14		10		
建筑工程机械与设备租赁	113	267	542	41	
其他机械与设备租赁	2		70		1
企业总部管理	312	844	3784	153	
投资与资产管理	470	1177	8564	22900	82
单位后勤管理服务	34	549	657		
其他企业管理服务	100		219	309	
其他专业咨询	47	1929	947	91	
广告业	52	182	339	121	
旅游管理服务	1		50	1	13
安全服务	73	732	7499	-1	
市场管理	5	4	21	38	
担保服务			241		

8-36续表5　　（2016年）　　单位：万元

指　　标	营业税金及附加	销售费用	管理费用	财务费用	投资收益
能源矿产地质勘查	2		499	-1	
工程管理服务	20		1527		
工程勘察设计	90	671	2947	12	
专业化设计服务	31	44	189	14	
摄影扩印服务			681		
水资源管理			79		
其他水利管理业	16		10	-23	
危险废物治理	6	111	122		
绿化管理	-8	8	178		
游览景区管理	115	3198	2197	608	9
家庭服务	10	161	277	7	
理发及美容服务	23	92	90	3	
洗浴服务	30		59	89	
保健服务	8		9		
殡葬服务	2	36	156		
其他居民服务业	34	25	47	28	
汽车修理与维护	40	189	854	576	
计算机和辅助设备修理	14	57	52	28	
其他未列明服务业	1	10	77	4	
职业技能培训	7	15	50	12	
其他未列明教育	21	180	203	34	
综合医院	11	184	7257	206	
专科医院		293	1066	21	
老年人、残疾人养护服务	4	165	43		
电影和影视节目制作	42	102	117	104	
电影放映	61	248	316	-1	
文艺创作与表演		62	141	3	1
文物及非物质文化遗产保护	21	734	1122	205	
休闲健身活动	1	199	337	2	
歌舞厅娱乐活动	4	178	47	5	
网吧活动	1	12	75	1	
其他室内娱乐活动		15	21	1	
游乐园	3	836	471	4	

8-36续表6 （2016年） 单位：万元

指 标	营业利润	营业外收入	营业外支出	利润总额	应交所得税
总 计	**74090**	**14064**	**3096**	**85045**	**2648**
公共电汽车客运	-4689	2577	16	-2128	21
出租车客运	431			431	40
公路旅客运输	3828	580	15	4393	4
道路货物运输	5200	21	12	5210	582
客运汽车站	-54	53	1	-1	4
公路管理与养护	68		24	44	
装卸搬运	-7		4	-10	5
货物运输代理	-4655	1	14	-4668	1
谷物仓储	-8368	9168	35	766	17
其他农产品仓储	46			46	
其他仓储业	365		9	356	45
邮政基本服务	-1141	1	22	-1162	
快递服务	-18	4	1	-13	1
移动电信服务	8441	128	1405	7163	15
互联网信息服务	-1			-1	
其他互联网服务	-27			-27	
信息技术咨询服务	-51	25	18	-44	
数据处理和存储服务	-4			-4	
物业管理	-22		1	-22	16
汽车租赁	2			2	
建筑工程机械与设备租赁	457			457	120
其他机械与设备租赁	12			12	3
企业总部管理	663	17	35	646	173
投资与资产管理	66598	751	713	66621	401
单位后勤管理服务	-82	8		-75	
其他企业管理服务	371	6	101	276	
其他专业咨询	63	2		65	
广告业	261			261	9
旅游管理服务	33			33	1
安全服务	39		10	29	33
市场管理	14			14	
担保服务		3		2	

指　　标	营业利润	营业外收入	营业外支出	利润总额	应交所得税
能源矿产地质勘查	405	3	2	405	105
工程管理服务	150	2	26	125	93
工程勘察设计	1425	12	1	1437	330
专业化设计服务	205			205	47
摄影扩印服务	-15			-15	4
水资源管理	13			13	1
其他水利管理业	6			6	1
危险废物治理	41		3	38	9
绿化管理	-32	1		-31	-2
游览景区管理	1517	75	39	1552	338
家庭服务	151			152	30
理发及美容服务	89			89	22
洗浴服务	8			8	2
保健服务	-4			-4	
殡葬服务	30		13	17	2
其他居民服务业	236			236	13
汽车修理与维护	-573	4	2	-571	26
计算机和辅助设备修理	46			46	10
其他未列明服务业	46			47	12
职业技能培训	14			14	9
其他未列明教育	194		20	174	43
综合医院	1947	539	537	1950	3
专科医院	41		3	38	1
老年人、残疾人养护服务	4	11	8	7	
电影和影视节目制作	113	50		163	15
电影放映	-124	16	3	-111	1
文艺创作与表演	26			26	2
文物及非物质文化遗产保护	30		2	28	10
休闲健身活动	-138			-138	1
歌舞厅娱乐活动	-2			-2	3
网吧活动	384			384	
其他室内娱乐活动	-27			-27	
游乐园	109	6	2	113	28

指　　标	应付职工薪酬（本年贷方累计发生额）	应交增值税	从事服务业活动的从业人员平均人数（人）
总　　计	**102835**	**12774**	**22714**
公共电汽车客运	4927	91	1402
出租车客运	1703	149	565
公路旅客运输	6691	185	1977
道路货物运输	5594	2978	1926
客运汽车站	805	32	293
公路管理与养护	110	25	15
装卸搬运	129	6	58
货物运输代理	771	18	177
谷物仓储	1651	90	337
其他农产品仓储	110		41
其他仓储业	428	30	102
邮政基本服务	4048	114	662
快递服务	209	18	60
移动电信服务	19300	5881	3602
互联网信息服务	2		1
其他互联网服务	38		6
信息技术咨询服务	42	21	14
数据处理和存储服务	15		5
物业管理	1599	38	693
汽车租赁	115		51
建筑工程机械与设备租赁	498	425	190
其他机械与设备租赁	62	2	20
企业总部管理	3411	255	563
投资与资产管理	5709	94	1147
单位后勤管理服务	932	73	235
其他企业管理服务	1650	402	450
其他专业咨询	1126	133	178
广告业	267		117
旅游管理服务	46		20
安全服务	2847	5	1051
市场管理	109	1	26
担保服务	73		25

指　　标	应付职工薪酬（本年贷方累计发生额）	应交增值税	从事服务业活动的从业人员平均人数（人）
能源矿产地质勘查	1137	38	184
工程管理服务	1060	172	237
工程勘察设计	2312	519	387
专业化设计服务	847	137	142
摄影扩印服务	225	3	50
水资源管理	79	4	50
其他水利管理业	59		16
危险废物治理	163	18	53
绿化管理	164	2	43
游览景区管理	1627	293	438
家庭服务	364	80	138
理发及美容服务	150	14	60
洗浴服务	82	32	42
保健服务	60	1	20
殡葬服务	156		52
其他居民服务业	694	102	275
汽车修理与维护	1023	150	185
计算机和辅助设备修理	61		14
其他未列明服务业	130	9	46
职业技能培训	119	2	52
其他未列明教育	111	5	28
综合医院	22884	2	2816
专科医院	994	1	261
老年人、残疾人养护服务	104		58
电影和影视节目制作	215	40	58
电影放映	346	25	104
文艺创作与表演	689	0	127
文物及非物质文化遗产保护	801	31	400
休闲健身活动	172	1	101
歌舞厅娱乐活动	78	1	30
网吧活动	182	1	61
其他室内娱乐活动	32	22	19
游乐园	701	8	158

8-37 分县市规模以上营利性服务业分行业大类营业收入

（2016年）　　单位：万元

指　　标	单位数（个）	全市	湖滨区	陕州区	渑池县	义马市	灵宝市	卢氏县	开发区	产业集聚区
总　　计	**76**	**280148**	**104181**	**14232**	**4897**	**8408**	**50933**	**153**	**85453**	**11892**
互联网和相关服务	2	57	57							
软件和信息技术服务业	3	1142	99							1044
租赁业	7	6227	418	230		5579				
商务服务业	25	253360	100564	8834	1544	392	47632		85453	8942
居民服务业	9	6404	573	1196		1371	1359			1906
机动车、电子产品和日用产品修理业	10	3440	329	1372	969	449	321			
其他服务业	1	287					287			
广播、电视、电影和影视录音制作业	5	2179	1406		773					
文化艺术业	6	3222		923	346	618	1336			
体育	2	402	363	39						
娱乐业	6	3429	373	1639	1264			153		

主要统计指标解释

社会消费品零售总额 指企业（单位、个体户）通过交易直接售给个人、社会集团非生产、非经营用的实物商品金额，以及提供餐饮服务所取得的收入金额。个人包括城乡居民和入境人员，社会集团包括机关、社会团体、部队、学校、企事业单位、居委会或村委会等。

商品购进额 指从本企业以外的单位和个人购进（包括从国外直接进口）作为转卖或加工后转卖的商品金额（含增值税）。本指标反映批发和零售业从国内外市场上购进商品的总价。商品购进包括：（1）从工农业生产者、批发和零售业企业、住宿和餐饮业企业、出版社或报社的出版发行部门和其他服务业企业购进的商品；（2）从机关团体、事业单位购进的商品；（3）从海关、市场管理部门购进的缉私和没收的商品；（4）从居民收购的废旧商品等。不包括：（1）企业为本单位自身经营用，不是作为转卖而购进的商品，如材料物资、包装物、低值易耗品、办公用品等；（2）未通过买卖行为而收入的商品，如接受其他部门移交的商品、借入的商品、收入代其他单位保管的商品、其他单位赠送的样品、加工回收的成品等；（3）经本单位介绍，由买卖双方直接结算，本单位只收取手续费的业务；（4）销售退回和买方拒付货款的商品；（5）商品溢余。购进的各种商品，不论是否进入本单位仓库，凡是通过本企业结算货款的，都包括在内。从国内购进的商品，以进货全价计算商品购进，包括原始进价（或农副产品收购价）和购入环节缴纳的各项税金（包括增值税），企业购进商品发生的购进折扣、退回和折让，及购进商品发生的经确认的索赔收入，冲减商品购进金额。进口商品的国外进价按到岸价格（CIF）、折合成人民币计算，如果对外合同以离岸价格（FOB）成交，商品离开对方口岸后，应由我方企业负担的各项费用也包括在商品购进的金额内，但不包括到达我国口岸后发生的各项费用，收入的进口佣金冲减购进金额，不包括不易按商品认定的佣金金额。企业委托其他单位代理进口的商品，其购进金额为实际支付给代理单位的全部价款。

商品销售额 指对本单位以外的单位和个人出售的商品金额（包括售给本单位消费用的商品，含增值税），本指标反映批发和零售业在国内市场上销售商品以及出口商品的总量。商品销售包括：（1）售给城乡居民和社会集团消费用的商品；（2）售给农业、工业、建筑业、运输邮电业、服务业、公用事业等国民经济各行业用于生产、经营用的商品，包括售予批发和零售业作为转卖或加工后转卖的商品；（3）对国（境）外直接出口的商品。商品销售不包括：（1）未通过买卖行为付出的商品，如随机构变动移交给其他企业单位的商品、借出的商品、归还受其他单位委托代保管的商品、付出的加工原料和赠送给其他单位的样品等；（2）经本单位介绍，由买卖双方直接结算，本单位只收取手续费的业务；（3）购货退回的商品；（4）商品损耗和损失；（5）出售本单位自用的废旧物资。商品销售是指商品已经售出、商品所有权已经转移给买方后，以收到货款或取得收取货款的证据时作为商品销售。（1）采取直接收款方式的，在实际收到货款或取得收款的凭证时作为商品销售；采取托收承付和委托银行收款结算方式的，在发出商品并办妥托收手续时作为商品销售；采用分期收款方式的，按合同约定的收款日期作为商品销售；采用预收货款方式的，在商品发出时作为商品销售；（2）委托其他单位代销商品，以收到代销单位的销售清单时作为商品销售。在交款提货的情况下，如货款已经收到，只要账单和提货单已经交给买方，不论商品是否发出，都应作为商品销售；（3）出口商品销售，陆路以取得承运货物收据或铁路联运运单、海运以取得出口装船提单、空运以取得运单并在银行办理了交单作业作为商品销售。预收货款不通过银行交单的，取得以上提单、运单后作为商品销售。出口商品一律以离岸价（FOB）计算商品销售，如按到岸价（CIF）对外成交的，应扣除商品离境后发生的由我方负担的国外运费、保险费、佣金（不包括不易按商品认定的累计佣金）、银行财务费和对外理赔款等作为商品销售；（4）自营进口商品销售，企业与境内用户签订合同实行货到结算的，在商品到达我国境内港口取得船舶到港通知，企业向订货单位开出结算凭证时作为商品销售；合同规定对境内实行单向结算的，企业凭境外账单向订货单位开出结算凭证时作为商品销售；已先期到达并存放在相应的仓储企业单位库存的进口商品，企业凭出库单向用户开出结算凭证后作为商品销售。

批发额　指售给国民经济各行业用于生产、经营用的商品金额。商品批发包括：（1）售给农业、工业、建筑业等行业用于生产的各种机器设备、工具、原料、材料、燃料、建筑材料，售给农民的农业生产资料，售给交通运输、仓储和邮政业用于业务活动的设备、车辆和燃料等；（2）售给计算机服务和软件业、科研和地质勘查业、水利环境和公共设施管理业等行业用于生产经营、勘察设计、科研试验等业务经营使用的商品，售给批发和零售业、住宿和餐饮业使用的各种设备、工具、原材料、燃料、仓储运输用的商品；（3）售给居民服务业和其他服务业各种营业用品，如售给理发业的理发工具、毛巾等，日用品修理业的设备、工具、材料、零配件等，售给民政部门救灾用的商品等；（4）售给批发和零售业作为转卖用的商品；售给餐饮业用于烹饪、调制加工后出售的商品和转卖的商品；售给服务业转卖的商品；（5）出口的商品。

零售额　指售给城乡居民用于生活消费和社会集团用于公共消费的商品金额。商品零售包括：（1）售给城乡居民的各种生活消费品，售给入境旅游的外国人、华侨、港澳台同胞的各类商品；（2）售给行政事业单位、社会团体、军队和武警等机构的商品，以及以零售方式售给各类企业的商品。具体包括：用于非生产和社会交往的办公用品，如通讯设备、计算器具和设备、电讯网络设备、文印设备、音像视听器材和设备、纸张、本册、文具及装订文印材料、家具、日用电器、针纺织品、清洁卫生用品、文体用品、奖品、纪念品、礼品等；供内部人员乘坐的交通工具和燃料；用于办公设施修缮的各类配件、材料、工具等；用于取暖和防暑降温的设备、燃料、材料及食品等；专用于教学的用品和设备；非营利医疗机构的中、西药品、中药材和医疗设备器材；非专用的劳动保护用品；不对外营业的内部食堂用的餐具、炊具、设备、清洁卫生工具和食品、燃料等；军队、武警用于其人员生活的衣着品和个人用品；其他各类非生产性设备和用品。商品零售不包括：（1）售给城乡居民已确知是用于生产、经营的商品；（2）售给各类农业生产者的生产资料类商品，如农机、农药化肥、农膜、种子饲料等商品；（3）售给企业单位生产用具及生产上专用的劳动保护用品。

期末商品库存额　对于批发和零售业法人企业和个体经营户，是指取得所有权的全部商品金额（含增值税）；对于批发和零售业产业活动单位，是指期末实际在库且归属法人具有所有权的全部商品金额（含增值税）。这个指标反映批发和零售业的商品库存情况，以及对市场商品供应的保证程度。库存商品包括：（1）存放在本单位（如门市部、批发站、采购站、经营处）的仓库、货场、货柜和货架中的商品；（2）挑选、整理、包装中的商品；（3）已记入购进而尚未运到本单位的商品，即发货单或银行承兑凭证已到而货未到的商品；（4）寄放他处的商品，如因购货方拒绝付款而暂时存在购货方的商品；（5）委托其他单位代销（未作销售或调出）尚未售出的商品；（6）代其他单位购进尚未交付的商品。库存商品不包括：（1）所有权不属于本单位的商品，如商品已作销售但买方尚未取走的商品，代替他人保管、运输、加工的商品，代其他单位销售（未做购进或调入）而未售出的商品；（2）委托外单位加工的商品（包括本单位所属加工厂和其他生产单位加工生产尚未收回成品的商品）；（3）外贸企业代理其他单位从国外进口，尚未付给订货单位的商品；（4）代国家储备部门保管的商品。库存商品金额可以采用进价或售价进行核算。采用进价核算的商品，应按商品进货原则（或实际采购成本）计算期末库存；采用售价核算的商品，应按商品的售价计算期末库存。购入的商品，在商品到达验收入库后计算期末库存（对已记入购进尚未运到的商品，也可计算期末库存）；对于月终尚未开出承兑商业汇票的入库商品，按应付给供货单位的价款暂估计算期末库存；年度终了，凡已转入库存和已作销售的进口商品，属于国外以离岸价格成交、有应付未付国外运保费的，应先估计期末库存，委托其他单位代销的商品包括在期末库存中；委托外单位加工的商品，在发出商品时作减少期末库存，当加工商品收回时增加期末库存（包括商品进货原价、加工费用、加工税金等）。

营业额　指住宿和餐饮业单位在经营活动中因提供服务或销售商品等取得的全部收入，包括：客房收入、餐费收入、商品销售额（含增值税）和其他收入。不包括法人企业附营的其他行业产业活动单位的餐费收入、商品销售收入等各项收入。

客房收入　指住宿和餐饮业单位在经营活动中因提供住宿服务取得的收入。不包括法人企业附营的其他行业产业活动单位的客房收入。

餐费收入　指住宿和餐饮业单位因为顾客提供就餐服务取得的收入。包括：经烹饪、调制加工后出售的各种食品。不包括法人企业附营的其他行业产业活动单位的餐费收入。

商品销售额　指住宿和餐饮业单位出售商品的销售总额（含增值税）。不包括法人企业附营的其他行业产业活动单位的商品销售额。

其他收入　指营业额中除客房收入、餐费收入、商品销售额（含增值税）以外的其他收入。

客房数　指住宿和餐饮业连锁门店提供住宿服务的房间数，该指标按报告期内正常情况下的实有数统计。

床位数　指住宿和餐饮业连锁门店供应旅客使用的床位数，不包括临时加床和门店内部工作人员使用的床位。该指标按报告期内正常情况下的实有数统计。

餐位数　指住宿和餐饮业连锁门店为顾客提供就餐服务时，正常可同时容纳就餐人员的餐位数量，不包括临时加的餐位。该指标按报告期内正常情况下的实有数统计。

购进量　指从本单位以外的单位或个人购买和调入（开具正式发票，下同）的商品数量。购进的各种商品，不论是否进入本单位仓库，凡是通过本单位结算货款的，都统计在商品购进量中。

销售量　指销售和调出（开具正式发票，下同）给本单位以外的单位或个人的商品数量。销售的各种商品，凡是收到货款或取得收款凭证的，都统计在商品销售量中。

库存量　是指本单位已取得所有权的全部商品数量。商品库存量必须按照规定时点核算，期初库存量指报告期第一天零时的实际库存量，期末库存量指报告期最后一天24时的实际库存量。

连锁总店（总部） 负责连锁企业资源（商号、商誉、经营模式、服务标准、管理模式等等）的开发、配置、控制或使用等功能的企业核心管理机构。连锁经营是指经营同类商品或服务，使用统一商号的若干店铺，在同一总店（总部）的管理下，采取统一采购或特许经营等方式，实现规模效益的组织形式，包括直营连锁、特许连锁和自愿连锁三种形式。

亿元以上商品交易市场 指年成交额在亿元及以上的商品交易市场。商品交易市场是指经有关部门和组织批准设立，有固定场所、设施，有经营管理部门和监管人员，若干市场经营者入内，常年或实际开业三个月以上，集中、公开、独立地进行生活消费品、生产资料等现货商品交易以及提供相关服务的交易场所，包括各类消费品市场、生产资料市场等。

进（出）口总值 指有进出口经营权的企业的进（出）口总值。包括各种贸易方式和各类商品的进（出）口总值。

进出口国家（地区） 进口货物统计原产国，出口货物统计最终目的地国。原产国：指进口货物生产、开采或加工制造的国家（地区）。对经过两个以上国家（地区）加工制造的进口货物，则以最后一个对货物进行经济上可以视实质性加工的国家（地区）作为该货物的原产国。原产国确实不详时，按“国别不详”统计。最终目的地国：指出口货物已知的消费、使用或进一步加工制造国家（地区），包括直接使用或进行加工的国家（地区）。最终目的地国不能确定时，按货物出口时尽可能预知的最后运往国（地区）统计。

外商直接投资 外商直接投资是指投资者为了在本国以外兴建企业以求通过生产经营获取资本与市场而进行的投资。

接待国际旅游者人数 是反映每一个经营国际旅游业的部门、单位和地区实际接待的国际旅游者的人数。不包括下列人员：①应邀来华访问的政府部长以上官员及其随行人员；②外国驻华使领官员、外交人员以及随行的家庭服务人员和受赡养者；③常驻我国一年以上的外国专家、留学生、记者、商务机构人员等；④乘坐国际航班过境不需要通过护照检查进入我国口岸的中转旅客；⑤边境地区往来的边民；⑥回大陆定居的港澳台同胞；⑦已在我国定居的外国人和原已出境又返回在我国定居的外国侨民；⑧归国的我国出国人员。

接待国际旅游者收入 指来华旅游的海外游客（包括来华旅游的外国人、华侨、港澳台胞和台湾同胞）在大陆（省、区、市）旅游过程中由游客或游客的代表交由宾馆支付的一切旅游支出。旅游支包括海外旅游者和一日游游客在宾馆（酒店、饭店）居住期间，由宾馆组织的游程中行、游、住、吃、购、娱等方面的旅游支出，但不包括以商业为目的的购物、购买房、地、车、船等资本性或交易性的投资、馈赠亲友的现金以及为公共机构的捐赠。国际旅游收入分为商品性收入和劳务性收入两种。

批发和零售业统计限额标准

行业类别	统计指标名称	限额标准
批发业	年主营业务收入	2000万元
零售业	年主营业务收入	500万元

住宿和餐饮业统计限额标准

行业类别	统计指标名称	限额标准
住宿业	年主营业务收入	200万元
餐饮业		

服务业统计行业分类 铁路运输业、道路运输业、水上运输业、航空运输业 、管道运输业、装卸搬运和运输代理业、仓储业 、邮政业、电信、广播电视和卫星传输服务、互联网和相关服务、软件和信息技术服务业、物业管理、 房地产

中介服务、租赁业、商务服务业、研究和试验发展、专业技术服务业、科技推广和应用服务业、水利管理业、态保护和环境治理业、公共设施管理业、居民服务业、机动车、电子产品和日用产品修理业、其他服务业、教育、卫生、社会工作、新闻和出版业、广播、电视、电影和影视录音制作业、文化艺术业、体育、娱乐业。

服务业统计限额标准 年营业收入1000万元及以上，或期末从业人员50人及以上服务业法人单位。包括：交通运输、仓储和邮政业，信息传输、软件和信息技术服务业，租赁和商务服务业，科学研究和技术服务业，水利、环境和公共设施管理业，教育、卫生和社会工作以及物业管理、房地产中介服务等行业；年营业收入500万元及以上，或年末从业人员50人及以上服务业法人单位。包括：居民服务、修理和其他服务业，文化、体育和娱乐业。

财政、税务、金融

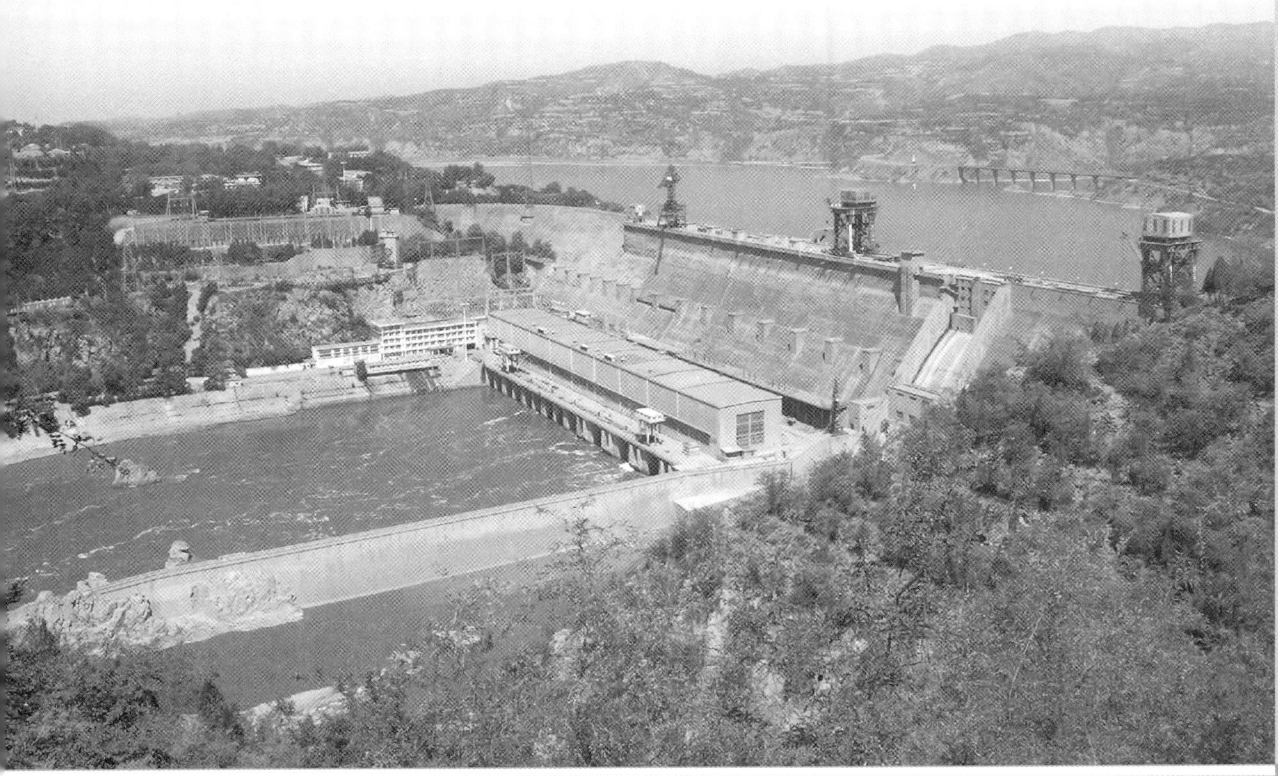

资料整理：李　超

资料审核：柴素妍

数据要览

◆2016 年地方财政收入	1184280 万元	比上年增长 10.1%
◆2016 年地方财政支出	2115752 万元	比上年增长 8.9%
◆2016 年末金融机构各项存款余额	1143.23 亿元	比上年增长 10.2%
◆2016 年末金融机构各项贷款余额	701.12 亿元	比上年增长 4.4%
◆2016 年末城乡居民储蓄存款余额	738.40 亿元	比上年增长 12.7%

金融机构存贷款余额

单位：亿元

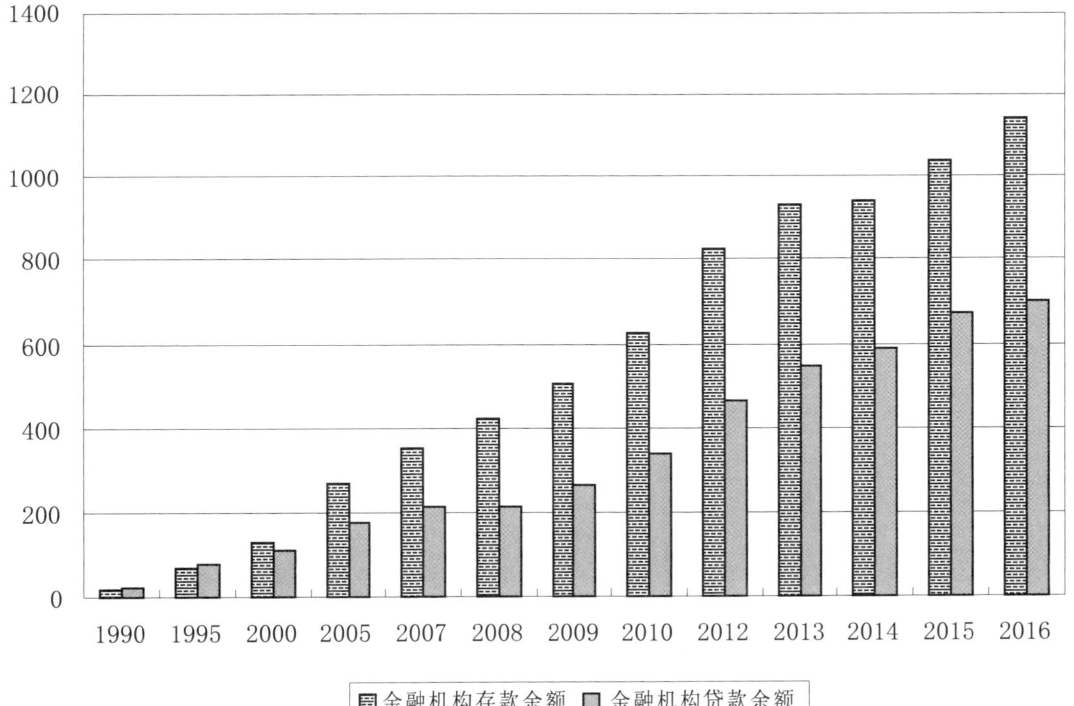

9-1 主要年份财政收支

年份	财政收入	#市本级	比重（%）	财政支出	#市本级	比重（%）
1952	944			365		
1957	1231			609		
1962	1470			1311		
1965	**1789**			**1411**		
1970	**2781**			**2741**		
1975	**4545**			**2484**		
1976	3884			2588		
1977	5196			2793		
1978	6359			3724		
1979	6280			4465		
1980	**6960**			**4085**		
1981	7598			4480		
1982	7849			5405		
1983	7738			6123		
1984	7787			6705		
1985	**9192**			**9808**		
1986	9756	4860	49.8	16068	7170	44.6
1987	11558	5124	44.3	16629	5540	33.3
1988	14930	6264	42	18698	6208	33.2
1989	16969	6174	36.4	22155	6955	31.4
1990	**17988**	**6061**	**33.7**	**23397**	**7447**	**31.8**

9-1续表 单位：万元

年　份	财政收入	#市本级	比重（%）	财政支出	#市本级	比重（%）
1991	19550	6120	31.3	23397	7319	29.4
1992	22066	6128	27.8	28923	8626	29.8
1993	30388	8539	28.1	35307	9792	27.7
1994	(39523)					
1994	24833	6252	25.2	42747	14179	33.2
1995	**34627**	**7723**	**22.3**	**53807**	**17289**	**32.1**
1996	44366	8816	19.9	64662	20996	32.5
1997	58546	15743	26.9	85127	30892	36.3
1998	67495	18130	26.9	90838	30214	33.3
1999	77434	20561	26.6	106882	33939	31.8
2000	**88025**	**23245**	**26.4**	**124863**	**41378**	**33.1**
2001	91384	25354	27.7	136701	44645	32.7
2002	82941	26922	32.5	172147	51293	29.8
2003	94571	30896	32.7	191779	59949	31.3
2004	131977	38154	28.9	251344	74020	29.4
2005	**180765**	**43371**	**24.0**	**339269**	**80036**	**23.6**
2006	232557	50221	21.6	410040	105641	25.8
2007	372078	116336	31.3	605519	160718	26.5
2008	481063	111464	23.2	793198	187526	23.6
2009	532025	143494	27.0	1014570	248398	24.5
2010	**663984**	**151743**	**22.9**	**1129943**	**285930**	**25.3**
2011	810637	213330	26.3	1459855	398215	27.3
2012	946600	199841	21.1	1632401	467187	28.6
2013	1085535	278131	25.6	1870445	554861	29.7
2014	1208641	232792	19.3	2005683	497533	24.8
2015	**1075504**	**208450**	**19.4**	**1943041**	**473305**	**24.4**
2016	1184280	257663	21.8	2115752	508003	24.0

注：财政收入1993年以前为分税制前老口径，1994年以后为分税制后新口径，括号内为老口径，2015年后为营改增新口径。

9-2 分县市地方财政收入

（2016年） 单位：万元

指　　标	全　市	市本级	开发区	湖滨区	陕州区	义马市	渑池县	灵宝市	卢氏县
收入总计	**1184280**	**257663**	**18207**	**75307**	**146731**	**134607**	**231920**	**243044**	**76801**
公共财政预算收入	**1001216**	**163986**	**18207**	**75307**	**142888**	**127108**	**220288**	**198066**	**55366**
增值税	152867	25527	4481	12708	30708	12464	37382	18914	10683
营业税	85026	11448	2138	13069	7854	21233	10283	12085	6916
企业所得税	43288	17734	1436	2236	2860	1448	13510	2352	1712
个人所得税	13719	5018	504	1336	1433	1418	2073	1184	753
资源税	53284	4		5855	16914	1363	14367	13133	1648
城市维护建设税	28810	6912	761	2505	5201	3658	4717	4243	813
房产税	13630	1785	540	4165	1254	2096	1464	1776	550
印花税	11372	1012	220	1499	592	2960	751	4012	326
城镇土地使用税	20727	3453	431	3583	3404	2191	3588	3700	377
土地增值税	11298	145	401	5552	307	3080	619	1209	-15
车船税	38990	5	371	1925	32261	298	568	3452	110
耕地占用税	42001	14561	762	680	635	11535	8077	1394	4357
契税	155226	6626			5164	14171	57805	65073	6387
烟叶税	13646				1231		2475	4932	5008
专项收入	35453	12687	359	1182	4542	3190	5585	6640	1268
行政事业性收费收入	64653	28484	4	3599	7111	2033	1897	11107	10418
罚没收入	24501	10950	34	1238	990	974	3383	5194	1738
国有资本经营收入	71340	5443					50247	15650	
国有资源有偿使用	113193	7738	5765	13966	20221	42949	1293	20198	1063
捐赠收入	292	12		131	95				54
政府住房基金收入	4225	3942			45	40	198		
其他收入	3675	500		78	66	7	6	1818	1200
政府性基金收入合计	**183064**	**93677**			**3843**	**7499**	**11632**	**44978**	**21435**

9-3 地方财政收入

指　标	2015年		2016年		2016年比2015年增减(±%)
	绝对数（万元）	比重（%）	绝对数（万元）	比重（%）	
收入总计	**1075504**	**100.0**	**1184280**	**100.0**	**10.1**
公共财政预算收入合计	**929187**	**86.4**	**1001216**	**84.5**	**7.8**
增值税	197317	18.3	152867	12.9	-22.5
营业税	48907	4.5	85026	7.2	73.9
企业所得税	56644	5.3	43288	3.7	-23.6
个人所得税	14208	1.3	13719	1.2	-3.4
资源税	52124	4.8	53284	4.5	2.2
城市维护建设税	34056	3.2	28810	2.4	-15.4
房产税	14569	1.4	13630	1.2	-6.4
印花税	7255	0.7	11372	1.0	56.7
城镇土地使用税	20829	1.9	20727	1.8	-0.5
土地增值税	8314	0.8	11298	1.0	35.9
车船税	18974	1.8	38990	3.3	105.5
耕地占用税	23836	2.2	42001	3.5	76.2
契税	97789	9.1	155226	13.1	58.7
烟叶税	15411	1.4	13646	1.2	-11.5
专项收入	40572	3.8	35453	3.0	-12.6
行政事业性收费收入	46201	4.3	64653	5.5	39.9
罚没收入	23412	2.2	24501	2.1	4.7
国有资本经营收入	84845	7.9	71340	6.0	-15.9
国有资源有偿使用	106553	9.9	113193	9.6	6.2
捐赠收入			292		
政府住房基金收入	4963	0.5	4225	0.4	
其他收入	12162	1.1	3675	0.3	-69.8
政府性基金收入合计	**146317**	**13.6**	**183064**	**15.5**	**25.1**

9-4 分县市地方财政支出

（2016年）　　单位：万元

指　　标	全　市	市本级	开发区	湖滨区	陕州区	义马市	渑池县	灵宝市	卢氏县
支出总计	**2115752**	**508003**	**28155**	**139640**	**257342**	**165714**	**312471**	**440227**	**264200**
公共财政预算支出合计	**1868141**	**427389**	**19747**	**116080**	**232240**	**154282**	**294515**	**388396**	**235492**
一般公共服务	273636	43057	8082	21834	16331	47519	51622	70499	14692
国防	126	62		64					
公共安全	99122	39772	504	4890	10788	6145	11505	17193	8325
教育	369686	51513	3932	21990	69366	32659	74527	69607	46092
科学技术	20768	2141	486	219	4918	3237	6838	1673	1256
文化体育与传媒	26520	9905	59	620	1777	1394	4330	5122	3313
社会保障和就业	172015	36691	944	22291	29587	8507	22086	28874	23035
医疗卫生	191603	24324	774	11208	21231	10231	31311	68469	24055
节能环保	40337	10062	1136	398	5544	1759	5546	9053	6839
城乡社区事务	128432	49902	1668	4303	7898	9758	20220	24858	9825
农林水事务	250298	20899	1480	11815	47790	4791	52395	43022	68106
交通运输	107219	72694		1313	6330	1803	4689	7846	12544
资源勘探电力信息等事务	46113	2924	12	654	1258	21668	1845	17136	616
商业服务业等事务	10403	3318	50	818	2074	94	790	1828	1431
金融监管支出	300	110		3	11	25	50	101	
国土资源气象等事务	12399	1479	11	274	811	462	2758	951	5653
住房保障支出	85746	37107	510	12931	5841	2941	2692	17873	5851
粮油物资管理事务	5688	1671			685	439	1121	964	808
债务付息支出	8196	6933						548	715
其他支出	19534	12825	99	455		850	190	2779	2336
政府性基金支出	**247611**	**80614**	**8408**	**23560**	**25102**	**11432**	**17956**	**51831**	**28708**

9-5 地方财政支出

指　　标	2015年		2016年		2016年比2015年增减(±%)
	绝对数（万元）	比重（%）	绝对数（万元）	比重（%）	
支出合计	**1943041**	**100.0**	**2115752**	**100.0**	**8.9**
公共财政预算支出合计	**1732729**	**89.2**	**1868141**	**88.3**	**7.8**
一般公共服务	233990	12.0	273636	12.9	16.9
国防	214		126		-41.1
公共安全	86125	4.4	99122	4.7	15.1
教育	351137	18.1	369686	17.5	5.3
科学技术	18905	1.0	20768	1.0	9.9
文化体育与传媒	24571	1.3	26520	1.3	7.9
社会保障与就业	153242	7.9	172015	8.1	12.3
医疗卫生	186873	9.6	191603	9.1	2.5
环境保护	40581	2.1	40337	1.9	-0.6
城乡社区事务	108446	5.6	128432	6.1	18.4
农林水事务	219684	11.3	250298	11.8	13.9
交通运输	121109	6.2	107219	5.1	-11.5
资源勘探电力信息等事务	41726	2.1	46113	2.2	10.5
商业服务业等事务	12041	0.6	10403	0.5	-13.6
金融监管支出	2565	0.1	300		-88.3
援助其他地区支出					
国土资源气象等事务	17490	0.9	12399	0.6	-29.1
住房保障支出	45864	2.4	85746	4.1	87.0
粮油物资储备管理事务	4771	0.2	5688	0.3	19.2
债务付息支出	3175	0.2	8196	0.4	158.1
其他支出	55822	2.9	19534	0.9	-65.0
政府性基金支出合计	**210312**	**10.8**	**247611**	**11.7**	**17.7**

9-6 国税系统分行业税收收入

单位：万元

指　　标	2015年		2016年		2016年比2015年增减(±%)
	绝对数（万元）	比重（%）	绝对数（万元）	比重（%）	
税收收入合计：	**505434**	**100.0**	**505514**	**100.0**	**0.0**
第一产业	**250**		**521**	**0.1**	**108.4**
第二产业	**316254**	**62.6**	**253239**	**50.1**	**-19.9**
工业	309241	61.2	220508	43.6	-28.7
采矿业	38059	7.5	26548	5.3	-30.2
制造业	192229	38.0	140247	27.7	-27.0
电力、燃气和水的生产供应业	78953	15.6	53713	10.6	-32.0
建筑业	7013	1.4	32731	6.5	366.7
第三产业	**188930**	**37.4**	**251754**	**49.8**	**33.3**
#批发和零售业	126051	24.9	141269	27.9	12.1
交通运输、仓储和邮政业	15593	3.1	20014	4.0	28.4
住宿和餐饮业	3		669	0.1	22200.0
信息传输、软件和信息技术服务业	3602	0.7	4485	0.9	24.5
金融业	17230	3.4	35931	7.1	108.5
房地产业	861	0.2	18971	3.8	2103.4
租赁和商务服务业	1564	0.3	3344	0.7	113.8
文化、体育和娱乐业	220		258	0.1	17.3

9-7 地税系统分行业税收收入

单位：万元

指　　标	2015年		2016年		2016年比2015年增减(±%)
	绝对数（万元）	比重（%）	绝对数（万元）	比重（%）	
税收收入合计：	**520744**	**100.0**	**534853**	**100.0**	**2.7**
第一产业	**41**		**67**		**63.4**
第二产业	**251190**	**48.2**	**208540**	**39.0**	**-17.0**
工业	130962	25.1	133370	24.9	1.8
采矿业	84624	16.3	85569	16.0	1.1
制造业	35270	6.8	37725	7.1	7.0
电力、燃气和水的生产供应业	11068	2.1	10076	1.9	-9.0
建筑业	120228	23.1	75170	14.1	-37.5
第三产业	**269513**	**51.8**	**326246**	**61.0**	**21.1**
# 批发和零售业	36180	6.9	41735	7.8	15.4
交通运输、仓储和邮政业	3983	0.8	5377	1.0	35.0
住宿和餐饮业	3195	0.6	1682	0.3	-47.4
信息传输、软件和信息技术服务业	2802	0.5	1381	0.3	-50.7
金融业	51604	9.9	59369	11.1	15.0
房地产业	69433	13.3	145962	27.3	110.2
租赁和商务服务业	8412	1.6	4432	0.8	-47.3
文化、体育和娱乐业	291	0.1	167		-42.6

9-8 主要年份金融机构存贷款及居民储蓄存款年底余额

单位：万元

年份	各项存款合计	各项贷款合计	#短期贷款	#中长期贷款	城乡居民储蓄存款年底余额
1995	**735091**	**821594**	**406473**	**199047**	**537925**
1996	923163	1024761	520247	260942	667726
1997	1067753	1154967	775185	363393	776476
1998	1210355	1239838	845207	356038	908187
1999	1204024	1178202	861323	252160	1011952
2000	**1343377**	**1153795**	**859423**	**266319**	**1102780**
2001	1472031	1240877	883293	264222	1219751
2002	1681682	1408721	1041761	293205	1360879
2003	1964832	1563520	1126561	290285	1542151
2004	2325632	1634101	1184740	397214	1727047
2005	**2719164**	**1767209**	**1212555**	**512068**	**1990380**
2006	3176403	1988200	1287551	639150	2276127
2007	3545655	1928121	1160783	599260	2465912
2008	4218554	2144242	1127882	779159	2944861
2009	5089127	2642771	1242983	965732	3419863
2010	**6258406**	**3392390**	**1680495**	**1310849**	**3928245**
2011	6877021	3811827	2291778	1369499	4240689
2012	8250695	4673501	2829247	1644590	4921155
2013	9360311	5481601	3225025	2021715	5499153
2014	9422680	5870400	3192120	2347508	5860030
2015	**10375926**	**6717644**	**3783828**	**2591236**	**6553077**
2016	11432271	7011239	3887151	2835129	7383996

9-9 金融机构综合信贷收支情况

（年底数）　　单位：万元

指　　标	2015年		2016年		2016年比2015年增减(±%)
	绝对数	比重（%）	绝对数	比重（%）	
资金来源总计	**10310973**	**100.0**	**11262153**	**100.0**	**9.2**
各项存款	10375926	100.6	11432271	101.5	10.2
（一）境内存款	10375355	100.6	11431703	101.5	10.2
住户存款	6553077	63.6	7383996	65.6	12.7
非金融企业存款	2302352	22.3	2377481	21.1	3.3
广义政府存款	1506706	14.6	1664022	14.8	10.4
非银行业金融机构存款	13219	0.1	6203	0.1	-53.1
（二）境外存款	571		568		-0.5
应付及暂收款	249464	2.4	221181	2.0	-11.3
各项准备	224353	2.2	295537	2.6	31.7
所有者权益	282712	2.7	234940	2.1	-16.9
其他	-821483	-8.0	-921777	-8.2	12.2
资金运用总计	**10310973**	**100.0**	**11262153**	**100.0**	**9.2**
各项贷款	6717644	65.2	7011239	62.3	4.4
境内贷款	6717644	65.2	7011221	62.3	4.4
住户贷款	2356620	22.9	2285063	20.3	-3.0
短期贷款	1705112	16.5	1479896	13.1	-13.2
中长期贷款	651508	6.3	805166	7.1	23.6
非金融企业及机关团体贷款	4361023	42.3	4726158	42.0	8.4
短期贷款	2078716	20.2	2407255	21.4	15.8
中长期贷款	1939728	18.8	2029963	18.0	4.7
票据融资	307662	3.0	266707	2.4	-13.3
各项垫款	34917	0.3	22233	0.2	-36.3
境外贷款			18		
债券投资	629278	6.1	833147	7.4	32.4
股权及其他投资	73217	0.7	149317	1.3	103.9
联行往来（净）	2616172	25.4	2930871	26.0	12.0
外汇买卖	-218				
应收及预付款	102184	1.0	172833	1.5	69.1
固定资产	172696	1.7	164747	1.5	-4.6

9-10 分县市金融机构存贷款余额

单位：万元

县（市）区	金融机构存款			金融机构贷款		
	2015年	2016年	2016年比2015年增减(±%)	2015年	2016年	2016年比2015年增减(±%)
全　市	**10375926**	**11432271**	**10.2**	**6717644**	**7011239**	**4.4**
市　区	3384144	3438495	1.6	2356526	2639382	12.0
陕州区	1266680	1421790	12.2	900877	996547	10.6
义马市	1121929	1146009	2.1	849815	804927	-5.3
渑池县	1190563	1351142	13.5	612298	634259	3.6
灵宝市	2461565	2959393	20.2	1641867	1525049	-7.1
卢氏县	951045	1115442	17.3	356261	411075	15.4

9-11 分县市城乡居民储蓄存款年底余额

单位：万元

县（市）区	2015年		2016年		2016年比2015年增减(±%)
	绝对数	比重(%)	绝对数	比重(%)	
全　市	**6553077**	**100.0**	**7383996**	**100.0**	**12.7**
市　区	1744569	26.6	1924949	26.1	10.3
陕州区	780757	11.9	892313	12.1	14.3
义马市	594670	9.1	653962	8.9	10.0
渑池县	874539	13.3	979650	13.3	12.0
灵宝市	1853679	28.3	2127579	28.8	14.8
卢氏县	704863	10.8	805543	10.9	14.3

9-12 四家中资全国性银行人民币存贷款情况

（年底数） 单位：万元

指　　标	2015年		2016年		2016年比2015年增减(±%)
	绝对数	比重（%）	绝对数	比重（%）	
各项存款合计	**4793327**	**100.0**	**5077284**	**100.0**	**5.9**
（一）境内存款	4792758	100.0	5076718	100.0	5.9
个人存款	2794361	58.3	3106421	61.2	11.2
#活期储蓄存款	1185048	24.7	1332413	26.2	12.4
单位存款	1985177	41.4	1964095	38.7	-1.1
#活期存款	998998	20.8	1115971	22.0	11.7
非存款类金融机构存款	13219	0.3	6203	0.1	-53.1
（二）境外存款	569		565		-0.7
各项贷款合计	**3457867**	**100.0**	**3475467**	**68.5**	**0.5**
（一）境内贷款	3457867	100.0	3475449	68.5	0.5
短期贷款	1411048	40.8	1321932	26.0	-6.3
中长期贷款	1944752	56.2	1991886	39.2	2.4
票据融资	102067	3.0	161631	3.2	58.4
各项垫款					
（二）境外贷款			18		

9-13 分专业银行各项存贷款余额

（2016年底）　　单位：万元

指　　标	人民银行	工商银行	建设银行	农业银行	农业发展银　　行	中国银行	邮政储蓄银　　行
各项存款合计	**174655**	**938328**	**1537219**	**1513674**	**103822**	**1088063**	**1466080**
（一）境内存款	174655	938192	1537114	1513661	103822	1087752	1466077
个人存款		570219	990511	926811		618880	1175029
#活期储蓄存款		279861	393409	402331		256813	436548
单位存款		367529	546040	581656	103822	468870	291048
#活期存款		228846	293772	315733	101958	277620	249152
非存款类金融机构存款		444	563	5194		2	1
财政存款	174655						
（二）境外存款		136	104	13		312	3
各项贷款合计		**921679**	**1116763**	**646739**	**195374**	**790286**	**349240**
（一）境内贷款		921680	1116763	646739	195374	790268	349239
短期贷款		383073	193286	286711	157424	458862	141558
中长期贷款		538607	900009	316547	37950	236723	207681
票据融资			23468	43481		94682	
各项垫款							
（二）境外贷款						18	

9-14 农村信用社信贷收支情况

（年底数） 单位：万元

指　　标	2015年		2016年		2016年比2015年增减(±%)
	绝对数	比重（%）	绝对数	比重（%）	
资金来源总计	**1407813**	**100.0**	**1350934**	**100.0**	**-4.0**
各项存款	1239390	88.0	1218115	90.2	-1.7
（一）境内存款	1239390	88.0	1218115	90.2	-1.7
个人存款	1073236	76.2	1059130	78.4	-1.3
#活期储蓄存款	254903	18.1	261389	19.3	2.5
单位存款	166154	11.8	158985	11.8	-4.3
#活期存款	99862	7.1	127832	9.5	28.0
代理财政性存款			1356	0.1	
卖出回购资产	32000	2.3			
银行业存款类金融机构往来	2		2		0.0
应付及暂收款	44478	3.2	40303	3.0	-9.4
其他负债	1380	0.1	777	0.1	-43.7
所有者权益	90563	6.4	90381	6.7	-0.2
资金运用总计	**1407813**	**100.0**	**1350934**	**100.0**	**-4.0**
各项贷款	794460	56.4	678375	50.2	-14.6
短期贷款	670637	47.6	554728	41.1	-17.3
中长期贷款	123453	8.8	123647	9.2	0.2
票据融资					
各项垫款	370				
债券投资	176292	12.5	271621	20.1	54.1
股权及其他投资	120		30080	2.2	24966.7
买入返售资产	97900	7.0	39975	3.0	-59.2
存放中央银行存款	142358	10.1	117765	8.7	-17.3
缴存中央银行财政性存款	2689	0.2	1248	0.1	-53.6
银行业存款类金融机构往来	65086	4.6	101093	7.5	55.3
联行往来	20698	1.5	15337	1.1	-25.9
库存现金	9412	0.7	9724	0.7	3.3
应收及预付款	17316	1.2	20133	1.5	16.3
固定资产	46298	3.3	40562	3.0	-12.4
其他资产	90796	6.4	63537	4.7	-30.0

主要统计指标解释

财政收入　是国家通过财政各个环节筹集的财政资金的总称，它是保证国家行使其职能不可缺少的财力。主要包括：各项税收、企业收入、专款收入、其他收入、国家能源交通重点基金收入及国家预算调节基金。

1. 各项税收　是国家按法律规定对经济单位和个人无偿征收的实物和货币，是财政收入的主要来源。我国现行的税收主要有工商税收类、包括增值税、营业税、消费税、所得税、城市维护建设税、房产税、车船税、资源税、印花税等；耕地占用税类；企业所得税类和个人所得税类等。

2. 企业收入　包括国有企业及事业单位上交国家的利润和事业收入。

财政支出　是国家政权为行使其职能，对筹集的财政资金进行有计划的分配使用的总称。国家财政总支出，体现政府的活动范围和方向，反映财政资金的分配关系，财政总支出主要包括基本建设支出、企业挖潜改造资金、流动资金类、科技三项费用、工交商部门事业费、支援农村生产支出和各项农业事业费、文教科学卫生事业费、抚恤和社会救济费、国防费、行政管理费及其他支出等。

1. 基本建设支出　是指国家预算内的基本建设拨款，不包括国家预算外自筹的各种基本建设资金。基本建设基金分为经营性的和非经营性的两部分。各专业投资公司对经营性建设项目执行基本建设基金贷款，各主管部门对非经营性建设项目执行基本建设基金拨款。

2. 流动资金类　是指国家预算增拨各部门所属国有企业的流动资金和增拨银行的信贷资金。

3. 企业挖潜改造资金　是指国家预算安排用于企业挖潜、革新、改造方面的资金。企业用于挖潜、革新、改造方面的资金，主要来自企业的更新改造资金、大修理基金等自有资金及银行贷款，国家预算安排的挖潜、革新、改造资金主要用于支持重点行业的技术改造。

4. 文教、科学、卫生事业费　是指国家预算用于科学、文化、教育、卫生、公费医疗、体育、通讯和广播、地震、海洋、文物、计划生育等方面的事业费。

预算外资金　是指不纳入国家财政预算，由各地方、各事业行政单位，按国家规定范围自行筹集和使用的资金。它是国家财政预算内资金的补充财力。其收入来源，主要包括地方财政机关掌握使用的自筹资金，如工商税附加、城市公用事业附加等；事业行政单位自收自支和以收抵支未纳入预算管理的各项资金等。这些资金一般都有特定用途，主要是：基本建设或更新改造固定资产投资，支付城市维护费，职工福利和奖励支出，补充事业、行政经费，上交财政能源交通重点建设基金、预算调节基金和其他支出等。预算外资金的使用，也要纳入计划管理的轨道，不得擅自扩大使用范围。

财政用于农业的支出　指国家财政预算内资金安排用于农业的各项投资支出。包括：（1）对农垦、农业、畜牧、林业、农机管理、水利、水产、气象等部门的各项事业经费和基本建设、流动资金、科技三项费用等专项拨款；（2）支援农村集体（户）的各项生产支出，如小型农田水利和水土保持补助费、扶持农村经济困难的乡镇企业、农户改善生产基本条件的资金和农村开荒补助费、农村草场和畜禽保护补助费、农村造林和林木保护补助费、农村水产补助费、农业发展和发展粮食生产专项资金支出等；（3）农村社会救济费。

存款 企业、机关、团体或居民根据可以收回的原则，把货币资金存入银行或其他信用机构保管并取得一定利息的一种信用活动形式。分为财政存款、机关团体部队存款、城乡居民储蓄存款、农村存款、信托存款和其他存款等科目。

贷款 银行或其他信用机构根据必须归还的原则，按一定利率，为企业、个人等提供资金的一种信用活动形式。我国金融机构贷款分短期贷款、农业贷款、中长期贷款、信托贷款和其他贷款等科目。

城乡居民储蓄存款年底余额 包括城镇居民储蓄和农户储蓄两部分的年底余额，不包括工矿企业、部队、机关团体等集团存款。

城镇居民储蓄年底余额是指各银行的城镇居民储蓄、城市信用社居民储蓄及邮政储蓄等。

农户储蓄是指在农村信用社的农户储蓄。

承保额 又叫保险额。它是保险人对被保险人负担损失补偿或约定给付的金额，它是保险合同上的最高责任额，也是计算保费的依据。

保费 被保险人按其得到保险利益的保障程度（保险金额）的一定比率向保险人缴付的费用。

赔款 保险人对财产保险和保险事故给予的经济补偿或对人身保险的保险事故给付的保险金。分为已决赔款和未决赔款。

社会事业

资料整理：郑全秀

资料审核：李宏让

数据要览

◆2016 年各类普通学校在校学生	27.74 万人	比上年下降 1.3%
中等专业学校	1.11 万人	比上年下降 26.8%
普通中学	11.67 万人	比上年下降 2.7%
小学	14.95 万人	比上年增长 2.4%
◆2016 年卫生技术人员	14330 人	比上年增长 2.4%
◆2016 年卫生机构病床数	13653 张	比上年增长 1.8%
◆2016 年每万人拥有医生数	23.65 人	比上年增长 3.6%

每万人拥有医生数

单位：人

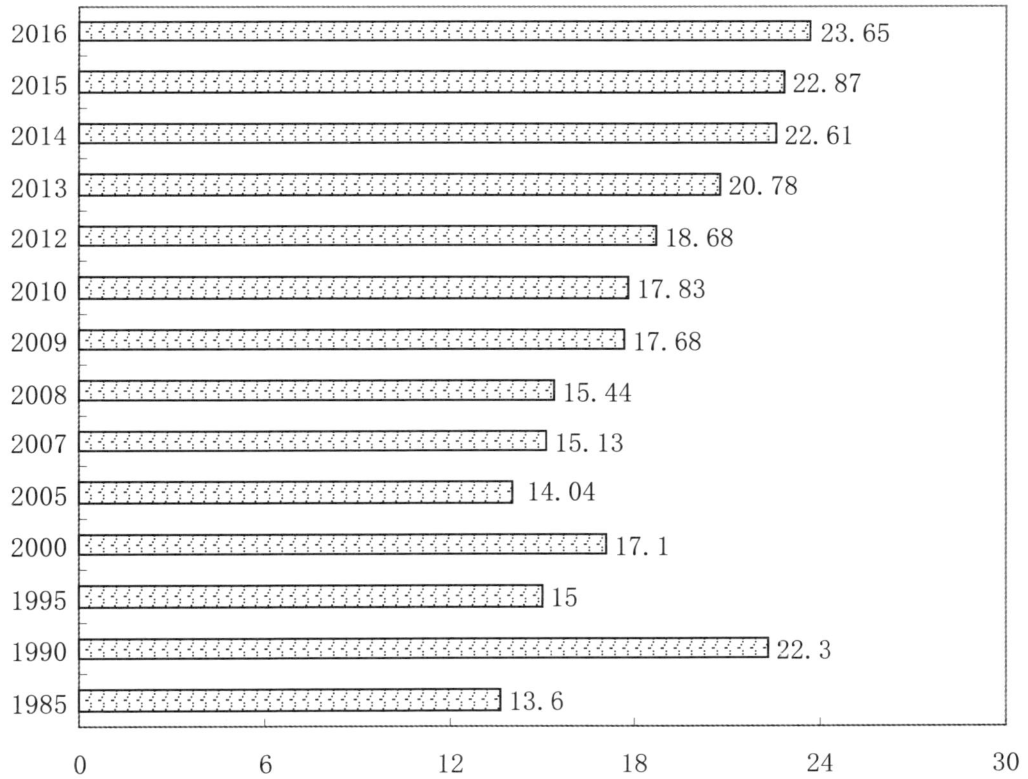

10-1 艺术表演团体基本情况

（2016年）

	年末从业人员（人）	演出次数（场）	# 到农村演出	国内演出观众人次（人次）	本年收入（千元）	#财政拨款	演出收入	总支出（千元）	#工资福利
合　　计	**285**	**1519**	**1373**	**2001400**	**13933**	**10278**	**2445**	**13765**	**8720**
三门峡市戏曲研究中心	62	185	179	148000	3546	2814	631	3378	2306
义马市豫剧团	45				353	353		353	353
渑池县曲剧团	60	450	360	855000	3424	1319	996	3424	1687
陕州区蒲剧团	39	290	240	232000	2490	2040	450	2490	1290
灵宝市蒲剧团	53	374	374	598400	3230	2862	368	3230	2226
卢氏县艺术团	26	220	220	168000	890	890		890	858

10-2 县以上文化部门剧场、影剧院基本情况

（2016年）

	年末从业人员（人）	座席数（个）	演出场次（场）	观众人次（人次）	本年收入（千元）	# 演出收入	#其他收入	总支出（千元）	#工资福利
合　　计	**81**	**6661**	**556**	**58100**	**894**	**462**	**302**	**889**	**635**
三门峡影剧院	13				202		202	197	147
义马市影剧院	5	886	480	35600	286	286		286	165
渑池县影剧院	17	1248	20	17000	124	124		124	61
陕州区影剧院	7	2000			100		100	100	100
灵宝市影剧院	24	1127			12			12	12
卢氏县人民会堂	15	1400	56	5500	170	40	130	170	150

10-3 公共图书馆基本情况

（2016年）

	年末从业人员（人）	本年新购藏量（册）	公用房建筑面积（平方米）	阅览室坐席数（个）	# 少儿阅览席	有效借书证数（个）	书架单层长度（米）
合　计	**101**	**50799**	**25322**	**2986**	**601**	**46274**	**22593**
三门峡市图书馆	17	30123	10684	1441	106	20176	9836
湖滨区公共图书馆	16	2350	2050	200	60	7188	1501
义马市图书馆	7	3400	2500	275	70	1350	340
渑池县图书馆	12	700	2700	300	120	1000	3600
陕州区图书馆	17	1600	2800	260	60	9600	3120
灵宝图书馆	20	9398	3055	360	125	2300	2332
卢氏县图书馆	12	3228	1533	150	60	4660	1864

10-3续表

（2016年）

	总藏量（册、件）	#古籍	#视听文献	#开架书刊	总流通人次	书刊文献外借册次	本年收入合计（千元）	本年支出合计（千元）
合　计	**1477096**	**26904**	**4617**	**1068254**	**1094332**	**1024446**	**9969**	**9720**
三门峡市图书馆	817608		2599	680488	332521	423355	2660	2465
湖滨区公共图书馆	50327	125	150	44111	42860	26558	840	840
义马市图书馆	104300	382	700	93500	41050	34580	415	415
渑池县图书馆	151200	2398	320	60000	202500	180300	1219	1219
陕州区图书馆	148816	8368	680	112700	142000	142000	2016	2016
灵宝图书馆	107691	13000	68	62500	180521	93000	1439	1439
卢氏县图书馆	97154	2631	100	14955	152880	124563	1380	1326

10-4 群众艺术馆、文化馆基本情况

（2016年）

	年末从业人员（人）	举办展览个数（次）	组织文艺活动（次）	举办训练班（次）	培训人次	藏书（册）	使用房屋建筑面积（平方米）	本年收入（千元）	#财政拨款
合　　计	**92**	**58**	**338**	**280**	**11290**	**1720**	**12516**	**10187**	**10187**
三门峡市群艺馆	21	8	60	40	1000			2679	2679
湖滨区文化馆	7	6	90	120	3250	220	1520	1200	1200
义马市文化馆	9	8	28	30	3250		2000	510	510
渑池县文化馆	16	12	36	30	2000		2700	1099	1099
陕州区文化馆	14	13	80	18	770	1500	3700	1766	1766
灵宝市文化馆	13	6	10	6	240		1596	1668	1668
卢氏县文化馆	12	5	34	36	780		1000	1265	1265

10-4续表

（2016年）

	本年支出（千元）	#工资福利	#社会保障费	#业务费	固定资产原值（千元）	由本馆指导的单位基本情况（个）			
						馆办老年大学	文化户（户）	农村集镇文化中心	群众业余文艺团队
合　　计	**10675**	**4468**		**2635**	**11707**	**4**			**64**
三门峡市群艺馆	2484	1010		550	1243	1			
湖滨区文化馆	1200	462		638	1400	1			18
义马市文化馆	510	318		80	179	1			1
渑池县文化馆	1099	584		279	2528				
陕州区文化馆	1766	845		248	2993	1			5
灵宝市文化馆	1668	695		434	1295				4
卢氏县文化馆	1948	572		406	2069				36

10-5 博物馆基本情况

（2016年）

	年末从业人员（人）	文物藏品（件）	#一级品	#二级品	#三级品	举办展览（个）	参观人次（人次）	#未成年人参观人次	承担的课题项目（个）
合　　计	**229**	**9287**	**221**	**568**	**1790**	**35**	**1223262**	**291312**	
三门峡市博物馆	50	4993	26	279	1099	5	270000	30000	
三门峡市文物陈列馆	14	34		1	7	3	11500	4200	
三门峡市虢国博物馆	84	4094	195	288	684	5	119857	70214	
渑池县博物馆	10					6	103000	47166	
八路军渑池兵站纪念馆	6					4	123000	4700	
渑池县仰韶文化博物馆	35	166				10	521000	99734	
灵宝市博物馆	30					2	74905	35298	

10-5续表

（2016年）

	固定资产原值（千元）	使用房屋建筑面积（平方米）	#展览用房	#库房	本年收入（千元）	#财政拨款	#事业收入	本年支出（千元）	#工资福利
合　　计	**29525**	**27275**	**14937**	**4351**	**18112**	**16691**	**1389**	**17663**	**7707**
三门峡市博物馆	6432	7345	4200	2905	6812	6812		5470	1831
三门峡市文物陈列馆	193	845	770		441	441		845	291
三门峡市虢国博物馆	19179	7200	5200	1200	7002	5582	1389	7491	3157
渑池县博物馆	3200	2880	1280		665	665		665	219
八路军渑池兵站纪念馆		905	257	123	403	403		403	200
渑池县仰韶文化博物馆		4600	2000	123	1419	1419		1419	871
灵宝市博物馆	521	3500	1230		1370	1370		1370	1138

10-6 文物保护管理基本情况

（2016年）

	年末从业人员（人）	文物藏品（件）	#一级品	#二级品	#三级品	举办展览（个）	参观人次（千人次）	考古发掘项目（个）
合　　计	**48**	**15508**	**3**	**176**	**3515**			
三门峡市文物钻探管理办公室	4							
渑池县文物保护管理委员会	18	2571		22	512			
卢氏县文物保护管理委员会	7	3762	1	23	598			
义马市鸿庆寺石窟保护所	1							
义马市文物管理所	4	868			121			
灵宝市文物管理所	7	8307	2	131	2284			
灵宝市铸鼎原文物保护管理所	7							

10-6续表　　（2016年）

	固定资产原值（千元）	使用房屋建筑面积（平方米）	#展览用房	#库房	本年收入（千元）	#财政拨款	本年支出（千元）	#工资福利
合　　计	**4311**	**2105**	**535**	**710**	**16816**	**16812**	**8372**	**1826**
三门峡市文物钻探管理办公室	38				306	306	306	201
渑池县文物保护管理委员会	114	320		160	3495	3495	3495	629
卢氏县文物保护管理委员会	1226	305		150	7817	7817	893	264
义马市鸿庆寺石窟保护所	7				82	82	82	45
义马市文物管理所	670				595	595	595	215
灵宝市文物管理所	2203	1200	435	400	1703	1699	890	360
灵宝市铸鼎原文物保护管理所	53	280	100		2818	2818	2111	112

10-7 分县市广播电视事业基本情况

（2016年）

项　　目	计量单位	全　市	市　区	义马市	渑池县	陕州区	灵宝市	卢氏县
广播电视机构								
市县广播电台	个	1	1					
市县电视台	个	1	1					
市县广播电视台	个	5		1	1	1	1	1
广播电视有线传输情况								
有线广播电视传输网络	公里	7049	1285	314	1800	1300	650	1700
有线广播电视用户	万户	29.07	8.87	1.78	5.56	3.50	6.78	2.57
农村有线广播电视用户	户	93683	7031	5325	41400	15000	11700	13227
系统内电视发射情况								
发射台数（一千瓦以上）	座	6	1	1	1	1	1	1
发射机（一千瓦以上）	部	14	2	1	3	1	4	3
发射机功率（一千瓦以上）	千瓦	14	2	1	3	1	4	3
电视综合覆盖人口	万人	223.60	30.31	16.68	34.86	32.30	74.12	35.33
电视综合人口覆盖率	%	97.85	100.00	100.00	97.98	93.43	99.20	96.37
有线电视入户率	%	39.34	93.85	33.85	44.60	29.63	31.29	19.46

10-8 主要年份各类普通学校数、教职工人数

年份	各类普通学校		中等专业学校		普通中学		小学	
	学校数（所）	教职工人数（人）	学校数（所）	教职工人数（人）	学校数（所）	教职工人数（人）	学校数（所）	教职工人数（人）
1952	1453	3477	4	91	6	189	1443	3197
1957	1635	4963	1	45	37	806	1597	4112
1962	2217	6960	1	52	32	926	2184	5982
1965	2262	7400	1	67	33	904	2228	6429
1970	3039	11112	1	44	546	2845	2492	8223
1975	3727	17609	1	98	562	6047	3164	11464
1978	3775	22471	1	134	784	9959	2990	12378
1980	**2720**	**23991**	**1**	**235**	**426**	**10634**	**2293**	**13122**
1981	1803	23340	5	221	328	9655	1470	13464
1982	1771	21708	1	220	367	8487	1403	13001
1983	1913	21895	1	215	341	8406	1571	13274
1984	1793	21340	2	225	342	8258	1449	12857
1985	**1761**	**21377**	**1**	**184**	**328**	**8242**	**1432**	**12951**
1986	1719	21590	1	154	332	8650	1386	12786
1987	1696	21896	2	179	306	8979	1388	12738
1988	1712	22159	2	248	291	9034	1419	12877
1989	1673	21712	1	194	290	8813	1382	12705
1990	**1610**	**21665**	**1**	**205**	**274**	**8872**	**1335**	**12588**
1991	1567	18269	1	197	231	8359	1335	9713
1992	1559	18196	1	211	221	8224	1337	9761
1993	1543	18100	2	244	214	8000	1327	9856
1994	1509	18809	2	269	202	8037	1305	10503

10-8续表

年份	各类普通学校		中等专业学校		普通中学		小学	
	学校数（所）	教职工人数（人）	学校数（所）	教职工人数（人）	学校数（所）	教职工人数（人）	学校数（所）	教职工人数（人）
1995	**1480**	**19240**	**2**	**279**	**190**	**7997**	**1288**	**10964**
1996	1485	20133	3	296	188	8270	1294	11567
1997	1488	20853	3	313	182	8635	1303	11905
1998	1466	22228	3	694	174	8827	1289	12707
1999	1480	25338	2	504	174	9268	1284	13100
2000	**1480**	**26220**	**2**	**443**	**171**	**9991**	**1288**	**13474**
2001	1595	26380	2	433	185	10467	1318	13138
2002	1403	24226	2	450	191	10568	1210	13126
2003	1369	24217	2	299	190	11310	1177	12608
2004	1328	23737	2	344	187	11527	1139	11866
2005	**1245**	**23700**	**4**	**542**	**176**	**11727**	**1065**	**11431**
2006	1089	22976	2	365	170	11456	917	11155
2007	1045	23879	8	1068	161	11522	876	11289
2008	927	23853	8	1072	144	11639	775	11142
2009	715	24135	8	1106	141	11639	566	11390
2010	**654**	**24129**	**8**	**1114**	**138**	**11654**	**508**	**11361**
2011	608	24014	7	941	131	12004	470	11069
2012	575	23999	7	936	130	12330	438	10733
2013	406	23678	7	930	128	12386	271	10362
2014	406	23347	7	943	128	12219	271	10185
2015	**382**	**23053**	**7**	**919**	**124**	**12151**	**251**	**9983**
2016	366	22628	7	917	125	11865	234	9846

10-9 主要年份各类普通学校在校学生数

单位：人

年　份	各类普通学校在校学生	中等专业学校	普通中学	小　学
1952	101483	1033	3562	96888
1957	130787	494	10902	119391
1962	147011	372	10073	136566
1965	172393	240	11316	160837
1970	254063	239	48009	205815
1975	378207	510	89876	287821
1978	407274	674	136000	270600
1980	**384416**	**1316**	**122000**	**261100**
1981	366870	970	107200	258700
1982	350709	909	97000	252800
1983	331665	965	95600	235100
1984	324942	1142	98300	225500
1985	**317737**	**1115**	**100922**	**215700**
1986	308305	1224	104687	202394
1987	299498	1398	108411	189689
1988	289482	1733	104285	183464
1989	279270	1579	100114	177577
1990	**273721**	**1668**	**98616**	**173437**
1991	271424	1741	97143	172540
1992	267771	1797	91334	174640
1993	272981	1890	87055	184036
1994	288693	2103	87913	198677

10-9续表

单位：人

年　份	各类普通学校在校学生	中等专业学校	普通中学	小　学
1995	**309182**	**2445**	**91182**	**215555**
1996	334362	2979	95827	235556
1997	355198	4605	99829	250764
1998	373111	6074	106785	260252
1999	403020	6839	122095	261086
2000	**406769**	**5355**	**141093**	**248061**
2001	433268	3761	154053	230979
2002	412234	3873	172807	235554
2003	403880	5811	173807	224262
2004	400230	7443	180348	212439
2005	**388745**	**8011**	**182703**	**198031**
2006	373648	7951	175684	190013
2007	380807	18943	172026	189838
2008	367323	21842	159470	186011
2009	370045	25748	157762	186535
2010	**355572**	**28787**	**146753**	**180032**
2011	335326	21018	138061	176247
2012	320450	20391	131661	168398
2013	296830	20028	125392	151410
2014	282015	16878	121637	143500
2015	**281138**	**15203**	**119932**	**146003**
2016	277423	11135	116749	149539

10-10 各级学校基本情况

（2016年）

指　　标	学校数（所）	学生数（人）			教职工人数（人）	
		毕业生数	招生数	在校生	合　计	# 专任教师
总　计	**735**	**100260**	**97724**	**372495**	**32342**	**27527**
市　区	114	26760	23283	83460	6657	5263
义马市	46	5662	4937	21740	2383	1795
渑池县	115	14728	14277	60762	4442	3924
陕州区	87	10220	11242	36185	3721	3256
灵宝市	276	29034	28537	116289	10681	9389
卢氏县	97	13856	15448	54059	4458	3900
按各级学校分组						
三门峡职业技术学院	1	5067	5710	15549	977	852
中等职业教育	21	9707	5386	16209	1861	1353
普通中等专业学校	7	6952	3731	11135	917	703
成人中等专业学校	6	464	308	932	305	170
职业高中	8	2291	1347	4142	639	480
基础教育	713	85486	86626	340737	29504	25322
普通中学	125	38326	37179	116749	11865	10516
普通高中	19	14095	14828	44039	4216	3757
普通初中	106	24231	22351	72710	7649	6759
小学	234	23431	28414	149539	9846	9900
幼儿教育	349	23700	20994	73967	7686	4814
特殊教育	5	29	39	482	107	92

10-11 分县市普通中学基本情况

（2016年）

项　　目	计量单位	全　市	市　区	义马市	渑池县	陕州区	灵宝市	卢氏县
学校数	**所**	**125**	**17**	**6**	**25**	**19**	**30**	**28**
高中	所	19	6	1	2	3	5	2
初中	所	106	11	5	23	16	25	26
班数	**个**	**2380**	**404**	**121**	**334**	**304**	**762**	**455**
高中	个	846	182	41	95	116	286	126
初中	个	1534	222	80	239	188	476	329
毕业生数	**人**	**38326**	**7430**	**1785**	**7164**	**4172**	**11774**	**6001**
高中	人	14095	3233	603	2023	1672	4614	1950
初中	人	24231	4197	1182	5141	2500	7160	4051
招生数	**人**	**37179**	**6705**	**1628**	**6681**	**4348**	**11990**	**5827**
高中	人	14828	2974	638	2120	2189	4578	2329
初中	人	22351	3731	990	4561	2159	7412	3498
在校学生数	**人**	116749	20099	5209	20839	13274	35907	21421
高中	人	44039	8536	1954	6341	6495	13921	6792
初中	人	72710	11563	3255	14498	6779	21986	14629
教职工人数	**人**	**11865**	**1793**	**688**	**1912**	**1715**	**3907**	**1850**
高中	人	4216	832	235	470	661	1431	587
#专任教师	人	3757	714	192	419	495	1422	515
初中	人	7649	961	453	1442	1054	2476	1263
#专任教师	人	6759	779	373	1106	879	2417	1205
每万人拥有在校高中学生	**人**	**192**	**282**	**117**	**177**	**186**	**185**	**184**
每万人拥有在校初中学生	**人**	**317**	**382**	**194**	**406**	**195**	**293**	**397**

10-12 分县市小学基本情况

（2016年）

项　　目	计量单位	全　市	市　区	义马市	渑池县	陕州区	灵宝市	卢氏县
学校数	所	234	31	10	43	26	94	30
班数	个	4178	520	220	772	491	1371	804
毕业生数	人	23431	3920	1556	4613	2201	7628	3513
招生数	人	28414	4844	1706	5457	2694	9169	4544
在校学生数	人	149539	25859	9962	30823	13486	49168	20241
教职工人数	人	9846	1491	664	1642	1095	3326	1628
#专任教师	人	9900	1395	688	1758	1226	3296	1537
每万人拥有在校小学生	人	652	854	595	862	387	655	550

10-13 分县市学龄儿童入学率

（2016年）

项　　目	计量单位	全　市	市　区	义马市	渑池县	陕州区	灵宝市	卢氏县
校内外学龄人口总数	人	145960	25684	9483	30073	13405	47376	19939
在校学龄人口数	人	145960	25684	9483	30073	13405	47376	19939
毛入学率	%	102	101	105	102	101	104	102
五年级在校学生	人	23950	4121	1606	4889	2043	7603	3688
小学毕业生数	人	23431	3920	1556	4613	2201	7628	3513
小学毕业班学生	人	19583	3995	1541	4570	2063	7414	3688

10-14 分县市幼儿教育和职业中学基本情况

（2016年）

项　　目	计量单位	全　市	市　区	义马市	渑池县	陕州区	灵宝市	卢氏县
幼儿教育情况								
幼儿园个数	所	349	56	27	44	39	148	35
幼儿教育班数	个	2702	485	229	302	269	1092	325
在园幼儿数	人	73967	13947	6308	7781	7302	28258	10371
教职工人数	人	7686	1662	683	755	653	3162	771
#专任教师	人	4814	1012	403	525	427	1984	463
职业中学情况								
学校数	所	21	8	3	2	2	3	3
普通中专	所	7	5			1		1
成人中专	所	6		2	1	1	1	1
职业高中	所	8	3	1	1		2	1
毕业生数	人	9707	5689	595	599	1338	1066	420
普通中专	人	6952	5422			1338		192
成人中专	人	464		150	314			
职业高中	人	2291	267	445	285		1066	228
招生数	人	5386	2050	55	471	1312	907	591
普通中专	人	3731	1927			1312		492
成人中专	人	308		55	253			
职业高中	人	1347	123		218		907	99
在校学生数	人	16209	7948	261	1248	2020	2863	1869
普通中专	人	11135	7474			2020		1641
成人中专	人	932		175	757			
职业高中	人	4142	474	86	491		2863	228
教职工人数	人	1861	717	348	124	233	260	179
普通中专	人	917	584			206		127
成人中专	人	305		210	7	27	32	29
职业高中	人	639	133	138	117		228	23
#专任教师	人	1353	494	139	108	208	250	154
普通中专	人	703	399			187		117
成人中专	人	170		87	6	21	30	26
职业高中	人	480	95	52	102		220	11

10-15 分县市体育事业基本情况

（2016年）

项　　目	计量单位	全　市	市　直	湖滨区	义马市	渑池县	陕州区	灵宝市	卢氏县
体育局系统职工人数	人	169	61	8	13	16	8	57	6
#地市级	人	11	11						
#体育运动学校	人	38	38						
普通业余体校	人	25			7	6		8	4
各级体育局专职教练员	人	55	18		11	12		9	5
#普通业余体校	人	28	18		2	5		1	2
当年批准的等级运动员人数	人	10	10						
等级裁判员	人	48	0				48		
普通业余体校机构	个	5	1		1	1		1	1
普通业余体校在校学生	人	1150	625		150	150		200	25
传统项目布局学校	个	56	8	6	7	11	8	14	2
举办运动会次数	次	123	26	13	11	18	15	27	13
参加运动会人数	千人次	209.5	43	5	5.5	6	6	120	24

10-16 主要年份卫生事业主要指标

年份	卫生机构（个）	# 医院	病床数（张）	卫生人员（人）	# 卫生技术人员	# 医生
1952	69		76	1002	168	
1957	401		130	2302	328	
1962	623		1685	3392	2963	
1965	631		1672	3528	3019	
1970	144		1819	2363	1943	
1975	191		2723	3555	2849	
1978	230		3542	4150	3392	
1980	**248**	**105**	**4243**	**5799**	**4829**	
1981	252	108	4439	6144	5057	
1982	261	110	4600	6266	5263	
1983	268	109	4805	6854	5736	
1984	272	111	5357	7177	5995	
1985	**276**	**109**	**5508**	**7057**	**5854**	
1986	279	113	5634	7259	5984	
1987	269	109	5933	7307	6115	2434
1988	267	108	5916	7700	6457	2647
1989	268	107	5876	7870	6595	3136
1990	**254**	**110**	**6143**	**8082**	**6754**	**4379**
1991	253	110	6018	8416	7062	3024
1992	258	111	6219	8831	7339	3024
1993	233	116	6053	8915	7384	3076
1994	233	120	6339	9280	7735	3211

10-16续表

年份	卫生机构（个）	# 医院	病床数（张）	卫生人员（人）	# 卫生技术人员	# 医生
1995	**234**	**120**	**6458**	**9342**	**7618**	**3199**
1996	235	41	6634	9476	7837	3300
1997	236	41	6504	9029	7830	3329
1998	334	41	6632	8845	7555	3135
1999	635	41	6626	10064	8344	3705
2000	**341**	**41**	**6690**	**9663**	**7945**	**3723**
2001	335	41	6740	9486	7794	3400
2002	335	41	6740	9596	7894	3418
2003	630	53	5820	9839	7797	3098
2004	610	51	6304	9778	8059	2877
2005	**592**	**46**	**6382**	**9811**	**7913**	**3115**
2006	320	47	6562	10222	8503	3377
2007	431	47	6839	10233	8153	3373
2008	445	47	7590	10499	8417	3449
2009	434	50	8331	11336	9399	3960
2010	**408**	**47**	**8709**	**11681**	**9657**	**3988**
2011	449	50	9459	12467	10391	3962
2012	482	48	11363	16499	11708	4224
2013	468	47	11607	17540	12719	4713
2014	485	57	12931	18637	13774	5150
2015	451	57	13418	19071	14000	5218
2016	**453**	**53**	**13653**	**19068**	**14330**	**5428**

注：从1996年起医院数中不包括卫生院；从2003年起，卫生机构包括诊所、医务室和社区卫生服务站；医生人数是指执业医师与执业助理医师之和。

10-17 卫生机构、床位、人员数

（2016年） 单位：人

分类	机构数（个）	病床数（张）	#医院	#卫生院	卫生人员总数	卫生技术人员	执业医师	执业助理医师	注册护士
总计	**453**	**13653**	**10178**	**2446**	**19068**	**14330**	**4153**	**1275**	**5534**
按经济类型分									
国有	172	12566	9265	2446	14923	12491	3548	817	5026
集体	19	185	30		922	346	108	121	98
联营	1	30	30		107	59	18	13	17
私营	202	772	753		2823	1196	373	301	311
其他	59	100	100		293	238	106	23	82
按设置主办单位分									
政府办	136	9848	6773	2446	11763	9719	2798	747	3627
#卫生部门	132	9468	6393		11461	9520	2733	734	3546
社会办	58	3056	2695		5331	3382	919	307	1562
个人办	259	749	710		1974	1229	436	221	345

10-17续表 （2016年） 单位：人

分类	卫生技术人员				其他技术人员	管理人员	工勤技能人员
	药师（士）	技师（士）	#检验师	其他			
总计	572	772	475	2024	2845	632	1261
按经济类型分							
国有	525	736	456	1839	729	556	1147
集体	4	6	4	9	569	3	4
联营	2	2	1	7	38	5	5
私营	29	23	10	159	1487	51	89
其他	12	5	4	10	22	17	16
按设置主办单位分							
政府办	408	598	358	1541	658	424	962
#卫生部门	401	587	353	1519	635	391	915
社会办	128	150	106	316	1609	144	196
个人办	36	24	11	167	578	64	103

10-18 医院、妇幼保健院分级情况

（2016年）

	医院数（个）	综合医院	中医医院	中西医结合医院	民族医院	专科医院	妇幼保健院（个）
总　计	53	39	5			9	5
三级	3	2	1				
三级甲等	2	1	1				
二级	13	8	3			2	
二级甲等	7	3	3			1	
二级乙等	4	3				1	
未评等次	2	2					
一级	25	20	1			4	1
一级甲等	7	7					
一级乙等	6	6					
未评等次	12	7	1			4	1
其他	12	9				3	4

10-19 分县市婚姻登记基本情况

（2016年）

	计量单位	全　市	市　区	义马市	渑池县	陕州区	灵宝市	卢氏县
内地居民登记结婚数	对	18714	2767	1801	2693	2726	6156	2571
初婚人数	人	36109	5159	3162	5190	5270	12312	5016
再婚人数	人	1319	375	440	196	182		126
#恢复结婚	对	431	141	70	98	91		31
#女	人	664	187	228	98	91		60
内地居民登记离婚数	对	4968	1097	387	796	673	1455	560

10-20 分县市养老机构情况

（2016年）

	计量单位	全　市	市　区	义马市	渑池县	陕州区	灵宝市	卢氏县
养老机构单位数	个	96	19	4	16	16	22	19
#编办登记单位数	个	7	2			1	4	
民政登记单位数	个	20	12	2	1	2	3	
年末职工人数	人	895	263	80	98	82	312	60
#女性	人	567	168	71	37	56	216	19
年末床位数	张	6368	1475	290	862	696	1738	1307
#光荣间床位	张	60					60	
年末在院人数	人	4103	848	161	499	292	1123	1180
优抚对象	人	56					56	
年在院总人天数	人天	1197446	140314	74146	166280	92688	367261	356757

10-21 殡葬事业情况

（2016年）

	年末职工人数（人）	火化炉（台）	全年处理遗体数（人）	固定资产原值（万元）
合　　计	**95**	**10**	**1830**	**1963**
三门峡市殡葬管理所	5			14
三门峡市殡仪馆	16	4	1188	338
三门峡市公墓管理处	9			114
义马市殡管所	6			1
义马市公墓管理处	5			1
渑池县火葬场	11	2	316	147
渑池县殡管所	1			
灵宝市殡仪馆	20	2	245	950
灵宝市殡管所				
卢氏县殡仪馆	10	2	81	360
卢氏县殡管所	5			16
陕州区殡葬管理机构	7			21

10-22 主要年份全市优抚对象基本情况

	单　位	2000年	2005年	2010年	2011年	2012年	2013年	2014年	2015年	2016年
优抚对象										
残疾军人	人	1044	933	1115	1094	1130	1098	1066	1044	1008
三属人员	人								231	222
在乡复员军人	人	3615	3068	2208	1956	1842	1216	1066	831	670
伤残人员	人	1044	933	1217	1197	1253	1225	1251	1235	1213
特级	人	1								
一级	人	20		3	3	3	3	3	3	3
二级	人	299		5	6	6	5	5	6	8
三级	人	724		15	15	17	14	12	12	10
享受定期抚恤金人数	人	386	360	308	293	291	268	264	231	222
#烈士家属	人	207	185	128	120	121	102	99	78	75
享受定期补助人数	人	4079	3694	6130	5938	11295	12150	12573	12773	12837
优待优抚对象户数	户	2931	1811	1304	1255	2463	2318	2184	2181	2375
#优待军属户数	户	2007	1053	1304	1255	2463	2304	2100	2158	2375

10-23 律师、公证、调解工作基本情况

（2016年）

项　　目	单　位	数　量	项　　目	单　位	数　量
律师工作			公证收费	万元	169
律师事务所	个	32	国内	万元	118
律师	人	347	#民事经济	万元	
专职律师	人	298	涉外	万元	51
公职律师	人	30	民事公证出证		
法律援助律师	人	19	#收养	件	
律师助理、行政人员	人	35	遗嘱	件	6
担任法律顾问	家	85	产权	件	3210
代理诉讼事务	件	4936	**人民调解工作**		
代理非诉讼事务	件	760	已建调解委员会	个	1537
调解纠纷	件	2109	#村民调委会	个	1325
协办公证	件		企事业单位调委会	个	2
见证	件		乡镇调委会	个	63
代写法律事务文件	件	2765	专业性行业性调委会	个	12
解答法律咨询	人次	9600	街道调委会	个	18
办理法律援助事务	件	1396	居民调委会	个	117
公证工作			调解管理机构	个	87
公证处	个	7	调解管理人员	人	236
公证人员数	人	21	调解人员	人	7361
实际办证数	件	8276	调解纠纷		
国内	件	7110	调解纠纷总数	件	10136
涉外	件	1166	调解成功总数	件	9933

10-24 刑事案件综合情况

（2016年）　　　　单位：起

	合计	几类主要案件									盗窃	抢夺	诈骗	毒品犯罪	其他
		小计	放火	爆炸	劫持	杀人	伤害	强奸	绑架	抢劫					
刑事案件发案数	**12167**	**335**	**6**			**11**	**175**	**54**		**89**	**8384**	**84**	**2411**	**43**	**109**
按发案地域分															
城　区	8814	202	3			3	105	25		66	6079	57	1840	41	77
郊　区	505	20					13	1		6	318	4	119		8
乡　镇	2621	108	3			8	54	27		16	1837	22	408	2	22
其　他	227	5					3	1		1	150	1	44		2
刑事案件破案数	**2637**	**249**	**4**			**9**	**162**	**46**		**28**	**1321**	**10**	**260**	**36**	**81**
#破获外省区市案件	586	4					4				57	2	507		1
刑事案件受害人情况	**6144**	**276**				**10**	**160**	**40**		**66**	**4286**	**61**	**1158**	**6**	
死亡（人）	108	16				7	8			1					
受伤（人）	284	120				3	113	4							
其他（人）	5752	140					39	36		65	4286	61	1158	6	
财物损失总价值（万元）	**8955**	**100**	**5**							**95**	**1918**	**11**	**6116**		

10-25 每万人口刑事犯罪数量

单位：起

	2015年	2016年	2016年为2015年%
合　计	**73.27**	**53.09**	**72.5**
湖滨公安分局、开发区公安分局	130.1	122.17	93.9
义马市公安局	59.44	48.26	81.2
渑池县公安局	52.6	45.6	86.7
陕州区公安局	41.91	33.79	80.6
灵宝市公安局	46.14	35.49	76.9
卢氏县公安局	33.85	26.27	77.6

10-26 道路交通事故情况

（2016年）

	事故起数（起）	伤亡人数合计（人）	死亡人数	受伤人数	直接经济损失（万元）
合　计	**207**	**307**	**97**	**210**	**95**
市　区	68	110	37	73	58
义马市	15	19	2	17	9
渑池县	35	46	15	31	7
陕州区	21	41	11	30	9
灵宝市	57	77	24	53	11
卢氏县	11	14	8	6	1

10-27 火灾综合情况

（2016年）

	起　数（起）	死亡人数（人）	受伤人数（人）	损　失			重大火灾	
				直接损失（万元）	烧毁建筑（平方米）	受灾户数（户）	起　数（起）	直接损失（万元）
合　计	**295**	1	**0**	**235.70**	**5868**	**136**		
市　区	71	1	0	40.00	746	16		
义马市	46	0	0	9.40	914	20		
渑池县	23	0	0	2.60	91	13		
陕州区	17	0	0	23.00	360	6		
灵宝市	95	0	0	134.00	1605	54		
卢氏县	43	0	0	26.70	2152	27		

10-28 规模以上工业企业科技活动概况

指　　标	单　位	2015年	2016年
企业基本情况			
单位数	个	646	618
#有R&D活动的单位数	个	68	72
科技活动人员情况			
R&D人员合计	人	6157	6045
#女性	人	937	1017
#全时人员	人	3141	2391
R&D人员折合全时当量	人年	3298	3577
科技活动经费情况			
R&D经费内部支出	万元	75075.6	82718.0
按资金来源分组			
#企业资金	万元	74395.6	80039.7
政府资金	万元	470.2	2137.7
境外资金	万元		
其他资金	万元	209.8	540.6
按支出用途分组			
经常费支出	万元	62872.9	61645.7
#劳务费	万元	16926.8	15791.1
资产性支出	万元	12202.7	21072.3
#仪器设备	万元	11850.2	20809.6

10-28续表

指　　标	单　位	2015年	2016年
科技成果情况			
专利申请数	件	305	194
#发明专利申请数	件	68	49
有效发明专利数	件	207	259
科技项目情况			
R&D项目数	项	350	377
参加项目人员	人	5820	5623
项目经费内部支出	万元	70216.3	76489.4
科技活动机构情况			
企业办科技机构数	个	53	52
机构人员合计	人	1969	2099
#博士毕业	人	52	39
硕士毕业	人	134	103
机构科技经费内部支出	万元	22185	27102.4
仪器设备	万元	49318	24834.6
其他科技活动情况			
引进国外技术经费支出	万元		
引进技术的消化吸收经费支出	万元	418.5	12.0
购买国内技术经费支出	万元	2429.7	20.0
技术改造经费支出	万元	9867.4	3521.7

10-29 规模以上工业企业基本情况

（2016年）

指　　标	单位数（个）	有R&D活动的单位数（个）	从业人员期末人数（人）
总　　计	**618**	**72**	**211908**
按企业规模分组			
大型企业	11	7	66920
中型企业	128	27	78229
小微企业	479	38	66759
按登记注册类型分组			
内资企业	610	69	208340
国有企业	6		2848
集体企业	95	1	28446
联营企业			
有限责任公司	140	29	43249
国有独资公司	6	1	3284
其他有限责任公司	134	28	39965
股份有限公司	18	6	58123
私营企业	351	33	75674
私营独资企业	45		9724
私营合伙企业	3		505
私营有限责任公司	297	30	64605
私营股份有限公司	6	3	840
港、澳、台商投资企业	3	1	316
合资经营企业(港或澳、台资)	2	1	296
合作经营企业(港或澳、台资)			
港、澳、台商独资经营企业	1		20
港、澳、台商投资股份有限公司			
外商投资企业	5	2	3252
中外合资经营企业	2	1	2101
中外合作经营企业			
外资企业	3	1	1151
按隶属关系分组			
中央	16	5	9269
地方	602	67	202639
按地区分组			
湖滨区	62	10	9223
陕州区	76	17	17691
渑池县	144	22	39254
卢氏县	42	3	6570
开发区	13	4	2808
义马市	81	5	68050
灵宝市	200	11	68147

指　　标	单位数（个）	有R&D活动的单位数（个）	从业人员期末人数（人）
按国民经济行业大类分组			
采矿业	214	5	111696
煤炭开采和洗选业	16	3	54424
黑色金属矿采选业	18		2303
有色金属矿采选业	153	2	49180
非金属矿采选业	27		5789
制造业	382	67	94403
农副食品加工业	24	1	3312
食品制造业	20	4	5061
酒、饮料和精制茶制造业	15	2	3176
烟草制品业	1		
纺织业	7		846
纺织服装、服饰业	2		912
木材加工和木、竹、藤、棕、草制品业	8		1751
家具制造业	3		347
造纸和纸制品业	1		305
印刷和记录媒介复制业	1		309
文教、工美、体育和娱乐用品制造业	2	2	388
石油加工、炼焦和核燃料加工业	1		388
化学原料和化学制品制造业	34	10	9974
医药制造业	12	4	2239
化学纤维制造业	1		515
橡胶和塑料制品业	10	1	2284
非金属矿物制品业	103	11	19170
黑色金属冶炼和压延加工业	5		1012
有色金属冶炼和压延加工业	26	9	18690
金属制品业	16	2	3294
通用设备制造业	15	4	2436
专用设备制造业	43	5	10370
汽车制造业	4	3	2623
电气机械和器材制造业	12		2417
计算机、通信和其他电子设备制造业	6	3	1749
仪器仪表制造业	8	6	638
废弃资源综合利用业	1		61
金属制品、机械和设备修理业	1		136
电力、燃气及水的生产和供应业	22		5809
电力、热力的生产和供应业	16		4882
燃气生产和供应业	2		84
水的生产和供应业	4		843

10-30 规模以上工业企业科技活动R&D人员情况

（2016年）　　　　单位：人

指　　标	R&D人员	女　性	全时人员	R&D人员折合全时当量（人年）
总　　计	**6045**	**1017**	**2391**	**3577**
按企业规模分组				
大型企业	3571	518	758	1797
中型企业	1468	281	889	990
小微企业	1006	218	744	790
按登记注册类型分组				
内资企业	5645	949	2232	3240
国有企业				
集体企业	6	2	2	1
联营企业				
有限责任公司	1387	288	940	982
国有独资公司	116	30	104	63
其他有限责任公司	1271	258	836	919
股份有限公司	3225	488	652	1529
私营企业	1027	171	638	729
私营独资企业				
私营合伙企业				
私营有限责任公司	907	154	540	640
私营股份有限公司	120	17	98	89
港、澳、台商投资企业	17	3	12	16
合资经营企业(港或澳、台资)	17	3	12	16
合作经营企业(港或澳、台资)				
港、澳、台商独资经营企业				
港、澳、台商投资股份有限公司				
外商投资企业	383	65	147	321
中外合资经营企业	253	29	70	191
中外合作经营企业				
外资企业	130	36	77	130
按隶属关系分组				
中央	382	92	312	300
地方	5663	925	2079	3276
按地区分组				
湖滨区	207	30	98	127
陕州区	710	170	504	598
渑池县	808	137	475	595
卢氏县	52	6	18	45
开发区	170	28	140	125
义马市	2139	102	428	647
灵宝市	1959	544	728	1439

指　　标	R&D人员	女　性	全时人员	R&D人员折合全时当量（人年）
按国民经济行业大类分组				
采矿业	1913	57	303	455
煤炭开采和洗选业	1844	53	258	422
黑色金属矿采选业				
有色金属矿采选业	69	4	45	33
非金属矿采选业				
制造业	4132	960	2088	3122
农副食品加工业	8	2	6	7
食品制造业	97	25	48	67
酒、饮料和精制茶制造业	122	27	92	89
烟草制品业				
纺织业				
纺织服装、服饰业				
木材加工和木、竹、藤、棕、草制品业				
家具制造业				
造纸和纸制品业				
印刷和记录媒介复制业				
文教、工美、体育和娱乐用品制造业	18	5	10	18
石油加工、炼焦和核燃料加工业				
化学原料和化学制品制造业	345	56	223	235
医药制造业	168	49	134	134
化学纤维制造业				
橡胶和塑料制品业	122	7	38	122
非金属矿物制品业	220	50	148	145
黑色金属冶炼和压延加工业				
有色金属冶炼和压延加工业	2217	579	788	1745
金属制品业	24	7	12	20
通用设备制造业	155	43	126	94
专用设备制造业	164	43	137	100
汽车制造业	222	24	149	167
电气机械和器材制造业				
计算机、通信和其他电子设备制造业	92	18	71	71
仪器仪表制造业	158	25	106	108
其他制造业				
废弃资源综合利用业				
电力、燃气及水的生产和供应业				
电力、热力的生产和供应业				
燃气生产和供应业				
水的生产和供应业				

10-31 规模以上工业企业按经费来源分的R&D经费支出情况

（2016年） 单位：万元

指　　标	R&D内部支出	政府资金	企业资金	境外资金	其他资金
总　　计	**82718.0**	**2137.7**	**80039.7**		**540.6**
按企业规模分组					
大型企业	32035.7	173.0	31433.7		429.0
中型企业	36417.1	833.0	35584.1		
小微企业	14265.2	1131.7	13021.9		111.6
按登记注册类型分组					
内资企业	65242.4	2137.7	62564.1		540.6
国有企业					
集体企业	132.4	75.0	57.4		
联营企业					
有限责任公司	27361.5	711.2	26650.3		
国有独资公司	414.0	5.0	409.0		
其他有限责任公司	26947.5	706.2	26241.3		
股份有限公司	18742.7	38.0	18704.7		
私营企业	19005.8	1313.5	17151.7		540.6
私营独资企业					
私营合伙企业					
私营有限责任公司	17858.8	1313.5	16004.7		540.6
私营股份有限公司	1147.0		1147.0		
港、澳、台商投资企业	678.0		678.0		
合资经营企业(港或澳、台资)	678.0		678.0		
合作经营企业(港或澳、台资)					
港、澳、台商独资经营企业					
港、澳、台商投资股份有限公司					
外商投资企业	16797.6		16797.6		
中外合资经营企业	9611.0		9611.0		
中外合作经营企业					
外资企业	7186.6		7186.6		
按隶属关系分组					
中央	6629.7	98.0	6531.7		
地方	76088.3	2039.7	73508.0		
按地区分组					
湖滨区	1708.7	306.2	1402.5		
陕州区	18167.4	102.0	18065.4		
渑池县	22336.1	1134.5	20772.6		429.0
卢氏县	999.9	290.0	598.3		111.6
开发区	1497.4		1497.4		
义马市	15498.4	270.0	15228.4		
灵宝市	22510.1	35.0	22475.1		

指标	R&D内部支出	政府资金	企业资金	国外资金	其他资金
按国民经济行业大类分组					
采矿业	12706.4	108.0	12598.4		
煤炭开采和洗选业	11318.2		11318.2		
黑色金属矿采选业					
有色金属矿采选业	1388.2	108.0	1280.2		
非金属矿采选业					
制造业	70011.6	2029.7	67441.3		540.6
农副食品加工业	405.1	182.0	111.5		111.6
食品制造业	1570.0	372.0	1198.0		
酒、饮料和精制茶制造业	1822.5	13.0	1809.5		
烟草制品业					
纺织业					
纺织服装、服饰业					
木材加工和木、竹、藤、棕、草制品业					
家具制造业					
造纸和纸制品业					
印刷和记录媒介复制业					
文教、工美、体育和娱乐用品制造业	1359.2	10.0	1349.2		
石油加工、炼焦和核燃料加工业					
化学原料和化学制品制造业	8222.9	196.5	7597.4		429.0
医药制造业	1694.8	100.0	1594.8		
化学纤维制造业					
橡胶和塑料制品业	881.8	200.0	681.8		
非金属矿物制品业	5308.8	611.0	4697.8		
黑色金属冶炼和压延加工业					
有色金属冶炼和压延加工业	37898.6	33.0	37865.6		
金属制品业	867.1		867.1		
通用设备制造业	953.9	5.0	948.9		
专用设备制造业	1847.2	299.0	1548.2		
汽车制造业	2996.2		2996.2		
电气机械和器材制造业					
计算机、通信和其他电子设备制造业	3006.0	5.0	3001.0		
仪器仪表制造业	1177.5	3.2	1174.3		
其他制造业					
废弃资源综合利用业					
电力、燃气及水的生产和供应业					
电力、热力的生产和供应业					
燃气生产和供应业					
水的生产和供应业					

10-32 规模以上工业企业按支出用途分的R&D经费支出情况

（2016年） 单位：万元

指　　标	R&D内部支出	经常费支出	劳务费	资产性支出	仪器设备
总　　计	**82718.0**	**61645.7**	**15791.1**	**21072.3**	**20809.6**
按企业规模分组					
大型企业	32035.7	24801.8	6170.0	7233.9	7149.5
中型企业	36417.1	26090.7	6634.8	10326.4	10248.3
小微企业	14265.2	10753.2	2986.3	3512.0	3411.8
按登记注册类型分组					
内资企业	65242.4	51370.1	13646.0	13872.3	13617.6
国有企业					
集体企业	132.4	120.0	52.3	12.4	12.0
联营企业					
有限责任公司	27361.5	20398.7	5461.6	6962.8	6863.0
国有独资公司	414	414.0	79.2		
其他有限责任公司	26947.5	19984.7	5382.4	6962.8	6863.0
股份有限公司	18742.7	15552.1	4092.1	3190.6	3103.1
私营企业	19005.8	15299.3	4040.0	3706.5	3639.5
私营独资企业					
私营合伙企业					
私营有限责任公司	17858.8	14471.4	3584.8	3387.4	3322.3
私营股份有限公司	1147	827.9	455.2	319.1	317.2
港、澳、台商投资企业	678	530.0	133.0	148.0	140.0
合资经营企业(港或澳、台资)	678	530.0	133.0	148.0	140.0
合作经营企业(港或澳、台资)					
港、澳、台商独资经营企业					
港、澳、台商投资股份有限公司					
外商投资企业	16797.6	9745.6	2012.1	7052.0	7052.0
中外合资经营企业	9611.0	6911.0	1196.2	2700.0	2700.0
中外合作经营企业					
外资企业	7186.6	2834.6	815.9	4352.0	4352.0
按隶属关系分组					
中央	6629.7	4252.4	1707.2	2377.3	2289.0
地方	76088.3	57393.3	14083.9	18695.0	18520.6
按地区分组					
湖滨区	1708.7	1393.7	510.3	315.0	314.5
陕州区	18167.4	10907.9	3805.3	7259.5	7169.8
渑池县	22336.1	17104.2	3113.6	5231.9	5211.6
卢氏县	999.9	498.6	142.5	501.3	501.3
开发区	1497.4	1238.4	558.3	259.0	257.1
义马市	15498.4	14362.3	3848.6	1136.1	1107.7
灵宝市	22510.1	16140.6	3812.5	6369.5	6247.6

指　　标	R&D内部支出	经常费支　出	劳务费	资产性支　出	仪器设备
按国民经济行业大类分组					
采矿业	12706.4	11232.9	2759.9	1473.5	1454.0
煤炭开采和洗选业	11318.2	9887.7	2611.5	1430.5	1411.0
黑色金属矿采选业					
有色金属矿采选业	1388.2	1345.2	148.4	43.0	43.0
非金属矿采选业					
制造业	70011.6	50412.8	13031.2	19598.8	19355.6
农副食品加工业	405.1	206.8	41.8	198.3	198.3
食品制造业	1570.0	1051.6	240.6	518.4	516.8
酒、饮料和精制茶制造业	1822.5	1660.7	465.5	161.8	161.5
烟草制品业					
纺织业					
纺织服装、服饰业					
木材加工和木、竹、藤、棕、草制品业					
家具制造业					
造纸和纸制品业					
印刷和记录媒介复制业					
文教、工美、体育和娱乐用品制造业	1359.2	207.9	115.8	1151.3	1076.6
石油加工、炼焦和核燃料加工业					
化学原料和化学制品制造业	8222.9	6815.4	1595.4	1407.5	1396.0
医药制造业	1694.8	1384.2	323.5	310.6	303.2
化学纤维制造业					
橡胶和塑料制品业	881.8	881.8	273.0		
非金属矿物制品业	5308.8	4578.2	688.3	730.6	722.4
黑色金属冶炼和压延加工业					
有色金属冶炼和压延加工业	37898.6	25244.4	6161.2	12654.2	12535.5
金属制品业	867.1	858.0	73.7	9.1	
通用设备制造业	953.9	795.9	170.4	158.0	158.0
专用设备制造业	1847.2	1382.5	853.5	464.7	454.9
汽车制造业	2996.2	2301.6	1133.3	694.6	692.7
电气机械和器材制造业					
计算机、通信和其他电子设备制造业	3006.0	1874.1	432.5	1131.9	1131.9
仪器仪表制造业	1177.5	1169.7	462.7	7.8	7.8
其他制造业					
废弃资源综合利用业					
电力、燃气及水的生产和供应业					
电力、热力的生产和供应业					
燃气生产和供应业					
水的生产和供应业					

10-33 规模以上工业企业新产品产出和专利情况

（2016年）　　单位：万元

指　　标	新产品产　值	新产品销　售收　入	出　口	专　利申请数（件）	发明专利申 请 数	有效发明专 利 数（件）
总　　计	**372202.0**	**343968.6**	**23660.7**	**194**	**49**	**259**
按企业规模分组						
大型企业	177363.1	169513.5	10170.8	67	10	52
中型企业	111435.6	107903.9	7421.6	40	14	89
小微企业	83403.3	66551.2	6068.3	87	25	118
按登记注册类型分组						
内资企业	372202.0	343968.6	23660.7	194	49	259
国有企业						
集体企业						
联营企业						
有限责任公司	226053.3	208902.2	20173.9	73	24	117
国有独资公司						16
其他有限责任公司	226053.3	208902.2	20173.9	73	24	101
股份有限公司	88253.1	86839.8	130.0	66	11	49
私营企业	57895.6	48226.6	3356.8	55	14	93
私营独资企业						
私营合伙企业						
私营有限责任公司	52455.3	41781.3	3331.8	49	10	89
私营股份有限公司	5440.3	6445.3	25.0	6	4	4
港、澳、台商投资企业						
合资经营企业(港或澳、台资)						
合作经营企业(港或澳、台资)						
港、澳、台商独资经营企业						
港、澳、台商投资股份有限公司						
外商投资企业						
中外合资经营企业						
中外合作经营企业						
外资企业						
按隶属关系分组						
中央				14	7	34
地方	372202.0	343968.6	23660.7	180	42	225
按地区分组						
湖滨区	117680.7	106496.3	10170.8	15	2	24
陕州区	23868.1	23067.6	5955.0	34	10	68
渑池县	41592.7	31295.8	1067.5	45	13	76
卢氏县						
开发区	21116.2	17525.0		16	5	8
义马市				40	11	22
灵宝市	167944.3	165583.9	6467.4	44	8	61

（2016年）

单位：万元

指　　标	新产品产　值	新产品销　售收　入	出　口	专　利申请数（件）	发明专利申 请 数	拥有发明专 利 数（件）
按国民经济行业大类分组						
采矿业	5428.5	5345.5		26	3	8
煤炭开采和洗选业	5428.5	5345.5		26	3	8
黑色金属矿采选业						
有色金属矿采选业						
非金属矿采选业						
制造业	366773.5	338623.1	23660.7	168	46	251
农副食品加工业	100.0	100.0				
食品制造业	3199.0	3075.6		3	3	1
酒、饮料和精制茶制造业				4	1	33
烟草制品业						
纺织业						
纺织服装、服饰业						
木材加工和木、竹、藤、棕、草制品业						
家具制造业						
造纸和纸制品业						
印刷和记录媒介复制业	9.0	8.5		4		4
文教、工美、体育和娱乐用品制造业				1		
石油加工、炼焦和核燃料加工业						
化学原料和化学制品制造业	13977.3	12973.1	4845.8	29	11	37
医药制造业	14884.0	10555.9	130.0	10	4	13
化学纤维制造业						
橡胶和塑料制品业				4	2	5
非金属矿物制品业	21367.0	17579.0	1067.5	11	1	34
黑色金属冶炼和压延加工业						
有色金属冶炼和压延加工业	167314.3	165035.9	6312.4	45	7	50
金属制品业				2	2	4
通用设备制造业	100.0	75.0	25.0	1	1	33
专用设备制造业	12737.5	11337.0	1109.2	8	4	5
汽车制造业	91909.7	86728.5	10170.8	11	4	4
电气机械和器材制造业						
计算机、通信和其他电子设备制造业	8050.1	1807.4		22	6	16
仪器仪表制造业	33125.6	29347.2		13		12
其他制造业						
废弃资源综合利用业						
电力、燃气及水的生产和供应业						
电力、热力的生产和供应业						
燃气生产和供应业						
水的生产和供应业						

10-34 规模以上工业企业全部R&D项目情况

（2016年）

指　　标	项目数（个）	参加项目人　　员（人）	项目经费内部支出（万元）
总　　计	**377**	**5623**	**76489.4**
按企业规模分组			
大型企业	169	3304	29718.7
中型企业	86	1367	34436.0
小微企业	122	952	12334.7
按登记注册类型分组			
内资企业	358	5266	59041.8
国有企业			
集体企业	1	5	35.0
联营企业			
有限责任公司	98	1274	24612.2
国有独资公司	3	116	300.0
其他有限责任公司	95	1158	24312.2
股份有限公司	160	2991	16846.5
私营企业	99	996	17548.1
私营独资企业			
私营合伙企业			
私营有限责任公司	80	877	16419.7
私营股份有限公司	19	119	1128.4
港、澳、台商投资企业	1	17	650.0
合资经营企业(港或澳、台资)	1	17	650.0
合作经营企业(港或澳、台资)			
港、澳、台商独资经营企业			
港、澳、台商投资股份有限公司			
外商投资企业	18	340	16797.6
中外合资经营企业	4	210	9611.0
中外合作经营企业			
外资企业	14	130	7186.6
按隶属关系分组			
中央	28	319	4567.1
地方	349	5304	71922.3
按地区分组			
湖滨区	29	180	1599.0
陕州区	77	680	16215.7
渑池县	54	759	21703.6
卢氏县	4	52	968.1
开发区	25	167	1415.1
义马市	152	2007	13019.1
灵宝市	36	1778	21568.8

（2016年）

指　标	项目数（个）	参加项目人　员（人）	项目经费内部支出（万元）
按国民经济行业大类分组			
采矿业	139	1849	10884.5
煤炭开采和洗选业	136	1780	9560.1
黑色金属矿采选业			
有色金属矿采选业	3	69	1324.4
非金属矿采选业			
制造业	238	3774	65604.9
农副食品加工业	1	8	405.1
食品制造业	6	95	1544.7
酒、饮料和精制茶制造业	9	107	1820.0
烟草制品业			
纺织业			
纺织服装、服饰业			
木材加工和木、竹、藤、棕、草制品业			
家具制造业			
造纸和纸制品业			
印刷和记录媒介复制业			
文教、工美、体育和娱乐用品制造业	2	18	442.1
石油加工、炼焦和核燃料加工业			
化学原料和化学制品制造业	26	313	7738.5
医药制造业	14	165	1465.4
化学纤维制造业			
橡胶和塑料制品业	1	122	881.8
非金属矿物制品业	24	212	4654.8
黑色金属冶炼和压延加工业			
有色金属冶炼和压延加工业	55	2007	36848.2
金属制品业	8	22	553.1
通用设备制造业	8	155	827.6
专用设备制造业	20	115	1490.7
汽车制造业	27	207	2978.7
电气机械和器材制造业			
计算机、通信和其他电子设备制造业	10	88	2844.2
仪器仪表制造业	27	140	1110.0
其他制造业			
废弃资源综合利用业			
电力、燃气及水的生产和供应业			
电力、热力的生产和供应业			
燃气生产和供应业			
水的生产和供应业			

10-35 规模以上工业企业办科技活动机构情况

（2016年）

指　　标	企业办科技机构数（个）	机构从事科技活动人员（人）	博士毕业（人）	硕士毕业（人）	机构科技经费内部支出（万元）	仪器和设备原价（万元）
总　　计	**52**	**2099**	**39**	**103**	**27102.4**	**24834.6**
按企业规模分组						
大型企业	23	1702	19	48	18428.5	17339.6
中型企业	12	160	4	24	4169.9	2304.0
小微企业	17	237	16	31	4504.0	5191.0
按登记注册类型分组						
内资企业	51	2054	39	101	17491.4	20334.6
国有企业						
集体企业						
联营企业						
有限责任公司	14	441	10	22	5214.4	4925.1
国有独资公司						
其他有限责任公司	14	441	10	22	5214.4	4925.1
股份有限公司	22	1419	24	48	6557.4	11798.1
私营企业	15	194	5	31	5719.6	3611.4
私营独资企业						
私营合伙企业						
私营有限责任公司	14	180	5	31	5370.8	3501.4
私营股份有限公司	1	14			348.8	110.0
港、澳、台商投资企业						
合资经营企业(港或澳、台资)						
合作经营企业(港或澳、台资)						
港、澳、台商独资经营企业						
港、澳、台商投资股份有限公司						
外商投资企业	1	45		2	9611.0	4500.0
中外合资经营企业	1	45		2	9611.0	4500.0
中外合作经营企业						
外资企业						
按隶属关系分组						
中央	1	105			1600.0	1250.0
地方	51	1994	52	103	25502.4	23584.6
按地区分组						
湖滨区	5	242	3	7	977.7	804.0
陕州区	5	167	5	13	2532.9	2901.3
渑池县	16	233	5	37	16697.8	8406.2
卢氏县	3	26	6	3	3.0	780.0
开发区						
义马市	3	92	3	18	685.3	493.6
灵宝市	20	1339	17	25	6205.7	11449.5

指　　标	企业办科技机构数（个）	机构从事科技活动人员（人）	博士毕业（人）	硕士毕业（人）	机构科技经费内部支出（万元）	仪器设备（万元）
按国民经济行业大类分组						
采矿业	6	133	6	19	2265.4	1389.4
煤炭开采和洗选业	5	125	4	18	2264.4	1129.4
黑色金属矿采选业						
有色金属矿采选业	1	8	2	1	1.0	260.0
非金属矿采选业						
制造业	46	1966	33	84	24837.0	23445.2
农副食品加工业	2	18	2	1	91.0	270.0
食品制造业	4	48	5	10	781.4	1839.8
酒、饮料和精制茶制造业	1	20	4	5	260.2	560.0
烟草制品业						
纺织业						
纺织服装、服饰业						
木材加工和木、竹、藤、棕、草制品业						
家具制造业						
造纸和纸制品业						
印刷和记录媒介复制业	1	45	1	3	45.0	45.0
文教、工美、体育和娱乐用品制造业						
石油加工、炼焦和核燃料加工业						
化学原料和化学制品制造业	6	100	1	12	2323.7	2360.3
医药制造业	2	32	3	5	535.0	650.0
化学纤维制造业						
橡胶和塑料制品业						
非金属矿物制品业	7	62		21	2576.5	582.2
黑色金属冶炼和压延加工业						
有色金属冶炼和压延加工业	17	1415	14	22	16197.9	15834.5
金属制品业	1	5			121.0	212.0
通用设备制造业	1	14			348.8	110.0
专用设备制造业	1	5			217.4	24.5
汽车制造业	2	187	2	4	689.3	706.5
电气机械和器材制造业						
计算机、通信和其他电子设备制造业	1	15	1	1	649.8	250.4
仪器仪表制造业						
其他制造业						
废弃资源综合利用业						
电力、燃气及水的生产和供应业						
电力、热力的生产和供应业						
燃气生产和供应业						
水的生产和供应业						

10-36 规模以上工业企业其他科技活动情况

（2016年）　　单位：万元

指　　标	引进境外技术经费支出	消化吸收经费支出	购买境内技术经费支出	技术改造经费支出
总　　计		**12.0**	**20.0**	**3521.7**
按企业规模分组				
大型企业				1224.6
中型企业				1609.3
小微企业		12.0	20.0	687.8
按登记注册类型分组				
内资企业		12.0	20.0	3521.7
国有企业				
集体企业				
联营企业				
有限责任公司			20.0	3166.9
国有独资公司				
其他有限责任公司			20.0	3166.9
股份有限公司				174.6
私营企业		12.0		180.2
私营独资企业				
私营合伙企业				
私营有限责任公司				145.2
私营股份有限公司		12.0		35.0
港、澳、台商投资企业				
合资经营企业(港或澳、台资)				
合作经营企业(港或澳、台资)				
港、澳、台商独资经营企业				
港、澳、台商投资股份有限公司				
外商投资企业				
中外合资经营企业				
中外合作经营企业				
外资企业				
按隶属关系分组				
中央				1200.0
地方		12.0	20.0	2321.7
按地区分组				
湖滨区				43.7
陕州区				1645.2
渑池县			20.0	137.6
卢氏县				
开发区				
义马市				1565.6
灵宝市		12.0		129.6

10-36续表　　(2016年)　　单位：万元

指　　标	引进国外技术经费支　出	引进技术的消化吸收经费支出	购买国内技术经费支　出	技术改造经费支出
按工业行业大类分组				
采矿业				
煤炭开采和洗选业				
黑色金属矿采选业				
有色金属矿采选业				
非金属矿采选业				
制造业		12.0	20.0	3521.7
农副食品加工业				
食品制造业			20.0	137.6
酒、饮料和精制茶制造业				80.0
烟草制品业				
纺织业				
纺织服装、服饰业				
木材加工和木、竹、藤、棕、草制品业				
家具制造业				
造纸和纸制品业				
印刷和记录媒介复制业				
文教、工美、体育和娱乐用品制造业				
石油加工、炼焦和核燃料加工业				
化学原料和化学制品制造业				1930.8
医药制造业				70.0
化学纤维制造业				
橡胶和塑料制品业				
非金属矿物制品业				43.7
黑色金属冶炼和压延加工业				
有色金属冶炼和压延加工业				1224.6
金属制品业				
通用设备制造业		12.0		35.0
专用设备制造业				
汽车制造业				
电气机械和器材制造业				
计算机、通信和其他电子设备制造业				
仪器仪表制造业				
其他制造业				
废弃资源综合利用业				
电力、燃气及水的生产和供应业				
电力、热力的生产和供应业				
燃气生产和供应业				
水的生产和供应业				

10-37大中型工业企业科技活动情况

指　　标	单　位	2015年	2016年
企业基本情况			
单位数	个	162	139
#有R&D活动的单位数	个	29	34
科技活动人员情况			
R&D人员合计	人	5083	5039
#女性	人	729	799
#全时人员	人	2562	1647
R&D人员折合全时当量	人年	2739	2787
科技活动经费情况			
R&D经费内部支出	万元	63318.2	68452.8
按资金来源分组			
#企业资金	万元	63090.6	67017.8
政府资金	万元	227.6	1006.0
境外资金	万元		
其他资金	万元		429
按支出用途分组			
经常费支出	万元	52936.9	50892.5
#人员劳务费	万元	14280.1	12804.8
资产性支出	万元	10381.3	17560.3
#仪器设备	万元	10104.3	17397.8

10-37续表

指　　标	单　位	2015年	2016年
科技成果情况			
专利申请数	件	236	107
#发明专利申请数	件	36	24
有效发明专利数	件	162	141
科技项目情况			
R&D项目数	项	239	255
参加项目人员	人	4792	4671
项目经费内部支出	万元	63318.2	64154.7
科技活动机构情况			
企业办科技机构数	个	30	35
机构人员合计	人	1550	1862
#博士毕业	人	29	23
硕士毕业	人	105	72
机构科技经费支出	万元	15975.1	22598.4
仪器设备	万元	17388.2	19643.6
其他科技活动情况			
引进国外技术经费支出	万元		
引进技术的消化吸收经费支出	万元	418.5	
购买国内技术经费支出	万元	2010.7	
技术改造经费支出	万元	9200.7	2833.9

主要统计指标解释

文化事业机构 指从事专业文化工作和为专业文化工作服务的单独核算、独立建制的单位。不包括文化主管部门直属单位举办的其他行业和各部门的业余文化组织。

艺术表演团体 指从事戏曲、音乐、舞蹈、杂技等专业艺术表演，有独立帐户，实行单独核算的团体，不包括半工半艺、半农半艺的业余剧团。

电影放映单位 指具有放映机器设备、固定或不固定的放映场所与专职或兼职的放映技术人员，经文化行政部门登记批准，经常为一定的观众对象映出电影的机构。包括经批准对外开放进行营业，并与电影发行放映管理机构分帐的专业放映单位或军委系统租片单位在内。

电影观众人数 指各类型放映单位及军委系统租片单位映出的观众人数。一个观众连续看了一部长片或短片专场规定的短片，为二人次。

艺术表演观众人数 指售票、包场演出或民族地区免费演出的艺术表演观众人次数。不包括彩排审查和内部观摩演出的观众人次数。

等级运动员人数 指经考核正式批准授予等级运动员称号的人数。运动员等级分为国际级运动健将、运动健将、一级运动员、二级运动员、三级运动员、少年运动员。

等级裁判员人数 指经考核正式批准授予等级裁判员称号的人数。裁判员等级分为国际裁判、国家级裁判、一级裁判、二级裁判、三级裁判。

体育场 指有400米跑道(中心含足球场)，有固定道牙，跑道6条以上，并有固定看台的室外田径场地。以看台容纳观众人数分：甲级25000人以上，乙级15000－25000人，丙级5000－15000人，丁级5000人以下。

体育馆 指有固定看台可供篮球、排球、羽毛球、乒乓球、体操等项目训练比赛活动的室内运动场地，以看台容纳观众人数分：甲级6000人以上，乙级4000－6000人，丙级2000－4000人，丁级2000人以下。

普通高等学校 指按照国家规定的审批程序批准举办，通过全国统一招生考试，招收高中毕业生和具有同等学历者，实施高等教育，培养高等专门人才的学校。包括大学、专门学院、专科学校和短期职业大学。

成人高等学校 指按照国家规定的审批程序批准举办，招收在职高中毕业或同等学历者，利用多种形式对成人实施高等教育，培训相当普通高等学校专科或本科毕业水平的专门人才的学校。包括广播电视大学、职工高等学校、农民高等学校、干部管理学院、教育学院、独立函授学院以及普通高等学校举办的函授、夜大学等。

医院 指名称为医院，设有固定床位能收容病人住院并能为病人提供医疗、护理服务的医疗机构。包括县及县以上医院、农村乡(镇)卫生院、其他医院三部分。按所属性质分为卫生部门、工业及其他部门、集体单位三类。其中县及县以上医院按业务性质分为综合医院和专科医院。

卫生技术人员 指由卫生事业机构支付工资的全部固定职工和合同制职工中现任职务为卫生技术工作的专业人员。包括中医师、西医师、中西医结合高级医师、护师、中药师、西药师、检验师、其他技师、中医士、西医士、护士、助产士、中药剂士、西药剂士、检验士、其他技士、其他中医、护理员、中药剂员、西药剂员、检验员、其他初级卫生技术人员等。

医生 指经卫生部门审查合格，从事医疗工作的专业人员。分为中医医生和西医医生。包括卫生技术人员中的中医师、西医师、中西结合高级医师、中医士、西医士和其他中医。

技术开发机构 指主要从事提供国际、国内第一次出现的新产品、工艺、材料、方法等和为新的技术成果应用提供完整的技术规范设计图纸、样品和操作规程的机构。

从事科技活动人员 指企业在报告期，从事科技活动的时间(不包括加班时间)占全年工作时间10%及以上的工程技术人员、管理人员、工人及其他人员。从事科技活动的时间占全年工作时间的比例在10%以下的人员不统计。从事科技活动人员合计中的各类分组人员均为从事科技活动的时间占全年工作时间的比例在10%及以上人员的实际人数。

工程技术人员 指在国民经济各行业从事工程技术工作的自然科学技术的专业人员，包括高级工程师、工程师、助理工程师、技术员和未定职称的技术人员。

高中级职称人员 指企业从业人员中具有高级职称和中级职称的人员数。

高级职称：指高级工程师，正、副教授，正、副研究员，高级统计师，高级会计师，高级经济师，以及相当于这一级的其他技术职务的人员。

中级职称：指工程师、讲师、助理研究员、技师、统计师、会计师、经济师，以及相当于这一级的其他技术职务的人员。

科技经费筹集总额 指报告年内调查单位从各种渠道筹集到的科技经费(含科研基建费)总额。具体包括企业自筹资金、银行贷款、上级拨款和其他。

科技经费支出总额 指报告年内企业用于科技活动的全部实际支出。包括劳务费、科研业务费、科研管理费、非基建投资购建的固定资产、科研基建支出以及其他用于科技活动的支出总额。不包括生产性活动支出及归还贷款支出。

研究与发展经费支出 指报告年内企业用于研究与发展活动的经费内部支出。具体包括研究与发展项目(课题)经费支出、从事研究与发展项目(课题)的科技人员与管理人员劳务费以及其他非研究与发展项目(课题)经费而用于研究与发展活动的各项经费支出。

技术改造经费支出 指因本企业进行技术改造而发生的费用支出。技术改造是指企业在坚持科学技术进步的前提下,将科学技术成果应用于企业生产的各个领域(产品、设备、工艺等)，用先进的技术改造落后的技术，用先进的工艺、设备代替落后的工艺、设备，实现以内涵为主的扩大再生产，从而提高产品质量，促进产品更新换代、节约能源、降低消耗，全面提高综合经济效益。在技术改造经费支出中，属于研究与发展活动支出的经费，除了计入技术改造经费支出外，还要计入本企业研究与发展经费中。

技术引进经费支出 指企业在报告年内用于购买国外技术，包括购买设计、流程、配方、图纸、工艺专利等技术资料的费用，以及引进国外的关键设备、仪器、样机所支付的经费。

用于消化吸收的经费支出 指企业在报告年内，对国外引进项目进行消化吸收所支出的经费总额，包括：人员培训费、测绘费、参加消化吸收工作的人员的工资、工装、工艺开发费、必备的配套设备费、翻版费等。引进技术的消化吸收，指对引进技术的掌握、应用、复制而开展的工作，以及在此基础上的创新。通过这项工作，能够具备掌握引进技术和自我开发能力。消化吸收经费中属于研究与发展活动的经费除计入本项经费支出外，还应计入本企业研究与发展经费。

购买国内技术支出 指本企业在报告年内，为发展本企业的生产而购买国内(企业外单位)技术成果的经费支出，包括购买设计图纸、工艺、配方、关键设备等所支付的经费额。

律师工作者 指受聘参加法律顾问处工作，担任法律顾问、刑(民)事代理人、刑事辩护人，办理非诉讼事件、解答法律询问、代写法律事务文书等主要律师业务的专职法律工作者和兼职律师。

公证人员 指在国家公证机关依法办理公证事务的司法人员。包括公证员、助理公证员和在公证处工作的其他人员。

办理公证文书 指公证处年内办结的公证文书件数。公证文书系按司法部规定或批准的格式制作。包括国内公证和涉外公证两部分。其中国内公证分为经济合同公证和民事法律关系公证两大类。

调解人员 指在人民调解委员会担负调解民间一般民事纠纷和轻微违法行为所引起的纠纷的工作人员。包括调解委员会的委员和调解小组的调解员。

调解民间纠纷 指调解委员会依照法律规定，根据自愿原则，用说服教育的方法调解民间发生的有关民事权利和义务的争执，促成当事双方达成协议和谅解，解决纠纷。包括婚姻家庭纠纷，财产权益纠纷等 ，不包括法院受理调解的民事案件数。

城乡人民生活和物价

资料整理：亢晓波、李　坤

资料审核：王春玲

数据要览

◆ 2016 年城镇居民人均可支配收入　25254.1 元　比上年增长 6%
◆ 2016 年城镇居民恩格尔系数　24.6%　比上年降低 1.3 个百分点
◆ 2016 年农村居民人均可支配收入　11982.1 元　比上年增长 8.1%
◆ 2016 年农村居民恩格尔系数　24.1%　比上年降低 1.5 个百分点

农村居民人均可支配收入

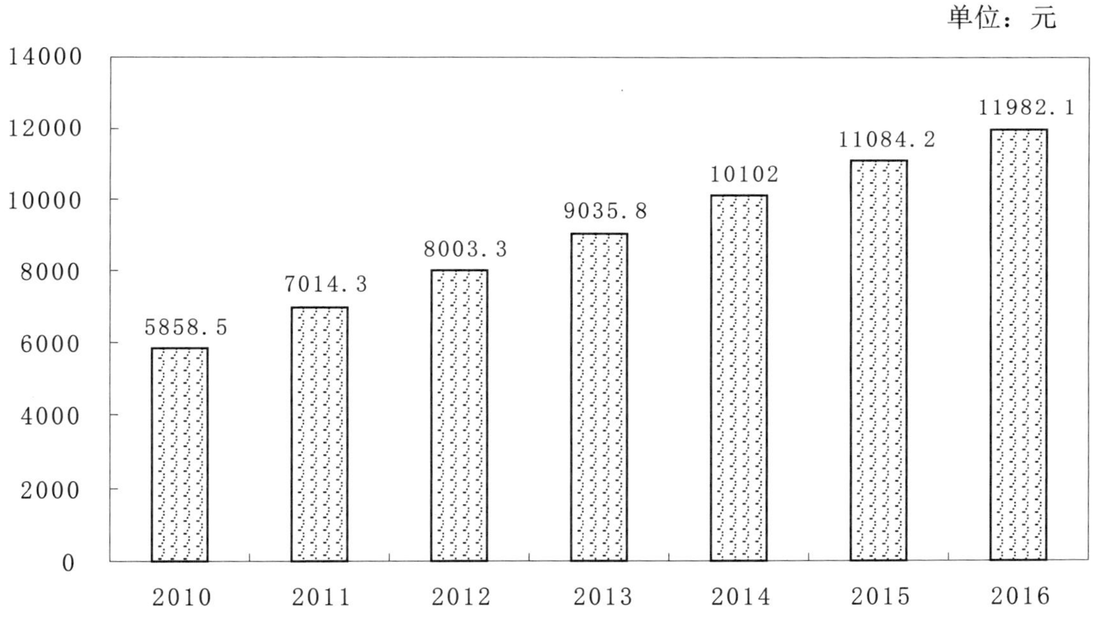

11-1 主要年份居民人均可支配收入增长情况（一）

（2010-2016年）

年份	人均可支配收入（元）	比上年增加额（元）	比上年增长（%）	扣除物价上涨因素后	
				实际收入（元）	比上年增长（%）
2010	**9748.7**			**9400.9**	
2011	11414.9	1666.2	17.1	10819.8	11.0
2012	12774.6	1359.7	11.9	12462.9	9.2
2013	14310.6	1536.0	12.0	13961.5	9.3
2014	15892.1	1581.5	11.1	15657.2	9.5
2015	**17314.3**	**1422.2**	**8.9**	**17058.4**	**7.3**
2016	18342.5	1198.5	7.0	18107.1	5.6

11-1 主要年份城镇居民人均可支配收入增长情况（二）

（2010-2016年）

年份	人均可支配收入（元）	比上年增加额（元）	比上年增长（%）	扣除物价上涨因素后	
				实际收入（元）	比上年增长（%）
2010	**14720.0**			**14140.2**	
2011	16707.2	1987.2	13.5	15821.2	7.5
2012	18785.5	2078.3	12.4	18291.6	9.5
2013	20502.8	1717.3	9.1	20002.7	6.4
2014	22266.0	1763.2	8.6	21936.9	7.0
2015	**23824.6**	**1558.6**	**7.0**	**23472.5**	**5.4**
2016	25254.1	1429.5	6.0	24905.4	4.5

注：居民收入从2015年起启用城乡住户一体化调查新口径数据，2010-2014年居民收入根据新口径测算取得。2016年居民可支配收入增幅是按调整过的2015年基数计算所得

11-1 主要年份农村居民人均可支配收入增长情况（三）

（2010-2016年）

年　　份	人均可支配收入（元）	比上年增加额（元）	比上年增长（%）	扣除物价上涨因素后	
				实际收入（元）	比上年增长（%）
2010	**5858.5**			**5676.8**	
2011	7014.3	1155.8	19.7	6661.3	13.7
2012	8003.3	989.0	14.1	7823.4	11.5
2013	9035.8	1032.5	12.9	8841.3	10.5
2014	10102.0	1066.2	11.8	9952.7	10.1
2015	**11084.2**	**982.2**	**9.7**	**10952.8**	**8.4**
2016	11982.1	897.9	8.1	11851.7	6.9

11-2 分县市居民人均可支配收入（一）

（2016年）

县（市、区）	人均可支配收入（元）	比上年增加额（元）	比上年增长（%）	扣除物价上涨因素后	
				实际收入（元）	比上年增长（%）
全　市	**18342.5**	**1198.5**	**7.0**	**18107.1**	**5.6**
湖滨区	24217.3	1741.5	7.7	23906.5	6.3
陕州区	16080.4	1153.2	7.7	15874.0	6.3
义马市	23899.3	1334.5	5.9	23592.6	4.5
渑池县	19087.9	1345.1	7.6	18842.9	6.2
灵宝市	18242.6	1259.0	7.4	18008.5	6.0
卢氏县	12534.6	942.6	8.1	12373.7	6.7

11-2 分县市城镇居民人均可支配收入（二）

（2016年）

县（市、区）	人均可支配收入（元）	比上年增加额（元）	比上年增长（%）	扣除物价上涨因素后	
				实际收入（元）	比上年增长（%）
全　市	**25254.1**	**1429.5**	**6.0**	**24905.4**	**4.5**
湖滨区	26146.1	1756.0	7.2	25785.1	5.7
陕州区	24054.5	1393.7	6.2	23722.4	4.7
义马市	24718.8	1322.0	5.7	24377.5	4.2
渑池县	27281.0	1556.3	6.1	26904.3	4.6
灵宝市	25547.5	1389.1	5.8	25194.8	4.3
卢氏县	22560.7	1277.0	6.0	22249.2	4.5

11-2 分县市农村居民人均可支配收入（三）

（2016年）

县（市、区）	人均可支配收入（元）	比上年增加额（元）	比上年增长（%）	扣除物价上涨因素后	
				实际收入（元）	比上年增长（%）
全　市	**11982.1**	**897.9**	**8.1**	**11851.7**	**6.9**
湖滨区	12980.1	1011.4	8.5	12838.9	7.3
陕州区	10856.3	813.5	8.1	10738.2	6.9
义马市	15189.1	1157.6	8.3	15023.8	7.1
渑池县	13456.7	973.7	7.8	13310.3	6.6
灵宝市	13797.3	1004.3	7.9	13647.2	6.7
卢氏县	8016.1	607.5	8.2	7928.9	7.0

11-3 主要年份居民人均消费支出及恩格尔系数

（1991-2016年）

年份	居民			城镇			农村		
	消费支出（元）	恩格尔系数（%）	人均居住面积（平方米）	消费支出（元）	恩格尔系数（%）	人均居住面积（平方米）	消费支出（元）	恩格尔系数（%）	人均居住面积（平方米）
1991				1148.9	51.0	12.21	493.5	52.3	15.70
1995				**2663.4**	**47.1**	**12.61**	**970.6**	**57.3**	**17.60**
2000				**4158.3**	**33.6**	**14.60**	**1299.0**	**41.6**	**27.20**
2001				4240.6	31.3	14.77	1457.4	45.3	27.30
2002				4657.2	32.2	20.25	1505.3	45.4	27.80
2003				4786.6	32.8	20.97	1560.4	43.0	28.40
2004				5094.6	33.8	21.60	1774.8	46.8	28.80
2005				**5762.1**	**32.1**	**23.42**	**2030.0**	**43.4**	**29.20**
2006				6307.0	32.1	30.15	2357.5	42.4	30.70
2007				8007.6	30.3	30.20	2824.2	40.2	31.40
2008				8933.2	32.4	32.02	3319.4	37.8	32.30
2009				9882.7	32.2	33.80	3674.2	34.8	33.66
2010				**11192.9**	**30.3**	**33.86**	**4125.6**	**34.4**	**34.90**
2011				14081.8	27.1	35.53	4856.9	33.6	37.96
2012				16695.0	26.1	35.80	5765.4	31.8	39.20
2013				18078.0	24.8	40.74	6714.7	29.3	36.20
2014				19790.3	25.4	42.04	7568.7	29.1	36.40
2015	**12345.3**	**25.8**	**40.30**	**16942.1**	**25.9**	**42.68**	**7946.4**	**25.6**	**38.02**
2016	13391.5	24.4	43.22	18555.5	24.6	44.28	8639.5	24.1	42.24

注：城镇部分2002年起，居住面积变为使用面积，2006年起，使用面积变成现住房总建筑面积，2015年起，所有指标为新口径数据。

11-4 按常住地划分的居民人口就业情况

（2016年）

项　　目	计量单位	全体居民	城镇居民	农村居民
期末户均调查人口	人	**3.51**	**3.17**	**3.86**
#户均常住成员	人	3.25	3.07	3.44
常住从业人员情况	--			
户均常住从业人数	人	2.01	1.86	2.16
就业状况	--			
#雇主	%	1.21	1.15	1.26
公职人员	%	4.44	8.59	0.74
事业单位人员	%	4.53	8.98	0.57
国有企业雇员	%	5.90	12.21	0.29
其他雇员	%	30.57	47.91	15.14
农业自营	%	44.49	12.47	72.99
非农自营	%	8.85	8.69	9.00
主要从事行业	--			
#第一产业	%	44.17	11.70	73.07
第二产业	%	14.44	22.22	7.51
第三产业	%	41.39	66.08	19.41
农业经营户占全部户比例	%	**45.66**	**9.30**	**83.19**

11-5 按常住地划分的居民家庭住房情况

（2016年）

项　　目	计量单位	全体居民	城镇居民	农村居民
人均住房建筑面积	平方米/人	43.22	44.28	42.24
按居住空间样式分的户数比重	—			
单栋楼房	%	16.65	18.15	15.09
单栋平房	%	48.33	22.77	74.73
单元房	%	31.22	56.93	4.68
筒子楼或连片平房	%	1.72	0.73	2.74
其他	%	2.08	1.42	2.76
按主要建筑材料分的户数比重	—			
钢筋混凝土	%	21.76	33.48	9.66
砖混材料	%	64.86	62.07	67.75
砖瓦砖木	%	10.98	4.46	17.71
竹草土坯	%	2.40		4.88
其他	%			
按房屋来源分的户数比重	—			
租赁住房	%	2.09	4.11	
自建住房	%	69.34	41.24	98.36
购买商品房	%	21.27	40.55	1.37
购买房改住房	%	5.76	11.35	
购买保障性住房	%	0.34	0.40	0.27
拆迁安置房	%	0.34	0.68	
继承或获赠住房	%			
其他	%	0.85	1.68	
住房外道路为硬化路面的户比重	**%**	**91.86**	**94.63**	**88.99**
饮用水状况	—			
是否有管道设施	—			
管道供水入户	%	88.90	92.29	85.39
管道供水至公共取水点	%	1.87	2.17	1.57
没有管道设施	%	9.23	5.54	13.04
主要饮用水来源	—			
经过净化处理的自来水	%	48.40	80.47	15.29

11-5续表 （2016年）

项　　目	计量单位	全体居民	城镇居民	农村居民
受保护的井水和泉水	%	34.09	16.33	52.42
不受保护的井水和泉水	%	11.85	2.44	21.57
江河湖泊水	%	4.02	0.44	7.71
其他饮用水来源	%	1.64	0.32	3.01
获取饮用水存在的主要困难	—			
单次取水往返时间超过半小时	%	0.48	0.44	0.51
间断或定时供水	%	7.19	7.72	6.64
当年连续缺水超过15天	%	2.51	0.00	5.11
获取饮用水无困难	%	89.82	91.83	87.74
饮用前家里采取的主要处理措施	—			
煮沸	%	90.06	92.42	87.63
加漂白剂/氯等	%	0.26	0.52	0.00
使用水过滤器	%	1.13	1.45	0.79
其他处理措施	%	1.46	1.41	1.50
没有任何水处理措施	%	7.09	4.19	10.08
住宅内厕所状况	—			
水冲式卫生厕所	%	37.67	70.59	3.69
水冲式非卫生厕所	%	3.89	4.47	3.28
卫生旱厕	%	19.81	9.17	30.78
普通旱厕	%	37.02	14.92	59.85
无厕所	%	1.61	0.85	2.39
主要炊用能源	—			
天然气、煤气、液化石油气	%	28.75	42.67	14.37
煤炭	%	10.95	3.89	18.24
电	%	33.99	51.14	16.29
沼气	%	0.59	0.36	0.83
其他	%	25.72	1.93	50.28

11-6 按常住地划分的居民人均可支配收入

（2016年）　　单位：元/人

项　　目	全体居民	城镇居民	农村居民
可支配收入	**18342.5**	**25254.1**	**11982.1**
工资性收入	10731.0	18160.2	3894.3
工资	10266.8	17377.2	3723.5
实物福利	15.8	29.6	3.1
其他	448.4	753.4	167.7
经营净收入	4259.4	1837.4	6488.3
第一产业净收入	2355.4	99.3	4431.5
第二产业净收入	195.0	168.1	219.7
第三产业净收入	1709.1	1570.0	1837.1
财产净收入	970.8	1850.6	161.1
利息净收入	64.1	138.2	-4.0
红利收入	235.5	456.5	32.1
储蓄性保险净收益	8.0	14.4	2.1
转让承包土地经营权租金净收入	63.2	70.3	56.7
出租房屋净收入	91.0	183.1	6.3
出租其他资产净收入	6.0		11.5
自有住房折算净租金	455.9	951.2	
其他	47.1	37.0	56.4
转移净收入	2381.2	3405.8	1438.4
转移性收入	2829.2	4079.0	1679.0
养老金或离退休金	1453.1	2717.5	289.5
社会救济和补助	33.7	35.4	32.1
惠农补贴	79.1	59.2	97.4
政策性生活补贴	44.8	11.8	75.2
报销医疗费	234.7	270.2	202.0
外出从业人员寄回带回收入	648.9	432.6	847.9
赡养收入	173.5	254.6	98.8
其他经常转移收入	161.5	297.8	36.1
转移性支出	447.9	673.2	240.7
个人所得税	6.3	12.8	0.2
社会保障支出	372.1	550.6	207.9
外来从业人员寄给家人的支出			
赡养支出	38.2	75.7	3.6
其他经常转移支出	31.4	34.0	28.9

11-7 按常住地划分的居民人均消费支出

（2016年） 单位：元/人

项　　目	全体居民	城镇居民	农村居民
总支出	**17738.1**	**21363.5**	**14402.0**
消费支出	**13391.5**	**18555.5**	**8639.5**
食品烟酒	3268.8	4558.0	2082.5
食品	2009.6	2640.5	1429.0
烟酒	490.6	643.4	349.9
饮料	72.2	112.2	35.3
饮食服务	696.5	1161.9	268.2
衣着	1389.5	2218.8	626.4
衣类	1045.2	1663.2	476.5
鞋类	344.3	555.5	149.9
居住	2828.5	3882.9	1858.2
租赁房房租	62.6	98.1	29.9
住房维修及管理	914.7	1249.0	607.0
水电燃料及其他	582.3	818.6	364.8
自有住房折算租金	1268.9	1717.2	856.3
物业管理费	34.6	70.8	1.2
生活用品及服务	1011.9	1378.2	674.7
家具及室内装饰品	256.1	325.1	192.6
家用器具	262.1	331.6	198.2
家用纺织品	118.3	143.3	95.2
家庭日用杂品	230.8	332.1	137.6
个人用品	118.1	200.3	42.3
家庭服务	26.5	45.7	8.8
交通通信	1763.7	2463.5	1119.8
交通	1155.9	1685.6	668.4
通信	607.9	777.8	451.5
教育文化娱乐	1538.0	2047.2	1069.4
教育	1029.7	1242.7	833.6
文化娱乐	508.3	804.4	235.7
医疗保健	1225.1	1481.7	989.0
医疗器具及药品	423.3	591.1	269.0
医疗服务	801.8	890.7	720.0
其他用品和服务	366.0	525.3	219.4
其他用品	271.6	395.1	157.9

项　　目	全体居民	城镇居民	农村居民
其他服务	94.4	130.2	61.5
消费支出中服务消费支出	**3681.0**	**4933.4**	**2528.5**
生产经营费用支出	**1597.9**	**452.3**	**2652.2**
第一产业经营费用支出	1087.7	32.2	2059.0
第二产业经营费用支出	68.8	61.5	75.5
第三产业经营费用支出	441.5	358.7	517.7
财产性支出	**12.1**	**10.9**	**13.1**
生活贷款利息支出	12.1	10.9	13.1
其他财产性支出			
转移性支出	**447.9**	**673.2**	**240.7**
个人所得税	6.3	12.8	0.2
社会保障支出	372.1	550.6	207.9
个人缴纳的养老保险	236.3	377.7	106.2
个人缴纳的医疗保险	121.8	146.6	99.1
个人缴纳的失业保险	11.9	24.7	0.1
其他社会保障支出	2.1	1.7	2.4
外来从业人员寄给家人的支出			
赡养支出	38.2	75.7	3.6
其他转移性支出	31.4	34.0	28.9
部分商业保险支出	**80.0**	**82.0**	**78.2**
意外伤害保险	5.1	6.7	3.6
商业医疗保险（含大玻险）	32.4	20.2	43.6
其他非储蓄性商业保险	8.3	12.4	4.6
其他储蓄性商业保险	34.1	42.5	26.4
购置资产及非经常性转移支出	**1879.3**	**1369.4**	**2348.5**
购置资产支出	487.5	98.0	846.0
建造住房支出	135.0	18.5	242.3
购买住房支出	105.6	39.4	166.4
购建第一产业生产性固定资产	227.1		436.0
非经常性转移支出	1391.8	1271.5	1502.5
借贷性支出	**329.3**	**220.1**	**429.8**

11-8 按常住地划分的居民主要耐用品每百户拥有情况

（2016年末）

项　　目	计量单位	全体居民	城镇居民	农村居民
家用汽车	辆	22.4	27.7	16.9
摩托车	辆	75.0	54.5	96.2
助力车	台	36.3	47.3	24.9
洗衣机	台	97.1	98.7	95.5
电冰箱（柜）	台	88.3	91.1	85.4
微波炉	台	21.2	29.3	12.9
彩色电视机	台	119.0	118.4	119.5
#接入有线电视的电视机	台	76.0	92.4	59.1
空调	台	79.0	119.4	37.3
热水器	台	62.3	82.0	41.9
#太阳能热水器	台	49.7	62.7	36.3
消毒碗柜	台	2.1	4.2	
洗碗机	台	0.8	1.5	
排油烟机	台	36.7	62.7	9.7
固定电话	线	13.2	16.9	9.3
移动电话	部	249.8	243.1	256.8
#接入互联网移动电话	部	141.7	151.2	131.9
计算机	台	53.5	73.4	32.9
#接入互联网计算机	台	42.2	61.5	22.2
摄像机	台	1.6	2.8	0.3
照相机	台	9.1	16.2	1.8
中高档乐器	架	0.9	1.5	0.3
健身器材	台	1.4	2.5	0.3
组合音响	套	1.9	2.8	1.0

11-9 按收入等级分的居民人均可支配收入

（2016年） 单位：元/人

项　　目	全市平均	低收入户	中低收入户	中等收入户	中高收入户	高收入户
可支配收入	**18342.5**	**5097.5**	**10053.7**	**15612.4**	**23252.3**	**39211.6**
工资性收入	10731.0	2404.3	4649.6	7692.3	14494.4	22717.9
#工资	10266.8	2208.8	4499.2	7473.1	14004.6	21490.7
经营净收入	4259.4	1929.2	3689.2	5853.6	4119.3	8995.9
第一产业经营净收入	2355.4	1978.9	3060.0	4180.6	2264.8	2102.8
第二产业经营净收入	195.0	91.5	75.3	263.8	96.5	548.5
第三产业经营净收入	1709.1	-141.2	554.0	1409.2	1757.9	6344.5
财产净收入	970.8	65.5	249.7	481.7	1561.4	2274.1
利息净收入	64.1	4.7	35.4	-6.4	109.5	152.6
红利收入	235.5	8.1	119.0	88.5	443.1	445.2
储蓄性保险净收益	8.0	4.0		1.6	10.5	23.1
转让承包土地经营权租金净收入	63.2	8.9	26.3	99.4	98.8	93.8
出租房屋财产性收入	91.0			1.3	86.7	367.6
出租机械专利版权等资产的收入	6.0	28.1		2.7		
其他财产净收入	47.1		0.2	74.2	109.6	79.2
房屋虚拟租金	455.9	11.7	68.8	220.2	703.3	1112.7
转移净收入	2381.2	698.4	1465.1	1584.8	3077.1	5223.7
转移性收入	2829.2	1017.1	1734.7	1858.3	3685.0	5917.1
养老金或离退休金	1453.1	132.7	210.7	398.8	2117.8	4293.9
社会救济和补助	33.7	44.1	64.4	14.7	14.1	26.6
政策性生活补贴	43.6	1.6	11.2	89.1	106.9	47.9
报销医疗费	234.7	125.3	114.0	283.2	281.1	398.6
家庭外出从业人员寄回带回收入	648.9	566.3	961.7	779.9	695.8	389.3
赡养收入	173.5	34.8	195.8	119.5	179.9	327.0
其他经常转移收入	161.5	26.5	43.7	59.4	246.5	406.7
从政府和组织得到的实物产品和服务折价	1.1	2.2	0.8	0.6	2.5	
现金政策性惠农补贴	79.1	83.5	132.4	113.0	40.5	27.1
实物可支配收入	821.7	500.2	609.8	971.2	1022.5	948.9

11-10 按收入等级分的居民人均消费支出

（2016年） 单位：元/人

项　　目	全市平均	低收入户	中低收入户	中等收入户	中高收入户	高收入户
消费支出	**13391.5**	**6849.2**	**9194.1**	**9815.9**	**15790.9**	**25177.6**
食品烟酒	3268.8	1707.5	2049.6	2558.2	4111.5	5809.4
食品	2009.6	1248.2	1325.9	1541.0	2615.0	3320.2
烟酒	490.6	272.2	368.5	467.4	532.8	797.9
饮料	72.2	24.6	39.7	59.3	89.3	139.7
饮食服务	696.5	162.6	315.5	490.4	874.4	1551.6
衣着	1389.5	506.2	724.9	924.8	1742.1	2895.3
衣类	1045.2	379.2	534.7	705.8	1279.7	2220.8
鞋类	344.3	127.0	190.2	218.9	462.4	674.6
居住	2828.5	1460.5	2085.7	1766.3	3266.0	5638.3
租赁房房租	62.6	10.8	50.0	12.5	68.0	177.7
住房维修及管理	914.7	444.8	775.4	347.4	875.1	2241.7
水电燃料及其他	582.3	292.5	354.2	415.2	750.1	1092.3
自有住房折算租金	1268.9	712.5	906.1	991.2	1572.9	2126.7
物业管理费	34.6	1.7	3.2	5.6	49.8	106.0
生活用品及服务	1011.9	402.5	876.2	566.4	1122.2	2169.9
家具及室内装饰品	256.1	63.4	331.0	105.3	233.3	596.2
家用器具	262.1	123.6	192.8	191.9	332.5	497.9
家用纺织品	118.3	57.2	148.1	64.9	105.4	230.4
家庭日用杂品	230.8	127.7	138.9	132.1	297.1	453.8
个人用品	118.1	25.5	49.8	61.5	130.0	316.4
家庭服务	26.5	5.2	15.6	10.7	23.9	75.3
交通通信	1763.7	966.5	1344.2	1410.8	1960.0	3012.9
交通	1155.9	626.7	873.8	904.9	1266.8	1965.1
通信	607.9	339.8	470.4	505.9	693.1	1047.8
教育文化娱乐	1538.0	788.7	1117.4	1215.4	1926.0	2653.4
教育	1029.7	632.1	897.9	904.3	1247.7	1498.5
文化娱乐	508.3	156.6	219.5	311.1	678.3	1154.9
医疗保健	1225.1	808.1	771.3	1185.4	1248.6	2200.8
医疗器具及药品	423.3	233.9	243.9	351.6	466.5	808.4
医疗服务	801.8	574.2	527.4	833.8	782.1	1392.4
其他用品和服务	366.0	209.0	224.8	188.6	414.6	797.5
其他用品	271.6	166.3	166.1	115.1	310.0	601.7
其他服务	94.4	42.7	58.7	73.5	104.6	195.8

11-11 按收入等级分的居民主要耐用品每百户拥有情况

（2016年末）

项　　目	计量单位	全市平均	低收入户	中低收入户	中等收入户	中高收入户	高收入户
家用汽车	辆	22.4	18.4	14.0	20.5	23.2	31.1
摩托车	辆	75.0	89.4	104.0	88.1	59.4	53.0
助力车	台	36.3	20.8	30.7	28.4	41.8	49.6
洗衣机	台	97.1	92.2	100.2	94.6	99.1	98.1
电冰箱（柜）	台	88.3	79.5	88.4	87.1	94.0	89.7
微波炉	台	21.2	13.0	18.1	9.6	25.5	32.4
彩色电视机	台	119.0	116.3	123.8	120.1	112.0	123.1
#接入有线电视的电视机	台	76.0	49.1	64.9	72.4	82.4	96.3
空调	台	79.0	23.8	47.6	49.8	107.1	130.2
热水器	台	62.3	36.1	49.5	55.1	72.1	80.6
#太阳能热水器	台	49.7	34.5	35.8	48.5	58.2	59.7
排油烟机	台	36.7	11.8	18.2	21.1	49.0	59.5
固定电话	线	13.2	4.6	9.7	17.9	16.3	13.8
移动电话	部	249.8	244.1	264.3	261.4	247.2	238.2
#接入互联网的移动电话	部	141.7	142.8	134.0	142.3	137.6	143.3
计算机	台	53.5	24.0	42.6	43.8	72.4	66.4
#接入互联网的计算机	台	42.2	15.1	27.7	33.6	57.8	58.9
摄像机	台	1.6	0.8			1.6	4.4
照相机	台	9.1	2.5	1.2	2.0	10.8	22.7
中高档乐器	架	0.9	0.8		0.9		2.2
健身器材	台	1.4				0.8	5.2
组合音响	套	1.9		2.2	0.9	2.5	3.2

11-12 居民消费、农产品成交价格指数

（1986-2016年，以上年价格为100）

年　份	居民消费价格指数			城市农贸市场农产品成交价格指数
	全　市	城　市	农　村	
1986		108.4		
1987		107.8		
1988		119.9		
1989		114.4		
1990		102.8	102.8	
1991		105.4	101.2	99.5
1992		109.9	104.4	102.5
1993		113.0	110.9	105.0
1994	122.1	123.9	120.9	125.8
1995	116.8	118.7	114.8	122.9
1996	109.0	110.1	108.1	103.3
1997	104.2	103.5	104.4	89.0
1998	97.9	98.8	97.4	90.2
1999	96.4	95.3	96.8	86.4
2000	98.6	98.4	98.7	92.7
2001	100.3	99.7	100.6	
2002	98.9	98.1	99.3	
2003	101.7	102.3	101.4	
2004	105.3	104.8	105.4	
2005	101.9	101.3	102.5	
2006	101.1	101.1	101.3	
2007	106.2	106.2	105.9	
2008	106.5	105.9	107.4	
2009	99.1	98.4	100.2	
2010	103.7	104.1	103.2	
2011	105.5	105.6	105.3	
2012	102.5	102.7	102.3	
2013	102.5	102.8	102.2	
2014	101.5	101.5	101.5	
2015	101.5	101.8	101.2	
2016	101.3	101.4	101.1	

注：城市居民消费价格指数2011年以前为市区数，2012年开始为全市城市数。

11-13 商品零售、农业生产资料价格指数

（1986-2016年，以上年价格为100）

年　份	商品零售价格指数			农　业 生产资料 价格指数
	全　市	城　市	农　村	
1986		106.5		
1987		108.0		
1988		120.3		
1989		114.5		
1990		**102.5**	**101.9**	**100.6**
1991		105.2	100.7	101.6
1992		109.7	103.5	100.8
1993		110.5	109.2	107.5
1994	119.0	117.5	119.8	116.7
1995	**115.0**	**113.4**	**115.8**	**123.2**
1996	107.4	107.6	107.0	108.3
1997	101.4	100.9	101.8	99.9
1998	96.8	97.3	96.6	96.4
1999	95.9	95.0	96.1	95.1
2000	**97.7**	**97.9**	**97.6**	**99.0**
2001	99.5	99.4	99.6	99.3
2002	98.6	97.5	98.8	99.1
2003	101.2	101.1	101.2	102.5
2004	105.0	104.8	105.0	110.4
2005	**101.5**	**101.4**	**101.6**	**108.5**
2006	101.0	100.8	101.2	99.5
2007	104.7	104.3	105.4	105.7
2008	108.3	108.3	108.4	117.0
2009	99.4	98.8	100.0	96.8
2010	**103.6**	**104.0**	**103.2**	**103.5**
2011	106.1	106.7	105.3	110.8
2012	101.8	101.8	101.8	105.4
2013	101.8	102.1	101.4	101.9
2014	100.9	100.9	100.9	97.6
2015	**100.0**	**100.3**	**99.7**	**98.5**
2016	100.8	101.2	100.5	98.4

注：城市居民消费价格指数2011年以前为市区数，2012年开始为全市城市数。

11-14 分县市居民消费价格指数

（2016年，以上年为100）

项　　目	全　市	湖滨区	义马市	渑池县	陕州区	灵宝市	卢氏县
居民消费价格总指数	**101.3**	**101.4**	**101.4**	**101.4**	**101.2**	**101.1**	**100.8**
非食品价格指数	100.7	100.7	100.6	100.7	100.5	100.6	100.6
服务价格指数	101.2	100.7	100.2	100.8	102.0	102.2	100.6
鲜活食品价格指数	106.0	106.3	107.4	107.2	106.2	106.1	102.9
消费品价格指数	101.3	101.7	101.9	101.7	100.8	100.6	100.9
扣除鲜菜鲜果价格指数	101.1	101.2	101.5	101.1	101.1	100.9	100.6
食品烟酒	**102.7**	**103.0**	**104.1**	**103.7**	**102.6**	**102.0**	**101.3**
食品	103.4	103.9	104.2	104.3	103.6	102.9	101.3
粮食	100.1	100.2	99.1	103.3	100.2	98.7	99.8
大米	100.3	100.0	100.0	103.7	100.2	100.0	98.7
面粉	101.4	100.1	97.8	108.1	104.5	100.0	100.4
薯类	107.8	106.9	110.7	101.7	101.9	117.8	101.6
豆类	99.2	99.9	102.0	98.1	100.8	98.4	96.8
食用油	99.6	100.1	100.4	100.1	101.9	97.5	100.1
食用植物油	99.2	100.1	100.0	100.0	100.1	96.7	99.8
食用动物油	114.9	104.4	110.8	104.0	145.9	114.5	108.0
菜	110.0	108.4	101.2	117.4	109.1	110.4	111.1
鲜菜	110.8	109.2	101.3	117.6	109.5	111.7	112.6
畜肉类	110.0	109.2	122.5	111.1	115.8	109.9	104.4
猪肉	116.0	115.6	131.9	117.1	121.7	116.6	106.5
禽肉类	100.7	101.5	102.9	99.6	98.0	102.1	97.4
鸡	100.8	102.1	102.5	99.5	97.3	102.8	96.4
水产品	100.7	102.5	98.5	101.8	98.1	98.7	99.3
淡水鱼	101.4	105.0	96.0	102.9	96.1	97.9	100.4
海水鱼	100.6	100.0	107.4	101.0	105.7	100.5	100.9
其他水产品及制品	99.6	100.0	101.2	100.0	100.0	100.0	95.7
蛋类	98.8	101.3	96.7	94.7	98.1	98.0	95.5
奶类	99.8	99.4	100.1	100.0	100.0	100.2	100.0
干鲜瓜果类	98.4	101.9	96.1	94.7	91.4	97.1	93.0

11-14续表1　　（2016年，以上年为100）

项　　目	全　市	湖滨区	义马市	渑池县	陕州区	灵宝市	卢氏县
糖果糕点类	100.0	100.0	100.0	100.0	100.3	99.9	100.2
调味品	106.0	114.6	101.0	100.4	102.2	100.0	100.0
其他食品类	99.4	100.9	99.6	100.0	100.1	96.8	100.0
在外餐饮	100.8	100.0	106.1	104.1	100.0	100.1	103.5
茶及饮料	99.4	99.9	100.4	100.0	100.1	100.0	94.6
烟酒	102.7	104.9	102.8	101.5	101.2	100.7	101.5
烟草	105.3	110.5	104.8	102.7	102.3	101.4	102.8
酒类	100.0	100.0	100.6	100.0	100.0	100.0	100.0
衣着	**99.4**	**100.0**	**100.0**	**100.0**	**99.5**	**97.5**	**99.9**
服装	99.5	100.0	100.0	100.0	98.3	98.8	99.8
男式服装	99.8	100.0	100.0	100.0	98.1	100.0	100.0
女式服装	99.7	100.0	100.0	100.0	97.9	99.6	99.8
儿童服装	98.5	100.0	100.0	100.0	100.0	93.8	99.3
服装材料	100.0	100.0	100.0	100.0	100.0	100.0	100.0
其他衣着及配件	100.1	100.0	99.9	100.0	100.4	100.1	100.0
衣着加工服务费	103.4	100.0	100.0	100.0	114.2	108.4	103.9
鞋类	98.5	100.0	100.0	100.0	102.4	92.3	100.1
居住	**100.6**	**100.4**	**100.1**	**100.1**	**99.8**	**101.5**	**100.5**
租赁房房租	101.2	102.6	100.0	100.0	100.0	100.0	100.0
住房保养维修及管理	102.2	101.6	100.2	100.4	99.6	105.7	100.9
水电燃料	99.7	99.7	100.0	100.0	99.5	98.8	101.0
自有住房	100.0	100.0	100.0	100.0	100.0	100.0	100.0
生活用品及服务	**100.1**	**100.0**	**99.9**	**100.0**	**99.6**	**100.3**	**100.6**
家具及室内装饰品	100.4	100.0	99.9	100.0	100.0	100.4	102.8
家用器具	99.7	100.0	99.4	100.0	98.4	99.3	100.0
家用纺织品	100.0	100.0	100.0	100.0	100.0	100.0	100.0
家庭日用杂品	100.1	100.0	100.1	100.0	100.4	100.6	99.5
个人护理用品	100.0	100.0	100.1	100.0	100.1	99.8	100.1
家庭服务	101.8	100.0	102.3	100.0	100.0	107.9	102.6
交通和通信	**100.0**	**99.7**	**99.5**	**98.9**	**99.7**	**101.1**	**100.1**

11-14续表2　　（2016年，以上年为100）

项　　目	全　市	湖滨区	义马市	渑池县	陕州区	灵宝市	卢氏县
交通	100.0	99.5	99.2	99.3	100.4	101.3	100.2
交通工具	99.5	100.0	99.9	100.0	100.0	97.2	101.4
交通工具用燃料	96.6	96.4	96.1	95.9	96.4	97.3	96.7
汽油	96.3	96.4	96.1	95.9	96.3	96.4	96.0
交通工具使用和维修	100.7	100.0	100.0	100.0	108.1	100.0	100.0
交通费	103.8	100.3	100.0	100.0	100.8	116.4	100.4
通信	99.9	100.0	100.0	98.3	98.7	100.7	100.0
通信工具	97.6	100.0	100.0	94.0	95.3	94.4	100.0
通信服务	100.8	100.0	100.0	100.0	100.0	103.4	100.0
邮递服务	100.0	100.0	100.0	100.0	100.0	100.0	100.0
教育文化和娱乐	**100.8**	**100.8**	**100.1**	**100.9**	**100.7**	**100.6**	**101.4**
教育	101.2	101.5	100.1	101.5	100.5	100.3	102.2
教育用品	101.7	101.5	101.0	100.1	103.8	102.0	101.1
教育服务	101.2	101.5	100.0	101.7	100.1	100.2	102.3
文化娱乐	100.3	100.1	100.2	100.0	101.0	101.0	100.2
文娱耐用消费品	99.5	100.0	100.2	100.0	100.0	97.9	100.0
文化娱乐服务	100.2	100.3	100.0	100.0	100.0	100.0	100.0
旅游	102.1	100.0	100.0	100.0	104.1	111.6	101.3
医疗保健	**102.7**	**103.2**	**100.9**	**102.1**	**104.1**	**102.0**	**100.0**
药品及医疗器具	104.7	107.0	101.2	102.4	98.0	106.3	100.0
中药	104.7	100.0	104.1	111.0	102.9	112.0	100.0
西药	105.5	110.5	100.5	100.0	96.0	105.7	100.0
滋补保健品	103.8	105.7	100.0	100.0	107.6	101.1	100.0
医疗服务	101.3	101.0	100.7	101.9	108.1	99.1	100.0
其他用品和服务	**102.3**	**101.7**	**102.0**	**102.9**	**102.4**	**103.3**	**102.5**
其他用品类	104.1	103.4	103.6	104.3	103.6	105.3	104.5
首饰手表	105.5	104.4	105.0	105.9	105.0	107.3	106.2
其他服务类	100.3	100.0	100.0	101.0	100.8	100.6	99.9
养老服务	100.0	100.0	100.0	100.0	100.0	100.0	100.0
金融保险	99.9	100.0	100.0	100.0	100.0	100.0	99.1

11-15 分县市商品零售价格指数

（2016年，以上年为100）

项　目	全　市	湖滨区	义马市	渑池县	陕州区	灵宝市	卢氏县
商品零售价格指数	**100.8**	**101.2**	**101.7**	**101.1**	**100.3**	**100.2**	**100.5**
食品	**103.2**	**103.4**	**104.5**	**104.6**	**103.2**	**102.7**	**101.7**
粮食	99.9	100.2	99.0	103.6	100.5	98.8	99.8
薯类	109.5	106.9	110.7	101.7	101.9	117.8	101.6
豆类	99.5	99.9	102.1	97.8	100.6	99.1	96.4
食用油	99.9	100.2	100.8	100.3	103.6	98.2	100.5
菜	109.3	108.2	101.2	117.4	109.1	110.4	111.1
畜肉类	111.5	109.4	123.4	111.9	116.7	110.6	104.6
猪肉	117.4	115.6	131.9	117.1	121.7	116.6	106.5
禽肉类	101.0	101.5	103.1	99.6	98.1	102.0	97.6
水产品	100.2	102.5	98.6	101.8	98.0	98.8	99.2
蛋类	98.2	101.3	96.6	94.5	98.0	97.9	95.4
奶类	99.9	99.4	100.2	100.0	100.0	100.2	100.0
干鲜瓜果类	98.2	102.3	96.3	94.7	91.4	97.1	93.0
糖果糕点类	100.0	100.0	100.0	100.0	100.3	99.9	100.2
调味品	104.5	114.6	101.0	100.4	102.2	100.0	100.0
其他食品类	99.4	101.1	99.5	100.0	100.1	96.8	100.0
在外餐饮	101.1	100.0	105.8	104.5	100.0	100.1	103.4
饮料、烟酒	**101.6**	**103.5**	**102.0**	**101.0**	**100.8**	**100.5**	**100.0**
茶及饮料	99.7	99.9	100.4	100.0	100.1	100.0	94.8
烟草	104.9	110.5	104.8	102.7	102.3	101.4	102.8
酒类	100.0	100.0	100.6	100.0	100.0	100.0	100.0
服装、鞋帽	**99.1**	**100.0**	**100.0**	**100.0**	**99.3**	**97.5**	**99.9**
服装	99.4	100.0	100.0	100.0	98.2	98.8	99.8
男士服装	99.8	100.0	100.1	100.0	97.9	100.0	100.0
女士服装	99.7	100.0	100.0	100.0	97.9	99.6	99.8
儿童服装	97.8	100.0	100.0	100.0	100.0	93.7	99.3
鞋帽袜	97.9	100.0	100.0	100.0	102.2	93.3	100.1

项　目	全　市	湖滨区	义马市	渑池县	陕州区	灵宝市	卢氏县
其他衣着配件	100.1	100.0	99.8	100.0	101.2	100.0	100.0
纺织品	**100.0**	**100.0**	**100.0**	**100.0**	**100.0**	**100.0**	**100.0**
服装材料	100.0	100.0	100.0	100.0	100.0	100.0	100.0
床上用品	100.0	100.0	100.0	100.0	100.0	100.0	100.0
家用电器及音像器材	**99.6**	**100.0**	**100.0**	**100.0**	**98.9**	**99.1**	**100.0**
家庭设备	99.5	100.0	99.7	100.0	98.3	99.1	100.0
文娱用耐用消费品	99.1	100.0	100.4	100.0	100.0	97.2	99.9
专业音像器材	103.0	100.0	100.0	100.0	100.0	110.3	100.0
文化办公用品	**99.5**	**100.0**	**100.4**	**100.0**	**100.0**	**98.2**	**100.0**
日用品	**100.2**	**100.0**	**99.9**	**100.0**	**100.0**	**100.4**	**100.4**
日用百货	99.9	100.0	99.5	100.0	100.0	99.4	102.0
厨具餐具茶具	100.0	100.0	100.6	100.0	100.0	100.0	100.0
清洗用品	100.7	100.0	100.0	100.0	100.0	102.8	97.8
其他日用品	100.0	100.0	100.0	100.0	100.1	100.0	99.9
体育娱乐用品	**100.2**	**100.0**	**100.2**	**100.0**	**101.4**	**100.3**	**100.0**
体育户外用品	100.0	100.0	100.5	100.0	100.0	100.0	100.0
娱乐用品	100.3	100.0	100.0	100.0	102.5	100.5	100.0
交通、通信用品	**98.0**	**100.0**	**100.2**	**97.7**	**98.2**	**94.6**	**100.0**
交通运输机械	98.6	100.0	100.3	100.0	100.0	95.1	100.0
通信器材	97.0	100.0	100.0	94.5	95.9	94.0	100.0
家具	**100.4**	**100.0**	**99.8**	**100.0**	**100.0**	**100.4**	**102.9**
化妆品	**100.0**	**100.0**	**100.2**	**100.0**	**100.0**	**100.0**	**100.1**
金银饰品	**105.8**	**104.4**	**105.1**	**106.7**	**105.9**	**108.6**	**107.1**
中西药品及医疗保健用品	**104.7**	**106.4**	**101.4**	**103.0**	**98.2**	**107.1**	**100.0**
医疗卫生器具	98.8	100.0	100.0	100.0	84.3	98.2	100.0
中药	105.7	100.0	104.1	110.5	103.0	112.1	100.0
西药	105.0	110.1	100.5	100.0	95.8	105.8	100.0
保健器具及用品	103.0	104.2	100.0	100.0	103.8	103.0	100.0
书报杂志及电子出版物	**100.8**	**100.8**	**100.5**	**100.0**	**101.8**	**100.9**	**100.5**

11-15续表2 （2016年，以上年为100）

项　　目	全　市	湖滨区	义马市	渑池县	陕州区	灵宝市	卢氏县
教材及参考书	**101.7**	**101.7**	**101.0**	**100.1**	**103.7**	**101.8**	**101.0**
书报杂志	100.0	100.0	100.0	100.0	100.0	100.0	100.0
计算机办公软件	100.0	100.0	100.0	100.0	100.0	100.0	100.0
燃料	**97.2**	**96.7**	**101.8**	**97.6**	**96.3**	**96.8**	**98.3**
煤炭及制品	98.6	93.5	113.6	99.8	95.3	100.0	100.6
石油及制品	96.7	97.4	96.9	96.7	96.7	95.4	97.4
建筑材料及五金电料	**100.5**	**100.0**	**100.3**	**100.5**	**99.8**	**100.8**	**101.3**
建筑装璜材料	100.5	100.0	100.3	100.6	99.3	100.9	101.6
五金水暖	100.3	100.0	100.0	100.0	102.1	100.3	100.0
农业生产资料价格指数	**98.4**		**100.5**	**101.4**	**98.5**	**96.9**	**98.4**
农用手工工具	100.3		105.5	100.0	100.0	100.0	100.0
饲料	92.3		100.3	97.8	92.0	86.7	95.9
仔畜幼禽及产品畜	119.2		117.3	100.6	125.0	136.6	100.6
半机械化农具	100.0		100.0	100.0	100.0	100.0	100.0
机械化农具	100.5		100.0	100.0	100.0	101.3	100.0
化学肥料	96.3		98.3	106.2	96.2	92.4	96.7
氮　　肥	94.9		93.4	114.3	92.4	92.5	91.0
磷　　肥	97.3		99.3	104.0	100.0	93.5	97.4
钾　　肥	94.8		100.5	101.6	97.2	87.3	99.8
复合肥料	97.4		101.2	101.9	97.8	93.0	100.1
农药及农药器械	100.3		96.9	103.5	100.0	100.0	100.0
化学农药	100.3		96.1	104.3	100.0	100.0	100.0
农机用油	96.6		95.9	95.4	96.1	96.6	97.7
农用柴油	96.1		95.3	94.9	95.5	96.1	97.3
润 滑 油	100.0		100.0	100.0	100.0	100.0	100.0
其他农用生产资料	100.2		103.1	100.1	99.5	99.8	100.7
农用种子	100.4		103.4	100.2	99.3	100.0	100.9
农用薄膜	99.7		105.2	100.0	100.0	98.2	100.2
农业生产服务	101.0		100.0	100.0	101.8	100.0	102.5
排 灌 费	105.1		100.0	100.0	109.1	100.0	113.4
机械作业费	100.0		100.0	100.0	100.0	100.0	100.0
农业用电	100.0		100.0	100.0	100.0	100.0	100.0
农业用工	100.0		100.0	100.0	100.0	100.0	100.0

11-16 全市分城市、农村居民消费价格指数

（以上年为100）

项　　目	全市	城　　市	农　　村
居民消费价格总指数	**101.3**	**101.4**	**101.1**
非食品价格指数	100.6	100.7	100.6
服务价格指数	101.2	100.7	101.5
鲜活食品价格指数	106.0	106.3	105.8
消费品价格指数	101.3	101.7	101.0
扣除鲜菜鲜果价格指数	101.1	101.2	101.0
食品烟酒	**102.7**	**103.0**	**102.4**
食品	103.4	103.9	103.0
粮食	100.1	100.2	100.0
大米	100.3	100.0	100.5
面粉	101.4	100.1	102.3
薯类	107.8	106.9	108.6
豆类	99.2	99.9	98.7
食用油	99.6	100.1	99.3
食用植物油	99.2	100.1	98.6
食用动物油	114.9	104.4	116.7
菜	110.0	108.4	111.3
鲜菜	110.8	109.2	112.2
畜肉类	110.0	109.2	110.6
猪肉	116.0	115.6	116.3
禽肉类	100.7	101.5	100.2
鸡	100.8	102.1	100.1
水产品	100.7	102.5	99.3
淡水鱼	101.4	105.0	98.9
海水鱼	100.6	100.0	101.7
其他水产品及制品	99.6	100.0	99.3
蛋类	98.8	101.3	96.9
奶类	99.8	99.4	100.1
干鲜瓜果类	98.4	101.9	95.0

11-16续表1 （以上年为100）

项　　目	全市	城　　市	农　　村
糖果糕点类	100.0	100.0	100.0
调味品	106.0	114.6	100.5
其他食品类	99.4	100.9	98.7
在外餐饮	100.8	100.0	101.7
茶及饮料	99.4	99.9	99.1
烟酒	102.7	104.9	101.2
烟草	105.3	110.5	102.2
酒类	100.0	100.0	100.0
衣着	**99.4**	**100.0**	**98.8**
服装	99.5	100.0	99.2
男式服装	99.8	100.0	99.7
女式服装	99.7	100.0	99.4
儿童服装	98.5	100.0	97.3
服装材料	100.0	100.0	100.0
其他衣着及配件	100.1	100.0	100.0
衣着加工服务费	103.4	100.0	106.3
鞋类	98.5	100.0	97.2
居住	**100.6**	**100.4**	**100.7**
租赁房房租	101.2	102.6	100.0
住房保养维修及管理	102.2	101.6	102.6
水电燃料	99.7	99.7	99.6
自有住房	100.0	100.0	100.0
生活用品及服务	**100.1**	**100.0**	**100.1**
家具及室内装饰品	100.4	100.0	100.1
家用器具	99.7	100.0	99.4
家用纺织品	100.0	100.0	100.0
家庭日用杂品	100.1	100.0	100.2
个人护理用品	100.0	100.0	99.9
家庭服务	101.8	100.0	104.0
交通和通信	**100.0**	**99.7**	**100.2**

11-16续表2 （以上年为100）

项　　目	全市	城　市	农　村
交通	100.0	99.5	100.5
交通工具	99.5	100.0	99.1
交通工具用燃料	96.6	96.4	96.7
汽油	96.3	96.4	96.7
交通工具使用和维修	100.7	100.0	101.4
交通费	103.8	100.3	106.9
通信	99.9	100.0	99.7
通信工具	97.6	100.0	95.7
通信服务	100.8	100.0	95.3
教育文化和娱乐	**100.8**	**100.8**	**100.8**
教育	101.2	101.5	101.0
教育用品	101.7	101.5	101.8
教材	102.1	104.9	100.4
教育服务	101.2	101.5	100.9
文化娱乐	100.3	100.1	100.6
文娱耐用消费品	99.5	100.0	99.1
文化娱乐服务	100.2	100.3	100.0
旅游	102.1	100.0	105.8
医疗保健	**102.7**	**103.7**	**102.0**
药品及医疗器具	104.7	107.0	102.8
中药	104.7	100.0	107.7
西药	105.5	110.5	101.7
滋补保健品	103.8	105.7	101.7
医疗服务	101.3	101.0	101.4
其他用品和服务	**102.3**	**101.7**	**102.9**
其他用品类	104.1	103.4	104.6
首饰手表	105.5	104.4	106.4
其他服务类	100.3	100.0	100.5
养老服务	100.0	100.0	100.0
金融保险	99.9	100.0	99.8

11-17 全市分城市、农村商品零售价格指数

（以上年为100）

项　目	全市	城　市	农　村
商品零售价格指数	**100.8**	**101.2**	**100.5**
食品	**103.2**	**103.4**	**103.0**
粮食	99.9	100.2	99.7
薯类	109.5	106.9	111.0
豆类	99.5	99.9	99.3
食用油	99.9	100.2	99.7
菜	109.3	108.2	109.9
畜肉类	111.5	109.4	112.5
猪肉	117.4	115.6	118.2
禽肉类	101.0	101.5	100.8
水产品	100.2	102.5	99.0
蛋类	98.2	101.3	97.1
奶类	99.9	99.4	100.1
干鲜瓜果类	98.2	102.3	95.5
糖果糕点类	100.0	100.0	100.0
调味品	104.5	114.6	100.6
其他食品类	99.4	101.1	98.4
在外餐饮	101.1	100.0	101.6
饮料、烟酒	**101.6**	**103.5**	**100.7**
茶及饮料	99.7	99.9	99.5
烟草	104.9	110.5	102.1
酒类	100.0	100.0	100.1
服装、鞋帽	**99.1**	**100.0**	**98.6**
服装	99.4	100.0	99.1
男士服装	99.8	100.0	99.7
女士服装	99.7	100.0	99.5
儿童服装	97.8	100.0	96.6
鞋帽袜	97.9	100.0	96.8

11-17续表1 （以上年为100）

项　　目	全市	城　　市	农　　村
其他衣着配件	100.1	100.0	100.2
纺织品	**100.0**	**100.0**	**100.0**
服装材料	100.0	100.0	100.0
床上用品	100.0	100.0	100.0
家用电器及音像器材	**99.6**	**100.0**	**99.4**
家庭设备	99.5	100.0	99.3
文娱用耐用消费品	99.1	100.0	98.6
专业音像器材	103.0	100.0	105.6
文化办公用品	**99.5**	**100.0**	**99.1**
日用品	**100.2**	**100.0**	**100.2**
日用百货	99.9	100.0	99.9
厨具餐具茶具	100.0	100.0	100.1
清洗用品	100.7	100.0	101.1
其他日用品	100.0	100.0	100.0
体育娱乐用品	**100.2**	**100.0**	**100.3**
体育户外用品	100.0	100.0	100.0
娱乐用品	100.3	100.0	100.5
交通、通信用品	**98.0**	**100.0**	**96.7**
交通运输机械	98.6	100.0	97.4
通信器材	97.0	100.0	95.6
家具	**100.4**	**100.0**	**100.6**
化妆品	**100.0**	**100.0**	**100.0**
金银饰品	**105.8**	**104.4**	**107.3**
中西药品及医疗保健用品	**104.7**	**106.4**	**103.9**
医疗卫生器具	98.8	100.0	97.3
中药	105.7	100.0	108.3
西药	105.0	110.1	102.5
保健器具及用品	103.0	104.2	102.1
书报杂志及电子出版物	**100.8**	**100.8**	**100.8**

（以上年为100）

项　　目	全市	城　　市	农　　村
教材及参考书	**101.7**	**101.7**	**101.6**
书报杂志	100.0	100.0	100.0
计算机办公软件	100.0	100.0	100.0
燃料	**97.2**	**96.7**	**97.5**
煤炭及制品	98.6	93.5	100.9
石油及制品	96.7	97.4	96.1
建筑材料及五金电料	**100.5**	**100.0**	**100.6**
建筑装璜材料	100.5	100.0	100.7
五金水暖	100.3	100.0	100.4
农业生产资料价格指数	**98.4**		**98.4**
农用手工工具	100.3		100.3
饲料	92.3		92.3
仔畜幼禽及产品畜	119.2		119.2
半机械化农具	100.0		100.0
机械化农具	100.5		100.5
化学肥料	96.3		96.3
氮　　肥	94.9		94.9
磷　　肥	97.3		97.3
钾　　肥	94.8		94.8
复合肥料	97.4		97.4
农药及农药器械	100.3		100.3
化学农药	100.3		100.3
农机用油	96.6		96.6
农用柴油	96.1		96.1
润 滑 油	100.0		100.0
其他农用生产资料	100.2		100.2
农用种子	100.4		100.4
农用薄膜	99.7		99.7
农业生产服务	101.0		101.0
排 灌 费	105.1		105.1
机械作业费	100.0		100.0
农业用电	100.0		100.0
农业用工	100.0		100.0

主要统计指标解释

可支配收入　指调查户在调查期内获得的、可用于最终消费支出和储蓄的总和，即调查户可以用来自由支配的收入。既包括现金，也包括实物收入。按照收入的来源，可分为：工资性收入、经营净收入、财产净收入和转移净收入。

工资性收入　指就业人员通过各种途径得到的全部劳动报酬和各种福利，包括受雇于单位或个人、从事各种自由职业、兼职和零星劳动得到的全部劳动报酬和福利。

经营净收入　指住户或住户成员从事生产经营活动所获得的净收入，是全部经营收入中扣除经营费用、生产性固定资产折旧和生产税之后得到的净收入。

财产净收入　指住户或住户成员将其所拥有的金融资产、住房等非金融资产和自然资源交由其他机构单位、住户或个人支配而获得的回报并扣除相关的费用之后得到的净收入。财产净收入包括利息净收入、红利收入、储蓄性保险净收益、转让承包土地经营权租金净收入、出租房屋净收入、出租其他资产净收入和自有住房折算净租金等。

转移净收入　计算公式为：转移净收入 = 转移性收入 - 转移性支出

转移性收入　指国家、单位、社会团体对住户的各种经常性转移支付和住户之间的经常性收入转移。包括养老金或退休金、社会救济和补助、政策性生产补贴、政策性生活补贴、救灾款、经常性捐赠和赔偿、报销医疗费、住户之间的赡养收入，以及本住户非常住成员寄回带回的收入等。

消费支出　指住户用于满足家庭日常生活消费需要的全部支出，包括用于消费品的支出和用于服务性消费的支出。根据用途不同可划分为食品烟酒、衣着、居住、生活用品及服务、交通通信、教育文化娱乐、医疗保健、其他用品及服务八大类。根据来源不同，可划分为现金消费支出、实物消费支出（含自产自用、来自单位、来自政府和其他社会组织）。

居民消费价格指数　居民消费价格是居民支付所购买生活消费品和获得的服务项目的价格。编制居民消费指数是根据各调查商品和服务项目的基期和报告期的平均价格采用加权算术平均公式计算。目前，编制居民消费价格指数的商品和服务项目计333种。权数根据住户调查中居民的实际消费构成计算，每年调整一次。

商品零售价格指数　商品零售价格是工业、商业、餐饮业和其他零售企业向城乡居民、机关团体出售生活消费品和办公用品。编制商品零售价格指数是根据各调查商品的基期和报告期的平均价格采用加权算术平均公式计算。目前，编制商品零售价格指数的商品和服务项目计314种。权数资料根据典型调查、商品流转统计中商品销售构成及商品零售额计算，每三年调整一次。

农业生产资料价格指数　农业生产资料价格是指工业、商业及其他单位和个人向农民出售农业生产资料的价格。农业生产资料价格指数编制同商品零售价格指数。权数资料每年计算一次。商品项目47种。

产业集聚区、商务“两区”主要指标

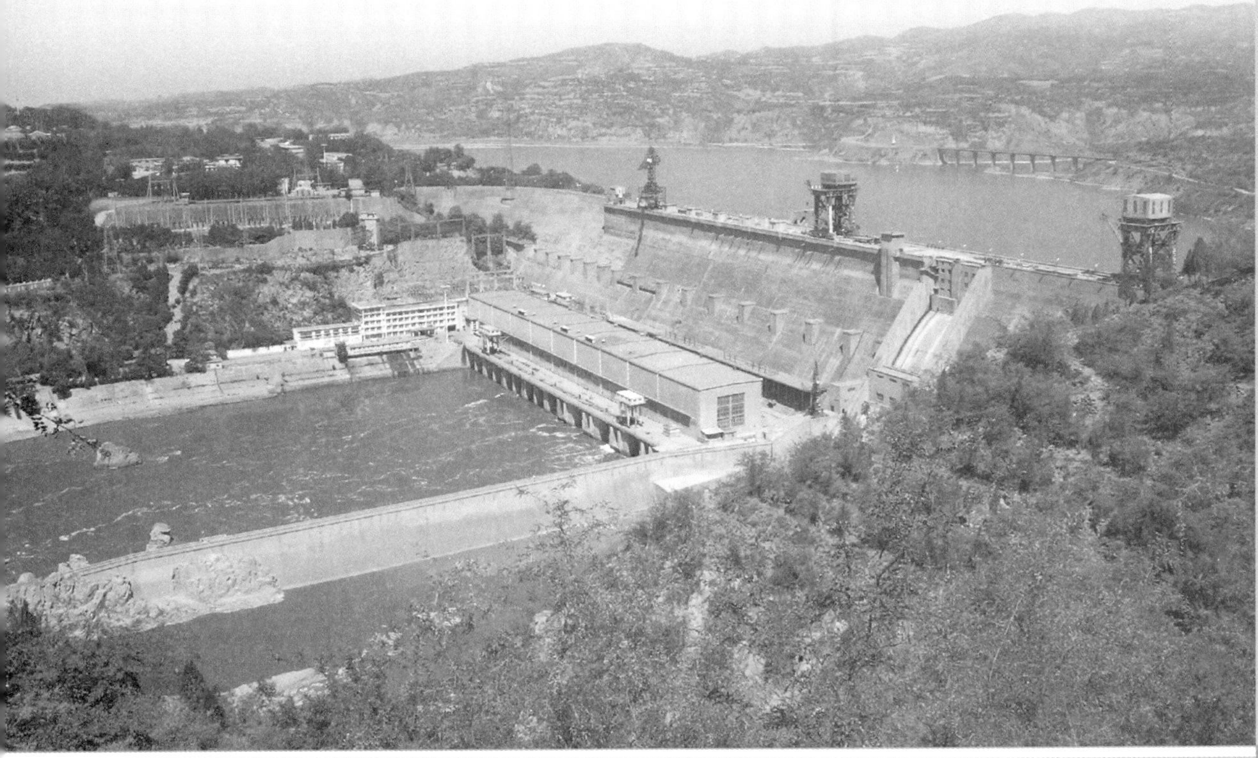

资料整理：焦润楠、吉晓伟

资料审核：程青春、刘　军

12-1 全市产业集聚区和商务“两区”主要指标

（2016年）

	绝对量指数在全省182个产业区位次	快指数在全省182个产业区位次	规模以上企业数（个）	#工业（个）
全市产业集聚区			327	224
三门峡经济技术产业集聚区	169	130	66	12
三门峡产业集聚区	30	27	42	34
义马市煤化工产业集聚区	115	133	41	33
卢氏县产业集聚区	173	122	20	20
渑池县产业集聚区	48	111	80	58
灵宝市产业集聚区	26	38	58	47
陕州区产业集聚区	134	100	20	20

12-1续表

（2016年）

	绝对量指数在全省176个商区位次	快指数在全省176个商区位次	法人企业个数（个）	规上服务业企业个数（个）
全市商务“两区”			1018	162
三门峡市商务中心区	103	129	7	4
三门峡市湖滨区特色商业区	15	65	596	93
渑池县特色商业区	64	80	72	44
陕州区特色商业区	54	69	147	50
卢氏县特色商业区	117	50	33	14
义马市特色商业区	71	19	44	14
灵宝市特色商业区	81	103	119	42

12-2 各产业集聚区按行业分的“四上”企业数

(2016年) 单位：个

	渑池县产业集聚区	陕州区产业集聚区	卢氏县产业集聚区	义马市煤化工产业集聚区	灵宝市产业集聚区	三门峡经济技术产业集聚区	三门峡产业集聚区
总　计	**80**	**20**	**20**	**41**	**58**	**66**	**42**
农、林、牧、渔业							
采矿业	14	6	6	1	22		1
制造业	43	13	13	32	25	10	28
电力.热力.燃气及水生产和供应业			1			2	4
建筑业				3	2	15	4
批发和零售业	19	1		3	7	14	2
交通运输、仓储和邮政业	3				1		1
住宿和餐饮业						1	
信息传输、软件和信息技术服务业						3	
金融业							
房地产业	1			1	1	13	
租赁和商务服务业						3	2
科学研究和技术服务业				1		4	
水利、环境和公共设施管理业							
居民服务、修理和其他服务业							
教育							
卫生和社会工作						1	
文化、体育和娱乐业							
公共管理、社会保障和社会组织							
国际组织							

12-3 各产业集聚区“四上”企业名录

（2016年）

组织机构代码	单位名称	主要业务活动	行业代码
	渑池县产业集聚区 80家		
772179872	三门峡英豪煤矿有限公司	原煤开采	0610
69599256X	渑池县三华实业有限公司	烟煤和无烟煤开采洗选	0610
752292499	三门峡龙王庄煤业有限责任公司	煤炭开采	0610
556920072	三门峡永龙精煤有限公司	洗精煤开采洗选	0610
56248094X	渑池县承时选煤有限公司	煤炭洗选	0610
689737247	渑池县升祥选煤有限公司	煤炭洗选	0610
566471768	渑池县张村镇桑树坪后洼铝矿	铝石采选	0916
566471776	渑池县张村镇桑树坪大蛇湾铝矿	铝石开采	0916
766214432	渑池县兴达矿产品有限公司	铝石开采	0916
766217510	渑池县张村镇黄河铝矿	铝石开采	0916
758399131	东方希望三门峡矿业有限公司	铝土矿开采	0916
58604232X	渑池鼎城耐材有限公司	石油支撑剂	1013
57496364X	渑池县普田实业有限公司	石油支撑剂	1013
742512240	三门峡方圆实业股份有限公司	陶粒砂支撑剂	1013
74741624X	渑池县英豪镇英华面粉厂	小麦粉生产	1310
558304724	渑池县顺发食品有限公司	畜禽屠宰	1351
74575275X	河南仰韶奶业有限责任公司	乳制品生产	1440
732470948	河南仰韶生化工程有限公司	酶制剂生产与销售	1495
790605951	河南韶泉酒业有限公司	白酒生产	1512
579239634	河南富魅力实业有限公司	果汁饮料生产	1523
767806173	渑池县汇丰水玻璃厂	烧碱制造	2612
742503678	河南省华兴钡业有限责任公司	碳酸钡生产	2613
672884996	河南中色东方韶星实业有限公司	氟化铝生产	2613
726990509	渑池县天坛氟化盐厂	无机盐制造	2613
56863767X	渑池双旭材料科技有限公司	化学试剂和助剂制造	2661
558331298	河南红然铝业有限公司	高温氢氧化铝	2661
793221988	渑池县弘安包装制品有限公司	塑料制品	2923
706666963	渑池英豪水泥制品厂	砼管制造	3021
098591098	渑池大唐砼业有限公司	商品混凝土	3021
063848981	渑池县隆鑫砼业有限公司	水泥制品制造	3021
594865182	渑池县开阳建材有限公司	水泥制品制造	3021
667224643	渑池县鑫盛建材有限公司	烧结砖制造	3031

12-3续表1 (2016年)

组织机构代码	单位名称	主要业务活动	行业代码
56647175X	渑池县张村镇三鑫建材厂	免烧砖制造	3031
733882741	河南省渑池恒康实业有限责任公司	免烧砖制造	3031
790617733	渑池县巨业新型建材有限公司	黏土砖制造	3031
05086742X	渑池县鹏辉建材有限责任公司	其他建筑材料制造	3039
742523855	渑池县兴德陶瓷耐火材料厂	耐火材料制造	3089
559645723	渑池县金磊耐材科技有限公司	耐火材料制造	3089
706666082	渑池县金华耐火材料有限责任公司	耐火材料制造	3089
769460153	河南容安热工新材料有限公司	耐火材料加工	3089
599105692	渑池县华远实业有限公司	耐火材料制造	3089
562454960	恒耐集团渑池耐材科技有限公司	耐火材料制造	3089
395160091	河南华宇兴新型材料有限公司	陶瓷原料生产	3089
05336326X	三门峡锦隆炭素制品有限公司	炭素制品生产	3091
740748700	河南省渑池电熔刚玉有限公司	磨料生产	3099
174877793	河南长城特耐高新材料有限公司	棕刚玉、白刚玉生产	3099
054708901	三门峡强芯铸造材料有限公司	铸造辅助材料生产	3099
571007425	渑池县瑞特实业有限公司	石油支撑剂生产	3099
695967612	渑池天瑞铝业有限公司	铝锭生产	3216
753877093	东方希望（三门峡）铝业有限公司	生产氧化铝	3216
745754915	渑池华劲铝业有限责任公司	铝材加工	3262
058783271	河南玖玖铝业科技有限公司	铝型材加工	3262
574976125	渑池县会盟钢构彩板有限公司	彩钢板制造	3311
084833674	渑池县双丰重机有限公司	矿山机械设备制造	3511
058766324	河南会盟电器有限公司	生产冰箱、洗衣机	3851
57630930X	河南博市电器有限公司	家用清洁卫生电器具制造	3855
766243196	河南康耀电子股份有限公司	导电玻璃	3969
079411426	渑池县德昌矿产品有限公司	矿产品购销	5164
079424526	渑池盛润商贸有限公司	矿产品批发	5164
558337489	渑池县金杯贸易有限公司	金属及金属矿批发	5164
590827760	渑池县双福矿产品有限公司	铝矿销售	5164
06139607X	渑池县成龙工贸有限公司	金属矿及制品批发	5164
095681792	渑池县天天商贸有限公司	矿产品批发	5164
670094456	渑池县金河实业有限公司	矿产品购销	5164
777998682	渑池县鹏瑞工贸有限公司	铝矾土购销	5164

组织机构代码	单位名称	主要业务活动	行业代码
695994629	渑池县和谐工贸有限公司	金属及金属矿批发	5164
066482532	渑池县金点矿产品有限公司	矿石购销	5164
067596267	渑池金嘉利工贸有限公司	矿产品购销	5164
690563766	渑池县玉玺工贸有限公司	铝钒土、重晶石、铁矿石销售	5164
569814404	渑池县锦业商贸有限公司	矿产品批发	5164
593433150	三门峡闽发矿业有限公司	矿产品购销	5164
699988154	渑池天瑞矿业有限公司	铝矿石批发	5164
551619125	渑池县恒丰商贸有限公司	建材工矿机电销售	5165
559643269	渑池县金阳光商贸有限公司	百货零售	5211
174854823	渑池县英豪供销合作社	其他综合零售	5219
706666648	渑池县英豪镇顺达加油站	机动车燃料零售	5264
574995625	渑池县隆鑫货物运输有限公司	道路货物运输	5430
58289164X	渑池县卫安汽车运输有限公司	道路货物运输	5430
074239903	渑池县锦程运输有限公司	道路普通货物运输	5430
058774076	河南善得置业有限公司	房地产开发经营	7010
	陕州区产业集聚区 20家		
561017478	陕县盛宇煤业有限公司	洗选精煤	0610
660944883	三门峡易来洗煤有限公司	洗精煤	0610
676746339	三门峡丰源煤业有限公司	精洗煤洗选	0610
683163764	三门峡观音堂煤业有限公司	煤炭开采	0610
689733027	三门峡鑫龙煤业有限公司	原精煤洗选	0610
699978722	陕县泰洁洗煤有限责任公司	精煤采选	0610
780508867	三门峡捷马电化有限公司	烧碱制造	2612
576336789	三门峡中达化工有限公司	有机化学原料制造	2614
553162544	三门峡鸿腾精细化工有限公司	氯化石腊制造	2661
567287807	河南兴浩新材料科技股份有限公司	氢氧化铝催化剂粉体制造	2661
174893339	三门峡奥科化工有限公司	巯基乙酸异辛酯制造	2661
551635686	三门峡美乐化工有限公司	氯化聚乙烯制造	2661
551638107	三门峡昊昱化工有限公司	氯化石蜡生产	2661
776544515	河南威尔特化纤有限公司	化纤浆粕制造	2811
663429019	河南锦荣水泥有限公司	硅酸盐水泥	3011
066487763	三门峡神通碳素有限公司	石墨及碳素制品	3091
67672966X	陕县锦烨磨具磨料钢砂有限公司	棕刚玉生产	3099

组织机构代码	单位名称	主要业务活动	行业代码
676735998	三门峡胜丰耐磨材料有限公司	钢球生产	3120
561045719	河南鸿美铝业有限公司	铝型材制造	3262
59762371X	陕县万达商贸有限公司	铝矿石销售	5164
	卢氏县产业集聚区 20家		
740730009	卢氏新润矿业有限公司	铁矿采选	0810
777956482	卢氏致先矿业发展有限公司	铁矿采选	0810
749208145	卢氏县北方矿业有限公司	铁矿采选	0810
725803193	中国黄金集团中原矿业有限公司	钨钼矿采选	0931
582851461	河南新能硅业科技有限责任公司	粘土及其他土砂石开采	1019
685680845	三门峡玉圣硅业有限公司	石英砂加工	1019
678081959	卢氏县绿之源特产有限责任公司	香菇加工	1371
711248942	三门峡华阳食品有限公司	蔬菜、水果和坚果加工	1371
344887944	卢氏县富兴隆食品有限公司	食用菌加工	1371
344924215	卢氏县鑫志鸿食品有限公司	蔬菜制品加工	1371
397480662	卢氏县伟兴食品有限公司	蔬菜制品加工销	1371
341598610	卢氏县新高山食品有限公司	蔬菜制品加工	1371
744082352	卢氏县女郎山调味品有限公司	调味品制造	1469
772185260	卢氏县天宝蜂业有限公司	营养品制造	1491
779432092	三门峡玉皇山制药有限公司	中药饮片加工	2730
764888855	卢氏县中康中药饮片有限公司	中成药制造	2740
76782032X	乐氏同仁三门峡制药有限公司	中成药制造	2740
758376474	卢氏县熊耳水泥有限公司	水泥制造	3011
551623079	卢氏宏基混凝土有限责任公司	混凝土加工	3029
711248811	国网河南卢氏县供电公司	电力供应	4420
	义马市煤化工产业集聚区 41家		
706779589	义马煤业集团股份有限公司	煤炭开采	0610
764862356	义马银海精细化工有限责任公司	溶剂油生产	2511
786209163	中蓝义马铬化学有限公司	氧化铬绿制造	2613
684602175	河南开祥天源化工有限公司	二甲醚制造	2614
769456824	河南开祥化工有限公司	甲醇制造	2614
796771424	河南开祥精细化工有限公司	丁二醇制造	2614
87736234X	河南省煤气（集团）有限责任公司义马气化厂	二甲醚制造	2614
752262310	河南鸿业科技化工有限公司	工业二甲酚制造	2614

组织机构代码	单位名称	主要业务活动	行业代码
177360167	河南省兴邦药业有限公司	中成药生产	2740
798222779	河南天汇药业有限公司	中成药生产	2740
561003973	河南义腾新能源科技有限公司	隔膜制造	2921
685669363	义马中瑞化工建材有限责任公司	塑料制品生产	2922
755198537	义马市永兴塑料制品厂	塑料制品生产	2927
580324457	义马市升隆混凝土有限公司	混凝土	3021
670089649	义马市石佛鑫鑫环保建材厂	煤矸石砖制造	3031
341734889	义马市圣威建筑材料有限公司	防水建筑制造及销售	3034
586049337	义马市大地滤材有限公司	陶粒沙制造	3089
699995784	义马金泰新材有限公司	耐火材料制造	3089
72963450X	河南省义马新瑞耐火材料有限公司	刚玉砂生产	3099
665965173	义马宝尔新材料有限公司	刚玉砂生产	3099
719131538	义马市磨料磨具有限责任公司	磨料生产	3099
750724577	义马腾达磨料磨具有限公司	磨料生产	3099
782245212	义马瑞森新材料有限公司	刚玉类耐火材料制造	3099
740736443	义马市宏鑫实业有限责任公司	锌锭生产	3212
581739945	河南国华机械制造有限责任公司	机型式停产设备制造制造	3439
689719081	义马市华丰机械制造有限公司	齿轮部件制造	3511
877361320	河南中车重型装备有限公司	单体支架制造	3511
567290109	河南安和机械制造有限公司	机械加工及修理	3511
69731720X	义马中信机械有限公司	煤矿机械制造	3511
668881389	三门峡丰隆机械设备有限公司	矿山配件制造	3511
674117889	义马金裕机械有限责任公司	铸钢件制造	3511
793246157	义马市开瑞节能建材有限公司	煤机配件制造	3511
668875106	义马光大煤矿设备有限公司	煤机设备制造	3511
177367588	河南省豫西建设工程有限责任公司	工业与民用建筑	4700
715635296	义马煤业集团铁路建筑工程有限责任公司	中小型矿山铁路建筑工程	4811
779424770	义煤集团永兴工程有限责任公司	矿山工程	4840
740709744	河南省义马市联创化工有限责任公司	石油及制品批发	5162
706669208	河南省义马市百文有限公司	大小百货	5211
687106257	义马市新大昌电器有限公司	兼用电器零售	5272
706669443	义马煤业集团宏泰房地产开发有限责任公司	房地产开发	7010
59763104X	义马豫西地质工程有限公司	能源矿产地质勘察	7471

组织机构代码	单位名称	主要业务活动	行业代码
	灵宝市产业集聚区58家		
174921109	河南文峪金矿	金矿采选	0921
174921387	灵宝市豫灵机械厂	金矿采选	0921
174935236	灵宝市豫灵东峪金矿	金矿采选	0921
174935244	灵宝市豫灵镇西峪金矿	金矿采选	0921
174935260	灵宝市豫灵镇南闯金矿	金矿采选	0921
586003937	灵宝市金盛矿业有限公司	金矿采选	0921
679493410	灵宝市众兴矿产品有限责任公司	金矿采选	0921
715636483	灵宝市川口乡河林矿产品加工厂	金矿采选	0921
742526634	灵宝郭氏矿业有限责任公司	金矿采选	0921
742541455	灵宝双鑫矿业有限责任公司	金矿采选	0921
75713270X	灵宝黄金投资有限责任公司	金矿采选	0921
761654797	灵宝市京都矿业有限责任公司	金矿采选	0921
767841067	灵宝鸿鑫矿业有限责任公司	矿石采选	0921
776518587	灵宝市鑫茂矿业有限责任公司	金矿采选	0921
791945667	灵宝市豫西矿业有限责任公司	金矿采选	0921
794279823	灵宝市灵广矿业有限责任公司	金矿采选	0921
874920633	灵宝市豫灵镇黄金公司矿队	金矿采选	0921
L36711974	灵宝市盛源矿产品加工厂	金矿采选	0921
L36711982	灵宝市豫灵镇上屯采矿队	金矿采选	0921
L36712088	灵宝市豫灵镇黄金公司上屯选厂	金矿采选	0921
L36712096	灵宝市豫灵镇文峪采矿队	金矿采选	0921
561043887	河南万达矿业有限责任公司	石材开采加工	1012
091427412	灵宝新希望六和饲料有限公司	浓缩饲料加工	1320
341669984	灵宝市佳福食品有限公司	食用菌加工	1371
739079618	河南沙大宝食品有限公司	果蔬制品加工	1372
MA3X8G0G0	灵宝市欣科食品有限公司	糕点面包加工	1411
667223181	河南和意服饰有限责任公司	服装加工	1810
795712385	河南飞越纸业有限公司	纸制品	2239
678071590	灵宝市汇鑫矿业有限责任公司	硫酸锌制造	2613
767808304	灵宝金源晨光有色矿冶有限公司	复混肥料制造	2624
688197437	灵宝市朝阳生物科技有限责任公司	有机肥料制造	2625
555739781	灵宝市家宜佳建材有限责任公司	钢化玻璃加工	3041

组织机构代码	单位名称	主要业务活动	行业代码
799170480	灵宝市豫赣多金属综合回收有限责任公司	铜采选	3211
773660780	河南志成金铅股份有限公司	铅锌冶炼	3212
742545894	灵宝黄金股份有限公司	黄金	3221
761698482	灵宝金源矿业股份有限公司	成品金	3221
780529246	灵宝市开源矿业有限责任公司	金冶炼	3221
660938280	灵宝市博源矿业有限责任公司	铅锌矿采选	3222
054718886	灵宝鸿宇电子有限责任公司	覆铜板生产	3261
574998594	灵宝市金源朝辉铜业有限公司	铜产品深加工	3261
732469584	灵宝华鑫铜箔有限责任公司	生产铜箔	3261
099780931	灵宝市鑫晟包装科技有限公司	金属结构制造	3311
317278174	河南省保平门业有限公司	防盗安全门生产	3312
689706213	灵宝宇霸车业有限责任公司	电动三轮车	3640
790647529	灵宝市通用电器有限责任公司	配电开关控制设备制造	3823
584375147	灵宝三和灯饰照明有限公司	节能灯及灯具生产	3879
098189584	灵宝市宝一讯电子有限公司	手机连接线生产	3922
668867341	灵宝市文飞矿产品有限责任公司	矿山工程施工	4840
676736480	灵宝溧鸿矿业投资有限责任公司	矿山工程施工	4840
09846745X	灵宝市宏源果蔬有限公司	农产品批发	5123
174939210	灵宝市豫灵供销合作社	百货零售	5211
661887067	灵宝市明辉商贸有限责任公司豫灵分公司	百货零售	5211
672888057	灵宝市衣通天下商贸有限责任公司	服装零售	5232
057236452	华润三门峡医药有限公司	药品零售	5251
687146232	灵宝市金龙家电销售有限责任公司	家用电器零售	5272
571001066	灵宝市现代建材商贸有限公司	装潢材料销售	5281
775142135	灵宝市盛源化工有限责任公司	普通货运、装卸搬运	5990
077824569	灵宝华岸春天置业有限公司	房地产开发	7010
	三门峡经济技术产业集聚区66家		
174745053	三门峡湖滨果汁有限责任公司	果汁饮料生产	1523
744070351	三门峡湖滨果汁饮品有限责任公司	果汁生产	1523
174779819	三门峡市润德实业有限责任公司	汽车座垫生产	1763
735528383	河南富达电力集团有限公司铁塔厂	铁塔生产	2011
729594739	三门峡赛诺维制药有限公司	生产消栓胶囊等	2740
725846820	三门峡市信德化工装备有限责任公司	生产化工装备	3515

组织机构代码	单位名称	主要业务活动	行业代码
795728838	三门峡速达交通节能科技股份有限公司	汽车节能器生产	3660
715637945	三门峡富达电力设备制造有限公司	三箱类制造	3821
688183844	三门峡兴邦特种膜科技发展有限公司	特种膜生产	3841
782245255	三门峡中测量仪有限公司	气动机制造	4013
174725490	国网河南省电力公司三门峡供电公司	供电	4420
174725343	三门峡市自来水公司	自来水	4610
735523515	三门峡莘野建筑园林工程有限公司	房屋建筑工程	4700
670094878	三门峡新华建筑劳务分包有限公司	建筑劳务分包	4700
769455856	三门峡市信达建筑劳务分包有限公司	建筑劳务分包	4700
793223836	三门峡市四丰建筑工程有限公司	房屋工程施工	4700
174791391	黄河明珠水利水电建设有限公司	水利水电工程施工	4822
688164459	河南兰瑞矿山工程有限公司	矿山施工	4840
761674501	三门峡市益源井巷工程有限公司	矿山工程	4840
724103320	河南富达电力集团有限公司	电力工程施工	4851
665999955	河南全方信息技术有限公司	技术推广服务	4851
675368858	河南金泰工程技术有限公司	建筑结构加固补强	4890
729633523	三门峡玉明轻钢建筑工程有限公司	轻型钢结构安装	4890
749241586	三门峡向阳玻璃钢防腐保温有限公司	保温工程	4890
719131247	河南环发工程有限公司	空调安装	4990
174739737	河南天旗广告装饰工程有限责任公司	建筑装饰	5010
728648053	河南三泰装饰工程有限公司	室内外装饰	5010
555727035	三门峡阳光汽车销售有限公司	汽车零售	5261
562463912	三门峡市德众金浩汽车销售服务有限公司	汽车零售	5261
660902720	三门峡中兴汽车销售服务有限公司	汽车零售	5261
668864116	三门峡威顺汽车服务有限公司	汽车零售	5261
72182152X	三门峡市金丰工贸有限公司	汽车零售	5261
721821845	三门峡金利达汽车销售服务有限公司	汽车零售	5261
729608627	三门峡市亿利汽车贸易有限公司	汽车销售	5261
740729120	三门峡市兴通亚飞汽车连锁有限责任公司	汽车零售	5261
785079627	三门峡市长安汽车销售有限公司	汽车销售	5261
794274133	三门峡三圣汽车销售服务有限公司	汽车零售	5261
091425660	三门峡君奇汽贸有限公司	汽车销售	5261
755177496	三门峡市时尚博天汽车销售服务有限公司	汽车零售	5261

12-3续表8　　　　　　　　　　　　　　　　　　（2016年）

组织机构代码	单位名称	主要业务活动	行业代码
795742082	三门峡市世纪天凯汽车服务有限公司	汽车零售	5261
795747780	三门峡鸿升汽车销售服务有限公司	汽车零售	5261
680766367	三门峡大鹏酒店有限公司	旅游饭店	6110
711249750	中国移动通信集团河南有限公司三门峡分公司	移动通信	6312
728675094	中国联合网络通信有限公司三门峡市分公司	固定电话服务	6312
747438617	中国电信集团公司河南省三门峡市电信分公司	固定电信网络与实施	6312
663432314	三门峡昊博置业有限公司	房地产开发	7010
084841893	三门峡汉飞置业有限公司	房地产开发	7010
660934554	三门峡金帝置业有限公司	房屋出租	7010
664657494	三门峡涧桥房地产开发有限公司	房地产开发经营与销售	7010
685682453	三门峡嘉晟置业有限公司	房地产开发经营与销售	7010
71563754X	三门峡市九鼎置业有限公司	房地产开发	7010
715637742	三门峡市金悦房地产开发有限责任公司	房地产开发	7010
719130527	三门峡市安业房地产开发有限公司	房地产开发	7010
71913056X	三门峡市阳光房地产开发有限公司	房地产开发	7010
719131191	三门峡金石房地产开发有限公司	房地产开发	7010
724139593	三门峡市隆发建设开发有限责任公司	房地产开发	7010
777953011	三门峡市天盛置业有限公司	房地产开发与经营	7010
799199566	三门峡地王房地产开发有限公司	房地产开发	7010
715637910	三门峡市财经投资公司	财经投资	7212
788086769	三门峡舒馨物业有限公司	物业管理	7213
731331946	河南明珠工程管理有限公司	水利工程施工监理	7239
17477927X	河南科扬建设咨询监理有限责任公司	工程监理服务	7481
174731989	河南三泰建筑设计有限公司	建筑工程设计	7482
779414695	三门峡电力设计有限责任公司	工程勘察设计	7482
793221160	三门峡市水利勘测设计有限责任公司	水利工程勘察设计	7482
588582055	郑大中医医院	综合医院	8315
	三门峡产业集聚区 42家		
760208058	陕县锦江矿业有限公司	铝石开采	0916
587063667	三门峡闽洋食品有限公司	水果深加工及销售	1371
555704239	三门峡山水方正生物科技有限公司	保健食品生产	1491
664675529	三门峡富元果胶工业有限公司	果胶生产	1495
672889017	三门峡缘份果业有限公司陕县分公司	浓缩苹果清汁生产	1523
053355219	河南汇多滋饮品股份有限公司	饮料生产	1523
56511833X	三门峡乐华康源生物科技有限责任公司	饮料生产	1523

组织机构代码	单位名称	主要业务活动	行业代码
732469429	三门峡金红烟草有限责任公司	烟叶复烤	1610
062666908	中国黄金集团三门峡中原金银制品有限公司	贵金属首饰加工	2438
070064405	三门峡盈达气体有限公司	氧气、氮气、氩气的生产	2619
70666751X	三门峡龙飞生物工程有限公司	生物有机肥生产和销售	2625
668888249	三门峡西北联鑫管业有限公司	HEPE双壁波纹管制造	2922
667226542	三门峡市晟鸿砼业有限公司	混凝土	3021
731291294	三门峡凯特耐火纤维有限责任公司	耐火纤维制品	3089
799197616	三门峡阳光铸材有限公司	耐火材料制造	3089
750704816	开曼铝业(三门峡)有限公司	氧化铝生产	3216
788080033	陕县恒康铝业有限公司	电解铝生产	3216
683185680	河南中原黄金冶炼厂有限责任公司	黄金冶炼	3221
698743251	三门峡鑫邦特种合金有限公司	铝压延加工	3240
090601386	三门峡宏鑫有色金属有限公司	铜产品的加工销售	3340
67673758X	三门峡合鑫机床有限公司	机械设备制造	3421
586021879	三门峡昌源铸造有限责任公司	合金铸造	3423
715638462	三门峡化工机械有限公司	压力容器	3521
770895824	河南骏通车辆有限公司	改装车制造	3620
763143667	三门峡戴卡轮毂制造有限公司	铝合金轮毂	3660
694893615	河南华通数码科技有限公司	电脑产品	3911
667211340	三门峡鹏飞电子有限责任公司	电子照明	3971
587082892	三门峡中泰量仪有限公司	测量仪器生产销售	4028
615145177	三门峡中原精密有限公司	主动量仪生产及销售	4090
767833593	开曼(陕县)能源综合利用有限公司	火力发电	4411
706662903	三门峡华阳发电有限责任公司	火力发电	4411
753850317	大唐三门峡发电有限责任公司	火力发电	4411
764878884	陕县锦华化工有限公司	煤气生产和供应	4500
742505112	三门峡金河建筑工程有限责任公司	房屋建筑	4700
551616821	河南锦路路桥建设有限公司	公路施工	4819
791946037	陕县华电矿业工程有限公司	矿山工程	4840
799182860	三门峡富源焊接安装服务有限公司	管道工程建筑	4852
59626062X	三门峡吉仕贸易有限公司	矿产品销售	5161
772185690	陕县锦盛矿业有限公司	铝矿石购销	5164
582854005	三门峡安顺运输有限公司	道路货物运输	5430
577642876	三门峡产业集聚区城乡建设投资有限公司	建设项目技术服务	7212
706667245	三门峡润业电力服务有限公司	电力设备机电设检修	7219

12-4 全省182个产业集聚区主要经济指标（一）

（2016年）

产业集聚区名称	产业集聚区代码	增加值（万元）	#主导产业	2016年比2015年增减(±%)	主导产业增加值占比重（%）
郑州高新技术产业集聚区	410192J001	2771475	212113	4.0	7.65
郑州经济技术产业集聚区	410191J002	6082821	2284802	3.8	37.56
郑州航空港产业集聚区	410196J003	6224995	3537226	16.4	56.82
郑州市白沙产业集聚区	410122J005	303304	33662	3.9	11.10
郑州市中牟汽车产业集聚区	410122J006	1584614	509088	33.1	32.13
郑州上街装备产业集聚区	410106J008	333017	276341	5.2	82.98
郑州马寨产业集聚区	410103J009	416615	302217	2.6	72.54
巩义市产业集聚区	410181J010	937697	739146	12.5	78.83
巩义市豫联产业集聚区	410181J011	803708	494940	25.3	61.58
新郑新港产业集聚区	410184J012	1058423	377709	13.3	35.69
新密市产业集聚区	410183J013	899013	400656	14.2	44.57
登封市产业集聚区	410185J014	481991	135580	9.6	28.13
荥阳市产业集聚区	410182J015	945278	595923	9.3	63.04
开封汴西产业集聚区	410211J016	979282	310919	10.3	31.75
开封黄龙产业集聚区	410224J017	836351	247364	19.0	29.58
开封汴东产业集聚区	410203J018	255550	33884	-2.5	13.26
尉氏县产业集聚区	410223J019	1379860	591461	20.0	42.86
杞县产业集聚区	410221J020	600241	448570	11.0	74.73
开封市精细化工产业集聚区	410205J021	171129	105142	0.7	61.44
通许县产业集聚区	410222J022	509101	301412	8.5	59.20
兰考县产业集聚区	410225J023	623999	397735	14.9	63.74
洛阳高新技术产业集聚区	410391J024	1025815	617259	2.9	60.17
洛阳工业产业集聚区	410303J025	460873	293267	14.1	63.63
洛阳经济技术产业集聚区	410311J026	205947	28298	4.9	13.74
洛阳市伊滨产业集聚区	410381J027	370126	169773	9.1	45.87
洛阳市洛龙产业集聚区	410311J028	536888	403476	17.2	75.15
洛阳市洛新产业集聚区	410323J029	891664	808084	14.5	90.63
洛阳市石化产业集聚区	410306J030	524762	488524	11.2	93.09
洛阳市先进制造产业集聚区	410305J031	847543	570424	9.9	67.30
洛宁县产业集聚区	410328J032	491850	215318	10.6	43.78

12-4续表1　　（2016年）

产业集聚区名称	产业集聚区代码	增加值（万元）	#主导产业	2016年比2015年增减（±%）	主导产业增加值占比重（%）
宜阳县产业集聚区	410327J033	528116	317120	10.4	60.05
新安县产业集聚区	410323J034	983669	340087	3.3	34.57
栾川县产业集聚区	410324J035	278618	656	13.0	0.24
孟津县华阳产业集聚区	410322J036	476582	263407	12.8	55.27
汝阳县产业集聚区	410326J037	213091	177213	14.8	83.16
嵩县产业集聚区	410325J038	151820	14019	10.1	9.23
伊川县产业集聚区	410329J039	654058	405733	17.3	62.03
偃师市产业集聚区	410381J040	950364	790604	10.7	83.19
洛阳空港产业集聚区	410322J183	436188	301235	12.8	69.06
平顶山高新技术产业集聚区	410403J041	626536	491871	9.5	78.51
平顶山平新产业集聚区	410402J042	177612	10689	17.1	6.02
平顶山化工产业集聚区	410422J043	142878	124893	28.6	87.41
平顶山市石龙产业集聚区	410404J044	228715	101930	8.8	44.57
郏县产业集聚区	410425J045	452949	285795	7.8	63.10
汝州市产业集聚区	410482J046	582117	83700	27.6	14.38
叶县产业集聚区	410422J047	473794	343104	-0.5	72.42
宝丰县产业集聚区	410421J048	488460	159180	12.9	32.59
舞钢市产业集聚区	410481J049	432450	302839	3.5	70.03
鲁山县产业集聚区	410423J050	189122	78229	-14.5	41.36
安阳高新技术产业集聚区	410500J051	443498	113889	8.5	25.68
安阳市产业集聚区	410500J052	236717	192853	11.0	81.47
安阳市纺织产业集聚区	410503J053	150685	13500	77.4	8.96
安阳县产业集聚区	410522J055	446292	214433	5.1	48.05
滑县产业集聚区	410526J056	449717	153474	35.0	34.13
林州市产业集聚区	410581J057	2287146	839561	10.6	36.71
汤阴县产业集聚区	410523J058	850117	531137	23.2	62.48
内黄县产业集聚区	410527J059	557204	278855	17.1	50.05
鹤壁市鹤淇产业集聚区	410622J060	719339	435171	-1.5	60.50
鹤壁市宝山循环经济产业集聚区	410603J061	683849	240694	10.5	35.20
鹤壁市金山产业集聚区	410611J062	600550	119766	9.5	19.94

12-4续表2　　　　　　　　　　　　　　（2016年）

产业集聚区名称	产业集聚区代码	增加值（万元）	#主导产业	2016年比2015年增减(±%)	主导产业增加值占比重（%）
浚县产业集聚区	410621J063	635987	288359	19.0	45.34
新乡高新技术产业集聚区	410791J064	990803	298483	9.1	30.13
新乡工业产业集聚区	410792J065	1163858	741856	13.6	63.74
新乡经济技术产业集聚区	410721J066	871410	199988	6.1	22.95
新乡电源产业集聚区	410711J067	400509	253105	9.4	63.20
新乡市新东产业集聚区	410702J068	136859	56857	-5.6	41.54
长垣县产业集聚区	410728J070	1252914	823136	7.7	65.70
原阳县产业集聚区	410725J071	308209	149304	14.1	48.44
获嘉县产业集聚区	410724J072	414095	259061	24.2	62.56
封丘县产业集聚区	410727J073	200036	50238	14.9	25.11
卫辉市产业集聚区	410781J074	103060	61053	5.3	59.24
延津县产业集聚区	410726J075	517903	462594	16.8	89.32
辉县市产业集聚区	410782J076	975999	189400	10.7	19.41
焦作经济技术产业集聚区	410811J077	917430	466031	13.3	50.80
焦作市工业产业集聚区	410803J079	890793	609230	22.3	68.39
武陟县产业集聚区	410823J080	1451274	825293	10.6	56.87
温县产业集聚区	410825J081	1235749	553206	13.1	44.77
孟州市产业集聚区	410883J082	1818196	1089496	10.3	59.92
沁阳市产业集聚区	410882J083	1603697	408536	11.0	25.47
修武县产业集聚区	410821J084	549902	298306	11.9	54.25
博爱县产业集聚区	410822J085	908842	286740	8.8	31.55
濮阳经济技术产业集聚区	410991J086	497939	204848	8.8	41.14
濮阳市产业集聚区	410928J087	177192	89172	13.3	50.33
濮阳市濮东产业集聚区	410902J088	599084	195278	-7.1	32.60
南乐县产业集聚区	410923J089	478346	383926	22.7	80.26
清丰县产业集聚区	410922J090	608139	404598	19.6	66.53
台前县产业集聚区	410927J091	236825	95343	14.8	40.26
濮阳县产业集聚区	410928J092	462258	201094	33.6	43.50
范县产业集聚区	410926J093	879691	422946	25.4	48.08
濮阳市化工产业集聚区	410928J185	277186	47467	24.6	17.12

产业集聚区名称	产业集聚区代码	增加值（万元）	#主导产业	2016年比2015年增减（±%）	主导产业增加值占比重（%）
许昌经济技术产业集聚区	411091J094	454403	265970	13.8	58.53
许昌魏都产业集聚区	411002J095	701254	277808	17.3	39.62
许昌尚集产业集聚区	411023J096	757989	415207	15.9	54.78
中原电气谷核心区	411023J097	905691	100025	-10.0	11.04
长葛市产业集聚区	411082J098	2492193	1350654	18.7	54.20
鄢陵县产业集聚区	411024J099	901422	384650	13.2	42.67
襄城县产业集聚区	411025J100	487198	253984	16.3	52.13
禹州市产业集聚区	411081J101	1922674	688590	11.6	35.81
长葛市大周再生金属循环产业集聚区	411082J181	1124946	1017576	10.8	90.46
襄城县循环经济产业集聚区	411025J182	543538	433218	8.7	79.70
漯河经济技术产业集聚区	411191J102	1212762	718924	10.7	59.28
漯河市沙澧产业集聚区	411102J103	836680	454798	13.2	54.36
漯河市东城产业集聚区	411104J104	645879	258305	19.7	39.99
漯河市淞江产业集聚区	411103J105	726650	559976	18.3	77.06
舞阳县产业集聚区	411121J106	806504	456797	20.8	56.64
临颍县产业集聚区	411122J107	959455	752210	16.5	78.40
临颍县杜曲现代家居产业集聚区	411122J186				
三门峡经济技术产业集聚区	411291J108	237881	25633	9.6	10.78
三门峡产业集聚区	411292J109	586757	391217	17.0	66.67
义马市煤化工产业集聚区	411281J110	604195	223462	-0.6	36.99
卢氏县产业集聚区	411224J111	101741	17408	26.0	17.11
渑池县产业集聚区	411221J112	669932	358062	10.2	53.45
灵宝市产业集聚区	411282J113	593364	553572	12.9	93.29
陕州区产业集聚区	411222J114	268013	40879	12.1	15.25
南阳高新技术产业集聚区	411303J149	802253	365317	6.4	45.54
南阳市新能源产业集聚区	411302J150	682913	192197	2.0	28.14
南阳市光电产业集聚区	411303J151	459851	149140	10.0	32.43
邓州市产业集聚区	411381J152	708763	310458	19.5	43.80
新野县产业集聚区	411329J153	855100	608728	17.5	71.19
淅川县产业集聚区	411326J154	846001	210302	10.6	24.86

12-4续表4 （2016年）

产业集聚区名称	产业集聚区代码	增加值（万元）	#主导产业	2016年比2015年增减（±%）	主导产业增加值占比重（%）
内乡县产业集聚区	411325J155	554571	307429	14.3	55.44
唐河县产业集聚区	411328J156	576762	220283	11.7	38.19
桐柏县产业集聚区	411330J157	235126	105247	19.7	44.76
镇平县产业集聚区	411324J158	464505	256059	11.8	55.13
西峡县产业集聚区	411323J159	973167	552875	5.7	56.81
社旗县产业集聚区	411327J160	463347	145057	14.9	31.31
南召县产业集聚区	411321J161	196372	98189	17.0	50.00
方城县产业集聚区	411322J162	257695	120877	13.9	46.91
南阳化工产业集聚区	411393J184	217285	2053	-26.5	0.94
桐柏县安棚化工产业集聚区	411330J188	71775		4.5	
商丘经济技术产业集聚区	411402J115	572114	189458	9.7	33.12
豫东综合物流产业集聚区	411402J116	246834	167636	1.6	67.91
商丘市梁园产业集聚区	411402J117	858753	369844	33.7	43.07
商丘市睢阳产业集聚区	411403J118	528671	319295	18.5	60.40
永城市产业集聚区	411481J119	1571149	231116	11.1	14.71
民权县产业集聚区	411421J120	960229	501838	18.1	52.26
夏邑县产业集聚区	411426J121	835933	441384	17.4	52.80
虞城县产业集聚区	411425J122	893613	601259	16.2	67.28
柘城县产业集聚区	411424J123	609105	334359	13.2	54.89
宁陵县产业集聚区	411423J124	509082	125682	6.9	24.69
睢县产业集聚区	411422J125	646468	343513	6.4	53.14
信阳市产业集聚区	411503J163	487135	139160	7.6	28.57
潢川经济技术产业集聚区	411526J164	175437	105125	9.5	59.92
信阳市平桥产业集聚区	411503J165	659571	174031	10.4	26.39
信阳市上天梯产业集聚区	411503J166	275076	273135	8.0	99.29
信阳金牛物流产业集聚区	411502J167	561555	122210	13.9	21.76
信阳明港产业集聚区	411503J168	510118	268257	8.1	52.59
固始县史河湾产业集聚区	411525J169	162411	142577	7.0	87.79
固始县产业集聚区	411525J170	263198	95066	19.5	36.12
光山县官渡河产业集聚区	411522J171	536162	277243	10.0	51.71

12-4续表5 （2016年）

产业集聚区名称	产业集聚区代码	增加值（万元）	#主导产业	2016年比2015年增减(±%)	主导产业增加值占比重（%）
新县产业集聚区	411523J172	447128	209639	12.9	46.89
罗山县产业集聚区	411521J173	598545	153781	17.6	25.69
淮滨县产业集聚区	411527J174	582853	283778	14.9	48.69
商城县产业集聚区	411524J175	457899	155380	14.9	33.93
潢川县产业集聚区	411526J176	475447	264840	10.3	55.70
息县产业集聚区	411528J177	469241	246298	8.6	52.49
周口经济技术产业集聚区	411691J126	694680	368400	7.0	53.03
周口市川汇产业集聚区	411602J127	448274	128048	63.8	28.56
项城市产业集聚区	411681J128	982009	486274	15.1	49.52
淮阳县产业集聚区	411626J129	664832	418744	12.8	62.98
扶沟县产业集聚区	411621J130	559388	403935	11.0	72.21
鹿邑县产业集聚区	411628J131	857957	596454	26.2	69.52
郸城县产业集聚区	411625J132	833841	430322	14.2	51.61
西华县产业集聚区	411622J133	576664	413929	16.1	71.78
沈丘县产业集聚区	411624J134	1014421	493509	12.3	48.65
太康县产业集聚区	411627J135	927478	683041	14.6	73.65
商水县产业集聚区	411623J136	811412	404346	13.6	49.83
驻马店经济技术产业集聚区	411791J137	139696	6791	-7.9	4.86
驻马店装备产业集聚区	411702J138	582323	290358	17.3	49.86
驻马店市产业集聚区	411702J139	845047	239246	3.8	28.31
遂平县产业集聚区	411728J140	587194	312289	10.9	53.18
新蔡县产业集聚区	411729J141	410552	221631	24.7	53.98
正阳县产业集聚区	411724J142	425348	160108	22.8	37.64
汝南县产业集聚区	411727J143	453089	290786	10.2	64.18
西平县产业集聚区	411721J144	499303	196103	12.7	39.28
泌阳县产业集聚区	411726J145	802402	470653	23.8	58.66
平舆县产业集聚区	411723J146	728297	273912	10.5	37.61
确山县产业集聚区	411725J147	521921	238858	9.9	45.77
上蔡县产业集聚区	411722J148	646337	352251	11.8	54.50
济源市高新技术产业集聚区	419001J178	166591	115195	7.9	69.15
济源市玉川产业集聚区	419001J179	782478	313631	4.0	40.08
济源市虎岭产业集聚区	419001J180	1059243	510304	4.6	48.18

12-5 全省182个产业集聚区主要经济指标（二）

（2016年）

产业集聚区名称	产业集聚区代码	固定资产投资（万元）	#主导产业	2016年比2015年增减（±%）	主导产业投资占比重（%）
郑州高新技术产业集聚区	410192J001	3505200	75893	15.1	2.17
郑州经济技术产业集聚区	410191J002	3890700	483850	-7.2	12.44
郑州航空港产业集聚区	410196J003	6284500	2057255	19.8	32.74
郑州市白沙产业集聚区	410122J005	1593700	14301	-7.4	0.90
郑州市中牟汽车产业集聚区	410122J006	1651900	198619	59.1	12.02
郑州上街装备产业集聚区	410106J008	253000	8880	-33.8	3.51
郑州马寨产业集聚区	410103J009	364400	38418	28.6	10.54
巩义市产业集聚区	410181J010	943500	702869	17.0	74.50
巩义市豫联产业集聚区	410181J011	942800	321597	16.3	34.11
新郑新港产业集聚区	410184J012	1198800	475570	28.7	39.67
新密市产业集聚区	410183J013	1457700	297468	-2.6	20.41
登封市产业集聚区	410185J014	921100	21000	0.2	2.28
荥阳市产业集聚区	410182J015	1062000	375173	28.1	35.33
开封汴西产业集聚区	410211J016	2429400	218578	4.2	9.00
开封黄龙产业集聚区	410224J017	1460000	530550	48.3	36.34
开封汴东产业集聚区	410203J018	276900	164349	-10.4	59.35
尉氏县产业集聚区	410223J019	2317700	667147	58.4	28.78
杞县产业集聚区	410221J020	1496900	1032180	11.1	68.95
开封市精细化工产业集聚区	410205J021	331200	266574	3.1	80.49
通许县产业集聚区	410222J022	1278200	607110	20.9	47.50
兰考县产业集聚区	410225J023	1303400	768863	43.3	58.99
洛阳高新技术产业集聚区	410391J024	1133300	402894	11.0	35.55
洛阳工业产业集聚区	410303J025	568000	354354	15.5	62.39
洛阳经济技术产业集聚区	410311J026	313700		38.1	
洛阳市伊滨产业集聚区	410381J027	1178700	116648	2.1	9.90
洛阳市洛龙产业集聚区	410311J028	1276700	339223	10.5	26.57
洛阳市洛新产业集聚区	410323J029	1346800	1177768	21.4	87.45
洛阳市石化产业集聚区	410306J030	298600	111377	19.7	37.30
洛阳市先进制造产业集聚区	410305J031	985800	604964	17.6	61.37
洛宁县产业集聚区	410328J032	1024800	168120	38.3	16.41

12-5续表1　　　　　　　　　　　　（2016年）

产业集聚区名称	产业集聚区代码	固定资产投资（万元）	#主导产业	2016年比2015年增减(±%)	主导产业投资占比重（%）
宜阳县产业集聚区	410327J033	1654500	864624	9.5	52.26
新安县产业集聚区	410323J034	1643300	1263916	8.6	76.91
栾川县产业集聚区	410324J035	1294300	238440	-3.0	18.42
孟津县华阳产业集聚区	410322J036	1464000	460746	29.9	31.47
汝阳县产业集聚区	410326J037	875100	541746	-15.1	61.91
嵩县产业集聚区	410325J038	867800	113950	40.3	13.13
伊川县产业集聚区	410329J039	1503700	485917	-15.5	32.31
偃师市产业集聚区	410381J040	1436300	1004441	41.8	69.93
洛阳空港产业集聚区	410322J183	868000	498891	296.9	57.48
平顶山高新技术产业集聚区	410403J041	377200	140867	20.2	37.35
平顶山平新产业集聚区	410402J042	515100	62959	30.0	12.22
平顶山化工产业集聚区	410422J043	760300	535217	-33.5	70.40
平顶山市石龙产业集聚区	410404J044	86500	13266	65.3	15.34
郏县产业集聚区	410425J045	874600	542203	-7.5	61.99
汝州市产业集聚区	410482J046	783700	80592	41.9	10.28
叶县产业集聚区	410422J047	960900	609272	-24.2	63.41
宝丰县产业集聚区	410421J048	833200	569825	4.5	68.39
舞钢市产业集聚区	410481J049	621200	189482	33.8	30.50
鲁山县产业集聚区	410423J050	601500	108100	7.4	17.97
安阳高新技术产业集聚区	410500J051	1620800	416008	20.7	25.67
安阳市产业集聚区	410500J052	577200	175500	9.6	30.41
安阳市纺织产业集聚区	410503J053	386100	41780	41.1	10.82
安阳县产业集聚区	410522J055	595300	193017	-21.0	32.42
滑县产业集聚区	410526J056	850700	174910	23.8	20.56
林州市产业集聚区	410581J057	3093600	1891666	29.5	61.15
汤阴县产业集聚区	410523J058	930500	668407	52.9	71.83
内黄县产业集聚区	410527J059	729400	233453	-2.5	32.01
鹤壁市鹤淇产业集聚区	410622J060	1001100	392815	17.0	39.24
鹤壁市宝山循环经济产业集聚区	410603J061	1220000	860564	34.6	70.54
鹤壁市金山产业集聚区	410611J062	1543300	266407	16.0	17.26

产业集聚区名称	产业集聚区代码	固定资产投资（万元）	#主导产业	2016年比2015年增减(±%)	主导产业投资占比重（%）
浚县产业集聚区	410621J063	943300	482005	27.3	51.10
新乡高新技术产业集聚区	410791J064	493800	190114	2.8	38.50
新乡工业产业集聚区	410792J065	1814300	941353	12.5	51.89
新乡经济技术产业集聚区	410721J066	720800	60311	9.8	8.37
新乡电源产业集聚区	410711J067	740100	134173	18.5	18.13
新乡市新东产业集聚区	410702J068	537700	147294	-12.8	27.39
长垣县产业集聚区	410728J070	1315000	493312	-23.5	37.51
原阳县产业集聚区	410725J071	1095000	406103	-2.6	37.09
获嘉县产业集聚区	410724J072	746900	509210	0.1	68.18
封丘县产业集聚区	410727J073	537700	41395	12.0	7.70
卫辉市产业集聚区	410781J074	505700	93981	9.4	18.58
延津县产业集聚区	410726J075	550100	318403	14.4	57.88
辉县市产业集聚区	410782J076	634500	153000	-42.3	24.11
焦作经济技术产业集聚区	410811J077	1638300	642630	11.3	39.23
焦作市工业产业集聚区	410803J079	728500	418072	17.8	57.39
武陟县产业集聚区	410823J080	2905300	1842960	27.6	63.43
温县产业集聚区	410825J081	2287700	1295053	12.7	56.61
孟州市产业集聚区	410883J082	3166300	1502874	31.3	47.46
沁阳市产业集聚区	410882J083	2967700	500197	81.9	16.85
修武县产业集聚区	410821J084	1142700	884232	43.5	77.38
博爱县产业集聚区	410822J085	1745900	537071	1.8	30.76
濮阳经济技术产业集聚区	410991J086	806100	144148	10.4	17.88
濮阳市产业集聚区	410928J087	894200	109471	10.1	12.24
濮阳市濮东产业集聚区	410902J088	1182800	497101	38.5	42.03
南乐县产业集聚区	410923J089	1319800	810273	26.6	61.39
清丰县产业集聚区	410922J090	2061600	1061902	50.1	51.51
台前县产业集聚区	410927J091	531500	190967	11.3	35.93
濮阳县产业集聚区	410928J092	1999200	1071447	42.2	53.59
范县产业集聚区	410926J093	1056000	488086	6.2	46.22
濮阳市化工产业集聚区	410928J185	355400	242723	77.9	68.30

（2016年）

产业集聚区名称	产业集聚区代码	固定资产投资（万元）	#主导产业	2016年比2015年增减（±%）	主导产业投资占比重（%）
许昌经济技术产业集聚区	411091J094	826000	242737	31.6	29.39
许昌魏都产业集聚区	411002J095	1374000	698472	16.2	50.83
许昌尚集产业集聚区	411023J096	1667100	595031	25.9	35.69
中原电气谷核心区	411023J097	859300	277795	22.7	32.33
长葛市产业集聚区	411082J098	2765100	1529880	28.6	55.33
鄢陵县产业集聚区	411024J099	1491600	549710	21.8	36.85
襄城县产业集聚区	411025J100	1801700	1050611	15.7	58.31
禹州市产业集聚区	411081J101	2327400	1293834	17.9	55.59
长葛市大周再生金属循环产业集聚区	411082J181	631700	550586	15.6	87.16
襄城县循环经济产业集聚区	411025J182	293500	131801	240.6	44.91
漯河经济技术产业集聚区	411191J102	1498000	714866	15.7	47.72
漯河市沙澧产业集聚区	411102J103	1190400	414354	14.6	34.81
漯河市东城产业集聚区	411104J104	1000500	452280	8.4	45.21
漯河市淞江产业集聚区	411103J105	1230100	373350	22.4	30.35
舞阳县产业集聚区	411121J106	1442200	616526	26.9	42.75
临颍县产业集聚区	411122J107	2008300		21.8	
临颍县杜曲现代家居产业集聚区	411122J186				
三门峡经济技术产业集聚区	411291J108	244500	100874	41.6	41.26
三门峡产业集聚区	411292J109	1911900	847276	17.4	44.32
义马市煤化工产业集聚区	411281J110	1018400	529752	-8.3	52.02
卢氏县产业集聚区	411224J111	357500	28000	1.2	7.83
渑池县产业集聚区	411221J112	1911700	659412	15.7	34.49
灵宝市产业集聚区	411282J113	1680600	998010	12.7	59.38
陕州区产业集聚区	411222J114	755500	398773	25.6	52.78
南阳高新技术产业集聚区	411303J149	1092000	606594	4.3	55.55
南阳市新能源产业集聚区	411302J150	1251400	349894	6.5	27.96
南阳市光电产业集聚区	411303J151	1144700	418409	7.8	36.55
邓州市产业集聚区	411381J152	1393800	343865	23.6	24.67
新野县产业集聚区	411329J153	1649100	702674	31.8	42.61
淅川县产业集聚区	411326J154	1565700	703506	20.1	44.93

12-5续表4 （2016年）

产业集聚区名称	产业集聚区代码	固定资产投资（万元）	#主导产业	2016年比2015年增减(±%)	主导产业投资占比重（%）
内乡县产业集聚区	411325J155	1560300	614259	11.2	39.37
唐河县产业集聚区	411328J156	1326100	598408	17.9	45.13
桐柏县产业集聚区	411330J157	1153800	561560	29.0	48.67
镇平县产业集聚区	411324J158	1309200	362475	2.2	27.69
西峡县产业集聚区	411323J159	1751900	812178	22.1	46.36
社旗县产业集聚区	411327J160	1177400	473810	12.4	40.24
南召县产业集聚区	411321J161	734400	324471	19.3	44.18
方城县产业集聚区	411322J162	886400	619660	9.9	69.91
南阳化工产业集聚区	411393J184	171800	22714	-41.0	13.22
桐柏县安棚化工产业集聚区	411330J188	110300		87.2	
商丘经济技术产业集聚区	411402J115	1264200		5.5	
豫东综合物流产业集聚区	411402J116	332200	62970	-15.8	18.96
商丘市梁园产业集聚区	411402J117	1039500	105262	-3.2	10.13
商丘市睢阳产业集聚区	411403J118	1330700	459382	9.5	34.52
永城市产业集聚区	411481J119	1831200	175316	24.7	9.57
民权县产业集聚区	411421J120	1750200	1122503	5.5	64.14
夏邑县产业集聚区	411426J121	1654200	882403	14.0	53.34
虞城县产业集聚区	411425J122	1651600	1049843	11.3	63.57
柘城县产业集聚区	411424J123	1097100	527010	13.7	48.04
宁陵县产业集聚区	411423J124	730400	272140	11.2	37.26
睢县产业集聚区	411422J125	1692000	1044861	12.7	61.75
信阳市产业集聚区	411503J163	939400	128065	-32.3	13.63
潢川经济技术产业集聚区	411526J164	330500	178304	-50.5	53.95
信阳市平桥产业集聚区	411503J165	526800	189157	-19.7	35.91
信阳市上天梯产业集聚区	411503J166	587100	491668	8.8	83.75
信阳金牛物流产业集聚区	411502J167	582800	169409	-21.8	29.07
信阳明港产业集聚区	411503J168	332900	141529	12.5	42.51
固始县史河湾产业集聚区	411525J169	778000	476618	26.4	61.26
固始县产业集聚区	411525J170	941600	390227	18.4	41.44
光山县官渡河产业集聚区	411522J171	752500	450363	2.4	59.85

（2016年）

产业集聚区名称	产业集聚区代码	固定资产投资（万元）	#主导产业	2016年比2015年增减（±%）	主导产业投资占比重（%）
新县产业集聚区	411523J172	650800	207429	4.5	31.87
罗山县产业集聚区	411521J173	1006700	243925	-1.6	24.23
淮滨县产业集聚区	411527J174	953500	561910	12.4	58.93
商城县产业集聚区	411524J175	886500	421189	11.4	47.51
潢川县产业集聚区	411526J176	1105800	161880	38.0	14.64
息县产业集聚区	411528J177	869800	481067	27.7	55.31
周口经济技术产业集聚区	411691J126	525100	58820	26.4	11.20
周口市川汇产业集聚区	411602J127	476000	137850	71.1	28.96
项城市产业集聚区	411681J128	1143300	426090	5.9	37.27
淮阳县产业集聚区	411626J129	741700	202900	-28.0	27.36
扶沟县产业集聚区	411621J130	942300	514303	22.5	54.58
鹿邑县产业集聚区	411628J131	1507800	322445	43.7	21.39
郸城县产业集聚区	411625J132	869100	358702	-15.2	41.27
西华县产业集聚区	411622J133	680300	65000	-19.8	9.55
沈丘县产业集聚区	411624J134	1490900	657321	25.3	44.09
太康县产业集聚区	411627J135	1153900	861491	2.2	74.66
商水县产业集聚区	411623J136	1004300	303505	20.9	30.22
驻马店经济技术产业集聚区	411791J137	293500	19560	-9.6	6.66
驻马店装备产业集聚区	411702J138	1028500	604060	8.9	58.73
驻马店市产业集聚区	411702J139	720200	517490	-10.3	71.85
遂平县产业集聚区	411728J140	1240100	528140	11.6	42.59
新蔡县产业集聚区	411729J141	818400	349442	-8.6	42.70
正阳县产业集聚区	411724J142	754500	243910	27.0	32.33
汝南县产业集聚区	411727J143	663100	471994	16.9	71.18
西平县产业集聚区	411721J144	662600	357328	-12.9	53.93
泌阳县产业集聚区	411726J145	1077300	343096	16.1	31.85
平舆县产业集聚区	411723J146	844300	104545	-3.7	12.38
确山县产业集聚区	411725J147	886500	455287	0.8	51.36
上蔡县产业集聚区	411722J148	1138300	449280	11.6	39.47
济源市高新技术产业集聚区	419001J178	508600	148334	-7.6	29.17
济源市玉川产业集聚区	419001J179	895900	159888	21.1	17.85
济源市虎岭产业集聚区	419001J180	1461600	524338	12.0	35.87

12-6 全省182个产业集聚区主要经济指标（三）

（2016年）

产业集聚区名称	产业集聚区代码	从业人员（人）	2015年规模以上工业R&D经费支出（万元）	万元规模以上工业增加值能耗（吨标准煤）
郑州高新技术产业集聚区	410192J001	142167	128459	534423
郑州经济技术产业集聚区	410191J002	157282	128338	220630
郑州航空港产业集聚区	410196J003	275940	38376	162104
郑州市白沙产业集聚区	410122J005	9952	1457	358511
郑州市中牟汽车产业集聚区	410122J006	36794	32034	45902
郑州上街装备产业集聚区	410106J008	6918	4805	27382
郑州马寨产业集聚区	410103J009	20900	12676	98115
巩义市产业集聚区	410181J010	27487	26116	259364
巩义市豫联产业集聚区	410181J011	25003	33617	2105966
新郑新港产业集聚区	410184J012	29131	16019	142920
新密市产业集聚区	410183J013	29578	13044	2307093
登封市产业集聚区	410185J014	17232	19923	250563
荥阳市产业集聚区	410182J015	30680	12704	36024
开封汴西产业集聚区	410211J016	58625	34721	119888
开封黄龙产业集聚区	410224J017	90575	21583	2617469
开封汴东产业集聚区	410203J018	32469	9794	1058628
尉氏县产业集聚区	410223J019	79937	10972	220201
杞县产业集聚区	410221J020	45966	15463	72826
开封市精细化工产业集聚区	410205J021	10865	20764	200612
通许县产业集聚区	410222J022	47658	3151	144790
兰考县产业集聚区	410225J023	37869	11352	138670
洛阳高新技术产业集聚区	410391J024	36160	94872	100724
洛阳工业产业集聚区	410303J025	14448	5455	38449
洛阳经济技术产业集聚区	410311J026	18280		1478
洛阳市伊滨产业集聚区	410381J027	16531	86	79436
洛阳市洛龙产业集聚区	410311J028	27386	11880	894376
洛阳市洛新产业集聚区	410323J029	39263	8816	52021
洛阳市石化产业集聚区	410306J030	10323	1175	1065539
洛阳市先进制造产业集聚区	410305J031	50825	127741	169660
洛宁县产业集聚区	410328J032	34790	2172	38522

12-6续表1　　　　　　　　　　　　（2016年）

产业集聚区名称	产业集聚区代码	从业人员（人）	2015年规模以上工业R&D经费支出（万元）	万元规模以上工业增加值能耗（吨标准煤）
宜阳县产业集聚区	410327J033	30425	20598	635869
新安县产业集聚区	410323J034	32210	9000	3241386
栾川县产业集聚区	410324J035	14985	1446	108062
孟津县华阳产业集聚区	410322J036	23479	407	998428
汝阳县产业集聚区	410326J037	13866	2725	140242
嵩县产业集聚区	410325J038	8597	434	37140
伊川县产业集聚区	410329J039	20388	21686	3537501
偃师市产业集聚区	410381J040	38865	10554	1126672
洛阳空港产业集聚区	410322J183	9630	1829	28531
平顶山高新技术产业集聚区	410403J041	17653	20502	566672
平顶山平新产业集聚区	410402J042	12963	13425	2872
平顶山化工产业集聚区	410422J043	8266	46354	467751
平顶山市石龙产业集聚区	410404J044	4526	3662	437401
郏县产业集聚区	410425J045	27512	4399	25419
汝州市产业集聚区	410482J046	21252	13573	1446569
叶县产业集聚区	410422J047	15909	4269	368884
宝丰县产业集聚区	410421J048	18505	2740	503503
舞钢市产业集聚区	410481J049	24967	20316	1523370
鲁山县产业集聚区	410423J050	7250	9807	281305
安阳高新技术产业集聚区	410500J051	21474	15314	295963
安阳市产业集聚区	410500J052	4374	3418	106247
安阳市纺织产业集聚区	410503J053	12387	422	14118
安阳县产业集聚区	410522J055	16013	437	1663231
滑县产业集聚区	410526J056	23747	361	647084
林州市产业集聚区	410581J057	143121	35577	2346731
汤阴县产业集聚区	410523J058	27570	5361	823837
内黄县产业集聚区	410527J059	27117	1549	188779
鹤壁市鹤淇产业集聚区	410622J060	39899	3388	164125
鹤壁市宝山循环经济产业集聚区	410603J061	47995	4441	2025021
鹤壁市金山产业集聚区	410611J062	22545	19590	37046

产业集聚区名称	产业集聚区代码	从业人员（人）	2015年规模以上工业R&D经费支出（万元）	万元规模以上工业增加值能耗（吨标准煤）
浚县产业集聚区	410621J063	38829	481	150269
新乡高新技术产业集聚区	410791J064	55366	85418	67236
新乡工业产业集聚区	410792J065	30935	21813	689466
新乡经济技术产业集聚区	410721J066	58116	34881	2896522
新乡电源产业集聚区	410711J067	13669	6385	37691
新乡市新东产业集聚区	410702J068	9812	3690	4920
长垣县产业集聚区	410728J070	76059	53592	63899
原阳县产业集聚区	410725J071	16588	2832	41233
获嘉县产业集聚区	410724J072	28517	2804	287459
封丘县产业集聚区	410727J073	7843	777	18413
卫辉市产业集聚区	410781J074	4696	2260	831782
延津县产业集聚区	410726J075	15693	2626	16806
辉县市产业集聚区	410782J076	34959	15305	265322
焦作经济技术产业集聚区	410811J077	51028	27942	58229
焦作市工业产业集聚区	410803J079	25009	14395	2324262
武陟县产业集聚区	410823J080	73768	28762	165837
温县产业集聚区	410825J081	47470	16376	255884
孟州市产业集聚区	410883J082	80694	84207	430261
沁阳市产业集聚区	410882J083	45082	26936	1321911
修武县产业集聚区	410821J084	21734	3045	43020
博爱县产业集聚区	410822J085	25008	7192	1329131
濮阳经济技术产业集聚区	410991J086	17125	28342	2682573
濮阳市产业集聚区	410928J087	3637	479	542316
濮阳市濮东产业集聚区	410902J088	30606	3780	158696
南乐县产业集聚区	410923J089	15013	8088	57280
清丰县产业集聚区	410922J090	20784	11147	20611
台前县产业集聚区	410927J091	8764	4463	13356
濮阳县产业集聚区	410928J092	15229	13655	43496
范县产业集聚区	410926J093	16131	7128	174350
濮阳市化工产业集聚区	410928J185	8873	742	96937

12-6续表3　（2016年）

产业集聚区名称	产业集聚区代码	从业人员（人）	2015年规模以上工业R&D经费支出（万元）	万元规模以上工业增加值能耗（吨标准煤）
许昌经济技术产业集聚区	411091J094	18575	19415	115087
许昌魏都产业集聚区	411002J095	23160	7584	275486
许昌尚集产业集聚区	411023J096	40740	14223	105019
中原电气谷核心区	411023J097	7950	3209	13417
长葛市产业集聚区	411082J098	77307	120002	319139
鄢陵县产业集聚区	411024J099	39241	25778	104271
襄城县产业集聚区	411025J100	24068	14148	34151
禹州市产业集聚区	411081J101	81965	97605	508654
长葛市大周再生金属循环产业集聚区	411082J181	27255	4398	686561
襄城县循环经济产业集聚区	411025J182	15239	11832	993548
漯河经济技术产业集聚区	411191J102	48429	37459	946057
漯河市沙澧产业集聚区	411102J103	39348	7816	42169
漯河市东城产业集聚区	411104J104	43805	6880	82558
漯河市淞江产业集聚区	411103J105	28025	10233	182993
舞阳县产业集聚区	411121J106	37704	7533	813436
临颍县产业集聚区	411122J107	30364	4840	119219
临颍县杜曲现代家居产业集聚区	411122J186			
三门峡经济技术产业集聚区	411291J108	10890	663	75788
三门峡产业集聚区	411292J109	18152	13768	3097004
义马市煤化工产业集聚区	411281J110	63200	20107	2366482
卢氏县产业集聚区	411224J111	3906		33210
渑池县产业集聚区	411221J112	23468	14296	1597090
灵宝市产业集聚区	411282J113	32202	17765	160903
陕州区产业集聚区	411222J114	6124	2132	870075
南阳高新技术产业集聚区	411303J149	43667	58082	405296
南阳市新能源产业集聚区	411302J150	52889	37500	283865
南阳市光电产业集聚区	411303J151	28850	3176	528899
邓州市产业集聚区	411381J152	29144	1430	250489
新野县产业集聚区	411329J153	40890	10048	196485
淅川县产业集聚区	411326J154	35058	11448	940395

12-6续表4 （2016年）

产业集聚区名称	产业集聚区代码	从业人员（人）	2015年规模以上工业R&D经费支出（万元）	万元规模以上工业增加值能耗（吨标准煤）
内乡县产业集聚区	411325J155	25678	9669	208766
唐河县产业集聚区	411328J156	43933	4725	76132
桐柏县产业集聚区	411330J157	11322	2614	136774
镇平县产业集聚区	411324J158	26242	593	249401
西峡县产业集聚区	411323J159	49206	72825	1113698
社旗县产业集聚区	411327J160	26470	7112	15155
南召县产业集聚区	411321J161	7426	2817	114065
方城县产业集聚区	411322J162	13754	514	48478
南阳化工产业集聚区	411393J184	21715	15076	412172
桐柏县安棚化工产业集聚区	411330J188	3349	5634	632798
商丘经济技术产业集聚区	411402J115	32665	8036	17430
豫东综合物流产业集聚区	411402J116	8074	1722	5683
商丘市梁园产业集聚区	411402J117	36582	6932	80726
商丘市睢阳产业集聚区	411403J118	38845	5065	53031
永城市产业集聚区	411481J119	50855	1474	1752255
民权县产业集聚区	411421J120	45009	15461	36702
夏邑县产业集聚区	411426J121	63270	8509	73512
虞城县产业集聚区	411425J122	51505	5618	15235
柘城县产业集聚区	411424J123	33077	5351	22443
宁陵县产业集聚区	411423J124	24848	6289	27620
睢县产业集聚区	411422J125	54926	7970	57627
信阳市产业集聚区	411503J163	21274	1488	37823
潢川经济技术产业集聚区	411526J164	13315	1738	8330
信阳市平桥产业集聚区	411503J165	40427	3196	1354465
信阳市上天梯产业集聚区	411503J166	24558	2873	23767
信阳金牛物流产业集聚区	411502J167	39705	3039	175326
信阳明港产业集聚区	411503J168	29061	18214	2593013
固始县史河湾产业集聚区	411525J169	11873	559	6479
固始县产业集聚区	411525J170	21336	1729	32889
光山县官渡河产业集聚区	411522J171	43948	2989	319327

12-6续表5 （2016年）

产业集聚区名称	产业集聚区代码	从业人员（人）	2015年规模以上工业R&D经费支出（万元）	万元规模以上工业增加值能耗（吨标准煤）
新县产业集聚区	411523J172	29886	6123	62515
罗山县产业集聚区	411521J173	32831	2834	60308
淮滨县产业集聚区	411527J174	44907	4189	31199
商城县产业集聚区	411524J175	31124	3420	28431
潢川县产业集聚区	411526J176	29484	2932	117525
息县产业集聚区	411528J177	35133	1539	191783
周口经济技术产业集聚区	411691J126	23846	1770	185643
周口市川汇产业集聚区	411602J127	24582	2168	9829
项城市产业集聚区	411681J128	37735	7056	272473
淮阳县产业集聚区	411626J129	21712	3118	36478
扶沟县产业集聚区	411621J130	19294	4947	51249
鹿邑县产业集聚区	411628J131	31972	5130	86708
郸城县产业集聚区	411625J132	38607	8796	233270
西华县产业集聚区	411622J133	18825	1500	46260
沈丘县产业集聚区	411624J134	46780	9246	37760
太康县产业集聚区	411627J135	45985	8440	87070
商水县产业集聚区	411623J136	41761	12650	18217
驻马店经济技术产业集聚区	411791J137	13613		551183
驻马店装备产业集聚区	411702J138	41735	8071	58469
驻马店市产业集聚区	411702J139	26297	8934	2608205
遂平县产业集聚区	411728J140	30527	6456	231750
新蔡县产业集聚区	411729J141	23904	2972	29247
正阳县产业集聚区	411724J142	28776	4833	82289
汝南县产业集聚区	411727J143	24280	4133	18979
西平县产业集聚区	411721J144	31103	3003	73874
泌阳县产业集聚区	411726J145	45316	11362	32566
平舆县产业集聚区	411723J146	26025	1948	24989
确山县产业集聚区	411725J147	35560	7345	384278
上蔡县产业集聚区	411722J148	38234	6751	117755
济源市高新技术产业集聚区	419001J178	7413	3332	27958
济源市玉川产业集聚区	419001J179	17121	20552	3751914
济源市虎岭产业集聚区	419001J180	48457	50650	2990822

12-7 全省176个商务“两区”主要经济指标（一）

（2016年）

商务“两区”名称	商务“两区”代码	增加值（万元）	生产性增加值（万元）	固定资产投资（万元）
郑东新区中央商务区	410100S001	1114135	1076695	496900
巩义市商务中心区	410181S009	27126	17937	19200
开封市商务中心区	410200S014	1755	1755	15400
兰考县商务中心区	410225S024	10529	1265	137200
洛阳市商务中心区	410300S025			36000
栾川县商务中心区	410324S034	62499	50334	
嵩县商务中心区	410325S035	38717	27426	148400
汝阳县商务中心区	410326S036	36976	24121	8700
洛宁县商务中心区	410328S038	7049	2852	100
平顶山市商务中心区	410400S041	25976	11680	59600
郏县商务中心区	410425S049	9219	4597	110600
舞钢市商务中心区	410481S050	859		73700
汝州市商务中心区	410482S051	88822	21353	275200
安阳市商务中心区	410500S052	219083	179111	233000
滑县商务中心区	410526S059	41021	32581	32800
林州市商务中心区	410581S061	44330	39345	47600
鹤壁市商务中心区	410600S062	66126	25480	411200
新乡市商务中心区	410700S068	205917	205799	66400
封丘县商务中心区	410727S077	3217	359	14600
长垣县商务中心区	410728S078	7394	760	54500
焦作市商务中心区	410800S081	30662	24120	130200
濮阳市商务中心区	410900S092	34600		93100
南乐县商务中心区	410923S095	10712	8935	51400
范县商务中心区	410926S096	23570	20719	
台前县商务中心区	410927S097	15023	14616	600
许昌市商务中心区	411000S099	36525	26437	109100
漯河市商务中心区	411100S106	19836	243	149200
三门峡市商务中心区	411200S112	47911	9093	250500
南阳市商务中心区	411300S119	4635	914	238100
南召县商务中心区	411321S122	1918		12000

（2016年）

商务“两区”名称	商务“两区”代码	增加值（万元）	生产性增加值（万元）	固定资产投资（万元）
西峡县商务中心区	411323S124	10403	1716	93700
淅川县商务中心区	411326S127	33116	27716	297900
新野县商务中心区	411329S130	46096	26282	199300
桐柏县商务中心区	411330S131	11952	5191	154700
邓州市商务中心区	411381S132	559		186100
商丘市商务中心区	411400S133	138247	33882	593300
睢县商务中心区	411422S137	148591	18301	216500
夏邑县商务中心区	411426S141	162631	70318	416400
永城市商务中心区	411481S142	138417	70526	538000
信阳市商务中心区	411500S143	53383	47812	99000
光山县商务中心区	411522S147	78438	17026	221300
新县商务中心区	411523S148	12206	8649	
商城县商务中心区	411524S149	21586	11951	38200
固始县商务中心区	411525S150	55785	37721	133000
潢川县商务中心区	411526S151	39178	39178	57600
淮滨县商务中心区	411527S152	11586	7721	41800
息县商务中心区	411528S153	17796	16570	18000
周口市商务中心区	411600S154	38456	34832	60500
扶沟县商务中心区	411621S156	19555	3812	164300
沈丘县商务中心区	411624S159	111244	24153	303600
郸城县商务中心区	411625S160	164253	99355	334400
太康县商务中心区	411627S162	41420	16330	117700
鹿邑县商务中心区	411628S163	98449	22960	177200
驻马店市商务中心区	411700S165	15903		201100
上蔡县商务中心区	411722S168	49053	21423	89000
平舆县商务中心区	411723S169	69158	13702	176000
正阳县商务中心区	411724S170	8445	8445	36000
泌阳县商务中心区	411726S172	45707	12464	44800
新蔡县商务中心区	411729S175	9951	4102	
济源市商务中心区	419001S176	8239	26	30000

12-7续表2　　（2016年）

商务“两区”名称	商务“两区”代码	增加值（万元）	主导产业增加值（万元）	固定资产投资（万元）
郑州市中原区特色商业区	410102T002	349156	315567	144100
郑州市二七区特色商业区	410103T003	205716	147751	227700
郑州市管城回族区特色商业区	410104T004	352742	220715	369900
郑州市金水区特色商业区	410105T005	214199	157803	488100
郑州市上街区通航特色商业区	410106T006	19390	9893	341100
郑州市惠济区特色商业区	410108T007	100568	54157	343200
中牟县特色商业区	410122T008	73187	69285	217800
荥阳市特色商业区	410182T010	22189	7728	86200
新密市特色商业区	410183T011	73799	61720	38100
新郑市特色商业区	410184T012	52088	28990	232400
登封市特色商业区	410185T013	84983	70387	241300
开封市龙亭区特色商业区	410202T015	131134	100548	122200
开封市顺河回族区特色商业区	410203T016	19457	18148	1800
开封市鼓楼区特色商业区	410204T017	184876	167081	39900
开封市禹王台区特色商业区	410205T018	6731	6731	
开封市金明区特色商业区	410211T019	632	632	
杞县特色商业区	410221T020	52533	39164	100800
通许县特色商业区	410222T021	24085	16861	78900
尉氏县特色商业区	410223T022	99435	64776	42100
开封县特色商业区	410224T023	38729	35255	45300
洛阳市老城区特色商业区	410302T026	41669	35214	211100
洛阳市西工区特色商业区	410303T027	559681	465062	134900
洛阳市瀍河回族区特色商业区	410304T028	3569	3569	
洛阳市涧西区特色商业区	410305T029	109339	103874	16900
洛阳市吉利区特色商业区	410306T030	13002	12930	8600
洛阳市洛龙区特色商业区	410311T031	160620	134272	280900
孟津县特色商业区	410322T032	787	787	63000
新安县特色商业区	410323T033	30685	25356	7700
宜阳县特色商业区	410327T037	52100	40702	9200
伊川县特色商业区	410329T039	31618	30044	

12-7续表3 （2016年）

商务“两区”名称	商务“两区”代码	增加值（万元）	主导产业增加值（万元）	固定资产投资（万元）
偃师市特色商业区	410381T040	68831	60117	52400
平顶山市新华区特色商业区	410402T042	79141	74151	13000
平顶山市卫东区特色商业区	410403T043	57695	56336	34200
平顶山市石龙区特色商业区	410404T044	1106	1106	12900
平顶山市湛河区特色商业区	410411T045	505	505	14100
宝丰县特色商业区	410421T046	66328	57906	180100
叶县特色商业区	410422T047	21983	20883	1300
鲁山县特色商业区	410423T048	2218	846	45700
安阳市文峰区特色商业区	410502T053	53519	52541	18600
安阳市北关区特色商业区	410503T054	259362	254472	55400
安阳市殷都区特色商业区	410505T055	48117	45935	96200
安阳市龙安区特色商业区	410506T056	2221	2221	
安阳县特色商业区	410522T057	32756	23202	19600
汤阴县特色商业区	410523T058	14984	7512	67000
内黄县特色商业区	410527T060	15269	6590	18300
鹤壁市鹤山区特色商业区	410602T063	5594	5594	50000
鹤壁市山城区特色商业区	410603T064	27137	24018	78500
鹤壁市淇滨区特色商业区	410611T065	31216	23258	61400
浚县特色商业区	410621T066	18419	17478	123200
淇县特色商业区	410622T067	6125	4213	50300
新乡市红旗区特色商业区	410702T069	136328	131825	9300
新乡市卫滨区特色商业区	410703T070	34467	29263	53900
新乡市凤泉区特色商业区	410704T071	8287	8169	
新乡市牧野区特色商业区	410711T072	158160	148193	60100
新乡县特色商业区	410721T073	11894	11521	20400
获嘉县特色商业区	410724T074	21523	21178	
原阳县特色商业区	410725T075	15470	14557	24300
延津县特色商业区	410726T076	14972	13675	11600
卫辉市特色商业区	410781T079	16284	14633	400
辉县市特色商业区	410782T080	29995	10118	86700

12-7续表4 （2016年）

商务“两区”名称	商务“两区”代码	增加值（万元）	主导产业增加值（万元）	固定资产投资（万元）
焦作市解放区特色商业区	410802T082	121919	102944	187500
焦作市中站区特色商业区	410803T083	27559	21826	86600
焦作市马村区特色商业区	410804T084	34941	11176	101900
焦作市山阳区特色商业区	410811T085	203082	197267	186400
修武县特色商业区	410821T086	23228	21275	53100
博爱县特色商业区	410822T087	57233	42579	42300
武陟县特色商业区	410823T088	3905	3514	1500
温县特色商业区	410825T089	38739	33272	24400
沁阳市特色商业区	410882T090	48424	41863	30500
孟州市特色商业区	410883T091	17984	17984	
濮阳市华龙区特色商业区	410902T093	310555	223186	434900
清丰县特色商业区	410922T094	14204	10815	30500
濮阳县特色商业区	410928T098	21632	21260	39300
许昌市魏都区特色商业区	411002T100	388119	313662	92200
许昌县特色商业区	411023T101	21496	11695	41500
鄢陵县特色商业区	411024T102	82822	55374	111600
襄城县特色商业区	411025T103	66403	35060	139600
禹州市特色商业区	411081T104	158395	91513	469500
长葛市特色商业区	411082T105	118885	68883	270900
漯河市源汇区特色商业区	411102T107	48527	25456	164000
漯河市郾城区特色商业区	411103T108	56557	55758	20200
漯河市召陵区特色商业区	411104T109	11768	6705	50500
舞阳县特色商业区	411121T110	50683	41661	143600
临颍县特色商业区	411122T111	102744	90466	55000
三门峡市湖滨区特色商业区	411202T113	115133	85233	304800
渑池县特色商业区	411221T114	50619	43281	41400
陕州区特色商业区	411222T115	36211	21163	232600
卢氏县特色商业区	411224T116	12803	12240	26800
义马市特色商业区	411281T117	63392	59715	119100
灵宝市特色商业区	411282T118	30770	21265	172200

（2016年）

商务“两区”名称	商务“两区”代码	增加值（万元）	主导产业增加值（万元）	固定资产投资（万元）
南阳市宛城区特色商业区	411302T120	36369	25498	105200
南阳市卧龙区特色商业区	411303T121	71422	36443	294500
方城县特色商业区	411322T123	56572	43069	257600
镇平县特色商业区	411324T125	57242	46065	352500
内乡县特色商业区	411325T126	54664	43201	308500
社旗县特色商业区	411327T128	23375	16566	142700
唐河县特色商业区	411328T129	51286	25485	96500
商丘市梁园区特色商业区	411402T134	121541	101528	336500
商丘市睢阳区特色商业区	411403T135	30848	18131	403300
民权县特色商业区	411421T136	151162	75081	302500
宁陵县特色商业区	411423T138	98611	64240	263800
柘城县特色商业区	411424T139	99917	53120	422400
虞城县特色商业区	411425T140	292469	163416	440400
信阳市浉河区特色商业区	411502T144	85458	78830	61200
信阳市平桥区特色商业区	411503T145	759	420	19100
罗山县特色商业区	411521T146	67157	44521	169500
周口市川汇区特色商业区	411602T155	17450	15387	65200
西华县特色商业区	411622T157	10418	10418	
商水县特色商业区	411623T158	9286	7298	78900
淮阳县特色商业区	411626T161	30632	10292	262500
项城市特色商业区	411681T164	21967	15315	164900
驻马店市驿城区特色商业区	411702T166	9400	1675	137000
西平县特色商业区	411721T167	13482	11276	76800
确山县特色商业区	411725T171	62077	22473	228800
汝南县特色商业区	411727T173	21076	15407	90800
遂平县特色商业区	411728T174	46935	21350	170500

12-8 全省176个商务“两区”主要经济指标（二）

（2016年）

商务“两区”名称	商务“两区”代码	从业人员（人）	法人企业个数（个）	规模以上服务业企业个数（个）
郑东新区中央商务区	410100S001	24188	922	97
巩义市商务中心区	410181S009	1986	60	23
开封市商务中心区	410200S014	70	3	3
兰考县商务中心区	410225S024	1146	21	16
洛阳市商务中心区	410300S025			
栾川县商务中心区	410324S034	4384	226	35
嵩县商务中心区	410325S035	2524	189	17
汝阳县商务中心区	410326S036	2973	94	17
洛宁县商务中心区	410328S038	221	6	3
平顶山市商务中心区	410400S041	536	7	7
郏县商务中心区	410425S049	331	7	7
舞钢市商务中心区	410481S050	31	4	2
汝州市商务中心区	410482S051	6509	166	106
安阳市商务中心区	410500S052	2393	27	15
滑县商务中心区	410526S059	3213	73	20
林州市商务中心区	410581S061	1405	34	17
鹤壁市商务中心区	410600S062	5823	145	65
新乡市商务中心区	410700S068	1512	13	2
封丘县商务中心区	410727S077	323	18	5
长垣县商务中心区	410728S078	1280	22	14
焦作市商务中心区	410800S081	818	11	11
濮阳市商务中心区	410900S092	28	2	2
南乐县商务中心区	410923S095	174	2	1
范县商务中心区	410926S096	677	27	7
台前县商务中心区	410927S097	385	10	8
许昌市商务中心区	411000S099	2642	85	18
漯河市商务中心区	411100S106	3543	37	25
三门峡市商务中心区	411200S112	446	7	4
南阳市商务中心区	411300S119	990	36	5
南召县商务中心区	411321S122	55	1	1

12-8续表1 （2016年）

商务“两区”名称	商务“两区”代码	从业人员（人）	法人企业个数（个）	规模以上服务业企业个数（个）
西峡县商务中心区	411323S124	1433	38	10
淅川县商务中心区	411326S127	1021	14	6
新野县商务中心区	411329S130	1610	38	30
桐柏县商务中心区	411330S131	922	41	15
邓州市商务中心区	411381S132	215	6	3
商丘市商务中心区	411400S133	8544	147	40
睢县商务中心区	411422S137	9125	124	76
夏邑县商务中心区	411426S141	14013	220	96
永城市商务中心区	411481S142	9042	146	96
信阳市商务中心区	411500S143	5054	69	18
光山县商务中心区	411522S147	5975	32	23
新县商务中心区	411523S148	115	4	2
商城县商务中心区	411524S149	524	16	10
固始县商务中心区	411525S150	3920	35	31
潢川县商务中心区	411526S151	64		
淮滨县商务中心区	411527S152	213	2	
息县商务中心区	411528S153	225	3	3
周口市商务中心区	411600S154	312	1	1
扶沟县商务中心区	411621S156	635	9	9
沈丘县商务中心区	411624S159	4000	25	25
郸城县商务中心区	411625S160	8649	23	23
太康县商务中心区	411627S162	962	8	8
鹿邑县商务中心区	411628S163	5277	53	50
驻马店市商务中心区	411700S165	252	4	4
上蔡县商务中心区	411722S168	4866	60	23
平舆县商务中心区	411723S169	4740	82	59
正阳县商务中心区	411724S170	48	1	1
泌阳县商务中心区	411726S172	2055	13	13
新蔡县商务中心区	411729S175	893	20	20
济源市商务中心区	419001S176	439	13	

12-8续表2 （2016年）

商务“两区”名称	商务“两区”代码	从业人员（人）	法人企业个数（个）	规模以上服务业企业个数（个）
郑州市中原区特色商业区	410102T002	15573	139	40
郑州市二七区特色商业区	410103T003	14498	739	81
郑州市管城回族区特色商业区	410104T004	40499	585	55
郑州市金水区特色商业区	410105T005	12632	1127	160
郑州市上街区通航特色商业区	410106T006	1999	105	19
郑州市惠济区特色商业区	410108T007	4172	37	21
中牟县特色商业区	410122T008	1974	66	17
荥阳市特色商业区	410182T010	730	27	13
新密市特色商业区	410183T011	2422	123	17
新郑市特色商业区	410184T012	5100	70	12
登封市特色商业区	410185T013	4507	173	55
开封市龙亭区特色商业区	410202T015	4505	145	45
开封市顺河回族区特色商业区	410203T016	829	32	8
开封市鼓楼区特色商业区	410204T017	7616	262	51
开封市禹王台区特色商业区	410205T018	123	1	1
开封市金明区特色商业区	410211T019	7		
杞县特色商业区	410221T020	4333	129	69
通许县特色商业区	410222T021	2053	34	32
尉氏县特色商业区	410223T022	3974	91	61
开封县特色商业区	410224T023	952	22	9
洛阳市老城区特色商业区	410302T026	1286	55	19
洛阳市西工区特色商业区	410303T027	17010	622	95
洛阳市瀍河回族区特色商业区	410304T028	44		
洛阳市涧西区特色商业区	410305T029	2831	158	18
洛阳市吉利区特色商业区	410306T030	820	27	6
洛阳市洛龙区特色商业区	410311T031	3976	192	14
孟津县特色商业区	410322T032	10		
新安县特色商业区	410323T033	1809	80	11
宜阳县特色商业区	410327T037	4021	259	20
伊川县特色商业区	410329T039	1235	12	2

12-8续表3　　（2016年）

商务“两区”名称	商务“两区”代码	从业人员（人）	法人企业个数（个）	规模以上服务业企业个数（个）
偃师市特色商业区	410381T040	5085	221	34
平顶山市新华区特色商业区	410402T042	6505	28	17
平顶山市卫东区特色商业区	410403T043	3105	60	21
平顶山市石龙区特色商业区	410404T044	74	3	3
平顶山市湛河区特色商业区	410411T045	67		
宝丰县特色商业区	410421T046	8860	39	34
叶县特色商业区	410422T047	1172	28	21
鲁山县特色商业区	410423T048	64	2	2
安阳市文峰区特色商业区	410502T053	1955	72	14
安阳市北关区特色商业区	410503T054	3805	66	22
安阳市殷都区特色商业区	410505T055	2404	101	3
安阳市龙安区特色商业区	410506T056	62	1	1
安阳县特色商业区	410522T057	1083	17	13
汤阴县特色商业区	410523T058	1715	36	23
内黄县特色商业区	410527T060	433	12	7
鹤壁市鹤山区特色商业区	410602T063	156	3	3
鹤壁市山城区特色商业区	410603T064	1482	73	20
鹤壁市淇滨区特色商业区	410611T065	172	7	3
浚县特色商业区	410621T066	1054	35	17
淇县特色商业区	410622T067	535	9	6
新乡市红旗区特色商业区	410702T069	3968	174	21
新乡市卫滨区特色商业区	410703T070	3332	99	16
新乡市凤泉区特色商业区	410704T071	142	11	
新乡市牧野区特色商业区	410711T072	3589	72	8
新乡县特色商业区	410721T073	396	19	5
获嘉县特色商业区	410724T074	968	18	3
原阳县特色商业区	410725T075	152	3	2
延津县特色商业区	410726T076	1344	18	14
卫辉市特色商业区	410781T079	273	6	4
辉县市特色商业区	410782T080	639	31	8

12-8续表4 （2016年）

商务“两区”名称	商务“两区”代码	从业人员（人）	法人企业个数（个）	规模以上服务业企业个数（个）
焦作市解放区特色商业区	410802T082	16646	200	48
焦作市中站区特色商业区	410803T083	1633	30	18
焦作市马村区特色商业区	410804T084	2037	20	10
焦作市山阳区特色商业区	410811T085	7115	114	28
修武县特色商业区	410821T086	2269	15	8
博爱县特色商业区	410822T087	4863	151	46
武陟县特色商业区	410823T088	53	1	1
温县特色商业区	410825T089	675	11	9
沁阳市特色商业区	410882T090	1640	52	20
孟州市特色商业区	410883T091	197		
濮阳市华龙区特色商业区	410902T093	13293	350	59
清丰县特色商业区	410922T094	501	12	11
濮阳县特色商业区	410928T098	350	4	4
许昌市魏都区特色商业区	411002T100	19555	910	84
许昌县特色商业区	411023T101	1006	15	9
鄢陵县特色商业区	411024T102	5277	111	35
襄城县特色商业区	411025T103	3731	147	49
禹州市特色商业区	411081T104	9612	382	71
长葛市特色商业区	411082T105	7358	203	76
漯河市源汇区特色商业区	411102T107	5445	130	43
漯河市郾城区特色商业区	411103T108	2177	94	15
漯河市召陵区特色商业区	411104T109	495	17	6
舞阳县特色商业区	411121T110	4195	58	34
临颍县特色商业区	411122T111	3383	26	19
三门峡市湖滨区特色商业区	411202T113	11248	596	93
渑池县特色商业区	411221T114	2611	72	44
陕州区特色商业区	411222T115	4950	147	50
卢氏县特色商业区	411224T116	914	33	14
义马市特色商业区	411281T117	2136	44	14
灵宝市特色商业区	411282T118	2994	119	42

12-8续表5 （2016年）

商务“两区”名称	商务“两区”代码	从业人员（人）	法人企业个数（个）	规模以上服务业企业个数（个）
南阳市宛城区特色商业区	411302T120	2405	93	13
南阳市卧龙区特色商业区	411303T121	5589	213	48
方城县特色商业区	411322T123	4091	179	52
镇平县特色商业区	411324T125	4024	58	30
内乡县特色商业区	411325T126	5903	183	51
社旗县特色商业区	411327T128	2527	100	26
唐河县特色商业区	411328T129	5680	207	45
商丘市梁园区特色商业区	411402T134	15509	78	60
商丘市睢阳区特色商业区	411403T135	2801	32	6
民权县特色商业区	411421T136	12144	161	87
宁陵县特色商业区	411423T138	4348	87	56
柘城县特色商业区	411424T139	9479	193	64
虞城县特色商业区	411425T140	17254	149	110
信阳市浉河区特色商业区	411502T144	6404	103	43
信阳市平桥区特色商业区	411503T145	91	2	1
罗山县特色商业区	411521T146	4670	77	42
周口市川汇区特色商业区	411602T155	782	16	3
西华县特色商业区	411622T157	113	1	1
商水县特色商业区	411623T158	204	2	1
淮阳县特色商业区	411626T161	1539	15	12
项城市特色商业区	411681T164	815	13	13
驻马店市驿城区特色商业区	411702T166	733	12	2
西平县特色商业区	411721T167	477	6	6
确山县特色商业区	411725T171	1524	29	22
汝南县特色商业区	411727T173	372	17	8
遂平县特色商业区	411728T174	3180	43	39

主要统计指标解释

城乡一体化示范区 是依托中心城市，体现三次产业复合和经济、生态、人居功能复合的区域，空间上涵盖城市、农业和生态用地。城乡一体化示范区可包含若干个产业集聚区、专业产业园区、商务中心区和特色商业区；产业集聚区、专业产业园区、商务中心区、特色商业区之间互不包含，相对独立。

产业集聚区 是以若干特色主导产业为支撑，产业集聚特征明显，产业和城市融合发展，吸纳就业充分，以经济功能为主的功能区。包括经济技术开发区、高新技术产业开发区、工业园区、现代服务业园区、科技创新园区、加工贸易园区、高效农业园区等在内的各类开发区和园区。产业集聚区的基本内涵是“四集一转”，即促进“企业（项目）集中布局、产业集群发展、资源集约利用、功能集合构建，人口向城镇转移”。

专业园区 指各地已经具备一定产业规模，以制造业发展为主的各类园区，具有较强的发展潜力和吸纳就业能力，经过县级规划、市级审批、省级备案。专业园区与产业集聚区之间互不包含，相对独立。

商务中心区 指在省辖市市区和未纳入中心城市组团的县城、县级市市区内，集聚金融、信息、研发、企业总部、中介服务及商业贸易等机构，拥有商务办公、会展（展示）、酒店、公寓、文化、娱乐等配套设施，能够为区域经济活动提供综合商务服务的城市功能区。

特色商业区 指在省辖市市辖区和纳入中心城市组团的县城、县级市市区内，集聚相关服务业企业，形成特色鲜明、具有一定规模和较强辐射带动作用，为一定区域提供特色商贸服务和相关商务服务的服务业集聚区。

“五区” 城乡一体化示范区、产业集聚区、专业园区、商务中心区和特色商业区统称为“五区”。

“五区”批准与备案情况 目前，省政府确定了17个城市新区（城乡一体化示范区）、177个省级产业集聚区、60个商务中心区和116个特色商业区。

“五区”的调查对象 商务中心区和特色商业的调查对象为区内服务业法人企业和固定资产投资项目。服务业法人企业包括：批发和零售业，交通运输、仓储和邮政业，住宿和餐饮业，信息传输、软件和信息技术服务业，金融业，房地产业，租赁和商务服务业，科学研究和技术服务业，水利、环境和公共设施管理业，居民服务、修理和其他服务业，教育，卫生和社会工作，文化、体育和娱乐业等行业法人企业。

产业集聚区、专业园区和城乡一体化示范区的调查对象为区内“四上”法人单位、产业活动单位和固定投资项目。“四上”法人单位包括规模以上工业、限额以上批发和零售业、限额以上住宿和餐饮业、资质以上建筑业、全部房地产开发业、规模以上服务业企业；产业活动单位指达到“四上”规模、经省统计局核准的其归属法人单位不在本区内的产业活动单位。

“十二五”以来主要经济指标

13-1 “十二五”以来法人单位个数

单位：个

指 标	2005年	2010年	2012年	2013年	2014年	2015年	2016年
总 计	**9756**	**12884**	**14653**	**16097**	**21041**	**23347**	**24713**
按行业门类分组							
农、林、牧、渔业	231	403	587	950	1394	1631	1855
采矿业	767	948	987	740	861	783	641
制造业	1546	2154	2319	1784	2164	2126	2004
电力、热力、燃气及水的生产和供应业	96	131	145	132	170	188	187
建筑业	149	366	468	355	556	651	855
批发和零售业	923	2619	3208	3843	5781	6770	7324
交通运输、仓储和邮政业	124	259	346	396	545	635	729
住宿和餐饮业	198	284	318	347	440	486	464
信息传输、软件和信息技术服务业	137	219	232	64	139	237	332
金融业	50	76	109	69	117	108	114
房地产业	90	250	354	281	509	588	688
租赁和商务服务业	276	704	889	796	1211	1386	1639
科学研究和技术服务业	347	390	440	391	651	776	806
水利、环境和公共设施管理业	101	153	196	177	275	328	352
居民服务、修理和其他服务业	91	285	295	264	397	464	531
教育	491	457	493	699	699	898	900
卫生和社会工作	1575	428	431	965	1058	1086	1090
文化、体育和娱乐业	155	176	205	362	496	552	543
公共管理、社会保障和社会组织	2409	2582	2631	3482	3578	3654	3659
国际组织							
按机构类型分组							
企业	4529	8854	10453	10036	14632	16642	17509
事业单位	1488	1487	1549	2185	2288	2479	2464
机关	455	441	442	578	573	573	568
社会团体	213	321	343	310	468	504	505
民办非企业单位	1485	115	154	363	402	406	390
基金会	1	1	2	2	2	2	2
居委会	117	122	122	126	127	130	133
村委会	1363	1343	1343	1343	1343	1343	1343
农民专业合作社							567
其他组织机构	105	200	245	1154	1206	1268	1232

13-2　“十二五”以来人口统计主要指标

指　　标	计量单位	2005年	2010年	2012年	2013年	2014年	2015年	2016年
总人口数	人	2218079	2234427	2261264	2267892	2277871	2285252	2294922
男	人	1135878	1148700	1144315	1150264	1156982	1167770	1178172
女	人	1082201	1085727	1116949	1117628	1120889	1117482	1116750
总户数	户	668939	727384	711452	707520	733968	738777	742946
年平均人口	人	2216015	2237352	2258719	2264578	2272881	2281561	2290087
出生率	‰	9.08	8.83	9.1	9.48	9.88	9.75	10.81
死亡率	‰	5.19	4.37	4.94	5.36	5.48	5.5	5.69
自然增长率	‰	3.89	4.46	4.16	4.12	4.4	4.25	5.12
城镇化率	%	39.26	44.25	47.6	48.9	50.36	51.61	53.11
性别比	%	105	105.8	101.9	102.92	103.2	104.5	105.5
公安户籍人口	人	2224763	2303296	2291747	2287019	2282486	2282686	2294868
男	人	1149030	1186625	1177718	1178739	1176567	1174079	1179241
女	人	1075733	1116671	1114029	1108280	1105919	1108607	1115627
非农业人口	人	655881	684403	672100	667557	658868		
农业人口	人	1568882	1618893	1619647	1619462	1623618		

13-3 “十二五”以来生产总值及各行业增加值

指　　标	计量单位	2005年	2010年	2012年	2013年	2014年	2015年	2016年
地区生产总值(当年价)	万元	3344489	8731076	11267277	12046791	12400597	12510383	13258631
第一产业	万元	328951	696277	901006	990983	1113489	1184690	1235007
第二产业	万元	2013063	5943740	7566884	7854649	7752867	7279038	7489299
第三产业	万元	1002475	2091059	2799387	3201159	3534241	4046655	4534325
农林牧渔业	万元	330981	700043	905722	996642	1119777	1191712	1242918
工业	万元	1867088	5576130	7047759	7269184	7098759	6611592	6761779
#金属制品、机械和设备修理业	万元				1341	6263	6132	6680
建筑业	万元	145975	367610	519125	586806	660371	673578	734200
交通运输、仓储和邮政业	万元	313115	610519	771931	876214	927357	969278	992487
批发和零售业	万元	180627	401330	565542	632518	708235	784646	818229
住宿和餐饮业	万元	63187	121656	155676	172652	205376	223648	250665
金融业	万元	50121	99224	162308	208200	231102	351814	418941
房地产业	万元	53564	102435	156109	185304	167537	190791	220881
其他服务业	万元	339831	752129	983105	1119271	1282083	1513324	1818531
人均地区生产总值	元	15092	39117	50382	53862	55260	55681	58894
地区生产总值增长率	%	14.8	15.1	12.3	9.1	9.0	3.3	7.5
人均地区生产总值增长率	%	14.6	14.7	12.4	9.1	8.6	3.2	7.3

注：本表数据按当年价格计算。

13-4 “十二五”以来财政金融主要指标

单位：万元

指　　标	2005年	2010年	2012年	2013年	2014年	2015年	2016年
一、财　政							
地方财政收入	180765	663984	946600	1085535	1208641	1075504	1184280
公共财政预算收入	166300	497358	686165	817873	924488	929187	1001216
增速（%）	39.5	19.8	19.1	19.2	13.0	1.6	7.8
#各项税收	126285	376808	470449	553872	598978	610233	683884
政府性基金收入	14465	166626	260435	267662	284153	146317	183064
地方财政支出	339269	1129943	1632401	1870445	2005683	1943041	2115752
公共财政预算支出	315670	952553	1371262	1540695	1656362	1732729	1868141
增速（%）	35.5	11.2	15.6	12.4	7.5	4.3	7.8
政府性基金支出	23599	177390	261139	329750	349321	210312	247611
二、金　融							
金融机构各项存款余额	2719164	6258406	8250695	9360311	9422680	10375926	11432271
金融机构各项贷款余额	1767209	3392390	4673501	5481601	5870400	6717644	7011239
#短期贷款	1212555	1680495	2829247	3225025	3192120	3783828	3887151
中长期贷款	512068	1310849	1644590	2021715	2347508	2591236	2835129
城乡居民储蓄存款年底余额	1990380	3928245	4921155	5499153	5860030	6553077	7383996

注：从2011年开始金融机构各项存款余额按新的指标体系统计。

13-5 “十二五”以来农林牧渔业增加值

单位：万元

指　标	2005年	2010年	2012年	2013年	2014年	2015年	2016年
农林牧渔业总产值	**565515**	**1204182**	**1563025**	**1719929**	**1932315**	**2054637**	**2146103**
中间消耗	**234534**	**504139**	**657303**	**723287**	**812538**	**862925**	**903185**
农林牧渔业增加值	**330981**	**700043**	**905722**	**996642**	**1119777**	**1191712**	**1242918**
增速（%）	8.1	4.7	5.0	4.5	4.2	5.0	4.7
按构成项目分							
固定资产折旧	5037	9709	12457				
劳动者报酬	244000	481385	647314				
生产税	5656	8194	15720				
生产补贴(-)		16818	22813				
营业盈余	76288	217573	253044				
按农林牧渔服务业五业分							
农业增加值	251723	562317	722499	776133	881060	946661	989265
林业增加值	15178	16076	19146	24398	25314	31874	27677
牧业增加值	60385	112564	150626	178674	193235	190416	200549
渔业增加值	1665	5320	8735	11778	13880	15739	17516
服务业增加值	2030	3766	4716	5659	6288	7022	7911

13-6 “十二五”以来农林牧渔业总产值

单位：万元

指　　标	2005年	2010年	2012年	2013年	2014年	2015年	2016年
农林牧渔业总产值	**565515**	**1204182**	**1563025**	**1719929**	**1932315**	**2054637**	**2146103**
农业产值	**410064**	**927654**	**1191907**	**1278833**	**1454885**	**1568650**	**1641902**
谷物及其他作物	133743	243418	282881	270511	282218	327186	305822
谷物	59106	98295	114151	114428	116898	133816	112510
薯类	7802	12922	14767	14888	16331	16294	24419
油料	8005	15550	21265	20269	17147	19438	19483
豆类	11458	22754	28453	24606	24192	25514	22039
棉花	2488	6106	3249	3306	2007	2339	3101
烟草	32065	52389	72148	77853	89885	115098	110063
其他农作物	12819	35402	28848	15161	15758	14687	14207
蔬菜园艺作物	93725	199265	265794	322545	377606	439124	500721
#蔬菜	92396	121895	152857	186130	185002	201641	226439
食用菌		73289	105641	129656	184881	230270	267402
花卉	1329	4081	7296	4259	4723	4063	3570
水果、坚果（含果用瓜）	145838	430171	594832	564986	760061	766940	800055
#苹果	110675	306877	416289	419350	491453	568188	591844
中药材	36758	54800	48400	43560	35000	35400	35304
林业产值	**20237**	**21436**	**25530**	**32533**	**33755**	**42502**	**36907**
林木的培育和种植	12190	13014	15468	19184	18186	27884	20838
竹木采运	787	2737	2472	2430	3113	2117	2962
林产品	7260	5685	7590	10919	12456	12501	13107
牧业产值	**129860**	**242073**	**326455**	**383833**	**415114**	**411265**	**431289**
牲畜饲养	42357	114767	147698	186696	197038	188634	164215
猪的饲养	57514	77647	119305	134464	141034	156240	205290
家禽饲养	27054	39821	48127	50013	62847	53766	50485
肉禽	4414	6768	10220	10768	12927	9627	11411
禽蛋	22640	33053	37907	39245	49920	44139	39074
狩猎和捕捉动物	30	350	500	550	605	650	715
其他畜牧业	2905	9488	10825	12110	13590	11975	10584
渔业产值	**2274**	**7269**	**11933**	**16090**	**18961**	**21500**	**23927**
农林牧渔服务业产值	**3080**	**5750**	**7200**	**8640**	**9600**	**10720**	**12078**

注:2010年及以后年份“蔬菜园艺作物”中“蔬菜”产值不包括食用菌产值,其他年份包括。

13-7 “十二五”以来农作物播种面积

单位:千公顷

指　　标	2005年	2010年	2012年	2013年	2014年	2015年	2016年
农作物总播种面积	**244.83**	**244.34**	**251.87**	**251.91**	**233.18**	**245.89**	**243.49**
粮食作物	149.25	162.95	168.10	169.44	158.41	169.18	168.30
夏收粮食	75.51	79.95	80.56	80.82	71.12	79.82	79.47
秋收粮食	73.74	83.00	87.54	88.62	87.29	89.36	88.82
谷物	120.53	131.46	135.44	138.60	128.82	140.08	139.65
#小麦	75.51	79.95	80.56	80.82	71.12	79.82	79.47
玉米	42.19	49.27	52.75	55.80	55.63	59.04	59.00
谷子	2.78	2.23	2.12	1.98	2.06	1.21	1.18
高粱	0.05	0.02	0.01		0.01	0.01	0.01
豆类	22.54	24.78	25.36	23.92	22.77	22.39	22.14
大豆	16.40	18.65	19.65	18.42	17.75	17.45	17.05
绿豆	4.87	4.78	4.58	4.42	3.91	3.87	3.95
红薯	6.18	6.72	7.30	6.92	6.82	6.71	6.51
油料	17.61	16.47	17.25	17.29	13.25	15.17	15.14
#花生	4.38	4.55	5.12	5.18	5.04	4.62	4.50
油菜籽	7.30	7.44	7.97	8.20	4.10	6.49	6.74
棉花	2.95	2.96	1.66	1.57	1.62	1.46	1.45
烟叶	19.20	16.91	17.88	19.60	17.50	17.74	17.73
#烤烟	19.20	16.91	17.88	19.60	17.50	17.74	17.73
药材	14.87	9.31	9.04	5.93	5.51	5.26	5.31
蔬菜	25.42	28.81	30.88	31.57	30.68	31.95	31.10
瓜果类	3.75	3.95	4.35	4.28	4.26	4.01	3.52
#西瓜	2.98	3.27	3.76	3.61	3.78	3.51	3.00
其他农作物	11.78	2.98	2.71	2.23	1.96	1.12	0.94

13-8 “十二五”以来农产品单位面积产量

单位:千克/公顷

指　　标	2005年	2010年	2012年	2013年	2014年	2015年	2016年
粮食	3271	3881	3927	3630	3769	4230	3968
夏收粮食	3178	3947	3971	3415	3894	4634	4170
秋收粮食	3365	3818	3886	3825	3667	3870	3788
谷物	3448	4078	4134	3776	3938	4426	4162
#小麦	3178	3947	3971	3415	3894	4634	4170
玉米	3994	4369	4429	4334	4032	4181	4172
谷子	2489	2364	2985	2767	2898	2774	3060
高粱	2360	1000	1600	750	1200	1000	2000
豆类	1705	2074	2071	1888	1954	2144	2077
大豆	1831	2192	2149	1948	2002	2215	2146
绿豆	1228	1654	1906	1725	1735	1924	1838
红薯	5528	6699	6530	6722	6649	7096	6257
油料	1680	1932	2195	2061	2221	2382	2324
#花生	2295	2544	2866	2879	2719	2845	2843
油菜籽	1359	1720	1799	1574	1979	2173	2078
棉花	608	676	715	745	740	755	972
烟叶	1800	2110	2189	2192	2243	2350	2461
#烤烟	1800	2110	2189	2192	2243	2350	2461
蔬菜	30547	34458	34374	35545	35933	36211	35651
瓜果类	25687	28906	27760	27384	27068	29538	25529
#西瓜	28002	30845	28795	28362	28094	31230	26320

13-9 “十二五”以来主要农产品产量

单位:吨

指　　标	2005年	2010年	2012年	2013年	2014年	2015年	2016年
粮食	488147	632486	660073	615006	597062	715667	667853
夏收粮食	240000	315555	319937	276034	276937	369846	331432
秋收粮食	248147	316931	340136	338972	320125	345821	336421
谷物	415565	536072	559901	523321	507212	620015	581176
#小麦	240000	315555	319937	276034	276937	369846	331432
玉米	168525	215236	233630	241816	224300	246806	246130
谷子	6920	5266	6326	5468	5969	3356	3602
高粱	118	15	8	3	6	7	12
豆类	38422	51388	52538	45160	44485	48010	45978
#大豆	30036	40880	42232	35871	35533	38658	36582
绿豆	5979	7904	8729	7632	6775	7450	7249
红薯	34160	45026	47634	46525	45365	47642	40699
油料	29588	31808	37862	35635	29420	36138	35193
#花生	10054	11585	14686	14904	13694	13154	12796
油菜籽	9919	12794	14342	12911	8105	14098	13999
棉花	1795	2000	1186	1173	1201	1106	1410
烟叶	34562	35663	39126	42965	39251	41687	43641
#烤烟	34562	35663	39126	42965	39251	41687	43641
蔬菜	776509	992763	1061606	1121983	1102278	1156920	1108674
瓜果类	96327	114266	120590	117315	115256	118298	89914
#西瓜	83447	100710	108184	103267	106084	109525	78882

13-10 “十二五”以来水果生产情况

指　　标	计量单位	2005年	2010年	2012年	2013年	2014年	2015年	2016年
水果产量	**吨**	**1110789**	**1750125**	**2013398**	**2080503**	**2164206**	**2282967**	**2360618**
苹　果	吨	922294	1404471	1607730	1664086	1755190	1875207	1893901
梨	吨	13543	24062	29485	30802	31662	36630	47679
葡　萄	吨	10362	21917	31262	35525	38661	39566	65433
枣	吨	23674	63214	70296	70921	38948	40349	38393
柿　子	吨	75672	114163	146528	142378	131375	132443	136963
桃	吨	33459	68009	87373	90871	94927	93312	103221
其他水果	吨	31785	54289	40724	45920	73443	371130	75028
果园面积	**千公顷**	**48.01**	**64.49**	**67.04**	**66.94**	**66.92**	**69.12**	**67.45**
苹果园	千公顷	38.51	50.97	52.86	52.69	52.94	55.10	52.87
梨　园	千公顷	0.71	1.29	1.43	1.45	1.40	1.41	1.39
葡萄园	千公顷	0.58	1.14	1.35	2.04	2.09	2.12	2.42
桃　园	千公顷	2.79	3.10	3.32	3.29	3.27	3.38	3.33
枣　园	千公顷	1.34	2.29	2.34	2.49	2.38	2.48	2.40
柿　园	千公顷	1.05	2.83	3.12	3.07	2.82	3.01	2.86
其他果园	千公顷	3.03	2.87	2.62	1.91	2.03	1.61	2.18

13-11 “十二五”以来主要农作物种植结构

单位:%

指　　标	2005年	2010年	2012年	2013年	2014年	2015年	2016年
农作物总播种面积	100.0	100.0	100.0	100.0	100.0	100.0	100.0
粮食作物	61.0	66.7	66.7	67.3	67.9	68.8	69.1
夏收粮食	30.9	32.7	32.0	32.1	30.5	32.5	32.6
秋收粮食	30.1	34.0	34.8	35.2	37.4	36.3	36.5
谷物	49.3	53.8	53.8	55.0	55.2	57.0	57.4
#小麦	30.9	32.7	32.0	32.1	30.5	32.5	32.6
玉米	17.2	20.2	20.9	22.2	23.8	24.0	24.2
谷子	1.1	0.9	0.8	0.8	0.9	0.5	0.5
高粱							
豆类	9.2	10.1	10.1	9.5	9.8	9.1	9.1
大豆	6.7	7.6	7.8	7.3	7.6	7.1	7.0
绿豆	2.0	2.0	1.8	1.8	1.7	1.6	1.6
红薯	2.5	2.8	2.9	2.7	2.9	2.7	2.7
油料	7.2	6.7	6.8	6.9	5.7	6.2	6.2
#花生	1.8	1.9	2.0	2.1	2.2	1.9	1.8
油菜籽	3.0	3.0	3.2	3.3	1.8	2.6	2.8
棉花	1.2	1.2	0.7	0.6	0.7	0.6	0.6
烟叶	7.8	6.9	7.1	7.8	7.5	7.2	7.3
#烤烟	7.8	6.9	7.1	7.8	7.5	7.2	7.3
药材	6.1	3.8	3.6	2.4	2.4	2.1	2.2
蔬菜	10.4	11.8	12.3	12.5	13.2	13.0	12.8
瓜类	1.5	1.6	1.7	1.7	1.8	1.6	1.4
#西瓜	1.2	1.3	1.5	1.4	1.6	1.4	1.2
其他农作物	4.8	1.2	1.1	0.9	0.8	0.5	0.4

13-12 “十二五”以来全部工业主要指标

指　　标	2005年	2010年	2012年	2013年	2014年	2015年	2016年
全部工业单位数（个）	**17648**	**14363**	**13584**	**13686**	**10943**	**11371**	
规模以上工业	426	694	609	637	625	646	653
规模以下工业	1811	2079	2111	2185	2019	2100	846
城乡个体工业	15411	11590	10864	10864	8299	8631	
工业总产值（万元）	**6040573**	**22437950**	**33221789**	**34116992**	**36553947**		
规模以上工业	4664373	20398477	30960922	32003263	34424777	33861792	36075267
规模以下工业	428100	597042	655652	612982	698862	678008	666993
城乡个体工业	948100	1442431	1605215	1500748	1430305		
工业总产值指数（以上年为100）	**120.4**	**115.1**	**114.8**	**106.9**	**110.5**		
规模以上工业	120.4	116.6	115.7	107.5	111	106.9	104.6
规模以下工业	123.1	104.1	102.2	103.2	104.3		
城乡个体工业	118.9	103.7	102.4	103.8	103		
工业增加值（万元）	**1881723**	**5624404**	**7144967**	**7269183**	**7098759**	**6531592**	**6690870**
规模以上工业	1401623	5069605	6529967	6694183	6519559	6020347	6159972
规模以下工业	144600	162414	301000	293000	192974	176960	184090
城乡个体工业	335500	392385	314000	282000	386226	334285	346807
工业增加值指数（以上年为100）	**118**	**118.5**	**113.4**	**109.5**	**109.6**	**102**	**106.5**
规模以上工业	120.7	121.1	115	110.4	110.7	101.8	107.3
规模以下工业	111.3	103.7	102.2	103.2	104.3	107.1	103.8
城乡个体工业	110.3	102.7	102.4	103.8	103		102
工业增加值率（%）	**31.2**	**25.1**	**21.5**	**21.3**	**19.4**	**18.2**	**17.6**
规模以上工业	30.1	24.9	21.1	20.9	18.9	17.8	17.1
规模以下工业	33.8	27.2	27.2	47.8	27.6	26.1	27.6
城乡个体工业	35.4	27.2	27.2	18.8	27.0		

13-13 “十二五”以来规模以上工业增加值

单位：万元

指　标	2005年	2010年	2012年	2013年	2014年	2015年	2016年
总　计	**1401623**	**5069605**	**6529967**	**6694183**	**6519559**	**6020347**	**6159972**
其中：高技术产业	15187	55924	88536	94581	111527	116262	107156
农村工业	469920	1384884	1790353	1907071	1831936		
国有控股企业	714582	1273247	1584151	1453506	1234829	980103	995460
按轻重工业分							
轻工业	101596	303570	385268	435212	497192	463653	489227
以农产品为原料	90217	250635					
以非农产品为原料	11380	52934					
重工业	1300027	4766035	6144641	6258971	6022366	5556694	5670745
采掘工业	692562	2977595					
原料工业	452051	1162259					
加工工业	155414	626180					
按登记注册类型分							
国有企业	188308	53068	146939	184457	112079	101523	167837
集体企业	383234	1351363	1742127	1848828	1779486	1638497	1743222
股份制企业	668019	2786718	3630566	3662109	3738787	3501319	3434535
外商和港澳台商投资企业	50629	422229	434426	366712	344134	332773	346369
其他	111433	456227	575851	632077	545072	446235	468009
按是否公有制分							
公有制	1113976	2671444	3402583	3377923	3086570	2650544	2758432
非公有制	287647	2398160	3127327	3316260	3432989	3369803	3401539
按企业规模分							
大型企业	393067	883641	1486741	1211979	1054175	963635	835229
中型企业	297517	1539402	1686752	2020522	2021356	2187518	2283269
小微企业	711039	2646562	3345025	3461682	3444027	2869193	3041474

单位：万元

指　　标	2005年	2010年	2012年	2013年	2014年	2015年	2016年
按国民经济行业分							
煤炭开采和洗选业	292965	730527	833415	750513	664462	481435	358545
黑色金属矿采选业	8155	67027	116624	122392	100598	87863	79091
有色金属矿采选业	374721	1988041	2655143	2782012	2632426	2417109	2517088
非金属矿采选业	16719	164789	207242	229675	230204	219615	220549
农副食品加工业	4360	19813	38794	43700	59715	63296	74309
食品制造业	6549	46135	55237	67277	84024	95664	107427
酒、饮料和精制茶制造业	30010	67384	94450	96104	110068	96933	106557
烟草制品业	1541	5275	4195	5998	4670	4241	3970
纺织业	13499	13414	22859	27775	22728	25708	28319
纺织服装、服饰业	12	675	208	154	132	2274	2794
皮革、毛皮、羽毛(绒)及其制品业	765						
木材加工和木、竹、藤、棕、草制品业	9800	53044	81670	102215	105669	110864	106147
家具制造业	1749	17170	20588	24955	26373	20683	20210
造纸和纸制品业	8024	24403	21949	25356	27761	11655	5494
印刷和记录媒介复制业	542	5643	6409	6833	6340	2596	980
文教、工美、体育和娱乐用品制造业				7064	2648	3066	10268
石油加工、炼焦和核燃料加工业	5802	23028	21978	19626	19469	17233	11675
化学原料和化学制品制造业	57492	176859	318158	354172	366521	293103	288741
医药制造业	12801	38415	56362	72140	88620	87498	71667
化学纤维制造业	15302	16170	4468	3147	2048	3671	5085
橡胶和塑料制品业	5555	54307	78635	89673	97851	57351	62077
非金属矿物制品业	80077	324345	453607	503543	564433	562953	550901
黑色金属冶炼和压延加工业	9345	17890	52626	59832	62097	47230	42094
有色金属冶炼和压延加工业	200261	697874	711371	602591	528783	543886	671128
金属制品业	16464	50262	71627	87126	92812	92024	92408
通用设备制造业	21699	72042	62412	68829	74317	82914	68320
专用设备制造业	17258	102669	151710	163426	173507	181048	211916
汽车制造业			59658	69134	71383	78999	79313
铁路、船舶、航空航天和其他运输设备制造业	9419	37691	291	93	154	35	
电气机械和器材制造业	709	10894	11495	17427	16573	22936	29322
计算机、通信和其他电子设备制造业	1093	13044	26664	15004	11053	14687	16609
仪器仪表制造业	1293	4465	5502	7437	10126	12585	15535
废弃资源综合利用业						1151	1156
金属制品、机械和设备修理业						1165	164
工艺品及其他制造业	17	11391	4	1384	3479		
电力、热力生产和供应业	171393	174262	232971	233366	227771	242458	268771
燃气生产和供应业	3550	27211	17351	15705	14473	16579	15733
水的生产和供应业	2680	13449	17923	18509	16267	17841	15611

注：从2012年定报开始，工业统计执行新的国民经济行业标准。

13-14 “十二五”以来规模以上工业主要产品产量

指　　标	计量单位	2005年	2010年	2012年	2013年	2014年	2015年	2016年
原煤	吨	23280973	19683520	17306180	15052196	13193312	11239556	9263801
饮料酒	千升	18839	46177	43872	42275	38475	42314	49648
软饮料	吨	118831	294223	339463	321516	381044	317092	377602
人造板	立方米	151957	802845	1374313	1788549	1814012	1647005	1329935
烧碱（折100%）	吨	36465	63621	52742	59054	19337	40600	43797
精甲醇	吨		317709	336879	393789	506992	562006	668005
农用化学肥总计(折纯)	吨	116669	173583	156949	151077	143792	138639	95912
水泥	吨	1640000	4184241	6655591	6331388	5992841	5708070	5746163
平板玻璃	重量箱	2101947	3572742					
氧化铝	吨	27460	4209172	5207913	5662030	5878616	6007984	6324003
原铝（电解铝）	吨	179155	374473	258892	208295	229154	217819	176907
铝材	吨		79918	118121	116290	146979	171384	168026
金属切削机床	台	138	143	86	54	29	31	31
汽车配件	件		2543978	337494	3589559	3965419	3952601	4189086
发电量	万千瓦小时	1096333	1357695	1296323	1337586	1313704	1313745	1228117

13-15 “十二五”以来规模以上工业企业主要经济指标

指　　标	计量单位	2005年	2010年	2012年	2013年	2014年	2015年	2016年
企业单位数	个	426	694	609	637	637	646	618
#亏损企业	个	25	39	25	39	37	43	46
主营业务收入	万元	4342506	21034392	31537907	32477925	34694594	35074367	31943034
#主营业务成本	万元	3541086	17907461	27504194	28724732	30525995	31372760	28748246
主营业务税金及附加	万元	38350	124597	141931	147955	162590	143631	125485
管理费用	万元	214112	491517	655137	638278	623804	610592	581500
财务费用	万元	83529	235412	388103	436444	480854	486105	509376
#利息支出	万元	80691	213797	400998	510648	535141	525037	559753
利润总额	万元	363655	2023049	2585382	2287298	2646674	2178152	1617846
亏损企业亏损额	万元	32165	72013	62439	288830	110296	408298	523236
利税总额	万元	540335	2554735	3165245	2901983	3315098	2785411	2150885
资产总计	万元	4463523	13586148	20926758	23025597	25386676	27829773	27290162
流动资产合计	万元	1653537	5486366	10228271	10749245	10597128	12551442	11566195
应收帐款	万元	264941	757525	1277384	1497948	2013253	1978681	1908648
存货	万元	394153	1037718	1780580	1653466	1648330	1991080	2111246
#产成品	万元	137131	314211	755364	635056	714968	574907	583149
固定资产合计	万元	2513383	7330083	8688210	9712139	11969081	11772617	11384377
累计折旧	万元	942460	2273169	3388853	4116907	4628158	5067549	5360503
负债总计	万元	3026688	8428270	12214502	13162659	13056787	15329697	15322406
本年应交增值税	万元	132140	407088	437521	466291	505208	460985	404645
所有者权益	万元	1436835	5143197	8649162	9745990	12252346	11847565	11687034
从业人员平均人数	人	162978	205565	213335	218147	238272	229867	213150

13-16 “十二五”以来规模以上工业企业主要能源消费情况

指　　标	计量单位	2005年	2010年	2012年	2013年	2014年	2015年	2016年
原煤	吨		14417902	16632486	18101187	20022005	19951474	19066170
煤制品	吨		6513					
焦炭	吨		89058	78356	50000	44933	42542	38865
发生炉煤气	万立方米		167051	151545	259172	213617	248024	222183
天然气（气态）	万立方米		1	36356	47474	43877	54872	68593
液化天然气（液态）	吨		8	10	8	113	105	200
汽油	吨		47827	53825	51697	53081	52264	51114
煤油	吨		482	694	848	618	534	380
柴油	吨		88378	88261	77859	82142	76682	75931
燃料油	吨		2896	414	255	388	3075	1442
液化石油气	吨		4294	739	185	179	74	166
其他石油制品	吨		1304	545	711	596	377	362
热力	百万千焦		21183774	17870242	21284404	29649934	26652743	24750831
电力	万千瓦时		1380651	1211121	1115928	1121289	1092808	974621
综合能源消费量	吨标准煤		8456533	8702679	8984519	9599002	9821125	9436082

13-17 “十二五”以来交通行业主要指标

指　　标	计量单位	2005年	2010年	2012年	2013年	2014年	2015年	2016年
公路里程总计	公里	7300	9344	9511	9522	9519	9590	10089
#等级公路	公里	5982	6907	7353	7463	7591	7662	8050
高速	公里	167	167	260	260	260	260	312
#等外公路	公里	1318	2437	2158	2058	1928	1928	2039
#有路面公路	公里	7237	6124	6597	6778	6945	6945	7652
#无路面公路	公里	63	3054	2641	2528	2373	2373	2396
#晴雨通车里程	公里	4930	8208	6870	9522	9519	9519	9290
桥梁	座	450	654	775	801	812	813	1280
涵洞	道	3510	7655	6130	6130	6107	6107	6558
遂道	处	14	19	18	21	22	22	90
机动车辆	辆	345364	398582	422887	450436	466188	469139	419630
汽车	辆	107284	154102	177106	203284	219853	231075	246655
载货汽车	辆	17913	28136	27227	30534	31584	30083	29061
载客汽车	辆	40701	98911	137183	162643	179605	193459	213092
其它汽车	辆	48670	27055	12696	10107	8664	7533	4502
摩托车	辆	205632	200281	195596	194629	193557	185151	119532
拖拉机	辆	32166	42051	47245	48618	48927	48989	49194
机动车驾驶员人数	人	306583	379096	432188	458328	495283	533890	585664
汽车驾驶员	人	84085	278575	328003	356832	405629	452282	507697
公路旅客运输量	万人	6001	3790	4841	5234	2840	3230	2335
公路旅客周转量	万人公里	194081	182994	238482	258072	148025	161635	116845
公路货运量	万吨	3742	3225	4541	5100	4424	4463	5014
公路货运周转量	万吨公里	180426	638899	926808	1043100	1407801	1498051	1513854

13-18 “十二五”以来电信行业主要指标

指　　标	计量单位	2005年	2010年	2012年	2013年	2014年	2015年	2016年
电信业务总量	万元	85090	160393	139827	136915	154597	277660	445806
长途电话通话量	万次	11412	3799	3252	3488	8729	9727	7165
本地电话用户	户	480666	344712	292977	247509	223723	135595	162348
城市电话用户	户	316584	242467	204449	183855	162756	98831	121904
乡村电话用户	户	164082	102244	79736	63654	60967	37013	40444
公用电话	部	45824	22028	19422	20266	21679	18795	14696
移动电话	户	514454	1636701	1881552	2044800	2134593	2022327	2050731
国际互联网络用户	户	171433	201353	238746	1161204	1082080	1421192	2569923
电信主要通信能力								
长途电话交换机容量	路端	2086	27716	37348	36798	20140	20140	18340
电话设备总容量	门	677037	453886	535416	472040	378108	378112	347786
移动电话交换机容量	万门	437500	225	250	360	360	250	360
通信水平								
人均长途电话通话量	次	51.40	17	14.40	15.40	38.30	43	31
固定电话普及率	部/百人	21.60	15.40	13.00	10.90	11	5.90	7.07
移动电话普及率	部/百人	23.20	73.30	83.30	90.20	93.60	88.50	89.36
平均每千人拥有公用电话数	部	20.70	9.90	8.60	8.90	9.50	8.20	6.40
已通固定电话的乡(镇)比重	%	100.0	100.0	100.0	100.0	100.0	100.0	100.0

13-19 “十二五”以来邮政行业主要指标

指标	计量单位	2005年	2010年	2012年	2013年	2014年	2015年	2016年
邮政局所服务网络								
邮政局所	处	81	78	79	79	83	84	84
邮政报刊图书销售点	个	90	101	89	92	95	88	82
物流专门营销网点	个	2	697	1057	1502	653		
邮政信箱信筒	个	154	154	139	139	159	166	167
邮路总长度	公里	1229	1422	1317	1359	1338	1765	1678
城市投递线路总长度	公里	3352	1802	2288	1925	2357	1983	2161
邮政汽车	辆	74	81	93	119	178	167	185
邮政业务总量	万元	94936	19017	15206	17487	15456	21947	33997
函件	万件	851	1003	740	1560	1320	180	150
包裹	件	79372	58208	70228	68026	60905	121896	595840
特快专递	件	126584	393256	106241	88880	70389	58125	51930
订销报纸	万份	3209	3259	3634	4031	4251	4239	4187
集邮业务量	万枚	591	205	171	281	178	314	299
邮政水平								
平均每一邮电局所服务面积	平方公里	129.60	134.60	132.90	132.90	126.50	125	125
平均每一邮电局所服务人口	人	27384	28639	28591	28666	27458	27171	27321
平均每人发函件数	件	3.80	4.50	3.30	6.90	5.80	0.79	0.65

13-20 “十二五”以来建筑业企业主要指标

指　　标	计量单位	2005年	2010年	2012年	2013年	2014年	2015年	2016年
企业个数	个	92	126	130	152	148	145	142
年末从业人数	人	18652	50893	45805	51033	43805	38372	37243
固定资产原价合计	万元	129858	299313	326442	364317	388139	418555	430939
固定资产合计	万元	101983	205270	225017	256482	273333	266588	466774
自有施工机械设备总台数	台	9082	16124	13155	13868	25192	13628	23617
自有施工机械设备净值	万元	57691	120740	113855	111631	146047	114467	152386
自有施工机械设备总功率	千瓦	268611	579099	634553	614517	798013	481468	837482
建筑业总产值	万元	262487	824395	1125512	1265620	1347898	1166299	1339847
按建筑业总产值计算的全员劳动生产率	元／人	140623	172655	263691	264813	307704	303945	359758
房屋建筑施工面积	平方米	1508323	3629701	4048361	4088841	3998253	4335327	6060787
房屋建筑竣工面积	平方米	655561	1802184	2007549	1683363	1491625	988373	996766
房屋建筑面积竣工率	%	43.5	49.7	49.6	41.2	37.3	22.8	16.4
技术装备率	元/人	30930	23724	26675	21874	33340	29830	40917
动力装备率	千瓦/人	14.4	11.4	14.9	12.0	18.2	13	22
主营业务收入	万元	300243	1009273	1506449	1705610	1764849	1642961	2006013
主营业务成本	万元	275485	898475	1317504	1474249	1502490	1406565	1784720
主营业务税金及附加	万元	9154	29908	43035	51026	52899	43157	23488
管理费用中的税金	万元	387	1217	2018	1819	1887	1630	1522
本年固定资产折旧	万元	12731	23372	30769	34869	33869	40477	12222
应付职工薪酬	万元	23467	109360	166090	202213	214198	203904	227854
利税总额	万元	12873	71644	108904	138632	144746	120190	152024
利润总额	万元	3332	40519	63252	85149	89576	65020	78765
税金总额	万元	9541	31126	45652	53483	55170	55170	73259
产值利润率	%	1.3	4.9	5.6	6.7	6.6	5.6	5.9
产值利税率	%	4.9	8.7	9.7	11.0	10.7	10.3	11.3

13-21 “十二五”以来全社会固定资产投资

单位：万元

指　　标	2005年	2010年	2012年	2013年	2014年	2015年	2016年
全社会固定资产投资额	**1792441**	**6774902**	**9377349**	**11503267**	**13391049**	**15489718**	**17829693**
比上年增长（%）	**61.6**	**22.4**	**23.3**	**22.7**	**19.0**	**15.7**	**15.1**
按控股情况分							
国有	879672	2058935	3167950	3613195	3688951	3919987	5080591
港澳台商投资	75220	161475	14641	15300	41376	17795	175468
外商投资	128265	14231	44297	52569	13324	60666	212854
集体	87325	993507	700297	961035	1002896	1011129	860433
私营个体	197693	3546754	5450164	6861168	8644502	10480141	11500347
按隶属关系分							
中央	28527	132996	27834	335180	185700	489727	1084257
地方	1763914	6641906	9349515	11168087	13205349	14999991	16646987
按管理渠道分							
城镇固定资产	1549691	5708320	9255442	11380263	13275671	15387698	17731244
#房地产开发	21786	466039	647775	857241	978740	1067155	1146252
农户	61416	106583	121907	123004	115378	102020	98449
按构成分							
建筑工程	886912	3557111	6318837	6634519	7789642	9692551	10024595
安装工程	196936	267137	257064	312449	395342	377486	975420
设备工器具购置	575388	1589546	1936444	3491869	4014121	3939920	4564746
其他	133205	1361108	865004	1064430	1191944	1479761	2264932
按建设性质分							
#新　建	315940	4554055	7053072	8632940	9950284	11841466	13680379
扩　建	583768	1209042	1489038	1590511	1679178	2532294	2873914
改　建	39573	796337	627144	1110202	1374396	1002120	1022534

13-22 “十二五”以来分行业全社会固定资产投资

单位：万元

指　　标	2005年	2010年	2012年	2013年	2014年	2015年	2016年
合　　计	**1792441**	**6774902**	**9377349**	**11503267**	**13391049**	**15489718**	**17829693**
第一产业	53390	352020	618503	790356	1115787	1588588	1189574
第二产业	1318448	3748112	5243180	6475065	7474965	7720421	9902546
采矿业	326287	1357679	1773387	1819447	2061060	2241296	2593584
制造业	589233	2028458	2951984	3979052	5096710	4673400	5627130
电力、燃气及水生产和供应业	401208	361675	510424	676212	316621	805151	1718799
建筑业	1720	300	7385	354	574	574	600
第三产业	420603	2674770	3515666	4237846	4800297	6180709	6737573
交通运输、仓储和邮政业	108859	270356	962075	940302	908319	1238141	773876
信息传输、软件和信息技术服务业	15872	27397	17254	19537	32019	59120	46178
批发和零售业	23708	158105	286278	191235	337716	279848	360342
住宿和餐饮业	8539	84792	93231	24717	65106	53637	83330
金融业	2006						
房地产业	130589	1126062	1202907	1735634	1738167	2235198	1916988
租赁和商务服务业	650	14992	46050	65572	100590	5657	52715
科学研究和技术服务业	3661	19865	2500	12061	17056	36887	29210
水利、环境和公共设施管理业	80843	736591	664010	946488	1297560	1681084	2555331
居民服务、修理和其他服务业	100	8082	14748	15279	26362	54559	117868
教育	16716	67363	56191	55368	62478	37852	140415
卫生和社会工作	7345	66871	34025	19923	138473	307496	347448
文化、体育和娱乐业	5614	76129	90636	193788	64818	69147	158866
公共管理、社会保障和社会组织	16101	18165	45761	17942	11633	122083	31162

13-23 “十二五”以来房地产开发主要指标

指　　标	2005年	2010年	2012年	2013年	2014年	2015年	2016年
投资完成额（万元）	**21786**	**466039**	**647775**	**857241**	**978740**	**1067155**	**1146252**
比上年增长（%）	**50.3**	**75.8**	**20.3**	**32.3**	**14.2**	**9.0**	**7.4**
按工程用途分							
住宅	14324	363180	413164	518250	575692	530432	665392
办公楼	335	7775	18152	27367	103161	70317	84571
商业营业用房	4874	45471	135515	234912	252146	415024	345592
其他	2253	49613	80944	76712	47741	51382	50697
当年资金来源合计（万元）	**22823**	**477705**	**666118**	**1064019**	**1217689**	**1199835**	**1260840**
#国内贷款	4200	41235	105565	103880	108074	68767	84680
自筹资金	12843	327879	418352	564225	682674	769713	792247
#企事业单位自有	4551	282719	232343	352431	287216	353120	363989
其他资金来源	5780	108591	142201	227861	166416	174707	269063
#定金及预付款	4444	70991	105679	137110	99428	110468	155974
土地开发面积（平方米）							
本年购置土地面积	100357	1323789	380599	233077	172648	330074	224407
完成开发土地面积	81333	1008051					
商品房面积（平方米）							
施工面积	369061	4678989	7354180	8604404	8543538	8032766	8935443
#住宅	293289	3618564	5457768	6190926	6013740	5392746	6068138
#新开工面积	192184	2569661	2668355	2834274	2461282	1955671	2673768
#住宅	141178	2007853	1959745	1880823	1626283	1374441	2033020
竣工面积	150153	666039	1025300	1020349	829481	1047884	911648
#住宅	141178	607625	800113	751224	576292	803452	713615
销售面积	160591	847167	994736	1229863	1408870	1585158	2117759
#住宅	154207	799682	952732	1138962	1203636	1196135	1853142
#现房销售面积		246094	227191	361816	551027	735461	705234
#住宅		235459	215632	310689	490898	451280	611595
#期房销售面积		601073	767545	868047	857843	849697	1412525
#住宅		564223	737100	828273	712738	744855	1241547
待售面积	13856	115855	775731	978154	1191658	878184	727889
#住宅	13856	81368	476601	567199	575326	547732	448609
商品房销售额（万元）	**15907**	**186068**	**294688**	**423567**	**507667**	**590590**	**720285**
#住宅	15505	169791	276065	357591	391441	388014	597044
#现房销售额		53119	59283	130798	195271	294526	227806
#住宅		50462	54828	95326	158760	141390	186000
#期房销售额		132949	235405	292769	312396	296064	492479
#住宅		119329	221237	262265	232681	246624	411044

13-24 “十二五”以来贸易、外经、旅游指标

指　　标	计量单位	2005年	2010年	2012年	2013年	2014年	2015年	2016年
社会消费品零售总额	**万元**	**871067**	**2026150**	**2770795**	**3157369**	**3557573**	**3968605**	**4411336**
增长速度	%	14.5	18.0	15.8	14.0	12.7	11.6	11.2
按单位类型分								
批零、住餐企业	万元	282698	988104	1541238	1689396	1973227		
个体批零、住餐单位	万元	565755	1009745	1190855	1423871	1584346		
其他	万元	22614	28301	38702	44102			
按销售单位所在地分								
城镇零售额	万元	445115	1698530	2330474	2652668	2978891	3320598	3679703
#城区零售额	万元	142855	925949	1281794	1464986	1615335	1782184	1983390
乡村零售额	万元	283097	327620	440321	504701	578682	648007	731633
按行业分								
批发和零售业	万元	732567	1746502	2390536	2724793	3112823	3473090	3846328
住宿和餐饮业	万元	115852	251347	341557	388474	444750	495515	565009
其他	万元	22648	28301	38702	44102			
进出口总值	**万美元**	**15327**	**16332**	**23062**	**29218**	**23848**	**43779**	**109229**
增长速度	%	-1.9	24.9	41.2	26.7	-17.4	83.6	149.5
出口总值	万美元	13859	10355	19368	18387	11908	17539	26262
进口总值	万美元	1468	5977	3694	10831	11940	26240	82967
外商和港澳台商直接投资	**万美元**	**7208**	**39849**	**74672**	**86857**	**95679**	**100817**	**106296**
增长速度	%	25.2	51.2	87.4	16.3	10.2	5.4	5.4
旅游接待总人数	**万人次**	**339.60**	**1223.08**	**1757.30**	**2054.00**	**2374.40**	**2687.04**	**3028.00**
海外旅游者人数	万人次	1.79	5.11	7.29	8.58	9.24	9.74	10.28
国内旅游者人数	万人次	337.80	1217.97	1750.00	2045.42	2365.20	2677.30	3018.00
旅游业综合收入	**亿元**	**23.89**	**89.55**	**150.10**	**176.46**	**202.64**	**225.60**	**258.00**
国内旅游收入	亿元	5.64	88.89	148.00	175.00	201.49	224.43	254.00
旅游外汇收入	万美元	227.80	939.51	1419.45	1662.00	1816.10	1957.00	2137.00
海外旅游者	**人次**	**17940**	**51081**	**72896**	**85828**	**92436**	**97350**	**102765**
外国人	人次	8963	11817	17175	20781	20336	21417	23244
港澳同胞	人次	4359	20949	32221	36048	39747		
台湾同胞	人次	4618	18315	23500	28999	32353		
旅游星级饭店	**个**	**24**	**24**	**25**	**25**	**25**	**25**	**17**
房间	个	2200	2283	4166	4236	4286	4080	2721
床位	张	3900	4267	7368	7506	7606	7250	4605

13-25 “十二五”以来限额以上批零贸易企业财务指标

指　　标	计量单位	2005年	2010年	2012年	2013年	2014年	2015年	2016年
企业个数	个	124	201	219	240	281	278	325
年初存货	万元	64336	93284	121481	182910	289782	247541	244252
流动资产合计	万元	198221	259418	509069	640034	557499	650871	654914
固定资产原价合计	万元	85307	122263	148201	168669	145474	229821	233809
资产总计	万元	298925	407522	690178	842662	806768	917092	949584
负债合计	万元	238432	257255	443347	534695	444965	529012	525530
所有者权益合计	万元	60493	150267	246831	307967	361802	388080	424055
#实收资本	万元	30205	86834	125050	108046	148151	161191	178701
主营业务收入	万元	483508	1440323	1980735	2256804	2772907	2865918	2699994
主营业务税金及附加	万元	1553	15166	23980	33625	49339	50814	53907
其他业务利润	万元	5119	4119	7295	6270	2190	3274	1261
销售费用	万元	18645	49188	71756	72812	80079	88469	102402
管理费用	万元	24206	35892	46688	55629	61960	64777	75559
财务费用	万元	3645	5403	8519	9734	13939	13200	15617
营业利润	万元	13177	35464	73459	94571	118099	114617	114780
利润总额	万元	14388	36570	76285	90336	117093	114064	112749
应交所得税	万元	5364	7362	14696	16055	20495	9069	23350
应付职工薪酬	万元	10841	26657	31289	50953	51819	54072	63110
应交增值税	万元	8955	19513	42711	46367	61051	54982	93119

13-26 “十二五”以来限额以上住宿餐饮企业财务指标

指　　标	计量单位	2005年	2010年	2012年	2013年	2014年	2015年	2016年
企业个数	个	29	73	72	71	66	60	62
年初存货	万元	3153	2872	3050	3565	3156	2891	3308
流动资产合计	万元	6878	19713	23874	22429	25782	26024	28607
固定资产原价	万元	16010	48670	44427	54133	52420	54819	69793
资产总计	万元	22335	54935	58679	71078	67656	70465	99121
负债合计	万元	14873	47501	48760	51471	51447	51582	91377
所有者权益	万元	7462	7434	9919	19607	16209	18883	7744
实收资本	万元	11997	17520	16668	26209	23809	29747	28186
主营业务收入	万元	15299	47389	57761	55925	54545	48898	53066
主营业务成本	万元	7172	26508	33159	33862	31680	28755	29275
主营业务税金及附加	万元	756	2264	2796	2695	2644	2313	1684
其他业务利润	万元	146	64	1405	1893	498	186	138
销售费用	万元	4368	10325	11926	9663	10652	9573	11253
管理费用	万元	2788	7942	8677	9926	9559	8721	11186
财务费用	万元	235	826	1279	1208	2335	1569	1501
营业利润	万元	127	-411	1201	278	-2296	-2115	-1972
利润总额	万元	-124	-556	1010	878	-1655	-1959	-2499
应交所得税	万元	15	149	172	65	86	704	151
应付职工薪酬	万元	2564	8049	9642	12176	11208	9555	11459

13-27 “十二五”以来规模以上工业企业科技活动主要指标

指　　标	计量单位	2005年	2010年	2012年	2013年	2014年	2015年	2016年
企业基本情况								
规模以上工业企业	个	431	672	609	637	637	646	618
#有R&D活动的单位数	个		34	29	51	61	68	72
科技活动人员情况								
R&D人员	人	954	4067	4502	6225	5298	6157	6045
R&D人员全时当量	人年	457.5	2159.8	2478	3772.4	2630.7	3298	3577
科技活动经费情况								
R&D经费内部支出	万元	10125.3	46466.1	56157	65633	74606.6	75075.6	82718
#经常费支出	万元	10084	33782.1	40714	51671.1	60318.6	62872.9	61645.7
#劳务费	万元	1037.5	6282.9	14581	11808.8	14888.3	16926.8	15791.1
科技成果情况								
专利申请数	件	6	136	168	232	333	305	194
#发明专利申请数	件	3	46	30	27	74	68	49
有效发明专利数	件	2	43	132	90	100	207	259
科技项目情况								
R&D项目数	项		338	281	421	386	350	377
参加项目人员	人		3894	4252	5690	4838	5820	5623
项目经费内部支出	万元		37557.6	45334	58260.1	67845.7	70216.3	76489.4
科技活动机构情况								
企业办科技机构数	个	13	31	30	46	50	53	52
机构人员合计	人	440	1321	1778	1720	2047	1969	2099
机构经费内部支出	万元	1799.9	12491.6	24679	22504	25046.4	22185	27102
仪器设备	万元	1476.6	7408	16456	20067.1	34552	49318	24835

13-28 “十二五”以来劳动工资主要指标

指 标	计量单位	2005年	2010年	2012年	2013年	2014年	2015年	2016年
全部在岗职工年末人数	人	238032	233803	253671	262083	274456	263971	239537
平均人数	人	230880	230377	251325	258332	270367	263118	238446
工资总额	万元	315121	701412	989895	1109000	1199436	1172807	1108273
平均工资	元	13649	30446	39387	42929	44363	44573	46479
国有单位年末人数	人	121757	119935	125386	101797	101389	100898	96407
平均人数	人	118625	117190	122237	100491	98085	99888	94026
工资总额	万元	160446	355099	451001	465288	470079	507183	532629
平均工资	元	13526	30301	36896	46301	47926	50775	56647
城镇集体单位年末人数	人	17918	10565	10530	21375	22003	21214	19466
平均人数	人	17192	10150	9819	20642	21365	20501	19153
工资总额	万元	20289	28832	33914	72128	79951	80265	78601
平均工资	元	11801	28407	34539	34942	37422	39152	41039
其他单位年末人数	人	98357	103303	117755	138911	151064	141859	123664
平均人数	人	95063	103037	119269	137199	150917	142729	125267
工资总额	万元	134386	317481	504980	571584	649406	585359	497043
平均工资	元	14137	30812	42340	41660	43031	41012	39679

“黄河金三角”四市主要指标

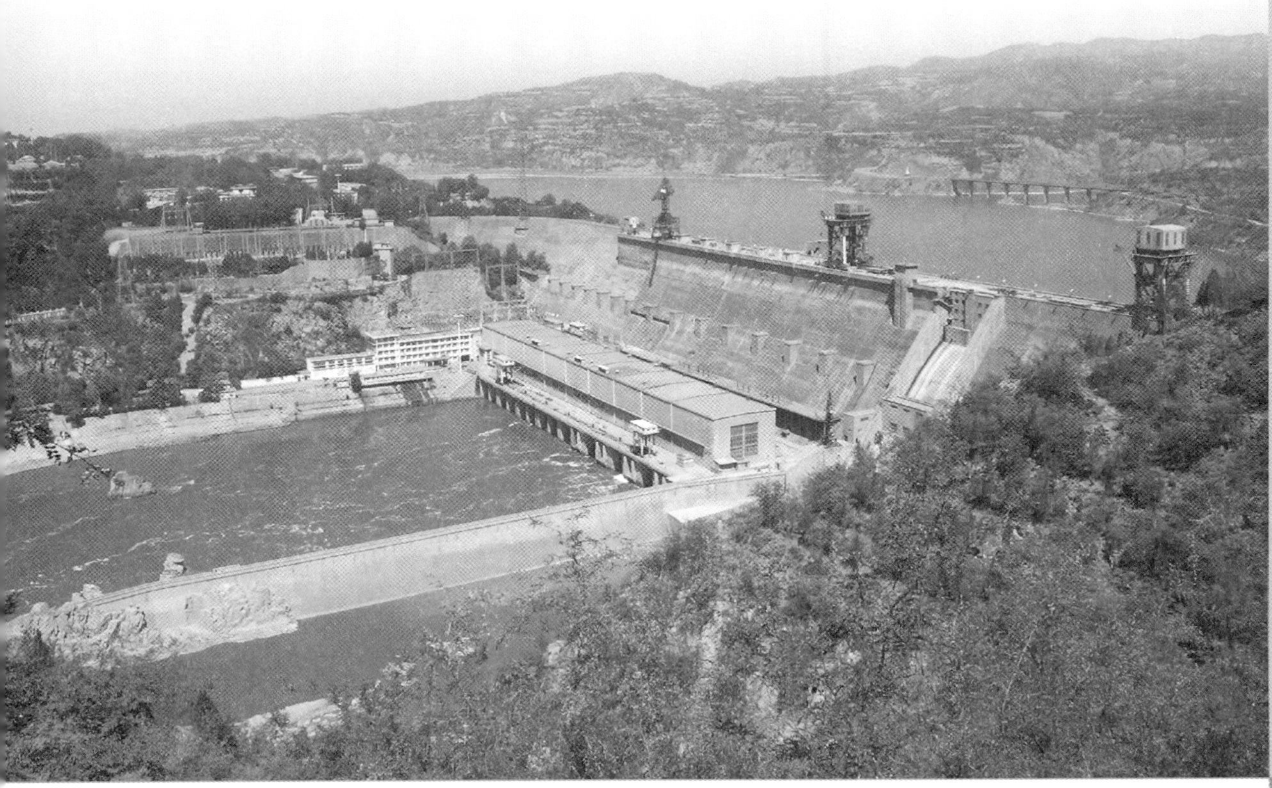

14-1 “黄河金三角”四市人口情况

（2016年）

指　标	计量单位	三门峡市	运城市	渭南市	临汾市
总人口数	人	2294922	5305178	5371600	4458048
男	人	1178172	2709243		2285317
女	人	1116750	2595935		2172731
总户数	户	742946	1709192	1724823	1188813
年平均人口	人	2290087	5290245	5365750	4446850
出生率	‰	10.81	11.24	9.98	10.31
死亡率	‰	5.69	5.59	6.32	5.28
自然增长率	‰	5.12	5.65	3.66	5.03
城镇化率	%	53.11	40.00	44.07	50.00
性别比	%	105.5	104.40	103.40	105.20
公安户籍人口	人	2294868		5570900	
男	人	1179241		2832171	
女	人	1115627		2738729	
非农业人口	人			2185516	
农业人口	人			3385384	

14-2 “黄河金三角”四市生产总值

（2016年）

指　　标	计量单位	三门峡市	运城市	渭南市	临汾市
地区生产总值(当年价)	**万元**	**13258631**	**12222982**	**14886200**	**12051761**
第一产业	万元	1235007	2009917	2248100	959506
第二产业	万元	7489299	4438494	6852000	5611125
第三产业	万元	4534325	5774571	5786100	5481130
农林牧渔业	万元	1242918	2155897	2363300	978191
工业	万元	6761779	3527454	5608200	4870366
#金属制品、机械和设备修理业	万元	6680			
建筑业	万元	734200	935690	1243800	740759
批发和零售业	万元	818229	982815	1095400	750923
交通运输、仓储和邮政业	万元	992487	961264	697700	845261
住宿和餐饮业	万元	250665	160753	412000	254496
金融业	万元	418941	724934	698900	794527
房地产业	万元	220881	460876	553500	590125
其他服务业	万元	1818531	2483929	2328600	2245798
人均地区生产总值	**万元**	**58893**	**23105**	**27743**	**27102**
地区生产总值增长率	**%**	**7.5**	**4.0**	**7.5**	**3.4**
人均地区生产总值增长率	**%**	**7.3**	**3.5**	**7.2**	**2.9**

14-3 “黄河金三角”四市农村经济主要指标

（2016年）

指标	计量单位	三门峡市	运城市	渭南市	临汾市
农村基本情况					
乡(镇)	个	62	136	110	151
村民委员会	个	1343	3196	2168	2962
农业产品生产情况					
粮食总产量	万吨	66.79	321.47	211.53	267.90
棉花总产量	万吨	0.14	1.00	3.22	0.02
油料总产量	万吨	3.52	2.61	7.29	1.08
烟叶总产量	万吨	4.36	0.53		0.22
水果总产量	万吨	236.06	560.20	327.21	83.17
蔬菜总产量	万吨	110.87	257.90	270.19	110.39
畜牧业生产情况					
肉类总产量	万吨	11.31	17.72	21.73	14.10
禽蛋总产量	万吨	5.52	26.35	11.02	12.52
奶类总产量	万吨	4.54	4.98	39.64	4.44
大牲畜年末存栏	万头	24.67	4.80	27.32	7.71
猪年末存栏	万头	74.30	107.69	199.02	85.83
山绵羊存栏	万只	44.03	90.21	105.86	104.42
农林牧渔业总产值	**亿元**	**214.61**	**409.05**	**418.69**	**183.01**
农业产值	亿元	164.19	307.18	298.94	123.17
林业产值	亿元	3.69	6.25	7.16	8.85
牧业产值	亿元	43.13	64.75	87.73	45.72
渔业产值	亿元	2.39	2.87	5.62	1.43
服务业产值	亿元	1.21	28.00	19.24	3.84
农林牧渔业增加值	**亿元**	**124.29**	**215.59**	**236.33**	**97.82**

14-4 “黄河金三角”四市规模以上工业总产值

（2016年，当年价） 单位：万元

指标	三门峡市	运城市	渭南市	临汾市
总计	**36075267**	**13151144**	**21413722**	**12777866**
在总计中：高技术产业	467213			
国有控股企业	8324858	3250443		3373507
按轻重工业分				
轻工业	2233675	2778319	3102387	416204
重工业	33841592	10372826	18311335	12361663
按登记注册类型分				
内资企业	33848362	12906742	21012892	12488587
国有企业	2092481	52429	1037063	182830
集体企业	10118551	37880	10714	134016
有限责任公司	7790898	4779245	16891995	3194868
股份有限公司	1808837	1267523	434174	490794
私营企业	12037595	6769666	2587307	8486079
其他企业			51638	
港、澳、台商投资企业	216898	55664	35168	248166
外商投资企业	2010007	188738	365662	41113
按是否公有制分				
公有制	18534126			
非公有制	17541142			
按企业规模分				
大型企业	7897192	6303966	10790433	5307914
中型企业	12509631	2670339	3943137	3590752
小微企业	15668444	4176841	6680152	3879200

14-4续表　　（2016年，当年价）　　单位：万元

指　　标	三门峡市	运城市	渭南市	临汾市
按国民经济行业分				
煤炭开采和洗选业	997957	418562	2091613	4416665
黑色金属矿采选业	309728	18664	28496	568056
有色金属矿采选业	14549539	10458	2383318	10592
非金属矿采选业	971816		110553	2405
农副食品加工业	386765	1110045	1512896	126537
食品制造业	534531	92568	291024	23682
酒、饮料和精制茶制造业	422081	273219	444662	12522
烟草制品业	5132		51161	
纺织业	133024	307801	75087	7181
纺织服装、服饰业	11324	143393	17897	
木材加工、木、竹、藤、棕、草制品业	480523	148428	53463	
家具制造业	89522	3290	7303	
造纸和纸制品业	24684	42057	108240	
印刷和记录媒介复制业	5989	84737	17321	
文教、工美、体育和娱乐用品制造业	50167	41458		4604
石油加工、炼焦和核燃料加工业	64211	1039349	1961642	1921861
化学原料和化学制品制造业	1518908	1075174	1947501	381308
医药制造业	314624	408405	113840	57911
化学纤维制造业	21141		38734	
橡胶和塑料制品业	287882	114431	234788	31983
非金属矿物制品业	2424611	550197	1123310	108953
黑色金属冶炼和压延加工业	225092	2075049	4731410	3994039
有色金属冶炼和压延加工业	8391499	2849623	737038	235262
金属制品业	471141	99404	195627	16981
通用设备制造业	325136	152881	258889	
专用设备制造业	1051286	145824	398701	88540
汽车制造业	459747	917302	3266	61624
铁路船舶航空航天和其他运输设备制造业		65709	11548	
电气机械和器材制造业	169619	503519	557972	125642
计算机、通信和其他电子设备制造业	76061	75181	97005	
仪器仪表制造业	58407		23901	
其他制造业		21980	72027	30659
废弃资源综合利用业	4479		14423	
金属制品、机械和设备修理业	616	7371		8565
电力、热力生产和供应业	1137638	326207	1637454	462628
燃气生产和供应业	66315	25507	52511	71510
水的生产和供应业	34073	3349	9099	8159

14-5 “黄河金三角”四市规模以上工业效益指标

（2016年）

指　　标	计量单位	三门峡市	运城市	渭南市	临汾市
企业单位数	个	618	454	512	354
#亏损企业	个	46	120	104	125
主营业务收入	万元	31943034	12846611	17735144	12572158
#主营业务成本	万元	28748246	11323623	15147904	11088290
主营业务税金及附加	万元	125485	60939	106484	160995
管理费用	万元	581500	489511	484808	601690
财务费用	万元	509376	346868	346169	514044
#利息支出	万元	559753	313083	344829	461022
利润总额	万元	1617846	385206	590382	-75744
亏损企业亏损额	万元	523236	230816	163436	474709
利税总额	万元	2150885	724130		542388
资产总计	万元	27290162	21612105	23412773	26901281
流动资产合计	万元	11566195	9734108	9437036	10243570
应收帐款	万元	1908648	1996526	1463868	
存货	万元	2111246	2642243	1859067	
#产成品	万元	583149	1141958	830242	
固定资产合计	万元	11384377	8008408	9840388	9500316
累计折旧	万元	5360503	5392937	5223295	5219391
负债总计	万元	15322406	14778095	16812536	21927602
本年应交增值税	万元	404645	273650		417571
所有者权益	万元	11687034	6834006	6539076	4962855
从业人员平均人数	人	213150	157907	137372	154401

14-6 “黄河金三角”四市交通、邮电行业主要指标

（2016年）

指　　标	计量单位	三门峡市	运城市	渭南市	临汾市
公路里程总计	公里	10089	16085		18541
#等级公路	公里	8050	16062		18030
高速	公里	312	598		518
机动车辆	辆	419630	978947	445640	
汽车	辆	246655	659722	418182	512353
#载客汽车	辆	213092	551376	357910	448072
载货汽车	辆	29061	104004	56800	58293
摩托车	辆	119532	176149	19228	9336
公路旅客运输量	万人	2335	2921	9319	
公路旅客周转量	万人公里	116845	144975	286749	
公路货运量	万吨	5014	13432	16249	
公路货运周转量	万吨公里	1513854	3261467	3047182	
邮政业务总量	万元	33997	64000		
邮政局所	处	84		187	197
国内函件	万件	150	120	125	
特快专递	件	51930		279152	643482
电信业务总量	万元	445806	812000		
本地电话用户	户	162348	385000	734732	208052
移动电话	户	2050731	4591000	4847083	4112057
国际互联网络用户	户	2569923			

14-7 “黄河金三角”四市建筑业企业主要指标

（2016年）

指　　标	计量单位	三门峡市	运城市	渭南市	临汾市
企业个数	个	142	200	130	154
直接从事生产经营活动的平均人数	人	37243	60000	73851	28004
固定资产原价合计	万元	430939	291086	250923	224751
固定资产合计	万元	466774	189013	173532	150120
自有施工机械设备总台数	台	23617	14320	36293	11977
自有施工机械设备净值	万元	152386	89989	76324	60867
自有施工机械设备总功率	千瓦	837482	242574	326742	258779
建筑业总产值	万元	1339847	1276528	2768714	732586
按建筑业总产值计算的全员劳动生产率	元 / 人	359758	212755	374905	261601
房屋建筑施工面积	平方米	6060787	7171078	12245130	1736958
房屋建筑竣工面积	平方米	996766	3011772	4846798	794690
房屋建筑面积竣工率	%	16.4	66	39.6	45.8
技术装备率	元/人	40917	15513	10335	21735
动力装备率	千瓦/人	22	4	4	9
主营业务收入	万元	2006013	1158173	2301237	712034
主营业务成本	万元	1784720	1040698	2177340	595437
主营业务税金及附加	万元	23488	29007	42266	14958
管理费用中的税金	万元	1522	2012	2507	1485
本年固定资产折旧	万元	12222	14709	13292	13955
应付职工薪酬	万元	227854	170068	184902	90242
利税总额	万元	152024	57122	94092	40521
利润总额	万元	78765	26102	48417	21435
税金总额	万元	73259	31020	45675	19086
产值利润率	%	5.9	2	1.7	2.9
产值利税率	%	11.3	4.5	3.4	5.5

14-8 “黄河金三角”四市固定资产投资主要指标

（2016年）　　单位：万元

指　　标	三门峡市	运城市	渭南市	临汾市
固定资产投资	**17731244**	**14837212**	**22335584**	**12967194**
按登记注册类型分				
# 国有	5080591	2454560	14657803	4361941
港澳台商投资	175468	50101		15877
外商投资	212854	39443		
集体	860433	3679956		1212670
私营个体	11401898	8613152		7376706
#民间投资	11389250	11877727	7564135	9529931
按管理渠道分				
固定资产投资	17731244			
#房地产开发	1146252			
农户	98449			
按构成分				
建筑工程	9926146	8597932	16729803	9746240
安装工程	975420	1963132		507807
设备工器具购置	4564746	3527639	3103582	1871962
其他	2264932	748509	2502199	841185
按三次产业分				
第一产业	1164857	2452613	2621839	1350745
第二产业	9901946	6059627	4563712	5105528
第三产业	6664441	6324972	15150033	6510921

14-9 “黄河金三角”四市房地产开发主要指标

（2016年）　　单位：万元

指 标	三门峡市	运城市	渭南市	临汾市
投资完成额（万元）	**1067155**	**1163114**	**969542**	**975340**
按工程用途分				
住宅	530432	933309	722885	682008
办公楼	70317	8789	24992	
商业营业用房	415024	205411	204542	
其他	51382	64038	17123	122406
本年资金来源合计（万元）	**1199835**	**1243434**	**1099655**	
#国内贷款	68767	34660	60456	
自筹资金	769713	550628	486850	
#企事业单位自有	353120	14950	84141	
其他资金来源	174707	558913	418373	
#定金及预付款	110468	387741	212042	
土地开发面积（平方米）				
本年购置土地面积	330074	652446		
待开发土地面积	407012	3356418		
商品房面积（平方米）				
施工面积	8032766	16776854	10968191	11695905
#住宅	5392746	12720216	8148094	8247421
#新开工面积	1955671	2338886		
#住宅	1374441	1655897		
竣工面积	1047884	3029519	1632580	1585809
#住宅	803452	2356642	1188346	1132500
销售面积	1585158	2758309	1744756	1580580
#住宅	1196135	2540175	159612	1456968
#现房销售面积	735461	1412843		
#住宅	451280	1244100		
#期房销售面积	849697	1345466		
#住宅	744855	1296075		
待售面积	878184	2316418		
#住宅	547732	1627027		
商品房销售额（万元）	**590590**	**871567**	**549065**	**676195**
#住宅	388014	768207	602066	601437
#现房销售额	294526	435344		
#住宅	141390	360902		
#期房销售额	296064	436223		
#住宅	246624	407305		

14-10 “黄河金三角”四市贸易、外经、旅游主要指标

（2016年）

指标	计量单位	三门峡市	运城市	渭南市	临汾市
社会消费品零售总额	**万元**	**4411336**	**7047230**	**5740098**	**6094418**
增长速度	%	11.2	6.6	14.1	6.5
按销售单位所在地分					
城镇零售额	万元	3679703	5510493	4315680	4851247
#城区零售额	万元	1983390	3074662	2507303	2641304
乡村零售额	万元	731633	1536736	1424418	1243172
按行业分					
批发和零售业	万元	3846328	6198060		5602070
住宿和餐饮业	万元	565009	849169		492349
进出口总值	**万美元**	**109229**	**121304**		**18662**
增长速度	%	149.5	2.5		-38.1
出口总值	万美元	26262	32519		13165
进口总值	万美元	82967	88785		5497
外商和港澳台商直接投资	**万美元**	**106296**			**16616**
增长速度	%	5.4			6.1
旅游接待总人数	**万人次**	**3028.0**	**5324.8**		**4027.8**
海外旅游者人数	万人次	10.28	3.18		3.82
国内旅游者人数	万人次	3018	5321.6		4024
旅游业综合收入	**亿元**	**258**	**434.4**		**375.0**
国内旅游收入	亿元	254	433.8		374.1
旅游外汇收入	万美元	2137	914.1		1588
海外旅游者	**人次**	**102765**	**31832**		**38196**
外国人	人次	23244	8704		13712
港、澳、台同胞	人次	79521	23128		24484
旅游星级饭店	个	17	28		
房间	个	2721			
床位	张	4605			

14-11 “黄河金三角”四市规模以上工业企业主要能源消费量

（2016年）

指　　标	计量单位	三门峡市	运城市	渭南市	临汾市
原煤	吨	19066170	25464000	36218635	81592722
洗精煤	吨		11443000	10431971	23917179
其它洗煤	吨		556000	88512	1198481
煤制品	吨		11000		253
焦炭	吨	38865	2728000	2025953	3720707
发生炉煤气	万立方米	222183	86911		
天然气（气态）	万立方米	68593	14761	9631	3765
液化天然气（液态）	吨	200	84		8
汽油	吨	51114	2620	2529	2607
煤油	吨	380	111	991	561
柴油	吨	75931	18179	20152	30537
燃料油	吨	1442	330	8910	638
液化石油气	吨	166	220	130	7
其他石油制品	吨	362	18419925	63	
热力	百万千焦	24750831	2149587	6904466	179507
电力	万千瓦时	974621	23599	1074864	1069286

14-12 “黄河金三角”四市财政、金融主要指标

（2016年）

指　　标	计量单位	三门峡市	运城市	渭南市	临汾市
一、财　政					
公共财政预算收入	**万元**	**1001216**	**591100**	**656930**	**859858**
#各项税收	万元	683884	389839	414645	502253
公共财政预算支出	**万元**	**1868141**	**2878358**	**3525107**	**3125562**
二、金　融					
金融机构存款余额	**万元**	**11432271**	**18824694**	**20615940**	**21390102**
（一）境内存款	万元	11431703	18823700	20615134	21389403
住户存款	万元	7383996	13898756	14634711	15081363
非金融企业存款	万元	2377481	2308112	3319057	3573182
广义政府存款	万元	1664022	2475210	2610158	2731189
非银行业金融机构存款	万元	6203	141622	51209	3669
（二）境外存款	万元	568	994	806	699
金融机构贷款余额	**万元**	**7011239**	**10092880**	**10353499**	**11841579**
境内贷款	万元	7011221	10092854	10353499	11841579
住户贷款	万元	2285063	3521625	3949498	3229419
短期贷款	万元	1479896	1769840	1487146	1494287
中长期贷款	万元	805166	1751785	2462352	1735132
非金融企业及机关团体贷款	万元	4726158	6571230	6404000	8612160
#短期贷款	万元	2407255	3756692	1415031	4010082
中长期贷款	万元	2029963	2186370	3290721	3055087
境外贷款	万元	18	26		

14-13 “黄河金三角”四市从业人员和劳动工资

（2016年）

指　标	计量单位	三门峡市	运城市	渭南市	临汾市
全社会从业人员	**人**	**1396654**	**2639024**		**2229738**
第一产业	人	633206			888004
占总计	%	45.3			
第二产业	人	299153			492656
占总计	%	21.5			
第三产业	人	464295			849078
占总计	%	33.2			
城镇非私营单位从业人员	**人**	**250679**	**352202**	**450381**	**344706**
在岗职工	人	232192	335385		323917
劳务派遣人员	人	7345			7514
其他从业人员	人	11142	16817		13275
城镇非私营单位从业人员劳动报酬	**万元**	**1142329**	**167259**	**222136**	**1705209**
在岗职工工资总额	万元	1083601			1643788
劳务派遣人员工资总额	万元	24671			29566
其他从业人员劳动报酬	万元	34057			31855
城镇非私营在岗职工平均工资	**元**	**46479**	**49545**	**49376**	**50482**
国有单位	元	56647	53566	52485	53236
城镇集体单位	元	41039	54528	39325	67544
其他单位	元	39679	42126	46124	44969

14-14 “黄河金三角”四市住户调查人均主要指标（全体居民）

（2016年）

项目	单位	三门峡市	运城市	渭南市	临汾市
可支配收入	**元**	**18342.5**	**16001.0**	**16265.0**	**17438.0**
比上年增长	%	7.0	7.2	8.7	
工资性收入	元	10731.0	9342.0	9471.4	
经营净收入	元	4259.4	3078.0	2717.5	
财产净收入	元	970.8	629.0	1048.6	
转移净收入	元	2381.2	2951.0	3027.5	
#养老金或离退休金	元	1453.1		2573.4	
消费支出	**元**	**13391.5**	**9143.0**	**11216.9**	**10038.0**
比上年增长	%	8.5	6.1	6.6	
食品烟酒	元	3268.8	2180.0	3767.4	
衣着	元	1389.5	834.0	957.1	
居住	元	2828.5	2003.0	2092.2	
生活用品及服务	元	1011.9	625.0	732.5	
医疗保健	元	1225.1	740.0	1104.4	
交通和通信	元	1763.7	1401.0	1289.5	
教育文化娱乐	元	1538.0	1149.0	1088.3	
其他用品和服务	元	366.0	210.0	185.6	
现住房总建筑面积	**平方米**	**43.22**		**41.50**	

14-15 “黄河金三角”四市住户调查人均主要指标（城镇居民）

（2016年）

项目	单位	三门峡市	运城市	渭南市	临汾市
可支配收入	**元**	**25254.1**	**25636.0**	**27485.2**	**27085.0**
比上年增长	%	6.0	6.6	7.9	6.2
工资性收入	元	18160.2	16502.0	18374.8	17449.0
经营净收入	元	1837.4	2315.0	1275.7	4529.0
财产净收入	元	1850.6	1051.0	2487.8	1361.0
转移净收入	元	3405.8	5768.0	5346.9	3746.0
#养老金或离退休金	元	2717.5		5659.0	
消费支出	**元**	**18555.5**	**11405.0**	**16769.9**	**13388.0**
比上年增长	%	9.5	1.6	3.0	7.1
食品烟酒	元	4558.0	2694.0	5610.6	3176
衣着	元	2218.8	1221.0	1704.4	1481
居住	元	3882.9	2510.0	2841.2	2668
生活用品及服务	元	1378.2	802.0	1140.8	966
医疗保健	元	1481.7	770.0	1557.1	1161
交通和通信	元	2463.5	1539.0	2086.0	1731
教育文化娱乐服务	元	2047.2	1590.0	1501.1	1863
其他用品和服务	元	525.3	278.0	328.8	343
现住房总建筑面积	**平方米**	**44.28**		**38.30**	

14-16 “黄河金三角”四市住户调查人均主要指标（农村居民）

（2016年）

项目	单位	三门峡市	运城市	渭南市	临汾市
可支配收入	**元**	**11982.1**	**9365.0**	**9415.4**	**1005.0**
比上年增长	%	8.1	7.4	8.2	
工资性收入	元	3894.3	4355.0	4036.2	4690.0
经营净收入	元	6488.3	3652.0	3597.7	3882.0
财产净收入	元	161.1	384.0	170.0	103.0
转移净收入	元	1438.4	974.0	1611.5	1331.0
#养老金或离退休金	元	289.5		689.7	
消费支出	**元**	**8639.5**	**7513.0**	**7826.5**	**7664.0**
比上年增长	%	8.7	9.9	9.0	
食品烟酒	元	2082.5	1868.0	2642.0	2077
衣着	元	626.4	555.0	500.8	695
居住	元	1858.2	1638.0	1634.8	1566
生活用品及服务	元	674.7	498.0	483.2	466
医疗保健	元	989.0	717.0	828.1	783
交通和通信	元	1119.8	1242.0	803.2	1086
教育文化娱乐服务	元	1069.4	834.0	836.2	862
其他用品和服务	元	219.4	161.0	98.2	130
现住房总建筑面积	**平方米**	**42.24**		**42.50**	

14-17 “黄河金三角”四市物价变动情况

（2016年，以上年为100）

指　　标	三门峡市	运城市	渭南市	临汾市
居民消费价格总指数	**101.3**	**101.3**	**101.1**	**100.5**
食品烟酒	102.7	102.4	102.5	101.9
食品	103.4	101.8	103.2	101.9
粮食	100.1	99.6	100.5	98.2
豆类	99.2	99.5	100.3	99.2
食用油	99.6	98.8	99.5	95.2
菜	110.0	104.2	109.0	107.0
畜肉类	110.0	108.9	110.4	108.5
禽肉类	100.7	102.8	101.4	97.1
水产品	100.7	98.8	98.8	103.4
蛋类	98.8	90.9	94.5	93.6
奶类	99.8	103.4	99.4	100.2
干鲜瓜果类	98.4	94.1	98.5	97.1
糖果糕点类	100.0	103.8	100.2	101.0
调味品	106.0	101.8	101.2	101.4
其他食品类	99.4	102.9	100.0	101.4
茶及饮料	99.4	100.8	99.8	99.0
烟酒	102.7	102.7	101.1	98.7
在外餐饮	100.8	106.8	101.5	103.2
衣着	99.4	100.4	100.3	99.9
居住	100.6	99.4	100.1	99.9
生活用品及服务	100.1	103.5	99.6	100.8
交通通信	100.0	99.5	100.0	99.1
教育文化和娱乐	100.8	102.4	101.4	100.2
医疗保健	102.7	102.0	101.1	100.6
商品零售价格总指数	**100.8**	**100.7**	**100.5**	
农业生产资料价格指数	**98.4**	**101.7**	**101.7**	

各乡（镇）主要经济指标

资料整理：张红霞

资料审核：严前程

15-1 各乡(镇)主要经济指标(一)

(2016年)

乡、镇	年末果园面积(公顷)	年末乡村人口(万人)	粮食总产量(吨)	夏粮	秋粮	人均粮食产量(公斤)
湖滨区						
交口乡	478	2.11	5292	2544	2751	254
磁钟乡	411	0.93	4327	1834	2493	476
高庙乡	116	1.21	7142	3925	3217	589
陕州区						
大营镇	986	1.91	4170	2490	1680	218
原店镇	102	0.43	209	71	138	49
西张村镇	2834	5.51	10120	5034	5086	184
观音堂镇	24	2.27	13877	6926	6951	611
张汴乡	1449	1.21	9009	1722	7287	746
张湾乡	1122	2.65	7223	1643	5580	273
菜园乡	2078	3.70	14078	7324	6754	381
张茅乡	213	1.94	9932	4072	5860	511
王家后乡	56	1.77	4697	2583	2114	265
硖石乡	19	1.12	4071	2540	1531	364
西李村乡	26	2.30	16897	7659	9238	745
宫前乡	116	1.31	13868	8055	5813	1058
店子乡	3	0.40	2220	1225	995	553
渑池县						
城关镇	128	2.34	7728	4770	2958	330
英豪镇	933	3.03	21581	14765	6816	711
张村镇	317	1.71	11165	4620	6545	653

15-1表（一）续表1　　　　（2016年）

乡、镇	年　末 果园面积 （公顷）	年　末 乡村人口 （万人）	粮　食 总产量 （吨）	夏　粮	秋　粮	人　均 粮食产量 （公斤）
洪阳镇	392	2.15	11015	6115	4900	512
天池镇	415	4.16	26538	11972	14566	638
仰韶镇	710	3.50	18943	11486	7457	541
仁村乡	804	1.86	11913	6120	5793	640
果园乡	1144	3.96	27241	14330	12911	687
陈村乡	1021	2.98	19771	9951	9820	664
坡头乡	100	1.54	9919	5222	4697	644
段村乡	970	0.83	8664	4144	4520	991
南村乡	180	0.56	5070	2500	2570	899
灵宝市						
城关镇	90	0.86	1892	986	906	216
尹庄镇	1507	4.50	9701	5503	4198	216
朱阳镇	3373	4.43	23674	9788	13886	541
阳平镇	6460	7.33	27574	18556	9018	376
故县镇	2681	4.04	19203	8581	10622	473
豫灵镇	2135	5.78	23108	11880	11228	401
大王镇	2170	4.45	22582	10176	12406	510
阳店镇	4796	5.85	19161	9378	9783	328
函谷关镇	1548	2.50	8448	3248	5200	338
焦村镇	6010	5.25	12331	5114	7217	235
川口乡	1642	3.04	11942	5065	6877	399
寺河乡	2812	0.70	1932	340	1592	276

15-1表（一）续表2　　　　（2016年）

乡、镇	年末果园面积（公顷）	年末乡村人口（万人）	粮食总产量（吨）	夏粮	秋粮	人均粮食产量（公斤）
苏村乡	5658	2.67	12820	5656	7164	467
五亩乡	3395	3.56	10881	6560	4321	305
西闫乡	3978	5.45	15626	7830	7796	293
卢氏县						
城关镇	9	0.81	241	97	144	30
杜关镇	7	1.72	8211	3216	4995	478
五里川镇	42	1.86	5093	1972	3121	273
官道口镇	139	2.03	12925	6885	6040	636
朱阳关镇	15	1.71	3865	1000	2865	226
官坡镇	7	2.60	6202	3750	2452	239
范里镇	26	3.44	14738	9766	4972	428
东明镇	184	2.79	9741	4852	4889	349
双龙湾镇	34	1.33	3687	1904	1783	277
文峪乡	432	2.86	8992	4400	4592	314
横涧乡		3.06	9529	4690	4839	311
双槐树乡	5	1.24	2862	1256	1606	231
汤河乡		1.02	3748	1418	2330	367
瓦窑沟乡	9	1.32	2806	1328	1478	213
狮子坪乡	4	1.04	4659	1374	3285	447
沙河乡	1	1.36	7776	4524	3252	570
徐家湾乡		0.92	4786	1608	3178	520
潘河乡		1.27	6318	2653	3665	498
木桐乡		0.78	3573	1242	2331	458

15-1 各乡(镇)主要经济指标(二)

(2016年)

乡、镇	棉　花 总产量 (吨)	油　料 总产量 (吨)	烟　叶 总产量 (吨)	大牲畜 存　栏 (万头)	生　猪 存　栏 (万头)	山绵羊 存　栏 (万只)
湖滨区						
交口乡	1	159		0.06	1.53	0.12
磁钟乡	20	126		0.10	0.95	0.24
高庙乡	9	614		0.06	0.89	0.49
陕州区						
大营镇	29	96		0.10	0.56	0.39
原店镇	1	24				
西张村镇			177	0.23	3.46	1.00
观音堂镇		409	2918	0.20	1.52	0.39
张汴乡	10	131	50		0.36	0.19
张湾乡	7	391		0.10	0.77	0.48
菜园乡		31	888	0.30	0.52	0.57
张茅乡	1	115	392	0.71	0.46	0.72
王家后乡		36		0.10	0.18	0.60
硖石乡		298			0.26	0.29
西李村乡	37	1080	885	1.26	5.74	1.38
宫前乡		609	753	0.57	0.16	0.97
店子乡		108	188	0.57	0.11	0.75
渑池县						
城关镇	8	565		0.10	0.70	0.22
英豪镇	9	2474	336	0.62	3.30	0.70
张村镇	17	1323	201	0.95	1.63	0.76

15-1表（二）续表1　　（2016年）

乡、镇	棉　花 总产量 （吨）	油　料 总产量 （吨）	烟　叶 总产量 （吨）	大牲畜 存　栏 （万头）	生　猪 存　栏 （万头）	山绵羊 存　栏 （万只）
洪阳镇	15	869	290	0.88	3.40	1.50
天池镇	24	2756	3107	0.82	2.66	2.20
仰韶镇	13	1756	652	0.31	3.72	1.10
仁村乡		467	182	0.72	1.05	1.04
果园乡	23	2830	1360	0.14	1.65	0.89
陈村乡	20	2123	370	2.12	2.63	2.03
坡头乡		1798	725	0.08	0.48	0.50
段村乡		1794	261	0.38	1.21	2.34
南村乡		1792	225	0.40	0.52	1.80
灵宝市						
城关镇				0.03	0.23	0.09
尹庄镇	101	149		0.21	2.17	0.93
朱阳镇		24	5126	2.03	1.21	1.98
阳平镇	94	1057	41	1.07	2.86	1.14
故县镇	90	716	257	0.23	3.62	0.41
豫灵镇	110	997		0.57	1.00	0.87
大王镇	80	1001		0.23	1.30	0.98
阳店镇	77	211		0.14	2.16	0.39
函谷关镇	18	230		0.16	1.55	0.71
焦村镇	77	2045		0.05	2.67	0.90
川口乡	46	229	198	0.20	0.86	0.67
寺河乡				0.67	0.27	0.30

15-1表（二）续表2　　　　　　　　　　（2016年）

乡、镇	棉　花 总产量 （吨）	油　料 总产量 （吨）	烟　叶 总产量 （吨）	大牲畜 存　栏 （万头）	生　猪 存　栏 （万头）	山绵羊 存　栏 （万只）
苏村乡	30		1834	1.28	0.81	1.85
五亩乡	26	194	2565	1.19	0.67	1.94
西闫乡	345	1515		0.13	1.02	1.26
卢氏县						
城关镇				0.02	0.08	0.05
杜关镇		7	2899	0.85	0.30	0.59
五里川镇			123	0.21	0.25	0.20
官道口镇		91	2352	0.73	1.48	0.11
朱阳关镇			25	0.02	0.09	0.10
官坡镇			1481	0.16	0.19	0.13
范里镇		306	2163	0.51	0.16	0.57
东明镇		138	2192	0.11	0.12	0.23
双龙湾镇		110	277	0.15	0.20	0.22
文峪乡		70	689	0.09	0.08	0.14
横涧乡			2214	0.47	0.26	0.64
双槐树乡			371	0.01	0.13	0.07
汤河乡			40	0.17	0.23	0.21
瓦窑沟乡		69	64	0.04	0.13	0.05
狮子坪乡			319	0.02	0.18	0.04
沙河乡			2698	0.28	0.20	0.18
徐家湾乡		2	188	0.06	0.10	0.13
潘河乡		88	769	0.16	0.14	0.30
木桐乡			717	0.44	0.12	0.31

15-1 各乡(镇)主要经济指标(三)

（2016年）

乡、镇	肉　类 总产量 （吨）	水　果 总产量 （吨）	公共财政 预算收入 （万元）	农林牧渔 业总产值 （万元）	人均农林牧 渔业总产值 （元）	人均财政 收　　入 （元）
湖滨区						
交口乡	1788	15076	4002	29997	14418	1922
磁钟乡	1376	14812	2981	30510	32962	3221
高庙乡	1053	5882	2511	12068	9954	2071
陕州区						
大营镇	638	31271	9638	19883	10690	5037
原店镇	33	2267	8118	6252	14648	19021
西张村镇	4250	135173	3021	66742	12116	548
观音堂镇	2341	663	8574	22923	10089	3774
张汴乡	424	98200	2411	34508	28585	1997
张湾乡	1007	78922	2996	44622	16856	1132
菜园乡	2460	129860	2823	70418	19044	764
张茅乡	567	1754	3767	9737	5014	1940
王家后乡	1091	1298	18268	9273	5225	10294
硖石乡	906	643	3606	6079	5436	3225
西李村乡	5525	795	2734	31748	13825	1191
宫前乡	998	861	2906	22273	16994	2217
店子乡	791	20	1619	5759	14347	4033
渑池县						
城关镇	977	2138	19179	8194	3502	8196
英豪镇	4843	11825	7857	47996	15822	2590
张村镇	2789	7975	14065	25163	14712	8223

15-1表（三）续表1　　（2016年）

乡、镇	肉　类总产量（吨）	水　果总产量（吨）	公共财政预算收入（万元）	农林牧渔业总产值（万元）	人均农林牧渔业总产值（元）	人均财政收　入（元）
洪阳镇	4514	8182	7028	21853	10156	3266
天池镇	5346	4436	10517	53168	12788	2529
仰韶镇	6506	26229	16864	54016	15431	4818
仁村乡	1446	14399	10950	12978	6974	5884
果园乡	3258	16993	17036	28715	7242	4297
陈村乡	3766	16175	17862	35923	12065	5999
坡头乡	1030	2541	8859	30075	19524	5751
段村乡	2633	61114	1320	28713	12859	1511
南村乡	1918	10131	1320	13552	14028	2340
灵宝市						
城关镇	202	5020	14148	15165	17331	16169
尹庄镇	3831	61520	14697	41073	9143	3271
朱阳镇	2020	98000	9842	91862	21005	2250
阳平镇	4263	157216	8037	106101	14471	1096
故县镇	3726	93996	8185	56760	13970	2015
豫灵镇	1316	99521	14120	59193	10272	2450
大王镇	1712	78459	627	136933	30916	142
阳店镇	1700	130560	309	68272	11676	53
函谷关镇	2408	89240	805	38856	15526	322
焦村镇	4050	151804	692	106720	20319	132
川口乡	1279	59074	6464	41669	13938	2162
寺河乡	10	111390	781	27625	39538	1118

15-1表（三）续表2　　（2016年）

乡、镇	肉　类 总产量 （吨）	水　果 总产量 （吨）	公共财政 预算收入 （万元）	农林牧渔 业总产值 （万元）	人均农林牧 渔业总产值 （元）	人均财政 收　　入 （元）
苏村乡	1957	160882	1614	48362	17608	588
五亩乡	1241	129100	2959	47323	13273	830
西闫乡	1172	126836	589	62761	11773	111
卢氏县						
城关镇	146	462	9853	2502	3093	12179
杜关镇	904	13036	1466	20963	12191	853
五里川镇	423	11379	1400	23647	12693	751
官道口镇	2083	4918	2450	21318	10487	1205
朱阳关镇	218	307	657	18063	10544	384
官坡镇	335	2209	917	22531	8672	353
范里镇	439	11276	1833	30684	8917	533
东明镇	709	6305	5602	23338	8373	2010
双龙湾镇	460	1213	1291	14343	10777	970
文峪乡	504	6483	1382	21014	7349	483
横涧乡	644	2223	1286	21102	6889	420
双槐树乡	191	2339	1039	17080	13763	837
汤河乡	521	2823	460	18185	17813	451
瓦窑沟乡	241	1415	526	20553	15614	400
狮子坪乡	408	1531	422	23588	22633	405
沙河乡	341	4626	1453	20982	15380	1065
徐家湾乡	381	885	315	15537	16877	342
潘河乡	670	1775	2424	17284	13621	1910
木桐乡	393	130	1577	14701	18833	2020

全省及各省辖市
主要经济指标

16-1 全省及各省辖市主要经济指标

（2016年）

市	生产总值（亿元）	第一产业	第二产业	#工业	第三产业	人均生产总值（元）
全　　省	**40471.79**	**4286.21**	**19275.82**	**17042.72**	**16909.76**	**42575**
郑 州 市	**8113.97**	**156.35**	**3796.93**	3331.60	4160.68	84113
开 封 市	1755.10	287.72	712.93	645.08	754.45	38619
洛 阳 市	3820.11	234.00	1791.32	1541.51	1794.80	56410
平顶山市	1825.14	176.75	895.05	811.65	753.34	36708
安 阳 市	2029.85	212.44	971.02	836.37	846.39	39603
鹤 壁 市	771.79	61.99	503.25	460.45	206.55	47940
新 乡 市	2166.97	222.89	1074.01	926.25	870.07	37805
焦 作 市	2095.08	133.95	1241.89	1160.55	719.24	59183
濮 阳 市	1449.56	161.87	793.85	759.86	493.84	40059
许 昌 市	2377.71	162.48	1398.54	1299.11	816.69	54522
漯 河 市	1081.93	113.87	674.62	632.21	293.43	41138
三门峡市	**1325.86**	**123.50**	**748.93**	**676.18**	**453.43**	**58894**
南 阳 市	3114.97	515.50	1364.35	1174.51	1235.12	31010
商 丘 市	1989.15	386.26	823.83	699.24	779.06	27332
信 阳 市	2037.80	446.05	805.87	660.15	785.87	31733
周 口 市	2263.86	457.63	1040.23	918.10	766.00	25682
驻马店市	1972.99	412.86	773.94	667.70	786.19	28305
济 源 市	538.91	23.27	350.12	326.36	165.52	73722
三门峡为全省%	**3.3**	**2.9**	**3.9**	**4.0**	**2.7**	**138.3**
三门峡居全省位次	**第15位**	**第15位**	**第14位**	**第12位**	**第15位**	**第4位**

16-1续表1 （2016年） （上年=100）

市	生产总值指数（%）	第一产业	第二产业	#工业	第三产业	人均生产总值指数（%）
全　　省	**108.1**	**104.2**	**107.3**	**107.2**	**110.3**	**107.6**
郑 州 市	108.5	103.0	105.8	105.6	111.4	106.5
开 封 市	108.5	104.3	107.9	108.1	111.0	108.6
洛 阳 市	108.6	104.4	107.1	107.7	110.9	107.6
平顶山市	107.7	104.2	106.4	106.3	110.4	107.5
安 阳 市	108.0	103.4	106.8	106.9	110.9	107.6
鹤 壁 市	107.9	104.0	108.4	108.3	107.9	107.4
新 乡 市	108.3	104.2	108.0	108.3	109.8	107.9
焦 作 市	108.3	104.2	107.8	107.6	110.1	107.9
濮 阳 市	108.7	104.4	108.5	108.9	110.5	108.3
许 昌 市	108.9	103.6	108.2	108.3	111.3	108.0
漯 河 市	108.1	103.8	108.2	108.4	109.5	107.4
三门峡市	**107.5**	**104.6**	**106.8**	**106.5**	**109.5**	**107.3**
南 阳 市	108.4	104.4	108.3	108.0	110.5	108.0
商 丘 市	108.7	104.4	108.7	108.5	111.0	108.5
信 阳 市	108.3	104.2	108.2	108.1	111.2	108.0
周 口 市	108.5	104.3	109.1	109.1	110.6	108.4
驻马店市	108.5	104.3	108.1	107.7	111.4	108.1
济 源 市	108.0	104.1	107.9	107.7	108.8	107.3
三门峡为全省%	**99.4**	**100.4**	**99.5**	**99.3**	**99.3**	**99.7**
三门峡居全省位次	**第18位**	**第1位**	**第15位**	**第16位**	**第15位**	**第16位**

16-1续表2 （2016年）

市	平均工资	在岗职工	劳务派遣	其他从业人员	# 国有单位	# 集体单位
全　　省	**49505**	**50028**	**43885**	**37439**	**56609**	**45608**
郑 州 市	60373	61149	47972	39599	71940	50502
开 封 市	48379	48807	52950	38865	57200	49555
洛 阳 市	50076	51295	39793	30561	54211	51468
平顶山市	46182	46759	39078	29372	51839	49275
安 阳 市	45125	45734	42410	36657	51063	37484
鹤 壁 市	41739	42148	31591	32965	50496	46433
新 乡 市	43872	44237	43488	38186	52205	40913
焦 作 市	45773	46103	38685	32861	52470	40288
濮 阳 市	45647	46227	40902	36005	49507	38707
许 昌 市	48104	48235	48275	42295	50123	54555
漯 河 市	45616	45838	36124	35536	53162	44102
三门峡市	**45821**	**46479**	**32786**	**31366**	**55795**	**40799**
南 阳 市	47209	47468	40267	40640	55423	44633
商 丘 市	47326	47508	41986	42681	50062	53443
信 阳 市	44968	45413	48222	37313	49734	45450
周 口 市	46243	46355	46916	40192	55185	43146
驻马店市	44425	44657	37884	40418	49747	42724
济 源 市	48175	48963	40813	38405	57597	34900
三门峡为全省%	**92.6**	**92.9**	**74.7**	**83.8**	**98.6**	**89.5**
三门峡居全省位次	**第10位**	**第9位**	**第17位**	**第16位**	**第4位**	**第14位**

注：本表中的平均工资为从业人员平均工资；在岗职工（平均工资）包含了劳务派遣人员工资，故与第2部分有关表格数据不一致。

16-1续表3

（2016年）

市	粮食产量（万吨）	油料产量（万吨）	棉花产量（万吨）	肉类产量（万吨）	奶类产量（万吨）	禽蛋产量（万吨）
全　　省	**5946.60**	**619.09**	**10.10**	**697.00**	**336.60**	**422.50**
郑 州 市	161.04	14.72	0.22	25.45	32.65	20.13
开 封 市	283.93	48.59	1.79	40.77	31.24	29.80
洛 阳 市	231.44	12.75	0.52	25.36	30.70	16.22
平顶山市	206.80	13.94	0.19	38.51	22.06	16.92
安 阳 市	364.05	27.08	0.78	26.99	5.42	20.89
鹤 壁 市	119.57	2.96	0.06	18.51	5.86	11.10
新 乡 市	418.88	34.63	0.47	37.38	31.02	28.83
焦 作 市	204.76	12.61	0.06	18.73	18.51	11.21
濮 阳 市	262.41	14.47	0.30	26.83	8.22	30.22
许 昌 市	284.17	6.22	0.11	35.47	4.60	17.46
漯 河 市	176.92	3.51	0.38	29.21	7.07	13.02
三门峡市	**66.79**	**3.52**	**0.14**	**11.31**	**4.54**	**5.52**
南 阳 市	638.39	145.87	1.44	73.79	33.56	36.72
商 丘 市	672.32	35.05	1.99	51.98	24.31	30.40
信 阳 市	576.73	67.91	0.16	62.18	0.13	29.92
周 口 市	805.79	48.17	1.29	74.42	13.66	33.53
驻马店市	745.61	129.55	0.16	82.69	4.58	35.84
济 源 市	22.36	0.27	0.05	5.23	3.81	2.29
三门峡为全省%	**1.1**	**0.6**	**1.4**	**1.6**	**1.3**	**1.3**
三门峡居全省位次	**第17位**	**第15位**	**第14位**	**第17位**	**第16位**	**第17位**

16-1续表4 （2016年）

市	#固定资产投资	#房地产开发	社会消费品零售总额（亿元）	外商直接投资实际使用额（万美元）
全　　省	**39753.93**	**6179.13**	**17618.35**	**1699312**
郑 州 市	6998.64	2778.95	3665.83	403305
开 封 市	1526.63	211.80	840.99	62338
洛 阳 市	4082.68	372.51	1807.38	268798
平顶山市	1732.73	148.41	771.71	43221
安 阳 市	2074.87	279.80	755.79	50076
鹤 壁 市	809.06	76.20	205.89	81394
新 乡 市	2006.86	365.86	862.40	102289
焦 作 市	2198.01	112.60	698.92	82733
濮 阳 市	1523.28	124.13	529.96	63301
许 昌 市	2263.79	174.61	794.29	71951
漯 河 市	1060.42	60.82	491.55	90032
三门峡市	**1773.12**	**114.63**	**441.13**	**106296**
南 阳 市	3395.49	184.43	1756.43	60228
商 丘 市	1991.16	301.15	918.53	36249
信 阳 市	2217.70	358.48	981.47	52415
周 口 市	1862.15	219.22	1094.09	52197
驻马店市	1692.71	278.46	849.11	38879
济 源 市	544.60	17.08	152.89	33610
三门峡为全省%	**4.5**	**1.9**	**2.5**	**6.3**
三门峡居全省位次	**第11位**	**第14位**	**第16位**	**第3位**

16-1续表5　　　　　　　　　　　　（2016年）

市	公共财政预算收入（亿元）	公共财政预算支出（亿元）	城镇居民人均可支配收入（元）	农村居民人均可支配收入（元）
全　　省	**3153.48**	**7453.74**	**27233**	**11697**
郑 州 市	1011.18	1321.53	33214	18426
开 封 市	113.21	295.57	24596	11166
洛 阳 市	302.66	516.91	30752	11457
平顶山市	124.46	275.68	27102	11244
安 阳 市	117.45	291.73	28168	12624
鹤 壁 市	55.61	115.80	26184	14022
新 乡 市	148.06	325.71	26893	12679
焦 作 市	124.18	217.82	26876	14851
濮 阳 市	72.16	221.62	26482	10622
许 昌 市	131.89	265.06	27016	14357
漯 河 市	75.99	176.91	26618	12938
三门峡市	**100.12**	**186.81**	**25254**	**11982**
南 阳 市	167.07	548.78	26898	11701
商 丘 市	117.43	422.43	25217	9605
信 阳 市	94.65	403.00	23959	10651
周 口 市	103.86	475.52	22471	9279
驻马店市	105.39	414.02	24158	9935
济 源 市	36.50	56.56	28231	15540
三门峡为全省%	**3.2**	**2.5**	**92.7**	**102.4**
三门峡居全省位次	**第13位**	**第15位**	**第13位**	**第9位**

附录 统计工作大事记

三门峡统计年鉴

资料整理：卫　丹

资料审核：马梅生

2016年三门峡市统计大事记

1月

3日，三门峡市统计局组织干部职工收看“德耀中原”第五届河南省道德模范颁奖仪式。

4日，三门峡市统计局印发《关于表彰2015年度市直先进工业企业统计调查单位暨先进个人的通报》（三统字〔2016〕3号），对三门峡黄河明珠（集团）有限公司等3个工业企业、任继红等9位同志进行通报表彰。

5日，三门峡市统计局召开“三严三实”专题民主生活会，局领导班子全体成员参加会议。市纪委监察局派驻第七纪检监察组副组长靳葆青、市委组织部办公室副主任王秀珍到会指导。

6日，三门峡市统计局召开市直工业企业统计年报会议。各有关企业综合统计、工业统计、能源统计、科技统计、劳动工资统计及电子商务统计人员参加了会议。

▲ 三门峡市农业普查网站完成改版并正式开通。

7日，三门峡市统计局召开2015年全市“五区”统计年报工作会议。各县（市、区）统计局主管领导和负责“五区”统计的专业人员参加了会议。

8日，三门峡市妇女联合会印发《关于表彰2015年度三门峡市妇女儿童工作先进集体（个人）的决定》（三妇文〔2016〕2号），三门峡市统计局被评为三门峡市妇女工作先进集体，受到表彰。

14日，三门峡市统计局举行行政执法证颁证暨持证上岗宣誓仪式，全体行政执法人员参加了活动。

15日，三门峡市统计局召开财务决算编制培训会议，各县（市、区）统计局财会人员参加了会议。

16日，三门峡市统计局组织干部职工参加“全民健身行，幸福三门峡”徒步健身活动。

16—27日，三门峡市统计局抽调1名副县级干部、5名科级干部参加全市党政目标年终考核检查工作。

20日，三门峡市统计局举办全市地方流通消费价格调查程序培训班，各县（市、区）统计局消费价格调查业务人员参加了会议。

22日，全市党政目标年终考核检查组一行13人，对市统计局2015年度目标完成情况进行考核。

▲ 三门峡市统计局举办网络安全暨网络杀毒软件技术培训班，局机关全体干部参加了培训。

26日，三门峡市统计局党组书记、局长张庆云做客三门峡广播电台“政风行风热线”节目，就市统计局2015年大型调查工作开展情况、“三严三实”专题教育、统计数据质量管理等有关情况回答了记者的提问。

29日，三门峡市统计局召开全体职工大会，开展2015年度干部年度考核测评。

▲ 三门峡市统计局组织干部职工收看2016全国寻找“最美家庭”活动启动仪式。

▲ 河南省统计局印发《关于2015年度全省统计工作考核结果的通报》（豫统文〔2016〕10号），三门峡市统计局的财会工作、统计法治工作、新闻宣传工作、统计网站信息工作、地方统计年鉴编辑工作、国民经济核算工作、农业统计工作、能源资源环境和气候统计工作、服务业统计调查工作、统计监测评价考核工作、信息化建设工作等被评为优秀单位，办公室工作、政务信息工作、统计设计管

理工作、工业统计工作、建设领域统计工作、贸易外经统计工作、人口和就业统计工作、社会科技和文化产业统计工作、普查中心工作、信息安全工作、统计教育培训工作等被评为良好单位。

▲ 三门峡大事月报编委会印发《关于表彰2015年度〈三门峡大事月报〉撰稿工作先进单位与先进个人的决定》（三史月报编〔2016〕1号），市统计局被评为先进单位，卫丹同志被评为先进个人。

▲ 三门峡年鉴编纂委员会印发《关于表彰〈三门峡年鉴（2015）〉先进供稿单位和先进供稿员的决定》（三鉴编〔2016〕2号），市统计局被评为先进供稿单位，揣园同志被评为先进供稿员。

30日，三门峡市统计局组织干部职工到分包路段和楼院开展“洁城行动”，打扫路面卫生并宣传三门峡市禁放烟花爆竹通告。

31日，三门峡市统计局党组书记、局长张庆云带领班子成员深入卢氏县东明镇高庄村，开展“送温暖献爱心”活动，向困难党员和群众送去了20条棉被、20套棉衣和米、油等生活用品及3000元慰问金。

2月

4日，三门峡市统计局组织全体干部职工开展“迎猴年、送春联”主题活动。

6日，河南省地方经济社会调查队印发《关于2015年度全省地方统计调查工作考核结果的通报》（豫地调文〔2016〕3号），三门峡地调队被评为政务信息工作、消费价格调查工作优秀单位，统计调查服务工作、统计调查信息工作、统计调查分析报告工作、专题、课题研究工作、非公有制人才资源统计调查工作、城市社会经济基本情况年报工作良好单位；三门峡市农调队被评为农产量调查工作、县（市）社会经济基本情况年报工作、乡（镇）社会经济基本情况年报工作良好单位。

14日，三门峡市统计局印发《关于2015年度各县(市、区)统计局责任目标完成情况的通报》(三统字〔2016〕6号)，对所辖各县(市、区）统计局总体目标完成情况及各专业目标完成情况进行通报。

15日，三门峡市统计局印发《关于2015年度优秀统计分析报告评选结果的通报》（三统字〔2016〕7号），评选出市统计局优秀分析报告一等奖1篇，二等奖2篇，三等奖3篇；各县（市、区）统计局一等奖1篇，二等奖1篇，三等奖2篇。

16日，三门峡市统计局召开全体职工大会，传达贯彻省政府第五次全体（扩大）会议、市长安伟讲话和省统计局局长胡五岳讲话精神，安排部署一季度重点工作。

18日，中共河南省委、河南省人民政府印发《关于命名2015年度省级文明单位（标兵）和限期整改、撤销、恢复部分省级文明单位称号的决定》（豫文〔2016〕64号），三门峡市统计局被命名为2015年度省级文明单位。

22日，三门峡市统计局召开全体职工大会，专题传达谢伏瞻省长和李克常务副省长对统计工作的重要批示，深入学习了省统计局局长胡五岳在全省统计工作暨党风廉政建设工作会议上的工作报告和谢东星纪检组长的党风廉政建设工作报告。

▲ 三门峡市统计局组织全体干部职工开展第二届“迎元宵、猜灯谜”活动。

23日，中共三门峡市委办公室印发《关于表彰2015年度全市党委系统督促检查工作优秀（先进）单位和先进个人的决定》（三办文〔2016〕2号），市统计局被评为先进单位，卫丹同志被评为先进个人，受到表彰。

24日，中共三门峡市委、三门峡市人民政府印发《关于表彰2015年度平安建设工作先进单位和先进个人的决定》（三文〔2016〕15号），市统计局被评为先进单位，受到表彰。

27日，三门峡市统计局组织干部职工到分包路段和楼院打扫卫生，深入开展“洁城行动”。

29日，三门峡市统计局召开全市劳动工资年报数据质量审核会议，各县（市、区）统计局劳动工资统计业务骨干参加了会议。

3月

1日，三门峡市统计局组织市县两级统计部门领导班子成员以及各科（股）室负责人收听收看河南省统计局落实国家统计局整改工作安排视频会议，并对全市“数据造假、以数谋私”专项治理工作进行了安排部署。

▲ 三门峡市统计局召开道德讲堂建设座谈会，探讨改进道德讲堂的思路和方法。

▲ 中共三门峡市委办公室印发《关于表彰2015年度全市党委系统信息工作先进单位和先进个人的决定》（三办文〔2016〕4号），市统计局被评为先进单位，三门峡地调队李坤同志被评为先进个人，受到表彰。

2日，三门峡市机构编制委员会办公室印发《关于表彰2015年度市直机构编制工作先进单位和政府权责清单制度建设先进单位的决定》（三编办〔2016〕10号），市统计局被评为全市机构编制工作先进单位，受到表彰。

▲ 三门峡市统计局组织干部职工参加“中国好人榜”3月候选人投票活动。

3日，三门峡市统计局印发《关于开展“数据造假、以数谋私”专项治理工作的通知》（三统字〔2016〕9号），安排部署全市的专项治理工作。

4日，三门峡市统计局举办“我运动、我健康、我快乐”主题庆“三八”职工健步走活动。

▲ 三门峡市统计局组织开展“美丽牡丹园•雷锋在身边”环保志愿服务活动。

7日，三门峡市统计局印发《关于表彰2015年度县（市、区）统计局目标管理先进单位和先进专业的决定》（三统字〔2016〕10号），对渑池县统计局等3个先进单位、灵宝市统计局工业专业等28个先进专业进行表彰。

▲ 三门峡市全面推进依法行政工作领导小组办公室、三门峡市人民政府法制办公室印发《关于表彰全市政府法制工作先进单位的决定》（三政法〔2016〕5号），市统计局被评为先进单位，受到表彰。

▲ 三门峡市人民政府法制办公室印发《关于表彰2015年信息宣传工作先进单位先进个人的决定》（三政法〔2016〕6号），市统计局被评为先进单位，陈建民同志被评为先进个人，受到表彰。

▲ 三门峡市统计局组织干部职工参加五行健康养生讲座。

7-9日，河南省统计局“数据造假、以数谋私”专项治理检查组莅临三门峡市检查指导工作。

9日，中共三门峡市委市直机关工作委员会印发《关于表彰2015年度创先争优先进党组织、“我为三门峡发展作贡献”主题实践活动先进党组织、党建目标积分管理先进党组织、党员目标积分管理先进党组织的决定》（三直文〔2016〕2号），市统计局党支部被评为党建目标积分管理先进党组织，受到表彰。

▲ 中共三门峡市委市直机关工作委员会印发《关于表彰2015年度机关党建创新研讨优秀成果的通报》（三直文〔2016〕3号），市统计局党支部报送的《关于实行党员目标积分管理中规范化运作程序的研究探讨》荣获一等奖，《加强机关党的思想理论建设问题研究》荣获三等奖，受到表彰。

11日，三门峡市统计局组织全体党员和副科级以上干部参加全市党规党纪知识考试。

14日，三门峡市统计局召开2016年全市统计暨党风廉政建设工作会议，传达贯彻全国、全省统计暨党风廉政建设工作会议精神，总结2015年工作，分析统计工作面临的新形势、新任务、新要求，部署2016年全市主要统计工作任务和党风廉政建设工作。市统计局党组书记、局长张庆云作了题为《顺应形势主动作为、围绕中心善抓落实，全力助推全市经济社会转型发展》的工作报告。

15-16日，三门峡市统计局“数据造假、以数谋私”专项治理督查组对各县（市、区）专项治理工作开展情况进行了督导检查。

17-24日，三门峡市统计局开展全市重点工业行业生产经营情况专题调研。

21日，经三门峡市直机关工委推荐，陕州区直工委到市统计局学习交流党员目标积分管理工作。

25日，三门峡市统计局组织干部职工参加《孝行天下》专题讲座。

26日，三门峡市统计局组织干部职工到分包路段和楼院打扫卫生，深入开展“洁城行动”。

30日，中共三门峡市委办公室印发《关于表彰2015年度全市党内规范性文件处理备案工作先进单位和先进个人的决定》（三办文〔2016〕5号），市统计局办公室被评为党内规范性文件处理工作先进单位，李明静同志被评为先进个人，受到表彰。

31日，三门峡市统计局组织干部职工收听收看全省统计系统精神文明建设工作视频会议。

4月

1日，三门峡市统计局举办“缅怀先烈，感恩生活”主题道德讲堂。

5日，三门峡市人民政府办公室印发《关于2015年度环境保护责任目标任务完成情况的通报》（三政办〔2016〕9号），市统计局被评为目标完成先进单位，受到表彰。

5-27日，三门峡市统计局在全局范围内开展寻找“最美家庭”活动。

11日，三门峡市统计局召开2016年精神文明建设专题会，部署2016年全局精神文明建设主要任务。

12日，三门峡市统计局组织全体干部职工召开脱贫攻坚动员会，安排部署全局脱贫攻坚工作。

13日，中共三门峡市委政策研究室印发《关于表彰2015年度全市政研工作先进单位先进个人和优秀调研报告的决定》（三政研〔2016〕6号），市统计局被评为先进单位，何永健同志被评为先进个人，市统计局课题组报送的《三门峡市小康社会建设进程统计监测报告》荣获优秀调研报告二等奖，受到表彰。

▲ 三门峡市统计局组织干部职工参加“中国好人榜”4月候选人投票活动。

14日，三门峡市统计局印发《2016年全市统计法治工作要点》（三统字〔2016〕19号），明确2016年全市统计法治工作主要任务。

▲ 三门峡市统计局印发《关于开展统计基层调查表清理工作的通知》（三统字〔2016〕20号），在全市政府统计系统开展统计调查项目清理工作。

20日，三门峡市统计局开展2016年国务院政府工作报告解读在线专题学习及答题活动。

▲ 三门峡市统计局印发《关于开展住户调查和消费价格调查基层基础工作检查的通知》（三统字〔2016〕21号），在全市范围内开展住户调查和消费价格调查基层基础工作检查。

▲ 三门峡市统计局印发《2016年第二季度工作要点》（三统文〔2016〕2号），明确全局二季度重点工作任务。

23 日，三门峡市统计局组织干部职工到分包路段和楼院打扫卫生，深入开展“洁城行动”。

26-28 日，三门峡市统计局组织人员对各县（市、区）统计局 2015 年度统计业务规范化工作进行考核验收。各县（市、区）统计局的综合、核算、工业、能源、投资、贸易、社会、法制、普查、财务、农调、地调、信息化等 13 个专业接受了考核。

28 日，三门峡市统计局组织干部职工收听收看全国统计系统“三新”专项统计工作动员部署视频会。

▲ 三门峡市统计局组织干部职工收听收看河南省统计局 2016 年第一期“中原统计讲堂”。

▲ 中共三门峡市委印发《关于刘佰洋等 14 名同志职务任免的通知》（三文〔2016〕41 号），权振国同志任三门峡市统计局局长、党组书记。

29 日，三门峡市统计局召开“两学一做”学习教育动员会，对全局开展“两学一做”学习教育进行动员部署。

5 月

3 日，三门峡市统计局组织干部职工参加“中国好人榜”5 月候选人投票活动。

4 日，三门峡市统计局召开全市粮食产量抽样调查业务培训会议。市统计局党组成员、三门峡地调队队长胡永智到会讲话。

▲ 三门峡市统计局组织干部职工观看河南省直机关青年风采展演《让青春在决胜小康中闪光》。

9 日，三门峡市统计局组织本局志愿者开展城区非法小广告清理活动，集中整治城市“牛皮癣”。

11 日，三门峡市统计局党组成员、三门峡地调队队长胡永智等到渑池县调研夏粮生产情况。

12 日，三门峡市统计局印发《关于成立定点扶贫工作领导小组的通知》（三统字〔2016〕29 号），明确定点扶贫、精准扶贫工作责任。

▲ 三门峡市统计局组织干部职工参加全国第八个“防灾减灾”宣传日活动。

▲ 三门峡市妇女联合会印发《关于表彰三门峡市第三届“最美家庭”的决定》（三妇文〔2016〕10 号），市统计局赵葡萄家庭荣获“最美家庭”，李玉同志、薛玉坤同志荣获“最美家庭之星”，市统计局荣获寻找“最美家庭”活动优秀组织奖，受到表彰。

13 日，三门峡市统计局召开全市基本单位统计工作会议。各县（市、区）统计局名录库专业相关人员参加会议。

▲ 三门峡市统计局组织干部职工参加“脊柱与健康”职工大课堂。

15 日，三门峡市统计局党组书记、局长权振国应邀到市委组织部举办的“三门峡市脱贫攻坚专题培训班”做《贫困标准与统计监测》专题讲座。

18 日，三门峡市统计局党员干部 20 人到卢氏县东明镇高庄村开展“一对一”结对帮扶活动。

▲ 三门峡市统计局组织干部职工观看廉政戏剧《九品巡检—暴式昭》。

19 日，三门峡市统计局组织干部职工参加省统计局以视频会议形式举办的第二期“中原统计讲堂”。

▲ 三门峡市统计局召开首次经济运行分析例会。局领导班子成员和各科室负责人参加会议。

20 日，三门峡市农普办组织召开全市第三次全国农业普查工作会议。市农普办主任、市统计局党组成员、三门峡地调队队长胡永智到会并讲话。

23 日，中共三门峡市委办公室印发《中共三门峡市委、三门峡市人民政府关于表彰 2015 年度全市人口和计划生育工作先进单位的决定》（三文〔2016〕50 号），市统计局被评为先进单位，受到表彰。

24日，三门峡市统计局召开全市综合统计工作暨上半年经济形势分析会议。市统计局副局长李玉到会讲话。

▲ 三门峡市统计局组织干部职工开展洁城活动，集中清理分包路段非法小广告。

▲ 三门峡市统计局组织干部职工开展文明上岗执勤活动。

25日，三门峡市统计局召开全市国民经济核算暨GDP核算方案培训会议。各县（市、区）统计局核算专业人员参加了会议。

26日，三门峡市统计局举办“文明旅游，快乐出行”主题道德讲堂。

▲ 三门峡市统计局组织开展2016年“好书大家荐”活动。

31日，三门峡市统计局组织干部职工21人到卢氏县东明镇高庄村慰问贫困群众，扎实开展“一对一”结对帮扶活动。

5月31日—6月1日，全省贸易外经统计数据质量抽查组在省统计局贸易外经统计处副处长赵清贤带领下到三门峡市检查工作，期间对渑池县6家贸易餐饮企业进行了数据质量检查。

6月

1日，三门峡市统计局党组书记、局长权振国陪同北京考察组专家到卢氏县东明镇高庄村进行“精准扶贫”投资考察。

2日，三门峡市统计局召开全市统计信息化和信息安全工作会议。市统计局副局长李玉出席会议并讲话。

▲ 三门峡市统计局组织干部职工参加“中国好人榜”6月候选人投票活动。

8日，三门峡市统计局召开全市“四众”平台企业统计调查工作会议。市统计局副局长李玉出席会议并讲话。

▲ 三门峡市统计局召开全市产业集聚区、服务业“两区”“三新”统计工作会议。各县（市、区）统计局“五区”统计专业人员参加了会议。

▲ 三门峡市统计局印发《关于对三门峡市计划生育药具管理站等六家单位统计违法行为的通报》（三统字〔2016〕33号），对三门峡市计划生育药具管理站等六家统计违法单位进行通报批评。

▲ 三门峡市统计局组织干部职工收看全省“三新”专项统计工作视频会议。

12日，三门峡市统计局在全局范围内开展“不忘初心，重温入党志愿”征文活动。

13日，三门峡市统计局召开全市统计局长座谈会，传达贯彻全省统计系统主要负责人会议精神。各县（市、区）统计局局长、市统计局各科室负责人参加了会议。

▲ 三门峡市统计局召开全市国民经济核算暨GDP核算方案培训会议。各县（市、区）统计局核算专业业务骨干参加会议。

14日，三门峡市统计局组织志愿者开展了以“绿色发展 低碳创新”为主题的低碳日活动。

15日，三门峡市统计局召开全市非公有制人才统计工作布置及培训会议。各县（市、区）统计局非公有制人才统计专业人员参加了会议。

▲ 三门峡市统计局召开全市贸易统计规范化工作会议。各县（市、区）统计局贸易统计专业人员参加了会议。

16日，三门峡市统计局印发《关于加快推进基层调查单位统计业务规范工作的通知》（三统字〔2016〕35号），对全市“四上”企业和500万元以上在建项目建设单位统计业务规范化工作进行再部署。

17日，三门峡市统计局组织干部职工收看2016

年第三期“中原统计讲堂--道德课堂”。

21日，三门峡市统计局召开服务业规范化工作会议。各县（市、区）统计局服务业统计专业人员参加了会议。

22日，三门峡市统计局组织干部职工收看2016年第四期“中原统计讲堂”。

23日，三门峡市统计局召开全市城市基本情况统计年报会议。

▲ 三门峡市统计局召开GDP年报数据联审及培训工作会议。各县（市、区）统计局核算专业业务骨干参加了会议。

24日，三门峡市统计局召开全市“四区”单位申报入区程序培训会议。市统计局副调研员王新民出席会议并讲话。

▲ 三门峡市统计局印发《关于开展农村统计调查基层基础工作和数据质量检查的通知》（三统字〔2016〕37号），在全市范围内开展农村统计调查基层基础工作和数据质量检查。

▲ 三门峡市统计局举办“文明有礼”有奖知识竞赛。

27日，三门峡市统计局党组书记、局长权振国以“做‘四讲四有’合格党员 促统计事业科学发展”为题，为全局党员干部上“两学一做”学习教育主题党课。

▲ 三门峡市统计局召开支部党员大会，组织开展“不忘初心，重温入党志愿”主题活动。

28日，中共三门峡市委市直机关工作委员会印发《关于表彰市直机关2015年度先进基层党组织、优秀共产党员、优秀党务工作者、优秀党支部书记的决定》（三直文〔2016〕38号），市统计局何永健同志被评为优秀共产党员，受到表彰。

29日，三门峡市统计局在全市统计系统开展主要统计信息系统和重点网站安全检查工作。

▲ 中共三门峡市委办公室印发《关于表彰全市优秀共产党员、优秀党务工作者、先进基层党组织和优秀村党支部书记、优秀乡镇党委书记的决定》（三文〔2016〕80号），市统计局赵葡萄同志被评为优秀党务工作者，受到表彰。

▲ 三门峡市统计局组织干部职工收看河南省庆祝中国共产党成立95周年大会。

30日，三门峡市统计局召开全市建设领域统计基层基础规范化工作会议。各县（市、区）统计局投资统计专业人员参加了会议。

7月

1日，三门峡市统计局组织干部职工收看中共中央庆祝中国共产党成立95周年大会电视直播。

▲ 三门峡市统计局党支部组织开展庆祝中国共产党成立95周年系列活动。

5日，三门峡市统计局组织干部职工参加“中国好人榜”7月候选人投票活动。

15日，全省普查中心业务规范化建设现场会在三门峡市召开，现场观摩三门峡市名录库管理专业业务规范化建设开展情况。省统计局普查中心主任顾俊龙、市统计局局长权振国等出席会议。

▲ 三门峡市统计局联合市发改委、市接待办、市信访局举办“清风满家”主题道德讲堂。

▲ 三门峡市统计局召开《河南省行政执法条例》学习培训会。市统计局党组成员、副局长赵葡萄主持会议，全体职工参加会议。

18日，三门峡市统计局召开上半年经济形势分析会。市统计局党组书记、局长权振国主持会议，各科室负责同志、部分业务骨干参加会议。

19日，三门峡市统计局召开“两学一做”学习教育第一次专题讨论会。

▲ 三门峡市统计局召开2016年上半年GDP数据联审会。

20日，三门峡市统计局副调研员王新民带领局扶贫工作小组人员深入结对帮扶村卢氏县东明镇高庄村开展扶贫工作。

26日，三门峡市统计局召开全市统计法治工作会议暨服务型行政执法建设观摩交流会议。市统计局党组成员、副局长赵葡萄出席会议并讲话。

▲ 三门峡市直工委副书记王成新、组织部长侯玲玲等一行5人，在市统计局党组书记、局长权振国陪同下，到市统计局困难党员、总统计师张建立家进行慰问。

29日，三门峡市统计局举行50年以上党龄老党员纪念奖章颁授仪式。市统计局党组书记、局长权振国向老党员李凤琴同志颁授中原先锋“七一”纪念奖章。

▲ 三门峡市统计局举办“诚实守信”主题道德讲堂。

30日，三门峡市统计局组织干部职工到分包路段和楼院打扫卫生，深入开展“洁城行动”。

8月

2日，全省上半年贸易统计数据联审会议在三门峡市召开，联审了上半年全省贸易主要统计指标数据，安排部署下半年全省贸易统计重点工作。省统计局副局长赵德友、市人民政府副市长李庆红、市统计局局长权振国等出席会议。

5日，三门峡市第三次全国农业普查领导小组办公室印发《三门峡市第三次全国农业普查数据处理环境指导意见》（三农普办字〔2016〕1号），对数据处理环境提出具体要求。

6日，三门峡市统计局党组书记、局长权振国到帮扶村卢氏县东明镇高庄村进行调研，指导驻村帮扶工作。

8日，三门峡市统计局组织干部职工参加“中国好人榜”8月候选人投票活动。

▲ 三门峡市统计局组织干部职工参加由市文明办和三门峡市扶人协会联合举办的“学父母规、育成功子、筑幸福家”主题道德讲堂。

15日，三门峡市统计局召开全市统计用区划代码和城乡划分联审会议。

15-24日，三门峡市统计局对全市限额以上贸易企业统计基础工作与数据质量进行抽查指导。

17日，三门峡市统计局党组书记、局长权振国到陕州区张汴乡西王村进行农村精神文明建设结对帮扶调研。

▲ 三门峡市统计局召开经济运行分析例会。市统计局党组书记、局长权振国主持会议，各科室负责同志参加会议。

18日，中共三门峡市委保密委员会办公室、三门峡市国家保密局保密工作督导组对市统计局保密自查自评等四项工作进行了督导检查。

22日，三门峡市召开第三次农业普查综合试点现场会，并进行了为期三天的农业普查业务知识培训。

23日，三门峡市统计局召开县（市、区）、服务业“两区”年度考核评价指标体系培训会议。

25日，漯河市统计局局长张言华等到三门峡市统计局交流统计基础规范化工作。

25-26日，三门峡市圆满完成第三次农业普查试点入户登记工作。

27日，三门峡市统计局组织干部职工到分包路段和楼院打扫卫生，深入开展“洁城行动”。

31日，全省服务业统计工作规范化经验交流暨现场观摩会在三门峡市召开，交流了服务业统计工作规范化经验，现场观摩了市、县（区）、乡（镇）政府统计部门及服务业企业统计工作规范化开展情况。市统计局局长权振国到会并致辞。

9月

4 日，三门峡市统计局召开以“严守党规党纪、做忠诚干净担当合格党员”为主题的党风党纪专题民主生活会。市统计局领导班子成员参加会议，市纪委监察局派驻第七纪检监察组组长王东林到会指导。

5 日，三门峡市统计局党组成员、副局长赵葡萄、副调研员王新民等一行四人到卢氏县东明镇高庄村对脱贫攻坚项目建设进展及存在困难进行调研。

6 日，三门峡市统计局召开全市电子商务统计工作会议，安排部署全市农村电子商务专题调研和全市电子商务企业经营状况调查工作。市统计局党组成员、副局长赵葡萄出席会议并讲话。

7 日，三门峡市统计局组织干部职工前往市反邪教警示教育基地参观反邪教宣传展。

▲ 三门峡市统计局组织干部职工参加“中国好人榜”9 月候选人投票活动。

8 日，三门峡市统计局举办全市系统网络安全培训班，各县（市、区）统计局数据管理中心技术骨干参加了培训。

10 日，三门峡市统计局组织干部职工到位于豫西深山区的卢氏县官坡镇，举办“重走长征路、共筑中国梦”主题教育活动。市统计局领导班子成员、市纪委派驻第七纪检监察组组长、各县（市、区）统计局局长和市统计局全体职工参加了教育活动。

12 日，三门峡市统计局召开全市工业企业能源统计业务规范化工作会议。市统计局副调研员王新民出席会议并讲话。

13 日，三门峡市农普办主任、市统计局党组成员、地调队队长胡永智做客三门峡市《政风行风热线》节目，全面解读第三次全国农业普查工作。

20 日，三门峡市统计局联合国家统计局三门峡调查队和湖滨区统计局在市区世纪经典广场举办以第三次全国农业普查为主题的第七届“中国统计开放日”广场宣传活动。市人大副主任裴富平、市政府党组成员水选民到现场察看活动开展情况。

21 日，三门峡市统计局召开全市贸易统计工作研讨会。市统计局副局长李玉出席会议并讲话，各县（市、区）统计局分管贸易统计工作的局领导参加会议。

22-25 日，三门峡市统计局副局长李玉等参加由安康市统计局承办的第三届鄂豫川陕渝毗邻城市统计信息年会，就“四上”企业培育申报纳统工作进行了交流。

24 日，三门峡市统计局组织干部职工到分包路段和楼院打扫卫生，深入开展“洁城行动”。

30 日，三门峡市统计局召开全体职工大会，安排部署国庆期间廉洁自律工作和安全工作。

10月

11 日，三门峡市统计局召开全市企业一套表单位入库审核工作会议。各县（市、区）统计局名录库专业负责人参加会议，市统计局副调研员王新民出席会议并讲话。

12 日，三门峡市统计局召开全市人口抽样调查工作布置会议。各县（市、区）统计局分管副局长、社会人口科科长和业务骨干参加会议。市统计局副局长赵葡萄出席会议并讲话。

17 日，三门峡市统计局召开全市贸易专业基本单位名录库统计工作会议。各县（市、区）统计局分管副局长和贸易专业负责人参加会议。市统计局副局长李玉出席会议并讲话。

▲ 第二个“扶贫日”到来之即，三门峡市统计局组织人员深入帮扶村卢氏县东明镇高庄村，开展了扶贫政策宣传、专家义诊、走访慰问等形式多

样的扶贫活动。

18日，三门峡市统计局组织局全体党员干部集中收听收看河南省纪念红军长征胜利80周年大会。

18-21日，三门峡市召开第三次全国农业普查实施方案培训会。市统计局党组成员、市农普办主任胡永智出席会议并讲话。全市各县（市、区）及各乡镇、街道普查业务骨干150余人参加了培训。

19日，三门峡市统计局副调研员王新民等12名同志到帮扶村卢氏县东明镇高庄村开展结对帮扶活动。

20日，三门峡市统计局召开全市基本单位统计报表制度布置会议。各县（市、区）统计局局长、分管名录库工作的副局长、普查专业负责人和工业专业负责人参加会议。市统计局局长权振国出席会议并讲话。

21日，三门峡市统计局组织干部职工集中收听收看中央纪念中国工农红军长征胜利80周年大会。

21-22日，以河南省林业厅副厅长秦群立为组长的省政府第三次农业普查督查组莅临三门峡市，对全市农业普查各项准备工作进行督导。督导组在峡期间，听取了三门峡市的工作汇报并深入卢氏县、灵宝市部分乡镇进行了现场察看和具体指导。三门峡市政府副市长牛兰英、市政府副秘书长王东春、市统计局局长权振国等陪同检查。

24日，三门峡市统计局召开局经济运行分析例会。市统计局党组书记、局长权振国主持会议，各科室负责人参加会议。

▲ 三门峡市统计局撰写的调查报告《加快发展农村电商，助推农业转型升级——三门峡市农村电子商务发展情况调研报告》获三门峡市委常委、宣传部部长吕挺琳批示：“市统计局服务全市电商发展积极主动，创新作为，取得明显成效。望继续加大工作力度，应统尽统，助力我市电子商务加快发展”。

26-27日，河南省统计局人口就业处处长孙斌育一行莅临三门峡市，就人口抽查调查和劳动工资统计工作进行调研。市统计局局长权振国、副局长赵葡萄等陪同调研。

27日，三门峡市纪委派驻第七纪检监察组到市统计局开展综合调研工作。局机关副科级以上干部和事业单位负责人参加调研座谈。

▲ 三门峡市统计局组织全局党员干部参加“两学一做”学习教育知识竞赛。

29日，三门峡市统计局组织干部职工到分包路段和楼院打扫卫生，深入开展“洁城行动”。

31日，三门峡市统计局组织召开季度GDP核算暨经济形势研讨会。各县（市、区）统计局核算专业负责人参加会议。

▲ 三门峡市统计局组织干部职工集中收听收看中国共产党河南省第十次代表大会开幕式。

11月

1日，三门峡市委宣传部副部长杨鸿星等一行三人，到三门峡市统计局开展文化产业发展情况调研。市统计局副局长赵葡萄以及相关科室负责人就三门峡市文化产业发展现状及存在问题与调研组进行了充分交流。

▲ 中共三门峡市委宣传部印发《关于表彰“百名书记讲党课 党员人人上讲台”网络微党课的决定》（三宣文〔2016〕77号），市统计局荣获“优秀组织奖”，揣园同志荣获三等奖。

3日，三门峡市统计局组织副科级以上党员干部到三门峡监狱党员干部警示教育基地，接受廉政警示教育。

▲ 三门峡市统计局召开全市劳动工资名录库整理及劳动工资统计台账布置工作会议。各县（市、区）统计局社会人口科科长和劳动工资统计

业务骨干参加会议。

7 日，三门峡市统计局召开全体职工大会，深入学习贯彻党的十八届六中全会精神、省十次党代会精神和市委书记刘南昌在全市领导干部大会上的重要讲话精神。

8-10 日，三门峡市统计局副局长赵葡萄等深入卢氏县、灵宝市、产业集聚区，实地督导人口调查入户登记工作。

9-10 日，三门峡市统计局党组书记、局长权振国带领局机关近五十名干部职工走访慰问卢氏县东明镇高庄村结对帮扶的贫困户，开展精准扶贫回访工作。

16 日，三门峡市召开全市第三次全国农业普查清查摸底工作会议。各县（市、区）农普办主任和业务组长参加会议。

19-20 日，三门峡市统计局顺利完成中心机房迁移工作。

20 日，三门峡市统计局组织干部职工到分包路段和楼院打扫卫生，深入开展“洁城行动”。

21 日，三门峡市统计局副局长赵葡萄等到卢氏县官道口镇金家沟村开展人口调查事后质量抽查工作。

▲ 河南省统计局印发《关于 2016 年度统计执法案卷评查情况的通报》（豫统办文〔2016〕75 号），三门峡市统计局办理的“三门峡市 XXX 中学提供不真实统计资料案”获“2016 年度全省统计执法优秀案卷”。

▲ 三门峡市档案局印发《关于 2016 年度市直机关档案行政执法检查情况的通报》（三档〔2016〕31 号），三门峡市统计局被评为全面完成档案管理任务单位，受到表彰。

24 日，三门峡市农普办和三门峡市委宣传部联合召开全市第三次全国农业普查宣传工作会议。市统计局局长权振国、市委宣传部副调研员王彦军出席会议并讲话。各县（市、区）统计局局长、党委宣传部分管领导和农普办主任、市级新闻单位负责同志、市农普办全体人员共 30 余人参加会议。

▲ 三门峡市统计局组织全体职工参加《统计法》和《全国农业普查条例》知识竞赛活动。

24-25 日，三门峡市统计局组织人员对市局各单位 2015 年度统计业务规范化工作进行考核验收。办公室、综合、考评、核算、工业、法制、能源、投资、普查、服务业、贸易、社会、数管中心、农调队、地调队等 15 个专业接受了考核。

27-29 日，河南省统计局农业处调研员韩爱桃、省地调队区域经济统计调查处副处长贺智虹到三门峡市陕州区大营镇、张湾乡督导第三次全国农业普查清查摸底工作。

30 日，三门峡市统计局召开全市农业年报工作会议。各县（市、区）统计局农业统计专业人员和农普办业务组组长参加会议。

12 月

1 日，三门峡市统计局联合湖滨区统计局，在湖滨广场举行农业普查宣传月启动仪式。市人大副主任张松林、市政府副市长牛兰英等领导亲临宣传现场进行指导。

4 日，三门峡市统计局组织干部职工到分包路段和楼院打扫卫生，深入开展“洁城行动”。

▲ 三门峡市统计局组织干部职工参加“唱红歌、看天鹅、圆梦想”志愿者交流展演活动。

6-7 日，三门峡市第三次全国农业普查办公室举办全市第三次全国农业普查数据处理跨级培训班。各县（市、区）普查办、各涉农乡（镇、街道）农普办负责数据处理工作的技术骨干及市农普办全体人员参加培训。市统计局党组成员、三门峡地调队队长、市农普办主任胡永智出席会议并讲话。

8 日，三门峡市统计局组织开展领导干部违规收送红包礼金问题专项治理“回头看”活动。

12 日，三门峡市统计局召开全市住户调查与消费价格调查年报会议。各县（市、区）统计局、灵宝地调队负责地方统计调查的分管领导、住户调查和消费价格调查专业业务骨干参加会议。市统计局党组成员、地调队队长胡永智出席会议并讲话。

13 日，三门峡市统计局组织全局党员干部集中观看廉政警示教育电影《第一大案》。

▲ 三门峡市统计局召开全市建设领域统计年报会议。各县（市、区）统计局主管投资工作的副局长、投资统计工作人员参加会议。市统计局副局长李玉出席会议并讲话。

14 日，国家统计局党组成员高建华一行 4 人莅临市统计局调研指导工作。省统计局巡视员谢东星等陪同调研。

19 日，三门峡市纪委第五考核组到市统计局考核 2016 年度作风建设和反腐倡廉建设工作。市统计局党组书记、局长权振国代表局领导班子作述责述廉报告。

▲ 三门峡市统计局召开全市劳动工资及科技与创新统计年报工作布置会议。各县（市、区）统计局主管局长和业务骨干参加会议。市统计局党组成员、副局长赵葡萄出席会议并讲话。

20 日，三门峡市统计局党组对身处重点岗位的工业、投资、财务、数管中心负责人开展廉政谈话。

22 日，三门峡市统计局召开全市贸易外经统计年报工作会议。各县（市、区）统计局贸易外经专业负责人和业务骨干参加会议。

26 日，三门峡市统计局召开全市能源、环境统计年报布置及培训会议。各县（市、区）统计局能源、环境专业负责人和业务骨干参加会议。

27 日，三门峡市统计局印发《三门峡市统计法治宣传教育第七个五年规划》（2016-2020 年），对“七五”统计普法工作进行安排部署。

▲ 三门峡市统计局召开市直工业企业统计年报会议。有关单位综合统计人员、工业统计、能源统计、科技统计、劳动工资统计及电子商务统计人员参加会议。

▲ 三门峡市统计局组织全体人员收听收看第五期“中原统计讲堂”。

28 日，三门峡市统计局召开全市服务业统计报表布置暨规范化观摩会议。各县（市、区）统计局服务业及交通运输邮电业专业业务骨干参加会议。市统计局副调研员王新民出席会议并讲话。

29-30 日，三门峡市统计局召开全市工业专业 2016 年年报及 2017 年定报布置暨业务培训会议。各县（市、区）统计局工业专业负责人和业务骨干参加会议。

30 日，2016“感动天鹅城”十大人物暨第九届三门峡市道德模范授奖仪式在三门峡广播电视台演播大厅举行。市统计局党组成员、副局长赵葡萄被评为“孝老爱亲”道德模范，受到表彰。

▲ 三门峡市统计局召开市直单位劳动工资统计年报工作布置会议。全市行政事业单位、服务业企业共 260 余家单位的劳资统计人员参加会议。

31 日，三门峡市委常委、副市长杨骁就三门峡市第三次农业普查工作发表电视讲话，对全市农业普查现场登记工作进行战前动员。

注：“▲”指与上条时间一致。

中国统计出版社最新图书简目

(仅供参考,以实际出版为准)

统计资料

中国统计年鉴	中国统计摘要	中国发展报告
中国经济普查年鉴	国际统计年鉴	金砖国家联合统计手册
中国-东盟国家统计手册	中国农村统计年鉴	中国县域统计年鉴
中国城市统计年鉴	中国对外直接投资统计公报	中国地区经济监测报告
中国贸易外经统计年鉴	中国零售和餐饮连锁企业统计年鉴	中国商品交易市场统计年鉴
大中型批发零售和住宿餐饮企业统计年鉴	中国农产品价格调查年鉴	中国住户调查年鉴
中国价格统计年鉴	中国能源统计年鉴	全国农产品成本收益资料汇编
中国环境统计年鉴	中国建筑业统计年鉴	国外资源、能源和环境统计资料汇编
中国工业统计年鉴	中国城乡建设统计年鉴	中国县城建设统计年鉴
中国城市建设统计年鉴	中国科技统计年鉴	中国房地产统计年鉴
中国证券期货统计年鉴	中国劳动统计年鉴	中国第三产业统计年鉴
工业企业科技活动资料	中国社会统计年鉴	中国高技术产业统计年鉴
中国人才资源统计报告	中国教育统计年鉴	中国人口和就业统计年鉴
文化及相关产业统计概览	中国文化及相关产业统计年鉴	中国教育经费统计年鉴
中国民族统计年鉴	中国残疾人事业统计年鉴	中国民政统计年鉴
中国乡镇街道行政区域简册	中国基本单位统计年鉴	中国妇女儿童状况统计资料（英）

省级综合统计年鉴系列

北京 天津 河北 山西 内蒙古 辽宁 吉林 黑龙江 上海 江苏 浙江 安徽 福建 江西 山东 河南 湖北 湖南 广东 广西 海南 重庆 四川 贵州 云南 西藏 陕西 甘肃 青海 宁夏 新疆 新疆生产建设兵团

市(县)级综合统计年鉴系列

滨海新区 石家庄 唐山 邯郸 保定 沧州 邢台 廊坊 承德 衡水 秦皇岛 张家口 太原 大同 阳泉 长治 晋城 朔州 晋中 运城 忻州 临汾 吕梁 呼和浩特 呼和浩特新城区 鄂尔多斯 包头 沈阳 大连 长春 吉林 延吉 四平 通化 松原 哈尔滨 齐齐哈尔 黑龙江垦区 上海浦东新区 南京 无锡 徐州 常州 苏州 南通 连云港 淮安 盐城 扬州 镇江 泰州 宿迁 江阴 丹阳 海门 杭州 宁波 温州 嘉兴 湖州 绍兴 金华 衢州 舟山 台州 丽水 合肥 安庆 马鞍山 福州 厦门 宁德 漳州 龙岩 南昌 九江 上饶 新余 抚州 萍乡 赣州 吉安 景德镇 济南 青岛 潍坊 枣庄 日照 滕州 郑州 洛阳 平顶山 三门峡 商丘 信阳 济源 汝州 武汉 十堰 荆州 宜昌 荆门 咸宁 长沙 广州 深圳 惠州 东莞 汕尾 南宁 柳州 桂林 来宾 河池 防城港 海口 三亚 成都 贵阳 黔南 毕节 昆明 西安 咸阳 延安 宝鸡 安康 铜川 汉中 榆林 兰州 庆阳 银川 乌鲁木齐 兵团一师 兵团十师

调查年鉴系列

天津 山西 内蒙古 辽宁 吉林 上海 福建 江西 河南 湖北 湖南 广西 重庆 四川 云南 甘肃 宁夏 新疆

统计方法应用/实用手册

实用SAS统计分析教程	马克威统计分析与数据挖掘应用案例	统计公文知识问答

乡镇统计人员岗位知识培训系列教材：辅助调查员岗位基础知识　乡镇统计人员岗位基础知识

县级统计人员岗位知识培训系列教材：Excel在统计工作中的应用　简明统计分析

地市级统计人员岗位知识培训系列教材：统计报告与演示　Excel在统计工作中的应用

统计通俗读物/统计科普图书

国家统计局核心统计指标变迁	货架上的统计	账本里的统计

重点图书

砥砺奋进的五年——从十八大到十九大	新编英汉汉英统计大词典	中华医学统计百科全书
新常态下的中国服务业：理论与实践	新动能新产业发展报告-2017	
挑大学选专业2018—考研择校指南	挑大学选专业2018—高考志愿填报指南	

中国统计出版社发行部电话：（010）63376907　63376908　同楫行书店电话：68783171　68783172

地址：北京市丰台区西三环南路甲6号　邮政编码：100073　网址：http://www.zgtjcbs.com